Hartmut Häußermann · Walter Siebel (Hrsg.)

Festivalisierung der Stadtpolitik

LEVIATHAN
Zeitschrift für Sozialwissenschaft

Sonderheft 13/1993

Hartmut Häußermann · Walter Siebel (Hrsg.)

Festivalisierung der Stadtpolitik

Stadtentwicklung durch große Projekte

Mit Beiträgen von
Daniela Birklhuber, Roy Darke, Soledad Garcia, Robert Geipel,
Robert Giloth, Hartmut Häußermann, Ilse Helbrecht,
Gerd-Michael Hellstern, Detlev Ipsen, Thomas Krämer-Badoni,
Christine Obermair, Jürgen Pohl, Gerhard Schimak, Ulrich Schröder,
Anne Shlay, Klaus Selle, Walter Siebel, Marco Venturi

Springer Fachmedien Wiesbaden GmbH

Alle Rechte vorbehalten
© 1993 Springer Fachmedien Wiesbaden
Originally published by Westdeutscher Verlag GmbH, Opladen in 1993

Das Werk einschließlich aller seiner Teile ist urheberrechtlich geschützt. Jede Verwertung außerhalb der engen Grenzen des Urheberrechtsgesetzes ist ohne Zustimmung des Verlags unzulässig und strafbar. Das gilt insbesondere für Vervielfältigungen, Übersetzungen, Mikroverfilmungen und die Einspeicherung und Verarbeitung in elektronischen Systemen.

Satz: ITS Text und Satz GmbH, Herford

Gedruckt auf säurefreiem Papier

ISBN 978-3-531-12507-7 ISBN 978-3-663-10065-2 (eBook)
DOI 10.1007/978-3-663-10065-2

Inhalt

Hartmut Häußermann/Walter Siebel: Die Politik der Festivalisierung und die Festivalisierung der Politik. Große Ereignisse in der Stadtpolitik 7

Robert Giloth/Anne Shlay: Spiel ums Wachstum 32

Marco Venturi: Tangentopoli: Der aufhaltsame Aufstieg der städtischen Großereignisse 56

Ulrich Schröder: Welt-Stadt. Zum veränderten Verhältnis von Weltausstellung und Stadtentwicklung 71

Daniela Birklhuber: Expo '86: Ein Fest für Vancouver? 89

Gerhard Schimak: Weltausstellung 1995 Wien – Budapest. Ursachen und Konsequenzen der Absage Wiens 108

Thomas Krämer-Badoni: Venezia Expo 2000: Aus der (Alp-) Traum 134

Klaus Selle: Expo 2000. Ein Großprojekt als Mittel der Stadtentwicklung? .. 164

Christine Obermair: ITALIA '90 – eine verpaßte Chance der Stadtpolitik? .. 208

Roy Darke: Die 16. Universiade, Sheffield 1991 230

Soledad Garcia: Barcelona und die Olympischen Spiele 251

Robert Geipel/Ilse Helbrecht/Jürgen Pohl: Die Münchner Olympischen Spiele von 1972 als Instrument der Stadtentwicklungspolitik 278

Gerd-Michael Hellstern: Die documenta: Ihre Ausstrahlung und regionalökonomischen Wirkungen 305

Detlev Ipsen: Bilder in der Stadt. Kunst und Stadtraum im öffentlichen Streit. Notizen zur documenta in Kassel 325

Autorenverzeichnis 340

Hartmut Häußermann/Walter Siebel

Die Politik der Festivalisierung und die Festivalisierung der Politik

Große Ereignisse in der Stadtpolitik*

1. Politik der Festivalisierung

a) Die neue Projektpolitik

Die Städte feiern Feste: Weltausstellungen, Olympische Spiele und Weltmeisterschaften, Kultursommer, Theater-, Musik-, Filmfestspiele und sonstige Festivals von Kultur aller Art, Gartenschauen und runde Geburtstage. Berlin wurde 750 Jahre alt, Bonn 2000, Duisburg hatte die Studenten-Olympiade, Berlin bewirbt sich um die Olympischen Spiele neben Sydney, Peking und Manchester. Und es ist etwas los auf diesen Festen. Für die 5. Internationale Gartenbauausstellung 1993 in Stuttgart verspricht ein Faltblatt 22 Nationengärten, 23 Internationale Blumenschauen und 3000 Veranstaltungen in 178 Tagen: „Vom Alphorntrio bis zum Zigeuner-Jazz, von der Primaballerina bis zur Operndiva, von der bodenständigen Blasmusikkapelle bis zur internationalen Rockgruppe: alle treffen sich hier, feiern mit bei diesem Festival der Freundschaft und der Völkerverständigung. Schauen Sie sich klassisches Ballett und Flamenco-Tänze an oder tanzen Sie selbst: zum Beispiel Samba in der lateinamerikanischen Nacht oder Reggae und Limbo in der Nacht der Karibik. Studieren Sie die Strenge des klassischen japanischen Nô-Theaters oder singen Sie mit beim Irish Folk Festival. Erleben Sie eine erstklassige Aufführung von Haydns Schöpfung oder lauschen Sie der Wunderwelt der Märchen. Lassen Sie sich bei den Nationenwochen in fremde Erdteile und exotische Länder entführen. Feiern Sie mit beim NaturSchauSpiel" (Faltblatt der IGA Stutt-

---

* Die auffällige Häufung von Festspielen, Festivals sowie sportlichen und anderen Großereignissen im letzten Jahrzehnt und insbesondere deren explizite Begründung als Instrument der Stadtentwicklungspolitik waren im Jahr 1991 der Anlaß für die Herausgeber, Stadtforscher aus verschiedenen Ländern um Fallstudien über Entstehung und Wirkungen von solchen „großen Ereignissen" zu bitten. Die Entwürfe für diese Studien wurden im Frühsommer 1993 auf einer gemeinsamen Tagung in der Werner-Reimers-Stiftung, Bad Homburg, diskutiert und danach gründlich überarbeitet. Wir danken der Werner-Reimers-Stiftung für die großzügige Unterstützung.

gart EXPO '93). Kultur und Show aus aller Herren (und Damen) Länder, postmaterielles Fast Food.

In immer mehr Städten werden Pläne für derartiges entwickelt. Ein neuer Typus von Politik wird sichtbar: Die Politik der großen Ereignisse. Dabei werden kampagneartig Gelder, Menschen und Medien auf ein möglichst klar umrissenes Ziel hin mobilisiert. Die Kampagne ist zeitlich befristet, das Ereignis räumlich begrenzt und inhaltlich auf ein massenwirksames Thema focussiert, z.B. „Mensch – Natur – Technik", das Motto der EXPO 2000 in Hannover.

Nun gibt es Stadtgeburtstage, Olympische Spiele, Filmfestspiele und sonstige Attraktionen schon lange – neu aber ist, daß hinter Spiel und Spaß handfeste stadtpolitische Überlegungen stehen, ja daß solche Inszenierungen zum Kristallisationspunkt der Stadtentwicklung werden. Unter der Überschrift „Olympia als Chance zur urbanen Erneuerung" berichtet z.B. die Neue Züricher Zeitung (vom 9./10. Mai 1993) über die mit Manchesters Olympia-Bewerbung verbundenen Hoffnungen des Vice-Chefs der dortigen Stadtexekutive: „Olympia, und das Glück der Stadt ist gemacht. Wenn einmal der Entscheid gefallen ist, stelle sich alles von selbst ein – Geld, Ruhm, Unternehmergeist. Der Renaissance Manchesters würde nichts mehr im Wege stehen". Und in Peking, Sydney und Berlin hegte man wohl ähnliche Erwartungen. Stadtentwicklungspolitik zieht sich gleichsam auf einen Punkt zusammen, auf ein großes Vorhaben, auf das alle Kräfte konzentriert werden, und dessen Modellhaftigkeit, Einmaligkeit und schiere Größe das Projekt zugleich medienwirksam spektakulär und stadtentwicklungspolitisch effektiv machen.

Stadtentwicklung hat sich zwar immer schon schrittweise, mittels einzelner Investitionsvorhaben auf begrenzten Flächen vollzogen – man denke an die großen Stadterweiterungsprojekte der 60er Jahre und an die förmlich festgelegten Sanierungsgebiete in den 70ern. Diese Projekte waren aber Bestandteil und Ergebnis einer Stadtentwicklungsplanung, als deren Bausteine sie übergeordnete Ziele zu realisieren helfen sollten. Große Ereignisse heute stehen dagegen für sich selbst. Das Projekt ist nicht eingebunden in eine das gesamte Stadtgebiet umfassende, alle Politikbereiche langfristig auf ein einheitliches Zielsystem hin koordinierende, komprehensive Planung. Die Zielsetzungen heutiger Großprojekte müssen daher sehr breit formuliert werden, auch um möglichst viele Interessen unter einen Hut zu bringen, und sie können in ihren Zwecken und Wirkungen nur diffus beschrieben werden (vgl. exemplarisch dafür den Beitrag von Selle zu Hannover in diesem Band). Als kleinsten gemeinsamen Nenner der Begründungen könnte man formulieren: Hauptsache, es passiert überhaupt etwas. Stadtentwicklungsplanung wird ersetzt durch Projekte.

b) Merkmale „großer Ereignisse"

Bevor wir auf die Frage eingehen, welche Umstände dafür verantwortlich sind, daß derartige stadtentwicklungspolitische Strategien um sich greifen, wollen wir das „große Ereignis" näher charakterisieren.

Die Inszenierung großer Ereignisse ist, wie schon gesagt, gekennzeichnet durch die räumliche, zeitliche und thematische Konzentration der Stadtpolitik auf einen Punkt, eben das Projekt. Aber es lassen sich noch weitere typische Merkmale der „Planung durch Projekte" nennen, die für die Analyse dieses neuen Politiktypus von Bedeutung sind:

– *Größe*
Großinvestitionen wie die Grands Projects der Ära Mitterrand in Paris, die Docklands in London oder die Regierungsgebäude in Berlin setzen „Zeichen" und prägen die reale Entwicklung einer Stadt ebenso wie ihr Image in den Medien. Die Konzentration aller Ressourcen auf ein Projekt macht auch kleineren oder finanziell schwächeren Akteuren ein weithin sichtbares, nach Investitionssumme, Bauvolumen, Besucherzahl oder Beschäftigten großes Projekt möglich. Aber mit der Größe steigen die finanziellen und politischen Risiken, weshalb solche Projekte ohne finanzielle und legitimatorische Unterstützung des Staates kaum durchzuführen sind.

– *Industriebrachen*
Bevorzugte Orte für derartige Veranstaltungen sind Flächen der industriellen Stadt, nicht die grüne Wiese im Umland der Städte, wo die Stadterweiterungen der 60er Jahre stattfanden, auch nicht die dichtbebauten innerstädtischen Sanierungsgebiete der 70er Jahre, sondern der Gürtel, der im Laufe der industriellen Expansion um die alten Bürgerstädte gelegt wurde. Im Zuge der Deindustrialisierung sind hier Brachen entstanden oder werden großflächige Infrastrukturen obsolet, wie z.B. Güterbahnhöfe oder Hafenanlagen. Mit großen Projekten sollen häufig jene Lücken wieder aufgefüllt werden, die die sich zurückziehende große Industrie in den Städten hinterlassen hat.

– *Sonderorganisation*
In der Regel werden neue Träger, Entwicklungsgesellschaften und Projektgruppen für Planung und Durchführung eingerichtet. Sie stehen außerhalb der öffentlichen Verwaltung (etwa als Gesellschaften privaten Rechts) oder doch außerhalb der regulären Linienorganisation der Verwaltung. Den vorhandenen politisch-administrativen Strukturen wird die Lösung der Aufgabe fast nie zugetraut.

– *Private-Public-Partnership*
In den für das Gesamtprojekt oder Teile davon neu gegründeten Trägergesellschaften agieren die Gebietskörperschaften nur noch als Partner unter anderen.

Beteiligt werden andere öffentliche Körperschaften, Verbände und private Investoren (vgl. Birklhuber und insbesondere Darke, in diesem Band). Bei den Urban Development Corporations in Großbritannien müssen die Städte nicht einmal selbst beteiligt sein. Diese sogenannten Public-Private-Partnerships sollen mehr Flexibilität, effektiveres Management, besseren Informationsfluß und schnellere Kooperation garantieren, weil sie an das Haushaltsrecht, an die Regeln des öffentlichen Dienstes und an die umständlichen Beteiligungsverfahren nur insoweit gebunden sind, wie es der Gründungsvertrag vorschreibt. Außerdem sollen sie privates Kapital mobilisieren und damit den öffentlichen Kostenanteil senken.

– *Umsetzungsorientierung*
Projektförmige Organisation beinhaltet neben der horizontalen Integration verschiedener Dimensionen der Tätigkeiten der öffentlichen Hand und der privaten Akteure auch eine vertikale Integration: von der Ideenformulierung über die Planung, Finanzierung bis zu Bau, Marketing und Management wird das Projekt möglichst in einer Hand organisiert. Projektplanung ist mehr als nur das Bereitstellen von Gelegenheiten für die Tätigkeit anderer Akteure. Man realisiert selber und man ist selber der Manager.

– *Wettbewerbsorientierung*
Große Ereignisse sind in ihrem Kern Instrumente der Städtekonkurrenz. Die Planung großer Projekte zielt darauf, eine Stadt (möglichst international) bekannt zu machen und Investitionen und Finanzzuflüsse von außerhalb in die Stadt zu lenken. Die Städte entwickeln viel Phantasie, um die Zuschuß-Töpfe, die von Bundes- und Landesregierungen für die verschiedensten Zwecke feilgeboten werden, anzuzapfen und Sondermittel einzuwerben. Außerdem werden auswärtigen Immobilieninvestoren lukrative Anlagemöglichkeiten geboten.

Als indirekten, langfristig wirksamen Effekt verfolgen die Städte das Ziel, durch die Erhöhung ihres Bekanntheitsgrades und die Aufpolierung ihre Images, das durch die Medien dann weltweit verbreitet wird, sich selbst überregional und international sichtbar zu machen – mit der Hoffnung, daß sie dadurch als Standorte für neue gewerbliche Investitionen attraktiv werden. Für diesen Zweck sollen sich besonders spektakuläre Projekte eignen. Aber warum ist das notwendig?

c) Entwicklungsphasen und Strukturwandel

Projekte haben viele Vorteile gegenüber dem grauen Alltag des phantasielosen Verwaltens von Problemen, als das die Stadtpolitik heute vielfach erscheint. Sie demonstrieren Dynamik, setzen klare und neue Ziele, und sie machen außergewöhnliche Anstrengungen lohnend, denn der Zeitpunkt, an dem die Ernte eingefahren werden kann, liegt fest. Ein erfolgreiches großes Ereignis steigert nicht nur den Ruhm der Stadt, sondern auch den ihres Führungspersonals. Dennoch ist die Konjunktur der Projekte keine Kopfgeburt von publicity-süchtigen Kommunalpolitikern. Sie ist vielmehr Konsequenz von veränderten Bedingungen der städtischen Politik. Die Projektorientierung ist charakteristisch für die Reaktion der Politik auf den ökonomischen Strukturwandel der Städte, der ihre Funktion und Entwicklung seit Mitte der 70er Jahre bestimmt.

Dieser Wandel wird deutlich, wenn man die Stadtentwicklung seit dem 2. Weltkrieg in Phasen einteilt, und dabei jeder Phase einen bestimmten Politik-Typus zuordnet. Drei Phasen lassen sich unterscheiden: eine erste der extensiven Urbanisierung, gefolgt von einer Phase der intensiven Urbanisierung und einer dritten der Desurbanisierung.

Erste Phase: extensive Urbanisierung

Die Zeit der Stadtentwicklung in der (alten) Bundesrepublik bis zu den 60er Jahren war geprägt zunächst durch Rekonstruktion der städtischen Funktionen und Strukturen, die dann abgelöst wurde durch eine stürmische Expansion der Städte und der Agglomerationen insgesamt. Die Bevölkerungszahl wuchs durch Flüchtlinge und Vertriebene, und die Konzentration von Bevölkerung und Arbeitsplätzen in den Städten und angrenzenden Landkreisen nahm stark zu. Aufgabe der Stadtpolitik und -planung in dieser Zeit war es in erster Linie, die räumlichen und organisatorischen Voraussetzungen für diesen Urbanisierungs- und Wachstumsprozeß zu schaffen. Im Vordergrund standen zwei Aufgaben: einerseits Flächen für neue, zusätzliche Nutzungen auszuweisen, und andererseits das Verkehrssystem für die neuen, gewaltigen Verkehrsströme auszubauen. In dieser Zeit des „Wirtschaftswunders" war Wachstum jeglicher Art unbestritten die von allen geteilte, dominante Orientierung.

Zweite Phase: intensive Urbanisierung

Seit Mitte der 60er Jahre begann sich dieses Szenario zu wandeln: in den Städten breitete sich ein Bewußtsein davon aus, daß eine ungebrochene Fortsetzung des eingeschlagenen Weges nicht nur zu unerträglichen Lebensverhältnissen führen müsse, sondern daß auch ein funktionaler Kollaps der Stadtregionen drohe. In der Stadtpolitik rückten Versuche ins Zentrum, die räumlichen und sozialen Folgen des Wachstums nicht nur zu bewältigen, sondern das Wachstum zu steuern oder es gar zu bremsen. Wachstumsbegrenzung wurde zwar nie in die Tat umgesetzt, aber das Wachstum von Gewerbe und Verkehr sollte zumindest sozialverträglich gestaltet werden durch eine „Simultanpolitik", in deren Rahmen die „Früchte des Wachstums" sozial gerecht verteilt werden sollten. Die beiden wichtigsten Instrumente dafür waren der Ausbau der sozialen Infrastruktur zur Verbesserung der

Lebensqualität sowie der Versuch, innerstädtische Disparitäten durch eine gezielte Umverteilung öffentlicher Investitionen abzumildern oder auszugleichen. Dazu gehörten auch die großen Projekte der Stadtsanierung, die zumindest auf dem Papier durchaus auch die Intention verfolgten, die Wohn- und Lebensverhältnisse für benachteiligte Bevölkerungsgruppen zu verbessern.

In Form von Stadtentwicklungsprogrammen und -plänen sollten die öffentlichen Maßnahmen umfassend unter einer einheitlichen Zielsetzung koordiniert und strategisch realisiert werden (vgl. Blum u.a. 1976). Der marktförmigen Entwicklung der Städte sollten straffe Zügel angelegt werden. Da sich die Anstrengungen der Stadtpolitik vornehmlich auf die innere Entwicklung der Stadt richteten – Infrastrukturausbau, Sanierung, Ausbau öffentlicher Verkehrssysteme, Abbau räumlicher Ungleichheiten usw. – kann man von einer Phase der intensiven Stadtentwicklung reden. Die Münchner Olympiade 1972 fällt genau in diese Phase der Umorientierung (vgl. Geipel et al., in diesem Band). Die wachstumskritische Rhetorik jener Zeit, die hohe Wertschätzung sozialer Gerechtigkeitsziele (wenn auch nur als Kompensation für die Wachstumsfolgen), die Versuche, Bodenmarkt und Nutzungsverschiebungen unter öffentliche Kontrolle zu bringen, kennzeichnen diesen Abschnitt auch als eine Phase der regulativen Politik.

Dritte Phase: Desurbanisierung

Seit Mitte der 70er Jahre haben sich die Bedingungen für diese Politik radikal verändert. Die Einwohnerzahlen der Städte und in den meisten Städten auch die Zahl der Arbeitsplätze nahmen ab. Weltmarktkrise und verschärfter internationaler Wettbewerb auf den Gütermärkten erreichten auch die Städte und leiteten einen Strukturwandel ein, der sich bis heute in einer andauernden ökonomischen Strukturkrise äußert (vgl. ausführlich dazu Häußermann/Siebel 1987). Arbeitsplatzverluste, geringe Neuinvestitionen, hohe Arbeitslosigkeit, wachsende Armutszahlen sowie Knappheit der öffentlichen Finanzen kennzeichnen die Situation – nach dem vorübergehenden Hoch in Folge der Vereinigung der beiden deutschen Staaten wieder zunehmend. Der erneute Zustrom von Flüchtlingen und Einwanderern sowie der wachsende Flächenkonsum durch die Einheimischen hat die Wohnungsnot wieder verschärft. Zum ersten Mal seit Beginn der Industrialisierung sehen sich die Städte seither in einer Situation, in der die räumlichen Trends von Arbeitsplatz- und Bevölkerungsentwicklung gegen sie laufen – von Stadtforschern als Desurbanisierung bezeichnet (Berg u.a. 1982).

d) „City-Marketing"

Das Umgehen mit Stagnation oder gar Schrumpfungsprozessen war für die Stadtpolitik eine vollkommen neue Problemstellung. Da bis dahin Stadtentwicklung identisch mit Wachstum war, gab es hierfür weder Konzepte noch Instrumente – und sie wurden auch nicht entwickelt, denn mit einer anderen Perspektive als der des Wachstums konnte und wollte sich niemand anfreunden. Also mußten Strategien entwickelt werden für ein „Wachstum unter den Bedingungen der Stagnation".

Ökonomische Stagnation, strukturelle Arbeitslosigkeit, sinkende Einnahmen, zunehmende Armut, wachsende Wohnungsnot – all dies führt in den Führungsetagen der Städte offensichtlich zu einem Krisenbewußtsein, in dem die Sehnsucht nach der „großen Lösung" wächst.

Die Problemstellungen für die Stadtpolitik haben sich geändert. In der Phase der Stadterweiterungen ging es vorrangig darum, auf der grünen Wiese Raum zu schaffen für mehr von Bekanntem: für mehr Wohnungen, mehr gewerbliche Arbeitsplätze und für mehr Verkehr (vgl. Gotthold 1978). In der Phase des Stadtumbaus dagegen ging es vorrangig darum, in alten Strukturen Raum zu schaffen für hereindrängende Interessenten: Platz für die Tertiärisierung und die Gentrifizierung der Innenstädte. Heute dagegen müssen die Städte versuchen, unter finanziell restriktiveren Bedingungen neue Entwicklungen anzuschieben, Innovationen zu stimulieren und Wachstum zu erzeugen. Sich international bemerkbar zu machen, sich weithin sichtbar als zukunftsträchtigen Standort anzubieten und damit externe Investitionen anlocken zu wollen, ist eine der herausragenden Strategien („City-Marketing").

e) Stadtentwicklung durch Projekte

Zwar ist die Konkurrenz der Städte um Ansiedlung von neuen Investoren ein altbekanntes Phänomen, aber die Bedingungen dafür haben sich erheblich geändert. Die Internationalisierung der Kapitalverflechtung und des Kapitalverkehrs und die Öffnung der Weltmärkte und der nationalen Grenzen (besonders innerhalb der EG) haben den Wettbewerb intensiviert und den ökonomischen Strukturwandel beschleunigt. Nun tritt Stuttgart mit Mailand, Hannover mit Barcelona, Hamburg mit Rotterdam und Köln mit Lyon unmittelbar in Konkurrenz um deutsche, japanische, amerikanische und andere internationale Investoren. In dieser Konkurrenz geht es zwar auch um Produktionsstandorte, aber vorwiegend um „Dienstleistungen" aller Art: Forschung und Entwicklung, Finanzierung, Organisation und Vermarktung, Kongresse und Freizeit. Die klassischen Standortfaktoren (verkehrliche Erreichbarkeit, Rohstoffe, Arbeitskräfte) sind entweder überall vorhanden oder spielen für Dienstleistungsbetriebe und auch die meisten neuen Produktionsstätten nicht mehr die entscheidende Rolle bei der Standortwahl. Städte sind als Standorte daher nicht mehr automatisch „gefragt", sondern müssen sich immer wirksamer anbieten. Der transnationale Wettbewerb bevorteilt zudem Standorte, die die geringsten Regulierungskosten abverlangen; der Standortwettbewerb setzt also Prämien auf Deregulierung. Objektiv und subjektiv scheint die Entwicklung außer Kontrolle zu geraten und mit den Instrumenten der Stadtentwicklungspolitik immer weniger beeinflußbar zu sein. Denn mit dem Wandel der Rahmenbedingungen hat sich die Position der öffentlichen Hand geändert: im Unterschied zu den Großvorhaben des sozialen Wohnungsbaus wie auch zu den Sanierungen nach dem Städtebauförderungsgesetz verfügt sie heute über erheblich weniger rechtliche Kompetenzen, seltener über die Grundstücke und nur über sehr eingeschränkte Finanzmittel. Die großen Projekte sollen eben diese Schwäche überspielen.

Objektiv verschärfte Problemlagen, wachsendes Krisenbewußtsein und weniger kontrollierbare Rahmenbedingungen verlangen nach neuen Konzepten. Die Planung durch Projekte scheint eine bevorzugte Antwort auf die unübersichtliche Problemlage zu sein. Neben den unmittelbaren Wirkungen des konkreten Projekts selber (Investitionsschub, Ausbau der Infrastruktur, Einnahmen aus dem Tourismus) verspricht man sich Anstoß- und Ausstrahlungseffekte von nicht genau benennbarer Wirkung auf Standortqualität und Image und damit Folgeinvestitionen Dritter.

Planung durch Projekte ist ein Kind von ökonomischer Stagnation, öffentlicher Finanzkrise und Deregulierung. Sie selber zeigt sich wiederum in sehr unterschiedlichen Ausprägungen, von denen die „Politik der großen Ereignisse" nur eines der Extreme ist: die Veranstaltung von Olympischen Spielen, Weltausstellungen oder Bundesgartenschauen, von denen man sich externe Impulse für einen Anstoßeffekt erhofft, der eine ganze Stadt oder gar eine Region „nach vorne treibt" oder den „Sprung" auf eine höhere Entwicklungsstufe bewirkt. Das andere Extrem einer Planung durch Projekte stellt die Politik der Mobilisierung endogener Potentiale mit einer „Strategie der tausend Blumen" dar: an verschiedenen Orten innerhalb einer Region werden verschiedene Projekte initiiert, in denen beispielhafte Lösungen für die Probleme der Region entwickelt werden sollen, und von denen man hofft, daß sie über eine Art „Propaganda der guten Tat" die Region und ihre Akteure allmählich durchdringen und zu einer nachhaltigen Erneuerung, zu einer Umkehrung des ökonomischen Niedergangs führen. Die Internationale Bauausstellung Emscher-Park ist der ausgeprägteste Fall einer solcher Strategie (vgl. Häußermann/Siebel 1993).

Die Beiträge in diesem Band behandeln sämtlich Beispiele für die „Politik der großen Ereignisse". Diese Politikform stellt insofern eine Extremform der Planung durch Projekte dar, als das Projekt selber nur eine eng bemessene Lebenszeit hat. Olympische Spiele dauern 14 Tage, und Eröffnung sowie Schlußfeier sind unverrückbar festgelegte Daten. Eine EXPO dauert mehrere Monate, aber auch bei ihr sind Eröffnungs- und Schließdatum lange vorher festgelegt. Das Großereignis selber ist deshalb auch nicht das Ziel. Die heutige Stadtpolitik bedient sich seiner vielmehr als eines Vehikels, als eines Mittels zu anderen Zwecken. Mit dem Schub des Großereignisses hofft man, die Verkehrsmisere in der Griff zu kriegen, Betriebe anzulocken, Wohnungen zu bauen etc. Hannover möchte keine Weltausstellung einfach als ein großes Festival veranstalten, Hannover möchte die Weltausstellung,

um damit Stadtentwicklungspolitik zu betreiben: nicht Stadtpolitik für ein Festival, sondern Festivalisierung der Stadtentwicklung.
Diese Form einer Politik durch Projekte ist weder gänzlich neu noch ein Phänomen allein der Stadtpolitik. Olympische Spiele und Weltausstellungen gibt es seit dem vorigen Jahrhundert, und der von Ort zu Ort ziehende kaiserliche Hof im frühen Mittelalter oder heutige Wahlkampagnen weisen ähnliche Merkmale auf. In der Politik der Städte seit den 70er Jahren wird die Tendenz zur Festivalisierung nur besonders deutlich. Warum?

f) Warum gerade Festivals?

Die Städte werden unsichtbar. In den großen „Konurbationen" wie Rhein-Ruhr, Rhein-Main oder Bos-Wash, dem Siedlungsband entlang der amerikanischen Ostküste von Boston bis Washington, sind einzelne Städte kaum noch erkennbar. Auch die Wucherungen von Hamburg, Stuttgart oder München lassen die Kernstadt im Siedlungsbrei untergehen. Gegen solche Entgrenzungen, gegen das Unsichtbarwerden der Stadt, sucht sich die Stadtpolitik zu wehren, indem sie sich auf die Stadtkrone, die zentralen Höhepunkte konzentriert, um wenigstens Inseln im Meer der Agglomeration sichtbar zu machen: Festivalisierung also, um eine für ihre Bürger identifikationsfähige Stadt zu bewahren.

Diese Problematik wird verstärkt durch die Bedeutung der Medien. Das ganze Jahr über an jedem Tag ein anderer Jongleur in der Stadt wird vielleicht Kinder begeistern, aber sonst nicht weiter auffallen. 365 Jongleure an einem Nachmittag auf dem Marktplatz ergeben dagegen ein Medienereignis – und damit überhaupt erst ein Ereignis. Um im Geschrei der Massenmedien hör- und sichtbar zu bleiben, zieht sich die Stadtpolitik auf zeitliche und räumliche Punkte zusammen: Festivalisierung als mediengerechte Inszenierung der Stadt.

Um in den größeren Räumen von europäischer Gemeinschaft und Weltmarkt für einen internationalen Investor überhaupt sichtbar zu werden, sind höhere Türme und weiterreichende Bilder notwendig, als sie gewöhnlich eine Großstadt produzieren kann. Städte wie Paris, London, Rom, Tokio und New York sind gleichsam von Geburt international sichtbar und konkurrenzfähig – aufgrund ihrer schieren Größe, ihrer Geschichte und ihrer traditionellen nationalen Dominanz. Sevilla, Hannover oder Duisburg müssen dagegen alle Kräfte zusammenraffen, um für die Dauer einer Messe so hoch zu springen, daß der japanische Investor sie wenigstens einmal zu Gesicht bekommt: Festivalisierung also auch als Strategie der Schwächeren, denen die internationale Konkurrenz besondere Anstrengungen abverlangt, die sie nur ein Fest lang durchhalten können.

Festivals werfen auch ökonomische Erträge ab. Sie bringen Investitionen und Touristen in die Stadt und damit Arbeitsplätze, Gewinne und Steuereinnahmen. Nach Modellrechnungen sollen die Olympischen Spiele 2000 in Berlin ein zusätzliches Bruttoinlandsprodukt von 4,7 Mrd. DM und ein Beschäftigungsplus von

63.000 Personenjahren bewirken, sowie 2,1 Mrd. DM Steuermehreinnahmen für Land und Bund. Darüber hinaus erhofft sich Berlin zusätzliche öffentliche Investitionsmittel in Höhe von 3,7 Mrd. DM. Sie sollen also einen Treibsatz für ökonomisches Wachstum und einen Anlaß für den Zufluß öffentlicher Subventionen bilden.

Die Städte sind abhängig von externen Zuwendungen. Auch dadurch verschärft sich die Konkurrenz unter ihnen. In diesem Dilemma scheinen große Ereignisse den deus ex machina zu bieten. Sie helfen, Gelder zu mobilisieren und die Stadtmodernisierung durchzusetzen. Die Stadt mit dem Zuschlag für die Olympischen Spiele ist gleichsam der Vogel im Nest, der am weitesten den Hals aufsperren kann, wenn sich irgendwo eine öffentliche Hand mit Geld darin zeigt. Große Ereignisse sind Subventionsumlenkungsmaschinen.

g) Für und wider große Ereignisse: die Wirkungen

Festivalisierung scheint also eine teils erzwungene, teils besonders effektive, jedenfalls notwendige Form moderner Stadtpolitik zu sein. Aber wie sieht es mit den Kosten aus im Vergleich zum Nutzen? Und könnte die Konzentration der Politik auf die wenigen festivalisierbaren Highlights nicht auch bedeuten, daß anderen, weniger spektakelträchtigen Aufgaben die eh schon knappen Mittel entzogen werden? Und sind solche Großveranstaltungen selber gänzlich ohne negative Folgen?

Früher spielten die Wirkungen und Folgen für Stadt und Bevölkerung bei der Begründung und bei der Bewertung der noch selteneren Großereignisse kaum eine Rolle (vgl. Schröder, in diesem Band). Olympische Spiele legitimierten sich selbst, ebenso die ersten Weltausstellungen. Es waren Ausstellungen einer zukünftigen, besseren Welt. Auf den Weltausstellungen in London und Paris im vergangenen Jahrhundert präsentierte sich die neue kapitalistische Industriegesellschaft mit all ihren Versprechungen. Gegenüber der Begeisterung für den Reichtum der Waren, die Wunder der Technik und die Größe der eigenen Nation, die hier zur Schau gestellt wurden, erschienen die Konsequenzen am Ort des großen Ereignisses ephemer. Die ersten Weltausstellungen waren auch flüchtige Installationen. Der Londoner Kristallpalast, als eine Art Weltwunder betrachtet, ist in neun Monaten errichtet worden, und in neun Monaten wurde er wieder demontiert. Der Eiffelturm blieb allerdings stehen und wurde zu einem der Wahrzeichen von Paris. Weniger Glück hatte Brüssel, denn zur Visualisierung des Themas der dortigen Weltausstellung wurde das „Atomium" errichtet. Da sich die Begeisterung für die Atomenergie inzwischen weltweit gelegt hat, dient dieses Symbol nicht länger dem Stadt-Marketing. Mit einer Präsentation der Stadt auf den Bildschirmen der Welt, die scharf an den jeweiligen Zeitgeist angepasst ist, kann man also auch Pech haben.

Vielleicht versuchen auch deshalb die heutigen Strategien den temporären

Charakter des „großen Ereignisses" gerade zu unterlaufen. Mehr und mehr treten bei der Entscheidung für die Bewerbung als Standort für solche Großereignisse sekundäre, stadtpolitische Ziele in den Vordergrund. Das große Ereignis gilt als Motor, um den Umbau der Stadt, den Ausbau der (Verkehrs-)Infrastruktur und die regionale Wirtschaft anzutreiben. Die Weltausstellungen in Venedig, Wien, Sevilla und Hannover (vgl. die Beiträge von Krämer-Badoni, Schimak und Selle, in diesem Band) sind mit stadtpolitischen Argumenten sowohl bekämpft als auch verteidigt worden. Den einen ist die EXPO ein Dukatenesel, den man nur zu reiten wissen muß, den anderen ein Elefant, der alles platt tritt.

Die in diesem Band versammelten Fallstudien zeichnen ein differenziertes Bild, bei dem die Schatten überwiegen. In den meisten Städten war der Streit über Kosten und Nutzen des großen Ereignisses gleichermaßen emotional wie sinnlos, denn er ist prinzipiell unentscheidbar. Eine hieb- und stichfeste und vollständige Bilanz aller Kosten und Nutzen ist im Vorhinein unmöglich und im Nachhinein noch nie versucht worden. Die direkten Kosten für die öffentliche Hand oder die Betreibergesellschaft lassen sich noch vergleichsweise einfach fassen. Außer in Seattle und Los Angeles haben die großen Ereignisse dem Fiskus jeweils hohe Schulden hinterlassen, die Betreibergesellschaften mußten oft Konkurs anmelden, teilweise bereits vor Beginn der Veranstaltung (vgl. Darke und Birklhuber, in diesem Band).

Daß die Durchführung einer Weltausstellung in Seattle und von Olympischen Spielen in Los Angeles ohne Defizit für die öffentliche Hand organisiert werden konnte, hat nicht nur mit besserem Management oder ertragreicherer Vermarktung zu tun, sondern auch mit der besonderen Struktur der meisten US-amerikanischen Städte: räumliche Isolation von Sportstätten, Vorrang des individuellen PKW-Verkehrs und ein eingespieltes Sponsoring-Wesen zugunsten medial wirksamer Veranstaltungen erleichtern eine organisatorische und finanztechnische Trennung zwischen Betreibergesellschaft und öffentlichem Haushalt in einem Maße, wie es für eine deutsche Stadt nie möglich wäre. Ebensowenig wie die Stadt insgesamt daher in ein solches Ereignis involviert werden muß, ebensowenig kann unter diesen Bedingungen das große Ereignis allerdings auch als Medium der Stadtentwicklung benutzt werden. Die Spiele von Los Angeles waren als „billige" Spiele konzipiert, d.h. daß zusätzliche Neuinvestitionen möglichst gering gehalten werden sollten – das aber würde die Hoffnungen auf den „großen Sprung", den die Stadt damit machen will, gerade nicht erfüllen. (Zu einer insgesamt pessimistischen Bilanz für Weltausstellungen in den USA kommen Giloth/Shlay, in diesem Band.)

Doch die betriebswirtschaftlich zurechenbaren Nutzen und Kosten sind weniger wichtig als die volkswirtschaftlichen Effekte. Welche längerfristigen Auswirkungen auf das Bruttoinlandsprodukt, den Arbeitsmarkt und das Steueraufkommen hat eine Weltausstellung? Und welche Investitionen sind tatsächlich allein durch das große Ereignis stimuliert worden? Selbst wenn Antworten auf diese Fragen gegeben werden könnten, blieben entscheidende Probleme einer vollständigen Bilanz ungelöst, und zwar jenseits des Problems der Monetarisierung qualitativer Wirkungen:

Unberücksichtigt blieben die *Verteilungswirkungen*: Wer gewinnt und wer zahlt? Die durch die Großinvestitionen induzierten Preissteigerungen für Bauleistungen, Immobilien und Mieten sind teilweise exorbitant, und sie gehen vor allem zu Lasten der ökonomisch Schwachen. In Brisbane wurden in der näheren Umgebung des Weltausstellungsgeländes die Mieten innerhalb eines Jahres zwischen 54 und 62 % erhöht, einkommensschwächere Gruppen sowie Ausländer wurden verdrängt und die räumliche Segregation der Stadt vertieft. In den olympischen Dörfern wohnen nachher keineswegs diejenigen, die von Wohnungsnot betroffen sind. Das olympische Dorf in Barcelona wird eine teure Eigentumswohnungsanlage – trotz aller vorherigen gegenteiligen Beteuerungen der Stadtverwaltung. Die neugeschaffenen Arbeitsplätze sind selten qualifiziert und häufig befristet: Parkplatzwächter, Kartenverkäufer, Kellner, Taxifahrer etc. Die direkten Wirkungen sind also zum großen Teil befristet, und die mit dem Festival verbundenen stadträumlichen und sozialen Wirkungen sind selektiv, wenn nicht gar polarisierend.

Zu berücksichtigen wären außerdem die *Opportunitätskosten*: Die erhofften zusätzlichen Investitionen und Subventionen entstehen nicht aus dem Nichts. Zum Teil sind es Gelder, die zugunsten des Festivals bloß umgelenkt werden. Es ist zumindest fraglich, ob die für Olympia in Berlin auszugebenden Milliarden nicht in Stuttgart, Leipzig oder im Ruhrgebiet effektiver investiert wären, während sie in Berlin die Inflation der Bau- und Immobilienpreise zusätzlich anheizen.

Kaum zu lösen ist das Problem der *Zurechenbarkeit*: Wenn während und nach dem Festival Arbeitsplätze verschwinden oder neue hinzukommen, was davon ist der allgemeinen konjunkturellen Entwicklung oder den Strategien internationaler Anleger geschuldet, und was den besonderen Wirkungen des großen Ereignisses? In Vancouver war der ohnehin laufende Investitionsschub aus Hongkong anscheinend sehr viel wirksamer als die EXPO (vgl. Birklhuber, in diesem Band). Nicht immer ist der Versuch einer Mythenbildung so leicht zu erkennen wie im Fall München, wo der gesamte industrielle Aufstieg der Region inzwischen gerne der Wirkung der Olympischen Spiele zugerechnet wird (vgl. Beilage zur Süddeutschen Zeitung vom 23.7.1933, S. X).

Die *Langfristigkeit* der Wirkungen entzieht sich schließlich jedem aktuellen Zugriff einer Kosten-Nutzen-Bilanz. Durch so gravierende Eingriffe in die Stadtstruktur, wie sie bei den Vorbereitungen für die Olympischen Spiele in München und Barcelona vorgenommen wurden, werden Prozesse in Gang gesetzt, deren kumulierte Wirkungen von niemandem verläßlich abgeschätzt werden können – und was als positiver Effekt zunächst Zustimmung fand, kann sich langfristig negativ auswirken. Ein Beispiel dafür ist die extreme Zentralisierung in der Region München durch das S-Bahn-System, die damals von der Stadtplanung gewollt und mit Hilfe der Olympia-Mittel sehr schnell realisiert werden konnte (vgl. Geipel et al., in diesem Band) – vielleicht zu schnell, denn heute ist der kontraproduktiven

Polarisierung von Funktionen und Bevölkerung in der Stadt mit keinem Mittel mehr beizukommen.

Eine eindeutige Kosten-Nutzen-Rechnung ist also nicht möglich; die direkten ökonomischen Effekte sind selektiv oder widersprüchlich, die indirekten Wirkungen nicht abschätzbar oder lediglich diffuse Hoffnungen.

Die im Vorfeld der großen Ereignisse in allen Städten entstehenden Auseinandersetzungen werden daher zwangsläufig als zahlenbewehrte Glaubenskriege geführt. Aber selbst, wenn eine gültige Bilanz wirklich alle Kosten und Nutzen stichhaltig berechnen könnte, und dabei zu einem eindeutig negativen Ergebnis käme – was in vielen, aber keineswegs in allen Fällen zu erwarten ist – es wäre mit Sicherheit nicht das Ende der Politik der großen Ereignisse. Die entscheidenden Gründe für die Festivalisierung der Politik sind andere als sie mit solchen Bilanzen erfaßt werden, und sie weisen über stadtpolitische Zusammenhänge hinaus.

2. Festivalisierung der Politik

Das gegenseitige Vorrechnen der erwartbaren Kosten und Nutzen stellt eine rationalistische Reduktion der Argumentation auf einen engen stadtentwicklungspolitischen Bezugsrahmen dar. Eine Kosten-Nutzen-Analyse, selbst wenn sie so weit gefaßt wäre, daß auch ökologische und soziale Aspekte einbezogen wären, bleibt im Bereich instrumenteller Rationalität. Damit wird die Eigendynamik des politischen Systems ebenso unterschätzt wie die Komplexität und Überdeterminiertheit gerade auch der Stadtpolitik.

Damit möchten wir nicht nur auf die Selbstverständlichkeit hinweisen, daß jedes Festival zunächst auch ein Fest ist, ein Ereignis aus eigenem Recht jenseits aller weitergehenden Instrumentalisierungsversuche, das neuartige Eindrücke und Erlebnisse vermitteln kann und sein Publikum hat (vgl. Schimak, in diesem Band; speziell zum Publikum der documenta vgl. Hellstern, in diesem Band). Festivals sind auch organisierter Fun für Festival-Fans, und die Zunahme ihrer Häufigkeit verweist auf den wachsenden Reichtum der „Freizeitgesellschaft" an Geld und Zeit.

Uns geht es hier insbesondere um den gesellschaftspolitischen Kontext, in dem große Ereignisse heute zu interpretieren sind. Schröder weist an den Wiener Beispielen von 1876 und 1995 den Wandel des Kontextes nach, innerhalb dessen über Weltausstellungen öffentlich diskutiert wurde: Die Wiener Ringstraße war noch ohne die Weltausstellung 1876 entstanden, die Donau-City, ein städtebauliches Projekt von ähnlichen Ausmaßen, wird wegen der Planung für eine „EXPO 1995" entstehen können. Der Wandel im Bezugssystem der Diskussion über große Ereignisse – von der Demonstration nationaler Macht und des technischen Fortschritts hin zu einem Instrument der Stadtpolitik – verdrängt den Anteil der immateriellen Wirkungen zunehmend aus dem Bewußtsein der Öffentlichkeit. In den Beiträgen dieses Bandes geht es auch um das, was den latenten politischen

Gehalt einer festivalisierten Politik zwischen den Polen des reinen Fests und einer effektiven Instrumentalisierung für die Entwicklung einer Stadt ausmacht.

a) Kontextbedingungen von Akzeptanz und Erfolg

Die politische Führung einer Stadt muß selbstverständlich immer auch darauf bedacht sein, daß ihre Aktivitäten die Zustimmung und Unterstützung der Mehrheit der Bevölkerung finden. Sie muß sich fortlaufend die Legitimation sichern. Die Festivalisierung ist dafür eine spezifische Form – allerdings nur, wenn sie auch erfolgreich ist.

Unter welchen Bedingungen gelten große Ereignisse als politische Erfolge? Die Pläne für die Weltausstellungen in Venedig und Wien sind schon im Anlauf am Widerstand der Bevölkerung bzw. von Oppositionsbewegungen gescheitert (zu den Gründen für das vorzeitige Scheitern der Pläne für Weltausstellungen in den USA vgl. Giloth/Shlay, in diesem Band). Venedig und Wien sind traditionelle Tourismusziele. Die Bevölkerung kennt hier bereits auch negative Folgen eines Massentourismus. In beiden Städten hat während der Diskussion über das Für und Wider einer Weltausstellung obendrein ein besonders extremer Andrang von Touristen stattgefunden: Das Pink Floyd-Konzert in Venedig und die Überschwemmung Wiens durch Touristen kurz nach der Öffnung des Eisernen Vorhangs (vgl. Krämer-Badoni und Schimak, in diesem Band). Die schon vorhandenen kritischen Erfahrungen mit dem Tourismus schlugen angesichts des Massenandrangs dann in eine Ablehnung der EXPO-Pläne um, die noch mehr Touristen zur Folge gehabt hätten.

Die Städte Barcelona und München dagegen (vgl. Garcia und Geipel et al., in diesem Band) haben nicht nur ihre Bewerbungen für Olympische Spiele durchhalten können, sie gelten beide auch nach dem Ereignis als Erfolge. Soweit sie Erfolge der Stadtentwicklung waren, ließe sich das damit erklären, daß beide Städte bereits auf dem Weg des Wandels zur tertiären Metropole waren, das Großereignis also nicht Strukturänderungen bewirken mußte, sondern nur die Investitionen, die schon als wünschenswert betrachtet und geplant waren, beschleunigte. Große Ereignisse können eine laufende Entwicklung verstärken und beschleunigen; ein Beispiel dafür, daß die Entwicklungsrichtung einer Region oder Stadt durch ein einmaliges Großspektakel umgekehrt worden sei, ist hingegen nicht bekannt. Große Ereignisse bahnen keinen Weg zur Innovation, können aber die Durchsetzung fördern.

Barcelona und München waren aber auch in einem direkteren Sinn politische Erfolge. In beiden Fällen diente das Ereignis auch dazu, eine Stadt und das durch sie vertretene Land wieder im Kreis der demokratischen Nationen zu etablieren. Deutschland und Spanien hatten eine faschistische Vergangenheit vergessen zu machen, und die gelungene Rolle als Gastgeber für die „Jugend der Welt" zeigte, daß die Rehabilitationsanstrengungen anerkannt wurden. In Barcelona kam noch der Versuch der Katalanen hinzu, ihre lange Benachteiligung durch Madrid zu kompensieren. Die Bedingungen für den politischen Erfolg, die breite Akzeptanz des Ereignisses bei der Bevölkerung davor und danach könnte also in einer Art Minderwertigkeitskomplex gesucht werden, der durch die Tatsache, daß die Stadt für 14 Tage im Scheinwerferlicht der Weltöffentlichkeit steht, kompensiert wird. Unter solchen besonderen Voraussetzungen kann auch die Bevölkerung einer Stadt und eines Landes sich mit dem Wunsch einer Wachstumskoalition (vgl. Giloth/Shlay, in diesem Band) identifizieren, durch ein großes Ereignis die Aufmerksamkeit einer internationalen Öffentlichkeit und weltweit agierender Investoren auf die eigene Stadt zu lenken.

Die Bedingungen für den politischen und die für den ökonomischen Erfolg treffen jedoch nur selten zusammen. Und nur wenn sie zusammentreffen, wird das Ereignis ein voller Erfolg. So könnte man Wien 1995 vielleicht die erfolgreichste Weltausstellung von allen nennen, paradoxerweise gerade weil sie nicht stattfinden wird. Die Ziele, nämlich die Donauinsel zum City-Erweiterungsgebiet zu machen und diese Fläche zu diesem Zweck in die Hand eines potenten Developers zu bringen, sowie die Plazierung von Wien in der Mitte Europas, sind im Verlauf der Planungen für die EXPO (Donauinsel) und durch Zufälle der Weltgeschichte (Öffnung der osteuropäischen Länder) erreicht worden – ohne daß das Ereignis selber mit all seinen negativen Konsequenzen stattfinden mußte. Der Abbruch der Planungen für die Wiener Weltausstellung hat zwar die Investitionsdynamik zu einem abrupten Halt gebracht (vgl. Schimak, in diesem Band), aber angesichts der tiefen Rezession zu Beginn der 90er Jahre und der enttäuschten Hoffnungen auf positive Wirkungen der Ost-Öffnung für Wien hätte ein durch die EXPO erzwungenes schnelles Durchziehen der Investitionen möglicherweise zu Fehlinvestitionen und Pleiten geführt. Wer will das heute mit guten Gründen und stichhaltig beantworten?

Die Bedingungen für den Erfolg eines großen Ereignisses sind prekär. Aber die Gründe, es dennoch zu wagen, scheinen überwältigend zu sein. Sonst würden es nicht so viele Städte versuchen: Barcelona, Sevilla, Berlin, Manchester, Sydney, Peking, Genua, Venedig, Wien und Hannover, um nur die zu nennen, die Anfang der 90er Jahre allein im Zusammenhang mit EXPO's und Olympischen Spielen von sich reden gemacht haben. Die große Attraktivität liegt in politischen Erwartungen – sowohl nach „innen" gegenüber dem Alltagstrott der Verwaltung selbst, wie auch nach „außen" hinsichtlich des Verhältnisses zwischen der politischen Führung und den Bürgern einer Stadt.

b) Eigendoping

Große Ereignisse ermöglichen eine nach innen, auf sich selbst gerichtete Mobilisierung des politisch-administrativen Systems. Sie bieten heilsamen Zeitdruck und glamouröse Ziele, die das Heer der Bürokratie aus dem resignierten Trott der

Routinen herausreißen. Sie schaffen „Aufbruchsstimmung". Die Festivalisierung der Politik ist zunächst eine auf sich selbst gerichtete Innovationsstrategie der politischen Administration, eine Art Eigendoping. Es mag ein Rauschmittel mit fragwürdigen Folgen sein, aber die Opposition hat nur die langweilige Nüchternheit des Alltags dagegenzuhalten. Nach dem großen Fest kommt zwar unweigerlich der Kater. Doch wenn man auf dem Höhepunkt des Festes seine Wiederwahl arrangieren konnte, dann hat die Bevölkerung Zeit zu vergessen, und die Politiker haben Zeit, sich etwas Neues auszudenken – vielleicht einen Weltkongreß zur Rettung der Städte. (Wieviel Unsinn, Kosten und Korruption mit dem Kick des großen Ereignisses auch möglich werden, zeigen Obermair und Venturi, in diesem Band.)

Die Rechtfertigung für diese Politikform leitet sich ausschließlich aus negativen Aussagen über die gewohnten (schwerfälligen, zeitaufwendigen) Prozeduren des politisch-administrativen Systems her. Diese Schwerfälligkeit ergibt sich nur zum Teil aus einer „Unfähigkeit" der öffentlichen Verwaltung und ihrer bürokratischen Verhaltensweisen. Sie resultiert auch aus der Tatsache, daß an den Entscheidungsverfahren viele öffentliche und halböffentliche Instanzen sowie die Bürger beteiligt werden müssen. Die Institutionalisierung von Bedenken und Anregungen hat im Planungsrecht einen hohen Konsenszwang geschaffen, der häufig als „Planungsbzw. Entscheidungsunfähigkeit" beklagt wird. Große Ereignisse wirken hier als „Zeitmaschinen" (Geipel et al., in diesem Band), die die normalen Planungszeiten extrem verkürzen und es außerdem erlauben, die frustrierenden und zeitraubenden Auseinandersetzungen mit kleinteiligem Widerstand abzubrechen.

Doch die Selbstmobilisierung des politisch-administrativen Systems hat nicht nur Vorteile. Ein gemeinsames Merkmal dieser Strategie ist die Schaffung von Sonderorganisationen (s. oben). Dazu werden die engagiertesten und kreativsten Mitarbeiter in task-force-Organisationen zusammengefaßt. Die anderen bleiben in der Linienverwaltung zurück. Damit wird die öffentliche Verwaltung qualitativ polarisiert in eine lahme für den Alltag und eine brillante für das große Ereignis (vgl. Venturi, in diesem Band). Die Festivalisierung der Politik und ihre organisatorischen Konsequenzen führen zu einem Brain-Drain des normalen politisch-administrativen Systems, der auch in neuen Positionen und besserer Entlohnung institutionalisiert wird (vgl. Mäding 1992). Die Sonderorganisation dient dazu, privatwirtschaftliche Management-Methoden, Erfolgsorientierung und all das, was gemeinhin mit „Professionalität" umschrieben wird, in der politischen Führungsebene der Stadt zu verankern, und möglichst jenseits demokratischer und verwaltungsmäßiger Kontrollen. (Für ein Beispiel gelungener Reorganisation im Zusammenhang mit München 1972 vgl. Geipel et al., in diesem Band.)

Zeitdruck und Ausnahmezustand, die als kraftvolle Mobilisatoren gepriesen werden, können auch Gelegenheit und Anlaß für eine ganz anders geartete Konzentration der Kräfte bieten. Venturi und Obermair (in diesem Band) machen zumindest für Italien den Verdacht plausibel, daß Ausnahmezustand und extremer Zeitdruck in Kauf genommen wenn nicht gar systematisch erzeugt werden, um

Gelegenheiten zu schaffen für den Aufbau von Seilschaften und für Korruption. Daran haben neben Politikern und Unternehmern auch Planer und Gutachter teil. Liest man die Fallstudien in diesem Band, so fällt die Fülle von Gutachten, Studien, Planungsaufträgen etc. auf, die im Vorfeld des großen Ereignisses vergeben werden. Mit der Vervielfältigung außergewöhnlicher Ereignisse hat sich eine neue Expertenelite aus Planern, Marketing-Fachleuten, Event-Managern, Ökologen, professionellen Innovatoren und Bedenkenträgern gebildet, für die das große Ereignis Honorarquelle und Bühne zugleich darstellt. Um große Ereignisse – besonders wenn sie umstritten sind – bildet sich ein Expertenkarussell, das von beträchtlichen Honorarsummen und medialer Aufmerksamkeit in Bewegung gehalten wird. Als Wien seine Bewerbung um die EXPO zurückziehen mußte, waren allein für Planung und Werbung bereits ca. 200 Mio. Schilling (ca. 30 Mio. DM) ausgegeben.

c) Ein neuer Typus von Politik: Festivalisierung

Große Ereignisse bringen aber nicht nur das Verwaltungssystem in Schwung, sie dienen auch der Reinszenierung städtischer Politik, deren Subjekte und Handlungsrahmen zunehmend den hergebrachten Formen und Strukturen entwachsen. Unsere zentrale These ist, daß die Festivalisierung der Politik die Inszenierung von Gemeinsinn und Identifikation mit politischen Institutionen darstellt – eine Form politischer Repräsentation, die sich aus sozialstrukturellen Veränderungen, aus veränderten Konfliktlinien in der Gesellschaft und aus den wachsenden Schwierigkeiten regulativer Politik ergibt.

- Die Städte sind heute für große Teile ihrer Bevölkerung nicht mehr der gemeinsame Ort des ganzen Alltags. Berufsarbeit, Privatleben und Freizeitaktivitäten sind gerade bei den ökonomisch und politisch aktiven Gruppen oft über mehrere Gemeinden verstreut. Die Arbeits-, die Wohn- und die Freizeitbevölkerung einer Stadt löst sich in verschiedene Gruppen auf, die sehr partikulare und zunehmend divergierende Interessen an der Stadt haben. Damit nimmt die generalisierte Identifikation der Bürger mit „ihrer" spezifischen Stadt ab. Angesichts dieser Erosion des „Stadtbürgertums" bildet die Inszenierung großer Ereignisse den Versuch, städtische Identität und Identifikation mit der Stadt zu stärken. Sie sind Inszenierungen von „Gemeinsinn".
- Das große Ereignis schafft einen Kristallisationspunkt, auf den hin divergierende Interessen jenseits eingefahrener Konflikte gebündelt werden können – die Münchner Olympiade beispielsweise stiftete eine allerdings nur befristete Kooperation der SPD-regierte Stadt und des CSU-regierten Landes Bayern (Geipel et al., in diesem Band) –, und es bietet Visionen, vor denen lokale Widerstände gegen den Umbau der Stadt als kleinkarierter Eigennutz erscheinen. Jeder Bürgermeister einer Stadt weiß heute ein Lied davon zu singen, wie

schwer das Regieren im kommunalen Umfeld geworden sei. Jede einzelne Maßnahme stößt auf Widerstand von institutionalisierten Interessen, Stadtteilgruppen, Straßengemeinschaften und Bürgerinitiativen. In diesem lähmenden Immobilismus, der sowohl von der politischen Führung wie von der städtischen Öffentlichkeit beklagt wird, entsteht die Sehnsucht nach dem „Befreiungsschlag". Die Festivalisierung der Politik scheint ein Schlüssel dafür zu sein, sie erlaubt die Demonstration von Handlungskompetenz und die Mobilisierung von politischem Konsens in einer Situation, in der es immer schwerer wird, handlungsfähige Mehrheiten auf Dauer zusammenzubinden.

Der scheinbare Verlust von Handlungsfähigkeit und Handlungskompetenz, das beklagte Fehlen von visionären Energien und die Glanzlosigkeit der „normalen" Stadtpolitik haben jedoch tiefer liegende Ursachen, die durch den inszenierten Ausnahmezustand nicht beseitigt, sondern nur übertüncht werden können. Dies kann an drei zentralen Themen erläutert werden: „Unsichtbarkeit" von politischen Erfolgen; qualitativer Wandel der Erwartungen gegenüber der Politik; Strukturwandel sozialer Ungleichheit, die zusammen zu einer Krise regulativer Politik führen.

- Die Lösung dringender gesellschaftliche Probleme, denen sich auch die Stadtpolitik konfrontiert sieht, läßt jeglichen spektakulären Glanz vermissen, denn eine Politik, die sich der Probleme der Langzeitarbeitslosen annimmt, den ökologischen Umbau der Städte betreibt und Spielräume für Individualisierung öffnet, bleibt auf politisch fatale Weise unsichtbar:
  - Stadtpolitik gegen die Arbeitslosigkeit hieße zum Beispiel, die Modernisierung eines Gebäudes an eine Beschäftigungsinitiative für arbeitslose Jugendliche oder ältere Dauerarbeitslose zu vergeben. Dem modernisierten Gebäude wird man – hoffentlich – nicht anmerken, daß eine Beschäftigungsinitiative daran gearbeitet hat.
  - Eine moderne Sozialpolitik wird sich bemühen, die sozialen Netze von Nachbarn und Verwandten zu stärken für Selbsthilfe, Pflege alter Menschen und die Abwehr von Kriminalität. Das verlangt nicht nur Geld, sondern vor allem Berater, Helfer und kleine Stützpunkte vor Ort. Menschen muß man mit Menschen helfen. Investitionen in soziale Netze sind vorwiegend Personalinvestitionen, daher teuer, aber sie sind, anders als solche in die „harte" Infrastruktur von U-Bahn-Systemen, Schwimmbädern und Altenpflegeheimen, nicht zu besichtigen.
  - Eine Demokratisierungspolitik, deren Qualitäten sich primär in Prozessen und weniger in Produkten niederschlagen, ist von ähnlich geringer Sichtbarkeit. Dezentrale Maßnahmen im Stadtquartier mögen dort das Alltagsleben nachhaltig verbessern, doch schon die Bewohner des nächsten Stadtteils werden eher zufällig davon erfahren. Die nächste Wahl gewinnt man aber nur mit Leistungen, von denen eine Mehrheit Gutes gehört hat.

- Auch der ökologische Stadtumbau setzt auf Kleinteiliges und auf Dezentralität. Die Renaturierung eines vergifteten Geländes kann mit hohen finanziellen und technischen Anstrengungen verknüpft sein. Ökologische Altlasten müssen zunächst einmal gefunden werden. Wer aber weiß heute, bei welchem Produktionsverfahren vor 30 Jahren mit welchen giftigen Substanzen an welcher Stelle eines Geländes möglicherweise umweltgefährdend hantiert worden ist? Hat man die Altlasten identifiziert, weiß man zunächst nicht, wie sie zu beseitigen sind. Oft wird sich gar nicht mit naturwissenschaftlich erhärteter Gewißheit sagen lassen, daß ein Gelände wieder ohne Risiken genutzt werden kann. Und selbst wenn dies möglich ist, hat man oft nur erreicht, daß auf einem Stück Erde wieder Gras wächst und Kinder darauf spielen können – eine anderswo alltägliche Normalität, der man den Aufwand nicht ansieht, den es gekostet hat, um sie überhaupt wieder möglich zu machen.
- Verkehrspolitik in den Städten ist ein nahezu unlösbares Problem geworden, weil konträre ökonomische, ökologische, städtebauliche und kulturelle Interessen unterschiedlichst strukturierter Gruppen sich gegenseitig blockieren. Zudem scheinen verkehrslenkende oder -vermindernde Maßnahmen immer irgendwie in die kulturell überformte individuelle „Bewegungsfreiheit" restriktiv eingreifen zu müssen. Kurzfristige und spektakuläre Lösungsstrategien, die sich auf Mehrheiten stützen könnten, sind in jedem Fall unmöglich geworden – und wenn die Kohlendioxidbelastung tatsächlich irgendwann gesunken sein sollte, sieht das niemand, es kann nur durch komplizierte Messungen nachgewiesen werden, denen dann doch niemand so richtig glaubt.
- In der breiten, wohlhabenden Mittelschicht verlieren die einheitlichen, quantifizierbaren Interessen („Mehr vom Gleichen") gegenüber den Interessen an unterschiedlichen Qualitäten an Gewicht. Wichtiger als höhere Löhne, niedrigere Mieten und kürzere Arbeitszeiten werden Selbstbestimmung am Arbeitsplatz, andere Wohnungen und die selbständige Verfügung über Zeit. Das Interesse an einer 4-Zimmer-Küche-Bad-Zentralheizung-Wohnung zu erschwinglichen Preisen ist vergleichsweise leicht in Wohnungspolitik umzusetzen. Wie aber soll die Wohnungspolitik die Interessen von alleinerziehenden Müttern, Wohngemeinschaften, traditionellen Kleinfamilien und Singles auf einen Nenner bringen? Von der Sozial- und Wohnungspolitik wird nicht mehr erwartet, eine bestimmte und allgemein gewünschte Lebensweise „breiten Schichten des Volkes" zugänglich zu machen – im Gegenteil: diese Normierung wird immer häufiger als Zumutung wahrgenommen. Nach den Bedürfnissen einer sozial gesicherten Mittelschicht soll sie sich vielmehr darauf zurückziehen, Spielräume für die individuelle Gestaltung unterschiedlichster Lebensformen freizuhalten – also nicht mehr, sondern weniger politische Intervention.

– Politik gegen die soziale Ungleichheit ist heute Politik für eine Minderheit. Ein Beispiel: die Förderung des sozialen Mietwohnungsbaus konnte bis in die 70er Jahre mit der Unterstützung einer Mehrheit der Wähler rechnen, weil sie versprach, eine Wohnungsnot zu lindern, von der sich die Mehrheit der Wähler bedroht sah. Heute wohnen über 50 % aller Westdeutschen im Wohnungseigentum. Auch die einkommensstarken Haushalte, die sich auf dem freifinanzierten Wohnungsmarkt entsprechend ihren Wünschen mit Mietwohnungen versorgen können, werden kaum für ein Programm des sozialen Mietwohnungsbaus zu mobilisieren sein. Dies dürfte selbst in den meisten Großstädten nur noch Minderheiten ansprechen. Wohnungsnot ist ein Minderheitenproblem geworden.

Die Arbeiterbewegung hatte ihre politischen Forderungen in der Gewißheit formuliert, die materiellen Interessen einer wachsenden Mehrheit zu vertreten, und die Beseitigung ihrer spezifischen Benachteiligung, die Aufhebung des Klassengegensatzes, bedeute die Emanzipation aller. Diese theoretische Einheit des besonderen Interesses mit dem allgemeinen hat sich im Zuge der sozialen Integration der Nicht-Besitzer von Produktionsmitteln, der Desintegration der Arbeiterklasse und der Ausdifferenzierung sozialer Lagen aufgelöst. In der Umformulierung der „sozialen Frage" in eine „neue soziale Frage" werden soziale Probleme als solche der Marginalisierung von Situationsgruppen bestimmt, deren Schicksal in der politischen Diskussion nicht mehr als generalisierte Bedrohung für die Zukunft der Mehrheit analysiert werden kann. Nimmt man die These von der Zweidrittelgesellschaft ernst, so sind die Probleme sozialer Deklassierung im Unterschied zur „klassischen" sozialen Frage nur noch die Probleme einer Minderheit. Zudem kann diese Minderheit aus ökonomischen, sozialen und politischen Zusammenhängen der Gesellschaft ausgegrenzt werden und ist im Gegensatz zum Industrieproletariat gleichsam verzichtbar und daher politisch schwach. An den Rand des Arbeitsmarktes und damit auch an den Rand der Gesellschaft gedrängte soziale Gruppen können weder mit Streik drohen, noch verfügen sie über politische Vetomacht. Zwar gibt es viele derartige Minderheiten – auch die Bevölkerung der neuen Bundesländer ist in gewissem Sinne eine derartige Minderheit – aber ihre Artikulationsfähigkeit ist gering, und ebenso gering ist ihre Organisationsfähigkeit. Die Menschen in der ehemaligen DDR und die in der alten Bundesrepublik an den Rand Gedrängten – alte Menschen, jugendliche Arbeitslose, Langzeitarbeitslose, Aussiedler ohne angemessene Wohnung und alleinerziehende Mütter – sie alle leben in so unterschiedlichen Situationen, daß sich kaum ein gemeinsames und damit organisationsfähiges Interesse definieren läßt. Stabile Mehrheiten für eine strukturverändernde Politik ergeben sich daraus nicht mehr – weder theoretisch noch praktisch.

Zusammenfassend: Wenn Politik die Interessen von Minderheiten aufgreift; wenn sie sich eher zurücknehmen muß, damit Spielräume für individuelle Differenzierungen sich öffnen können; wenn sie eher dezentral und prozeßhaft organisiert ist, also kleinteiliges Gebrösel betreibt; und wenn ihre sozialen und ökologischen Erfolge unsichtbar bleiben, dann hat es die Politik immer schwerer, dauerhafte Mehrheiten für ihre Unterstützung zu finden. Darin – so scheint es – liegt ein zentraler Grund für die Attraktivität der Festivalisierung. Das Großprojekt soll die Handlungsfähigkeit von Politik beweisen und heterogene Interessen zu Mehrheiten zusammenbinden, wo sich aus der Struktur der Gesellschaft und ihrer Probleme eine langfristig mehrheitsfähige Politik kaum mehr formulieren läßt.

Das steigende Interesse an diffusen Mobilisierungsprojekten, das sich in der Festivalisierung ausdrückt, speist sich aber nicht nur aus den Problemen der Mehrheitsbeschaffung zugunsten einer Politik der Beseitigung sozialer Benachteiligung, sondern auch aus einer generellen Krise regulativer Politik. Die Fragmentierung „objektiv" einheitlicher Soziallagen ist begleitet von einer Erosion kollektiver Wertbestände in einem doppelten Sinn: sie werden immer weniger kollektiv geteilt, und sie beziehen sich immer weniger auf ein Kollektiv wie z.B. „Arbeiterklasse" oder „Lohnabhängige". Die Hoffnung der Moderne, daß es genügend einheitliche und stabile Interessen für bestimmte Politikziele gebe, auf die sich die Politik dann stützen könne, hat sich in den postmodernen Sozialstrukturen, die durch Heterogenisierung und Individualisierung gekennzeichnet sind, weitgehend verflüchtigt (vgl. Müller 1992). Das ist nicht nur ein Problem für die Mehrheitsbeschaffung in der politischen Praxis, vielmehr wird jedes Regulierungsinteresse zu einem Minderheiteninteresse und damit die Möglichkeit der Regulierung überhaupt grundsätzlich in Frage gestellt. Die Frage, welche sozialen und ökonomischen Sachverhalte nach welchen Standards reguliert werden sollten, unterliegt so vielen divergierenden Beurteilungsmaßstäben, daß sich allenfalls noch ad-hoc-Mehrheiten bilden lassen – und diese am ehesten als negative: Die vielen, je für sich minoritären Regulierungsinteressen neutralisieren sich gegenseitig, und übrig bleibt allein der negative Konsens, daß man bei so wenig Übereinstimmung besser auf jegliche Regulierung verzichte. Oder anders formuliert: „Die sozialstrukturelle Basis des Kollektivismus wird schwächer" (Offe 1990, S. 116). Wenn die Normen der Regulation Angriffen von den verschiedensten Seiten – mit durchaus unterschiedlichen Motiven, wie z.B. die Kritik am „bevormundenden Wohlfahrtstaat" zeigt – ausgesetzt sind, verlieren sie Plausibilität und Akzeptanz, sie werden von immer mehr Menschen als das Diktat einer Minderheit und immer stärker als Beeinträchtigungen von Selbständigkeit und individueller Entscheidungsfähigkeit erlebt.

3. Die Folgen

Die Festivalisierung der Politik ist also die Antwort auf ein grundlegendes Dilemma. Gerade der Erfolg der auf soziale und ökonomische Existenzsicherung für breite Schichten der Bevölkerung gerichteten Politik macht solche Politik für die

„breiten Schichten" allmählich überflüssig. Die Wohnungspolitik ist dafür ein typisches Beispiel. Ihr Erfolg in den 50er und 60er Jahren ist – gleichsam nach einem „Kippeffekt" – heute der Grund für die politisch schlagkräftigen Forderungen nach Deregulierung. Die wohlsituierte Mehrheit fordert – aus ihrer Sicht verständlich – wieder den Nachtwächterstaat.

Was auf der Ebene der Städte sichtbar wird, charakterisiert generell die Schwierigkeiten der Politik in einer reichen Gesellschaft, die ihre Probleme erfolgreich auf Minderheiten konzentriert und über ihre politischen Grenzen exportiert hat. Die anstehenden Probleme sind entweder nicht mehrheitsfähig, oder sie sind nicht politikfähig. Die traditionellen kulturellen Milieus lösen sich auf. Zweidrittel-Gesellschaft, Individualisierung, die zunehmende kulturelle Überformung materieller Interessen und die Erosion kollektiver Werte lassen die Mehrheitsbasis für langfristige „gestaltende" Politik schwinden. Für die wohlsituierte Mehrheit einer reichen Gesellschaft wie der alten Bundesrepublik ist regulative Politik in der Tat weniger wichtig geworden. Wohnungseigentümer brauchen keine Wohnungspolitik für sozial schwache Mieter, unverheiratet zusammenlebende Paare wollen eher den Rückzug der (Familien)-Politik, und die beste Kulturpolitik war immer schon eine, die Subventionen verteilte, ohne genauer darauf zu achten, was daraus entsteht. Wofür aber ist dann die kampagneartige Mobilisierung auf ein Projekt hin noch notwendig?

Könnte es vielleicht sein, daß eine Politik, die ihr eigenes Überflüssigwerden in den Augen der wahlentscheidenden Mehrheit ahnt, Projekte gleichsam als Selbstrechtfertigung erfindet? Festivalisierung der Politik als Inszenierung der eigenen Daseinsberechtigung?

Das wäre nicht weiter schlimm, wenn dieser Politiktypus nicht in Widerspruch zu den Erfordernissen problemadäquater Lösungen stünde. Der Bau von Eiffeltürmen, die Inszenierung Olympischer Spiele und aufwendige Geburtstagsfeiern drängen aber das eh schon Unsichtbare noch mehr an den Rand der politischen Aufmerksamkeit und entziehen den kleinteiligen, ökologischen und sozialen Maßnahmen die Ressourcen. Festivals haben Oaseneffekte: die vorübergehende Konzentration der Kräfte auf einen Höhepunkt trocknet andere (Zeit)-Räume der Politik aus. Festivalisierung ist auch das organisierte Wegsehen von sozialen, schwer lösbaren und wenig spektakuläre Erfolge versprechenden Problemen. So kommt ein kanadischer Soziologe bei einer Analyse der Effekte der Olympischen Spiele in Calgary zu dem Ergebnis, daß durch große Ereignisse „in den Städten positive Gefühle aufrechterhalten werden können im Gegensatz zu den üblichen negativen Emotionen, die durch städtische Probleme erzeugt werden" (Hiller 1990, S. 118). Dafür eignen sich am besten die allgemeinsten Themen, die niemandem wehtun und allen gute Gefühle verschaffen – besonders der Sport, die angeblich „wichtigste Nebensache der Welt".

Das Festival soll die Besonderheit der Stadt sichtbar machen für ein möglichst weltweites Publikum, und es soll die Identifikation der Bürger mit ihrer einzigartigen Stadt stärken. Aber Olympische Spiele, EXPO's, Fußballweltmeisterschaften und Kulturfestivals sind „footloose industries". Sie können prinzipiell überall stattfinden und überall nach den gleichen Mustern. Alle Welt schaut nach Berlin oder nach Hannover und sieht dort den gleichen Rummel wie vorher in Barcelona oder Sevilla, was gesichert wird durch die Organisationskomitees, die wie kaiserliche Höfe im Mittelalter um die Welt ziehen und durch ihr Titel-Monopol die weltweite Exklusivität sichern. Dieselben international tätigen Star-Architekten – und möglicherweise sogar dieselben internationalen Immobilienkonzerne – bauen überall ihre Sportarenen und Kongreßzentren, in denen überall derselbe Querschnitt durch die Weltkultur geboten wird. Das öffnet zwar jeder Stadt die Pfründe des Tourismus und die Chance zur Image-Politur, aber die lokale Identität verschwindet dabei. Lokalität schrumpft zur relativ zufälligen Kombination universell verfügbarer Versatzstücke von Stadtkultur, was besonders in der Architektur auf längere Sicht ein hohes Risiko birgt: die modisch gestylten Investitionsinseln, die im Zuge solcher Kraftakte entstehen, gleichen sich weltweit immer mehr und ihre Ausstrahlung dürfte daher auch um so schneller wieder verblassen.

Und je mehr sich die Kameras der Welt für einen kurzen Zeitraum auf eine einzige Stadt richten, desto attraktiver müssen solche Ereignisse auch als Bühne für andere Szenen werden, die ebenfalls zur Realität dieser Welt gehören: die ethnisch und politisch verfeindete „Jugend dieser Welt" trifft sich dann möglicherweise nicht nur zum gut bezahlten waffenlosen Wettstreit, sondern auch zu gewalttätigen Auseinandersetzungen – wie schon einmal, in München. Je explosiver die Spannungen in verschiedenen Teilen der Welt sind, desto höher wird das „Sicherheitsrisiko" bei solchen Spektakeln, und desto intensiver müssen die Gast-Stars oder Aussteller durch räumliche Abgrenzung und bauliche Sicherheitsmaßnahmen geschützt werden. Je besser es einem „großen Ereignis" gelingt, eine Stadt für kurze Zeit in das Licht der Weltöffentlichkeit zu rücken, desto anfälliger für derartige „Störungen" dürfte es sein – und desto fragwürdiger dürfte der Anspruch werden, damit Stadtentwicklung für die einheimischen Bürger betreiben zu wollen, denn die neugeschaffenen Einrichtungen müssen noch inselhafter angelegt werden, und ihre Konstruktion wird noch stärker auf den kurzfristigen Spezialzweck ausgerichtet sein müssen.

Wenn es richtig ist, daß Festivalisierung auch eine Antwort auf die um sich greifende „Politikverdrossenheit" sein soll, eine Befreiung von dem Eindruck, in der Stadtverwaltung seien vor allem dominante Machtgruppen mit sich selbst beschäftigt und erzielten wenig sichtbare Wirkung, dann hat sie letztlich kontraproduktive Wirkungen. Denn dieser Politiktypus verfestigt die Vorstellung von Politik als Haupt- und Staatsaktion und fügt sich ein in ein elitäres Demokratiemodell.

Die Konzentration auf einen Punkt macht die Strategie außerordentlich verwundbar. Lange Vorlaufzeiten mit hohen Kosten beziehen ihre Rechtfertigung allein aus dem Gelingen eines kurzen, thematisch und räumlich eng umgrenzten Ereignisses. Die Risiken sind hoch, weil solche Ein-Punkt-Strategien aus sich heraus kaum Alternativen erlauben. Es muß geschehen wie geplant, sonst war alles umsonst. Diskussion oder gar Mitbestimmung der Bevölkerung sind da eher störend. Festivalisierung dient dazu, Akzeptanz zu beschaffen für eine von oben, innerhalb einer wirtschaftlichen und politischen Machtelite formulierten Politik. Eben dies läßt sich an fast allen in diesem Band beschriebenen Fällen belegen: Die Idee zur Bewerbung um eine Olympiade oder eine Weltausstellung erscheint stets wie aus heiterem Himmel gefallen. Eine politische Führungsfigur hat einen Einfall und trägt ihn in die öffentliche Diskussion, obwohl in Wahrheit erfolgreiche Bewerbungen stets einen langen Vorlauf haben. Die Idee wird geboren in kleinen Zirkeln aus Politik und Wirtschaft, unter möglichst strikter Geheimhaltung ausgearbeitet und erst, wenn man sich der Unterstützung der relevanten Akteure sicher ist, an die Öffentlichkeit gebracht (vgl. Giloth/Shlay und Selle, in diesem Band). Noch nie hat es eine soziale Bewegung gegeben, die eine Stadtregierung von Unten zur Bewerbung um ein großes Ereignis gedrängt hätte. Dieses elitäre Politikmodell gilt selbst für die Entstehung der documenta in Kassel. Aber die documenta ist auch das einzige Beispiel dafür, daß ein großes Ereignis von seinen Akteuren dazu genutzt wird, eingefahrene Denkweisen und Wahrnehmungsmuster aufzubrechen (vgl. Ipsen, in diesem Band) – bei einem Festival der modernen Kunst kein Wunder.

Die Politik der großen Ereignisse unterläuft die Regeln demokratischer Konsensbildung durch eine Kombination aus elitärem Korporatismus und Populismus: die innovative und entschlossen handelnde Führungsgruppe versucht, eine von institutionalisierten Entscheidungsprozessen ausgeschlossene und dadurch artikulationsunfähige Masse zu begeistern und Folgebereitschaft zu erzeugen. Damit werden die intermediären Instanzen des politischen Systems geschwächt, die Wirksamkeit bürgerlicher demokratischer Organisation ausgetrocknet und die institutionalisierten Formen der gesellschaftlichen Selbstregulation langfristig ausgehöhlt – eine augenfällige Annäherung an amerikanische bzw. thatcheristische Politikmodelle. Das ist die fatale Paradoxie der Festivalisierung der Politik: sie erscheint notwendig angesichts der Erosion der kollektiven Basis einer demokratischen Politik – und zugleich befördert sie eben diese Erosion.

Die nachhaltige Wirkung der Politik der großen Ereignisse liegt daher nicht nur in einer fragwürdigen Festivalisierung der Stadtentwicklung, sondern auch in der Festivalisierung von Politik.

Literatur

Berg, L. van den, R. Drewett, L. Klaassen, A. Rossi, und C.H.T. Vijverberg, 1982: Urban Europe: A Study of Growth and Decline. Oxford: Pergamon.
Blum, Helmut, Karolus Heil und Lutz Hoffmann, 1976: Stadtentwicklung – Anspruch und Wirklichkeit, Schriftenreihe der Kommission für wirtschaftlichen und sozialen Wandel, Band 127, Göttingen: Schwarz.
Gotthold, Jürgen, 1978: Stadtentwicklung zwischen Krise und Planung. Köln: Kiepenheuer & Witsch.
Häußermann, Hartmut und Walter Siebel, 1987: Neue Urbanität, Frankfurt a.M.: Suhrkamp.

Häußermann, Hartmut und Walter Siebel, 1993: Wandel von Planungsaufgaben und Wandel der Planungsstrategie – Das Beispiel der Internationalen Bauausstellung Emscher-Park, in: Jahrbuch Stadterneuerung 1993, Berlin: Technische Universität (im Erscheinen).
Hiller, Harry H., 1990: The Urban Transformation of a Landmark Event, The 1988 Calgary Winter Olympics, in: Urban Affairs Quarterly, 26, S. 101-137.
Mäding, Heinrich, 1992: Verwaltung im Wettbewerb der Regionen, in: Archiv für Kommunalwissenschaften, 31, S. 205-219.
Müller, Hans-Peter, 1992: Sozialstruktur und Lebensstile, der neuere theoretische Diskurs über soziale Ungleichheit. Frankfurt a.M.: Suhrkamp.
Offe, Claus, 1990: Sozialwissenschaftliche Aspekte der Diskussion, in: J.J. Hesse und C. Zöpel (Hrsg.), Der Staat der Zukunft, Baden-Baden: Nomos, S. 107-126.

Robert Giloth/Anne Shlay

Spiel ums Wachstum[1]

Auf die Zukunft zu setzen, war immer ein auffallendes Merkmal der Privatwirtschaft und des politischen Lebens in den US-amerikanischen Städten. In der Tat hat die Bereitschaft zum Risiko in der Hoffnung auf Reichtum die Siedlungsmuster in den Vereinigten Staaten seit Beginn der Kolonisierung im 16. Jahrhundert geprägt. Standort, Verkehr, Infrastruktur, öffentliche Subventionen und neue Industrien beflügelten die Phantasie der Betreiber des städtischen Wachstums und ihrer privaten und öffentlichen Unterstützer (Abbott 1981). In den 70er und 80er Jahren dieses Jahrhunderts führten die Bemühungen, ein „Großprojekt" zu gewinnen – ob es sich nun um eine Sport-Mannschaft, ein Aquarium, Disney World, die Olympiade oder eine Weltausstellung handelte – zu sich steigernder städtischer Waghalsigkeit und „öffentlichen Dreingaben". Die Städte mußten innerhalb polyzentrischer und von Rassentrennung geprägter metropolitaner Regionen um die Neubestimmung ihrer Funktionen kämpfen, da das ganze Stadtsystem von der Weltwirtschaft umgestaltet wurde.

Die Planung „großer Projekte" in den Städten ist aus vier Gründen von erheblichem Interesse. Erstens erfordern diese Projekte zweckmäßige Koalitionen aus Regierung, Geschäftswelt und Bürgervertretern, um sie zu propagieren, zugesprochen zu bekommen und durchzuführen; viele Vorhaben kommen nie richtig in Gang oder verlaufen im Sande, weil sie von den Bürgern nicht dauerhaft unterstützt werden (Banfield 1961; Stinchcombe 1967). Zweitens – und in Zusammenhang mit dem eben Gesagten – besteht eine Spannung zwischen Geheimhaltung und stillschweigender Voraussetzung öffentlicher Risikobereitschaft, die Großprojekte häufig charakterisieren, und offener, demokratischer und weitsichtiger Evaluation der Kosten und Nutzen von Projekten solcher Größenordnung und Komplexität. Drittens gibt es Zweifel, ob große Projekte wirklich die sozialen und ökonomischen Vorteile mit sich bringen (oder eine begründete Aussicht darauf), mit denen für sie geworben wird, um die beträchtlichen öffentlichen Investitionen zu rechtfertigen. Schließlich demonstrieren Großprojekte Varianten städtischer Politik, die sich erheblich auf die Inhalte und die Ergebnisse von Entwicklungsprogrammen in den verschiedenen Städten auswirken (Stone 1987).

Die für 1992 unter dem Motto „Zeitalter der Entdeckung" geplante Weltaus-

---

1 Wir danken Richard Hefter, Nancy Knox und Michael Woodruff für ihre wissenschaftliche Unterstützung.

stellung in Chicago liefert reichhaltiges Material für die Untersuchung dieser Fragestellungen. 1980 gelang einer klassischen Wachstumskoalition lokaler Wirtschaftsinteressen und städtischer Verwaltungsmitglieder die Ernennung der Stadt Chicago zum Ort der Weltausstellung 1992 (zusammen mit einer ähnlich großen Veranstaltung in Sevilla), aber bald fand sie sich hartnäckigen Fragen aus der Bevölkerung und Zweifel am Nutzen öffentlicher Unterstützung für dieses große Projekt ausgesetzt. Die Skepsis wuchs, und nachdem eine unabhängige Wirtschaftlichkeitsberechnung im Auftrag der Weltausstellungs-Behörde (vom Staat Illinois mit dem Auftrag gegründet, die Messe zu realisieren) zu dem Schluß gekommen war, daß die Ausstellung in Chicago zwischen 50 und 350 Millionen Dollar Verlust machen würde, lehnte es der Staat Illinois im Juni 1985 schließlich ab, zusätzliche Planungsmittel zur Verfügung zu stellen. Kurz gesagt: Trotz der Ernennung zum Ort der Weltausstellung und der Fürsprache einer Unterstützer-Koalition, die fest in der lokalen Machtstruktur verankert war, kam die geplante Weltausstellung in Chicago nicht zustande (McClory 1985).

Dieser Beitrag analysiert die fehlgeschlagene Planung für die Chicagoer Weltausstellung als einen gegenläufigen Prozeß, der Einsicht in Entwurf und Durchführung großer Projekte gewährt. Die Untersuchung eines gescheiterten Entwicklungsvorhabens kann Erkenntnisse darüber liefern, warum und wie Großprojekte betrieben werden. Mit Hilfe verschiedener Daten wird folgendes zu beschreiben versucht: die Koalition, die die Chicagoer Weltausstellung unterstützte, wie Weltausstellungen in anderen US-Städten verliefen und schließlich die Gründe für das Scheitern der Chicagoer Messe.

Drei Fragestellungen zu großen Entwicklungsprojekten stecken den Rahmen dieser Fallstudie ab:

1. Was sind die Schlüsselelemente für den Erfolg (oder das Scheitern) großer Projekte von der Idee bis zur Durchführung: zweckmäßige Koalitionen, Merkmale des Ausstellungsgeländes, Hinterlassenschaften (z.B. Infrastruktur), ökonomische Situation der Stadt, soziale Bewegungen?
2. Welches Verhältnis besteht zwischen demokratischer Planung und dem Erfolg eines großen Projektes: offene gegen geheime Planung und die Definition eines akzeptablen Risikos für die Allgemeinheit bei hohen Investitionen für ein Großprojekt?
3. Wie sehen Nutzen und Kosten bei großen Projekten aus: Besucherzahlen, direkte und indirekte Ausgaben, öffentliche Bürgschaften und negative Folgen für Einwohner, Wirtschaft und Umwelt?

Der Beitrag schließt mit Überlegungen zum zukünftigen Stellenwert der großen Projekte in den städtischen Entwicklungsstrategien und der Frage, ob Planung, Finanzierung und Vermarktung großer Projekte verbessert werden können. Müssen Großprojekte Glücksspiele mit hohem Einsatz bleiben, die zwangsläufig Kontroversen anheizen, oder lassen sich ihre Planungs- und Finanzierungsbedingungen mit demokratischer Kontrolle, sozialer Gerechtigkeit und schmalen Budgets vereinbaren? Können Städte wie Unternehmen und trotzdem demokratisch geführt werden?

1. Die Chicagoer Weltausstellung von 1992

Chicago, die größte „ländliche Messe" des 19. Jahrhunderts, besitzt eine ehrwürdige Weltausstellungstradition, da sie bereits 1893 und 1933 solche Veranstaltungen ausrichtete. Die Columbian Exposition von 1893 war zweifellos der Höhepunkt einer Reihe von Ausstellungen in den USA im späten 19. und frühen 20. Jahrhundert, die ein amerikanisches „Stadtideal" und einen Weg zur Vervollkommnung des städtischen Lebens aufzeigten. Die Ausstellung von 1933, die wegen der Hundertjahrfeier Chicagos unter dem Motto „Jahrhundert des Fortschritts" stattfand, war eine „modernistische" Messe, die vor allem Wissenschaft und Technik und eine Science-Fiction-Zukunft für die Städte vorführte und schon etwas von den „postmodernen" Ausstellungen der Jahre von 1960 bis 1980 vorwegnahm, die wenig substantielle Themen, aber viel Unterhaltung und Illusion boten (Cronin 1991; Harris 1984).

Nach der Eisenbahnmesse von 1948/49 forderte Colonel McCormick, Eigentümer der Chicago Tribune, ein ständiges Ausstellungsgelände am Lake Michigan. Nach einigem Aufruhr nahm der Messegedanke die Gestalt eines Ausstellungsgebäudes für Kongresse an, des heutigen McCormick Place (Banfield 1961). In den 50er Jahren formierte sich eine andere Initiative, um eine Zweihundertjahres-Ausstellung für Chicago zu planen, und zwar im Gedenken an die amerikanische Unabhängigkeitserklärung von 1776. Es überrascht nicht, daß Philadelphia und Boston dagegen Einwände erhoben und auf ihren historischen Vorrang gegenüber dem Emporkömmling Chicago pochten, der erst 1837 sein Stadtprivileg erhalten hatte.

Nachdem die Stadt bei der Bewerbung um die Expo von 1976 gescheitert war, brach das Ausstellungsfieber in Chicago Mitte der 70er Jahre wieder aus, laut öffentlicher Darstellung aufgrund der visionären Kraft von Harry Weese, eine Art Institution und weiser Mann der Architektur in Chicago. Eine örtliche Bank brachte diesen Visionär in Kontakt mit einer Koalition, der die Bürgermeister Bilandic und Byrne sowie eine Gruppe von Unternehmervertretern angehörten – vereinigt zur Ausstellungsgesellschaft für 1992 (1992 Fair Corporation) –, und die sich um die Chicago Tribune und Commonwealth Edison, den größten Elektrizitätsversorger der Region, gebildet hatte. Eine regionale Meinungsumfrage ergab verbreitetes Interesse an einer Ausstellung. Diese Messe sollte den Tourismus stimulieren, Chicago in den Rang einer internationalen Stadt erheben und sie bot eine Möglichkeit, die notwendige technische Infrastruktur für die Expansion der innerstädtischen Dienstleistungsfunktionen zu errichten (City of Chicago 1992).

Die Stadt Chicago betrieb erfolgreich ihre dritte Weltausstellung, die 1992 zur Erinnerung an den 500. Jahrestag der „Entdeckung" Amerikas durch Kolumbus stattfinden sollte, und zwar 100 Jahre nach der Columbian Exposition. Chicago hatte das B.I.E. (Bureau International des Expositions) dazu bringen können, seine Regeln zur Häufigkeit internationaler Ausstellungen wie zu Doppelausstellungen in einem Jahr zu lockern, denn Paris hatte den Wettbewerb um die Expo 1989 gewonnen (die später abgesagt wurde), und Sevilla bewarb sich ebenfalls für das Jahr 1992.

Die Ausstellungsplaner prognostizierten, daß die sechs Monate dauernde Schau zum Thema „Age of Discovery" 55 bis 60 Millionen Besucher anziehen, einen bescheidenen Gewinn, einen Park und 34.000 Arbeitsplätze abwerfen würde. Der ursprüngliche Plan für die Chicagoer Ausstellung sah ein Gelände von 224 ha am Ufer des Lake Michigan vor, von denen 72 ha durch eine Aufschüttung entstehen sollten. Die Messe hätte die Verlegung eines Autobahnteilstücks, einen Parkplatz für 15.000 Fahrzeuge sowie Erweiterungen der Kanalisation erfordert. Die Bauarbeiten wurden auf ungefähr eine Mrd. Dollar veranschlagt und sollten acht Jahre dauern. Die Messeplaner betonten, daß diese Ausstellung weitgehend aus privaten Mitteln finanziert würde: 750 Mio. Dollar private Mittel sollten durch den Verkauf von Obligationen einfließen, 150 bis 240 Mio. aus öffentlichen Mitteln und 124 Millionen von beteiligten Regierungen.

Auf der Nutzenseite gingen die Planer von 30.000 bis 100.000 direkt und indirekt geschaffenen Arbeitsplätzen aus, von 1,8 Mrd. Dollar an zusätzlichen Unternehmensaktivitäten, 475 Mio. an Lohnerhöhungen und 288,7 Mio. an zusätzlichen Steuereinnahmen. Ein Gewinn von 6,3 Mio. Dollar wurde vorhergesagt, falls die Schätzung der Besucherzahlen sich als korrekt herausstellte. Nach Schließung der Ausstellung würde der Stadt Chicago als „Hinterlassenschaft" ein Park von 809.400 qm übergeben werden. Eine Verdrängung der Wohnbevölkerung wurde nicht erwartet, da weniger als 10.000 Menschen in der Nähe des Geländes lebten.

Aber nachdem das B.I.E. der Stadt Chicago im Juni 1983 den Zuschlag für die 92er Ausstellung erteilt hatte, regte sich wachsende Kritik, die im Juni 1985 schließlich in der Absage resultierte. Die Kritiker erhoben Einwände gegen das isolierte Ausstellungsgelände südlich des Stadtzentrums, den Aufbau einer energieintensiven Infrastruktur im Zentrum, die negativen Effekte der Ausstellungsfinanzierung auf das bereits instabile städtische Finanzsystem und die ungewissen Kosten für die Einwohner. Es wurde bemängelt, daß der Messe eine zwingende Vision und ein überzeugender Zweck fehlten, ein durchgängiges Problem für Planung und Entwicklung postmoderner Städte (Harris 1984; Mier 1993). Außerdem wurden Umsatzeinbußen bei der lokalen Freizeitindustrie – Unterhaltung, Sportmannschaften, Einkaufszentren, Restaurants und Theater – befürchtet, wenn die regionalen Konsumenten ihre üblichen Ausgaben für Unterhaltung auf die Messe verlagerten. Als eines der durchschlagendsten Gegenargumente erwies sich, daß außer Seattle keine Weltausstellung in den USA seit der Chicagoer von 1933 Gewinne abgeworfen hatte, mehrere sogar erhebliche öffentliche Investitionen verloren hatten.

2. Die Balgerei um Weltausstellungen[2]

Eine Weltausstellung als Lösung städtischer Probleme hat Konsequenzen. Den Zuschlag zu bekommen, erfordert geheime Planung, hohe öffentliche Subventionen und ein innerstädtisches Gelände. Wenn eine Stadt, der eine Weltausstellung zugesprochen wurde, zögert und die Auswirkungen abzuwägen beginnt, sich für demokratische Planung einsetzt, die Umwelteffekte einbezieht oder danach fragt, wer denn die Arbeitsplätze erhält, dann läuft sie Gefahr, die Ausstellung an die nächste Stadt in der Warteschlange der Bewerber zu verlieren.

Die Planungen für die Chicagoer Ausstellung zum Zeitalter der Entdeckung gleichen denen vieler US-Städte, die sich um Weltausstellungen (bzw. Olympische Spiele, Sportmannschaften oder andere Megaprojekte) bewarben. Der Planungsprozeß vollzog sich in den üblichen Schritten: Planung hinter verschlossenen Türen bis zur Ernennung durch das B.I.E.; Unterstützung der Städte von seiten hoher Bundespolitiker; Geländeauswahl mit dem Ziel, die innerstädtische Revitalisierung voranzutreiben; Öffnung der Messeplanung nach der Ernennung; lokale Opposition und Konflikte um bleibende Einrichtungen, Nutzen und Kosten; Taktieren von Ausstellungsbefürwortern um die Ausgabe von Obligationen zur Finanzierung, privat/öffentliche Kostenteilung und Subventionen. Nicht alle Städte haben die richtigen Elemente zusammengefügt oder die Opposition der Bevölkerung tatsächlich überwunden. Los Angeles und Philadelphia verloren ihre Messen nach der Ernennung durch das B.I.E. Im Kampf um die 92er Messe warf Chicago die Städte Columbus, Ohio, und Miami, Florida, aus dem Rennen, und die zersplitterte Entwicklungskoalition von Sacramento trug selbst zum Scheitern ihrer Messe bei.

Seit der ersten Weltausstellung im Londoner Kristallpalast 1851 haben sich die Weltausstellungen in den USA in wichtigen Punkten von den europäischen Veranstaltungen unterschieden. Die amerikanischen Messen markierten das Auftreten bestimmter Städte auf der nationalen Bühne, betonten die private gegenüber der öffentlichen Finanzierung und setzten häufiger ebenso auf Unterhaltung genau wie auf Bildung, Handel und nationale Erbauung (Badger 1979). Kurz, US-amerikanische Expos waren nicht einfach der Ausdruck von nationalem Stolz und Weltgeltung, die öffentlicher Subventionen würdig waren; vielmehr begriffen die amerikanischen Städte die Ausrichtung von Weltausstellungen von Anfang an als Teil ihres Kampfes mit konkurrierenden Städten in der städtischen Hierarchie um Märkte, Prestige und Investitionen.

Daß diese Marktorientierung die Weltausstellungsplanung in den USA leitete, bedeutet, daß die Entscheidung, eine Ausstellung durchzuführen oder nicht, nicht auf eine rationale Abwägung von Kosten und Nutzen des Projekts oder auf die

---

2 Daten zu den US-Weltausstellungen seit den 50er Jahren stammen aus Interviews mit Messeexperten in einer Reihe von Städten, Informationen des US-Handelsministeriums sowie Artikeln folgender Zeitungen: Chicago Tribune, New York Times, Los Angeles Times, Detroit News, Philadelphia Inquirer (vgl. Shlay/Giloth 1984).

selbstbewußte Darstellung nationaler Werte und Interessen reduziert werden kann. Vielmehr muß die Entscheidung verstanden werden als ein institutioneller Prozeß, in dem „Wachstumskoalitionen", bestehend aus „ortsgebundenen" Akteuren wie Zeitungen, Banken, Versorgungsbetrieben, Regierungsmitgliedern und Baugewerkschaften, „zweckmäßige Koalitionen" einer breiteren Gruppe von Unterstützern aufzubauen versuchen, um den Zuschlag zu gewinnen. „Zweckmäßigkeit" wird wieder definiert durch die besonderen Projekterfordernisse einer Weltausstellung und großer Entwicklungsprojekte im allgemeinen. Die Hauptmotivation bei der Bewerbung um eine Messe besteht darin, ein langfristiges Wachstumsprogramm zu fördern, über das erheblicher Konsens innerhalb aller Städte besteht. Die öffentliche Rhetorik, mit der man dieses Wachstumsprogramm und das Bemühen um Weltausstellungen rechtfertigt, klingt ebenfalls weitgehend gleich: Arbeitsplätze, Unternehmensinvestitionen, Infrastruktur, Imageaufbau und private Finanzierung. Als Herrscher über die Entwicklung New Yorks während eines halben Jahrhunderts verstand Robert Moses die Bedeutung der Weltausstellungen für amerikanische Städte sehr gut: „...aber was schließlich bleibt, wenn das Fest verklungen ist, die Abbrucharbeiter und Putzkolonnen den Schutt beseitigt und die Landschaftsarchitekten sich an die Arbeit gemacht haben, ist von größerer Bedeutung für die nächste Generation als jedes Spektakel, wie prächtig es auch gewesen sein mag" (Caro 1974, S. 1086). Seltsam angesichts der Erwartung rationaler und demokratischer Planung bei erheblichen baulichen Investitionen in die Städte ist die Tatsache, daß die sachverständige Einschätzung der Kosten und Nutzen einer Weltausstellung nach Gewinn der Bewerbung und nicht vorher erfolgt.

Die Weltausstellungsbewerbung der Stadt Seattle in den späten 50er Jahren markiert den Beginn der Ära „moderner Messen" in den USA; insgesamt sechs waren es seit 1962, und zwar Seattle, San Antonio, New York, Spokane, Knoxville und New Orleans. Alle gehörten zur Kategorie „special class" (Fachausstellung). Es überrascht nicht, daß die amerikanischen Städte die Weltausstellungen als Strategien für Akzeptanz und innerstädtische Entwicklung genutzt haben. Die moderne Ausstellung hat die wildesten Phantasien über innerstädtische Renaissance und Wachstum ausgelöst. Mitte der achtziger Jahre z.B. fragten mindestens zehn bis fünfzehn Städte beim Wirtschaftsministerium an, ob man nicht jedes Jahr eine Messe abhalten könne. Das Wall Street Journal (WSJ) schrieb dazu: „Weltausstellungen waren einmal echte Weltereignisse, die dauerhafte Errungenschaften hinterließen. Heute handelt es sich um großartige Spektakel, von denen am offensichtlichsten die lokalen Verfechter städtischen Wachstums profitieren" (WSJ, 26.3.1984).

Nicht alle Städte dürfen eine Ausstellung inszenieren. Wenn eine Stadt den Zuschlag bekommt, scheint stets die fördernde Einflußnahme lokaler Wachstumsbefürworter – Unternehmer, Politiker und prominente Bürger – im Spiel zu sein. Ideen zur Bewerbung um eine Ausstellung werden in den Treffpunkten der Elite ausgeheckt: Die Ausstellung von Seattle erblickte das Licht der Welt im noblen

Seattle Athletic Club, die New Yorker in der exklusiven Mutual Admiration Society, und Chicagos Expo 1992 wurde im Commercial Club der Stadt geboren, dem Klub, der Daniel Burnhams „Plan für Chicago" von 1909 unterstützt hatte. Die Bewerbungspläne werden erst einmal geheim betrieben und aus privaten Mitteln gefördert, in Chicago z.B. mit 600.000 Dollar.

Dann wird die Messeidee in Washington, D.C., von Senatoren, einflußreichen Verwaltungsmitgliedern und Unterstützern der Präsidentschafts-Wahlkampagne vertreten. Das Wirtschaftsministerium und der Präsident müssen zugestimmt haben, bevor man sich an das B.I.E. in Paris wenden kann. Städte, denen Ausstellungen zugesprochen werden, verfügen über gute Verbindungen zum Zentrum der Macht.

Die Gewinnerstädte nutzen Weltausstellungen häufig, um langfristige Gesamtpläne aufzustellen und durchzuführen. Die Ausstellungsplanungen von New York, Seattle, Knoxville und Chicago waren Teil eines größeren Programms zur innerstädtischen Entwicklung. Die Gewinner wählten fast immer innerstädtische Ausstellungsgelände, Gebiete mit nicht ausgelasteten Bahnbetriebshöfen, Hafenanlagen, Lagerhäusern oder „verfallender" Wohnbebauung. Der Zuschlag für eine Expo verspricht Hinterlassenschaften für die Innenstädte: Kongreßzentren, Stadien und Veranstaltungssäle. New York und Chicago planten in dieser Hinsicht vor allem Parks und Verbesserungen der Verkehrsverbindungen und der öffentlichen Versorgung, d.h. die notwendige Infrastruktur für zukünftige, neue Entwicklung. Nach jahrelangen Bemühungen – mit unterschiedlichen Ergebnissen –, Autobahnen und Brücken zur Anbindung der Innenstadt von New Orleans durchzusetzen, gelang es neuen Unternehmereliten schließlich, mittels einer Ausstellung einen großen Marktplatz (auch für Festivals) und ein Geschäftszentrum zu bekommen.

Städte, deren Bewerbungen scheitern, fallen in zwei Kategorien. Dem ersten Typ gelingt es nicht, das Wirtschaftsministerium oder das B.I.E. zu einer Ernennung zu bewegen, weil sie von konkurrierenden Städten ausgebootet werden. Viele, wie Miami oder Detroit, reichen niemals eine formale Bewerbung ein. Andere ergattern die begehrte Ernennung, verzetteln sich dann, verlieren den Schwung und schließlich die Messe. Daß Städte es schaffen, internationalen Beifall für diese Großereignisse zu erringen und dann doch noch zu scheitern, zeigt, daß zur Durchführung einer Messe mehr gehört als der offizielle Zuschlag.

Eine Messe nicht zugesprochen zu bekommen, verläuft ähnlich. Die Städte beginnen zu spät mit der Planung, und oft werden ihnen spekulative oder unklare Vorstellungen vorgeworfen. Sie verfügen nicht über angemessene Ausstellungsgelände. Die nicht ernannten Städte haben ein „schlechtes" Image: z.B. nährten hohe Kriminalitätsraten und Unruhen die Skepsis, ob Detroit und Miami in der Lage seien, solche Großereignisse durchzuführen. Andere Städte werden als zu klein betrachtet oder ihre Finanzierungsmöglichkeiten und Verkehrssysteme als nicht angemessen. Allen Verliererstädten ist gemeinsam, daß es ihnen nicht gelingt, den erforderlichen Zusammenhalt in der Geschäftswelt oder ausreichende Einflußnahme von Befürwortern auf Bundesebene zu erreichen. Wie es ein Messefreund aus Columbus, Ohio, ausdrückte: „Chicago warb intensiver und beantragte eine viel größere Ausstellung."

Aber es gibt auch Ausnahmen von diesen Erfolgs- und Mißerfolgsszenarien, und an ihnen zeigt sich, daß die lokale Ausstellungspolitik eine bedeutende Rolle spielt. Ohne ein Gelände ausgewiesen zu haben, wurde Philadelphia zum Austragungsort der für 1976 geplanten Zweihundertjahr-Ausstellung ernannt, für die viele Bewerbungen vorlagen, und stach den Bostoner Plan für ein neues Stadtviertel auf einer riesigen Aufschüttung aus.

Aber dann ging die Stadt der Ernennung wieder verlustig, denn alle vorgeschlagenen Flächen erwiesen sich als unrealistisch oder inakzeptabel. Das erste abgelehnte Gelände war eine gigantisch teure Plattform auf Stelzen über der Penn Station. Der letzte Vorschlag sah ein Gelände in den Sümpfen in Flughafennähe vor; es wurde als zu laut und verschmutzt befunden. Zu allem Überfluß spaltete sich die schwerfällige, 112 Mitglieder starke Planungsgruppe.

Auf der anderen Seite schmähte Robert Moses, Vorsitzender der New Yorker Ausstellungsgesellschaft, das B.I.E. wegen seiner Restriktionen hinsichtlich der Ausstellungsdauer und der Beiträge von Ausstellern für die Bauleistungen (Caro 1974). Moses wollte die New Yorker Ausstellung nach seinen Vorstellungen durchführen, und sie sollte zwei Jahre lang laufen.

Die kalifornische Ausstellungsgeschichte ist einmalig. Die für 1967/68 geplante Ausstellung unter dem Motto „Würde des Menschen" sollte aus den Erträgen von Off-shore-Ölfunden finanziert werden und sah den Bau der größten Pier der Welt in der Nähe von Long Beach vor. Machtkämpfe, Entlassung von Vorstandsmitgliedern und Skepsis gegenüber der Finanzierung führten dazu, daß der Ausstellungsstandort nach San Bernardino verlegt wurde und das Projekt schließlich zusammenbrach. Los Angeles war ursprünglich der Vorzug vor Knoxville für die Ausrichtung einer Messe im Jahr 1981 gegeben worden. Aber auch hier ging die Ernennung verloren, weil das Gelände – die bankrotte Motorradrennstrecke Ontario Speedway – sich als unzulänglich erwies, sehr zum Verdruß der Bank of America, in deren Besitz sich die Vermögenswerte des Unternehmens befanden. Das Gelände lag zu weit von der Stadt entfernt, bot wenig Möglichkeiten für dauerhafte Einrichtungen, und außerdem erboste diese Wahl die Anwohner und Unternehmen in den kleineren umliegenden Städten. Im März 1984 gab Sacramento seine Bemühungen um eine Landwirtschaftsmesse im Jahr 1987 auf. Das Gelände – ein staatliches Messegelände – war bereits erschlossen, und daher wären keine neuen Einrichtungen entstanden. Die Erschließungsgesellschaften bekämpften sich gegenseitig, und die ausbleibenden Besucher der Ausstellung in New Orleans verschreckten die beteiligten Regierungsmitglieder.

Detroit in Michigan, die verfallende Hauptstadt des Automobilbaus in den Vereinigten Staaten, ist ebenfalls als ständiger Verlierer aus den Bewerbungen um Weltausstellungen hervorgegangen, abgesehen davon, daß die Stadt auch die Olympischen Spiele von 1968 und einen politischen Kongreß im Jahre 1964 nicht durchführen durfte. Sie bewarb sich um Messen, die für 1972 und 1989 geplant waren. Die Bewerbung für 1972 wurde abschlägig beschieden, weil es Streitigkeiten zwischen Befürwortern der Ausstellung und dem Bürgermeister gab, der Kosten und Nutzen der Veranstaltung angezweifelt hatte. Dabei hatte das Wirtschaftsministerium die Bewerbung Detroits „günstig" beurteilt, bis diese internen Querelen ausbrachen.

Die Geschäftsleute der Detroiter Downtown propagierten die 89er Ausstellung, aber die Opposition der Bevölkerung vereitelte ihre Pläne, und es kam nicht zu einer formalen Bewerbung. Leda Hall, Vertreterin der „Besorgten Bürger von Coss Corridor", befürchtete Verdrängungen und Mietsteigerungen als Auswirkungen der Messe: „Die Wut der Anwohner richtet sich hauptsächlich gegen die Geheimhaltung, denn sie glauben, daß die Stadt in deren Schutz Pläne entwickelt, die auch ihre Nachbarschaften betreffen könnten." Der Vertreter des Detroiter Stadtrats Mel Ravitz plädierte für einen anderen Ansatz der städtischen Wirtschaftsentwicklung: „Detroits Zukunft liegt nicht in Extravaganzen. Sie liegt in einem soliden wirtschaftlichen Fundament, damit wir Arbeitsplätze und gute Lebensbedingungen schaffen können."

Alle Weltausstellungen haben den Widerstand der Bevölkerung geweckt. In zwei dramatischen Fällen – Los Angeles und Chicago (1992) – haben Bürgerproteste erheblich zur Aufgabe der Projekte beigetragen. Die Opposition der Bevölkerung hat sich in vielen Formen geäußert. In New York protestierten Bürgerrechtler gegen die rassistische Einstellungspraxis der Messegesellschaft, indem sie den Verkehr am Eröffnungstag blockierten. Einwohner Philadelphias reisten nach Paris, um gegen die Ernennung der Stadt durch das B.I.E. vorzugehen. In Spokane, Washington, kämpften Denkmalsschützer für den Erhalt von zwei historischen Bahnhöfen, und die Ausgabe von Obligationen zur Finanzierung der Messe wurde von den Bürgern abgeschmettert. In New Orleans wurde unter Führung von Jesse Jackson zwei Jahre lang gekämpft, um die Messeplaner zur Annahme eines Einstellungsprogramm für Minderheiten zu bewegen. Die Bürger von Knoxville konnten ihre Forderung nach einem Referendum zur Ausstellung nicht durchsetzen, obwohl dies laut Meinungsumfragen von 89 Prozent der Bevölkerung gewünscht wurde.

Konzertierte Opposition gegen Weltausstellungen ist nicht einfach. Ausstellungen bieten märchenhafte Lösungen für städtische Probleme: Arbeitsplätze, Tourismus, Einzelhandel, Infrastruktur und eine Möglichkeit, verschiedene Finanzierungsquellen der Regierung anzuzapfen. Politiker beschwören die Vorteile einer Messe, wenn sie den Spießrutenlauf um den ersten Platz auf der Bewerberliste erfolgreich absolviert haben. Außerdem kann der Widerstand der Bevölkerung bröckeln: Ausstellungen bieten Arbeitsplätze und wirtschaftliche Chancen, die denen Hilfe versprechen, die sie am dringendsten brauchen, sei es auch nur für kurze Zeit. Die Bedürftigsten sehen sich gezwungen, einen kümmerlichen Traum mit gar keinem Traum zu vergleichen. Und das ist keine leichte Wahl.

3. Wer betrieb die Chicagoer Weltausstellung?

In den frühen 80er Jahren sah es so aus, als folge Chicago dem erfolgreichen Weltausstellungs-Modell. Eine kleine, festgefügte Gruppe von Förderern aus Wirtschaft und Regierung betrieb die Planungen halb geheim, wurde unterstützt von Bundespolitikern und finanzierte eine hochrangige, alle Medien nutzende Kampagne für Chicago beim B.I.E. in Paris. Weitere Hilfe kam von bestimmten großen Anwalts- und Architekturbüros, die auch Befürworter des Wachstums waren. Chicago erhielt den Zuschlag schließlich mit einem Ausstellungsgelände, das die innerstädtische Entwicklung begünstigte, weitgehend private Finanzierung in Aussicht stellte sowie Arbeitsplätze, erhöhte wirtschaftliche Aktivitäten und bleibende Infrastruktureinrichtungen versprach. Aber nach einer dramatischen Wendung des Geschehens brachen diese Messepläne im Juni 1985 zusammen.

Daß Chicago seine Expo nach einer so herausragenden Leistung doch noch verlieren sollte, erscheint um so unwahrscheinlicher, wenn man die Struktur der Unterstützerkoalition untersucht. Die Befürworter der Ausstellung wurden von einer „juristischen Person" repräsentiert, der Chicago World's Fair 1992 Corporation, die 1981 unter Vorsitz von Thomas Ayers, einem leitenden Mitarbeiter eines Versorgungsbetriebes, gegründet worden war. 1981 eine kleine Gruppe mit 17 Mitgliedern, wuchs die Ausstellungsgesellschaft bis zum August 1983 auf 55 Mitglieder an. Keines der ursprünglichen Mitglieder verließ die 1992 Fair Corporation. Unternehmensvorstände, hohe Verwaltungsmitglieder und Aufsichtsratsvorsitzende waren die wichtigsten Beteiligten.

Es existiert eine Untersuchung zu den öffentlich/privaten und den Unternehmensverflechtungen der Mitglieder der Ausstellungsgesellschaft und der Ausstellungsbehörde, die 1984 vom Staat Illinois zur Durchführung der Messe gegründet wurde. Diese Studie geht von der Hypothese aus, daß gemeinsame Zugehörigkeiten zu Unternehmen, Organisationen und gesellschaftlichen Zusammenhängen unter den Befürwortern der Ausstellung einen sozialen Konsens erzeugten, der wiederum die Neigung zu einer andere Gruppen ausschließenden und eng gefaßten Planung verstärkte (Mintz/Schwartz 1985). Andere wichtige Bindeglieder zwischen den Ausstellungsteilnehmern wie Kapital- oder Wertpapierbewegungen wurden nicht untersucht. Die Datenerhebung erbrachte ein Sample von 1.064 Personen, die mit den Planungen für die 92er Weltausstellung oder den Mitgliedern der Ausstellungsgesellschaft aufgrund gemeinsamer Zugehörigkeit zu Aufsichtsräten in Verbindung standen. Insgesamt unterhielten diese Chicagoer Bürger Kontakte zu mehr als 1.000 Unternehmen und 1.700 öffentlichen und privaten Organisationen in der Region Chicago (Shlay/Giloth 1987).

Die Analyse der Wachstumskoalition bzw. „Machtstruktur", die die Chicagoer Ausstellung vorantrieb, vollzog sich in zwei Schritten. Zunächst wurden die 17 Unternehmen genauer untersucht, von denen zwei oder mehr Mitarbeiter oder Führungskräfte der Ausstellungsgesellschaft angehörten. Diese „zentralen" Firmen bildeten das Skelett der Machtstruktur, die die Messe vorbereitete. Zweitens wurden jene Verbindungen und Verzahnungen im Zeitablauf untersucht: Nahm die Bedeutung der zentralen Unternehmen später im Verlauf, als die Mitgliederzahlen der Ausstellungsgesellschaft wuchsen, zu oder ab?

Wie es Theoretiker von Wachstumskoalitionen vorausgesagt hatten, repräsentierte die 1992 Fair Corporation durchgängig die Wirtschaft, darunter einige der größten Unternehmen der metropolitanen Region Chicago. Die Ausstellungsgesellschaft wurde dominiert von Vertretern aus verarbeitender Industrie, Verlagswesen, Medien, Werbung, Energieunternehmen, Banken, Versicherungen und Immobiliengesellschaften. Die Tribune Company, Herausgeber der Chicagoer Tageszeitung mit der weitesten Verbreitung, war mit 17 Mitgliedern am stärksten in der Ausstellungsgesellschaft vertreten. Field Enterprises, damals Herausgeber der zweitwichtigsten Tageszeitung Chicagos, der Sun Times, hatte fünf Vertreter entsandt. Die Continental und die First National Bank verfügten zusammen über 14 Repräsentanten, davon entfiel die höchste Anzahl auf die größte Chicagoer Bank, die First National Bank of Chicago. Auch die Energieunternehmen waren mit fünf Repräsentanten der Firma Commonwealth Edison fest mit der Ausstellungsgesellschaft verbunden. Die Ausstellungsgesellschaft unterhielt eine Vielfalt von Verbindungen zu Industrie, Werbung und Einzelhandel.

Diese Firmen wiesen mehr Gemeinsamkeiten als nur personelle Verflechtungen auf. Sie hatten hier ihre Firmenzentralen bzw. ihr Kapital war zum großen Teil im Besitz von Chicagoer Aktionären, und sie besaßen Büros in Chicagos Innenstadt. Historisch gesehen bestand aus eben diesen Unternehmen – bzw. ihren Vorgängerfirmen – der Kern der ökonomischen Elite Chicagos (Dooley 1969). Sie hatten seit langer Zeit Anteil an der Chicagoer Entwicklung, insbesondere am innerstädtischen Wachstum, gehabt. Daher überrascht es nicht, daß die zentralen Firmen, die die Planungen für die Chicagoer Weltausstellung bestimmten, den Firmenkonstellationen gleichen, die allgemein als Wachstumsmaschinen gelten (z.B. Zeitungen, Banken, Versorgungsunternehmen) (Molotch 1976).

Weitere Belege für die wichtige Rolle einer kleinen Gruppe von Unternehmen und Wirtschaftsinteressen bei der Planung für die Chicagoer Weltausstellung lassen sich aus den organisatorischen und gesellschaftlichen Zugehörigkeiten der zentralen Firmen gewinnen, die mit der Ausstellungsgesellschaft verbunden waren. Mehr als ein Viertel der Mitglieder der Ausstellungsgesellschaft rekrutierte sich aus den Verwaltungsräten von Unternehmervereinigungen wie der Chicago Association of Commerce and Industry, Chicago United und des Chicagoer Central Area Committee. Außerdem fand sich beinahe die Hälfte der gesamten Wirtschaftsförderungs-Kommission der Stadt Chicago (City of Chicago's Economic Development Commission) in der 1992 Fair Corporation. Die Mitgliedschaft in bestimmten Klubs ist ein wichtiger Indikator sowohl für die Zugehörigkeit wie für den Status innerhalb der gesellschaftlichen Elite (Domhoff 1970). Über ein Fünftel der Mitglieder der Ausstellungsgesellschaft gehörte entweder dem Chicago Club, dem Commercial Club oder dem Economics Club an, die zu den angesehensten Klubs der Stadt zählen (Rottenberg 1978).

Die Dominanz der zentralen Firmen wurde geschwächt, als die Ausstellungsgesellschaft zwischen 1981 und 1983 ihre Mitgliederzahlen erhöhte, um so eine repräsentativere Koalition zu bilden. Obwohl ihre Geschäftsführer die informelle Kontrolle behielten, mußten die einflußreichsten zentralen Unternehmen – die Chicago Tribune, Commonwealth Edison und die First National Bank – eine Verringerung ihrer proportionalen Repräsentanz in der Ausstellungsgesellschaft um die Hälfte oder mehr hinnehmen. Dieser Trend setzte sich fort mit der Einrichtung einer 27 Mitglieder starken Weltausstellungsbehörde durch den Gouverneur von Illinois, James Thompson, und den Bürgermeister von Chicago, Harold Washington: Die zentralen Schlüsselfirmen verloren weiterhin an proportionaler Repräsentanz, und sieben von ihnen waren gar nicht in der neuen Behörde vertreten, die den Auftrag hatte, die Messe zum „Zeitalter der Entdeckung" in die Realität umzusetzen.

4. Der Niedergang der Chicagoer Weltausstellung von 1992

Das Scheitern der Chicagoer Weltausstellung erscheint paradox angesichts des weitreichenden Netzwerks von Unternehmensinteressen bei den Befürwortern und der offenbar überragenden Leistung der Chicagoer Wachstumskoalition, die der Stadt die Ernennung überhaupt erst einbrachte. Alles schien sich wie gewünscht zu entwickeln. Aber ihre Komplexität und Schwerfälligkeit machen Weltausstellungen zu anfälligen Vorhaben. Es handelt sich um Großprojekte, die langfristige Planungen erfordern, erhebliche öffentliche und private Investitionen, die Zustimmung verschiedenster Individuen und Gruppen, öffentlichen und privaten Nutzen und die Bereitschaft der Bevölkerung, ein Risiko einzugehen. Wenn eine bestimmte Schwelle des Hinterfragens und Abwägens überschritten wird, kann das die Messeplanung lähmen und dazu führen, daß das Ziel aus den Augen gerät. Dieser Prozeß wird oft noch verstärkt, wenn die Ausstellungsbefürworter sich um neue Gelände bemühen, die Bürgerbeteiligung verstärken und nach einer plausiblen Darstellung der Kosten und Nutzen suchen. An mehreren amerikanischen Städten ließ sich beobachten, daß die Messeplanungen ins Stocken geraten und schließlich zum Scheitern verurteilt sind, wenn eine Reihe dieser Faktoren zusammentrifft.

Drei Perspektiven auf das Scheitern der Chicagoer Weltausstellung heben die Bruchstellen hervor, die in den Planungen für Weltausstellungen angelegt sind (Shlay/Giloth 1987). Erstens ist festzuhalten, daß trotz der ursprünglichen Machtstruktur der Ausstellungsgesellschaft eine „zweckmäßige Koalition", die die Realisierung der Messe ermöglicht hätte, letztlich nicht zustandekam. Ein Zeichen dafür ist die Verdreifachung der Mitgliederzahlen der Ausstellungsgesellschaft, die sie repräsentativer machen sollte; eine Strategie, die in vielen Expo-Städten mit unterschiedlichen Resultaten verfolgt wurde. Wichtiger noch ist, daß Harold Washington – der neugewählte afroamerikanische Bürgermeister Chicagos – die

Rolle der Wirtschaftseliten durch seine Berufungen in die Weltausstellungsbehörde schwächte. Die Weltausstellung von 1992 wurde im Geheimen geboren und verschied im Lichte öffentlicher Prüfung.

Das Scheitern der Organisation zu verstehen, ist keine einfache Angelegenheit. Wie die meisten US-Städte befand sich auch Chicago in einem Prozeß des Wandels: Firmen, die hier ihre Zentrale hatten, wurden von Konzernen aufgekauft, was die lokale Machtstruktur und die Rolle der lokalen Elite schwächte; und die zunehmend aus der Entfernung agierenden Unternehmensführungen hatten keine Verbindung zu der entstehenden afroamerikanischen und lateinamerikanischen Mehrheit in Chicago (Chicago Project 1987; Haider 1986). Das wurde sehr deutlich an den Ängsten und dem Distanzgebaren der Unternehmergemeinde, als Harold Washington zum ersten schwarzen Bürgermeister Chicagos gewählt wurde (Mier 1993). Wie in anderen Städten mit afroamerikanischen Bürgermeistern, versuchte auch die Wirtschaftselite von Chicago, dem neuen Bürgermeister die Kontrolle über die wirtschaftliche Entwicklung zu entziehen. Kein Wunder, daß Washington sich nicht für die Weltausstellung engagieren mochte (Mier 1993). Schließlich wurden die konservativen Wirtschaftseliten, die sich in den 30 Jahren seit Ende des 2. Weltkriegs für die Chicagoer Innenstadt eingesetzt hatten, durch eine neue Generation von Immobilienhändlern und Investoren abgelöst, die man bei den Planungen für die Weltausstellung noch kaum beteiligt hatte.

Das Scheitern der Organisation umfaßt aber mehr als die Frage der Zugehörigkeit, also wer zu der Runde zugelassen wurde, die über Chicagos Zukunft phantasierte. Vielmehr geht es darum, wie die Planungen verliefen. Nach Absage der Messe wurde der Ausdruck „Weltausstellungssyndrom" geprägt, um die von oben nach unten gerichteten, zentralisierten Lösungen für alle möglichen Probleme zu beschreiben (Giloth/Mier 1993). Anders gesagt: Die Ausstellungsgesellschaft verfolgte ihr Ziel mit Arroganz und Inflexibilität, was diejenigen erboste, die lediglich vernünftig informiert werden wollten, und sie erst zu Skeptikern und dann zu Widersachern werden ließ. Die Ausstellungsgesellschaft war ihr eigener schlimmster Feind.

Aus einer zweiten Perspektive wird das Scheitern damit begründet, daß Weltausstellungen und viele große Entwicklungsprojekte zwangsläufig Fehlkonstruktionen sind. Einfach, weil es keine direkte finanzielle Unterstützung durch die Bundesregierung für diese Großprojekte gibt. Chicago war in einer besonders schwierigen Lage, weil es eine Ausstellung der Kategorie „universell" (universal class), d.h. vier- bis fünfmal so groß wie eine Ausstellung oder Fachmesse, ausrichten mußte, um sich mit Sevilla messen zu können.

Expos können jedoch trotz der Reibungsverluste durch Schwerfälligkeit und genaue Prüfung bestehen, wenn ihr öffentlicher und privater Nutzen groß genug ist, um effektive Koalitionen und öffentlichen Konsens herzustellen. Das ist ebenso eine Frage der Phantasie und des Wunschdenkens wie der Realität, weil Messen im allgemeinen direkte finanzielle Verluste erwirtschaften, für die letztlich die öffentliche Hand verantwortlich ist. Der indirekte langfristige Nutzen erwächst allerdings weitgehend den Geschäfts- und Regierungsinteressen, die sich auf die innerstädtische Entwicklung richten. In Chicago passierte folgendes: Die dauerhaften Hinterlassenschaften (und „Vorab-Hinterlassenschaften", so genannt, weil vor der Messe durch lokalen Druck auf Bundespolitiker materielle Zuwendungen aus Regierungsmitteln erfolgten, die Wähler geneigt machen sollten) lösten keine ausreichende Begeisterung aus: Die Verlegung und Tieferlegung einer Schnellstraße und weitere Landaufschüttungen im See waren extrem langfristige Projekte; dagegen gab es viele alte Bahngelände, die der Erschließung harrten, und viele städtische Quartiere, die dringend ökonomischer Entwicklung bedurften.

Eine fundamentale Herausforderung für die 92er Expo lag darin, daß sie während des größten innerstädtischen Baubooms in Chicago geplant wurde, in dessen Verlauf zwischen 1979 und 1986 Investitionen von 8 Mrd. Dollar getätigt und viereinhalb Millionen qm Bürofläche errichtet wurden (Ludgin/Massoti 1987). Darin zeigte sich nicht einfach ein marktförmiger Prozeß oder eine Reaktion auf die Steueranreize für Immobilieninvestitionen, die auf die Steuerreform unter Reagan zurückgingen; es war auch das Ergebnis konzertierter Planungs- und Investitionsstrategien zugunsten der innerstädtischen Entwicklung, die die Stadt Chicago und Innenstadt-Entwickler seit den 50er Jahren verfolgten. Chicagos Downtown mußte gar nicht angekurbelt werden; viele befürchteten sogar eher zerstörerische Auswirkungen der expandierenden Innenstadt (Loop genannt) auf angrenzende Wohn- und Industriegebiete. Nachbarschaftsgruppen stritten ungestüm um einen Anteil am innerstädtischen Kuchen, um die beträchtliche Deinvestition zu mildern, der sie sich ausgesetzt sahen, oder sie wehrten sich gegen die negativen Auswirkungen der innerstädtischen Entwicklung auf angrenzende Wohn- und Geschäftsviertel (Giloth/Betancur 1988).

Kurz, die Weltausstellung war zum Teil eine Entwicklungslösung für ein gar nicht vorhandenes Entwicklungsproblem (Longworth 1987). Dieses Problem erschütterte den energischen Einsatz der Wachstumspropagandisten aus der Wirtschaft zunächst nicht. Aber als der ökonomische Nutzen der 92er Messe genauer in Augenschein genommen wurde, wurde es immer deutlicher.

Die Ausstellungsbefürworter waren nicht imstande, die Kosten und Nutzen der Weltausstellung überzeugend und so darzustellen, daß sie die Befürchtungen der Anwälte des öffentlichen Interesses zerstreut und die Unterstützung privater Immobilienfirmen sowie der Nachbarschaftsgruppen gewonnen hätten, die sich um Arbeitsplätze, Dienstleistungen und Investitionen für ihren Bezirk sorgten. Die Ausstellungsgesellschaft verfügte kaum über genaue Zahlen, und die Zahlen selbst änderten sich ständig, ob es sich nun um die Infrastrukturkosten, um öffentliche Investitionen, Besucherzahlen, Verdrängung von Mietern oder Geschäften oder um Arbeitsplätze handelte. Eine der letzten Debatten drehte sich um die Besucherzahlen: würde die Ausstellung 60 Millionen Menschen anziehen, wie zunächst angenommen, 45 Millionen, wie die unabhängige Evaluation von Arthur D. Little behauptete, oder bloß die 32 Millionen, die andere unabhängige Analysen für realistisch hielten (Shlay 1985)? Es gab zu viele Lücken in den Berechnungen.

Es gelang der Ausstellungsgesellschaft nicht, die Aufmerksamkeit der Bevölkerung auf die Zukunft der Stadt und deren unauflösbaren Zusammenhang mit einer Expo zu richten – eine Feier für Chicago, das sich dem Jahr 2000 nähert. Statt Visionen und Risikobereitschaft auszulösen, förderte die 92er Ausstellung Skepsis, Ungläubigkeit und Desinteresse. Und statt daraufhin den Entwurf für die Messe grundsätzlich zu überdenken, verbanden die Verfechter ein arrogantes Vorantreiben mit Versuchen, die Opposition durch Projekte, Ressourcen und Mitgliedschaften einzukaufen, sie verwandelten die ausstellungsorientierte Messe in ein Unterhaltungsspektakel und ließen sich auf Patronage-Initiativen des Staates Illinois ein, die als „gateways" (freier Zugang, um sich etwas zu verschaffen) und „presiduals" (Vorab-Hinterlassenschaften) bezeichnet wurden (Mier 1993). Das große, schwerfällige Ausstellungsprojekt wurde noch größer und schwerfälliger. Und dann der Todeskuß: Plötzlich häuften sich rund um die Stadt und in der Region die Vorschläge für alternative Ausstellungsgelände, und jeder einzelne hatte seine eigene Unterstützergruppe wie seine Widersacher. Das Modell einer gelungenen Weltausstellungsplanung geriet ins Trudeln.

Eine dritte Perspektive hebt ab auf die besonderen Stärken, die der Organisation der Bevölkerung und ihrer Empörung sowie der Skepsis der reformierten Verwaltung des Bürgermeisters Harold Washington innewohnten (McClory 1985; Shlay/Giloth 1987). Zwischen den Bürgerinitiativen und dem Bürgermeister bestand eine dynamische und sich gegenseitig verstärkende Interaktion, die zwar keine Seite vollkommen verstand, die sie aber gemeinsam ein alternatives politisches Programm erstellen ließ, das in Chicago bis dahin kaum Echo gefunden hatte. Seit Jahren hatten Nachbarschaftsgruppen gegen die Überinvestition in die Innenstadt gekämpft, besonders seit 1973 der Chicago 21 Plan in Kraft getreten war, der eine Erneuerung der Innenstadt und der direkt angrenzenden Quartiere versprach. Unter den vorangegangenen städtischen Verwaltungen war die Opposition der Bevölkerung durchgängig ignoriert worden. Harold Washington veränderte dann die politische Landschaft Chicagos: er erzielte im April 1983 einen unerwarteten und hart erkämpften Wahlsieg, wurde der erste schwarze Bürgermeister der Stadt und trat sein Amt mit einer politischen Plattform an, die Arbeitsplätzen, Bürgerbeteiligung und Quartiersentwicklung den Vorrang einräumte. Kaum jemand hatte damit gerechnet, daß diese unheilige Allianz ausgerechnet in das Rathaus einer Stadt einzog, die als letzte der politischen Maschinen galt (Clavel/Wievel 1991; Rivlin 1991).

Sowohl Bürgerinitiativen wie der Bürgermeister beharrten darauf, auch über Bedenkliches informiert zu werden, stellten die Kosten- und Nutzenberechnungen in Frage und formulierten strenge Kriterien des öffentliches Interesses für öffentliche Investitionen und öffentlichen Nutzen. Washington berief einen Weltausstellungsbeirat, der zu Vorsicht riet, handelte ein Abkommen mit dem Staat Illinois aus (31.5.1984), das Investitionen und Haftung der Stadt minimierte, und berief eine Gruppe von Führungspersonen aus Wirtschaft, Bürgerbewegungen, Religionsgruppen und Arbeiterorganisationen in die Weltausstellungsbehörde. Am wichtigsten war jedoch, daß Washington die 92er Ausstellung nicht bei seinen Wählern in den Wohngebieten propagierte (Mier 1993).

Die Ausstellungsgegner hatten sich in dem 1992 Committee (ein multikultureller Dachverband von 47 Bürger-, Nachbarschafts- und Umweltorganisationen) zusammengeschlossen und verfolgten hartnäckig jeden Schritt des langwierigen Planungsprozesses: sie bezweifelten Kosten und Nutzen der Ausstellung, gaben Studien zu den Folgen für Umwelt, Infrastruktur und Arbeitsmarkt in Auftrag, und brachten die fragwürdigen Ausstellungserfahrungen der Städte Knoxville und New Orleans an die Öffentlichkeit. Dem Komitee gehörten sowohl entschiedene Messegegner wie Bürger an, die lediglich vernünftiges Vorgehen und ehrliche Informationen wollten. Außerdem gab es nicht direkt im 1992 Committee vertretene Gruppen, die es vorzogen, mit der Ausstellungsbehörde um Arbeitsplätze für Minderheiten und Aufträge zu verhandeln (Betancur/Gills 1993). Die Expo war wie ein Elefant mit verbundenen Augen, der über Fragen, Forderungen und Skepsis des 1992 Committee stolperte. Dessen beharrliches Nachfragen nährte die Bedenken von Harold Washington, Magistrat und führenden demokratischen Politikern des Staates Illinois.

Die Messemetaphorik von Vergnügen und Festlichkeit kam in Chicago in diesen Jahren nicht besonders gut an, vor allem bei der afroamerikanischen Bevölkerung. Harold Washingtons Bewerbung um das Bürgermeisteramt begann mit einem Boykott des von der Bürgermeisterin Jane Byrne initiierten ChicagoFests – ein Rummel auf Chicagos Navy Pier – im Sommer 1982. Ihr Boykott wurde angeführt von Jesse Jackson, um gegen die mangelnde Beteiligung der Schwarzen an Chicagos wirtschaftlichem und politischem Leben zu protestieren. Jane Byrnes Verwendung des Weltausstellungssymbols „Stadt als Spaß" steigerte den Unmut der afroamerikanischen Wähler, die in überwältigender Anzahl bei der Vorwahl im Februar 1983 für Harold Washington stimmten (Mier 1993; Rivlin 1991; Squires et al. 1987).

Chicagos Weltausstellung von 1992 scheiterte aus all diesen Gründen: unzulängliche Organisation, schlechtes Planungsdesign und Widerstand von Bürgern und Politikern. Als die Gegenbewegung einmal in Schwung gekommen war, erwies sie sich als so umfangreich und kraftvoll, wie es kaum jemand für möglich gehalten hatte. Tatsächlich kam das Scheitern der Messe für die meisten völlig überraschend. Nach dem Vorbild von New Orleans organisierten die Ausstellungsgegner eine Wache und einen Marsch, um den Kadaver ein für allemal zu begraben. Die Messefreunde gaben nicht auf und versuchten, die 92er Ausstellung unter neuen Vorzeichen und anders ausgerichtet wiederzubeleben. Noch zwei Jahre später hatten sie mehrere Berater von Harold Washington dazu gebracht, eine bescheidenere Version der Ausstellung beim B.I.E. zu beantragen. Aber gescheiterte Weltausstellungen erstehen selten wieder; ein Beleg für die großen Ressourcen, die nötig sind, um sie aus den Träumen der privaten und öffentlichen Initiatoren in die Realität zu hieven. Das Jahrhundert der Weltausstellungs-Planungen in Chicago hat ein unerwartetes Ende gefunden.

5. Was das Hasardspiel um die Weltausstellung einbringt[3]

Der Zuschlag für eine Weltausstellung mobilisiert die öffentliche Aufmerksamkeit und Mittel zur Durchführung. Trotzdem bedeuten diese ein Monopol verschaffende Ernennung und eine neu angefachte lokale Wachstumseuphorie keineswegs eine Garantie für finanziellen Gewinn oder insgesamt positive Folgen für die Wirtschaft. Chicago war kaum in diese Phase der Messeplanung eingetreten, als Skepsis auch schon deren Grundlagen auszuhöhlen begann.

Messepropagandisten sammeln riesige, zentral gelegene und erschließbare Flächen, wobei sie oft von öffentlich eingeräumten Enteignungsvollmachten Gebrauch machen, um ausreichende Größen zusammenzubekommen. Sie bringen Städte und Staaten dazu, ihre Steuereinnahmen gegen die Ausgabe von Obligationen zu verpfänden, neue Steuern einzuführen, öffentliche Dienstleistungen bereitzustellen (v.a. Feuerwehr und Polizei) und sich massive Zuschüsse des Staates und der Bundesregierung zu verschaffen. All dies gehört zu den Voraussetzungen, wenn Städte um den großen Gewinn spielen wollen.

Trotz der öffentlichen Zuschüsse haben alle modernen Expos außer Seattle finanzielle Verluste gemacht. Und auch Seattles bescheidener Gewinn wird fragwürdig, wenn man die nicht zurückgezahlten öffentlichen Investitionen berücksichtigt, die Lokal- und Staatsregierung zusteuerten. Neben anderen Schätzungen haben sich auch die Prognosen der Besucherzahlen als zu hoch herausgestellt; für die Städte waren allerdings schlechtes Wetter, zu hohe Eintrittspreise und andere mysteriöse Störungen dafür verantwortlich.

Eine Untersuchung der sechs Expos in den USA seit Seattle zeigt eine ungleiche Verteilung des Gesamtnutzens: von den langfristigen, großen Hinterlassenschaften einer Messe scheinen lokale Wirtschafts- und Immobiliensektoren am meisten zu profitieren, manchmal zum Nachteil schwächerer Gruppen. Mit Ausnahme der New Yorker Ausstellung zielten in letzter Zeit alle anderen Messen in den USA auf die Ausdehnung oder die Erneuerung des zentralen Geschäftsbereichs. Die Messeplaner bezeichneten Wohngebiete in diesen Arealen als Slums, Geschäfte als berüchtigt, Gewerbebetriebe als veraltet und Lagerhäuser als unschön. Der größte Teil der vorhandenen Bebauung wurde abgerissen, wenn nicht lokale Gruppen um diese emotionsbeladenen Gebäude kämpften: eine Kirche in Seattle, sechzig historische Häuser in San Antonio. Obwohl es sich nicht um „neue" Entwicklungen im eigentlichen Sinn handelt, rangieren Verbesserungen des Verkehrssystems als wichtigste Hinterlassenschaften einer Messe. New York, San Antonio, Knoxville und New Orleans verbesserten ausnahmslos den Zugang zum Ausstellungsgelände und der nächsten Umgebung. Straßenbeläge wurden erneuert, Kreuzungen verbreitert, Schnellstraßen ausgebaut.

Aber trotz der kosmetischen Eingriffe und der Investitionen auf Kosten der öffentlichen Hand haben sich die Verheißungen der Weltausstellungen nicht erfüllt.

3 Daten zu den Ausstellungs-Kosten und -Nutzen wurden ebenfalls Zeitungsartikeln, Interviews und verfügbaren Berichten entnommen (vgl. Shlay/Giloth 1984).

Während die Stadt Seattle mit ihren Einrichtungen für die Kultur und die Bürger prahlt, die sie der Expo verdankt, blieben die meisten Gebäude im New Yorker Flushing Meadows Park geschlossen und wurden zu Zielscheiben des Vandalismus, da die Unterhaltskosten für die Gebäude die Steuereinnahmen bei weitem überstiegen. Die Messe in San Antonio bescherte dem Einzelhandel zwar sechs Monate lang zusätzliche Einnahmen, trug aber wenig zu einer dauerhaften ökonomischen Belebung der Innenstadt bei, und der größte Teil der zugunsten gewerblicher Nutzung geräumten Grundstücke blieb eine ganze Weile unerschlossen. In Knoxville blieben die Ausstellungsgebäude ungenutzt; Gebäude, die direkt neben eine selbst an Leerständen und rückläufigem Einzelhandel krankende Innenstadt gesetzt worden waren (Knack 1982). Spokane hatte große Probleme mit den Unterhaltskosten für den Park am Fluß, der für die Ausstellung gebaut worden war.

Die Messebefürworter behaupten, daß die Anzahl der im Zusammenhang mit der Ausstellung geschaffenen Arbeitsplätze die negativen Auswirkungen durch erforderliche Bauaktivitäten, Verkehrsverbindungen, Verdrängungen, Spekulation und öffentliche Investitionen mehr als wettmache. Allerdings sind die direkten Effekte von Weltausstellungen auf die Schaffung von Arbeitsplätzen unklar, z.T. weil bisher so wenige Wirkungsanalysen vorliegen. Z.B. nannte San Antonio die Zahl von 45.000 neu geschaffenen Arbeitsplätzen in den drei Jahren vor der Messe im Vergleich zu 30.000 neuen Arbeitsplätzen während der vorangegangenen fünf Jahre (1960-65) (New York Times, 20.10.1968). Zwischen den Arbeitsplätzen, die dem Wirtschaftswachstum zu verdanken sind, und den tatsächlich durch eine Messe neugeschaffenen Arbeitsplätzen läßt sich aber schwer unterscheiden. Die Wirtschaft von Knoxville expandierte auch ohne eine Messe. Aber die Ausstellungsorganisatoren versprachen eine noch größere Zunahme der Arbeitsplätze und prognostizierten, daß die Messe 35.000 Arbeitsplätze schaffen würde, die Hälfte davon dauerhaft. Die paar tausend direkten Messejobs gingen mit der Ausstellung zu Ende (Tholin/Burgess 1982). Ausstellungen schaffen Arbeitsplätze, aber wenige von ihnen sind dauerhaft.

Weltausstellungen schaffen auch in kurzer Zeit Gewinner und Verlierer – Immobiliengesellschaften und Anwohner. Die Gewinner setzen auf steigende Nachfrage nach Wohnraum und Flächen in der Nähe des Ausstellungsgeländes. Sie kassieren also die höheren Bodenpreise und die steigenden Mieten. Die Verlierer sind passive Mitspieler, vor allem die Mieter. Sie müssen spekulative Mieterhöhungen und Räumungen hinnehmen und den besser zahlenden Kunden weichen. Die Ausstellung in Seattle hatte Mietsteigerungen und Verdrängungen zur Folge, während Immobilienbesitzer alte Gebäude abreißen und darauf Parkplätze errichten ließen, weil sie auf erhebliche Parkgebühren spekulierten. Ein Sprecher in Seattle verteidigte die Verdrängungen folgendermaßen: „Wenn wir Platz für Besucher schaffen wollen, müssen ein paar Anwohner umziehen." Für die Expo in San Antonio wurden 60 historische Gebäude abgerissen, Wohnraum vernichtet und 1.600 mexikanisch-amerikanische Bewohner verdrängt. Die Schätzungen für die Ausstellung von Knoxville gehen von 1.500 vertriebenen Mietparteien und noch mehr Mieterhöhungen aus.

6. Gedanken zur Planung von Weltausstellungen

Weltausstellungen – ihre Planung, Durchführung und die Folgen – ermöglichen es, über die externen und internen Faktoren nachzudenken, die die Entwicklung moderner Städte bestimmen. Weltausstellungen sind Großprojekte, benötigen Flächen, Infrastruktur und Investitionen, und eben wegen ihrer Größe und Komplexität verweisen sie mahnend auf die mögliche Zukunft der Städte. Tatsächlich sind die modernen Expos in den USA aber lediglich auf eine mögliche städtische Zukunft ausgerichtet: die innerstädtische Dienstleistungs- und Tourismusökonomie. Deshalb finden die Messen so durchgängig an zentralen Orten statt und werden so eng in die Planung für Verkehrswege und Infrastrukturausbau einbezogen. Während die Messen des 19. Jahrhunderts über das Zeitalter von Nationen, Industrie und Technologie Auskunft gaben, stellen die zeitgenössischen Veranstaltungen in den USA Dienstleistungen, Konsum und Unterhaltung aus.

Was kann man aus den Erfahrungen mit den letzten Messen in den USA und der gescheiterten Ausstellung von Chicago lernen? Zunächst drängt sich dabei die Frage auf, ob demokratische Planung, geleitet von einem „wirtschaftlichen öffentlichen Interesse", die sich von dem Modell der Expansion des Immobiliensektors unterscheidet, wie es von lokalen Wachstumskoalitionen propagiert wird (Elkin 1987), überhaupt möglich ist. Viele Bürgerbewegungen in Chicago erhoben Einwände gegen die 92er Messe, weil sie die Einwohner nicht wesentlich einbezog und die Messeplaner die Ausstellung nicht als eine Antwort auf die Probleme des Verfalls von Wohngebieten und der Deinvestition konzipiert hatten, an denen viele Chicagoer Nachbarschaften litten. So wie sie geplant war, war die Ausstellung nicht nötig, aber ihr Scheitern bedeutet insofern noch größeres Versagen für die ganze Stadt, als es weder gelang, Projekte, die eine Vielzahl an Verbesserungen für die Bürger mit sich gebracht hätten, noch eine weitgehend geteilte Vision der Zukunft Chicagos zu entwerfen. Statt dessen waren die Bürger mit der ernüchternden Frage konfrontiert: „Was gibt es für Alternativen zu Weltausstellungen?"

Um diese Frage zu beantworten, muß man die Grenzen von Weltausstellungen und vielleicht von Großprojekten allgemein verstehen. Fünf Faktoren bestimmen die Ergebnisse von Weltausstellungsplanungen: externer Wettbewerb; interne Organisation zugunsten des Wachstums; Konzepte für städtisches Wachstum; die spezifischen Merkmale großer Projekte; Kosten und Nutzen. Zusammengenommen machen diese Faktoren die Durchführung von Weltausstellungen zu einem hochriskanten Unterfangen, das vielleicht die Bemühungen gar nicht wert ist.

Externer Wettbewerb. Städte (und Regionen) konkurrieren um Menschen, Funktionen, Projekte und Ressourcen. Die Hierarchie der Städte definiert sich heute in einem globalen Zusammenhang, und bei den ökonomischen Funktionen, mit denen man städtische Ökonomien stabilisieren kann, handelt es sich um Dienstleistungen, Infrastruktur, Technologie, Tourismus und Unterhaltung. Die Konkurrenz der Städte ist zwar kein neues Phänomen, aber ihre derzeitigen Formen haben dramatische Veränderungen in den Städten und bei der Verteilung städtischer Funktionen hervorgerufen. Die gleichförmige Gestaltung US-amerikanischer Städte, deren Elemente (Festivalmärkte, Komplexe für gemischte Nutzungen usw.) und ihre Wirtschaftsförderungs-Strategien zeugen von den Auswirkungen externer Konkurrenz auf die städtische Entwicklung.

An Weltausstellungen zeigt sich, warum und wie Städte miteinander konkurrieren. Messen bieten einen strategischen Ansatzpunkt und eine öffentliche Basis, um beträchtliche Ressourcen zu mobilisieren, sie bedürfen ungewöhnlicher Entwicklungsverfahren und verfolgen langfristige Planungen, die versprechen, Innenstädte oder das Image von Städten aufzubauen bzw. zu erneuern. Ausstellungen und Olympische Spiele gehören zu einer Kategorie von Großprojekten, die auch Sportmannschaften, Aquarien, Kongreßzentren, Kasinos und Festivalmärkte umfaßt. Jede Stadt versucht die Vielfalt und Größe ihrer innerstädtischen Attraktionen zu maximieren, denn diese Juwelen scheinen den Städten einen sicheren Weg durch unsere stürmische Ökonomie in die Zukunft zu versprechen.

Interne Organisation zugunsten des Wachstums. Konkurrenz heißt, daß Weltausstellungen, Football-Teams oder Aquarien rar sind. Es gibt einfach nicht genügend davon, um alle Städte zu versorgen. Diese Knappheit, dazu die hohen Kosten einer Weltausstellung und die nicht vorhandenen Bundessubventionen für Messen, diktieren die Wettbewerbsregeln für den Erfolg von Großprojekten: das oben ausgeführte Modell der Bewerbung um eine Weltausstellung. Kein Wunder, daß es soviel Konsens für das Wachstum in Städten gibt, und daß Wachstumskoalitionen (bestehend aus einer ähnlichen Gruppierung von Immobilien-Interessen) diese Strategie derart beharrlich propagieren, obwohl die Politiken städtischer Entwicklung zu ganz unterschiedlichen Resultaten führen (Logan/Molotch 1987; Peterson 1981; Stone 1987). Damit hängt ein weiterer Aspekt der internen Organisation für Wachstum zusammen, und zwar die relative Passivität der Bürger, wenn es um Widerstand oder Formulierung von Alternativen zum Wachstumskonzept geht. D.h., man muß die Diskussionen über städtische Konzepte dominieren, dann kann man sich gegen Opposition durchsetzen mit der Behauptung, daß bestimmte Projekttypen, die „Wachstum" fördern, einfach vernünftig sind (Shlay/Giloth 1987).

Konzepte für städtisches Wachstum. Wachstum und innerstädtische Zentralität zu fördern, ist ein langfristiges Unterfangen, das eine Vision und eine Reihe spezifischer Projekte voraussetzt. Während die 92er Weltausstellung in Chicago scheiterte, blieb ein Programm aktuell und wurde erfolgreich vorangetrieben, das seit den 50er Jahren wiederholt angesprochen worden war und sich in Dokumenten wie dem Chicago 21 Plan und dem 1992 Comprehensive Plan – herausgegeben von der Stadt Chicago – niedergeschlagen hatte (Squires et al. 1987). Nachdem ihre Messepläne fehlgeschlagen waren, erweiterte die Stadt Chicago ihr Kongreßzentrum, verpflichtete drei Sportmannschaften (dazu gehörten zwei neue Stadien), begann mit dem Umbau der Navy Pier zu einem Kultur- und Einkaufskomplex und stritt um das Potential bzw. das mangelnde Potential von Kasinos (Mier 1993). Kurz gesagt: die 92er Expo scheiterte, aber die Innenstadt wuchs aufgrund eines Wachstumskonzeptes, das weiterhin neue Entwicklungsmöglichkeiten schuf und dem viele nach wie vor anhingen.

Die Merkmale großer Projekte. Wenn Großprojekte realisiert werden sollen, erfordern sie erhebliche Mittel sowie dauerhafte und effektive Unterstützung durch Eliten. Die Geschichte der 92er Weltausstellung von Chicago und vieler anderer in den USA verweisen auf die Planungsprobleme und die Gefahren, die Großprojekte mit sich bringen. Widerstand wird sich immer formieren, weil es immer Gewinner und Verlierer geben wird, und weil hohe öffentliche Subventionen fast ausnahmslos Garantien für umfangreiche Entwicklungsinitiativen sind – egal, was versprochen wird. Opposition artikuliert sich in verschiedenen Formen. Erstens sind große Projekte auf Regierungsmittel angewiesen und bringen daher „pork barrel"-Politik in den Legislativen hervor – d.h. jeder schachert um Vorteile für seinen eigenen Wahlkreis –, was die Eintracht der Wachstumspropagandisten unterminieren kann (Lowi 1972). Alle Kosten steigen. Zweitens vereinigt die Bürgeropposition innovative Aktionen mit den Überzeugungen und der Beharrlichkeit von Basisbewegungen, wenn sie die Kosten und Nutzen bezweifelt, wie sie von den Verfechtern der Großprojekte vollmundig verkündet werden.

Stabile Wachstumskoalitionen, die von der Notwendigkeit großer Projekte überzeugt sind, setzen sich oft gegen diese Hindernisse durch. Weltausstellungen sind jedoch besonders anfällig. Weltausstellungen sind kurzlebige Ereignisse, jedenfalls im Vergleich zu Sportmannschaften oder Aquarien, und liefern ein Überangebot an Reizen und Konsum, um dann von der Bildfläche zu verschwinden. Außerdem werden viele der traditionellen Vorteile, die Ausstellungen für Geschäftsleben und Tourismus mit sich bringen, inzwischen durch die Kongreß- und Handelsmessenaktivitäten erzielt – ein anhaltender globaler Prozeß. Kaum verwunderlich, daß Chicago das größte Kongreßzentrum der Welt besitzt.

Kosten und Nutzen. Weltausstellungen verursachen erhebliche und verschiedenartige Kosten, die weitgehend in Erwartung der Messeeinnahmen bestritten werden, während der Nutzen dann entweder in einem kurzen Wolkenbruch niedergeht bzw. langfristig in der anschließenden Entwicklung angelegt ist, die die infrastrukturellen Hinterlassenschaften der Messe ermöglichen. Obwohl die meisten großen Entwicklungsprojekte mit ähnlichen Herausforderungen konfrontiert sind, verschärfen die Beschränkungen, denen die Planung der US-amerikanischen Ausstellungen unterliegt, das Problem. Angesichts der fehlenden Bundesmittel für Weltausstellungen und der begrenzten finanziellen Möglichkeiten von Staaten und Kommunen kann es nicht überraschen, daß viele Expos Verluste erwirtschafteten oder gar nicht erst über das Planungsstadium hinauskamen.

Die zeitlichen und finanziellen Beschränkungen, denen Ausstellungskosten und -nutzen unterliegen, werden noch verschärft durch die Zusammensetzung der Kosten und ihre Größenordnung. Für dieses grundlegende Problem gibt es verschiedene Gründe: Die Komplexität und das prozeßhaft entstehende Ausstellungskonzept; die methodischen Grenzen der Einschätzung von indirekten Kosten und Nutzen, von Substitutionseffekten in bezug auf andere Ausgaben für Unterhaltung, der Geographie von Kosten und Nutzen und kontrastierender Szenarien für alternative Investitionen. Die Messekritiker entwarfen ein beunruhigendes Ausstellungsszenario für Chicago: 30.000 verlagerte Arbeitsplätze, eine um Millionen geringere Besucherzahl, Schaden für das lokale Unterhaltungsgewerbe und finanzielle Verluste (Institute on Taxation and Economic Policy 1985). Wenn die Öffentlichkeit also bezweifelte, daß private und öffentliche Funktionäre das Projekt wirksam überwachten, wurde es für die Messebefürworter schwierig, überzeugend zu argumentieren. Und bei dem Versuch, der Öffentlichkeit zu erläutern, warum Weltausstellungen das Risiko für die Allgemeinheit wert sind, stolperten sie auch noch oft über die eigenen Beine.

7. Die Zukunft der Weltausstellungen in den USA

Die Geschichte der neueren US-Expos zeigt, wie schwierig das Spiel um Weltausstellungen sein kann: Die Ausstellungen nach dem 2. Weltkrieg haben überwiegend finanzielle Verluste erzielt, verfehlte Einschätzungen der Besucherzahlen, der Kosten und der wirtschaftlichen Auswirkungen abgegeben und öffentliche Kontroversen hervorgerufen. Daß im Jahr 1993 vom US-Wirtschaftsministerium keine Bewerbung für eine Weltausstellung bearbeitet wird, zeigt, wie tief diese einst als Allheilmittel für städtische Probleme begehrten Veranstaltungen gesunken sind.

In diesem Beitrag wurde das Phänomen Weltausstellungen in den USA anhand eines Modells der erfolgreichen Planung (bzw. des Scheiterns) untersucht: geheime Planung unter Führung von Wirtschaft und Politik, Vermittlung von Projekten durch Bundespolitiker, Schwerpunkt auf innerstädtischer Entwicklung, Überwindung der Bürgeropposition und Sicherstellung einer gemischten Finanzierung aus öffentlichen und privaten Mitteln. Die sechs US-Weltausstellungen nach dem 2. Weltkrieg folgten diesem Modell mit vielen Varianten. Im selben Zeitraum scheiterte auch eine Reihe von Bewerbungen um Ausstellungen bzw. die Durchführung von Messen, die vom B.I.E. bereits zugesprochen waren. Die realisierten Weltausstellungen schlossen in den meisten Fällen mit Verlusten ab und hinterließen unerfüllte Hoffnungen auf städtische Revitalisierung.

Man kann von den letzten US-Weltausstellungen viel über Politik und Praxis der großen Projekte und Ereignisse lernen. Die wichtigste Frage dabei ist, ob Großprojekte und offene, demokratische Planung unvereinbar sind. Eine Reihe von Faktoren scheint darauf hinzudeuten. Konkurrenz um rare Großprojekte ist eine vitale Frage für Großstädte in den USA: es gibt nur eine bestimmte Anzahl von Football-Teams und geeigneten Flächen für ein Disneyland. Der Wunsch, mit der Entwicklung in ähnlichen Städten Schritt zu halten, und die Knappheit der Großprojekte wie deren Komplexität und Kostenaufwand verstärken den Wachstumskonsens, der in den Städten bereits neben anderen ortsbezogenen Interessen existiert. In den meisten Fällen sind Weltausstellungen Teil eines langfristigen und sich entwickelnden Programms für städtisches Wachstum und nicht einfach davon unabhängige Projekte, die für eine Gelegenheit entworfen werden. Die Tendenz, daß Großprojekte von Eliten geplant werden, wird verstärkt durch die hohen Kosten und den zweifelhaften Nutzen der Weltausstellungen; Probleme, die zum Teil auch aus unserer Unfähigkeit erwachsen, langfristige Auswirkungen zu prognostizieren. Da kann es nicht verwundern, daß im Anfangsstadium vieler Großprojekte lieber heimlich geplant als offen diskutiert wird.

Obwohl die Erfahrungen mit den letzten US-Weltausstellungen unterschiedlich waren, scheint der derzeitige Mangel an Bewerbungen um Ausstellungen beim Wirtschaftsministerium darauf hinzudeuten, daß der Katalog der zweifelhaften Ergebnisse das Spiel um die Weltausstellungen vorerst unhaltbar gemacht hat. Ohne beträchtliche Bundesmittel für Ausstellungen haben die Städte wahrscheinlich keine Möglichkeit, Projekte auf die Beine zu stellen, die dem prüfenden Blick der Öffentlichkeit standhalten können. Weltausstellungen haben größere Chancen, sich zu „Planungskatastrophen" als zu Erfolgen zu entwickeln (Hall 1980). Die Zeit der Weltausstellungen in den Vereinigten Staaten mag in der Tat zu Ende gehen. In diesem Sinne dokumentiert die vorliegende Fallstudie, wie die Idee eines Großprojektes in Mißkredit geraten kann. Weltausstellungen sind einfach zu groß, sogar für die Verfechter städtischen Wachstums. Das Scheitern der US-Weltausstellungen diskreditiert weder alle Großprojekte, noch liefert es eine verbindliche Grundlage für demokratischere Planung. Die trostlose Bilanz der US-amerikanischen Weltausstellungen definiert eher die äußere Grenze dessen, was Wachstumskoalitionen unter den Bedingungen begrenzter Ressourcen und vielfältiger Anforderungen leisten können.

Literatur

Abbott, Carl, 1981: Boosters and Businessmen, Popular Economic Thought and Urban Growth in the Antebellum Middle West. Westport, Connecticut: Greenwood Press.
Badger, R. Reid, 1979: The Great American Fair, The World's Columbian Exposition and American Culture. Chicago: Nelson-Hall.
Banfield, Edward, 1961: Political Influence. New York: Macmillan.
Betancur, J. und D. Gills, 1993: Race and Class in Local Development, in: R.D. Bingham und R. Mier (Hrsg.), Economic Development in the United States, Toward a Theoretical Perspective. Newbury Park, CA: Sage Publications.
Caro, Robert, 1974: The Power Broker: Robert Moses and the Fall of New York. New York: Knopf.
Chicago Project, 1987: „Chicago Project: A Report on Civic Life on Chicago". Executive Summary (February 2), Crain's Chicago Business.
Clavel, Pierre und Wim Wiewel (Hrsg.), 1991: Harold Washington and the Neighborhoods. New Brunswick, N.J.: Rutgers University Press.
Cronin, William, 1991: Nature's Metropolis: Chicago and The Great West. New York: Norton.
Domhoff, W., 1970: The Higher Circles. New York: Random House.
Dooley, P., 1969: „The Interlocking Directorate". The American Economic Review 59, (December), S. 314-323.

Elkin, Stephen L., 1987: City and Regime in the American Republic. Chicago: University of Chicago Press.
Giloth, Robert und Juan Betancur, 1988: „Where Downtown Meets Neighborhood: Industrial Displacement in Chicago, 1978-1987". Journal of the American Planning Association 54 (3), S. 279-290.
Giloth, Robert und Robert Mier, 1993: Cooperative Leadership for Cooperative Problem-Solving, in: Robert Mier, Robert Giloth und Kari Moe, Social Justice and Local Economic Policy. Newbury Park, CA: Sage Publications, Chapter 9.
Haider, Donald, 1986: Partnerships redefined, Chicago's New Opportunities, in: P. Davis (Hrsg.), Public Private Partnerships Improving Urban Life. New York: Academy of Political Science, S. 137-149.
Hall, Peter, 1980: Great Planning Disasters. Berkeley: University of California Press.
Harris, Neil, 1984: Great American Fairs and American Cities, The Role of Chicago's Columbian Exposition, in: 1992 World's Fair Forum Papers Vol. 1. Center for Urban Affairs and Policy Research.
Institute on Taxation and Economic Policy, 1985: Critique of the Chicago World's Fair Feasibility and Benefit Study, (June 17). Chicago: 1992 Committee.
Knack, Ruth Eckdish, 1982: „Knoxville's Redevelopment Ploy". Planning (July/August), S. 8-11.
Logan, John R. und Harvey L. Molotch, 1987: Urban Fortunes, The Political Economy of Place. Berkeley: University of California Press.
Longworth, R.C., 1987: „World Class Burial Only Fair Solution". Chicago Tribune (May 20), S. 32.
Lowi, Theodore, 1972: „Four Systems of Policy, Politics, and Choice". Public Administration Review 32, S. 298-310.
Ludgin, Mary und Louis Massoti, 1987: Downtown Development 1979-1986. Evanston, Ill.: Northwestern University Center for Urban Affairs.
McClory, R., 1985: The Fall of the Fair. Chicago: 1992 Committee.
Mier, Robert, 1993: Economic Development and Infrastructure, Planning in the Context of Progressive Politics, in: David Perry (Hrsg.), Building the Public City, The Policy, Politics, and Planning of Public Works. Newbury Park, CA: Sage Publications.
Mintz, B. und M. Schwartz, 1985: The Power Structure of American Business. Chicago: University of Chicago Press.
Molotch, H., 1976: „The City as a Growth Machine: Toward a Political Economy of Place". American Journal of Sociology 82, S. 309-332.
Peterson, Paul E., 1981: City Limits. Chicago: University of Chicago Press.
Rivlin, Gary, 1991: Fire on the Prairie. New York: Basic Books.
Rottenberg, D., 1978: „The Right Clubs". Chicago (October), S. 113-130.
Shlay, Anne B., 1985: Review of Attendance Estimates for the 1992 Worlds Fair. (Unveröffentlichtes Manuscript).
Shlay, Anne B. und Robert P. Giloth, 1984: „Gambling on World's Fairs, Who Plays and Who Pays". The Neighborhood Works (June), S. 7, 18-20.
Shlay, Anne B. und Robert P. Giloth, 1987: „The Social Organization of a Land-Based Elite, The Case of the Failed Chicago 1992 World's Fair". Journal of Urban Affairs 9 (4), S. 305-324.
Squires, Gregory, Larry Bennett, Kathleen McCourt und Philip Nyden, 1987: The Third City, Race, Class, and the Response to Urban Decline. Philadelphia: Temple University Press.
Stinchcombe, Arthur L., 1967: Constructing Social Theories. New York: Harcourt, Brace and World.
Stone, Clarence N., 1987: The Study of the Politics of Urban Development, in: Clarence N. Stone und Heywood T. Sanders (Hrsg.), The Politics of Urban Development. Lawrence, Kansas: University of Kansas Press.
Tholin, Kathryn und Chris Burgess, 1982: „A Visit to The Fair: It's Hard Knocks-ville". Neighborhood Works 5 (10/11), (Nov./Dec.), S. 1, 7-9.

(Übersetzung: Gisela Schillings)

Marco Venturi

Tangentopoli: Der aufhaltsame Aufstieg der städtischen Großereignisse

Eines der Hauptprobleme bei der Analyse städtischer Politiken besteht in den langen Fristen, in denen sie realisiert werden und noch mehr in der langen Zeit, die notwendig ist, ihre Auswirkungen zu bewerten: die heutigen Realisierungen sind das Ergebnis von Entscheidungen und Strategien von vor einigen Jahren. Es besteht daher die Gefahr, daß wir diese als neue Phänomene bewerten, während wir uns in Wirklichkeit bereits in einer Phase der Gegentendenz befinden.

Dies gilt um so mehr für den Fall Italien, der normalerweise von Entscheidungs- und Realisierungsfristen gekennzeichnet ist, die sehr viel länger sind als in anderen Ländern der EG. Zudem befinden wir uns, was raumwirksame Investitionen angeht, seit einem Jahr in einer Phase der Entscheidungslähmung und gleichzeitig in einer Phase stürmischen Wandels in bezug auf Strategien der wichtigsten Akteure, deren zukünftige Auswirkungen noch nicht deutlich erkennbar sind.

Es werden also Phänomene beschrieben, die „in Bewegung" sind. Die Daten der „wissenschaftlichen" Untersuchungen von vor einigen Jahren werden scheinbar täglich durch die journalistischen Nachforschungen und Enthüllungen dieses Skandaljahres widerlegt oder korrigiert.

Der einzige gangbare Weg ist also der einer möglichst objektiven Beschreibung einer Phase, die, wie mir scheint, zur Zeit als abgeschlossen bezeichnet werden kann. Oder zumindest hoffe ich dies, denn, wenn der alte Marx recht hat, wiederholt sich die Geschichte häufig, jedoch ist es beim ersten Mal eine Tragödie, beim zweiten eine Farce.

WAS – Es ist bereits schwierig, den Gegenstand der Untersuchung in bezug auf seine Funktion zu definieren. Die italienischen „big events" reichen vom Wiederaufbau nach den Erdbeben bis zu den Projekten für Hochgeschwindigkeitsstrecken, von den Neubauten für die Fußballweltmeisterschaft bis zur Umnutzung der „Kathedralen der Arbeit", von den Columbiaden bis zum heiligen Jahr, von den Dienstleistungszentren bis hin zu innovativen Freizeiteinrichtungen.

Der kleinste gemeinsame Nenner dieser so unterschiedlichen Phänomene kann nur gefunden werden, indem man gemeinsame Charakteristika feststellt.

Das erste gemeinsame Charakteristikum besteht in der „Ausnahmesituation". Egal, ob es sich um Planungen für den Wiederaufbau nach Naturkatastrophen, oder für große Sportereignisse, Messen oder sogar Rockfestivals handelt, immer besteht das gemeinsame Charakteristikum der italienischen Großprojekte im Problem der Fristen und der Notwendigkeit „besonderer" und beschleunigter Verfahren.

Das Problem besteht nur scheinbar in der Umgehung der Trägheit der Bürokratie, das wirkliche Motiv liegt im politischen System und im System der Entscheidungsfindung.

Die demokratischen Garantien geben in ihrer extremen Interpretation tatsächlich Minoritäten und kleinen Gruppen ein Vetorecht, wenn diese sich zu einer Form des Filibusterings entschließen. Am Ende kommt zwar dennoch der Wille der Mehrheit zum Tragen, aber durch den Rückgriff auf Volksbefragungen, auf Verfahren vor Verwaltungsgerichten oder durch Einbeziehung weiterer Ebenen der Regierungshierarchie ist es immer möglich, endgültige Entscheidungen so weit hinauszuzögern, bis die Fristen für die entscheidenden Instanzen politisch und für die Investoren ökonomisch untragbar werden. Der Rückgriff auf externe Fristsetzungen, „dead-lines", wie Jahrhundertfeiern oder historische Daten wie das Jahr 2000, zwingt die politischen Kräfte zu schnellen Entscheidungen oder, wenn dies nicht geschieht, zur Beschleunigung der Verwaltungsverfahren mit der Hilfe von Sondervorschriften.

Es ist offensichtlich, daß dies in der Praxis zu einer Lockerung der institutionellen Kontrollmechanismen führt. Die Frage drängt sich geradezu auf, ob dies nicht sogar genau das Ziel derjenigen ist, die die „demokratischen Befragungen" exzessiv in die Länge ziehen.

Das zweite gemeinsame Charakteristikum ist die grundsätzliche Indifferenz gegenüber den Inhalten. Wichtiger als die Frage, welche Großprojekte realisiert werden, ist die Frage, wo diese entstehen sollen: Die Konkurrenz der Städte in Europa ist so groß, daß niemand das Risiko eingehen kann, auf irgendwelche möglichen Projekte oder Initiativen zu verzichten. Diese Projekte könnten ja, würden sie in einer anderen Stadt realisiert, jener anderen Stadt eben die Vorrangstellung verleihen, die an sich bereits weitere Entwicklungen garantiert. Dies gilt um so mehr, als die Urbanisierung sich zur Zeit tendenziell entlang der großen Infrastrukturbänder konzentriert, und die „Knoten" der städtischen Gebiete ausläßt.

So erklärt sich ein Wandel der Prioritäten: die wirklich wichtige Aufgabe bestünde eigentlich in der Planung und Realisierung von Verkehrsinfrastrukturen und sozialen Dienstleistungen zugunsten der schwächsten sozialen Gruppen. Aber genau deren Schwäche macht sie auf politischer Ebene uninteressant: ausländische Arbeitnehmer wählen nicht, Alte protestieren nicht, Randgruppen finden keine Stimme und die Teilforderungen einzelner Gruppen heben sich häufig gegenseitig auf.

Kurz gesagt, die Minderheiten verursachen Kosten, machen sich politisch aber nicht bezahlt. Vor allem aber sind Infrastrukturausstattung und soziale Dienstleistungen immer ein politisches Verlustgeschäft im Vergleich zu den großen Prestigeobjekten: die öffentlichen Infrastrukturen werden bereits kurz nach ihrer Einrichtung als erworbenes Recht betrachtet, und diejenigen, die sie ermöglicht haben, werden schnell vergessen, während die Steine bleiben und man mit Sicherheit lange von den Großprojekten sprechen wird, selbst dann, wenn diese schließlich doch nicht realisiert werden.

Dies führt zu einer scheinbaren Neutralität in bezug auf die Inhalte der Projekte. Bis vor etwa zehn Jahren ließ sich die „Farbe" einer Kommune bereits bei einer einfachen Durchfahrt mit dem Auto ablesen: große Kaufhäuser und Autobahnkreuze gehörten zur politischen Rechten, Kindergärten und Fahrradwege zur Linken. Heute ersetzen überall Einkaufszentren nach den Vorbildern der shopping malls die traditionellen Kaufhäuser, im Inneren dieser neuen Zentren befinden sich Kinderkrippen, in denen man die Kinder für die Zeit des Einkaufs abgeben kann.

Die Einförmigkeit der Lösungen ist nicht nur durch die zur Zeit geringe Attraktivität der großen ideologischen Alternativen bedingt. Die ökonomische Rezession und die knappen zur Verfügung stehenden Mittel lassen die Zahl der Möglichkeiten schrumpfen. Da die traditionelle Bindung an die Parteien sich lockert, führt der Kampf um Wählerstimmen zu „mittelmäßigen" Entscheidungen. Vor allem aber zwingt der politische Mechanismus wiederum die Parteien dazu, sich tatsächlich über jedes wichtige Projekt zu einigen, da jedes Projekt, um durchgesetzt zu werden, zwar nicht formal, so doch, angesichts der Fragilität von Koalitionen, faktisch den Konsens der Opposition benötigt.

Die Konsequenzen dieser Zwänge sind wichtig, denn in dem Maß, in dem die Unterschiede der Programme schwinden, beginnen die Objekte, sich grundsätzlich zu ähneln, und der Erfolg eines Projektes hängt immer weniger von seinem Inhalt und immer mehr von seiner Hülle, seiner Verpackung ab.

Dies läßt paradoxerweise die Rolle der „Experten", der „Meister" immer wichtiger werden. Allein ihr Name garantiere schon ein gutes Ergebnis. Die „Handschrift" des großen Architekten läßt sich sofort erkennen, unabhängig vom Ort, für den gebaut wird, oder von seiner Fähigkeit, innovative Lösungen für die vom Programm gestellten Probleme zu finden.

Vor allem aber und in erster Linie müssen diese Projekte groß sein. Mit groß ist die Dimension gemeint, ist von im physischen Sinn großen Projekten die Rede, mit denen große Investitionssummen auf vergleichsweise kleine Raumeinheiten konzentriert werden; nicht von bedeutsamen Maßnahmen, deren physische Umsetzungen jedoch diffus über den ganzen Raum verteilt sein können.

Mit anderen Worten, die Quantität siegt nicht nur über die Qualität, sondern auch über die Bedürfnisse. Das Bild, die Selbstdarstellung, der diese Projekte dienen und der Eindruck, der so der Nachwelt hinterlassen werden soll – verwirklicht in Denkmälern der Moderne – hat über die gerechte Verteilung der Ressourcen gesiegt, und das genau in einem Moment, in dem eben diese Ressourcen knapp und ein präziser Rahmen der Prioritäten daher lebenswichtig wäre.

Die gebräuchliche These ist die der „indirekten Auswirkungen": das Großprojekt würde eine Reihe von weiteren Aktivitäten nach sich ziehen, so daß am Ende nicht nur das schöne Bild, sondern auch die Infrastruktur, sowohl das Denkmal als auch die sozialen Dienstleistungen dastünden.

An sich mag diese These vernünftig erscheinen, würde sie nicht von der Praxis widerlegt: Italien ist voll von „Kathedralen in der Wüste", die eher aus der Zielsetzung heraus entstanden sind, sich die Gelegenheit externer Finanzzuweisungen nicht entgehen zu lassen, als mit Blick auf die tatsächliche Nützlichkeit. Im Gegenteil, das große Projekt, das heißt das einzelne, isoliert geplante Unternehmen, konzentriert nicht nur Ressourcen auf sich, die lebenswichtig sind für die Instandhaltung räumlicher Strukturen und die Modernisierung der Infrastrukturen, sondern es belastet auch die Zukunft. Häufig haben solche nur um ihrer selbst willen und ohne ein langfristiges Konzept geplanten Projekte, sobald die Ausnahmesituation vorbei ist, die sie hatte entstehen lassen, eine explosive Wirkung. So erweisen sich die Unterhaltskosten der Verkehrsmittel und der Gebäude selbst, die für Messen, Ausstellungen, Weltmeisterschaften und so weiter gebaut wurden, oft als überdimensioniert und finanziell nicht tragbar. Das gilt, soweit die notwendige Reihenfolge der Maßnahmen nicht respektiert wurde und die Infrastrukturen, wie häufig im Zusammenhang mit Großereignissen geschehen, zunächst einfach gebaut wurden, und die Anknüpfungen an bestehende Netze und deren Kosten den nachfolgenden Generationen überlassen wurden.

Es drängt sich bei einer Untersuchung der reellen Auswirkungen vieler Großprojekte ein Zweifel auf, daß nämlich der symbolische „neue" Apparat eine Realität sehr viel älteren Charakters maskiert: Es wird behauptet, daß eine Anpassung der Infrastrukturen des Landes an heutige Erfordernisse angestrebt sei, aber das, was sichtbar wird, ist ein sehr altmodisches kubikmeterweises Mehr an Beton und Bürogebäuden, und nicht eine funktionale und produktive Neustrukturierung der Städte.

Die häufig kritiklose Übernahme und Nachahmung ausländischer „Erfolgs-" Modelle (Paris, Barcelona, etc.) führt zu einem Katalog von Projekten, die alle irgendwie realisiert werden müssen, um „Schritt zu halten", ohne die unterschiedlichen Optionen und die entsprechenden Kosten und Nutzen zu vergleichen und ohne den Prozeß der schrittweisen Diversifikation und Spezialisierung in der Aufgabenverteilung der Städte im europäischen Zusammenhang Aufmerksamkeit zu schenken.

So werden allerorten Großveranstaltungen vorgeschlagen, die – ist das Fest einmal beendet – als Erbe Dutzende von Beaubourg des Jahres 2000, Technocities des Jahres 2001, Messen des einundzwanzigsten Jahrhunderts und Vergnügungsparks des dritten Jahrtausends hinterlassen würden. Die Richtung ist in jedem Fall deutlich: die privilegierten, „richtungsweisenden" Sektoren sind die der fortschrittlichen Dienstleistungen, der innovativen, kapitalintensiven Verkehrssysteme, der Dienstleistungen für Produktion und Freizeit; die Anteile, die dem Wohnen eingeräumt werden, sind marginal. Es werden, nur um die funktionale Mischung sicherzustellen, kleine Gettos für Yuppies und für die Bediensteten realisiert. Heute sind viele der geplanten Bauten wegen der verschiedenen Gerichtsverfahren, administrativen Kontrollen, oder aus finanzieller Vorsicht stillgelegt. Es ist daher im Moment schwierig, den absoluten und prozentualen Umfang dieser Großprojekte einzuschätzen: zuverlässige Untersuchungen von vor einigen Jahren schätzen ihren Anteil einstimmig auf etwa ein Zehntel des Volumens der gesamten in Bau befindlichen Projekte; dies jedoch konzentriert auf wenige Städte und kleine Flächen.

Das führt unmittelbar, bevor die langfristigen Auswirkungen des Projektes sichtbar werden können, zu Umstrukturierungen der grundlegenden Strukturen: Großprojekte dieser Art erfordern große Unternehmen für die Ausführung, umfangreiche Mittel für die Finanzierung, besondere politische Vermittlungsprozesse für die Durchsetzung und große Flächen für die Realisierung.

WO – Die regionale Verteilung der Großprojekte ist besonders interessant: der größte Teil ist in den großen Städten des Südens und in den Zentren konzentriert, in denen die Krise der alten industriellen oder kommerziellen Strukturen am stärksten spürbar ist. Die übrigen Projekte sind in den Hauptstädten der Regionen konzentriert, die am stärksten der europäischen Städtekonkurrenz ausgesetzt sind.

Es scheint also auf den ersten Blick ein vernünftiges Verhältnis zwischen den Standorten der Projekte und den effektiven Erfordernissen der Modernisierung zu bestehen.

Das Problem besteht aber in der Tatsache, daß es sich eben um viele, zu viele untereinander nicht „kompatible" Projekte handelt, die fast immer aus dem zufälligen Zusammentreffen günstiger „Gelegenheiten" statt aus einem gezielten und geplanten Vorgehen der öffentlichen Hand entstanden sind. Heute ist demjenigen die Zustimmung sicher, der gut sichtbare punktuelle Eingriffe oder die Erneuerung von Teilen der Stadt vorschlägt, statt einer durchgreifenden Modernisierung des Wohnungsbestandes oder der Infrastruktureinrichtungen. An die Stelle des politischen Konsens, der in der Phase der europäischen Linken zugunsten der Priorität quantitativer und qualitativer Antworten auf die Wohnungsfrage und die Frage der sozialen Sicherheit existierte, tritt heute eine Fragmentierung der Forderungen und der Vorschläge, die sich in Teilmaßnahmen, in „Stückwerk" verwandeln, wo immer sich der Kreis öffentlicher und privater Interessen schließt.

Es ist also wichtig zu verstehen, wo sich diese Projekte innerhalb der Stadt befinden, und vor allem, welches neue System der Zentralitäten durch sie geschaffen wird. Denn alle Großereignisse erfordern eine bestimmte Form der Zentralität: Entweder befinden sie sich bereits im Zentrum, oder sie sollen einen neuen Schwerpunkt innerhalb eines polyzentrischen großstädtischen Systems schaffen. Kein einziges dieser Großprojekte befindet sich in den Erweiterungsgebieten der Peripherie: man bemüht sich um die Wiederverwendung von Flächen, die in der Vergangenheit für andere Zwecke verwendet worden waren.

Die Richtung der Entwicklung wird so also umgekehrt, sie ist nicht mehr nach außen, sondern nach innen gerichtet. Es werden vor allem solche Flächen einbezogen, die in dem Ring zwischen Altstadtzentrum und den Wohngebieten der Peripherie liegen: dort entstanden die Einrichtungen und Denkmäler der ersten

Industrialisierungsphase, und genau dort bietet sich die Krise der alten Industrien als Gelegenheit, die verschiedenen Teile der Stadt durch punktuelle Maßnahmen untereinander zu verbinden. Das gesamte Netz von meist frühindustriellen Infrastruktureinrichtungen und Gebäuden, die wegen ihrer Größe oder wegen technischer Probleme nicht in die alten Städte paßten und daher vor ihren Toren errichtet wurden, werden nun fast gleichzeitig obsolet und bezeichnen so das Ende eines Modells der Stadt: Wassertürme und Kasernen, Hospitäler und Abwasserleitungen, Bahnhöfe und Gefängnisse, Gasometer und Heizzentralen, es ist ein ganzes System der städtischen Organisation auf Flächen von großer strategischer Bedeutung, das nun neue Funktionen erhalten soll.

Die Antwort auf diese spezifische Krise der Industriestadt bewegt sich auf zwei Ebenen: der der Größenordnung und der der Finanzierung. Beides hat bedeutende politische Konsequenzen.

Die erste ist die Antwort der Techniker. Auf die wachsende Komplexität der Stadtentwicklung werden tendenziell quantitative Antworten gegeben und nicht solche, die eine der Problemlage entsprechende Komplexität haben. Auf eine „andere" Entwicklung der Stadt wird nahezu überall mit intensiven „vertikalen" Nutzungen des städtischen Bodens geantwortet. Zusätzlich wird versucht, „in die Tiefe" zu gehen, den Untergrund nicht nur für den öffentlichen, den privaten und den ruhenden Verkehr, sondern auch für zahlreiche Einrichtungen, für Dienstleistungen und für den Handel zu nutzen. An die Stelle der traditionellen öffentlichen Räume, also der Straßen und Plätze, treten nahezu überall „shopping malls" und überdachte Einkaufsgalerien. Die öffentlichen Kommunikationsräume werden so zunehmend privatisiert.

Die Projekte wachsen entsprechend den Profiterwartungen der Immobilieninvestoren (mehr Kubikmeter pro Quadratmeter) in die Höhe und befriedigen gleichzeitig die Erwartungen der Architekten, die mit der Großform verzweifelt die wachsende Einförmigkeit und immer geringer werdende Lesbarkeit des städtischen Gesamtbildes bekämpfen.

Das Problem ist, daß die wachsenden Dimensionen der Projekte weder mit einem exponentiellen Wachstum der Fähigkeiten der Architekten, noch mit einer besseren Ablesbarkeit für die Nutzer einhergehen. Die letzten internationalen Architekturwettbewerbe zeichnen das Bild einer Niederlage auf zwei Fronten: sie zeigen überdimensionale Spiele der Designer mit Lego-Steinen und die totale Vernachlässigung des Blickwinkels der Bürger.

Die hohe Intensität der Grundstücksausnutzung in den zentralen Gebieten der Städte weist auf eine wachsende Rolle der Grundrente. Der Grundbesitz dieser Flächen wird zu einem zentralen Faktor. Fehlt der öffentliche Grundbesitz, entsteht ein Kreislauf zwischen verschiedenen Nutzungsmöglichkeiten, die alle auf den Konsens der politischen Kräfte, die Investitionsfähigkeit des öffentlichen oder des privaten Finanzierungssystems, auf die technischen Fähigkeiten der Unternehmer, und nicht zuletzt auf das von Experten organisierte und von allen gemeinsam getragene „Image" angewiesen sind.

In diesem Knäuel von Interessen wird der Grundbesitz zum entscheidenden Faktor. Es scheint nicht ohne Bedeutung zu sein, daß gerade die großen Unternehmen und die politisch-finanziellen Lobbies sich zur Zeit, nach dem Boom der Börsenspekulation erneut der scheinbar traditionelleren Form der Immobilieninvestitionen widmen. In einem Moment, in dem Politik und Ökonomie zunehmend auf globaler Ebene entschieden werden, engagieren sich die nationalen Machtgruppen in Immobilieninvestitionen, die ihnen gestatten, sozusagen in einem „Heimspiel" den Entscheidungsprozeß zu kontrollieren.

WANN – Natürlich besteht auch das Interesse der Finanzmärkte an Immobilieninvestitionen nicht erst seit heute. Neu ist jedoch ihre Zentralität in einem komplexen System von Beziehungen: Es ist kein Zufall, daß die linken Stadtregierungen in den großen Städten in den letzten Jahren immer über das Problem der Großprojekte und großer städtebaulicher Operationen gestürzt wurden.

Der städtische Boden ist ein kostbares Gut, das nicht beliebig reproduzierbar ist. Er bringt daher die Grundbesitzer beinahe in eine Monopolstellung. Die beiden wichtigsten Merkmale des letzten Jahrzehnts, die Tertiärisierung und die wachsende „Finanziarisierung", haben der Grundrente einen gänzlich neuen Charakter verliehen. Noch in den sechziger Jahren war die Szene des italienischen Immobilienmarktes vom kleinen Immobilienhändler, dem „Palazzinaro" dominiert, einer Figur, die in ihrem Charakter zutiefst rückständig ist. Ihr Investitionsverhalten basierte auf der Erwartung unaufhörlicher Erschließung neuer Flächen an den Peripherien der Großstädte und auf den guten Beziehungen zu einigen Abteilungen der öffentlichen Verwaltungen, um so sicherzustellen, daß die Entwicklung in die Richtung bestimmter Flächen oder Sektoren ging, oder daß gegenüber spekulativen Operationen ein Auge zugedrückt wurde. Hier gab es bereits korruptionsähnliche Unsitten, aber vor allem Rückständigkeit. Gegen diese wandte sich 1969 ein großer Nationalstreik. Vielleicht noch wichtiger als dieser Streik war für den Wandel die Tatsache, daß zu Beginn der siebziger Jahre neue Investoren auf dem Immobiliensektor auftauchten, unter ihnen Agnelli, für die die Grundrente ein Klotz am Bein der Entwicklung des Landes war, eine Form des Abzapfens ökonomischer Ressourcen, die besser in die Modernisierung des Infrastruktursystems und vor allem der Produktionsanlagen hätten investiert werden können.

Man spricht vom „Pakt der Produzenten", in dem sich Arbeiter und Unternehmer, diejenigen also, die einen „gerechten Profit" verdienten, gegen die parasitären Renten einigen wollten. Es ist dies gleichzeitig die Periode der neuen Gesetze, angefangen mit dem Wohnungsgesetz (legge per la casa) von 1971, gefolgt von dem Gesetz über den Boden von 1977 (legge sul regime dei suoli) und abgeschlossen mit dem Zehnjahresplan (piano decennale) von 1978.

Die Unternehmerverbände drängten auf Investitionen in Infrastrukturen: das Funktionieren, die Effizienz der Städte sind „strukturelle" Bedingungen für die gesamte ökonomische Entwicklung. In dieser Zeit entstand in Regierungskreisen die Idee der „integrierten städtischen Systeme"; die Idee wurde sofort von der

Großindustrie gesponsert. Praktisch handelte es sich um kolossale Investitionen für die Modernisierung von Einrichtungen und Infrastrukturen, konzentriert an strategisch wichtigen Punkten. Mit diesen Investitionen sollten Bedingungen für die städtebauliche Erschließung geschaffen werden, die andernfalls mit den technischen, ökonomischen und humanen Ressourcen der meisten Kommunen undenkbar wären. Die Kommunen sollten in ihrer Entscheidungskompetenz durch große spezialisierte öffentliche, private und genossenschaftliche Unternehmen eingeschränkt werden.

Die integrierten städtischen Systeme wurden zwar nicht realisiert, jedoch wurden die technischen Grundlagen und die Unternehmensstrukturen für jene Kombinate geschaffen, die in den folgenden Jahren die Hauptrolle spielen sollten. Gleichzeitig wurde das Netz der Beziehungen zwischen den Gesellschaften gesponnen (immer in der Zusammensetzung aus öffentlichen – Staatsunternehmen –, genossenschaftlichen – Lega delle Cooperative – und privaten Unternehmen – die letzteren wiederum unterteilt in zwei Gruppen, die der FIAT auf der einen Seite und die der übrigen Welt auf der anderen). In dieses Netz wurden kleine Bauunternehmen, denen Unteraufträge vergeben und mit denen auf lokaler Ebene Koalitionen eingegangen werden konnten, sowie das politisch-administrative System (vor allem mit seinen neuen Persönlichkeiten) und die wichtigsten Finanzierungsgesellschaften des Landes einbezogen.

Der politische Druck, der von diesen Gruppen ausging, zusammen mit dem Bestreben, die wachsende Arbeitslosigkeit in vielen Bereichen zu absorbieren, führte dazu, daß in den Finanzierungsgesetzen ab 1978 große Summen für die Errichtung von Infrastrukturen bereitgestellt wurden; allein im Jahr 1987 erreichten die öffentlichen Investitionen fast den Betrag von 200.000 Milliarden Lire. Hinzu kommen die Summen, die im privaten Sektor aktiviert wurden.

Ebenso wichtig wie die Quantität ist jedoch die Form, die diese Investitionen annahmen: sie waren auf kleine Portionen des Raumes konzentriert und wurden in 'großkotzige' Maßnahmen gesteckt, (wie das CENSIS diese in seinem Jahresbericht für 1985 nennt) und fanden in sehr kurzen Zeitabschnitten statt. Dieses Phänomen wird sehr treffend als „strukturelle Vergänglichkeit" bezeichnet. Es bedeutet, daß dauernd die Gelegenheit großer Ereignisse und Veranstaltungen zum Regulierungsmuster für konkrete Baumaßnahmen wurde.

Der symbolische Apparat dieser großen Termine erlaubt dauernde Transformationen des gebauten Raumes. Auf einer anderen Ebene gestatten es diese Ereignisse, angesichts des Fehlens von ideologisch-kulturellen Gegenpositionen, den Bürgern überzeugende Szenarien über ihre Zukunft zu präsentieren, ohne sich einer vollständigen Kosten-Nutzen-Rechnung aussetzen zu müssen.

So erlebte man in den vergangenen Jahren eine Reihe von Sondergesetzen für Venedig, Palermo, Reggio Calabria, Catania; Sondermaßnahmen für die Hauptstadt und NeoNapoli oder für besondere Termine wie die Fußballweltmeisterschaften, die Kolumbiade, das Heilige Jahr, die Universiaden, die EXPO. Nimmt man die Sonderprogramme wie den Architektenwettbewerb für den Lingotto in

Turin und die Bicocca in Mailand oder die Ereignisse um die Fondiaria in Florenz hinzu, und betrachtet man den Einfluß solcher großen Kulturereignisse wie der Biennale, der Triennale und großer Ausstellungen sowie der Maßnahmen gegen die Algen, anläßlich der Erdbeben und anderer Naturkatastrophen, dann scheint es, als hätten sämtliche bedeutsamen städtebaulichen Aktivitäten des vergangenen Jahrzehnts in Italien außerhalb des offiziellen gesetzlichen Rahmens stattgefunden.

WIE – Es muß sicherlich gesagt werden: auch in diesen letzten Jahren hat es neben den „Ereignissen" auch viel „normale" – weil „normierte" – städtebauliche Aktivitäten gegeben, aber das ideologische und praktische Gewicht der Großprojekte konnte nicht ohne Einfluß auf die alltägliche Praxis bleiben.

Auch hier ist es angebracht, einen Moment lang auf die letzten Jahre zurückzublicken, um sich die Etappen der italienischen „Deregulation" ins Gedächtnis zu rufen. Denn genau auf der Ebene der Verfahrensweisen wird der Kreis von Interessen gebildet, der die Großprojekte möglich macht und eben auf der Ebene der Verfahrensweisen lassen sich die Mechanismen verdächtiger Verbindungen zwischen politischen Entscheidungsträgern, Investoren und Fachleuten ausmachen.

Das administrative System, mit dem in Italien städtebauliche Maßnahmen geregelt werden, ist noch nie sehr solide gewesen, in den siebziger Jahren jedoch erlaubte eine Serie von Gesetzen das Entstehen eines institutionellen Rahmens, der nicht nur in seinen Zielen, sondern auch in seinen Kompetenzen und in den Instrumenten einigermaßen klar war.

Genau gegen diese neuen Planungsstrukturen richtete sich in der Praxis die harsche Kritik der dunklen Interessen. Diese Kritik zielte darauf, durch Zentralisierung der Entscheidungen oder durch ad-hoc-Strukturen die Planung zu entmachten und ideologisch das städtebauliche Instrumentarium und allgemeiner die Idee der Planung und Programmierung selber als hinderliche Restriktionen zu diskreditieren.

Sicherlich haben die Unzufriedenheit der Stadtplaner mit den Resultaten ihrer Arbeit und das Gefühl, daß der Wind sich gedreht hat, zu einem Meinungswandel beigetragen. Und es trifft auch zu, daß man innerhalb der lokalen Verwaltungen häufig einfach froh ist, die Verantwortung auf höhere oder äußere Ebenen zu schieben zu können, um in den Genuß von Regierungssubventionen oder von Formen politischer Patenschaften durch national bedeutsame Figuren zu kommen. Aber es ist andererseits auch wahr, daß zur Zeit die Lobby des Immobiliensektors mit Hilfe des Dietrichs der Ausnahmen von bestehenden Vorschriften oder ihrer Aushöhlung einen gezielten Angriff auf die Stadtplanung und die Pläne führt.

Der erste entscheidende Schlag gegen das Gerüst wurde bereits 1980 durch das Verfassungsgericht geführt. Mit dessen Entscheidung wurde der gesamte Mechanismus der Enteignungen in Frage gestellt, ein Mechanismus, der auf der Loslösung des Rechtes zur baulichen Nutzung von dem des Eigentums am Boden basierte, indem ein käufliches Bebauungsrecht eingeführt wurde. Als Folge dieser Entscheidung erscheinen städtebauliche Vorschriften über die Ausnutzung eines

Grundstücks nicht mehr als Einschränkung des privaten Grundbesitzes, sondern wurden als Geschenk begrüßt, das es den Eigentümern erlaubt, Gewinn aus der Nutzungsänderung zu ziehen. Die Eigentümer werden so in eine günstige Verhandlungsposition gegenüber den öffentlichen Verwaltungen und den anderen Investoren versetzt. Genau an dieser Stelle erwachte auch das strategische Interesse der Großindustrien an den brachfallenden Flächen innerhalb der altindustrialisierten Zonen der Stadtzentren. So wurde die Grundrente, gegen die dieselben Unternehmen sich vor einigen Jahren zur Wehr gesetzt hatten, wiederentdeckt.

Die Möglichkeit, von der Umwandlung solcher bis dahin den industriellen Nutzungen vorbehaltenen Flächen in Flächen für tertiäre oder gemischte Nutzungen zu profitieren, wird zunächst als Möglichkeit wahrgenommen, eine Phase wichtiger Konversion der Produktion zu finanzieren.

Bald jedoch wird sie zum Ziel an sich, wird zum Ansporn für Unternehmen, sich neu zu ordnen, was vor allem dazu dient, ihr immobilisiertes Kapital zu mobilisieren.

Vom Unternehmensprofit kehrt man so zur Grundrente zurück, jedoch geschieht dies unter vollständig anderen Voraussetzungen als im Fall der alten „Palazzinari". Die Lage und die strategische Dimension der in Frage kommenden Flächen, zusammen mit den technischen Möglichkeiten der Unternehmen und ihrem Zugang zu Kreditquellen lassen einen neuen Typ des Immobilienunternehmers entstehen, der in der Lage ist, aus allen Phasen des Bebauungsprozesses Profit zu erzielen.

Zunächst wird also mit der Änderung der Funktionsausweisung der Fläche spekuliert, dann werden die von denselben Unternehmen gegründeten Ingenieurgesellschaften mit dem Entwurf, andere Gesellschaften desselben Unternehmers mit der Ausführung des Projektes beauftragt. Noch andere Gesellschaften, die mit den Unternehmen in Verbindung stehen, sorgen für den Bau der Transport-, Kommunikations- und Energieversorgungsanlagen, und andere Betriebe derselben Gruppe kümmern sich um die Werbekampagne, die Kontakte zu den Massenmedien, das Logo, die Verwaltung der Ereignisse und die Organisation der Veranstaltungen, die dort stattfinden sollen. „Nahestehende" oder durch wechselseitige Beteiligungen angebundene Finanzierungsunternehmen stellen die finanzielle Deckung sicher und sorgen für die Versicherungen, während Public-relations-Fachleute sich um die Herstellung eines Image für die Maßnahme kümmern.

Es ist fast zu schön, um wirklich so zu funktionieren: es fehlt tatsächlich noch etwas, und zwar die Sicherheit der Zustimmung durch den politischen Apparat und die Verwaltungen, der Schutz vor Konkurrenz während der verschiedenen Phasen der Maßnahme, und der Zugang zu öffentlichen Subventionen.

Um all dies zu erhalten, ist es notwendig, sich mit einer maßgeblichen politischen Gruppe zu verbünden, durch die die Maßnahmen gesponsert werden können. Auch ihr muß also ein gewisser Gewinn an Profil und Image sichergestellt werden – und sicherlich auch nicht nur diese Art von Gewinn.

Damit die politische Unterstützung in vollem Umfang stattfinden kann, muß das System der Kontrollen gelockert und die Freiheit der wirklichen Entscheidungsträger erweitert werden: genau die Bedingungen also, die in der Phase der Deregulation hergestellt wurden.

Man begann damit bereits im Jahr 1978, als mit dem Beschleunigungsgesetz für öffentliche Arbeiten Ausnahmen von städtebaulichen Bestimmungen zugunsten des „Allgemeinwohls" möglich gemacht wurden. Seit 1980 erlaubt es das sogenannte „Gesetz Andreatta", dringende Wohnungsbauprojekte außerhalb der im Generalbebauungsplan als bebaubar bezeichneten Flächen durchzuführen. Das Gesetz, das nach dem Erdbeben von Irpinia erlassen wurde, ermöglicht für umfangreiche Flächen allgemeine Befreiungen von den Bestimmungen der Pläne. Für die Fußballweltmeisterschaft und andere Ausnahmesituationen beauftragte die Gesetzgebung nicht das Ministerium für öffentliche Arbeiten, sondern neue eigenständige Bewertungsgruppen (nuclei di valutazione) mit der Überprüfung der Planungen. Dies sind Gruppen, die außerhalb des staatlichen technischen Personals gebildet und häufig nach dem Parteibuch besetzt wurden.

Ein weiteres Instrument ist die „Konferenz" der verschiedenen von einer Maßnahme betroffenen Institutionen, die es einer Gruppe von Repräsentanten ermöglicht, wichtige Entscheidungen jenseits der demokratischen Kontrollen zu treffen. Im Jahr 1985, dem für zahlreiche Phänomene der Städtebaupolitik entscheidenden Jahr (es fanden für den Wechsel von Mehrheiten und des politischen Personals wichtige Wahlen statt), trat das Gesetz über den Straferlaß (Condono Edilizio) in Kraft, das es erlaubte, Verstöße gegen städtebauliche Bestimmungen mit einer geringen „Ablaßzahlung" zu legalisieren. Auf diese Art wurde, nicht zuletzt auch in psychologischer Hinsicht, zukünftigen Anstrengungen zur Kontrolle der Bautätigkeit von vornherein jede Glaubwürdigkeit genommen.

Es sind dies die goldenen Jahre der sogenannten „ausgehandelten Stadtplanung", in der die Initiative für Entscheidungen über raumwirksame Maßnahmen aus der öffentlichen Hand in die der großen Wirtschaftsgruppen überging. Formal bleibt das letzte Wort zwar bei den Kommunen, aber die Entscheidung fällt nicht mehr innerhalb eines autonomen planerischen Gesamtrahmens, sondern als Antwort auf eine Reihe von Anreizen und den Druck der privaten Grundbesitzer. Die Entscheidungsspielräume, die durch die verschiedenen Ausnahmegenehmigungen gewährt werden, gaben den Verfahren zudem einen Anschein von Normalität, während es sich tatsächlich um die institutionalisierte Unterordnung des öffentlichen unter das private Interesse handelt.

Das System wird endgültig auf den Punkt gebracht mit dem Gesetz Nr. 80 von 1987, das es gestattet, bei öffentlichen Maßnahmen mit einem Finanzvolumen von mehr als 20 Mio. DM den Erwerb der Flächen, den Entwurf, die Ausführung und ihren Betrieb in einem zeitlich gestrafften Verfahren als Konzession an „Unternehmenskonsortien", eine Art privater „urban development corporation", zu vergeben. Mit dem Instrument der Konzession entledigt sich die Kommune nun tatsächlich ihrer Kompetenzen: das Konsortium selbst fällt die Entscheidungen über die durchzuführenden Maßnahmen, und tut dies in einer Monopolstellung, ohne Konkurrenz.

WER – Demnach spielen also die Unternehmenskonsortien, und mehr noch ihre Zusammenschlüsse, die Hauptrolle bei den big (and bad) events dieser Jahre. Es handelt sich um wirkliche wirtschaftliche Potentaten, unter denen der gesamte Gotha der Industrie und der Hochfinanz versammelt ist. Der Jahresumsatz der größten unter ihnen liegt bei etwa drei Milliarden DM bei der ITALSTAT (ein Staatsunternehmen), bei 2,5 bei den Genossenschaften, 1,5 bei der ARGO (Ferruzzi) und 1,2 für die GRANDI OPERE (FIAT). Konstellationen und Zusammensetzung dieser Konsortien variieren von Mal zu Mal. Sie können auch lokale Unternehmen beinhalten, je nach der Art der Maßnahme und der in der jeweiligen Stadt gültigen Kräfteverhältnisse. Was die verschiedenen Akteure zusammenhält, ist das System der Vorteile, die mit der Realisierung der Maßnahme verknüpft sind. So wird die Herstellung des Konsenses zugunsten der Maßnahme zur Hauptaufgabe, unabhängig von möglicherweise unterschiedlichen Bewertungen der Zielsetzungen

Das wirtschaftliche Abkommen innerhalb des Konsortiums und das politische Abkommen über die Maßnahmen außerhalb des Konsortiums sind die Instrumente, mit denen dieser Konsens hergestellt wird. Dafür ist es notwendig, eine Art von Monopolstellung herzustellen, die so weit wie möglich die wirtschaftliche Konkurrenz ausschließt. Dies gelingt mit Hilfe der bereits erwähnten Konzession. Um Konflikte zu vermeiden, ist demnach eine umsichtige Regie vor der Vergabe der Aufträge notwendig, indem Vorvereinbarungen zwischen den Unternehmen getroffen werden und Flächen und Einflußbereiche untereinander aufgeteilt werden.

Es scheint unmöglich, aber es ist offenbar in den letzten Jahren ein wirklicher kriegerischer Frieden zwischen den Unternehmen, ein gemeinsames kompliziert geplantes Vorgehen, eine Übereinkunft entstanden, die auf den gegenseitigen Vorteilen durch die Aufteilung der Aufträge beruhte, statt um ihre Vergabe zu konkurrieren.

Ein System von so komplizierten Gleichgewichten stützt sich genau auf seine Komplexität: die Zahl der Akteure ist derartig groß, daß Vorteile für alle Beteiligten nur garantiert werden können, wenn offene Konflikte ausgeschlossen sind.

Es wurde beobachtet, daß teilweise bei der Suche nach Übereinkünften und Allianzen von der Realisierung der Maßnahme schließlich abgesehen wurde. Der Mechanismus der Planung, der Herstellung des Konsenses, der Überprüfung der Durchführbarkeit, der Zielfindung und der „Erzählung" über die Zukunft der Stadt kann sich auch vor der Realisierung der Maßnahme auszahlen: die Aufträge für die vorbereitenden Studien haben bereits viele Gesellschaften zufriedengestellt, und es wurde der Grundstein für eine zukünftige gute Zusammenarbeit gelegt.

Genau das wird als Zusammenstellung einer „Seilschaft" bezeichnet: Gruppen unterschiedlicher Provenienz, die sich für die Realisierung einer Maßnahme zusammengefunden haben, tendieren häufig dazu, sich nach Abschluß der Arbeiten, oder wenn diese nicht ausgeführt wurden, gemeinsam erneut um andere Aufträge zu bewerben. Auf diese Weise wird ein neues und, im Vergleich zu den alten Netzen lokaler Interessen, innovatives Netzwerk geschaffen. Diese alten Netzwerke bleiben vorwiegend in den kleinen Prozessen der Stadterneuerung wirksam, während sie bei den Großprojekten ausgeschlossen werden.

In den neuen Seilschaften spielen sicherlich die Strategien der Finanzierungsgruppen und der führenden Unternehmen, derjenigen also, die die ökonomische Grundlage stellen, eine bestimmende Rolle, aber auch die Rolle der privaten oder öffentlichen Grundbesitzer und der Experten darf nicht unterschätzt werden.

Dies ist vielmehr ein entscheidend neuer und etwas verwirrender Aspekt der Entscheidungsprozesse, die durch die Großereignisse und die entsprechenden Seilschaften der Techniker in Gang gebracht werden: die Experten spielen in ihnen nicht die traditionelle Rolle der Koryphäen oder der besserwisserischen Kritiker, sondern der entscheidenden Instanzen für die Herstellung des Konsenses. Brave Freiberufler oder Universitätsdozenten wurden so zu Stars der Massenmedien und zu Pflichtgästen in den Diskussionsrunden über jedes der Großprojekte.

Ihre fachliche Glaubhaftigkeit, ihre Überzeugungskraft und die Fähigkeit, die öffentlichen Meinung für sich zu gewinnen – für die sie, vielleicht zu Unrecht, das einzige „humane" Element und die einzige Garantie des kollektiven Interesses darstellen – sind zum unentbehrlichen Bestandteil jeder Seilschaft geworden.

So wird versucht, mittels hochkomplizierter politischer Alchimien einen ökologischen Marxisten, einen christdemokratischen Kunsthistoriker, einen sozialistischen Biochemiker, einen republikanischen Wirtschaftswissenschaftler und so weiter zusammenzubringen. Auf diese Art entstehen querverlaufende, „transversale" Parteien, in denen die Solidarität gegenüber den Genossen der eigenen Lobby häufig die Oberhand behält gegenüber der Treue zur eigenen Partei.

Und überhaupt, die Parteien. Bisher wurden sie kaum erwähnt, da mit der Ausnahme des Partito Socialista Italiano (PSI) – Pate zahlreicher Großprojekte und verstrickt in nahezu alle entsprechenden Skandale – weniger von der Präsenz von Parteien als vielmehr von der starken Präsenz einzelner Parteimitglieder gesprochen werden muß. Ein oder mehrere politische „Sponsoren" sind entscheidend für das Gelingen eines Projektes, aber sehr häufig teilen sich die Meinungen über die Projekte innerhalb jeder Partei entsprechend den persönlichen Rivalitäten, unterschiedlichen Strömungen oder den persönlichen kulturellen Vorlieben. Dasselbe gilt für die unterschiedlichen Ebenen der Regierungshierarchie, so daß ein und dasselbe Projekt durch ein und dieselbe Partei eine unterschiedliche Bewertung erhält, je nachdem, von welcher Verwaltungsinstanz aus geurteilt wird. So ist es möglich, die eigenen Kompetenzen und Privilegien zu schützen.

Es scheint also, daß die großen städtischen Entscheidungen in der konkreten politischen Debatte durchaus präsent sind, nicht jedoch im Rahmen der großen ideologischen Optionen. Es ist heute unmöglich, auf Anhieb zu sagen, ob die EXPO der Rechten oder der Linken zuzurechnen ist, oder welches die politisch korrekte Position in bezug auf die Fußballweltmeisterschaft ist. Vielleicht wäre es notwendig, eine politische Theorie der zeitgenössischen Stadt wieder zu begründen.

In dieser ideologischen Leere müßten die Verwaltungsapparate eine entscheidende Rolle spielen, da sie wenigstens in der Lage sein sollten, eine technische Bewertung der Projekte vorzunehmen. Aber gerade die öffentliche Bürokratie ist diejenige, die aus der Politik der Großereignisse als Verliererin hervorgeht. Die Praxis der teilweisen Aufhebung der Gesetze durch die Konzessionen, der nach außen vergebenen Aufträge, hat den kommunalen oder staatlichen Technikern die Initiative und die Entwurfsfähigkeit genommen, die jetzt bei den Privaten liegen. Den öffentlichen Verwaltungen bleibt dagegen lediglich die Aufgabe, Kompatibilität und Durchführbarkeit zu überprüfen.

Diese Demotivierung und Dequalifizierung der öffentlichen technischen Verwaltungen sind der Preis, den wir noch weit in die Zukunft für die Politik der Großprojekte bezahlen werden: Abgeschnitten von den wirklichen Entscheidungen, die in der Zeit der ausgehandelten Stadtplanung in den Händen der Privaten und der Politiker liegen, bleibt ihnen nichts als der passive Widerstand oder die Anpassung an die Praxis ihrer Vorgesetzten.

WIEVIEL – Spricht man in dieser Zeit in Italien vom Verfall der öffentlichen Verwaltungen, denkt man zuallererst an die Prozentanteile, die einbehalten wurden, um das Verfahren zu „schmieren".

Es ist sicherlich schwierig, in diesem Zusammenhang gesicherte Zahlen zu nennen. Nimmt man aber das, was bereits bekannt geworden ist, als Grundlage für eine Hochrechnung, so läßt sich eine Summe von 10 Mrd DM schätzen, die jährlich auf unterschiedliche Weise von der Korruption eingestrichen wurde.

Jenseits dieser Zahlen, die auch die Fachleute verblüfft haben, muß aber eine andere Tatsache die Aufmerksamkeit erregen: der größte Teil der „Entnahmen" stand in Zusammenhang mit Großprojekten. Jenseits der moralischen, sozialen oder kulturellen Probleme muß interessieren, warum ausgerechnet jetzt und warum ausgerechnet hier. Skandale, sei es auch in kleinerem Umfang und in einem weniger allgemeinen Ausmaß, hat es in Italien schon früher gegeben, jedoch in ganz anderen Zusammenhängen: Bananen, Tabakmanufakturen, Erdöl, Lockheed, Banco Ambrosiano.

Die Hypothese liegt nahe, daß dieser Wandel mit der Entwicklung der ökonomischen Struktur in Verbindung steht: vom Handel über die Manufakturen und die Chemie zur Hochtechnologie und zur Hochfinanz.

Heute ist die Modernisierung der Städte für das wirtschaftliche System von strategischem Interesse. Die zentralen ökonomischen Interessen und die Art der Skandale entwickeln sich parallel und die öffentliche Hand raubt dort, wo sie investiert.

Aus diesem Grund erscheint es mir so schlimm, daß die Großprojekte über die Städte „geschneit" sind, ohne daß sie aus einer Analyse der sozialen Subjekte und ihrer Ziele erwachsen sind. Die Großprojekte können so in erster Linie als „große Gelegenheiten" wahrgenommen werden, die unterschiedslos von der Rechten wie von der Linken benutzt werden. (Dies gilt für die Vorbereitungsphase, aber mit dem Näherrücken der Großereignisse schickt man die Linke nach Hause und läßt die Projekte von der Rechten verwalten.) Daher erscheinen die Vorschläge riskant – und ein wenig zynisch – die großen Ereignisse als Instrumente zu benutzen, um eine Reihe lokaler und sozialer Probleme anzugehen, die sonst nur schwer lösbar wären.

Niemand sagt, daß die Großprojekte an sich schon Träger der Korruption seien, aber sie scheinen sicherlich die Form zu sein, in der diese sich am besten entfaltet.

Diejenigen, die das Problem eingehend untersucht haben, nennen als Charakteristika der aktuellen Mißstände drei Phänomene: der fehlende Austausch der politischen Eliten, der den Machthabenden eine leicht in Geld zu verwandelnde Positionsrente verschafft; das Auftauchen „neuer Persönlichkeiten" in der Wirtschaftswelt, die den ethischen Regeln der Gruppen des Establishments nicht mehr verpflichtet sind; die im Post-Fordismus implizierte Universalisierung des Tauschwertes auf alle sozialen Beziehungen. All diese Bedingungen scheinen in der heutigen italienischen und allgemeiner in der europäischen und der japanischen Gesellschaft gleichzeitig präsent zu sein.

Die für die Korruption günstige Umwelt benötigt jedoch Gelegenheiten, um sich zu realisieren; solche Möglichkeiten bestehen zum Beispiel in der massiven Konzentration von Geldern und in der Lockerung gesetzlichen Normen und der Kontrollen im Zuge großer Ereignisse. Anläßlich der Großereignisse wird von zuvor aufgestellten städtebaulichen Programmen abgewichen und ihre Änderung ad hoc beschlossen; werden spezielle beschleunigte und vereinfachte Verwaltungsverfahren geschaffen; wird die Konkurrenz mittels des Instruments der Konzession durch die Vergabe von Aufträgen für „schlüsselfertige" Projekte an Unternehmenskonsortien ausgeschaltet.

Kurz gesagt, städtebauliche Normen werden gebeugt, die Verwaltungsvorschriften werden gelockert und die Marktgesetze verfälscht.

Genau diese „Zutaten" scheinen tendenziell, wenn auch mit unterschiedlicher Intensität, in zahlreichen europäischen Situationen präsent zu sein, eine Tatsache, die ehrlich gesagt besorgniserregend ist. Man sollte in diesem Fall nicht vorschnell alles auf die Rechnung der italienischen „nationalen Eigenheiten" setzen, Der Lebensstil vieler Politiker und Geschäftsleute entspricht nicht nur in Neapel, sondern auch in Frankfurt oder Lyon nicht ihrer Steuererklärung.

Im Vergleich zu anderen Ländern führt die italienische Tradition zu einer „anderen" Gesetzestreue, aber auch zu einer anderen Definition dessen, was legitim ist und zu einer anderen Fähigkeit, auf Skandale zu reagieren: tatsächlich verschwinden die Figuren der Korruptionsskandale hier von der politischen Bühne, während F.J. Strauß auch nach dem Lockheed-Skandal in seiner Position geblieben ist, Giscard d'Estaing auch nach der Affäre um die Diamanten Bokassas noch präsent ist, Kohl und Brandt für den Flick-Skandal nicht bezahlt haben und Lambsdorff auf den Parteivorsitz der F.D.P. zurückgekehrt ist.

„Quid rides? mutato nomine de te fabula narratur" (Horaz, Satiren I, 1, S. 69).

(Übersetzung: Gisela Schillings)

Ulrich Schröder

Welt-Stadt. Zum veränderten Verhältnis von Weltausstellung und Stadtentwicklung

Weltausstellungen sind in der jüngsten Geschichte, zumindest in Europa, kontrovers diskutierte Großprojekte. Der Disput bezieht sich dabei vor allem auf die – je nach Standpunkt positiv oder negativ bewerteten – Folgen für die ausrichtende Stadt. Bevor dieser Aspekt näher untersucht wird, empfehlen sich jedoch einige Bemerkungen zu dem, was Weltausstellungen neben Projekten der Stadtentwicklungspolitik noch alles sind – oder waren:

1. Zur Wirkungsgeschichte der Weltausstellungen

Um mit einem doppelten Zitat zu beginnen und damit das Ergebnis gleichsam vorwegzunehmen: „'Weltausstellungen sind Wallfahrtsstätten zum Fetisch Ware' hat Walter Benjamin in seinen Gedanken über 'Paris, Hauptstadt des 19. Jahrhunderts' geschrieben. Sie waren dies, aber sie waren noch weit mehr. Sie waren ein aus Stahlträgern und Fortschrittsglauben, Nationalhymnen und elektrischem Draht gezeichnetes Nervensystem der sich formierenden modernen Welt" (Beutler 1973, S. V). Diese moderne Welt war durch drei Entwicklungen gekennzeichnet, die sich als Voraussetzungen der Weltausstellungsidee bezeichnen lassen: die kolonialistische Politik der europäischen Länder und in dessen Folge eine Ablösung des Merkantilismus durch die Freihandelspolitik, die erste industrielle Revolution als Umwälzung der Produktions- und Lebensverhältnisse und schließlich, mit Zeitsprüngen und Rückschlägen, der Prozeß der politischen Liberalisierung und Demokratisierung. Alles in allem und trotz der zu dieser Zeit auch durch den Industriekapitalismus selbst produzierten sozialen Probleme erschienen die Konturen eines neuen Zeitalters, bestimmt durch Freiheit, Gerechtigkeit, materielle Sicherheit und einen ungebrochenen Fortschrittsglauben.

Weltausstellungen bedeuten gegenüber dem älteren Typus der nationalen Industrieausstellung (zwischen 1798 und 1849 in Frankreich und England) eine entscheidende Erweiterung, in geographischer (oder besser: geopolitischer) Hinsicht durch die Öffnung auf die Welt, in thematischer Hinsicht durch die Ausweitung der Leistungsschau auf nahezu alle „Gebiete menschlicher Arbeit ... Es liegt darin merkwürdiges, noch verfrühtes Bedürfnis nach Synthese, das dem 19. Jahrhundert ... eigen ist – dem Gesamtkunstwerk. Es wollte, neben zweifellos utilaristischen Gründen, die Vision des in neuer Bewegung befindlichen menschlichen Kosmos erstehen lassen" (Giedion 1989, S. 175). Der Kosmos war in der Tat in Bewegung geraten: die sich entwickelnde Warenproduktion hatte die Reduzierung der Handelsbeschränkungen gleichzeitig zur Voraussetzung und zur Folge. Damit einher ging eine für die Idee der Weltausstellung konstitutive Überzeugung, nämlich die des friedlichen Zusammenlebens im freien Wettbewerb; aber auch die faktischen Möglichkeiten zum Transport von Waren, Informationen und Menschen waren erst jetzt so weit entwickelt, daß Ausstellungen im internationalen Maßstab möglich wurden.

Einige Aspekte des 'Gesamtkunstwerks Weltausstellung' verdienen eine kurze Beschreibung:

- Die Welt der Waren: standen bei der ersten Weltausstellung (London 1851) noch industriell gefertigte Produkte, technische Apparate und landwirtschaftliche Geräte im Vordergrund, so ist auf den folgenden Ausstellungen eine deutliche Erweiterung des Dargestellten zu beobachten: Sonderausstellungen der preiswerten Produkte des täglichen Lebens und der Bildenden Künste (Paris 1855), der Naturprodukte der einzelnen Länder (London 1862), der Geschichte der menschlichen Arbeit (Paris 1867), der Wohnkultur und des Bildungswesens (Wien 1873) und schließlich der Arbeits- und Sozialfragen (Paris 1889). Der zunehmend enzyklopädische Charakter ist sicher ein gewichtiges Indiz für den von Giedion konstatierten Hang zum Gesamtkunstwerk.
- Die Welt der Politik: ihre zumindest symbolische Bedeutung erhielten die Weltausstellungen auch als Bühne der internationalen Politik. Die Beteiligung an den Ausstellungen und der Besuch von Staatsoberhäuptern dienten der Intensivierung der diplomatischen Beziehungen und stellten im 19. Jahrhundert bisweilen den Beginn von politischen Bündnissen und wirtschaftlicher Zusammenarbeit dar.
- Die Welt der Debatten: die zunehmende Zahl der begleitenden Kongresse entsprang einem gestiegenen Bedarf nach fachspezifischen Informationen und Diskussionen, der seinerseits durch die Entwicklung des wissenschaftlich-technischen Fortschritts bestimmt war. Die Themen reichten von der Bierbraukunst über die Vereinheitlichung von Maßen und Gewichten bis hin zu Fragen des Patentschutzes. Als konstitutiver Bestandteil der Weltausstellungen (Kroker 1975, S. 184-190) trugen sie häufig dazu bei, die Funktion des originären und aktuellen Informationsmediums im wissenschaftlich-technischen Bereich gegenüber der wachsenden Konkurrenz durch die Fachpresse zu behaupten.
- Die Welt der Feste: Weltausstellungen wurden nach dem großen Erfolg der ersten Londoner Ausstellung (1851) schnell zu kalkulierten Großveranstaltungen und überschritten damit die Aufgabe der Darstellung industrieller Leistungsfähigkeit und nationaler Machtansprüche. Bisweilen wurde der Volksfestcharakter gezielt aus innenpolitischen Motiven gefördert (Kracauer 1976,

S. 144). Aber auch unabhängig von solchen gelegentlichen Funktionalisierungstendenzen gerieten Weltausstellungen zu Festen des Fortschritts: „Dem 19. Jahrhundert geriet alles zur Oper ... Das Spektakel einer Weltausstellung mit ihren auf- und niederschwebenden Fahrstühlen, den stampfenden Dampfaggregaten und exotischen Balletteinlagen ist heute unvorstellbar" (Metken 1973, S. XI).

- Die Welt der Architektur: den vielleicht nachhaltigsten Ausdruck erfuhr die sich formierende Moderne durch die Weltausstellungsarchitektur, sowohl in praktischer als auch in symbolischer Hinsicht.

„Die Ausstellungen wurden zum Versuchsfeld neuer Methoden. Auf allen ... Ausstellungen ... wagten die Konstrukteure sich an früher nie versuchte Aufgaben. Wenn ... (sie) mit ihren Experimenten erfolgreich gewesen waren, wurden diese von der Baupraxis übernommen" (Giedion 1989, S. 176). Die bemerkenswertesten Etappen: John Paxton's Kristallpalast (London 1851), eine Eisen-Glas-Konstruktion bisher unbekannten Ausmaßes. Das grundsätzlich Neue dieser Art Architektur wurde später interpretiert als „ein nomadischer Geist, die Idee fahrbarer Architekturen" (Sedlmayr 1988, S. 50 f.). Weiter, in Paris 1889, die galerie des machines, die das Prinzip der Stahlskelettkonstruktion zur Perfektion brachte, und der – seinerzeit stark umstrittene – Eifelturm, der als nutzlose, pure Konstruktion den Unterschied zwischen Innen- und Außenraum gleichsam aufhob und so den Geist der Zeit, die Neigung zur Überwindung der Schwerkraft der Verhältnisse symbolisierte. Diese Entwicklung wird in Paris 1900 fortgesetzt mit der Realisierung des um 1770 von Ledoux projektierten Kugelhauses: die Kugel mit einem Durchmesser von 50 Metern „berührt die Erde nicht mehr, sie schwebt, ein Ballon von Glas und Eisen ... nur unterfangen von einem spindeldürren Metallgespinst ..." (Sedlmayr 1988, S. 102). Bei der New Yorker Ausstellung von 1939/40 finden die beiden symbolischen Formen der Abkehr von der Erdgebundenheit zueinander, und zwar in Form der beiden benachbarten Bauwerke „Trylon" und „Perisphere" – der Turm erlaubt den Blick auf die wiederum scheinbar schwebende Kugel. Kann man diese Anordnung noch als Interpretation der äußeren Naturbeherrschung durch den Blick auf die klein gewordene Welt verstehen, so wird mit dem Atomium der Brüsseler Ausstellung von 1958 der Eingriff in die innere Struktur der Materie symbolisiert. Folgerichtig fand sich für die Expo 2000 in Hannover der Vorschlag für einen Gebäudekomplex in Form der DNS-Spirale. Neben dieser Architektur, die die Idee des Fortschritts durch Technik transportiert, finden sich freilich auch Beispiele der „zu Stein gewordenen Ideologien": Das „Deutsche Haus" von Albert Speer und der „Sowjetische Pavillon" von B.M. Jofan (Paris 1937) sind hierfür deutlichster Ausdruck (vgl. Vrba 1989). Exponierte Architektur als Symbol weltbewegender Ideen hatte auf den Weltausstellungen ihren sinnfälligen Ort.

Soviel zu den Weltausstellungen des 19. Jahrhunderts. Es ist deutlich geworden, daß sie Ausdruck einer umfassenden Umwälzung der Lebensverhältnisse waren, getragen vom nationalen Stolz und einem Geist des Wettstreits im wirtschaftlichen und technischen, aber auch im sozialen und kulturellen Bereich. Ablehnende oder kritische Betrachtungen finden sich entsprechend selten und sind zudem mehr aus kulturkonservativer als aus politischer Perspektive formuliert; dies gilt auch für die Arbeiterbewegung, wozu u.a. die Entsendung von Handwerker- und Arbeiterdelegationen einiges beitrug (vgl. Schröder-Gudehus 1990, S. 33; Benjamin 1983, S. 244, 246). Was ihre Wirkungen auf das alltägliche Leben in den Städten angeht, ist man allerdings auf Spekulationen und wenige Romane angewiesen (Szecepánski 1988; Mendoza 1989).

Eine Betrachtung der Wirkungsgeschichte der Weltausstellungen im 19. Jahrhundert mündet in zwei Fragen:

- Welche Entwicklungen haben zum Bedeutungsverlust dieser Großveranstaltungen im beginnenden 20. Jahrhundert geführt?
- Aus welchen Gründen erleben die Weltausstellungen seit einigen Jahren eine Renaissance?

Der Beginn der Krise der Weltausstellungsidee wird oft an der Chicagoer Ausstellung von 1893 festgemacht, die in der Tat einige fragwürdige Neuerungen aufwies: eine deutliche Abkehr von der Darstellung technisch-wissenschaftlicher Innovationen und Hinwendung zu einer verklärten Darbietung der (europäischen) Tradition, daneben eine Ausweitung und Aufwertung des Vergnügungsbereichs. Diese Tendenz zur Banalisierung erfuhr auf den folgenden Ausstellungen ihre Fortsetzung. In der Literatur werden einheitlich folgende Gründe für diese Entwicklung genannt (Vrba 1989, S. 51, 53; Giedion 1989, S. 194; Schröder-Gudehus 1990, S. 27 f.):

- Die Mehrzahl der bedeutenden Ausstellungen nach Paris 1867 schloß mit einem finanziellen Defizit ab, woraus ein Zwang zur Kommerzialisierung abgeleitet wird.
- Eine wachsende Diskrepanz zwischen gestiegenen Beteiligungskosten und ausstellungsbedingten Absatzsteigerungen sowie gelegentliche Industriespionage führten dazu, daß sich die Industrie trotz patriotischer Beteiligungsappelle seitens der Regierungen von den Weltausstellungen abwandte.
- Die Ausstellungsmüdigkeit erfaßte auch die Besucher dieser Veranstaltungen, denen die technische Durchdringung ihres Alltags zur neuen Normalität geworden war, zu einem Bewußtsein von Modernität, das sich von seiner politischen Komponente, dem Emanzipationsstreben, weitgehend gelöst hatte.
- Beschleunigte Verfahren der Nachrichtenübermittlung hatten zur Folge, daß die Ausstellungen ihre Funktion als Informationszentrale für Wissenschaft, Technik und Politik an andere Medien abgaben.

– Schließlich war der Festcharakter der Weltausstellungen, ihre Rolle als Bühne der Selbstdarstellung eines selbstbewußten Bürgertums, dem organisierten Vergnügen gewichen.

Die Beantwortung der zweiten Frage führt direkt zum Verhältnis von Weltausstellung und Stadtentwicklung. Ein Vergleich der beiden Wiener Ausstellungen von 1873 und 1995 kann dafür hilfreich sein; die letztgenannte wurde zwar in einem fortgeschrittenen Planungsstadium abgesagt – insofern hat der Vergleich begrenzte Aussagekraft –, präsentiert aber einen neuen Typ von Problembewußtsein in der Konzeptionierung und städtebaulichen Planung (vgl. Schimak in diesem Band sowie Birklhuber 1988). Wien ist zudem die einzige Stadt, die den Vergleich einer Weltausstellung in ihrer Hochzeit mit einer des ausgehenden 20. Jahrhunderts bei Identität des Ortes ermöglicht. Rückgriffe auf andere Städte sind dennoch unvermeidlich, um die verschiedenen Veränderungen im Beziehungsgeflecht Weltausstellung – Stadtentwicklung für die Zwischenzeit zu belegen.

2. Die Wiener Weltausstellung 1873

Wien 1873: Die fünfte Weltausstellung zeigte Österreich auf einem Höhepunkt politischer und wirtschaftlicher Stärke. Erste Vorüberlegungen lassen sich bis 1857 zurückverfolgen, verschiedene Gründe vereitelten eine ernsthafte Planung jedoch bis 1868, die endgültige Zusage des Kaisers erfolgte erst drei Jahre vor der Eröffnung, im Mai 1870. Mit der Verwaltung und Durchführung wurde ein anerkannter Ausstellungsfachmann, Freiherr von Schwarz-Senborn, beauftragt, dem eine kaiserliche Ausstellungskommission beratend zur Seite stand.

Für die Finanzierung sollte ein zur Hälfte vom Staat und zur anderen Hälfte von Privaten gezeichneter Garantiefonds in Höhe von sechs Mio. Gulden dienen, der zusammen mit den zu erwartenden Einnahmen alle Kosten abdecken sollte. Kurzfristige Erweiterungen des Ausstellungsgeländes und technische Schwierigkeiten führten zu einer wesentlichen Kostensteigerung, für die der Staat im April 1873 einen weiteren Kredit von über neun Mio. Gulden billigen mußte, was noch während der Ausstellung, im Juni 1873, zu einer Beschränkung der Handlungsvollmachten des Generaldirektors führte; offenkundig zu spät, denn schließlich standen bei der Endabrechnung (1876) den entstandenen Einnahmen von 4,25 Mio. Ausgaben von über 19 Mio. Gulden gegenüber (vgl. Pemsel 1989a, S. 20-25).

In dieser Rechnung nicht enthalten sind die Ausgaben der Stadt Wien, die als k.u.k.-Reichshaupt- und Residenzstadt eine noch sehr beschränkte Selbstverwaltung besaß und unter der Verwaltung der Niederösterreichischen Statthalterei stand: was bedeutete, daß Wien selbst bei großen städtebaulichen Projekten (Ringstraße und Prater) kein Mitspracherecht besaß; dies und die Tatsache, daß der Haushalt der Gemeinde Wien durch die aufwendige Donauregulierung und die öffentliche Bautätigkeit mit Anleihen und Schulden belastet war, machten kommunale Behörden, Gemeinderäte und Bürgermeister skeptisch gegenüber „dieser dubiosen Unternehmung". Ergebnis dieser Zurückhaltung war, daß die Investitionen der Stadt Wien noch unterhalb der veranschlagten drei Mio. Gulden blieben.

Wien auf dem Weg zur Weltstadt: obwohl „mit dem Schleifen der Stadtmauern 1857 und dem Bau der Ringstraße als krönendem Höhepunkt der verkehrstechnischen und kulturellen Verbesserungen" (Pemsel 1989b, S. 20) entscheidende Schritte zur Stadtmodernisierung getan worden waren, war die Stadt kaum auf die Weltausstellung mit den erwarteten 20 Mio. Besuchern vorbereitet. Dies bezieht sich einerseits auf Fragen der Repräsentation – vor allem die nicht abgeschlossene Bebauung der Ringstraße –, andererseits auf infrastrukturelle Voraussetzungen:

- in den 1870er Jahren wies Wien von allen europäischen Städten die zweithöchste Sterblichkeitsrate auf. Die Ursachen hierfür lagen allgemein in mangelhaften hygienischen Verhältnissen, besonders in der schlechten Qualität des Trinkwassers und fehlender oder unzureichender Kanalisation,
- die verkehrliche Erschließung des Ausstellungsgeländes, des Praters, sowie der landschaftlich reizvollen Umgebung Wiens war unzulänglich,
- Zahl und Qualität der Unterkünfte waren für die bis zu 100.000 erwarteten Besucher pro Tag in keiner Weise ausreichend.

Dem liberalen Geist der Wiener Gemeinderäte gemäß war letztere Frage kein Gegenstand kommunaler Politik; der Bau von Hotels und Gasthöfen sowie das Bereitstellen von Wohnungen blieb privater Initiative überlassen. Das aufkommende Bau- und Spekulationsfieber bewirkte einen starken Anstieg der Mietpreise und Kündigungen (mit dem Ziel erhöhter Einnahmen durch Vermietung an Ausstellungsbesucher). Bereits im Vorfeld war es durch den Wohnraumbedarf der für die Weltausstellung tätigen Arbeiter zu einem Verdrängungswettbewerb gekommen, der sich jetzt zu einer bis dahin unbekannten Wohnungsnot auswuchs.

Weniger zurückhaltend war die Gemeinde Wien bei der Verbesserung des Verkehrswegesystems in der um die Vororte erweiterten Stadt und zum Ausstellungsgelände. Zur Bewältigung des zu erwartenden Verkehrs kam dem Straßen- und Brückenausbau eine besondere Bedeutung zu. „Sehr bewußt versuchte die Stadt dabei die Weltausstellung zum Anlaß zu nehmen, bereits länger bestehende Planungen zu verwirklichen. So wurden drei neue Brücken über den Donaukanal errichtet, mehrere neue Straßen angelegt, bestehende verbreitert und gepflastert" (Posch 1989, S. 45). Schließlich wurde eine zweite Tramwaygesellschaft gegründet und ein regulärer Liniendienst auf dem Donaukanal eingerichtet. All dies reichte jedoch nicht, so daß anläßlich der Präsentation der neuesten Entwicklungen in Wissenschaft und Technik ironischerweise die traditionellen Verkehrsmittel (Einspänner, Stellwägen, Kleinfuhrwerke etc.) unentbehrlich waren.

Für eine grundlegende Modernisierung der Wasserver- und -entsorgung, die allein eine dauerhafte Verbesserung der hygienischen Verhältnisse bewirkt hätte, fehlten sowohl die zeitlichen Spielräume als auch die finanziellen Mittel. Wesentlichstes Ergebnis der Bemühungen in dieser Hinsicht war der Bau eines Epidemiespitals, mit dem die Stadt erstmals Aufgaben in der Krankenversorgung wahrnahm. Die weiteren Maßnahmen hatten eher prophylaktischen Charakter: Desinfektion der Kanäle, Kontrolle des Trinkwassers, Reglementierung der Prostitution etc. Doch ebensowenig wie die verkehrsplanerischen Maßnahmen ein Verkehrschaos am Eröffnungstag verhindern konnten, waren die eingeleiteten hygienischen Maßnahmen geeignet, weit Schlimmeres zu vermeiden: den Ausbruch einer Choleraepidemie im Sommer 1873.

Einfluß hatte die Gemeinde Wien auch auf die Wahl des Ausstellungsgeländes. Von zunächst vier Optionen kamen zwei in die engere Wahl: der Josefstädter Exerzier- und Paradeplatz an der Ringstraße und eben der Prater. Trotz der zentralen Lage des ersteren gab es eine knappe Mehrheit für die letztere Standortvariante, neben der Nähe der Eisenbahnlinien war bemerkenswerterweise die Schönheit der Landschaft ausschlaggebendes Argument. Diese Entscheidung hatte allerdings zur Verringerung der Bodenfeuchtigkeit und Abwendung der Hochwassergefahr die Donauregulierung zur Voraussetzung, die wiederum, „neben dem Abbau der Befestigungen und dem Bau der Ringstraße 1857, eine der folgenschwersten städtebaulichen Entscheidungen" (Posch 1989, S. 37) war. Zwei Lösungsmodelle standen zur Diskussion – die eine beließ die Donau in ihrem alten Bett, die andere legte sie in ein zur Stadtmitte hin gekrümmtes neues. Zur Ausführung gelangte letztere Variante, die mit umfangreichen Rodungen und Erdbewegungen in den Praterauen verbunden war, jedoch die für die verkehrliche Erschließung des Ausstellungsgeländes wichtige Ausweitung der Gleisanlagen des Nordbahnhofes ermöglichte. Weitere Eingriffe in den Prater erfolgten durch seine Herrichtung für die Weltausstellung selbst, verursacht vor allem durch den Bau von Gas- und Wasserleitungen sowie von Kanalisationsanlagen. Beide Großprojekte standen eindeutig im Zeichen der Geometrisierung der Natur, die Donauregulierung erfolgte „völlig im Geiste der mechanistischen Auffassung der Gründerzeit" (Posch 1989, S. 39). Schließlich nahm das mit den Kunst-, Maschinen- und Industriehallen (einschließlich der Rotunde, seinerzeit größter Kuppelbau mit 108 Meter Spannweite) sowie zahlreichen Pavillons bebaute Gelände eine Fläche von 230 ha ein – womit frühere Weltausstellungsstandorte um ein Mehrfaches übertroffen wurden.

Es ist umstritten, ob die Wiener Ausstellung ein Erfolg war. In finanzieller Hinsicht war sie es mit Sicherheit nicht, ähnliches gilt – damit in Zusammenhang stehend – für die Zahl der Besucher, die mit ca. sieben weit hinter den kalkulierten 20 Mio. zurückblieb. Dafür verantwortlich waren neben der erwähnten Choleraepidemie die stark überhöhten Hotelpreise, mehr aber noch der Börsenkrach, der nur „acht Tage nach Ausstellungseröffnung ... der konjunkturellen Hochblüte der Gründerzeit ein vorläufiges Ende (setzte und) den Auftakt einer auch international jahrelang anhaltenden Wirtschaftskrise (darstellte)" (Pemsel 1989a, S. 77). Börsenkrach und wirtschaftliche Depression wurden allgemein – aber vermutlich zu Unrecht – der Weltausstellung angelastet. In Anbetracht dieser Umstände ist ein Ziel, nämlich die Repräsentation und Selbstdarstellung des aufsteigenden liberalen Bürgertums, nicht erreicht worden; ein anderes, die Stärkung der Vermittlungsfunktion Wiens und damit Österreichs in wirtschaftlicher und politischer Hinsicht, nur zum Teil: die Weltausstellung als Bühne der Politik bildete jedoch den Rahmen für die Aufnahme bzw. Intensivierung diplomatischer Beziehungen zu Japan, Italien, Rumänien, Serbien und den Ausgleich mit dem Deutschen Kaiserreich.

Über die Folgen für die Stadt Wien ist bereits einiges gesagt worden. Das Ausstellungsgelände wurde zum größeren Teil rekultiviert, ein kleiner Teil der Fläche und einige der massiv errichteten Bauwerke wurden längerfristig genutzt, die Rotunde auch weiterhin für kulturelle Veranstaltungen und Ausstellungen, ab 1921 von der Wiener Messe.

Für die verstärkten Bemühungen der Stadt Wien im Bereich des Gesundheitswesens, der Verkehrsplanung und des kommunalen Wohnungsbaus hatte die Weltausstellung sicher eine Katalysatorfunktion, nicht mehr, aber auch nicht weniger: „Vorzüglich die allgemeinen Stadtverhältnisse sieht man in heilsame Bewegung gerathen. Es scheint manchmal gewisser Anregungen zu bedürfen, um in gewaltsamerem Anlauf über Zustände hinauszukommen, die sich sonst in übelgewohntem Schlendrian zur eigenen Qual wie eine ewige Krankheit fortgeerbt haben würden" (Oncken 1873). Folgewirkungen ergeben sich schließlich über personelle und institutionelle Verflechtungen für den Ausbau der Volksbildung und der Museen in den Jahren nach der Weltausstellung.

Das Projekt der Weltausstellung war weitgehend unumstritten und wurde von den Parteien, der österreichischen Unternehmerschaft, maßgeblichen Vertretern aus den Bereichen Kunst und Kultur und dem Kaiserhaus unterstützt. Lebhafte öffentliche Debatten über die Folgen der Weltausstellung für die Stadt gab es kaum – dem Geist der Zeit entsprechend, und letztlich war die Ausstellung keine Entscheidung der Gemeinde Wien. Die Donauregulierung mit ihren Folgen für die Praterauen und die landschaftsgärtnerische Gestaltung des Ausstellungsbereichs als künstlicher Naturpark hingegen riefen heftige Kontroversen in der Öffentlichkeit hervor – die heute mit dem ganzen Gewicht des ökologischen Diskurses vermutlich nicht so ergebnislos verlaufen würden.

3. Welt(ausstellungs)-Städte 1893-1992

Wie ging es mit den Städten und ihren Ausstellungen weiter? Die Zahl der Weltausstellungen stieg in demselben Maße an, wie ihre Qualität nachließ. Versuche, diese Entwicklung durch internationale Übereinkünfte über Ziel, Durchführung, Kriterienkataloge etc. zu steuern, gab es vorläufig nicht. Bis zum 1. Weltkrieg gab es lediglich unverbindliche Vorstellungen darüber, was eine Weltausstellung sein und was sie bewirken könnte. Erst 1928 wurde ein formelles Abkommen unterzeichnet und das „Bureau International des Expositions" (B.I.E.) als Instanz gegründet, die Anträge genehmigt, Planung und Durchführung kontrolliert und überhaupt definiert, welchen Kriterien eine Ausstellung genügen muß, um Weltausstellung genannt zu werden (Birklhuber 1989, S. 63).

Bis zum 1. Weltkrieg gab es eine Vielzahl von Weltausstellungen, die nie mehr den Nimbus der früheren erreichten, aber eine allmähliche Veränderung im Verhältnis von Ausstellung und Stadtentwicklung einleiteten. Einige Stationen auf diesem Weg:

Dem Bericht über die Ausstellung in Chicago 1893 ist zu entnehmen, daß sich mehrere Städte (und nicht Bundesstaaten) um die Ausrichtung beworben hatten: „Während die Chicagoer mit glühendem Eifer für die ihnen als Lieblingsplan vorschwebende Weltausstellung die Trommel der Reklame rührten, blieben auch die übrigen Großstädte des Landes, welche die gleiche Ehre beanspruchten, nicht unthätig ..." (Hillger 1893, S. 7) Der „Städtekampf", soviel geht aus den Ausführungen hervor, war noch keiner um Standortvorteile im wirtschaftlichen Konkurrenzkampf, sondern einer um die Ehre.

Wieder in Amerika, St. Louis 1904, wird die Stadt selbst erstmalig Gegenstand der Ausstellung, und zwar im Maßstab 1:1. Die „ideal street" der „Model City exhibit" „offered full-scale examples of town halls, libraries, hospitals, railroad stations and schools, as well as street fixtures, public bathhouses and park equipment – all designed in the over-wrought neoclassical style popularized by the Chicago world's fair" (Peters 1982, S. 13 f.).

Deutlichere städtebauliche Gewinne brachte die Weltausstellung 1915 für San Francisco: durch eine später für Wohnbebauung genutzte Aufschüttung der Marinasection. Bei der zweiten Ausstellung (1940) war eine Nachnutzung des Geländes und eines Teils der Gebäude für den geplanten neuen Flughafen vorgesehen, der dann aber doch an anderer Stelle gebaut wurde.

Nach dem 1. Weltkrieg kam es in rascher Folge zu mehreren großen Weltausstellungen. In dieser Zeit wurden Ausstellungen erstmalig unter ein thematisches Leitmotiv gestellt, das vorläufig freilich vage genug formuliert blieb, um immer noch alle möglichen Beiträge darunter subsumieren zu können.

„The world of tomorrow", Thema der New Yorker Ausstellung 1939/40, ist ein in diesem Sinne typisches Motto. Die Ausstellung war trotzdem bemerkenswert, sie brachte New York neue Schnellstraßen, Brücken und einen neuen Stadtpark, Flushing Meadow, der, abgesehen vom New-York-City Gebäude mit dem Queens-Museum, heute (nach einer zweiten Weltausstellung 1964/65) nur noch „mehr oder weniger rostende Überreste ehemaliger Pracht, ... weite ungenützte Rasenflächen ... und ausgedehnte Parkplätze, die niemand benötigt" (Birklhuber 1989, S. 63), beherbergt. Und wieder wurde die Stadt selbst zum Thema gemacht, diesmal in Form zweier Stadtmodelle, die den städtischen Entwicklungsraum als Ganzes betrachten.

Deren erstes, „Futurama", war als zweistöckiges Diarama kaum zufällig im Gebäude der General Motors Cooperation zu besichtigen und zeigte das künftige Amerika (als sich selbst erfüllende Prophezeiung), insbesondere eine „imposante Metropole mit modernen Hochhäusern aus Stahl und Glas, mit erhöhten Fußgängerwegen und versenkten Autostraßen ... Weite Räume, ... Mobilität und Individualität sollten sie bestimmen" (Bush 1990, S. 89). Die zweite Modellstadt war in dem erwähnten Kugelbau „Perisphere" beherbergt und veranschaulichte die demokratische Stadt der Zukunft: Democracity, eine Wolkenkratzerstadt, dem „Official Guide Book" zufolge „Symbol einer perfekt gegliederten, futuristischen Metropole, die mit Leben und Rhythmus und Musik pulsiert", eine auffallend unpolitische Demokratievision (Monaghan 1939).

Seattle 1962: die zweite Ausstellung nach der fast 20-jährigen Unterbrechung durch den 2. Weltkrieg mit einer der kleinsten Ausstellungsflächen (30 ha) „is still considered the most successful as a redevelopment tool ... Local leaders were quite upfront in stressing that the fair was primarily a tool for its development ... Today, Seattle Center is a successful cultural and convention center for the city" (Peters 1982, S. 60).

Montreal versuchte 1967 mit weitaus geringerem Erfolg ebenfalls eine Funktionalisierung der Weltausstellung für die Stadtentwicklung, die hier auch den Charakter einer Stadterweiterung durch die Anbindung einer 40 ha großen Insel im St. Lawrence-River hatte. Das (im Gegensatz zu den US-Ausstellungen) mit öffentlichen Mitteln finanzierte Projekt war trotz hoher Besucherzahlen ein finanzielles Desaster, brachte der Stadt aber immerhin ein neues U-Bahn-System, den Ausbau mehrerer Schnellstraßen und einen neuen, stark frequentierten Stadtpark auf dem Ausstellungsgelände – die weiteren hierfür vorgesehenen Nachnutzungen konnten nicht realisiert werden: die Etablierung einer Dauerausstellung und die Bebauung mit Wohnhäusern eines auf der Ausstellung selbst gezeigten Modulsystems.

Die Reihe der Beispiele ließe sich fortsetzen. In finanzieller Hinsicht waren die meisten Ausstellungen ein geringfügiges oder dramatisches Verlustgeschäft; Überlegungen zur stadträumlichen Integration und wirtschaftlichen Nutzung fanden zunehmend statt, waren aber keineswegs immer erfolgreich. Die australische Weltausstellung (Brisbane 1988) bildet nur bedingt eine Ausnahme. Für die Ausstellung wurde ein 36 ha großes, zentral gelegenes, aber wenig genutztes Gelände erschlossen. Die Bauten sollten teilweise erhalten bleiben (Theater, Hotels, Tagungszentrum), mit dem Ziel der Schaffung einer Infrastruktur für die Entwicklung Brisbanes zur Konferenz-, Ausstellungs- und Wirtschaftsstadt. Die anvisierte Nachnutzung wurde durch Bürgerproteste verhindert, die sich vor allem gegen ein geplantes Kasino und den geringen Anteil an Naherholungsflächen richteten. Eine in deren Folge gegründete Entwicklungsgesellschaft hatte die Nachnutzung des Geländes „in den größeren Planungskontext einzubauen ... und alle weiteren Planungsvorschläge ... der öffentlichen Begutachtung und Einflußnahme zu unterziehen" (Czedik 1989, S. 60). Dieses 1989 vorgestellte Konzept sah eine 14 ha große Parklandschaft und ein 22 ha großes Stadterweiterungsgebiet vor, ohne Kasino, allerdings auch ohne Nachnutzung der größtenteils temporären Expo-Bauten.

Abschließend Sevilla: hier war die Weltausstellung ein Projekt der Madrider Zentralregierung, die einen Großteil der entstandenen Kosten trug, sich durch juristische Konstruktionen auch direkten Zugriff auf die Planung sicherte – was im Vorfeld zu einer Reihe von Konflikten führte. Ausgesprochenes Ziel war hier, den unterentwickelten andalusischen Raum mit seiner Hauptstadt Sevilla über einen Infrastrukturausbau (Verkehrswesen und Telekommunikation) mit den übrigen spanischen und den europäischen Zentren zu vernetzen. Die Ausstellung fand auf einer Insel im Guadalquivir statt, die über sieben neue Brücken mit dem nahegelegenen Stadtzentrum verbunden wurde. Die Maßnahmen zur Aufwertung der gesamten Stadt haben zu einem starken Anstieg der Boden- und Wohnungspreise geführt, mit der absehbaren Folge eines Verdrängungswettbewerbs und der weniger absehbaren einer Politisierung von stadt- und wirtschaftsräumlichen Entwicklungsfragen. Die angestrebte langfristige Lösung des Problems der Arbeitslosigkeit in der Region ist nicht sehr wahrscheinlich, weil der qualifikationsspezifische Bedarf an Arbeitskräften in der Planungs-, Vorbereitungs- und Durchführungsphase unterschiedlich und zeitlich begrenzt war. Die vorgesehene Nachnutzung des Geländes als Wissenschafts- und Technologiezentrum wiederum wird hochwertige Arbeitsplätze schaffen, die ihres besonderen Qualifikationsprofils und ihres geringen quantitativen Umfangs wegen den regionalen Arbeitsmarkt nur wenig entlasten werden (vgl. Kruse 1991).

Fraglos hat die Expo '92 die überfällige Neuordnung des Straßensystems und der Eisenbahnlinien ermöglicht, ebenso – um den üblichen Preis von Aufwertungsmaßnahmen – die Sanierung verwahrloster Altstadtquartiere und die Herstellung eines neuen Gleichgewichts zwischen Zentrum und Peripherie. Dennoch ist das Ausstellungsgelände, das man als Vorzeigeobjekt einer neuen „'Stadt der Technologie' präsentieren und mit der historischen Stadt durch ... eine starke funktionale Komplementarität verbinden wollte, ... heute kaum mehr als ein abseits der Stadt gelegenes Messegelände mit temporären Bauten ..." (Monaco/Tejedor 1992, S. 1383).

Deutlicher als in Europa ist der Trend zur Funktionalisierung von Weltausstellungen schließlich in Amerika. Die Konkurrenz um die Ausrichtung spiegelt die Konkurrenz im amerikanischen Städtesystem wieder, als Instrument zur Realisierung von Stadtentwicklungsplänen, Steigerung der Wettbewerbsfähigkeit (der Städte und privater Investoren) sind sie allgemein akzeptiert (vgl. Giloth/Shlay, in diesem Band).

4. Die Wiener Expo '95

Im Jahre 1985 entstand die Idee zu einer zweiten Weltausstellung in Wien, zeitgleich mit dem Plan für eine Ausstellung in Budapest. Eine Betrachtung der zwischen 1986 und 1991 durchgeführten städtebaulichen Planungen und erarbeiteten Konzepte (vgl. Schimak in diesem Band) liefert Hinweise auf eine Verschiebung der Bedeutung von zeitgebundenen und zeitgemäßen Leistungsschauen des Industriekapitalismus zur Katalysatorfunktion für die Stadtentwicklung, wobei diese nicht nur stadtplanerische, sondern auch wirtschaftliche und kulturelle Dimensionen aufweist.

Stadtplanung: Bereits die ersten Überlegungen sehen die Expo '95 als ein stadtentwicklungspolitisches Projekt der Stadt Wien; und zwar im Rahmen der Neugestaltung des donaunahen Entwicklungsraumes. Dieser ist seit 1870 Gegenstand planerischer Bemühungen vor allem im Hinblick auf eine Verbesserung des Hochwasserschutzes. Die Regulierung der Donau zwischen 1870 und 1875 hatte zwar eine Verbesserung, aber keine Lösung gebracht.

Nach dem 2. Weltkrieg wurden jahrelang verschiedene Varianten diskutiert, bis 1969 die Entscheidung für den Aushub einer parallel zum alten Strombett verlaufenden Entlastungsrinne fiel. Die Arbeiten hierfür begannen 1972, im selben Jahr wurde ein städtebaulicher Ideenwettbewerb zur Einfügung des Hochwasserschutzes in die gesamtstädtische Struktur ausgeschrieben, bei dem das technische Hochwasserschutzprojekt als nicht absolut bindend vorgegeben war. Der Konflikt war also vorgezeichnet, als während der Bauarbeiten 1974 die zweite Wettbewerbsstufe begann. „Aus dieser – nicht nur rückblickend prekären – Situation entwickelte sich aber letztlich unter großem Zeitdruck jene innovative Form der Planung selbst ..., die sich nicht nur als äußerst erfolgreich erwies, sondern auch die entscheidende Grundlage für jenes später weiterentwickelte 'Wiener Modell' der Stadtplanung bildete" (Fischmann 1990, S. 43). Die innovative Form war eine institutionalisierte Vernetzung aller beteiligten Ämter, der Jury und auswärtiger Experten. Der Erfolg dieses interdisziplinären Planungsansatzes war die Verschwenkung und abschnittsweise seeartige Erweiterung des ursprünglich geradlinig geplanten Verlaufs der Neuen Donau.

Trotzdem war 1977, bei Abschluß des Wettbewerbs, der Planungsbereich (ca. 20 % des Stadtgebietes) immer noch städtebauliches Entwicklungsland. Unter teilweise veränderten Prioritäten (Weiterentwicklung der vorhandenen Stadtstruktur, Stadterneuerung und Ausnutzung bestehender Infrastruktur) wurde 1986 deshalb die Erarbeitung eines Leitprogramms für den donaunahen Entwicklungsraum beschlossen, und in eben diesem Kontext sollte auch die Expo '95 ihre stadtentwicklungspolitische Dynamik entfalten. 1987 wurden Untersuchungen über die Förderung des Donauraumes durch Großveranstaltungen in Auftrag gegeben, die Diskussion über mögliche Standorte der Expo verdichtete sich sehr schnell auf das Planungsgebiet des donaunahen Entwicklungsraums. Für diesen Bereich wurden 22 Standortalternativen untersucht, die den Kriterien des städtebaulichen Entwicklungspotentials, der Verfügbarkeit und Kosten der Grundstücke, der verkehrlichen Anbindung und der Nachnutzung in unterschiedlichem Maße entsprachen. Daneben wurde noch das Modell einer dezentralen Expo diskutiert, aufgrund der zu erwartenden Belastungen für die Besucher aber schnell wieder verworfen. Die Standortdiskussion war nicht nach dem „Wiener Modell" vorbereitet gewesen, was eine kontroverse Diskussion in der Öffentlichkeit nicht verhinderte, aber vielleicht dafür verantwortlich war, daß „die Stärke des Medienechos auf einzelne Vorschläge nicht mit deren 'objektiven' Qualitäten korrelierte" (Potyka

1989, S. 46; vgl. auch Lung 1988). Den „objektiven" Qualitäten entsprach dann das Gelände beim Konferenzzentrum (in unmittelbarer Nähe der UNO-City auf der Insel „Alte Donau") am ehesten, das dann 1988 vom Gemeinderat zum zentralen Ausstellungsbereich erklärt wurde. Hier sollte der ausschließlich durch nationale und internationale Investoren finanzierte Expo-Komplex entstehen, perspektivisch die „Zweite Wiener City" mit allen Funktionen eines urbanen Zentrums. Und in der Tat, der Standort schien klug gewählt, denn durch eine überlegte Planung und Nachnutzung dieses Bereichs konnte eine Verbindung der links und rechts der Donau gelegenen Stadtteile erfolgen, außerdem eine Integration der isolierten und monofunktionalen Teile der Insel „Alte Donau". Voraussetzung dafür war, daß eine „ausschließliche Ansiedlung des tertiären Sektors ... nicht erfolgen darf. Derartige Monokulturen sind isoliert nicht lebensfähig ... Es ist deshalb kein ideologisches, sondern ein volkswirtschaftliches Argument, daß auf einen städtebaulichen Rahmenplan ... nicht verzichtet werden kann. Stichwort: Rahmenbedingungen und öffentliche Verpflichtungen für Investoren sind festzulegen" (Expertengruppe zum Expo-Leitprogramm 1990).

Eine Weltausstellung stellt auch im Bereich der Verkehrspolitik eine Herausforderung dar: In der Vergangenheit wurden die Ausstellungen häufig dazu genutzt, das städtische Verkehrssystem auszubauen – allerdings unter weit weniger problematischen Rahmenbedingungen. Bei den diesbezüglichen Überlegungen in Wien standen folgerichtig der Ausbau des ÖPNV und die Begrenzung des PKW-Verkehrs im Vordergrund (vgl. Schimak in diesem Band; Snizek 1989; Swietly 1990b). Über diese „normative Vorgangsweise" herrschte weitgehende, wenngleich keineswegs vollkommene Einigkeit. Sie wird möglich in einer Situation, in der eine Umorientierung der Verkehrspolitik ohnehin auf der Tagesordnung steht und in der die Frage nach der Zukunft des Autos nicht primär als eine Frage nach Arbeitsplätzen in der PKW-Industrie gestellt zu werden braucht. Neu ist des weiteren die Nutzung des absehbaren Chaos während der Expo für die Durchsetzung unpopulärer Maßnahmen. „Ein Expo-Thema urbaner Verkehr würde es ermöglichen, Unangenehmes glaubhaft und schnell über die Bühne der zu erwartenden öffentlichen und auch politischen Erregung zu bringen" (Freishl 1990, S. 49), und ein argumentativer Druck ist offenkundig notwendig, um den Bund zur Finanzierung der städtischen Verkehrsinfrastruktur zu bewegen. Das Problem Verkehrsbewältigung ist also vielschichtig: Erstens soll die Expo benutzt werden, um für Wien gegen den vermuteten Widerstand der Politik und der Bevölkerung zu einer neuen Verkehrspolitik zu kommen; zweitens, um Bundesmittel für den Ausbau des ÖPNV zu mobilisieren, was aber nur möglich scheint, wenn das dann neue Verkehrssystem als Modellprojekt für die vergleichbaren Großstädte ausgestellt werden kann. So weit dieser Bereich also vorgedacht (was nicht heißt: vorbereitet) wurde, so wenig Aufmerksamkeit wurde dem Umstand zuteil, daß die verkehrliche Erschließung eines zentralen Ausstellungsgeländes fast zwangsläufig zur Bindung der Investitionen führt, zumeist auf Kosten der besseren Erschließung anderer Stadtteile. Auch eine angemessene Auslastung der Verkehrsmittel nach der Ausstellung ist dann in hohem Maße an eine erfolgreiche Nachnutzung des Geländes gebunden.

Wirtschaft: Die mit der Expo '95 verfolgten Ziele gingen jedoch weiter. Im Vordergrund der Überlegungen stand die Stärkung der Wirtschaftskraft Wiens und des ostösterreichischen Raums. Während die westlichen, südlichen und mittleren Regionen am westeuropäischen Wirtschaftsaufschwung partizipierten, fehlten der Ostregion durch die begrenzten Verkehrs- und Handelsmöglichkeiten mit der Tschechoslowakei und Ungarn vergleichbare Impulse: „Die Folgen dieser Entwicklung sind eine zunehmende Entindustrialisierung in Wien, die Abwanderung wichtiger Unternehmen in Richtung Westen, damit der Verlust wertvoller Arbeitsplätze und nicht zuletzt der Entfall von Steuern und Abgaben für den Stadtsäckel" (Swietly 1989), was für Wien besonders problematische Konsequenzen hat, weil nach der Bundesverfassung die Identität der Gemeinde mit dem Bundesland Wien festgeschrieben ist: eine Abwanderung von Unternehmen über die Gemeindegrenzen hinaus bedeutet also eine Abwanderung in das Bundesland Niederösterreich.

Welche wirtschaftlichen Impulse wurden von der Expo erwartet? Die öffentlichen Investitionen wären vorwiegend der Bauwirtschaft zugute gekommen. Da es sich zum großen Teil jedoch um vorgezogene Infrastrukturinvestitionen gehandelt hätte, wäre nach dem Boom im Zuge der Vorbereitung der Expo einem plötzlichen Auftragsrückgang (kommunalpolitisch) nur schwer entgegenzusteuern gewesen. Bauinvestitionen zeichnen sich durch eine relativ hohe Arbeitsplatzintensität und durch hohe Streuungseffekte in andere Bereiche der österreichischen Wirtschaft aus, was bei den Investitionen für Fahrzeuge und Ausrüstungen in nur geringem Umfang der Fall ist (vgl. Frühstück 1988).

Wachstumseffekte ohne öffentliche Investitionen sind vor allem für den Wiener Stadttourismus und den österreichischen Urlaubstourismus erwartet worden, volkswirtschaftlich schon bedeutsamer als die Bauwirtschaft, dazu mit langfristig hohen Wachstumsperspektiven. Durch die Weltausstellung – so hoffte man – würden die Elemente der Technologiefreundlichkeit und Urbanität in das bestehende Wien-/Österreich-Bild (Natur, Kunst, Gastronomie) eingefügt, wodurch neue, vor allem junge Besuchergruppen aktiviert werden könnten. Die Touristikbranche ist sehr arbeitsplatzintensiv (und vor allem kaum rationalisierbar), eine Absicherung durch die Expo wäre durchaus sinnvoll gewesen und wurde auch von den meisten Bundesländern Österreichs unterstützt; schließlich wäre es für diese die einzige Form einer direkten „Gewinnbeteiligung" an der Expo gewesen (vgl. Swietly 1990a; Feltl 1990a).

Bedeutsamer, wenn auch zum damaligen Zeitpunkt spekulativer, waren die mit der Expo '95 verbundenen Optionen auf eine Intensivierung der Handelsbeziehungen zu den östlichen Staaten. Die Idee der gemeinsamen Ausrichtung mit Budapest, das sogenannte Twin-City-Konzept, und das Thema „Brücken in die Zukunft" haben hier ihren Ursprung. Wien konnte sich „von der Weltausstellung erwarten, daß die für die Entwicklung eines internationalen Finanz- und Dienstleistungszentrums nötigen Voraussetzungen – hinreichende Informationsdichte und ausstellungsinduzierte Agglomerationseffekte – erschaffen werden" (Marin 1989, S. 131), um mit den Zentren des Ost-West-Geschäftes, London und Zürich, konkurrieren zu können. Ziel war die Etablierung Wiens als Countertrade-Zentrum für die westlichen Exporteure, die Ansiedlung neuer internationaler Handelshäuser und die Stärkung des Vertrauens der Ostblockländer in Österreich als Wirtschaftspartner, um so den Export produktionsorientierter Dienstleistungen steigern zu können.

Kultur: Bemerkenswert war auch die Energie, die in die gern so genannte „Expo-Philosophie" gesteckt wurde. Das Motto „Brücken in die Zukunft" meinte zunächst nur die Annäherung zwischen Österreich und Ungarn, symbolisiert im gemeinsamen Expo-Projekt von Wien und Budapest, wurde jedoch schnell Anknüpfungspunkt für allgemeine politische und kulturhistorische Analysen, die in die thematische Ausgestaltung der Expo einfließen sollten: Brücken als „konstruktive Überwindung von Gegensätzen zu einem neuen, besseren Ganzen ... Versöhnung von Natur und Technik ... Verbindung des Nützlichen mit dem Schönen, ... Ausgleich zwischen High-tech und High-touch, ... Überwindung von Unterschieden, um gewaltsame Verteilungskämpfe zu vermeiden (und) die Verbindung von Tradition und Fortschritt" (Feltl 1990b). Gegenüber dieser Überdehnung der Brückenmetapher geben sich die Beiträge zum Kulturprogramm bescheidener und phantasiereicher. Sie gehen davon aus, daß die Expo „einen starken kulturellen Bezug haben muß: vom Image Wiens und seinem Potential her, und letztlich auch aus wirtschaftlichen Überlegungen. Kultur als Wachstumsbranche der 'postmodernen' Stadt, der weitsichtigen Institutionen ... stellt heute einen gravierenden Faktor im Städtewettbewerb dar ..." (Kohoutek/Pirhofer 1989; vgl. Expo-Vienna-AG 1991). Der Expo-Kulturbeirat stellt angesichts der globalen Probleme den konfliktlosen „Brückenschlag" insgesamt in Frage und sucht unter der Devise „Was trägt?" nach tragfähigen Konstruktionen. Dazu wird eine Inventur der materiellen Kulturen und der uneingelösten Utopien vorgeschlagen, die unter der Perspektive des Bewahrens und Erhaltens die Tradition auf ihr Innovationspotential hin untersucht. „In einer Verräumlichung könnte das einer Transit-Station entsprechen. So wäre auf Wien als eine 'alte' Metropole in einer 'neuen' Zeit hingewiesen ..., vielleicht auch auf den Übergang von einer 'alten' zu einer 'neuen' Moderne" (Expo-Kulturbeirat der Stadt Wien 1990). Für diese Doppelstrategie – Selbstthematisierung der kulturellen Identität Wiens und Erforschung von kulturellen Überlebensstrategien – werden verschiedene Projekte vorgeschlagen, die deutlich machen, daß es um die Entwicklung einer modernen kulturellen Kompetenz für Wien geht, die gerade auch in ihren kritischen Gehalten dazu geeignet wäre, das Opern- und Heurigen-Image von Wien zu relativieren. Dabei ist auffallend, daß sich die Autoren dezidiert dagegen wehren, die ausgewiesenen Kompetenzen Wiens im Bereich der klassischen Musik und des Sprechtheaters durch spektakuläre Masseninszenierungen in Frage zu stellen.

Ähnliches ließe sich für die Entfaltung ökologischer Kompetenz am Beispiel des Projekts Danubium zeigen, das sich die Rettung dieser einzigartigen, aber bedrohten Natur- und Kulturlandschaft entlang der Donau zum Ziel gesetzt hatte (vgl. Lötsch 1989).

Kurz: Die Vorbereitungen für die städtebauliche und thematische Ausgestaltung waren weit vorangeschritten und erfolgversprechend. Die Unterschiede zur Ausstellung 1873 sind nicht zu übersehen und belegen den behaupteten Funktionswandel. Es geht weniger um die repräsentative Darstellung des erreichten wirtschaftlichen und kulturellen Niveaus, noch weniger um die Demonstration politischer Macht; fast hat sich das Verhältnis umgekehrt: die Expo wird gezielt eingesetzt, um wirtschaftliche Probleme zu lösen, eine kulturelle Identität zu „aktualisieren" und politische Verantwortung zu signalisieren, vor allem aber zur Bündelung staatlicher, kommunaler und privater Finanzen, um drängende stadträumliche, stadtwirtschaftliche und stadtökologische Probleme zu bearbeiten.

Ein letzter gravierender Unterschied zur Ausstellung von 1873 wird deutlich, wenn man die Hintergründe der Expo-Absage Wiens in einem fortgeschrittenen Planungsstadium betrachtet. Die Expo '95 wurde geplant, obwohl „das Hauptproblem ... die 'Wiener' selbst (sind); ihre Misanthrophie, ihre Xenophobie, ihre Angst vor jedweder Veränderung, die sich eine 'Erholung' der sterbenden Stadt gar nicht mehr vorstellen kann ..." (Steiner 1990, S. 59) und gleichzeitig wurde sie als Instrument zur Überwindung dieser Art des Konservatismus, zur Erzeugung eines offenen und konfliktfähigen urbanen Klimas eingesetzt – wenn man die sorgfältig ausgearbeiteten Strategien der Akzeptanzsicherung denn so verstehen will, die Information und Beteiligung auch unter dem Aspekt des „Frühwarnsystems" empfahlen (vgl. Knoth/Reiter 1988). Trotz dieser Einsicht in die Notwendigkeit einer gründlichen „Überzeugungsarbeit" gelang es nicht, die Bevölkerung vom Sinn der Weltausstellung zu überzeugen, obwohl gerade die stadtentwicklungspolitischen Argumente geltend gemacht wurden (vgl. zu den Gründen: Schimak in diesem Band). In einer Volksbefragung, an der sich 43 % der Stimmberechtigten beteiligten, stimmten 64 % dagegen. Das Ergebnis wurde umstandslos akzeptiert – etwas anderes blieb auch kaum übrig –, obwohl die Befragung keinerlei juristische Grundlagen hatte: eine von Österreich beantragte Weltausstellung fällt nicht in die Zuständigkeit der Gemeinde Wien und kann nach der Wiener Stadtverfassung nicht Gegenstand einer Volksbefragung werden.

Aber interessanter als diese rechtlichen Überlegungen ist, daß

- stadtentwicklungspolitische Großprojekte überhaupt zu einer öffentlichen Diskussion führen und damit legitimationsbedürftig geworden sind,
- der einmal artikulierte Bürgerwille unabhängig von seiner juristischen Verbindlichkeit kaum noch ignoriert werden kann und
- derartige Großprojekte als symbolische Politik nicht notwendig ihr Ziel einer (vordergründigen) Synthese von ansonsten stark heterogenen (kommunal-)politischen Orientierungen erreichen (vgl. hierzu Selle und Krämer-Badoni in diesem Band).

Wien nach der Expo: Ein Ziel, nämlich die Errichtung einer zweiten Wiener City beim Konferenzzentrum auf der Insel Alte Donau, ist durch den Planungsvorlauf und trotz der Absage der Weltausstellung erreicht worden; die Rahmenbedingungen, unter denen das Projekt realisiert wird, sind umstritten, aber nicht mehr Gegenstand dieser Überlegungen. Eine Chance, nämlich die Institutionalisierung einer öffentlichen Debatte über Ziele und Wege der Stadtentwicklung, ist verpaßt worden. Wenn die Welt-Städte des ausgehenden 20. Jahrhunderts mehr sind als Hochburgen einer traditionellen Hochkultur und Zentren einer internationalisierten Wirtschaftsstruktur, wird Wien vorläufig eine (liebenswerte) Provinzmetropole bleiben.

Es ist schwierig, ein Resümee zu ziehen, selbst wenn man sich auf den stadtentwicklungspolitischen Aspekt von Weltausstellungen beschränkt. Zu unterschiedlich sind die zeitlichen, finanziellen, politischen und lokalen Rahmenbedingungen. Klar ist lediglich, daß sich die Motive für eine Durchführung verändert haben, außerdem, daß sie, gemessen an den Zielsetzungen ihrer Initiatoren, nicht immer und, gemessen an denen einer sozial und ökologisch ausgerichteten Stadtpolitik, noch seltener erfolgreich waren.

Literatur

Benjamin, Walter, 1983: Das Passagen-Werk. Frankfurt/M.: Suhrkamp.
Beutler, Christian, 1973: Weltausstellungen im 19. Jahrhundert. München. (Ausstellungskatalog).
Birklhuber, Daniela, 1988: Zur Geschichte der Weltausstellungen 1851-1988, in: Helfried Bauer und Michael Wagner (Hrsg.), Weltausstellung Wien 1995, Perspektiven und Planungsvoraussetzungen. Regensburg: Transfer.
Birklhuber, Daniela, 1989: Expos gebären weiße Elefanten. Perspektiven 2-3, S. 63-65.
Bush, Donald J., 1990: „Ich habe die Zukunft gesehen." Der Beitrag der Designer zur Weltausstellung New York 1939, in: Angela Schönhuber (Hrsg.), Raymond Loewy. Pionier des amerikanischen Industriedesigns. München: Prestel.
Czedik, Maria, 1989: Vancouver '86 – Brisbane '88. Zwei Welten – Zwei Weltausstellungen. Perspektiven 2-3, S. 58-62.
Expertengruppe zum Expo-Leitprogramm der Gemeinde Wien, 1990: Erklärung. Perspektiven 3, S. 41-43.
Expo-Kulturbeirat der Stadt Wien, 1990: Brücken in die Zukunft – Was trägt? Wien.
Expo-Vienna AG, 1991: Kulturmanifest. Wien.
Feltl, Gerhard, 1990a: Die große Chance für Österreichs Fremdenverkehr. Perspektiven 3, S. 56 f.
Feltl, Gerhard, 1990b: Baukunst als Sinndeutung. Wien. (Manuskript).
Fischmann, Lothar, 1990: Das Leitprogramm im planungshistorischen Ablauf. Perspektiven 4-5, S. 42-44.
Freishl, Roman, 1990: Expo-Thema Urbaner Verkehr. Perspektiven 3, S. 38-40.
Frühstück, Werner, 1988: Ökonomische Wirkungen, in: Helfried Bauer und Michael Wagner (Hrsg.), Weltausstellung Wien 1995, Perspektiven und Planungsvoraussetzungen. Regensburg: Transfer.
Giedion, Sigfried, 1989: Raum, Zeit, Architektur. Zürich/München: Artemis.
Hillger, Hermann, 1893: Der Städtekampf und Chicagos Sieg, in: Hermann Hillger, Die Columbische Weltausstellung Chicago 1893. Geschichte und Beschreibung. Chicago.

Knoth, Reiter, 1988: Akzeptanz: Chancen und Grenzen, in: Helfried Bauer und Michael Wagner (Hrsg.), Weltausstellung Wien 1995, Perspektiven und Planungsvoraussetzungen. Regensburg: Transfer.
Kohoutek, R. und G. Pirhofer, 1989: Kultur – Stil und Gestaltung der Weltausstellung, in: Enquete zur Weltausstellung '95. Wien.
Kracauer, Siegfried, 1976: Jacques Offenbach und das Paris seiner Zeit. Frankfurt/M.: Suhrkamp.
Kroker, Evelyn, 1975: Die Weltausstellungen im 19. Jahrhundert. Göttingen: Vandenhoeck und Ruprecht.
Kruse, Wilfried, 1991: Große Ereignisse in großen Städten, Olympische Spiele Barcelona 1992, Weltausstellung Sevilla 1992. Bericht über eine Explorationsstudie. Barcelona (Manuskript).
Lötsch, Bernd, 1989: Das Danubium, in: Erhard Busek (Hrsg.), Vision, Brücken in die Zukunft. Wien: Wiener Journal Zeitschriftenverlag.
Lung, Ernst, 1988: Standort und Infrastruktur, in: Helfried Bauer und Michael Wagner (Hrsg.), Weltausstellung Wien 1995, Perspektiven und Planungsvoraussetzungen. Regensburg: Transfer.
Marin, D., 1989: Innovation durch Ost-West-Countertrade, in: Enquete zur Weltausstellung '95. Wien.
Mendoza, Eduardo, 1989: Die Stadt der Wunder. Frankfurt/M.: Suhrkamp.
Metken, Günter, 1973: Feste des Fortschritts, in: Christian Beutler, Weltausstellungen im 19. Jahrhundert. München. (Ausstellungskatalog).
Monaco, Antonello und Antonio Tejedor, 1992: Sevilla, die Weltausstellung und die Vision von der Großstadt. Bauwelt 24, S. 1378-1384.
Monaghan, Frank (Hrsg.), 1939: Official Guide Book New York World's Fair 1939. Zitiert nach: Bush, Donald J., 1990: „Ich habe die Zukunft gesehen." Der Beitrag der Designer zur Weltausstellung New York 1939, S. 87, in: Angela Schönhuber (Hrsg.), Raymond Loewy. Pionier des amerikanischen Industriedesigns. München: Prestel.
Oncken, August, 1873: Weltausstellung. Zitiert nach: Pemsel, Jutta: Die Wiener Weltausstellung von 1873. Wien/Köln: Böhlau.
Pemsel, Jutta, 1989a: Die Wiener Weltausstellung von 1873. Wien/Köln: Böhlau.
Pemsel, Jutta, 1989b: Die Wiener Weltausstellung von 1873 – Eine kulturhistorische Betrachtung, in: Erhard Busek (Hrsg.), Vision, Brücken in die Zukunft. Wien: Wiener Journal Zeitschriftenverlag.
Peters, James, 1982: After the fair – What expos have done for their cities. Planning 8, S. 13-19.
Posch, Wilfried, 1989: Weltausstellung 1873 – Was hat sie Wien städtebaulich gebracht?, in: Erhard Busek (Hrsg.), Vision, Brücken in die Zukunft. Wien.
Potyka, Hugo, 1989: Standortwahl, in: Institut für Wirtschafts- und Sozialforschung (Hrsg.), Offene Herausforderung. Regensburg: Transfer.
Schröder-Gudehus, Brigitte, 1990: Zwischen Technomanie und sozialer Utopie, in: Loccumer Protokolle 66, S. 22-39.
Sedlmayr, Hans, 1988: Verlust der Mitte. Frankfurt/M.: Ullstein.
Snizek, Sepp, 1989: Verkehrslösungen, in: Institut für Wirtschafts- und Sozialforschung (Hrsg.), Offene Herausforderung. Regensburg: Transfer.
Steiner, Dietmar, 1990: Noch ist Wien Provinz. Perspektiven 4-5, S. 59 f.
Swietly, Ernst, 1989: Weltausstellung 1995: ökonomische Strategien. Perspektiven 2-3, S. 89-96.
Swietly, Ernst, 1990a: Die Expo-Pläne der österreichischen Bundesländer. Perspektiven 3, S. 47-55.
Swietly, Ernst, 1990b: Autogerechte autoungerechte Stadt. Perspektiven 4-5, S. 65-67.
Szecepánski, Jan Josef, 1988: Ikarus. Frankfurt/M.: Suhrkamp.
Vrba, Susanne, 1989: Jahrmarkt der Eitelkeiten – Pionierleistungen. Die Historie der Weltausstellungen. Perspektiven 2-3, S. 46-57.

Daniela Birklhuber

Expo '86: Ein Fest für Vancouver?

1. Einleitung

Die Expo '86 gilt mit mehr als 22 Mio. Eintritten als die bisher besuchsreichste Fachausstellung in der Geschichte der Weltausstellungen. Als Fachausstellung hatte sich die Expo '86 einem „einzigen Zweig des menschlichen Strebens" zu widmen. Unter dem Motto „World in Motion – World in Touch" sollten u.a. die letzten Errungenschaften auf dem Gebiet des Verkehrs und der Kommunikation aufgezeigt, zeitgenössische Fragen überprüft und Zukunftsmöglichkeiten präsentiert werden (Expo '86 Corporation 1984b, S. 1). Insgesamt waren mehr als 100 Teilnehmer vertreten, davon 54 internationale Teilnehmer, drei US-Bundesstaaten, sieben kanadische Provinzen sowie Yukon und die Northwest-Territories. Von den 39 teilnehmenden Firmen betreiben neun einen eigenen Pavillon (Department of External Affairs International Expositions Division 1986, S. 25). Während der fünfeinhalbmonatigen Ausstellungsdauer vom 2. Mai bis 13. Oktober 1986 fanden etwa 43.000 Veranstaltungen statt, im Durchschnitt etwa 260 Ereignisse pro Tag. 800 Künstler und 150 Gruppen stellten ihr Können als Straßenmusikanten unter Beweis. Über 2.000 Animateure und Gruppen aus aller Welt rundeten das Unterhaltungsprogramm ab.

Als die Tore der Expo '86 geschlossen wurden, war es Zeit, Bilanz zu ziehen: Mit einem Rekordergebnis von 22.112.608 Eintritten wurden die kühnsten Besucherwartungen übertroffen. Insgesamt wurden 200.000 Rollen Toilettenpapier und 17.000 Liter Seife verbraucht, 9.079 Tonnen Abfall produziert, 49 Bombenanschläge angedroht und keiner ausgeführt.

Auf den ersten Blick hätten alle Verantwortlichen einen Grund zum Feiern gehabt, denn Vancouver hatte bewiesen, daß es eine internationale Großveranstaltung erfolgreich durchführen kann. Die Provinz Britisch Kolumbien hatte sich als Fremdenverkehrsdestination etablieren können und schließlich die seit 1981 herrschende Rezession überwunden. Das Expo-Budget, das auf einer wesentlich geringeren Eintrittszahl (13,75 Mio.) basierte, hätte bei weitem unterschritten werden müssen – auch der wirtschaftliche Erfolg hätte solide sein können. Doch, typisch für jede Weltausstellung, sah die Realität nicht ganz so rosig aus.

2. Die wirtschaftliche Ausgangssituation

Infolge der weltweiten Wirtschaftskrise war Britisch Kolumbien Ende 1981 in die schlimmste Rezession seit den Dreißiger Jahren geschlittert. Auslöser war die Geldpolitik der US-Zentralbank, die die Zinsen auf ein noch nie dagewesenes Niveau getrieben hatte. Dadurch gingen die Investitions- und Bautätigkeit sowie die Nachfrage nach langfristigen Konsumgütern zurück. Bauholz aus Britisch Kolumbien wurde in den USA kaum noch nachgefragt. Der gleichzeitig einsetzende Verfall der Metallpreise, besonders bei Kupfer, trug ebenfalls dazu bei, die rohstofforientierte Provinz in eine katastrophale wirtschaftliche Situation zu manövrieren (Redish/Schworm 1986, S. 43). Die Einnahmen aus dem Export reichten nicht mehr aus, um das hohe Konsumniveau aufrechtzuerhalten. Viele Arbeitsplätze gingen durch Modernisierung und Rationalisierung verloren. Die Folge waren ein sprunghaftes Ansteigen der Arbeitslosenrate, ein Sinken der Einkommen, des Konsums und der Investitionen.

Dies veranlaßte die Provinzregierung im Februar 1982 zu einem Spar- und Stabilisierungsprogramm (Kesselman 1986, S. 84): Das Programm sah unter anderem die Unterstützung von Beschäftigungs- und Wirtschaftsprojekten und ein Paket für den Ausbau der öffentlichen Infrastruktur, wie z.B. Autobahnen und Kraftwerke, vor. Darüber hinaus unterstützte die Regierung durch ihre eigenen Gesellschaften („Crown Corporations") die Realisierung von Großvorhaben, wie das Kohleprojekt im Nordosten der Provinz, den Bau einer Schnellbahn, genannt „Skytrain", den Bau des Stadions im Stadtzentrum von Vancouver und die Expo '86 (Ministry of Finance 1985, S. 5-15).

3. Politische und ökonomische Gründe

Am Anfang eines solchen Vorhabens stehen häufig alte Pläne, die nicht recht vorankommen, und ein „Opinion-Leader" oder eine kleine Gruppe von einflußreichen Geschäftsleuten oder Politikern, für die die Weltausstellung ein Instrument zur Erreichung eines bestimmten Zieles darstellt. So auch bei der Expo '86 in Vancouver. Die eigentliche Initiatorin der Expo war Grace McCarthy, eine führende Sozialdemokratin aus Britisch Kolumbien, der es gelang, den Premier für das Projekt zu gewinnen. Die Endstation der transkontinentalen Eisenbahn war im Jahr 1986 genau hundert Jahre alt – ein Anlaß, den die Politiker mit einer Weltausstellung würdigen wollten (Expo '86 Corporation o.J.(a), S. 1; Expo '86 Corporation o.J.(b), S. 1).

Der erste dokumentierte Vorschlag für die Expo '86 stammt bereits aus dem Jahr 1974, als die Stadt Vancouver und das Ministerium für städtische Angelegenheiten der Provinz Britisch Kolumbien ein Sanierungskonzept für das Hafengelände in Auftrag gaben. Darin wurde die Abhaltung einer Weltausstellung vorgeschlagen, was den damaligen Bürgermeister und den für städtische Angelegenheiten zuständigen Provinzminister im Jahr 1975 veranlaßten, über die Durchführung einer Weltausstellung zu diskutieren.

Drei Jahre später erstellte Architekt Randle Iredale im Auftrag des Umweltministeriums der Provinz ein Konzept zur Sanierung des Nordteiles der Meeresbucht von False Creek im Stadtzentrum von Vancouver. Aus Anlaß des 100. Jahrestages der Gründung von Vancouver wollte der Provinzminister ein multifunktionales Stadion bauen lassen. Der Vorschlag Iredales enthielt ferner den Umbau des historischen „Roundhouses" – einer alten Remise –, ein Konferenzzentrum, Messe- und Ausstellungseinrichtungen, ein Verkehrszentrum, Gastronomiebetriebe, Dienstleistungseinrichtungen sowie Parkanlagen und Kanäle.

Im Mai 1978 gab Grace McCarthy bekannt, daß auf dem Hafengelände (Pier B-C) ein Handels- und Konferenzzentrum errichtet werden solle, dessen Inbetriebnahme im Frühjahr 1981 geplant war. Wenige Wochen später kam es zu einem Treffen zwischen dem Präsidenten des Bureau International des Expositions (B.I.E.) und Grace McCarthy. Als B.I.E.-Präsident konnte sich der gebürtige Kanadier Patrick Reid nicht für eine Kandidatur seines Heimatlandes aussprechen und empfahl daher, daß Britisch Kolumbien seine Absicht dem kanadischen Außenministerium mitteilen möge. Das ins Auge gefaßte Thema „Verkehr und Kommunikation" schien geeignet, um für die Ausstellung finanzielle Mittel von der Bundesregierung nach dem Vorbild der Expo '67 in Montreal zu bekommen. Innerhalb weniger Monate gelang es Grace McCarthy, die verantwortlichen Politiker vom Weltausstellungsprojekt zu überzeugen, so daß am 14.12.1978 die Absichtserklärung der kanadischen Bundesregierung beim B.I.E. hinterlegt wurde.

Aus der Projektgeschichte läßt sich eher eine politische als eine wirtschaftliche Absicht ableiten: Der Sozialdemokratischen Partei, die bei den Wahlen im Mai 1979 stark an Wählergunst eingebüßt hatte, wurden Wahlkreisschiebungen nachgesagt (Mulgrew 1986, S. 46-48). So war das Ausstellungsprojekt eine willkommene Ablenkung und „ein Schlüssel dafür, daß diese Regierung sich halten konnte" (Mulgrew 1986, S. 45).

Wirtschaftliche Gründe wurden erst 1980 geltend gemacht: Abgesehen davon, daß die Expo '86, wie die meisten Weltausstellungen, Auslöser einer innerstädtischen Sanierung war (Olds 1988, S. 69), sollte sie dem Fremdenverkehr zusätzliche Einnahmen und Arbeitsplätze bescheren. Außerdem wurde die Ausstellung als Motor für Infrastrukturverbesserungen in der Region Lower Mainland angesehen (Expo '86 Corporation 1980, S. 3). Die 1981 begonnene Rohstoffkrise veranlaßte die Provinzregierung zu einer Suche nach neuen wirtschaftlichen Möglichkeiten; die Expo '86 diente daher als Werbetrommel, um finanzkräftige Investoren ins Land zu holen.

4. Die Standorte

Die Expo '86 wurde schließlich an zwei Standorten mit einer Gesamtfläche von 70 ha im Stadtzentrum von Vancouver abgehalten. Der Grund für die Teilung des Ausstellungsareals lag darin, daß die kanadische Bundesregierung sich bereit erklärt hatte, die Kosten des Kanadapavillons, der nach der Expo in ein Handels- und Konferenzzentrum umgewandelt wurde, zu übernehmen. Als optimaler Standort, an dem auch die Kreuzfahrtschiffe anlegen können, kam nur der Pier B-C in Frage. Der im Jahr 1925 gebaute Pier weist eine Länge von knapp 400 und eine Breite von 100 Metern auf (Advance Planning and Research for Architecture 1989, S. 2 und 8 f.). Eine Gesamtsanierung des Pier B-C war 1974 aktuell geworden. In einer Studie wurden damals ein Konferenzzentrum und eine Passagierschiffanlegestelle vorgeschlagen. In den Folgejahren ließen die Provinzregierung, die staatliche Hafenbehörde sowie der Pier B-C Development Board weitere Studien erstellen. Das einhellige Resultat dieser Arbeiten war die Empfehlung, ein Handels-, Ausstellungs- und Konferenzzentrum mit entsprechenden Nebeneinrichtungen zu bauen (Advance Planning and Research for Architecture 1989, S. 32).

Am 1. April 1982 gab Premier Bennett die Beteiligung der kanadischen Bundesregierung in Form eines nationalen Pavillons am Pier B-C bekannt. Dabei kündigte er an, daß dieser Ausstellungsteil nach 1986 in ein Handels- und Konferenzzentrum und eine Anlegestelle für Kreuzfahrtschiffe umgewandelt werden sollte (Woodall 1986, Dokument 11, S. 13). Die Fläche des sogenannten „Canada Place" war mit 3 ha angegeben.

Der größere Ausstellungsteil entlang des Nord- und Ostufers der False Creek Bucht wies eine Fläche von 67 ha auf. Die beiden Ausstellungsteile waren durch die hochmoderne Schnellbahn, den sogenannten „Skytrain", miteinander verbunden. Die Entfernung zwischen den Standorten betrug 1,2 km.

False Creek ist eine seichte Meeresbucht, die das Stadtzentrum von Vancouver mit den südlich gelegenen Wohnvierteln verbindet. Erst Mitte des 19. Jahrhunderts entstand Interesse an der Bucht, denn ihre Lage begünstigte den Zugang zu den reichen Holzbeständen. Bis 1886 waren ein Handels- und Industriehafen mit zwei großen Sägewerken, ein Hobelwerk, ein Kalkofen, eine Ziegelei und mehrere Schiffsanlegestellen entstanden. Später kamen Lagerhäuser, eine Werft, eine Gießerei, Eisenhütten sowie Zementfabriken hinzu. 1891 wurde die Cambie Street Brücke fertiggestellt, die für die Expo '86 erneuert werden sollte. Ausgelöst wurde diese Entwicklung durch die Verlegung der Endstation der transkontinentalen Eisenbahn in die Bucht. Nach 1900 siedelten sich dort eisenverarbeitende Betriebe an; während des Ersten Weltkrieges wurden Dampfschiffe gebaut (Burkinshaw 1984, S. 1-45).

In der Zwischenkriegszeit machten sich die ersten Anzeichen des wirtschaftlichen Niederganges bemerkbar, doch dauerte es bis 1948, bevor der erste offizielle Versuch, das Gebiet zu sanieren, unternommen wurde: Die Vorschläge reichten damals von einer Zuschüttung der Bucht bis zum Bau eines schiffbaren Kanals,

Expo '86: Ein Fest für Vancouver?

Karte 1

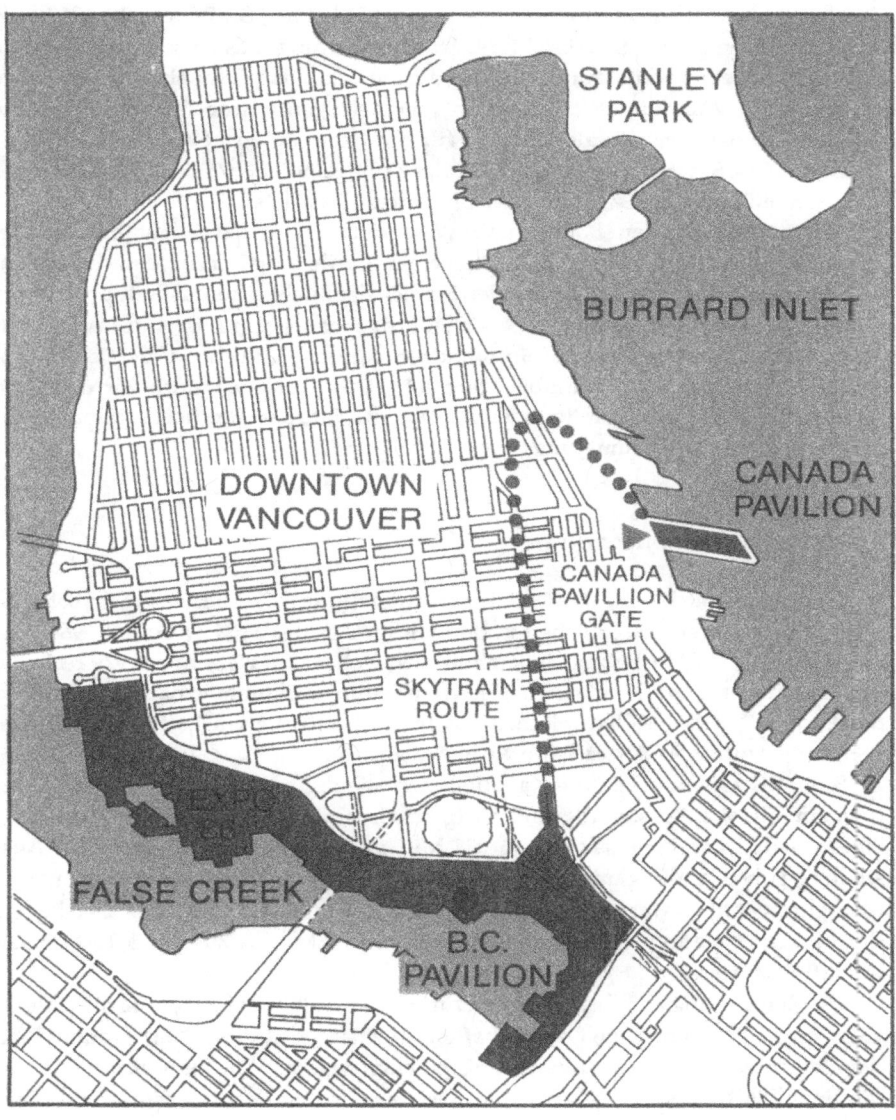

doch das Hauptanliegen blieb die Aufwertung des Industriegeländes. Daran änderte sich bis Mitte der sechziger Jahre nichts (Olds 1988, S. 67). Im Jahr 1967 kam es zu Protesten gegen die Absicht der Stadtverwaltung, das False Creek Gelände als Industriegebiet weiterzunutzen. Dies führte dazu, daß erstmals eine gemischte Nutzung mit Wohnungen und Parkanlagen erwogen wurde. Weitere Konzepte folgten, ehe das Gelände als Standort für die Expo '86 ausgewählt wurde (Burkinshaw 1984, S. 51-60; Olds 1988, S. 67; Grey 1984; Collier 1978). Am 30. Dezember 1983 schloß das letzte Sägewerk der Bay Forest Products.

Schon 1984 wurden Boden- und Wasserqualität in der Bucht beanstandet (Expo '86 Corporation 1984a, S. 1). Aus einer Studie ging hervor, daß die Bodensedimente im westlichen und zentralen Bereich der Bucht erhöhte Werte an Schwermetallen aufwiesen. Im östlichen Bereich wurde sogar eine gravierende Verschmutzung durch Schwermetalle, Erdölprodukte, organische und chemische Verbindungen festgestellt (British Columbia Place o.J.). Das Problem wurde vor der Expo nicht mehr gelöst und bereitete den Stadtvätern Jahre später noch einmal Kopfzerbrechen (siehe Nachnutzung).

5. Kosten und Finanzierungen

Im schlimmsten Fall wird das Defizit der Ausstellung $ 12 Mio. betragen, behaupteten die Expo-Verantwortlichen in den Jahren 1979 bis 1981 (Woodall 1986, Document 11, S. 3). (Alle Beträge in kanadischen Dollar.) Im Dezember 1979 rechnete man in Vancouver noch mit einem Kostenaufteilungsabkommen nach dem Vorbild der Expo '67 und der Olympischen Spiele in Montreal. Man hoffte, die Bundesregierung würde 50 % der Expo-Kosten übernehmen (Woodall 1986, Document 11, S. 4). Bis 1985 wurden die Kalkulationen ständig nach oben revidiert, so daß man ein Jahr vor Ausstellungseröffnung bei Gesamtausgaben von $ 802 Mio. und einem Defizit von voraussichtlich $ 311 Mio. angelangt war. Nach Ende der Ausstellung gaben die Organisatoren voller Stolz bekannt, daß das Defizit um $ 16 Mio. geringer als erwartet war (Dickson 1986, S. 1 f.). Am 15. Oktober 1986 betrug das offiziell bekanntgegebene Defizit „nur" $ 279 Mio. zuzüglich $ 16 Mio. Liquidationskosten.

Die Berechnung der Gesamtkosten für die Expo '86 war insofern nicht einfach, als mehrere provinzeigene Gesellschaften, sogenannte „Crown Corporations", an der Finanzierung der Weltausstellung beteiligt waren. Will man ermitteln, was die Expo '86 tatsächlich gekostet hat, muß man zumindest die direkt zurechenbaren Investitionen verschiedener Gesellschaften miteinbeziehen:

British Columbia Place Ltd. (B.C. Place): Die Gesellschaft wurde 1980 mit dem Ziel gegründet, die 90,6 ha Land in der Bucht von False Creek zu sanieren, neuzugestalten und zu verwalten. Die Provinz-Gesellschaft hatte alle Kosten für den An-

kauf, den Bau und die Errichtung, einschließlich der Kosten für den Pavillon der Provinz British Columbia und das „Roundhouse" zu tragen.
British Columbia Pavilion Corporation (B.C. Pavilion Corp.): Die Gesellschaft mit der Funktion, eine geeignete Unterhaltungspräsentation für die Expo '86 zu inszenieren, wurde von der Provinzregierung am 3. Mai 1984 gegründet. Sie war eine 100 %ige Tochtergesellschaft von B.C. Place und ebenfalls eine Crown Corporation der Provinz.
British Columbia Enterprise Corporation (B.C. Enterprise): Sie war das Ergebnis einer Reorganisation von B.C. Place und der ebenfalls hoch verschuldeten B.C. Development Corporation. Der Grund für diese Reorganisation war die zu hohe Schuldenlast der beiden Crown Corporations, die ihnen „aus der Erfüllung ihrer öffentlich-sozialen Aufgabe erwachsen war" (Ministry of Finance and Corporate Relations 1988, S. 54). Ihre Aufgabe bestand schließlich in der Privatisierung der Gesellschaft, ihres Vermögens und ihres Betriebes. Die Umwandlung von B.C. Place, samt ihrer Tochtergesellschaft B.C. Pavilion Corporation, und der von ihr übernommenen Vermögenswerte der Expo '86 Corporation, erschweren eine weitere Verfolgung der tatsächlichen Expo-Kosten.

Tabelle 1: Direkte Gesamtkosten der Expo '86

Gesamtkosten der Expo '86 Corporation	$ 754 Mio.[1]
Gesamtkosten des B.C. Pavillon	$ 46 Mio.
Gesamtkosten des Kanadapavillon	$ 227 Mio.
Grundstückskosten	$ 60 Mio.
Investitionen von B.C. Place für Roundhouse u. B.C. Pavilion	$ 38 Mio.[2]
direkte Gesamtkosten	$ 1.125 Mio.

1 Die tatsächlichen Gesamtkosten errechnen sich aus dem Gesamtdefizit von $ 385 Mio. plus der Gesamteinnahmen von $ 369 Mio.
2 Die beiden Objekte standen mit $ 52,7 Mio. zu Buche, doch der Anteil, der ausschließlich von B.C. Place investiert wurde, betrug $ 38,5 Mio. (British Columbia Place 1986: Annual Report 1986. Vancouver, S. 5 und 8)

Dies sind jedoch nur die direkt zurechenbaren Kosten, soweit sie bekannt sind. Sie erhöhen sich um die Investitionen der Aussteller (Provinzen, Firmen, internationale Teilnehmer), deren Kosten auf $ 698 Mio. geschätzt werden (Department of External Affairs International Expositions Division 1986, S. 22). Theoretisch würden sich damit die direkten Gesamtkosten der Ausstellung auf $ 1.823 Mio. erhöhen. Analog kann der direkte Verlust berechnet werden:

Tabelle 2: Verlust der Expo '86

Gesamtdefizit der Expo '86 Corporation	$ 385,1 Mio.
Gesamtdefizit der B.C. Pavilion Corp.	$ 3,0 Mio.
bisheriges Defizit der Canada Harbour Place Corporation	$ 161,6 Mio.
direkter Verlust	$ 549,7 Mio.

6. Wirtschaftsräumliche Effekte der Expo '86

Die Expo '86 kann als ein „Hallmark Event" bezeichnet werden: Darunter versteht man einmalige oder sich wiederholende Ereignisse von begrenzter Dauer, die veranstaltet werden, um die Berühmtheit, die Anziehungskraft und die Rentabilität eines Fremdenverkehrsortes kurz- und/oder langfristig zu erhöhen (Hall o.J., S. 2). Zu diesen „Hallmark Events" zählen Karnevale, Festspiele, Ausstellungen, Olympische Spiele, usw. Sie müssen in ihrer komplexen wirtschaftlichen, politischen und sozialen Umgebung gesehen werden. Es gibt keine allgemein anerkannten Kriterien für die Analyse solcher Veranstaltungen (Hall o.J., S. 3). Sie bauen ihren Erfolg auf die Einzigartigkeit, den Status und die zeitliche Bedeutung auf.

Die für die Darstellung der wirtschaftsräumlichen Effekte der Expo '86 notwendige Abgrenzung erfolgte erstens nach dem Wirtschaftsraum, wobei fünf Untersuchungsräume definiert wurden (Vancouver, Großraum Vancouver, Britisch Kolumbien, US-Bundesstaat Washington und andere kanadische Provinzen) und zweitens nach der Intensität der durch die Expo '86 entstandenen Wirtschaftsbeziehungen (i.e. öffentliche Hand, Wirtschaftswachstum, Beschäftigung, Wohnungsmarkt, Bau und Investitionen, Handel, Verkehr und Fremdenverkehr).

a) Auswirkungen auf die öffentliche Hand

Der Stadt Vancouver, die eine Unterstützung des Expo-Projektes abgelehnt hatte, entstanden im Zusammenhang mit der Weltausstellung nur geringe Ausgaben. Sie resultierten in erster Linie aus dem Bau einer neuen Brücke, die direkt über das False Creek Gelände führte. Weil sie an den Umsatz- und Einkommensteuereinnahmen der Provinz grundsätzlich nicht beteiligt ist, konnte die Stadt allerdings auch keine Einnahmen aus der Expo '86 verbuchen. Die Kosten für die Ausstellung schlugen sich daher in erster Linie auf den Konten der Provinzregierung zu Buche. Das Defizit der Provinzregierung stieg um $ 173 Mio., die langfristigen Schulden erhöhten sich netto um $ 216 Mio., da die Einnahmen geringer als erwartet waren. Die Umsatz- und Hotelsteuereinnahmen stiegen während der Ausstellung im

Karte 2: **Großraum Vancouver**

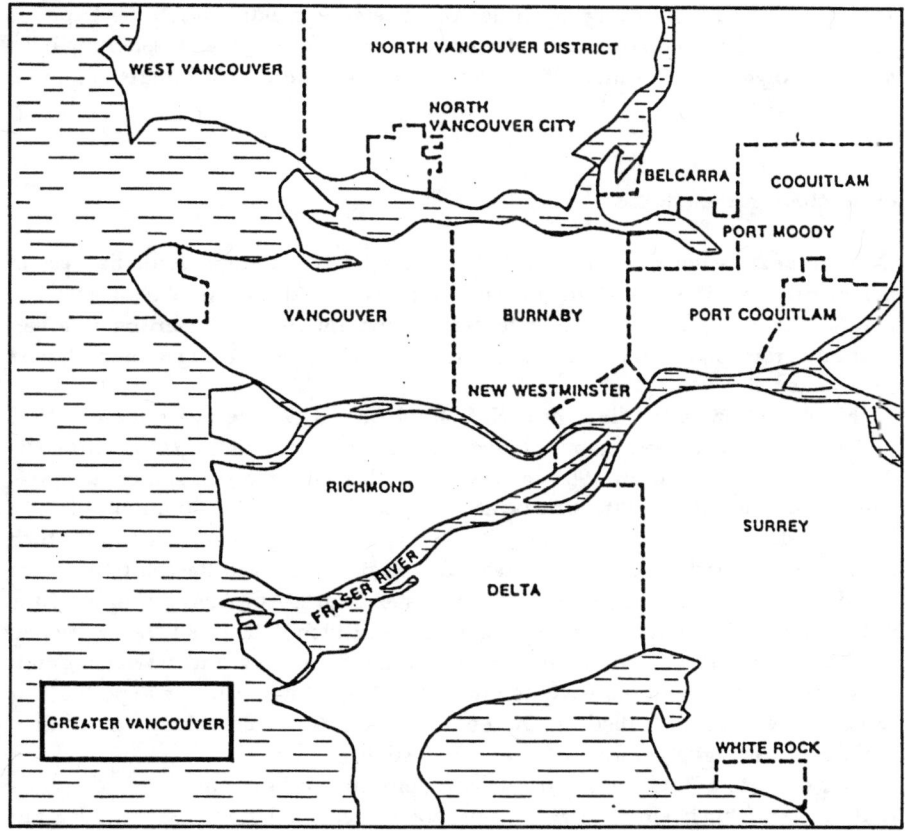

Vergleich zu 1985 um insgesamt 13,2 %, wobei die Erhöhung im Raum Vancouver am größten war, während sie in einem anderen Teil der Provinz sogar zurückgingen.

Die kanadische Bundesregierung trug nur die Kosten für den Kanadapavillon und dessen Umbau in ein Handels- und Konferenzzentrum sowie die Baukosten für den Skytrain.

b) Auswirkungen auf das Wirtschaftswachstum

Die Effekte der generellen wirtschaftlichen Entwicklung und die speziellen Effekte der Expo '86 sind nicht ohne weiteres trennbar. Das nominale Bruttosozialprodukt sank im Expo-Jahr sogar um 1,1 %, bedingt durch einen zwanzigwöchigen Streik in der Holzindustrie. Es wurde geschätzt, daß das Wachstum der Warenproduktion 1986 zwar nur 1,0 % betrug, doch der Dienstleistungssektor durch die Expo '86 um 3,6 % wuchs. Das erwartete wirtschaftliche Tief nach der Weltausstellung blieb aus: Die Folgejahre 1987 und 1988 waren von einem soliden Wirtschaftswachstum gekennzeichnet.

c) Beschäftigungseffekte

Der Kampf zwischen der Baugewerkschaft und den Nichtmitgliedern, die wesentlich niedrigere Löhne erhielten, hätte beinahe zu einer Absage der Weltausstellung geführt. Erstmalig in der Geschichte der Provinz, mußte die Regierung eine Verordnung erlassen, die es beiden Gruppen ermöglichte, gleichzeitig an dem Projekt zu arbeiten.

Nach der Rezession, die in Britisch Kolumbien seit 1981 herrschte, kam es 1985 im Großraum Vancouver erstmals wieder zu einem Beschäftigungswachstum. Die Arbeitslosenrate, die Mitte 1985 noch bei 13,0 % lag, sank ein Jahr später auf 9,8 %. Die Weltausstellung wirkte sich positiv auf die Beschäftigtensituation aus: Das Personal der Ausstellungsgesellschaft, der Expo '86 Corporation, verantwortlich für Planung, Errichtung und Organisation, erreichte mit 686 Beschäftigten kurz vor der Ausstellungseröffnung seinen höchsten Stand. Am Ausstellungsgelände selbst waren an einem Ausstellungstag durchschnittlich 15.000 bis 17.000 Personen beschäftigt. Etwa 8.000 Volontäre arbeiteten ohne Bezahlung und ersetzten damit Personal, das hätte entlohnt werden müssen. Das Lohnniveau der Expo '86 war jedoch außerordentlich niedrig: Die Löhne von 90 % der Beschäftigten auf dem Expo-Gelände lagen gerade über der Mindestlohngrenze.

Der erwartete Rückgang der Beschäftigtenzahl trat kurz nach Ende der Ausstellung tatsächlich ein. Die Arbeitslosenrate stieg im Jänner 1987 wieder auf 15,4 %, doch schon wenige Monate später besserte sich die Beschäftigungssituation im Großraum Vancouver und die Arbeitslosigkeit fiel wieder auf das Niveau zur Zeit der Expo '86 zurück. Insgesamt blieb die Arbeitslosigkeit damit hoch, obwohl 1987 und 1988 die Zahl der Beschäftigten stark zunahm; das Problem lag jedoch nicht in der Schaffung neuer Arbeitsplätze, sondern in der starken Zunahme der arbeitssuchenden Bevölkerung.

In der gesamten Provinz war die Entwicklung des Arbeitsmarktes 1986 vom stimulierenden Effekt der Expo '86 wesentlich beeinflußt worden. Die Arbeitslosenrate sank in der Provinz auf 12,5 % (1985: 14,1 %). In einigen Teilen der Provinz war jedoch ein vorübergehender Verlust an Stellen zu beobachten, da die Ausstellung Besucher aus den traditionellen Fremdenverkehrsorten weglockte. Auch im angrenzenden Whatcom County (US-Bundesstaat Washington) sank die Zahl der Arbeitslosen zu Beginn der Ausstellung geringfügig.

d) Auswirkungen auf den Wohnungsmarkt

Vancouver ist eine der teuersten Wohngegenden Kanadas. Obwohl der soziale Wohnbau und der Bau von Reihenhäusern vor der Expo '86 stark zugenommen hatten – allein im Jahr 1986 wurden mehr als 1.000 Wohnungen bezugsfertig – erreichte das Wohnungsangebot im Stadtzentrum und im Großraum Vancouver kurz vor der Ausstellungseröffnung einen Tiefpunkt, was unweigerlich zu einem Ansteigen der Mieten führte. In den sechs Monaten vor Eröffnung der Expo '86 erhöhten sich die durchschnittlichen Mieten für Drei-Zimmer-Wohnungen im Stadtzentrum von Vancouver um fast 27 % (Planning Department 1989a). Die Zunahme des Angebotes nach der Weltausstellung war nur vorübergehend, denn eineinhalb Jahre später war das Angebot genauso gering wie vor der Expo '86 (Planning Department 1989b, S. 1). Diese Entwicklung war auf die hohe Zuwanderung, die gesunkene Arbeitslosenrate und die günstige Konjunktursituation zurückzuführen. Die Wohnungsknappheit wirkte sich auch auf die Mieten aus, die nach der Expo '86 kaum mehr zurückgingen.

Im Stadtzentrum von Vancouver kam es zu zahlreichen Delogierungen, insgesamt wurden 791 Personen aus ihren Unterkünften vertrieben. Der Grund dafür lag darin, daß etwa 2.000 Wohnungen allein im Stadtzentrum in Touristenunterkünfte umgewandelt wurden. Daß ein fünfzigjähriger Mann wegen einer Delogierung beim Fenster hinaussprang (Kuehn 1986), ist nur die Spitze dieser negativen sozialen Wirkungen. Sieben Personen starben in direkter und indirekter Folge dieser Delogierungen (Olds 1988, S. 9). Leider reichten die gesetzlichen Bestimmungen nicht aus, um die Mieter zu schützen. Die heruntergekommenen Hotels im Stadtzentrum, die ihre Zimmer bisher an sozial Schwache vermieteten, erhöhten in Erwartung des großen Geschäftes ihre Zimmerpreise während der Ausstellung auf $ 50-75 pro Nacht.

Die Downtown Eastside Residence Association (DERA), eine 1973 gegründete Mietervereinigung im Stadtzentrum von Vancouver, hatte befürchtet, daß durch die Expo '86 2.000 Sozialwohnungen auf Dauer verschwinden könnten. Downtown Eastside ist nicht nur einer der ältesten, sondern auch einer der ärmsten Stadtteile Vancouvers: 91 % der 10.000 Bewohner leben unter der Armutsgrenze. Plötzlich wurde anläßlich der Expo '86 in alte Hotels, die für ihre Mieter niemals renoviert worden waren, investiert und damit die Mieten für ihre Bewohner unerschwinglich (Downtown Eastside Resident Association 1987, S. 4). Einige Hotelbesitzer, welche Kredite von $ 200.000 bis $ 400.000 für Renovierungen aufgenommen hatten, klagten, daß die Einnahmen aus dem Expo-Tourismus nicht ausreichten, um die Kredite zurückzuzahlen. Daher versuchten sie im Frühjahr 1987, ihre früheren Mieter zurückzugewinnen, doch die meisten hatte bereits eine neue Bleibe gefunden. Ein Jahr später, im Frühjahr 1988, war im Stadtteil Downtown Eastside nur mehr ein einziges Touristenhotel übriggeblieben (Olds 1989, S. 52)

Während die Effekte der Expo '86 auf den Wohnungsmarkt in Vancouver und im Großraum Vancouver deutlich feststellbar waren, wurden in der restlichen

Provinz unterschiedliche Entwicklungen registriert: Die Mieten stiegen vor allem im Raum von Vancouver, außerhalb waren sie nach der Ausstellung sogar gesunken.

e) Auswirkungen auf die Bauinvestitionen

Die Expo '86 löste in der Vorbereitungsphase einen Bauaufschwung im Stadtzentrum und im Großraum von Vancouver aus, während die Bauwirtschaft in der übrigen Provinz noch in der Krise steckte. In Vancouver selbst wurden Hotels mit insgesamt 3.000 Zimmern bis zur Expo '86 fertiggestellt. Der Aufschwung auf dem Bausektor hielt auch nach der Expo an: 1989 waren weitere Hotels mit insgesamt 2.000 Zimmern im Bau.

Auf die Errichtung neuer Bürogebäude hatte die Weltausstellung nur geringe Auswirkungen. Der 1987 begonnene Investitionsaufschwung auf dem Immobiliensektor wurde von der Ungewißheit über die wirtschaftliche Zukunft Hongkongs begünstigt. Die Grundstückspreise erreichten 1988 einen Rekord. Die enorme Wohnungsnachfrage trieb die Preise gegenüber 1987 um mehr als 100 % in die Höhe.

f) Auswirkungen auf die Verkehrsinfrastruktur

Zu den wichtigsten Investitionen in die Verkehrsinfrastruktur zählte der Bau einer neuen Cambie Brücke, die über die False Creek Bucht und gleichzeitig direkt über das Ausstellungsgelände führt. Die Kosten dafür betrugen $ 60 Mio. und wurden von der Stadt Vancouver getragen. Die zweite, viel größere Investition, für die die Expo '86 als Auslöser diente, war der Bau des „Skytrain", einer hochmodernen Schnellbahn, die die Vororte New Westminster und Burnaby mit dem Stadtzentrum verbindet. Der 21,4 km lange „Skytrain", dessen Kosten in der ersten Ausbaustufe sich auf $ 854 Mio. beliefen, nahm am 3. Jänner 1986, rechtzeitig vor Beginn der Expo '86 seinen Betrieb auf. Seine Inbetriebnahme hatte beträchtliche Änderungen im Streckennetz des öffentlichen Verkehrs zur Folge – etwa 70 Autobuslinien wurden eliminiert oder geändert. Sie haben weitgehend die Zubringerfunktion übernommen (BC Transit 1989, S. 1-3).

Als typische vorgezogene Investition kann der Bau des ersten Teilstückes der Coquihalla Autobahn bezeichnet werden. Dieses überregionale Autobahnstück zwischen Hope und Merritt wurde am 16. Mai 1986, also kurz nach Expobeginn, für den Verkehr freigegeben. Damit entstand eine neue Verkehrsverbindung zwischen der Lower Mainland Region und dem Hinterland. Durch den beschleunigten Bau entstanden wesentlich höhere Kosten als ursprünglich geplant: sie kletterten von den geplanten $ 250 Mio. auf $ 415 Mio. Der zweite, 75 km lange Abschnitt von Meritt nach Kamloops wurde im September 1987 fertiggestellt. Dadurch ver-

Expo '86: Ein Fest für Vancouver? 101

ringert sich die Fahrtstrecke von Vancouver nach Kamloops um 80 km (Ministry of Finance and Corporate Relations 1988, S. 90).

g) Auswirkungen auf den Handel

Mehr als die Hälfte aller Umsätze im Einzelhandel Britisch Kolumbiens werden im Großraum Vancouver getätigt. Die Auswirkungen der Weltausstellung konzentrierten sich in erster Linie auf die Region Lower Mainland und in geringerem Ausmaß auf Vancouver Island. Die Umsätze im Einzelhandel stiegen in Vancouver während der Ausstellung um 12,3 %, in der übrigen Provinz nur um 6,6 % (Ministry of Finance and Corporate Relations 1987a, S. 4). Der erwartete Aufschwung im Einzelhandel blieb jedoch aus: 1986 betrug das reale Wachstum der Umsätze in der gesamten Provinz nur 5,4 % und blieb damit unter den Wachstumsraten von 1985 und 1987. Über direkte Auswirkungen der Weltausstellung auf den Außenhandel gibt es keine Anhaltspunkte.

h) Auswirkungen auf den Verkehr

Erst in den letzten eineinhalb Ausstellungsmonaten, als die Zahl der Besucher rapide zunahm, kam es zu Staus und Verkehrsproblemen im Stadtzentrum. An den Grenzen kam es kaum zu Wartezeiten von länger als 45 Minuten. Während die Auswirkungen auf den Straßenverkehr relativ gering waren, stiegen im öffentlichen Verkehr die Fahrgastzahlen und damit nicht nur die Einnahmen, sondern auch die Ausgaben. Der positive Einkommenseffekt, der durch die 16 Mio. zusätzlichen Fahrgäste auf den öffentlichen Verkehrsmitteln im Großraum Vancouver entstand, wurde durch noch höhere Ausgaben, die vor allem auf den Bau des Skytrain zurückzuführen sind, überkompensiert.

i) Auswirkungen auf den Fremdenverkehr

Durch die Expo '86 hat sich der Fremdenverkehr zum zweitwichtigsten Wirtschaftssektor entwickelt. Durch Expo '86 gelang es Britisch Kolumbien, sich als internationales Reise- und Urlaubsziel zu etablieren, vor allem auf dem wichtigen und zahlungskräftigen kalifornischen Markt.

Die Ausgaben der Ausstellungsbesucher auf dem Gelände betrugen insgesamt $ 486 Mio. (Expo '86 Corporation 1986), von denen etwa 60 % als Einnahmen der Provinz angesehen werden können. Die zusätzlichen Ausgaben der Touristen für Verpflegung, Unterbringung und Einkäufe werden auf $ 450 Mio. (Ministry of Finance and Corporate Relations 1987b, S. 3) geschätzt. Unter Berücksichtigung von Nebeneffekten wurde der gesamte Nutzen außerhalb des Ausstellungsgeländes mit $ 550 Mio. beziffert. Der Wert der gesamten direkten und indirekten Effekte betrug also $ 840 Mio. oder 1,5 % des Bruttosozialproduktes von Britisch Kolumbien im Jahr 1986 (Ministry of Finance and Corporate Relations 1987a, S. 4).

In unmittelbarer Ausstellungsumgebung kam es jedoch zu einem „Vakuumeffekt": Die Gastronomiebetriebe im Stadtzentrum, Theater, Museen, Nachtklubs erlitten durch die Expo '86 einen Geschäftsrückgang. Hingegen profitierten eine Reihe von Sehenswürdigkeiten außerhalb des Stadtzentrums vom zusätzlichen Touristenaufkommen.

Positive Auswirkungen hatte die Expo '86 natürlich auf die Hotellerie: Die Auslastung der Stadthotels stieg 1986 im Stadtzentrum auf 70,7 % (1985: 65,6 %), im Großraum von Vancouver sogar auf 73,3 % (1985: 67,8 %), und dies, obwohl im Stadtzentrum 2.000 und im Großraum von Vancouver weitere 1.500 neue Hotelzimmer entstanden. Die Nächtigungspreise stiegen dafür 1986 kräftig an: Im Raum Vancouver wurden die durchschnittlichen Zimmerpreise um 38 % gegenüber dem Vorjahr erhöht, in der Provinz insgesamt um 34 %. Die höhere Nachfrage führte auch im Whatcom County zu Preiserhöhungen bei Übernachtungen.

Die Auswirkungen der Expo '86 auf die Auslastung der Beherbergungsbetriebe waren in der gesamten Provinz feststellbar, wenn auch in der Umgebung von Vancouver viel stärker. Hauptnutznießer des Expo-Fremdenverkehrs war demnach die Region Lower Mainland, wo mehr als 60 % der Fremdenverkehrseinnahmen des Jahres 1986 erzielt wurden.

k) Auswirkungen auf das Flugpassagieraufkommen

Auf dem Flughafen von Vancouver wurde 1986 ein Passagierrekord erzielt. Etwa 1 Mio. Fluggäste können direkt der Expo '86 zugeschrieben werden, wobei der stärkste Zuwachs an Passagieren auf der Strecke Vancouver-Toronto registriert wurde; aber auch auf den Linien nach Montreal und Ottawa nahm die Zahl der Fluggäste um mehr als 25 % zu. Die Zunahme an Passagieren auf den Flügen nach New York, San Franciso und Seattle lag über 50 %. Die Auswirkungen der Expo '86 waren nur auf dem Flughafen Vancouver von Bedeutung. Bei den Regionalflughäfen war die Zunahme äußerst gering, bei manchen Destinationen sogar negativ.

l) Auswirkungen auf den Schiffsverkehr

Vancouver konnte seine Stellung im Kreuzschiffahrttourismus weiter ausbauen. Noch größer waren die Auswirkungen der Expo '86 auf die Kreuzschiffahrt im Hafen von Victoria. Auch die Fährschiffahrt in Britisch Kolumbien profitierte vom Expo-Fremdenverkehr.

Die positive Entwicklung des Fremdenverkehrs hielt auch nach der Weltausstellung an. Die Einnahmen des Jahres 1988 übertrafen mit 3,5 Mrd. sogar noch das Ergebnis von 1986, die Auslastung im Jahr 1988 war im Stadtzentrum mit 72,5 % noch höher als im Expo-Jahr. Diese hohe Auslastung ist auf den Werbeeffekt der Weltausstellung, die Eröffnung des Konferenzzentrums im Sommer 1987 und den starken Konjunkturaufschwung zurückzuführen.

Der Expo-Effekt spielte sich auch in der Reisebilanz wider – die üblicherweise negative Reisebilanz mit den U.S.A. wies 1986 sogar einen kleinen Überschuß aus und halbierte das Gesamtdefizit.

7. Langfristige Nutzung des Expo-Geländes

Von den ehemaligen Industrieanlagen (siehe 4.) war nichts mehr übrig geblieben. Nur das Roundhouse, eine alte Remise aus dem vergangen Jahrhundert, wurde renoviert und diente während der Ausstellung als Themenpavillon. Alle anderen Ausstellungsbauten auf dem False Creek Areal wurden neu gebaut. Die Expo '86 Corporation entwickelte dafür ein eigenes System mit vorgefertigten Pavillonmodulen.

Die Diskussionen um die Nachnutzung des Hauptgeländes entlang der False Creek Bucht zogen sich lange hin: Bereits Anfang 1982 führte die zuständige Development-Gesellschaft „B.C.Place" mit der Stadt Vancouver Verhandlungen, welche Gebäude nach der Expo '86 erhalten bleiben sollten. Der Großteil der Ausstellungsbauten, die nur für die fünfeinhalbmonatige Ausstellungsdauer konzipiert waren, sollte abgebrochen, das Gelände selbst einer kommerziellen Nutzung zugeführt werden. Schulen, ein Feuerwehrdepot, Ausstellungsräume, Theater, eine Bibliothek, ein Kunst- und Wissenschaftszentrum waren u.a. im Gespräch. 13 Monate vor der Ausstellungseröffnung wußte man noch immer nicht, was mit den für die langfristige Nutzung errichteten Gebäuden geschehen sollte! Mit dem Abbruch der Einrichtungen begann man bereits am 14. Oktober 1986. Mehr als 100.000 Ausstellungsgegenstände, einschließlich der Pavillonmodule, wurden versteigert.

Das Expo-Center, Wahrzeichen der Expo '86, wurde in ein Wissenschaftsmuseum umfunktioniert. Die Kosten für den Umbau des viel zu kleinen Expo-Centers betrugen 17,3 Mio. (Preisbasis: 1987), denn es mußten noch Ausstellungsräume mit insgesamt 5.100 m^2 dazugebaut werden. Das neue Wissenschaftszentrum „Science World British Columbia" wurde schließlich im Mai 1989 eröffnet.

Der Pavillon der Provinz Britisch Kolumbien (B.C. Pavillon) wurde zwar für die langfristige Nutzung errichtet, doch wußte man während des Baus noch nicht, wie er später genutzt werden sollte. Nach der Ausstellung wurde er als Informations- und Beratungszentrum für Unternehmen geführt mit dem Ziel, die Handels- und Investitionstätigkeit in der Provinz zu fördern. Ähnlich war die Situation des „Roundhouse": Während der Renovierung wurde die langfristige Nutzung des halbrunden Baus für Geschäfte und Dienstleistungsbetriebe überlegt, auch die Verwendung für öffentliche Einrichtungen (Bibliothek oder Kinderhort) wurde erwogen. Jedenfalls stand im Frühjahr 1989 das historische Gebäude noch immer leer.

Im Zuge ihrer Privatisierungskampagne verkaufte die Provinzregierung einen großen Teil des Expo-Geländes in der False Creek Bucht an die Investmentgruppe „Concorde Pacific Developments Ltd.", deren Mehrheitseigentümer aus Hongkong stammt. Der Verkauf der Liegenschaft stieß in der Öffentlichkeit auf heftige Kritik: Die Gegner warfen die Frage auf, ob beim Verkauf wirklich der beste Preis erzielt wurde. Es hieß, daß B.C. Enterprise (jene Crown Corporation, die auch das Informations- und Beratungszentrum im ehemaligen B.C. Pavillon führte) unter dem Druck der Regierung zu rasch verkaufen mußte (Palmer 1989). Tatsächlich liegen die Gründe für den Verkauf jedoch in den enormen finanziellen Verlusten von B.C. Place und anderen Crown Corporations und in der Privatisierungskampagne der 1986 gewählten Provinzregierung. Der Verkaufspreis betrug $ 320 Mio., zahlbar in Raten. Einige Beobachter sahen darin wiederum den Auslöser für eine neue Bodenspekulation (Hamilton 1989). Der Vertrag enthält u.a. folgende Punkte:

- Ein separates Abkommen über die Reinigung des mit Schwermetallen verseuchten Bodens; die Regierung hat die gesamten Kosten dafür zu übernehmen, deren Höhe auf etwa 17 Mio. geschätzt wird, sowie an Concorde eine Managementgebühr von 3 % zu zahlen;
- Die Vereinbarung über die Bereitstellung von mindestens 800 Parkplätzen in unmittelbarer Umgebung des Stadions;
- Die Klausel, daß die Regierung für alle Folgeschäden, die sich aus dem verseuchten Boden ergeben, haftet;
- Die Barzahlung von $ 50 Mio.; ferner $ 10 Mio. jährlich von 1995-1999 sowie $ 20 Mio., $ 40 Mio., $ 60 Mio. und $ 100 Mio. in den Jahren 2000-2004. Abgezinst auf den Tag des Verkaufs ergeben diese zusammen 320 Mio. einen Kaufpreis von $ 145 Mio.

Obwohl man das Problem des verseuchten Bodens schon vor der Weltausstellung kannte, blieb für eine Lösung nicht genug Zeit. Die Kosten für die Reinigung und Beseitigung des giftigen Abfalls werden auf $ 17 Mio. geschätzt. Der Vertrag zwischen der Provinz und Concorde sieht vor, daß die Kosten zur Gänze von der öffentlichen Hand zu tragen sind. Die Provinzregierung haftet sogar für künftige Schäden, welche aus dem giftigen Abfall resultieren (Kenna 1989).

In den nächsten zehn bis fünfzehn Jahren sollen auf diesem Areal Büros und Geschäfte, ein Gründerzentrum, ein Hotel, Wohnungen und Parkanlagen mit einem Investitionsvolumen von mehr als $ 2 Mrd. entstehen.

Die Exponate aus dem Kanadapavillon wurden zum Großteil an ein staatliches Museum in der Provinz Quebec für $ 1,5 Mio. verkauft. Unmittelbar nach der Ausstellung wurde der Kanadapavillon in ein Handels- und Konferenzzentrum umgebaut, dessen Kosten von $ 17,5 Mio. ebenfalls von der Bundesregierung getragen wurden. Die dafür zuständige Regierungsgesellschaft, die Canada Harbour Place Corporation, übertrug im Juli 1987 die Verwaltung und den Betrieb für das Handels- und Konferenzzentrum für einen symbolischen Dollar an die Provinz (Canada Harbour Place Corporation 1987, S. 15).

8. Bilanz und Schlußfolgerungen

a) Positive Effekte

- Die Ausgaben der Besucher auf dem Gelände der Expo '86 in der Höhe von $ 486 Mio. wären ohne Ausstellung nie getätigt worden. 60 % dieser Ausgaben stellten wiederum Einnahmen der Regierung dar. Die Expo-induzierten Ausgaben der Touristen für Verpflegung, Unterkunft und Einkäufe außerhalb des eigentlichen Ausstellungsgeländes betrugen geschätzte $ 550 Mio.
- Die Expo '86 diente als Auslöser für ein großangelegtes innerstädtisches Sanierungsprojekt in der Bucht von False Creek. Das rege Interesse ausländischer Investoren fiel zwar zeitlich mit einer Kapitalflucht aus Hongkong zusammen, doch war die Expo '86 ein geeignetes Medium, um die internationale Werbetrommel für Britisch Kolumbien und Vancouver zu rühren.
- Die Bundesregierung hat der Provinz Britisch Kolumbien im Zuge der Expo '86 ein Handels- und Konferenzzentrum unentgeltlich (für einen Dollar) zur Verfügung gestellt, wodurch Vancouver als Kongreßstandort beträchtlich aufgewertet wurde.
- Der Bau des „Skytrain", der die Vororte mit dem Stadtzentrum verbindet, kann der Expo '86 zugeschrieben werden. Durch die Expo '86 setzte auch bei der öffentlichen Verkehrsgesellschaft ein Umdenkprozeß ein.
- Die Expo '86 trug dazu bei, die seit 1981 herrschende Rezession zu überwinden. Durch die zusätzlichen Arbeitsplätze trat im Großraum von Vancouver eine nachhaltige Stabilisierung der Arbeitslosenrate auf unter 10 % ein. Allerdings ist der Expo-Faktor schwer von anderen zu isolieren. Nach der Expo '86 soll viel Fluchtgeld aus Hongkong nach Kanada geflossen sein, und insbesondere nach Vancouver. Daß gerade diese Stadt Nutznießer der Verunsicherung in Hongkong wurde, mag mit ihrer größeren Bekanntheit durch die Expo '86 zusammenhängen, aber die Tatsache der Kapitalflucht selber wohl kaum.
- In der Expo-Vorbereitungsphase wurden 3.000 neue Hotelzimmer gebaut; der Bauboom hielt auch nach dem Großereignis weiter an.
- Der Fremdenverkehr hat sich zum zweitwichtigsten Wirtschaftssektor entwickelt. Durch die Expo '86 gelang es, Britisch Kolumbien als internationales Reise- und Urlaubsziel zu etablieren, vor allem auf dem kapitalkräftigen kalifornischen Markt.

b) Negative Effekte

- Die Expo '86 erzielte einen direkten Verlust von mindestens $ 550 Mio., der die Expo-induzierten Ausgaben kompensiert. Das Defizit der Provinzregierung erhöhte sich um $ 173 Mio., die langfristigen Schulden stiegen sogar um $ 216 Mio. Dem gegenüber steht ein Erlös aus dem Verkauf des Expo-Areals von 145 Mio. und das bedeutet, daß die Provinzregierung und letztlich die Bürger von Britisch Kolumbien die durch die Expo '86 entstandenen Schulden zu tragen haben.
- Vor Eröffnung der Ausstellung wurde das Wohnungsangebot merklich knapper, die Mieten stiegen und im Stadtzentrum von Vancouver verloren fast 800 Personen ihr Heim, da die Vermieter sich von den Ausstellungsbesuchern das große Geschäft erwarteten.
- Der Bau des ersten Teilstückes der Coquihalla Autobahn verteuerte sich durch die raschere Fertigstellung um $ 165 Mio. Die Autobahn wäre auch ohne Expo '86 gebaut worden.

Viele Effekte lassen sich nur schwer oder gar nicht quantifizieren. Es kann daher nur eine vorsichtige Aussage getroffen werden, ob sich das Projekt für Britisch Kolumbien gelohnt hat. Am stärksten waren die Auswirkungen in unmittelbarer Ausstellungsumgebung sowie im Großraum der Stadt. Die Effekte in der übrigen Provinz beschränkten sich auf den Fremdenverkehr. In Summe gesehen, hat sich die Expo '86 für Vancouver gelohnt, da sie dazu beigetragen hat, die Provinz aus der Rohstoffkrise herauszuführen und den Fremdenverkehr sowie den Dienstleistungssektor anzukurbeln. Durch die Expo '86 ist Vancouver für kurze Zeit in den Blickpunkt der Weltöffentlichkeit gerückt, was insofern von Bedeutung war, als Vancouver durch seine geographische Randlage im pazifischen Wirtschaftsraum diese Publicity dringend gebraucht hat, um sich als Wirtschaftsstandort behaupten zu können.

Literatur

Advance Planning and Research for Architecture (APRA), 1989: The Pier B-C Redevelopment. The Pacific Rim Trade and Convention Centre Passenger Terminal for the Port of Vancouver. Facilities Program prepared for the Pier B-C Development Board. Vancouver.
BC Transit, 1989: Skytrain – A Catalyst For Development. Vancouver.
British Columbia Place, o.J.: False Creek Aquatic Improvement Study. Executive Summary. Vancouver.
Burkinshaw, R., 1984: False Creek: History, Images, and Research Sources. City of Vancouver Archives, Occasional Paper No. 2. Vancouver.
Canada Harbour Place Corporation, 1987: Annual Report, March 31, 1987. Vancouver.
Collier, W.R., 1978: Downtown: Metropolitan Focus, in: L.J. Evenden (Hrsg.), Vancouver – Western Metropolis. University of Victoria, B.C.: Dept. of Geography, S. 162.

Department of External Affairs International Expositions Division (DEAIED), 1986: General Report on the 1986 World Exposition May 2-October 13, 1986. Ottawa.
Dickson, M., 1986: Expo Financial Statement Released. Province of British Columbia, News Release November 17, 1986. Victoria.
Downtown Eastside Resident Association, 1987: Expo '86, Its Legacy to Vancouver's Downtown Eastside. Vancouver.
Expo '86 Corporation, 1980: Transpo '86 Is Good Business for British Columbia, 20.05.1980. Vancouver.
Expo '86 Corporation, 1984a: False Creek Water Body Study. Information Sheet, updated March 15, 1984. Vancouver.
Expo '86 Corporation, 1984b: Participation Guide No. 2. Vancouver.
Expo '86 Corporation, 1986: Financial Highlights. Board Presentation October 29.
Expo '86 Corporation, o.J.(a): General Background, News Release. Vancouver, S. 1.
Expo '86 Corporation, o.J.(b): The 1986 World Exposition, Background, News Release. Vancouver, S. 1.
Grey, C., 1984: False Creek South Shore: Ten Years After, in: Quarterly Review (Toronto), Oct., S. 9-15.
Hall, C.M., o.J.: Hallmark Tourist Events: Analysis, Definition, Methodology and Review (Draft). Perth: University of Western Australia/Department of Geography.
Hamilton, G., 1989: Victoria Offered To Change Law Over Expo Sale, Contract Shows, in: The Vancouver Sun, 11.4.1989.
Kenna, K., 1989: Poison Park – The Grim Legacy of Expo '86, in: The Toronto Star, 10.6.1989.
Kesselman, J.R., 1986: Should British Columbia Pursue Mini-Efficiency or Social Efficiency, in: R.C. Allen und G. Rosenbluth, Restraining the Economy, Social Credit Economic Policies for B.C. Vancouver.
Kuehn, L., 1986: The Bad BCers, in: New Directions (Washington D.C.) Vol. 1, Nr. 5, April/May, S. 9.
Ministry of Finance (Province of British Columbia), 1985: The Economy in a Changing World, March 1985. Victoria.
Ministry of Finance and Corporate Relations, 1987a: Financial and Economic Review. 47th Ed., Victoria.
Ministry of Finance and Corporate Relations, 1987b: The Economic Impact of Expo 86. Victoria.
Ministry of Finance and Corporate Relations, 1988: Financial and Economic Review, 48th Ed., Victoria.
Mulgrew, I., 1986: And Now For a Paid Political Announcement, in: R. Anderson und E. Wachtel: The Expo Story. Madeira Parc, B.C.
Olds, K., 1988: Planning for the Housing Impacts of a Hallmark Event, A Case Study of Expo 86. Vancouver: University of British Columbia.
Olds, K., 1989: Mass Evictions in Vancouver: The Human Toll of Expo '86, in: Canadian Housing (Toronto) Vol. 6, No. 1, Spring, S. 52.
Palmer, V., 1989: How the Expo Land Deal Was Put Together, in: The Vancouver Sun, 3.1.1989.
Planning Department, 1989a: Average Apartment Rents, April 1984-October 1988. City of Vancouver.
Planning Department, 1989b: Apartment Vacancy Rates, 1975-1988. Information Update, in: The Vancouver Plan Monitoring Program. City of Vancouver.
Redish, A. und W. Schworm, 1986: Cyclical and Structural Elements in the Current Recession, in: R.C. Allen und G. Rosenbluth, Restraining the Economy, Social Credit Economic Policies for B.C. Vancouver.
Woodall, R., 1986: The Planning & Construction of Expo 86, An Unofficial Overview, in. Department of External Affairs International Expositions Division (DEAIED), 1986: General Report on the 1986 World Exposition May 2-October 13, 1986. Ottawa.

Gerhard Schimak

Weltausstellung 1995 Wien – Budapest.
Ursachen und Konsequenzen der Absage Wiens

Zum Thema der „Stadtentwicklung durch große Projekte" über die Absage der für 1995 in Wien geplanten Weltausstellung zu berichten, ergibt nur dann einen Sinn, wenn aus der Absage selbst, ihren Gründen und Konsequenzen, Aussagen abgeleitet werden können, die einen Beitrag zu den Pro- oder Kontra-Argumenten bzw. zur Problematik einer derartigen Stadtentwicklungspolitik leisten.

Es ist also nicht das Projekt selbst interessant, weil „Schnee vom vergangenen Jahr". Es sind nur die Schlußfolgerungen interessant, die aus der Vorbereitung des Projektes bzw. aus den Konsequenzen seiner Absage abgeleitet werden können. Schlußfolgerungen zu ziehen ist allerdings nicht ohne eine kurze Darlegung des Projektes selbst möglich.

Im Hauptteil des Beitrages wird daher versucht, nach einer kurzen Beschreibung des Projektes und seiner Zielsetzungen näher auf die Pro- und Kontra-Argumentationen einzugehen, die im Umfeld der Volksbefragung, deren negativer Ausgang dann zur Absage des Projektes führte, diskutiert wurden. Diese Diskussionen hatten natürlich auch eine lokale Note, die dabei verwendeten Grundthemen sind aber durchaus typisch für Diskussionen zu derartigen Großprojekten. Da dieses Projekt auch stark mit bestimmten Zielsetzungen der Stadtentwicklungspolitik Wiens verknüpft war, werden die Konsequenzen der Absage der Weltausstellung für diese Stadtentwicklungspolitik ausführlich erläutert. Dabei soll der Versuch unternommen werden, die Frage nach dem „Was bringt eine Weltausstellung wirklich für die Stadtentwicklung?" auch in ihrer negativen Form „Schadet die Absage einer Weltausstellung der Stadtentwicklung?" zu beantworten. Denn die Behauptung, die gleiche Stadtentwicklung hätte auch ohne ein derartiges Großprojekt stattfinden können, läßt sich am Beispiel der Absage in Wien und ihrer Konsequenzen als unrichtig nachweisen.

1. Was ist eine Weltausstellung heute?

Diese Frage muß gestellt werden, da eine derartige Veranstaltung selbst – wenn man vor allem die Beispiele der letzten Jahre betrachtet – Gegenstand von Diskussionen ist, in denen ihre Sinnhaftigkeit in Frage gestellt wird. Das Projekt einer Weltausstellung löst – wie insbesondere die jüngsten Beispiele in Europa zeigen

– in einem erstaunlichen Ausmaß negative Emotionen aus. Aus diesem Widerstand heraus werden nicht nur die negativen Auswirkungen einer Weltausstellung für den Veranstaltungsort und seine Bevölkerung aufgezeigt. Im Zentrum der Angriffe steht überall der Vorwurf, eine Weltausstellung an sich sei ein fragwürdiges Unternehmen. (Zur Geschichte der Weltausstellungen vgl. Schröder, in diesem Band.)

Die Diskussionen über Weltausstellungsprojekte in Europa sind allerdings von der Problematik gekennzeichnet, daß seit der Weltausstellung von 1958 in Brüssel bis 1992 keine derartige Veranstaltung in Europa abgehalten wurde. Daher gibt es fast kein Wissen über Weltausstellungen und schon gar keine persönliche Erfahrung mit dieser Art von Veranstaltung. Es überrascht daher auch nicht, daß viele der von den Gegnern gerne verwendeten Zitate meist aus der Zwischenkriegszeit stammen oder sogar noch älter sind: Weltausstellungen dienten nur den reichen Industriestaaten und Großunternehmen, um mit ihren technischen Leistungen zu protzen, seien Wallfahrtsstätten „zum Fetisch Ware" und würden nur das geistlose Konsumdenken fördern. Weltausstellungen seien ein Produkt des 19. Jahrhunderts, eine altmodische Idee, die mit viel Geldaufwand künstlich am Leben erhalten werde.

Ob nun altmodisch oder nicht: dem kann vorerst einmal der enorme Erfolg hinsichtlich der Besuchszahlen der Weltausstellungen gerade in den letzten Jahrzehnten entgegengehalten werden. Als Minimum 20 bis 30 Millionen und bis zu über 80 Millionen Besuche bei den bedeutenderen Weltausstellungen der letzten Jahrzehnte – auch die 42 Millionen Besuche der letzten Weltausstellung in dem innerhalb Europas doch eher dezentral gelegenen Sevilla im Jahre 1992 – sind ein Faktum, über das man nicht leichtfertig hinwegsehen kann. Es handelt sich schließlich nicht um Fernseh-Einschaltziffern, sondern um Zahlen, die die physische Anwesenheit von Personen dokumentieren, die zum Teil auch weite Distanzen überwinden und erhebliche Kosten auf sich nehmen mußten, um an dieser Art von Veranstaltung teilzunehmen.

Hinsichtlich der Besuchszahlen gibt es nichts Vergleichbares. Bereits weit abgeschlagen kommen Themenparks, wie sie etwa die Walt-Disney-Corporation in den letzten Jahrzehnten aufgebaut hat. Selbst sportliche Großveranstaltungen wie Olympiaden erreichen zwar enorme Einschaltziffern im Fernsehen, wenn man aber von der physischen Präsenz der Besucher ausgeht, liegen deren durchschnittliche tägliche Besuchszahlen – um vergleichbare Werte zwischen den drei Wochen dauernden Olympiaden und der sechsmonatigen Dauer einer Weltausstellung zu erhalten – weit unter den durchschnittlichen täglichen Besuchszahlen von Weltausstellungen. Und wenn eine durch mehrere Monate gehende Kunstausstellung mehr als eine halbe Million Besucher aufweist, gilt dies bereits als sensationeller Erfolg. Mit anderen Worten: Weltausstellungen sind hinsichtlich des Besucherinteresses die mit Abstand erfolgreichsten Veranstaltungen – und dies mehr denn je.

Es mag aber sein, daß das enorme Besucherinteresse noch nicht als ausreichender Beweis für die Sinnhaftigkeit einer derartigen Großveranstaltung angesehen werden kann. Tatsächlich ist an den oben angeführten Vorwürfen das eine oder andere richtig. Was bei der Kritik aber übersehen wird, ist der Wandel, dem die Weltausstellungen der letzten Jahrzehnte unterworfen waren.

Wer zumindest die Weltausstellung 92 in Sevilla gesehen hat, weiß zum Beispiel, daß eine Weltausstellung heute nichts mehr mit einer überdimensionierten Industriemesse zu tun hat, daß dort überhaupt kein irgendwie gearteter Messecharakter zu spüren war und schon gar nicht eine Wallfahrt „zum Fetisch Ware" stattgefunden hat. Er weiß auch, daß es sich bei der Weltausstellung nicht um die eitle Selbstdarstellung reicher Industriestaaten und Großunternehmen handelt. Solche Versuche gab es durchaus auch in Sevilla, aber sie scheiterten kläglich, was durch das Besucherinteresse für die einzelnen Pavillons – am augenfälligsten sichtbar durch die Warteschlangen vor den Pavillons bzw. deren Fehlen – nachhaltig dokumentiert wurde. Erfolg hatten in diesem Sinne in Sevilla vor allem jene Staaten, die natürlich sich selbst, ihr Land, ihre Menschen, ihre Leistungen oder ihre Geschichte, jedoch mit Intelligenz, Witz, sehr oft auch mit einem beträchtlichen Ausmaß an Selbstironie und vor allem mit raffinierten Darstellungsmethoden präsentierten (Löffler 1992).

Was also ist eine Weltausstellung heute? Diese Frage läßt sich nicht mit einer wohlformulierten Definition beantworten. Es soll im folgenden versucht werden, anhand ausgewählter Thesen aus verschiedenen Perspektiven das gewandelte Bild dieser Art von Großveranstaltung zu erhellen.

a) Eine Weltausstellung ist ein internationales Fest

Die auffallendste Änderung gegenüber Weltausstellungen früherer Jahrzehnte liegt in der zunehmenden Bedeutung des Festival-Charakters dieser Veranstaltung. Dieses Festival-Element hat es schon seit den Weltausstellungen des ausgehenden 19. Jahrhunderts gegeben, spielt jedoch heute eine viel größere Rolle. Während der halbjährigen Öffnungsdauer einer Weltausstellung werden tausende von kleinen und großen Veranstaltungen am Gelände abgehalten. Das reicht von Opernaufführungen bis zum Straßentheater, vom Symphonieorchester bis zum Pop-Konzert und von Folklore-Darbietungen bis zur Multi-Media-Show. Die meisten dieser Veranstaltungen werden von den teilnehmenden Staaten organisiert und sind damit auch Teil ihrer Selbstdarstellung.

Für die Besucher, vor allem für diejenigen aus der näheren Umgebung des Weltausstellungsortes, die mit Saisonkarten das Weltausstellungsgelände beliebig oft besuchen können, bietet sich die Weltausstellung als ein riesiges, sechs Monate dauerndes Festival an, das für jeden etwas bietet. Und dies mit Künstlern und Darstellern wirklich aus der ganzen Welt, auch aus entlegensten Kleinstaaten. Das ergibt ein Kultur- und Unterhaltungsangebot, das in diesem Umfang und in einer derartigen Vielfalt nur im Zusammenhang mit einer Weltausstellung offeriert werden kann.

Aber nicht nur das dichte Veranstaltungsprogramm trägt zu diesem Festival-Charakter bei. Auch die Ausstellungspräsentationen vieler Teilnehmer enthalten zunehmend Show-Elemente verschiedenster und vielfältigster Art. Es ist daher durchaus schon die Feststellung zu wagen, daß Weltausstellungen heute mehr dem Show-Business im weitesten Sinne als dem Ausstellungswesen zuzurechnen sind.

b) Eine Weltausstellung ist eine Veranstaltung für breite Bevölkerungsschichten

Folgt man den Diskussionen über die Inhalte einer Weltausstellung, wie sie zum Beispiel in Wien vor der Absage, aber auch in Hannover bezüglich der EXPO 2000 geführt wurden und werden, dann scheint dieses Faktum, daß es sich um eine Veranstaltung für breite Bevölkerungsschichten handelt, fast überhaupt nicht auf. Obwohl doch Besuchszahlen von 30, 40, 50 oder mehr Millionen der eindeutige Hinweis dafür sind, daß die überwiegende Zahl der Besucher nicht einer vor allem kulturell interessierten, hochgebildeten Oberschicht angehören können.

Weltausstellungen müssen natürlich für jede Art von Besucherschicht etwas anbieten. Sevilla 92 war zum Beispiel schon allein wegen der dort gezeigten Kunstausstellungen sehenswert. Aber die eigentliche Herausforderung für eine derartige Veranstaltung besteht darin, breite Bevölkerungsschichten und nicht nur eine intellektuelle Oberschicht anzusprechen. Daß dies durchaus auch auf eine sehr intelligente Weise geschehen kann, auch dafür gab es hervorragende Beispiele in Sevilla.

c) Eine Weltausstellung ist eine internationale Veranstaltung mit
   völkerverbindendem Charakter

Der Gedanke, daß diese Veranstaltung das Verständnis für andere Länder und Kulturen fördern soll, ist schon in den Statuten des die Abhaltung von Weltausstellungen regulierenden Bureau International des Expositions (B.I.E.) verankert. Diesem schon sehr alten Ziel wurden die universellen Weltausstellungen der letzten Jahrzehnte mehr gerecht als dies früher der Fall war. Das liegt sicher auch daran, daß sich der Charakter der Präsentationen der einzelnen Staaten seit der ersten Hälfte unseres Jahrhunderts vom Imponiergehabe immer mehr zur Sympathiewerbung gewandelt hat. Der Besucher wird in den Pavillons der einzelnen Staaten zwar meist nicht mit der Realität eines Landes und seinen Problemen konfrontiert, obwohl es etwa bei der EXPO 92 in Sevilla auch dafür Beispiele gab. Er wird konfrontiert mit dem Bemühen des Ausstellers, etwas über sich auszusagen, sein Verständnis von sich selbst, seine Eigenschaften und Traditionen, auch seine Leistungen, auf die es stolz ist, darzulegen und damit um Anerkennung und Sympathie der Besucher für sich und seine Menschen zu werben.

Dem einzelnen Aussteller kann dies gelingen oder er kann daran scheitern. Aber in der Summe dieser Darstellungen sind Weltausstellungen heute letztlich eine einmalige Form der Sympathiewerbung für die Vielfalt dieser Welt und ihrer Menschen und erfüllen damit eine zutiefst erzieherische Funktion. Denn sie sind genau durch diese Sympathiewerbung in einer hervorragenden Weise geeignet, tiefsitzende Ängste vor dem Fremden, vor dem Anders-Sein, einer der Wurzeln der Fremdenfeindlichkeit, abzubauen. Bei Weltausstellungen wird eindeutig die emotionale Seite der Besucher angesprochen. Sie „erleben" das Fremde, das Anderssein als etwas Positives, als etwas, das Freude macht. Das ist etwas, was auch die bemühteste Berichterstattung über andere Länder – gleichgültig in welchen Medien – nicht bieten kann. Diese durchaus aktuelle Aufgabe wahrzunehmen, ist wohl der tiefere Sinn einer derartigen Veranstaltung.

2. Die Entstehung und Entwicklung des Projektes der Weltausstellung 1995 in Wien und Budapest

Die Idee, in Wien und Budapest eine gemeinsame Weltausstellung durchzuführen, wurde von einigen Wiener Politikern in der Mitte der achtziger Jahre geboren. Wie sich nach ersten Kontaktgesprächen bald herausstellte, gab es auch großes Interesse für dieses Projekt auf ungarischer Seite. Am 29. September 1987 bekräftigten der österreichische Bundeskanzler und der Vorsitzende des ungarischen Ministerrates in einer gemeinsamen Regierungserklärung die Entschlossenheit beider Länder zur Durchführung der gemeinsamen Weltausstellung. Ende 1988 präsentierte eine Regierungsdelegation aus Ungarn und Österreich das gemeinsame Projekt bei der Generalversammlung des B.I.E. Nach der üblichen Fact-Finding-Mission einer B.I.E.-Delegation wurde schließlich bei dessen Generalversammlung 1989 die Vergabe des Termins der Weltausstellung an Wien und Budapest und ein Jahr später die sogenannte Registrierung, allerdings in einer „bedingten" Form – die endgültige Wirksamkeit war von der Klärung einiger noch offener Fragen abhängig – beschlossen.

Auf der österreichischen Seite hatte am 17. Oktober 1988 der Wiener Gemeinderat einstimmig beschlossen, die Weltausstellung durchzuführen. Auf der Grundlage eines Syndikatsvertrages zwischen der Republik Österreich und dem Land Wien wurde 1989 eine Planungs-, Errichtungs- und Betriebsgesellschaft, die EXPO-VIENNA AG, gegründet.

3. Zielsetzungen des Weltausstellungsprojektes

An das Projekt der gemeinsamen Weltausstellung in Wien und Budapest waren – wie dies bei solchen Großprojekten üblich ist – eine Reihe von Zielsetzungen und auch Erwartungen geknüpft, die nur indirekt mit dem eigentlichen Zweck einer Weltausstellung zu tun haben.

a) Brückenschlag zwischen Ost und West

Da war einmal das „Twin-City"-Konzept einer Weltausstellung an zwei Standorten in zwei verschiedenen Staaten, ein Konzept, daß bisher bei Weltausstellungen zwar schon diskutiert, aber noch nie realisiert worden war. Man muß sich dazu bewußt werden, daß diese Idee zu einer Zeit entstand, als noch der Eiserne Vorhang existierte, der allerdings gerade zwischen Österreich und Ungarn bereits relativ durchlässig geworden war. Man hoffte, daß die damals immer noch bestehenden rigorosen Grenzkontrollen angesichts der Besucherströme zwischen Wien und Budapest nicht mehr hätten aufrecht erhalten werden können und daß dies in der Folge auch zu einer weiteren Liberalisierung Ungarns führen würde.

b) Regionale Entwicklung

Mit der Weltausstellung in Wien wurde auch ein Ziel verfolgt, das erst durch die Öffnung der Ostgrenzen eine besondere Bedeutung erlangt hatte, nämlich ein regionalpolitisches Entwicklungsziel. Dazu sind einige Erläuterungen notwendig.

Es gibt in Österreich ein sogenanntes West-Ost-Gefälle. Die westlichen Bundesländer haben durch ihre Nähe zu den wirtschaftlichen Zentren Deutschlands, der Schweiz und Italiens seit dem Zweiten Weltkrieg eine viel dynamischere wirtschaftliche Entwicklung erfahren als die östlichen Bundesländer an der toten Grenze des Eisernen Vorhanges. Die Verkehrsinfrastruktur der Ostregion weist nicht jenen Standard auf, wie er für den Austausch von Menschen und Gütern zwischen angrenzenden Staaten Europas üblich ist. Die plötzliche Öffnung der Ostgrenzen und der dramatische Anstieg des Verkehrs über diese Grenzen hat schlagartig sichtbar gemacht, welcher enorme Nachholbedarf speziell im Bereich der Verkehrsinfrastruktur in der Ostregion Österreichs besteht.

Die Weltausstellung in Wien war daher auch als Motor für die Entwicklung der Ostregion gedacht. Es war beabsichtigt, durch konzentrierten Mitteleinsatz in der Ostregion eine Reihe von Projekten zur Verbesserung der Verkehrsinfrastruktur, vor allem im Bereich des öffentlichen Verkehrs, durchzuführen. Das hätte primär die Eisenbahnverbindungen nach Prag, Brünn, Bratislava und Budapest betroffen. Zwischen Wien und Budapest sollte ein erstes mitteleuropäisches Teilstück des in Westeuropa im Ausbau befindlichen europäischen Eisenbahn-Hochgeschwindigkeitsnetzes geschaffen werden. Die Weltausstellung war also ein Mittel, um Verkehrsinfrastrukturprojekte in der Ostregion Österreichs zu beschleunigen und so den Entwicklungsrückstand gegenüber anderen Teilen Österreichs aufzuholen.

c) Stadtentwicklungspolitik

Das Projekt war natürlich auch Bestandteil von und Motor für stadtentwicklungspolitische Strategien. Vor allem war die Lage des Weltausstellungsgeländes am Ostufer der Donau nahe dem Amtsgebäude der Vereinten Nationen in verschiedener Hinsicht interessant.

Es ist eine schon langfristig festgelegte Strategie der Stadt Wien, jene Bezirke aufzuwerten, die östlich der Donau liegen und traditionell ein eher schlechtes Gesamtimage haben. Diese Bezirke weisen seit dem Zweiten Weltkrieg die stärksten Bevölkerungszuwächse innerhalb Wiens auf und werden auch in Zukunft wegen der vorhandenen Baulandreserven den Schwerpunkt der Stadterweiterung bilden. Ein erster Schritt zur Aufwertung dieses Stadtteiles erfolgte bereits vor Jahren durch die Errichtung der sogenannten UNO-City, die wiederum den Bau eines Kongreßzentrums und die Ansiedlung von Botschaften u.ä. in ihrer Umgebung nach sich zog. Nunmehr sollte der zwischen UNO-City und Donauufer liegende Teil bebaut werden und das in einer städtebaulich akzentuierten Form. Die Weltausstellung sollte also den Motor bilden für die Entwicklung eines neuen Nebenzentrums für Wien „jenseits" der Donau, das als signifikanter Teil einer städtebaulichen Achse die ca. 700 m breite Zäsur, die der Donaustrom samt seinem Entlastungsgerinne und der dazwischen liegenden Donauinsel bildet, überwinden sollte (Leitprogramm 1990).

d) Verkehrspolitik

Die Weltausstellung in Wien war ausdrücklich – und in dieser Form wäre das erstmalig für eine derartige Veranstaltung gewesen – auf eine Erreichbarkeit des Geländes ausschließlich durch den öffentlichen Verkehr abgestellt. Der Besucher hätte das Gelände nur mit öffentlichen Verkehrsmitteln (inkl. Taxis) oder zu Fuß erreichen können. Für Gruppenreisende in Autobussen hätte es Aus- und Einstiegsmöglichkeiten beim Gelände gegeben, für Sonderzüge war ein eigener Bahnhof (im Bereich bestehender Gleisanlagen an der Donau) vorgesehen.

Zu den für die Bewältigung des Weltausstellungs-Verkehrs notwendigen Maßnahmen zählte die Verlängerung einer U-Bahn-Linie über die Donau, der Bau einer neuen S-Bahn-Teilstrecke, Frequenzsteigerungsmaßnahmen für die bestehenden U-Bahn-Linien, die Errichtung eines umfangreichen Verkehrsleitsystems in und außerhalb Wiens und vor allem die Schaffung von ca. 40.000 Park-and-Ride-Stellplätzen am Stadtrand bzw. im Umland Wiens. Alles Maßnahmen, die schon lange zum Forderungskatalog der Verkehrsplaner für Wien gehören und die zu permanenten Bestandteilen der Verkehrsinfrastruktur Wiens werden sollten mit Ausnahme eines geringeren Teiles der Park-and-Ride-Parkplätze, die nur provisorisch für die Weltausstellung zur Verfügung gestanden wären.

Das Weltausstellungsprojekt war also auch hier Teil der Stadtentwicklungspolitik mit dem Ziel, den öffentlichen Verkehr – unterstützt durch den Termindruck der Weltausstellung – rasch auszubauen und vor allem auch das Umlenken des nach Wien einströmenden Individualverkehrs auf die öffentlichen Verkehrsmittel durch geeignete Park-and-Ride-Anlagen in Verbindung mit einem innovativen Verkehrsleitsystem zu fördern. Inkludiert war auch die Hoffnung, daß diese völlig auf den öffentlichen Verkehr abgestellte Weltausstellung die Akzeptanz des öffentlichen Verkehrs in der Bevölkerung stärken würde.

e) EXPO-City

Die ca. 17 ha große Fläche zwischen UNO-City und Donauufer, die das Kernstück des rund 50-60 ha großen Weltausstellungsgeländes gebildet hätte, weist eine außerordentliche Lagegunst auf: unmittelbarer Anschluß an eine bestehende U-Bahn-Linie, mit der man in nur sieben Minuten ins Zentrum der Altstadt gelangen kann, direkter Anschluß an eine Autobahn, von der man kreuzungsfrei sämtliche von Wien ausgehenden Autobahnen, aber auch den Flughafen erreichen kann, unmittelbar angrenzend an eine der größten Parkanlagen Wiens, Fernblick über die Donau bis zum Wienerwald u.ä.

Es gab dort allerdings ein großes Problem. Die Fläche war durch eine sechsspurige, stark befahrene Autobahn – und daher mit erheblicher Lärmbelästigung – vom Donauufer getrennt und unter ihr befand sich eine riesige Mülldeponie, die erst in den sechziger Jahren geschlossen und mit einer Erdschicht abgedeckt worden war. Die Fläche war daher auch nur wenig genutzt mit einigen Grünanlagen, Autoabstellplätzen, einer größeren und einigen kleineren Sporthallen, wobei letztere seit Jahren nur noch Lagerzwecken dienten. Unter den genannten Umständen war dieses Gebiet für eine größere Bebauung nicht geeignet und faktisch wertlos.

Das städtebauliche Projekt bestand nun darin, mit der Weltausstellung als Motor diese Fläche „baureif" zu machen. Das bedeutete, die Autobahn auf einer Länge von mehr als 400 m abzudecken, dabei einen überdimensionierten kreuzungsfreien Autobahnanschluß, der direkt in die Garagen der UNO-City und des Kongreßzentrums führt, rückzubauen sowie rund 500.000 m^3 Müll sachgerecht zu entsorgen. Die enormen Kosten dieser Maßnahmen sollten dann den Kaufpreis des Geländes bilden, wobei klar war, daß der sich daraus ergebende hohe Preis pro m^2 Grundfläche eine sehr dichte Bebauung notwendig machte – 480.000 m^2 Bruttogeschoßfläche, teilweise in Hochhäusern und wegen der notwendigen Rendite überwiegend für Bürozwecke.

Daraus entstand das Projekt der zweiten City an der Donau – damals EXPO-City genannt – mit einer überwiegenden Nutzung für Büros, aber auch Hotels, ca. 10 bis 20 Prozent freifinanzierten Luxuswohnungen sowie einer Reihe von anderen Funktionen, wie etwa Geschäften oder Nutzungen im Zusammenhang mit dem Kongreßzentrum – auch von einem Museum war zeitweise die Rede. Bis zur

Weltausstellung 1995 hätte die Überdeckung der Autobahn sowie ein sogenanntes Basisbauwerk – im wesentlichen die Garagengeschosse der späteren EXPO-City und während der „autofreien" Weltausstellung nur als Autobusgarage genutzt – errichtet werden müssen sowie einige Bauten, die sowohl für die Weltausstellung als auch für die Nachnutzung geeignet waren. Die übrigen temporären Bauten der Weltausstellung wären nach der Weltausstellung entfernt worden. Ab 1996 sollte der Hauptteil der Bauten der EXPO-City errichtet werden.

f) Finanzierung und Attraktivität für Betriebsansiedlung

Mit diesem Stadtentwicklungsprojekt war auch das Konzept der sogenannten „Privatisierung" der Weltausstellung verbunden. Die Errichtungsgesellschaft für die EXPO-City sollte nicht nur das Grundstück, sondern auch die Betreibergesellschaft der Weltausstellung kaufen und damit die Vorfinanzierung des Weltausstellungsprojektes und auch eine allfällige Verlustabdeckung bis zu einer vereinbarten Höhe als Teil des Kaufpreises des Geländes übernehmen.

Es ist in diesem Zusammenhang interessant darauf hinzuweisen, daß an der Gesellschaft, die zur Durchführung dieses Stadtentwicklungsprojektes (inklusive Weltausstellung) gegründet wurde – nunmehr Wiener Entwicklungsgesellschaft für den Donauraum (WED) benannt –, nicht nur eine Reihe von österreichischen Banken und Versicherungen, sondern auch mit einem 20 %-Anteil eine der größten japanischen Banken beteiligt ist. Gerade die japanischen Partner, die sich erst nach umfangreichen Studien über den Standort Wien innerhalb Europas zu dieser Beteiligung entschlossen, waren besonders an der „Adresse" des Standortes, an seinem Bekanntheitsgrad, seinem Image interessiert. Sie sahen die Weltausstellung mit ihrer weltweiten Publizität als geeignete Promotion für den Standort an, um Firmen, natürlich vor allem auch japanische Firmen, als potentielle Nutzer dieser EXPO-City ansprechen zu können.

Die Weltausstellung war also unter diesen Überlegungen nicht nur Motor für die Abwicklung eines der größten städtebaulichen Projekte Wiens der Nachkriegszeit. Sie sollte das Image dieses östlichen Stadtteiles von Wien heben und mit ihrer weltweiten Werbung die Promotion für diesen Standort betreiben, das Interesse von potentiellen Investoren und Nutzern für die Ansiedlung von Betrieben in der EXPO-City – und damit in Wien – wecken und auf diese Weise wiederum die finanzielle Absicherung dieses Stadtentwicklungsprojektes gewährleisten.

4. Die Ablehnung des Projektes Weltausstellung in Wien

Mit zunehmenden Informationen über die Konkretisierung der Planung für das Weltausstellungsprojekt mehrten sich auch die skeptischen Stimmen, vor allem die grün-alternative Partei mit ihrer grundsätzlichen Kritik an Großprojekten legte sich auf einen deutlichen Kurs der Ablehnung der Weltausstellung fest.

Die Kritik an dem Vorhaben, die Weltausstellung in Wien durchzuführen, konzentrierte sich sehr rasch auf einzelne Themen. Neben eher allgemeinen Fragen wie jenen nach dem Sinn von Weltausstellungen und der Fragwürdigkeit von Großprojekten überhaupt, standen folgende Themen im Vordergrund:

- die „Absage" des ungarischen Partners,
- die Wohnungsknappheit und die steigenden Mietpreise,
- die Verkehrsproblematik,
- die „Verbetonierung" des Donauufers,
- die Kostenfrage und
- die Ausländerfrage.

a) Die „Absage" Ungarns

Der offizielle Anlaß für die Abhaltung einer Volksbefragung war die Behauptung, daß Ungarn aus dem gemeinsamen Projekt aussteigen würde. Das führte zu einer beträchtlichen Verunsicherung in der Bevölkerung, ob die Weltausstellung überhaupt abgehalten würde. Die Feststellung einiger Wiener Politiker, die Weltausstellung notfalls auch nur in Wien abzuhalten, löste lediglich Vorwürfe aus, daß das grenzüberwindende Projekt damit sinnlos geworden wäre.

Das Problem lag darin, daß nach dem politischen Umbruch in Ungarn zwar auch die neue ungarische Regierung für die Weltausstellung eintrat, obwohl diese noch ein Projekt des kommunistischen Regimes gewesen war, jedoch von der Stadt Budapest und vor allem von ihrem Bürgermeister immer wieder negative Stellungnahmen abgegeben wurden. Eine nähere Analyse der ungarischen Situation zeigte allerdings, daß es sich dabei im wesentlichen um einen parteipolitisch motivierten Machtkampf zwischen der Budapester Stadtverwaltung und der ungarischen Regierung handelte, zum Teil auch um eine Art politisches Poker Budapests, sich das „Ja" zur Weltausstellung möglichst teuer abkaufen zu lassen. In den österreichischen Medien wurde aber trotz umfassender Information der Weltausstellungs-Verantwortlichen auf diese Analysen kaum eingegangen. Diverse negative Beschlüsse des Budapester Gemeinderates oder seiner Ausschüsse wurden völlig unreflektiert wie faktische Projekt-Absagen dargestellt.

Diese bemerkenswerte Fehlleistung der meisten österreichischen Medien, die tatsächliche politische Situation im Nachbarland Ungarn hinsichtlich des Weltausstellungsprojektes nicht richtig analysieren zu können, führte im übrigen dazu, daß die ein halbes Jahr nach der Wiener Absage erfolgte endgültige Entscheidung des ungarischen Parlamentes, die Weltausstellung nunmehr allein – wenn auch um ein Jahr verschoben – durchzuführen, kaum Erwähnung in den österreichischen Medien fand.

b) Wohnungen und steigende Mietpreise

Einer der Hauptkritikpunkte an dem Weltausstellungsprojekt war der Vorwurf, das Projekt verursache einen Anstieg der Wohnungsmieten und würde nur einer ungehemmten Wohnungsspekulation Vorschub leisten.

Tatsächlich kommt es bei Weltausstellungen zu einer erhöhten Nachfrage auf dem Wohnungsmarkt und damit zu ansteigenden Mietpreisen. Vor allem entsteht ein zusätzlicher Wohnungsbedarf im Jahr der Weltausstellung durch die große Anzahl der bei der Weltausstellung Beschäftigten, die ja wiederum zu erheblichen Teilen aus den Ausstellerländern stammen. Dem wird üblicherweise durch Lösungen, wie sie die Olympischen Dörfer für Olympiaden darstellen, begegnet. Das wäre auch in Wien der Fall gewesen. Sicher gibt es auch bereits ein bis zwei Jahre vor der Eröffnung eine weltausstellungsbedingte Nachfrage nach Wohnraum für Funktionäre, mit der Bautätigkeit befaßte Personen u.ä. Der Großteil der bei Weltausstellungen beobachteten Mietenanstiege geht allerdings zumeist auf die Tatsache zurück, daß Weltausstellungsprojekte als Teile von Stadtentwicklungsprojekten gesehen werden, die zur Aufwertung von Stadtteilen und damit zu Mietpreiserhöhungen zumindest in diesen betroffenen Stadtteilen führen. Das heißt aber, daß das Stadtentwicklungsprojekt selbst und nicht die Weltausstellung die Ursache für derartige Preisanstiege ist.

In ganz Wien gab es allerdings bereits vier bis fünf Jahre vor der geplanten Weltausstellung einen starken Anstieg der Mietpreise, obwohl es zu diesem Zeitpunkt und sicher noch auf ein bis zwei Jahre hinaus keinen durch die Weltausstellung und ihre Vorbereitung bedingten Wohnraumbedarf gab. Die Ursachen dafür lagen ganz woanders.

Die Einwohnerzahl Wiens, die im Jahre 1920 (innerhalb der heutigen Stadtgrenzen) noch bei rund 2,1 Millionen lag, hatte seitdem kontinuierlich abgenommen. Bei der Volkszählung 1981 gab es in Wien nur mehr rund 1,6 Millionen Einwohner und Prognosen aus dieser Zeit ließen ein weiteres Absinken auf 1,5 bzw. 1,4 Millionen erwarten. Seit der Öffnung der Ostgrenzen erlebte Wien plötzlich und erstmalig nach rund 70 Jahren ein Bevölkerungswachstum, eine völlig ungewohnte Situation. Die Wohnbauleistung in der Gemeinde Wien war jedoch – durchaus dem damaligen Bedarf entsprechend – in den achtziger Jahren kontinuierlich abgesunken. Die Konsequenzen waren seit 1990 Wohnungsmangel und ein deutliches Ansteigen der Wohnungsmieten.

Erwähnen muß man ferner, daß das Niveau der Mietpreise in Wien selbst im Vergleich mit anderen Städten Österreichs und schon gar im Vergleich mit anderen europäischen Großstädten sehr niedrig war. So erreichte im März 1991 der durchschnittliche Mietpreis pro Quadratmeter für durchschnittlich ausgestattete Wohnungen in mittlerer Lage in Wien erst das entsprechende Preisniveau der Landeshauptstadt Bregenz, einer Kleinstadt mit rund 25.000 Einwohnern. Die Wiener erlebten dieses Nachziehen der Mietpreise jedoch als dramatischen Preisanstieg, gepaart mit einer plötzlich auftretenden Knappheit an Wohnraum. Und dies alles fast zeitgleich – wenn auch völlig zufällig – mit der zunehmenden Information und Diskussion über das Weltausstellungsprojekt. Es war daher nicht schwierig für die Weltausstellungs-Gegner, diese beiden Tatsachen kausal miteinander zu verbinden.

Dazu kam noch ein weiteres lokales Problem. Der zweite Wiener Gemeindebezirk, der zwischen dem Stadtkern und der Donau und somit auch dem dort geplanten EXPO-Gelände liegt, erlebte in den letzten Jahren eine Welle von durchaus spekulativen Grundstückstransaktionen. Dieser Bezirk hatte zumindest seit dem Zweiten Weltkrieg ein sehr schlechtes Image, war aber durch seine zentrumsnahe Lage und durch eine Reihe von Ausbaumaßnahmen für den öffentlichen Verkehr in hohem Ausmaß sowohl für Wohn- als auch Büronutzung interessant geworden. Kennern der Situation war schon lange bekannt, daß in diesem Bezirk Banken, Versicherungen und andere seit den siebziger Jahren dabei waren, Liegenschaften zu sehr günstigen Preisen zu erwerben. Die Weltausstellung hätte natürlich auch zur weiteren Aufwertung des Images dieses Bezirkes beigetragen, aber als Bestandteil einer Stadtentwicklungspolitik, die es sich auch ohne Weltausstellung zum Ziel gesetzt hatte und hat, die Stadt über die Donau nach Osten zu entwickeln. Die Öffentlichkeit wurde auf diese schon lang vor der ersten Idee für eine Weltausstellung einsetzende Grundstücksspekulation erst in Zusammenhang mit der Berichterstattung über die Weltausstellung aufmerksam gemacht.

Und so wurden Wohnungsknappheit und Mietenanstieg als Folgen der EXPO-Aktivitäten, in der extremen Form die Weltausstellung als Spekulantenprojekt dargestellt. Das reichte von der ironischen Feststellung auf einem Plakat der „Grünen": „Nachdem wir das Wohnungsproblem so gut bewältigt haben, können wir uns nun eine EXPO leisten" bis zu Begriffen wie „EXPO-Spekulanten" und „EXPO-Mietenwucher". Wie weit die Verwirrung über die Ursachen dieser Entwicklung ging, zeigt die mehrfach in den Zeitungen publizierte Behauptung einer Expertin des Wirtschaftsforschungsinstitutes, die prognostizierte, daß ein „Nein" zur Weltausstellung die Wohnungsmieten in Wien wieder sinken lassen würde, eine Prognose, die sich nach der Absage der Weltausstellung natürlich als absurd herausstellte.

c) Verkehr

Ein weiterer Vorwurf an die Weltausstellung war die Behauptung, daß Wien durch die Besuchermassen bei der EXPO im Verkehr ersticken würde. In Wien war – wie dies schon ausgeführt wurde – eine „autofreie" Weltausstellung geplant. Die öffentlichen Verkehrsmittel hätten nach Durchführung der notwendigen Ausbaumaßnahmen durchaus die Kapazität zur Bewältigung des Ausstellungsverkehrs gehabt. Aber dieser Argumentation wurde in der Öffentlichkeit einfach nicht geglaubt, da die Diskussion über die Verkehrsproblematik weitestgehend von den jüngsten Erlebnissen der Wiener Bevölkerung mit Verkehrszusammenbrüchen dominiert war.

Die Öffnung der Ostgrenzen, vor allem jene zu Tschechien und der Slowakei, die die Bevölkerungszahl in der Tagespendeldistanz zu Wien schlagartig um 4 Millionen vergrößerte, brachte in den ersten Monaten eine Flut von Osttouristen (mit Auto) nach Wien. An einzelnen Tagen kam es zu völligen Verkehrszusammenbrüchen mit stundenlangem totalem Verkehrsstillstand in einzelnen Gebieten Wiens. Die Weltausstellung, die ja als Motor für die rasche Bewältigung der – auch durch die neuen Gegebenheiten hervorgerufenen – Verkehrsproblematik dienen sollte, konnte nur Projekte, Strategien und Ideen vorzeigen, für die in der Wiener Bevölkerung keinerlei Erfahrungsstand vorhanden war und die daher leicht als nicht funktionierende Theorie abgetan werden konnten. Dem stand die reale Erfahrung der Verkehrszusammenbrüche gegenüber, deren Wiederholung anläßlich der Weltausstellung prognostiziert oder besser angedroht wurde.

d) Die „Verbetonierung" des Donauufers

Vor allem von den „Grünen" wurde noch ein weiterer Kritikpunkt ins Spiel gebracht. Diese wandten sich auch gegen die als Nachnutzung des Weltausstellungs-Geländes vorgesehene Errichtung einer zweiten City mit Büros, Hotels, Geschäften und Wohnungen, teilweise in Form von Hochhäusern. Man argumentierte, daß dieses Großprojekt eine unzumutbare weitere Verkehrsbelastung darstellen würde. Nicht ganz zu Unrecht, da nur die Weltausstellung autofrei geplant war, von den Investoren jedoch für die nachfolgende EXPO-City eine entsprechende Erschließung für den Pkw-Verkehr verlangt wurde. Weiters erhob man den Vorwurf, daß diese zweite City viel zu groß dimensioniert sei („Manhattan an der Donau"), den bestehenden Donaupark gefährde und die Gegend viel besser der Erholung der Bevölkerung zur Verfügung stehen solle.

Und so wurde dazu aufgerufen, mit dem „Nein" zur Weltausstellung die „Verbetonierung" dieses Donauuferbereiches zu verhindern. Ein Teil der gegen die Weltausstellung Stimmenden war auf Grund dieser Propaganda sicherlich der irrigen Meinung, daß mit der Beantwortung der Frage über die Abhaltung der Weltausstellung auch über das Projekt dieser zweiten City abgestimmt würde.

e) Kosten

Einer der Hauptvorwürfe zum Thema Weltausstellung war die Behauptung, mit einer Weltausstellung würden große Mengen von Steuergeldern verschwendet, die besser für andere Zwecke eingesetzt werden sollten. Diese Behauptung erfolgte unter Hinweis auf Defizite früherer Weltausstellungen.

Die Frage der Beurteilung der Kosten einer Weltausstellung zählt zu den sehr komplexen Problemen eines derartigen Projektes. Die meisten Zahlen über Gewinne oder Defizite früherer Weltausstellungen beziehen sich auf das Betriebsergebnis der Betreibergesellschaft. Da erhebt sich die Frage, in welchem Ausmaß Infrastrukturinvestitionen, die letztlich der gesamten Stadt wieder zugute kommen, auf der Ausgabenseite aufscheinen usw. In der Kritik meist außer Betracht gelassen werden die Umwegrentabilität eines derartigen Projektes, vor allem aber auch die nur durch die Weltausstellung entstehenden – und nach einer Studie für Wien sehr erheblichen, jedenfalls ein mögliches Defizit weit übersteigenden – zusätzlichen Steuereinnahmen.

Ebenso außer Betracht gelassen wird die Tatsache, daß heute wesentlich höhere Eintrittsgebühren für Weltausstellungen verlangt werden können als dies früher der Fall war. Die Tageskarte in Sevilla kostete z.B. rund 60 DM. Das bedeutet wiederum, daß etwa die Hälfte der Gesamtkosten schon allein durch Eintrittsgebühren hereingebracht werden kann. Übersehen werden auch die in den letzten Jahrzehnten enorm angestiegenen Einnahmemöglichkeiten aus Werbung bzw. Sponsoring.

An und für sich hatte die EXPO-VIENNA AG für Wien eine detaillierte, auf den Erfahrungen anderer Weltausstellungen beruhende Budgetprognose erarbeitet. Danach wäre die Weltausstellung durchaus kostendeckend abzuwickeln gewesen. Natürlich sind derartige langfristige Budgetprognosen mit zahlreichen Unsicherheitsfaktoren belastet. Aber die ersten Erfahrungen vor der Absage in Wien zeigten bereits das erwähnte stark gestiegene Einnahmenpotential aus Werbung bzw. Sponsoring. Zum Zeitpunkt der Volksbefragung standen Sponsorenverträge für die EXPO '95 in fast doppelter Höhe der bis dahin aufgelaufenen Gesamtkosten der Weltausstellungsvorbereitung unmittelbar vor dem Abschluß (Feltl/Semrau 1992).

Um dem Vorwurf zu entgehen, die Weltausstellung würde mit Steuergeldern finanziert, hatte man von politischer Seite her das ganze Projekt von Anfang an auf eine „Privatisierung", auf den Verkauf der Betreibergesellschaft an ein Konsortium aus verschiedenen, zumeist ganz oder teilweise im Besitz der öffentlichen Hand befindlichen österreichischen Banken, Versicherungen, anderen Unternehmen sowie einer japanischen Bank abgestellt. Allerdings zögerten sich die Verhandlungen mit den zukünftigen Eigentümern endlos hinaus. Mitte 1990 verkaufte der Bund seinen Hälfteanteil an die Gemeinde Wien, die ab diesem Zeitpunkt Alleinbesitzer der EXPO-VIENNA AG war. Ursprünglich hätte unmittelbar darauf die Privatisierung durchgeführt werden sollen. Aber die Verhandlungen wurden vom Finanzreferenten und Vizebürgermeister der Gemeinde Wien weiter und weiter geführt, neue Grundstücke, die mit der Weltausstellung nichts zu tun hatten, in den Kaufvertrag einbezogen usw. Die Unterzeichnung des Kaufvertrages erfolgte letztlich wenige Tage vor dem Termin der Volksbefragung.

Es entstand dadurch in der Öffentlichkeit der Eindruck, daß es sich bei der EXPO um ein Bau- und Investitionsvorhaben handle, in dem die Weltausstellung bloß Mittel zum Zweck sei, den Erwerb der Liegenschaft und die Errichtung der entsprechenden Verwertungsgesellschaft unter maximaler Wahrung der Interessen der Stadt Wien über die Bühne zu bringen.

Dazu kommt allerdings noch, daß selbst der Begriff „Privatisierung", wenn man die Auswahl der Käufer und den in diesen Unternehmen vorhandenen Einfluß der politischen Parteien betrachtet, in der Öffentlichkeit - und nicht ganz zu Unrecht - für unglaubwürdig erachtet wurde. So schrieb „Profil": „Das Engagement der verstaatlichten Banken und im öffentlichen Besitz befindlichen Versicherungen nährten in der Öffentlichkeit den Glauben, letztlich ging es ja doch wieder nur um Steuergelder" (Czeitschner et al. 1991).

f) Ausländer

Manchmal direkt angesprochen, oft aber nur unterschwellig vorhanden, spielte die Ausländerthematik eine sehr entscheidende Rolle bei der Ablehnung der Weltausstellung. Das Thema Ausländer hat mehrere Facetten.

Da gibt es das Problem Massentourismus, ein Problem, mit dem Wien in sehr erheblichem Ausmaß konfrontiert ist. Während in kleineren Orten, die mit dem Tourismus und vor allem weitgehend vom Tourismus leben, die Akzeptanz der Touristen sozusagen Teil des täglichen Lebens ist, kann solches in einer Großstadt, in der der weitaus überwiegende Teil der Bevölkerung nicht vom Tourismus lebt, nicht von vornherein erwartet werden. Die Verantwortlichen in Wien sind daher schon seit Jahren bemüht, in regelmäßigen Abständen mit Hilfe von Plakataktionen die Akzeptanz des Tourismus in der Bevölkerung zu erhöhen. Dennoch gibt es natürlich das Problem, daß in Massen auftretende Touristen es selbst dem Wohlwollendsten nicht mehr gestatten, diese als Gäste zu erleben. Sie werden vielmehr durchaus als Belastung empfunden. Die Folgen dieses Massentourismus sind die Ausbildung von Touristenghettos, die man zu meiden sucht, Lokale, in die man als Wiener nicht mehr geht usw. Daß die Weltausstellung diesen Massentourismus nur noch weiter gefördert hätte, war unvermeidlich. Daß solche Überlegungen das Abstimmungsverhalten mancher Bürger beeinflußt haben, kann angenommen werden.

Ganz wesentlich und vermutlich entscheidend für den Ausgang der Volksbefragung war aber die Ausländerproblematik, wie sie sich vor allem nach Öffnung der Ostgrenzen in Wien entwickelt hat. Nach der ersten Euphorie über die Grenzöffnung wurde die Bevölkerung zunehmend auch mit negativen Konsequenzen konfrontiert: Besuchermassen, Verkehrszusammenbrüche, illegale Zuwanderung, Schwarzarbeit, Schwarzmärkte, Ansteigen der Kleinkriminalität usw. In diesem Klima dumpfer Ängste und wachsender Ausländerfeindlichkeit bot sich die Weltausstellung mit ihrem Anspruch, die Grenzen zu öffnen und die Welt nach Wien zu bringen, als Exerzierfeld für populistisches Agieren an. Und da wurde dann auch nichts ausgelassen. „Wien darf nicht Chicago werden" lautete einer der Slogans der FPÖ. Und die Zeitschrift „Die ganze Woche" verstieg sich sogar zu der Behauptung, daß in Jugoslawien bereits systematisch Taschendiebe für die Wiener EXPO ausgebildet würden.

Vor allem bot die Debatte über die Weltausstellung jedem Bürger die Gelegenheit, scheinbar sachlich über Fachfragen diskutieren zu können, ohne sich selbst zugeben zu müssen, daß die meisten der diskutierten Sachprobleme letztlich ihre Wurzel wiederum in der Ausländerproblematik hatten. Ein klassisches Beispiel dafür war eine Postwurfsendung, in der alle Punkte der Verkehrsproblematik ausführlich und kritisch dargelegt wurden. Der Text endete mit der entwaffnenden Frage: „Wollen sie, daß Wien von tausenden stinkenden Zweitaktern aus dem Ostblock überflutet wird, die unsere Umwelt verschmutzen?"

Es muß als eine Ironie des Schicksals angesehen werden, daß ein Projekt wie die gemeinsame Weltausstellung Wien – Budapest, das sich das Ziel gesteckt hatte, den Eisernen Vorhang durchlässiger zu machen, Grenzen zu öffnen und damit „Brücken in die Zukunft" zu bauen, letztlich an der vorzeitigen Erfüllung dieses Zieles scheiterte.

5. Die Volksbefragung

Gegen Ende des Jahres 1990 begann die Freiheitliche Partei Österreichs (FPÖ) mit der Sammlung von Unterschriften, um eine Volksbefragung über die Weltausstellung herbeizuführen. Nach der Wiener Stadtverfassung ist entweder eine Mindestanzahl von Unterschriften oder ein Beschluß des Gemeinderates erforderlich, um eine solche Volksbefragung durchzuführen. Als offizieller Grund wurde die „zu erwartende" Absage der Weltausstellung in Budapest angeführt.

Die FPÖ, die als damals kleinste im Wiener Gemeinderat vertretene Partei ursprünglich das Projekt Weltausstellung unterstützt hatte, war mit dem Konkreterwerden des Projektes zunehmend in Distanz dazu gegangen. Eine gewisse Rolle mag auch gespielt haben, daß die beiden großen Rathausparteien, die Sozialdemokratische Partei Österreichs (SPÖ) und die Österreichische Volkspartei (ÖVP) die FPÖ nicht mehr in die weiteren Vorbereitungsarbeiten und -entscheidungen eingebunden hatten. Es entsprach aber auch ihrer seit der Wahl des neuen Parteiobmannes Jörg Haider entwickelten populistischen Linie, sich um die „Anliegen des kleinen Mannes" zu kümmern und gegen Projekte der großen „Altparteien" aufzutreten. Die angeblich bevorstehende Absage Ungarns spielte denn auch in der Werbekampagne der FPÖ gegen die Weltausstellung eine nur untergeordnete Rolle. Man bediente sich der klassischen fremdenfeindlichen, verdeckte Ängste ansprechenden Argumentationslinien mit Hinweisen auf die ansteigende Kriminalität, die Überflutung Wiens durch Ausländer u.ä.

Der entscheidende Schritt zur Abhaltung der Volksbefragung wurde aber von der ÖVP gesetzt, die sich im März 1991 entschloß, ebenfalls für eine Volksbefragung einzutreten. Nach diesem Schwenk der ÖVP konnte sich auch die SPÖ nicht mehr als einzige Partei gegen eine Volksbefragung stellen. Die ÖVP hatte am Beginn des Jahres 1991 einen neuen Obmann gewählt, der zu den ausdrücklichen Befürwortern des Projektes „Weltausstellung" zählte. Dieser ging von der Annahme aus, daß die massive Unterstützung des Projektes durch die beiden großen Rathausparteien eine positive Entscheidung der Wiener sicherstellen und er sich durch das Eintreten für die Volksbefragung und damit für die Mitbestimmung der Bürger demokratiepolitisch profilieren könnte. Beides eine massive politische Fehleinschätzung (Worm 1991a).

So beschloß der Wiener Gemeinderat, noch bevor die FPÖ die notwendige Zahl von Unterschriften für die Einleitung einer Volksbefragung gesammelt hatte, am 25. März 1991 für die Zeit vom 14. bis 16. Mai die Abhaltung der Volksbefragung über die Weltausstellung – vier Jahre nach Beginn der Vorbereitungsarbeiten.

a) Das Meinungsklima

Meinungsumfragen hatten gezeigt, daß 63 Prozent der Österreicher die Idee einer Weltausstellung als „sehr gut" oder „gut" beurteilten. Dieser Durchschnitt beruhte auf sehr unterschiedlichen Einzelergebnissen in den verschiedenen Bundesländern. Während nur im westlichsten und damit am weitesten von Wien entfernten Bundesland Vorarlberg die Gegner der Weltausstellung überwogen, lagen die Zustimmungsraten in den übrigen Bundesländern meist bei 60 bis 70 Prozent und darüber. In dem an Ungarn angrenzenden Bundesland Burgenland sprachen sich sogar 82 Prozent für die Weltausstellung aus. Aber in Wien selbst war nur eine Zustimmungsrate von 54 Prozent zu verzeichnen (ARGE IFES/TRICONSULT 1991). Die Meinungsumfragen umfaßten jedoch auch Personen ab dem Alter von 14 Jahren. Gerade in der Gruppe der 14- bis 20-jährigen lag die Zustimmung mit 89 Prozent am höchsten. Von dieser Gruppe war aber nur ein geringer Teil bei der Volksbefragung abstimmungsberechtigt, so daß die Zustimmungsrate der Abstimmungsberechtigten in Wien schon nur mehr nahe bei der 50-Prozent-Grenze, unter Berücksichtigung des Genauigkeitsgrades solcher Meinungsumfragen unter Umständen sogar darunter lag.

Das war aber noch nicht alles. Wie das Meinungsforschungsinstitut TRICONSULT in einem Strategiepapier feststellte, dürfe diese Projektunterstützung nicht mit dem tatsächlichen Abstimmungsverhalten bzw. vor allem nicht mit der Bereitschaft zur Stimmabgabe bei einer Volksbefragung verwechselt werden. Bei der üblicherweise gegenüber Wahlen wesentlich geringeren Beteiligung müßte damit gerechnet werden, daß die Bereitschaft zur Stimmabgabe bei den (emotional wesentlich motivierteren) Gegnern etwa doppelt so hoch sei wie bei den (durch das Pro und Kontra verunsicherten) Befürwortern. Bei einer Pattstellung bei den Meinungsumfragen ergäbe die Berücksichtigung dieser Überlegung rein rechnerisch eine 2/3-Mehrheit gegen das Projekt (Feltl/Semrau 1992). Diese Warnung hat dann weitgehend ihre Bestätigung erfahren.

b) Die „Werbung" für die Weltausstellung

Die Werbung um ein „Ja" zur Weltausstellung war durch einige Gegebenheiten massiv behindert. Da war einmal der Zeitdruck, da zwischen der Beschlußfassung des Volksbegehrens durch den Wiener Gemeinderat und dem Abstimmungstermin nicht einmal zwei Monate lagen. Dazu kam noch, daß der EXPO-VIENNA AG durch den – zu diesem Zeitpunkt – Alleineigentümer Stadt Wien für das Jahr 1991 unter Hinweis auf den bevorstehenden Verkauf an das Bankenkonsortium nur ein Sparbudget bewilligt worden war, aus dem nur die allernotwendigsten Maßnahmen für die Fortführung jener Planungen, die nicht in Zeitverzug geraten durften, finanziert werden konnten. Das hatte zur Folge, daß seit Herbst 1990 faktisch keine disponiblen Mittel für Werbeaktivitäten der EXPO-VIENNA AG zur Verfügung standen. Es mußten also nunmehr erst Mittel für die Öffentlichkeitsarbeit der EXPO-VIENNA AG bewilligt werden. Dies geschah durch Beschluß des Wiener Gemeinderates am 19. April 1991, rund vier Wochen vor dem Abstimmungstermin. Dieser Beschluß war dann prompt Anlaß für Angriffe der Projektgegner, die darin eine weitere Verschwendung von Steuergeldern zu Propagandazwecken orteten.

Die so kurzfristig aus dem Boden gestampfte Informationskampagne hatte nie ernsthafte Chancen, das Meinungsklima in der Öffentlichkeit zu beeinflussen. So war z.B. sofort nach Bekanntwerden des beabsichtigten Gemeinderatsbeschlusses zur Volksbefragung versucht worden, Werbezeiten in Rundfunk und Fernsehen für eine EXPO-Information zu reservieren. Das war nicht möglich, da zu diesem Zeitpunkt bereits alle Werbezeiten über den Befragungstermin hinaus völlig ausgebucht waren. Jedoch hatte eine Wochenzeitschrift „Die ganze Woche" bereits langfristig täglich laufend Werbezeiten im Rundfunk zur Werbung für ihre Zeitung reserviert. Der Eigentümer dieser Zeitung, der aus ganz anderen Gründen im Konflikt mit der Gemeinde Wien lag, startete nunmehr eine massive Anti-Weltausstellungs-Kampagne, um „die EXPO kaputt zu machen" (Feltl/Semrau 1992, vgl. auch Worm 1991b). Er benützte die ihm im Rundfunk zur Verfügung stehenden Werbezeiten, um Attacken gegen die Weltausstellung zu reiten. Der Wiener Bürger konnte also durch Wochen täglich mehrmals im Rundfunk Angriffe auf die Weltausstellung hören, während den Befürwortern des Projektes keine Sekunde zur Verfügung stand, um im gleichen Medium darauf zu reagieren oder gar eine Positivwerbung durchzuführen.

c) Die Absage der Weltausstellung

Die Volksbefragung erbrachte das von einigen Meinungsforschern erwartete Ergebnis. Die Meinungsumfragen hatten noch unmittelbar vor der Befragung eine Pattstellung der Befürworter und Gegner mit ungefähr je 50 % angezeigt, was sich bei der Befragung mit einer Wahlbeteiligung von nur 43,7 % – für derartige

Befragungen in Österreich allerdings ein Spitzenwert – in einem Resultat von 64,85 % Nein- und 35,15 % Ja-Stimmen niederschlug.

Die verantwortlichen Politiker auf Bundes- und Gemeindeebene respektierten das an und für sich rechtlich unverbindliche Ergebnis. Österreich zog am 5. Juli 1991 beim B.I.E. offiziell seine Bewerbung für den Standort Wien zurück.

6. Enttäuschte Erwartungen

Mit der nunmehr möglichen Distanz zu der vor mehr als zwei Jahren erfolgten Absage kann festgehalten werden, daß die meisten Erwartungen, die die Gegner der Weltausstellung in die Absage des Projektes gesetzt hatten, nicht erfüllt wurden. Vor allem die Hoffnung, daß die Wohnungsmieten wieder sinken würden und daß im Hinblick auf eine teure Vermietung für die Weltausstellung gehortete Wohnungen wieder auf den Markt kämen – auch solche naive Meldungen gab es –, hat sich nicht erfüllt. Ganz im Gegenteil sind die Wohnungsmieten weiter gestiegen und der Wohnungsmangel in Wien weiter ein großes Problem. Diese ganze Thematik hatte eben nichts mit der Weltausstellung zu tun.

Die Behauptung, daß Ungarn aus dem Weltausstellungsprojekt aussteigen würde, erwies sich als falsch. Die Weltausstellung wird 1996 in Budapest (ohne österreichischen Partner) durchgeführt.

Auch die Erwartung, daß ein „Nein" zur Weltausstellung auch das „Aus" für das Projekt der Errichtung einer zweiten City am Donauufer bedeuten würde, erwies sich als trügerisch. Diese Frage war ja dem Wähler nicht vorgelegt worden. Und daher sahen die Politiker auch keinen Anlaß, das „Nein" zur Weltausstellung als „Nein" zu diesem Stadtentwicklungsprojekt zu interpretieren.

7. Die negativen Konsequenzen der Absage

Der Gedanke, große Veranstaltungen als Motor für die Stadtentwicklung einzusetzen, geht von der Annahme aus, daß nur durch derartige Veranstaltungen, Festivals u.ä. bestimmte, als notwendig erachtete Projekte wesentlich beschleunigt oder überhaupt durchgeführt werden können, da sie eine Konzentration der Mittel auf bestimmte Vorhaben ermöglichen. Dem wird oft entgegengehalten, daß eine derartige Stadtentwicklung auch ohne den Motor einer Großveranstaltung stattfinden könnte, daß daher die Nachteile, die bei jeder solchen Großveranstaltung entstehen, nicht in Kauf genommen werden müßten, um das gleiche Ziel zu erreichen.

Die Absage der Weltausstellung in Wien ist aber ein klarer Beleg für die Behauptung, ohne die Durchführung einer derartigen Veranstaltung könnten die angestrebten Ziele der Stadtentwicklung, im Falle Wiens auch der Regionalentwicklung, nicht oder – wenn überhaupt – erst über einen wesentlich längeren Zeitraum hinweg verwirklicht werden.

Diese Feststellung ist möglich, weil die Weltausstellung in Wien erst zu einem sehr späten Zeitpunkt – rund vier Jahre vor der geplanten Eröffnung – abgesagt wurde. Zu einem Zeitpunkt, zu dem die Planung schon sehr weit gediehen war, genaue Terminpläne nicht nur für die Expo selbst, sondern auch für alle Infrastrukturprojekte vorlagen und einige Durchführungsmaßnahmen bereits in Angriff genommen waren. Das ermöglicht den Vergleich zwischen der Planung (und den Fertigstellungsterminen) der Weltausstellung und der tatsächlichen Entwicklung dieser Vorhaben seit der Absage.

Die sichtbarste Konsequenz der Absage liegt im Wegfall des Termindruckes. Weltausstellungen haben ein auf Jahre voraus fixiertes Eröffnungsdatum, bis zu dem alle dafür erforderlichen Maßnahmen – vor allem solche im Bereich der Infrastruktur – abgeschlossen sein müssen. Das gestattet, Terminpläne von diesem Datum aus rückwärts festzulegen und nicht, wie meist üblich, von heute aus in die Zukunft. Das schafft einen enormen Termindruck, verkürzt dramatisch behördliche Entscheidungs- und Genehmigungsverfahren, aber auch politische Willensbildungsprozesse. Denn angesichts der weltweiten Berichterstattung über die Weltausstellung kann man es sich schon aus nationalem „Prestige" nicht leisten, ein unfertiges Produkt vorzuzeigen.

Im Fall Wiens kann deutlich unterschieden werden zwischen Projekten, für die zum Zeitpunkt der Absage bereits die wesentlichen Entscheidungen gefallen bzw. sogar die ersten Durchführungsmaßnahmen gesetzt waren, und Projekten, die sich erst im Stadium der Planung oder Vorbereitung befanden.

Das Projekt der Entsorgung der umfangreichen Altlast am Weltausstellungsgelände, das zum Zeitpunkt der Absage bereits seit Monaten in Durchführung stand und als beispielhaftes Projekt für die umweltfreundliche Vorgangsweise bei der Weltausstellungs-Planung gedacht war, konnte termingemäß zwei Monate nach Absage der Weltausstellung abgeschlossen werden.

Projekte, für die gemäß den Terminplänen der Weltausstellung die politischen oder finanziellen Entscheidungen bereits gefallen waren – wie für die Verlängerung der U-Bahn-Linie U6 über die Donau –, haben noch die geringsten Zeitverzögerungen erfahren. Die U6 wird zwar ein Jahr später fertiggestellt als vorgesehen, allerdings für einen etwas größeren Streckenabschnitt.

Wesentlich anders ist das Bild bei den Projekten, die sich zum Zeitpunkt der Absage noch im Planungsstadium befanden, bei denen Finanzierungsentscheidungen noch ausstanden oder behördliche Genehmigungsverfahren erst in die Wege geleitet, jedenfalls noch nicht abgeschlossen waren. Alle diese Projekte sind in der Zwischenzeit gegenüber den ursprünglichen Terminplänen wesentlich in Verzug geraten. In einzelnen Fällen stehen Entscheidungen, die noch 1991 hätten getroffen werden müssen, zwei Jahre später noch immer aus oder wurden mittlerweile „auf unbestimmte Zeit" verschoben.

So hätte der Bau der Überdeckung der Donauufer-Autobahn als Voraussetzung für die Errichtung der zweiten City am Donauufer nach der Weltausstellungs-Planung Ende 1991 begonnen und Ende 1993 fertiggestellt werden müssen. Tatsächlich wurde der erste Spatenstich erst im März 1993 vorgenommen. Die Fertigstellung ist für 1996 geplant.

Auch wichtige Kulturbauten – wie das Museumsquartier im Wiener Messepalast –, deren Fertigstellung für die Zeit der Weltausstellung geplant waren, werden sich sicher um Jahre verzögern.

Völlig in Verzug geraten ist das für Wien schon längst notwendige und nach der Ostöffnung um so erforderlicher gewordene Park-and-Ride-Konzept. Dazu werden nicht einmal mehr Termine genannt, geschweige denn Angaben über die Größe der insgesamt zu errichtenden Parkplätze u.ä. Lediglich Einzelprojekte, die in der Summe nicht annähernd die Dimension des ursprünglichen Konzeptes erreichen, stehen zur Diskussion. Auch das damit in Zusammenhang stehende Verkehrsleitsystem wird zwar immer wieder von Politikern gefordert, seine Realisierung ist aber irgendwo in ferne Zukunft gerückt.

Das Vorhaben, zwischen Wien und Budapest ein erstes mitteleuropäisches Teilstück des europäischen Eisenbahn-Hochgeschwindigkeitsnetzes zu errichten, wurde Ende 1992 durch Beschluß der österreichischen Bundesregierung „auf unbestimmte Zeit" verschoben. Damit wurde die Chance vertan, die Modernisierung der seit Jahrzehnten vernachlässigten Eisenbahnverbindungen zwischen Wien und den Reformstaaten durch ein Projekt, das einen Technologiesprung im Eisenbahnwesen bedeutet, entscheidend voranzutreiben. Auch von einer dringend erforderlichen Beschleunigung des Ausbaues der übrigen Eisenbahnverbindungen in die Reformstaaten ist keine Rede mehr. Lediglich der Ausbau der Eisenbahnstrecke zwischen Wien und Budapest wird nunmehr von ungarischen Seite forciert vorangetrieben, ironischerweise unter Hinweis auf die Weltausstellung 1996 in Budapest.

Vor allem aber ist der stillschweigend – wenn auch sicherlich manchmal nur „zähneknirschend" – akzeptierte Konsens in den österreichischen Bundesländern, daß nämlich auf einige Jahre hinaus konzentriert Bundesmittel in Projekte in Wien und der Ostregion fließen werden, sofort nach der Absage auseinandergebrochen. Schon in der ersten Woche nach der Volksbefragung meldeten sich einige Landeshauptleute als Vorsitzende der jeweiligen Landesregierung in den Medien zu Wort mit Forderungen nach Finanzierung einer Reihe von Projekten in ihren Bundesländern, die man zwar bereit gewesen wäre, wegen der Weltausstellung etwas aufzuschieben, die nun nach deren Absage aber wieder Priorität erhalten müßten. Hier zeigte sich, daß dem sachlich gerechtfertigten nationalen Ziel, den nach der Öffnung der Ostgrenzen nicht mehr adäquaten Stand der Infrastruktur in Ostösterreich auf das entsprechende Niveau der westlichen Bundesländer zu heben, in der Realität partikulärer Regionalinteressen nur mit Hilfe des Projektes Weltausstellung hätte Rechnung getragen werden können.

Schwer abzuschätzen sind die Folgen der Weltausstellungs-Absage für das Projekt der zweiten City am Donauufer – nach der Absage auf „Donau-City" umgetauft. Obwohl sich die Investoren für die Nachnutzung des Weltausstellungs-Geländes während der Zeit der Weltausstellungsplanung vielfach darüber beklagten, daß wesentliche Teile dieses Gebietes erst nach der Weltausstellung, also ab 1996 bebaut werden könnten, ist nunmehr offensichtlich, daß zwar einzelne Teile realisiert werden sollen, die Gesamtbebauung ohne zwischenzeitliche Weltausstellung voraussichtlich aber erst Jahre später fertig sein wird, als dies mit der Weltausstellung möglich gewesen wäre.

Das Projekt ist insgesamt ins Trudeln geraten. Einerseits gelang es dem Generaldeveloper bis heute nicht, eine tragfähige neue Idee für die Vermarktung dieses Standortes in Wien zu entwickeln. Andererseits steht in engem Zusammenhang damit die Frage nach der Rolle und Funktion Wiens im heutigen Mittel- und Osteuropa. Es läßt sich natürlich sehr schwer abschätzen, welcher Stellenwert der Absage der Weltausstellung zukommt, die ja auch als Mittel zur Promotion des Standortes Wien für die Ansiedlung von Unternehmen gedacht war, die von Wien aus die neuen osteuropäischen Märkte bearbeiten könnten. Eine ausführliche Studie jener japanischen Bank, die an dem Firmenkonsortium für die Nachnutzung der Weltausstellung beteiligt ist, hatte gezeigt, daß dafür eine durchaus berechtigte, wenn auch – nämlich bis zum Nachziehen der infrastrukturellen Ausstattung in den Hauptstädten der europäischen Reformstaaten – befristete Chance bestand. Ein Vertreter des japanischen Bankhauses sprach nach der Absage in einem Zeitungsinterview dann allerdings nicht mehr von Osteuropa, sondern nur mehr von der Ansiedlung japanischer Unternehmen, die den „ostösterreichischen" Markt bearbeiten könnten. Und es mehren sich Anzeichen für Überlegungen der Japaner, aus dem gesamten Immobilienprojekt wieder auszusteigen.

Tatsächlich fehlt es zwei Jahre nach Absage der Weltausstellung weitgehend an potenten Interessenten für die in der Donau-City vorgesehenen Büroflächen. Und so wird in der Zwischenzeit aus der Not des Mangels an Interessenten für die Büronutzung nunmehr die Tugend gemacht, an diesem Standort wesentlich mehr Wohnungen zu planen als im ursprünglichen Konzept vorgesehen waren – dies zu Lasten des Büroflächenanteils. Angesichts des bestehenden Wohnungsmangels wäre dies zwar keine schlechte Lösung. Jedoch an diesem Standort liegt der Grundstückspreis pro m^2, der sich ja im wesentlichen aus den Kosten der Beseitigung der Altlast und der Überdeckung der Autobahn errechnet, viel zu hoch für einen geförderten oder gar sozialen Wohnbau. Im ursprünglichen Konzept war deshalb nur ein geringer Anteil frei finanzierter Luxuswohnungen vorgesehen. Es wird nun abzuwarten sein, welche Lösung für dieses Problem gefunden wird, ohne sich dem Vorwurf auszusetzen, Steuermittel zu verschwenden für öffentlich geförderte Wohnungen, die an anderer Stelle billiger hätten errichtet werden können.

Dazu kommt noch, daß vom Konzept eines zweiten Stadtzentrums östlich der Donau in den der Öffentlichkeit vorliegenden Gestaltungsentwürfen eigentlich nicht mehr viel zu spüren ist. Was – zum Stand von Mitte 1993 – sichtbar ist, läßt auf ein vielleicht interessantes, wenn auch in der Beschreibung einiger Details fragwürdiges Wohnungsbau- plus Hotel- plus Bürobauten-Projekt mit hoher Bebauungsdichte schließen, in dem auch ein „Medienerlebnismuseum" sowie Geschäfte und Gastronomiebetriebe untergebracht werden sollen. Von Citycharakter oder gar Urbanität der geplanten Bebauung kann jedenfalls angesichts der in der Publikation des 1993 für den Standort abgehaltenen Planungsverfahrens zu den Donau-City-Hochhäusern enthaltenen Projektbeschreibung (WED 1993) nicht die Rede sein. Wobei die Vermutung nicht ganz von der Hand zu weisen ist, daß die Form der Bebauung mit Fußgängerbrücken und auf Stützen „schwebenden" Gebäuden über einer begrünten Basisebene weniger städtebaulichen Überlegungen als dem nunmehrigen Mangel an Mitteln für die Errichtung des in der EXPO-Planung vorgesehenen Basisbauwerkes – in der nach Entfernung des Mülls ja bereits offenen und rund zehn Meter tiefen Baugrube, der erwähnten „Basisebene" – entspringt.

Zusammenfassend kann also festgestellt werden, daß zwar die Auswirkungen des Verlustes der Promotion-Wirkung des Weltausstellungsprojektes für die Stadt Wien nicht eindeutig abgeschätzt werden können, es aber deutliche Indizien für negative Folgen gibt. Dagegen ist der Wegfall des Termindruckes sowohl auf politischer wie auch auf administrativer Ebene durchaus nachzuweisen. Aber wie sagte doch der für die Stadtplanung zuständige Stadtrat nach der Absage der Weltausstellung in einem Interview für die Zeitschrift „Ego": „Die Absage an die Expo bedeutet keineswegs das Aus für die Wiener Stadtentwicklung. Im Gegenteil, jetzt kann man um so ruhiger planen".

8. Ausgewählte Schlußfolgerungen

1. Komplexe Großprojekte wie eine Weltausstellung durchlaufen in der von der ersten Idee bis zur Verwirklichung oft bis zu zehn oder mehr Jahre dauernden Vorbereitungszeit verschiedene Phasen der Zustimmung oder Ablehnung. Während die Propagierung der Idee meist auf eine deutliche Zustimmung der Bevölkerung stößt, läßt die Phase der Konkretisierung des Projektes, in der nun auch Belastungen für die Bevölkerung sichtbar werden, die ursprüngliche Zustimmung zu einer noch abstrakten Idee deutlich zurückgehen oder sogar ins Gegenteil umschlagen.

Das ändert sich erst wieder dann, wenn nach der – ebenfalls als Belästigung empfunden – meist umfangreichen und wegen der Infrastrukturprojekte oft in verschiedenen Teilen des Stadtgebietes notwendigen Bautätigkeit die bleibenden Vorteile für die Bevölkerung langsam sichtbar werden. Die Weltausstellung selbst ist dann meist wieder von einer hohen Zustimmung der Bevölkerung gekennzeichnet. Dieser Phasenablauf war zuletzt bei der Weltausstellung in Sevilla festzustellen und wird auch fast gleichlautend von anderen Weltausstellungen der letzten Jahrzehnte berichtet. Im Prinzip war dies auch – auf die ersten Phasen beschränkt – für das Wiener Projekt zutreffend. Wobei die Wiener Volksbefragung dann genau in dem für ein solches Projekt gefährlichsten Zeitpunkt angesetzt wurde. Die Konkretisierung des Projektes zeigte bereits alle damit verbundenen Probleme, jedoch für die von den Experten aufgezeigten Lösungsvorschläge waren die meisten Studien erst in Ausarbeitung und es war aber andererseits noch nicht so viel Geld in die Vorbereitung gesteckt worden, daß eine Absage wegen des damit verbundenen hohen verlorenen Aufwandes nicht mehr zu rechtfertigen gewesen wäre.

2. Dieses im Laufe eines Großprojektes stark wechselnde Meinungsklima bei der Bevölkerung bedingt, daß ein derartiges Projekt von einem möglichst breiten politischen Grundkonsens getragen sein muß. Es ist sicher eine der Schwachstellen der Strategie, mit Hilfe derartiger Veranstaltungen Stadtentwicklungspolitik zu betreiben, daß sich die Vorbereitung derartiger Großveranstaltungen über mehrere Wahlperioden und die sich dadurch möglicherweise ergebenden Verschiebungen im politischen Kräfteverhältnis erstreckt. Allerdings trifft diese Bedingung nur für die ersten kritischen Jahre zu. Wenn die Phase eingetreten ist, in der das Projekt faktisch irreversibel geworden ist, dann trägt das Projekt sogar die mit ihm verbundenen anderen Vorhaben über wechselnde politische Mehrheitsverhältnisse hinweg.

Dieser notwendige breite politische Grundkonsens bestand in Wien, als das Projekt 1988 mit den Stimmen aller damals im Wiener Gemeinderat vertretenen Parteien (SPÖ, ÖVP und FPÖ) beschlossen wurde. Er wurde leichtfertig verlassen, als in den sogenannten Lenkungsausschuß für dieses Projekt nur Vertreter der beiden großen Rathausparteien SPÖ und ÖVP aufgenommen wurden und damit die FPÖ aus der Mitbestimmung, aber auch der Mitverantwortung entlassen wurde. Das ermöglichte ihr den Schwenk im Jahre 1990 in das Lager der Weltausstellung-Gegner mit den hier angeführten Konsequenzen.

3. Die Koppelung des Weltausstellungsprojektes mit einem Immobilienprojekt, um die Finanzierung abzusichern und den verlorenen Aufwand möglichst gering zu halten, ist grundsätzlich eine vernünftige Strategie, die allerdings einige spezielle Probleme mit sich bringt. Der Erwerb der Wiener EXPO-Betreibergesellschaft durch ein Konsortium, das – mit wenigen Ausnahmen der Beteiligten, so vor allem der japanischen Partner – nur an einer Grundstücksverwertung, nicht aber an der Durchführung einer Weltausstellung interessiert war und diese nur als lästige Kondition betrachtete, um an die interessanten Grundstücke heranzukommen, hätte in der Folge wahrscheinlich größte Schwierigkeiten für das eigentliche Weltausstellungsprojekt mit sich gebracht.

Die grundsätzliche Problematik einer derartigen Koppelung liegt nicht so sehr in der weitgehenden Inkompatibilität der Unternehmensziele, nämlich der Aufgaben, einerseits ein Immobilienprojekt wirtschaftlich erfolgreich und effizient abzuwickeln, andererseits das Ansehen eines Staates, einer Region oder einer Stadt durch ein internationales Fest zu fördern. Sie liegt vor allem darin, daß der Investor als Eigentümer zwar über das entsprechende Know-how zur Abwicklung eines Immobilienprojektes, nicht aber über ein solches zur Durchführung einer eher dem Show-Business zuzurechnenden Veranstaltung verfügt. Wenn man vom Wiener Beispiel ausgeht, wären es also entweder die falschen Eigentümer gewesen oder es hätte zumindest eine weitgehende organisatorische und finanzielle Verselbständigung der EXPO-Betreibergesellschaft vorgesehen werden müssen.

4. Weltausstellungen können bei sorgfältiger Planung und Durchführung durchaus kostendeckend, also ohne Defizit, abgewickelt werden. Alle dem Verfasser während seiner Planungstätigkeit für die Weltausstellung in Wien bekannt gewordenen Untersuchungen, Erfahrungen früherer Weltausstellungen u.ä. sowie auch die Entwicklung des Wiener Projektes selbst lassen diese Schlußfolgerung zu. Einer der Hauptgründe für diese Feststellung ist das in den letzten Jahrzehnten deutlich größer gewordene Potential für Einnahmen, die aus Sponsoring, Eintrittsgebühren und Ausgaben der Besucher am Gelände zu erzielen sind. Nicht geleugnet darf aber werden, daß bei Projekten, die ihre Tätigkeit auf langjährigen Prognosen aufbauen müssen, immer auch ein gewisses Risiko gegeben ist. Diesem Risiko stehen jedoch auf der anderen Seite die außerordentlichen Umwegrentabilitäten gegenüber, die mit diesen Projekten verbunden sind. Umwegrentabilitäten als Folge der in ihrer Summe üblicherweise enormen Investitionen und sonstigen Ausgaben der ausländischen Aussteller am Veranstaltungsort, aber auch als Folge der Einnahmen aus dem durch die Weltausstellung bedingten zusätzlichen Besuchertourismus.

5. Weltausstellungen sind – ob altmodisch oder nicht – völkerverbindende Feste. Viel mehr als Olympiaden, die von einem starken Konkurrenzmotiv getragen sind und denen man dennoch einen völkerverbindenden Aspekt zubilligt. Weltausstellungen sind vor allem Feste, die das Verständnis für andere Kulturen und Länder in sehr lockerer Weise fördern, die die Neugierde auf die Vielfalt dieser Welt erwecken und damit die Achtung vor dem Anders-Sein, vor dem Fremden – unabhängig von dessen wirtschaftlicher Leistungsfähigkeit – wachsen lassen. Daß die Wiener Weltausstellung mit ihrem erklärten Ziel, Grenzen zu überwinden, letztlich einer fremdenfeindlichen Bewegung zum Opfer gefallen ist, kam nicht von ungefähr.

Literatur

ARGE IFES/TRICONSULT, 1991: Monitoring Expo '95.
Czeitschner, Burgl et al., 1991: Wien im Eck?, in: Profil (Wien) 21/91.
Dannhauser, Claudia und Hans Haider, 1991: Symbol oder Ökonomie?, in: Die Presse (Wien), Spectrum, 5./6. Oktober 1991.
Expo '95 in Wien und Budapest, Schlußbericht. Wien, 1991.
EXPO-VIENNA Wiener Weltausstellungs-AG (Hrsg.), o.J. (1990): EXPO-FLEX. Wien.
Feltl, Gerhard, 1989: Weltausstellung – Vision und Wirklichkeit, in: Die Presse (Wien), 23. Jänner 1989.
Feltl, Gerhard und Eugen Semrau, 1992: Von der Ambition zur Resignation, EXPO '95 – ein österreichisches Schicksal, in: Khol, Ofner und Stirnemann (Hrsg.), Österreichisches Jahrbuch '91 für Politik. Oldenbourg, S. 689-710.

Fischmann, Lothar, 1990: Das Leitprogramm im planungshistorischen Ablauf, in: Perspektiven (Wien) 4-5/90, S. 42 ff.
Gehmacher, Ernst, 1991: Das Volk sagte Jein. Erkenntnisse aus der Wiener Volksbefragung zur Expo und zur Freudenau, in: Zukunft (Wien) 7/91.
IWS Institut für Wirtschafts- und Sozialforschung (Hrsg.), 1991: Gezielter Impuls, Perspektiven, Befunde, Positionen, Weltfachausstellung '95 Wien-Budapest. Regensburg: Transfer.
Leitprogramm für den donaunahen Entwicklungsraum, 1990, in: Perspektiven (Wien) 4-5/90, S. 19-30.
Löffler, Sigrid, 1992: Die Jahrhundert-Blamage, über den Nationen-Wettbewerb von Sevilla und über Österreichs Total-Fiasko, in: Profil (Wien) 28/92, S. 68 ff.
Ortner, Christian, 1991: Die innere EXPO, Österreich zwischen Thomas Bernhard und der multikulturellen Gesellschaft, in: Wochenpresse (Wien) 21/91, S. 36 ff.
Seitlinger, Karl, 1990: Das Unternehmen Weltausstellung, die Organisation, die Personen, die Finanzierung, in: Perspektiven (Wien) 3/90, S. 12 f.
Svoboda, Hannes und Lothar Fischmann, 1990: Wo ist Mitteleuropa?, in: Perspektiven (Wien) 4-5/90, S. 14-18.
WED Wiener Entwicklungsgesellschaft für den Donauraum AG (Hrsg.), 1993: Donau-City Vienna. Wien.
Worm, Alfred, 1991a: Wien wie es leibt und lebt, in: Profil (Wien) 14/91.
Worm, Alfred, 1991b: Wien ist tot – es lebe St. Pölten, in: Profil (Wien) 22/91, S. 26 ff.

Thomas Krämer-Badoni

Venezia Expo 2000: Aus der (Alp-) Traum

1. Venedig: dümpelnde Stadt in trübem Wasser, Teil I

Venedig ist nicht nur die Stadt der Jahr für Jahr zunehmenden Zahl der Hochwassertage, der überschwemmten Piazza, ein Relikt von Reichtum und Macht, ein Juwel venezianisch-byzantinischer Architektur und – last not least – eine Stadt, die von der Moderne des Automobils nicht erobert werden konnte. Venedig ist – bei aller Differenz – vor allem auch eine völlig normale Stadt, und als solche hat sie die Entwicklungen durchgemacht, die für die europäischen Städte typisch sind: Suburbanisierung der Bevölkerung, Tertiarisierung und Deindustrialisierung. Um die Dimensionen dieses Prozesses beurteilen zu können, muß man sich vergegenwärtigen, daß die Stadt Venedig nicht nur aus der uns bekannten Lagunenstadt – dem Centro Storico – besteht; zu Venedig gehören zusätzlich die übrigen Laguneninseln sowie auf dem Festland (der Terra Ferma) der Stadtteil Mestre und das Hafen- und Industriegebiet Porto Marghera. Während die Wohnbevölkerung des Centro Storico von 174.808 im Jahre 1951 um 93.820 Personen auf 80.988 Personen im Jahre 1988 abnahm, wuchs die Bevölkerung auf der Terra Ferma im gleichen Zeitraum um ca. 100.000 von 96.966 auf 195.498. Auch hier aber ist die Bevölkerungsentwicklung seit Anfang der 80er Jahre rückläufig: von 206.707 Einwohnern im Jahre 1981 sank die Zahl bis 1988 um 11.209. Die Migration der Bevölkerung erfaßt in den letzten Jahren verstärkt das sogenannte „Hinterland" (den Gürtel kleinerer und mittlerer Gemeinden, der sich um die Lagune legt): während die Bevölkerung des Hinterlandes von 167.118 im Jahre 1951 auf 260.229 im Jahre 1988 zunimmt, verliert die Stadt Venedig mit allen ihren Teilen bereits seit 1971 (363.002 Einwohner) an Bevölkerung: bis 1988 war die Bevölkerungszahl auf 324.294 gesunken (Barbieri 1990, S. 29). Kurz: die demografischen Entwicklungen Venedigs weisen die gleichen Charakteristika auf wie die anderer Städte auch.

Dem liegen Prozesse zugrunde, die für die westeuropäische Stadtentwicklung ebenfalls durchaus typisch sind, die aber durch einige venezianische Spezifika verschärft werden. Die Deindustrialisierung hat mit der Anfang 1993 eingeleiteten Schließung des letzten Industriebetriebes des historischen Stadtzentrums das Nullniveau erreicht. Die petrochemische Industrie des Porto Marghera steckt nicht nur in einer Krise und hat bereits erheblich an Arbeitsplätzen verloren. Langfristig muß mit der völligen Schließung gerechnet werden, wenn die Verlagerung der Produktion auf technologisch neuere Zweige der Petrochemie nicht gelingt. Wie überall wird der Abbau industrieller Arbeitsplätze durch die Tertiarisierung nicht kompensiert (mit Ausnahme des historischen Zentrums, allerdings ausschließlich zugunsten der Entwicklung einer touristischen Monostruktur). Wegen des Abbaus der Arbeitsplätze wandert die junge arbeitsfähige Bevölkerung ab, was in Kombination mit dem ebenfalls dem westeuropäischen Muster folgenden generativen Verhalten der Bevölkerung zu einer Überalterung der Wohnbevölkerung führt, die zwar am deutlichsten im historischen Zentrum, aber auch auf dem Festland ausgeprägt ist.

Bieten die skizzierten Prozesse schon Probleme genug, so werden diese noch zusätzlich überlagert durch die Auswirkungen des Tourismus auf die Lebens- und Wohnqualität, vor allem aber auf die Qualität der Dienstleistungen für die Wohnbevölkerung. Zusätzlich verschärft auch durch eine städtebauliche Entwicklung Mestres, die als chaotisch bezeichnet werden muß; durch Probleme der infrastrukturellen Verbindung der verschiedenen Teile Venedigs untereinander und mit dem Hinterland; durch die von Jahr zu Jahr zunehmenden Hochwasser – ein Problem, das weitgehend auf die falschen Eingriffe in die diffizile Hydrodynamik der Lagune z.B. durch die Ausbaggerung des Tankerkanals von der Adria bis Porto Marghera zurückgeführt wird; überlagert durch die Gesamtheit der ökologischen Probleme einer Stadt, deren Kanalisation die Lagune und deren Vorfluter die Bewegungen von Ebbe und Flut sind – wobei zu bedenken ist, daß die Lagune nicht nur durch Venedig selber, sondern durch insgesamt etwa 1,5 Mio Bewohner plus einer Industrielast, die umgerechnet etwa 1,1 Mio Bewohnern entspricht, belastet ist. Fügt man noch die etwa 2 Mio Einwohner hinzu, die durch die Zuflüsse Sile, Brenta und Bacchiglione in die Lagune entsorgt werden und hält man sich vor Augen, daß die Regionen westlich und nordwestlich von Venedig zu den fruchtbarsten Agrarregionen Italiens gehören und folglich die Zuflüsse hochgradig durch Dünger und Pestizide belastet sind, läßt sich in etwa die tatsächliche Dimension der Problemlage Venedigs ermessen (vgl. Bettin 1991, S. 77). Von den vielen Faktoren, die zur Vervollständigung des Bildes noch fehlen, möchte ich hier nur noch einen hinzufügen: die Dysfunktionalität des politisch administrativen Systems und die fehlende Bereitschaft der politischen Klasse, sich auf gemeinsam getragene Lösungen einzulassen (vgl. Venturi, in diesem Band), haben eine Dimension erreicht, die sich weitgehend in Handlungsunfähigkeit übersetzt, zumindest aber in die Unfähigkeit, systematisch durchdachte und aufeinander abgestimmte Strategien sowohl hinsichtlich der Lagunenökologie als auch hinsichtlich der Arbeitsmarkt-, der Wohnungs- und anderer Politiken überhaupt zu entfalten. Um nur ein einziges Beispiel zu nennen: Während die Serenissima die Stadtkanäle regelmäßig reinigte und aushob, ist dies in Venedig seit vier Jahrzehnten nicht mehr geschehen. Die Folge ist nicht nur ein pestilenzialischer Gestank bei unterdurchschnittlichem Wasserstand, sondern auch die zyklisch zunehmende Unbefahrbarkeit der Kanäle bei Ebbe. In einer Stadt, in der alles mit Booten transportiert werden muß, in der die Kanäle nicht Touristenattraktion, sondern Transportwege sind, bedeutet dies eine erhebliche Einschränkung der Versorgung und der öffentlichen Sicherheit. Besonders betroffen: Ambulanzen, Feuerwehr und Polizei. Trotz dieser Situation, in der Venedig der Schlamm bis zum Halse steht, schwelt ein permanenter Kampf um Kompetenzen, um die Frage, wo die Schlämme abgelagert werden könnten, ein Kampf mit Experten und Gegenexpertisen und mit dem eindeutigen Ergebnis einer sich selbst perpetuierenden Untätigkeit.

2. Der Doge entwirft eine Vision

In der Venedig betreffenden Politik stehen sich seit jeher zwei unterschiedliche Gruppierungen gegenüber: die „Macher" und die „Nichtmacher" (il partito del fare e il partito del non fare). Während die Macher den anderen vorwerfen, sie täten nichts oder nichts entschieden genug für die „Rettung" Venedigs, werfen die anderen den Machern vor, sie täten zuviel und zuviel Falsches nicht für, sondern gegen Venedig. So trägt eines der Standardwerke über die Situation Venedigs (Dorigo 1973), veröffentlicht nach der Verabschiedung des Gesetzes Nr. 171 aus dem Jahre 1973 („Maßnahmen zum Schutz Venedigs") den bezeichnenden Titel: „Ein Gesetz gegen Venedig".

Schon mit dem Gesetz Nr. 1137 aus dem Jahr 1929 hatte der Staat die Möglichkeit geschaffen, mittels einer Konzession private Unternehmen oder deren Zusammenschlüsse (Konsortien) als Hauptauftragnehmer zu akzeptieren und damit staatliche Aufgaben in großem Umfang an das private Kapital zu delegieren (vgl. 3 (a) Exkurs). Das Gesetz Nr. 798 von 1984 über Venedig (insgesamt hat es zwischen 1937 und 1992 neun Spezialgesetze zu Venedig gegeben, vgl. Savino 1993, S. 276) ermöglicht die Anwendung des Konzessionsinstrumentes auf Venedig und stellt weitere Finanzmittel zum Schutz der Stadt zur Verfügung. Sofort sind die Macher wieder auf dem Plan. Zwar hatte ein Architekt aus dem kommunalen Bauressort (Franco Bortoluzzi) bereits 1982 die Idee einer Weltausstellung in Venedig entwickelt, hatte mit seinen Vorstellungen aber beim damaligen Bürgermeister keinen Erfolg und wandte sich deshalb an Gianni De Michelis. Dieser – selbst Venezianer und damals noch Arbeitsminister, später Außenminister Italiens, herausragender Vertreter des Partito Socialista Italiano (PSI), der sozialistischen Partei – eröffnete Ende 1984 mit der in einem Interview vorgetragenen Idee, in Venedig eine Weltausstellung zu veranstalten, den kommunalen Wahlkampf. Er präsentierte sich mit dem Gestus des Dogen, der für seine Stadt eine Zukunft plant, und verband seine Vorstellungen sofort mit einer heftigen Polemik gegen die „Nichtmacher". Dieses Interview enthält bereits einen Großteil jener Elemente, die fürderhin zu den Grundpfeilern der Diskussion gehörten:

1. Die Nutzung der Expo als Zugpferd für die Entwicklung Venedigs, speziell eines auf Information, Kultur und Software bauenden tertiären Sektors, auf künstliche Intelligenz, Biotechnologie, Lebensqualität.
2. Neugestaltung der städtischen Nutzungstrukturen, insbesondere:
   - Wiedergewinnung des Arsenals (ein brachliegendes Areal von ca. 32 ha, ehemaliges Werftenrevier der Serenissima und „für 300 Jahre Symbol venezianischer Macht" (De Michelis), im historischen Teil von höchstem architektur- und kulturhistorischem Wert) nicht als Museum, sondern als produktive Struktur fortgeschrittenster Tertiarisierung;
   - Nutzung der ehemals als Industriegebiet vorgesehenen Lagunenaufschüttung (ex terza zona industriale, durch das Gesetz 171/73 gestoppt) für moderne Hafenzwecke.

Durch die Expo sollten darüber hinaus vor allem die folgenden Ziele erreicht werden:

3. zusätzliche Staatsgelder
4. die Aktivierung privaten Kapitals
5. zusätzlicher Tourismus
6. Ausbau der Infrastruktur nicht nur Venedigs, sondern des Veneto und schließlich
7. die Erzielung von Gewinnen, denn die Expo sei auch ein Geschäft.

Um all dies zu erreichen gebe es ein einziges Geheimnis: man brauche einen festen Termin, ein Datum, bis zu dem alles bewerkstelligt sein müsse. Und man benötige hierfür einen Bürgermeister mit den Fähigkeiten eines Managers, den die Sozialisten in Nereo Laroni sähen (der dann tatsächlich Bürgermeister wurde).

Unabhängig von dem Stil, mit dem De Michelis diesen Plan propagierte („Man muß was tun, und zwar schnellstens!" „Mit dem Namen Venedigs haben auch die dümmsten Ideen Erfolg"), unabhängig von den Größenphantasien De Michelis', unabhängig zunächst auch von einer rationalen Bewertung des Vorschlages, eines jedenfalls läßt sich nicht leugnen: De Michelis hatte eine Vorstellung von Modernisierung, eine Vision der Zukunft Venedigs, die über die Praxis fragmentierter Politiken und permanenter Nichtentscheidungen, über die Praxis der Entscheidungsdelegation von Kommission zu Kommission weit hinausging.

Bei allen, die sich für die Durchführung der Weltausstellung eingesetzt haben, bestand fürderhin relative Übereinstimmung hinsichtlich des Charakters der Expo, der weniger auf die „Ausstellung" von Produkten als vielmehr auf die Darstellung von Problemlösungsstrategien und „Software" zielen sollte. Entsprechend war die umfassende Thematik der Expo das „Gleichgewicht" zwischen Mensch und Umwelt und die Techniken zur Herstellung und Sicherung dieses Gleichgewichtes. Die Bewerbungsunterlagen der Landesregierung (Giunta Regionale) enthielten als offizielle Formulierung des Themas: „La costruzione dell'equilibrio del sistema Terra" – die Herstellung des Gleichgewichtes auf dem System Erde. Hannover sollte später diese Vorstellungen mit seinem Motto „Mensch-Umwelt-Technik" in reduzierter Form aufgreifen.

3. Das Expo-Schiff gewinnt an Fahrt

1985 wurde De Michelis' Bürgermeisterkandidat Nereo Laroni gewählt. Dennoch taucht während der nächsten anderthalb Jahre die Expo-Idee nur gelegentlich in der Presse auf. Mal wird sie gehätschelt, mal ist sie Verhandlungsmasse bei der Bildung einer neuen kommunalen Regierungskoalition. Mal steht sie fest, mal wird die Kandidatur erst angekündigt. Mal soll sie mehr in Mestre stattfinden, mal meldet Padua Ansprüche an. Es polemisieren Partei- und Regierungsfunktionäre sowie Leitartikler. Von der Bevölkerung, vom kommunalen oder dem Landesparlament fehlt jede Spur. Erst Mitte 1986 kommt wirklich Bewegung in die Sache.

a) Die Unternehmer machen Dampf

Am 7. Juni 1986 findet in der Handelskammer Venedigs ein vorbereitendes Treffen von Vertretern der Privatindustrie statt, das der Gründung eines Konsortiums (Consorzio Venezia Expo, nach dem Scheitern der Expo heute Consorzio Venezia 2000) für die Promotion der Expo-Idee, für die Durchführung der Planungen und notwendigen Forschungen, für die Koordination der Arbeiten sowie schließlich für die Durchführung der Weltausstellung selbst dienen soll. Innerhalb weniger Monate kommt das Konsortium zustande, dessen Mitgliederliste sich – wie die Presse betont – wie der Gotha der italienischen Unternehmen liest: Assicurazioni Generali, Banca Nazionale del Lavoro, Benetton, Coca Cola, das Consorzio Venezia Nuova (das mit den hydrologischen Schutzmaßnahmen für Venedig betraut ist), Fiat, Fininvest, Olivetti, Mondadori usw. usf., 40 der mächtigsten Unternehmen Italiens, vermischt mit einigen venezianischen Unternehmen (u.a. dem Verlagshaus der dominierenden Lokalzeitung „Il Gazzettino"). Vizepräsident und Geschäftsführer des Konsortiums wird übrigens Cesare De Michelis, der Bruder des Ministers Gianni De Michelis.

Die Planungen des Consorzio Venezia Expo

Dieses Konsortium verfügt über ausreichend Geld, um durch die Vergabe von Planungsaufträgen eine ganze Reihe von berühmten Architekten und anderen Persönlichkeiten des öffentlichen Lebens an sich zu binden. Zu ihnen gehören u.A.: Emilio Ambasz, Carlo Aymonino, Girgio Bellavitis, Ugo Camerino, Antonio Foscari, Giorgio Lombardi (der italienische Experte für die Sanierung historischer

Venezia Expo 2000: Aus der (Alp-) Traum 139

Stadtzentren), Gian Paolo Mar, Renzo Piano und viele andere. Auch der 31-köpfige technisch-wissenschaftliche Beratungsausschuß des Konsortiums wird aus Persönlichkeiten des wissenschaftlichen und kulturellen Lebens Italiens zusammengestellt.

Das Konsortium vergibt nun eine Reihe von Untersuchungsaufträgen und vorbereitenden Planungen, deren Ergebnisse auf einem Kongreß „Idee per l'expo" der Fondazione (Stiftung) Cini am 10./11.2.1989 vorgestellt und diskutiert werden. Zugleich werden die Materialien in ihrer Kurzfassung (ca. 300 Seiten) breit in die Öffentlichkeit gestreut. Die Hauptplanungen beinhalten:

1. Die Restrukturierung und zukünftige Nutzung des Arsenals einschließlich der angrenzenden Inseln (Giorgio Lombardi u.a.).
2. „Ente Teatro/Parco Lagunare": die (skizzenhafte) Planung mobiler und in der Lagune schwimmender Theater, Museen, Restaurants usw. (Emilio Ambasz, Antonio Foscari u.a.).
3. Der Entwurf des „Hirns", des eigentlichen Zentrums der Expo in Form eines auf dem Festland in der Nähe des Flughafens (Tessera) gebauten und weitgehend unterirdischen Gebäudes (Renzo Piano u.a.).
4. Eine Untersuchung möglicher Folgewirkungen des Baus des unter 3. genannten Zentrums einschließlich der Vor- und Nachteile notwendiger Nebeneinrichtungen sowie der künstlichen Erweiterung der Lagune, speziell der hydrologischen Folgewirkungen und ökologischen Nutzeffekte (Ugo Camerino, Gian Paolo Mar u.a.).
5. Der Entwurf eines Weltausstellungskonzeptes, das räumlich und funktional auf das ganze Triveneto (Veneto, Friuli-Venezia Giulia, Venezia Tridentina) bezogen ist und den Polyzentrismus dieser Regionen nutzt (Censis Servizi s.p.a.).
6. Eine Reihe von Einzeluntersuchungen, von der Untersuchung der sozialen Voraussetzungen des Triveneto über die der infrastrukturellen Notwendigkeiten, der Zugänglichkeit Venedigs, der Rolle der Informatik und der Kommunikationssysteme, der Transportsysteme, der touristischen Aufnahmefähigkeit der Gesamtregion bis zum Entwurf eines Organisationsmodells für die Trägerschaft der Weltausstellung.

Die Planungen des Consorzio Venezia Expo sind in sich widersprüchlich. Sie zeigen einerseits eine starke Konzentration auf Venedig selbst (Arsenal, der „Magnete" unmittelbar am Lagunenrand, der Parco Lagunare mit seinen schwimmenden Veranstaltungsgebäuden), andererseits entwickeln sie das Grundkonzept einer Weltausstellung, die sich räumlich über den gesamten Nordosten Italiens erstreckt.

Die beiden in ihrer Wirkung für und auf Venedig folgenreichsten Projekte – sieht man von den Ideenentwürfen des Parco Lagunare ab – sind

1. die Wiedergewinnung des Arsenals einerseits unmittelbar als Ausstellungsobjekt (und -gelände), andererseits als langfristig einzurichtendes Wissenschafts-,

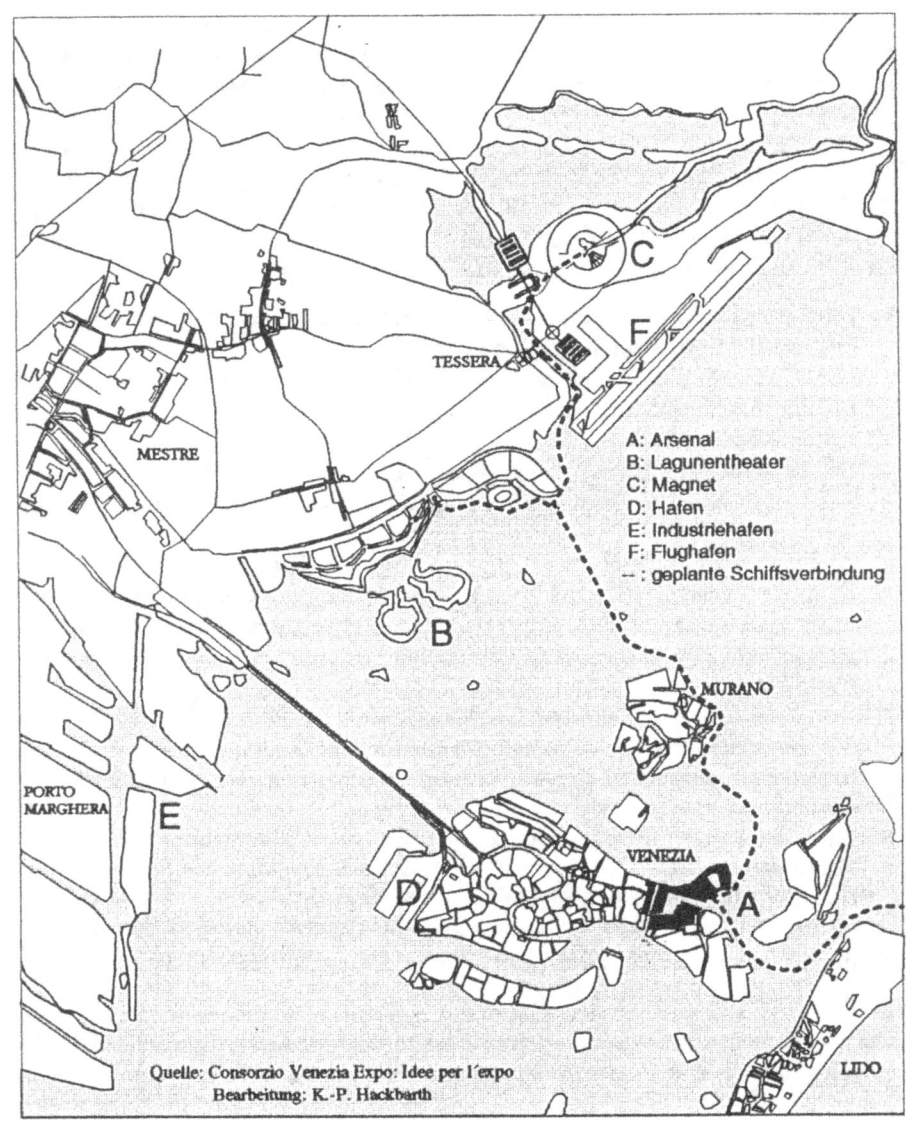

Kultur-, Messe- und Freizeitzentrum. Das Wissenschaftszentrum sollte dabei auf Telematik und elektronisches Verlags- und Informationswesen konzentriert sein;

2. der „Magnete" auf dem Lagunenrand, direkt neben dem Flughafen und von Renzo Piano entworfen. Obgleich der Magnete in die abschließende Planung der Landesregierung nicht aufgenommen wurde und Renzo Piano sich aus der Planungskommission des Consorzio zurückzog, soll dieses außerordentliche Gebäude mit wenigen Worten hier beschrieben werden: ein kegelförmiger Rundbau von etwa 700 m Durchmesser an der Basis, eingelassen in einen künstlichen Erdhügel von einem km Durchmesser und einer Höhe von 30 Metern; von der Gesamthöhe des Gebäudes (120 m) waren 90 m unterirdisch ausgelegt. Der Hügel hätte von Nordosten nach Südwesten gespalten sein und Einfahrten für Wasserfahrzeuge (Verbindung des inneren Sees zum Arsenal und zum Parco Lagunare) und für eine Straßenbahn aufweisen sollen. In der Mitte ein offener Krater mit einem oberen Durchmesser von 480 m und einem unteren von ca. 200 m. Die Grundfläche des offenen Kraters wurde von einer künstlichen Lagune und anderen Freiflächen gebildet. Die Erschließung für den Wirtschaftsverkehr erfolgte durch unter den Hügel um das Gebäude kreisförmig verlegte Straßen. Einschließlich eines 15 000 Personen fassenden Veranstaltungsraumes sollte das Gebäude insgesamt 70 000 Personen aufnehmen können. Der „Magnete" hätte als das Hirn der Expo dienen, das informationelle Zentrum und zugleich Empfangsgebäude und Verteilungsplattform für die Besucherströme sein sollen. Hier hätte man sich multimedial über die Ereignisse und Inhalte der Expo informieren können. Von hier aus sollten Routen und Unterkünfte gebucht werden, von hier aus hätte man aber auch die gesamte Weltausstellung rein elektronisch-medial-informationell besuchen können, eine Reise in den Kanälen modernster Informationstechnologien. Der ganze Komplex war eingebettet in einen neu zu schaffenden Teil der Lagune, in deren verschiedenen Sektoren biologische Zyklen von Fischzucht und organischer Wasserklärung als Bestandteile eines Labors der Lagunenökologie und -ökonomie organisiert werden sollten.

Gleichzeitig wurde – wie bereits erwähnt – ein umfassendes Konzept für eine Weltausstellung im gesamten Triveneto von Cortina/Trento/Bolzano bis zur Po-Mündung, von Verona bis Triest entwickelt. Es beruhte auf der Konstruktion thematisch unterschiedlicher „Routen": Umwelt, Wissenschaft und Produktion, jeweils noch unterteilt in weitere Kategorien (Lagunen- bzw. Gebirgsökologie, Meerestechnologie usw., aber auch Marktrelationen, Produktion hochwertiger Technologien, Design u.a.).

Exkurs: Öffentliche Verwaltung und Privatinitiative

Mit der Bildung eines privatkapitalistischen Konsortiums zur Planung der Expo entsteht eine Diskussion über das Verhältnis von öffentlicher Verwaltung und privatem Kapital, hauptsächlich hinsichtlich der Planungskompetenzen und der Verantwortlichkeiten, aber auch hinsichtlich der Verteilung von Kosten und Nutzen. Als erster hat Cesare De Piccoli (PCI und später stellvertretender Bürgermeister Venedigs) am 1.5.1986 das Problem des Verhältnisses von privatkapitalistischen Konsortien und politisch-administrativem System aufgeworfen und die Vermutung formuliert, daß die in den nationalen Konsortien stattfindende Neuverteilung der ökonomischen Macht in immer stärkerem Maße die politischen Institutionen der Stadt dominieren werde. Wenn es keine Bindung der Tätigkeit der Konsortien durch ein öffentliches Interesse gebe, wer regiere dann tatsächlich die Stadt? Auch in der Folge ist es vor allem der PCI, der immer wieder auf die Diskrepanz zwischen starkem privaten Kapital und schwach ausgeprägter öffentlicher Hand hinweist. Und Leonardo Benevolo (Corriere della sera vom 28.11.1986) gibt dem Problem eine etwas andere Wendung: nicht die wissenschaftlichen und technologischen Lösungen für den Schutz Venedigs seien das Problem, sondern die Verwaltungsabläufe sowie die ökonomischen, politischen und sozialen Entscheidungen, von denen diese Lösungen abhingen. Damit wird die Entscheidungsunfähigkeit des politisch-administrativen Systems als die eigentliche Ursache des Problems identifiziert.

Durch das Gesetz Nr. 798/84 erhält das Problem des Verhältnisses zwischen öffentlicher Verwaltung und privaten Interessen eine strukturelle Dimension, wobei die Aufdeckung und Demontage des illegalen und allgegenwärtigen Systems der Parteienfinanzierung (Della Seta/Salzano 1993; Venturi, in diesem Band) in den Jahren 1992/93 noch ganz andere Interpretationsmöglichkeiten eröffnen. Das Gesetz 798/84 schafft hinsichtlich der Maßnahmen zum Schutze Venedigs eine Neuverteilung der Kompetenzen zwischen Staat, Region und Kommune und gibt andererseits dem bereits 1929 ermöglichten Instrument der Konzession eine konkrete Gestalt. Der Konzessionär für die Maßnahmen zum Schutz Venedigs wird das eigens hierfür gegründete „Consorzio Venezia Nuova". Dieses Konsortium umfaßt die wichtigsten Industrien der Baubranche und der Hochtechnologie, Ingenieurbüros und industrielle Forschungsabteilungen; nach Gründung des Consorzio Venezia Expo ist es auch an diesem beteiligt. Ungeachtet der Aufgabenformulierung und -kontrolle für das Consorzio Venezia Nuova durch den Staat (Ministerpräsident und verschiedene Ressortminister), die Region (Präsident) und die Kommune (die Bürgermeister von Venedig und Chioggia) sowie durch andere staatliche Institutionen (zusammengefaßt im Comitato interministeriale), ist ein solches Konsortium schon alleine durch die Zusammenballung ökonomischer Macht, vor allem durch die Ausschaltung der Konkurrenz, den (politischen) Kontrollgremien überlegen. Entscheidend aber ist, daß im Konsortium Planung, Ausführung und Bauaufsicht in einer Hand vereinigt sind; keine Alternativplanungen,

Venezia Expo 2000: Aus der (Alp-) Traum 143

keine öffentliche Fachprüfung. Hinzu kommen die privatkapitalistischen Planungsfähigkeiten, die hohe Flexibilität, die im Forschungs- und Planungsprozeß angeeigneten und monopolisierten Kenntnisse und Fähigkeiten. Damit kann das Konsortium den kontinuierlichen Fluß staatlicher Mittel garantieren und dessen interne Verteilung steuern, ohne daß eine wirkliche (öffentliche) Fachkompetenz die fachliche Qualität der Aktivitäten beurteilen oder gar diesen Aktivitäten eine andere Wendung erteilen könnte. Das Konsortium entwickelt sich zu einer „parastaatlichen Struktur" (Savino 1993, S. 276 ff.) und verliert damit die Flexibilität und Schlagkraft, die ursprünglich im Institut der Konzessionsvergabe an ein Konsortium hätten gesehen werden können. Dies bildet den Hintergrund für die besonders in Italien geführte Diskussion einer Stadtplanung durch Projekte (Dente u.a. 1990; Indovina 1993). Es war aber auch zugleich der Hintergrund für die Diskussion des Verhältnisses zwischen dem politisch-administrativen System und privatkapitalistischen Unternemen. Sie führte zur Bildung einer parlamentarischen Sonderkommission des Parlamentes der Region Veneto, unter deren Kontrolle und damit in der Regie der öffentlichen Hand eine Machbarkeitsuntersuchung erstellt und die vorbereitende Planung zur Weltausstellung initiiert werden sollten.

b) Die Machbarkeitsstudie des Landes (Regione del Veneto): ein bedingtes Ja

Die parlamentarische Sonderkommission wurde mit Beschluß des Regionalparlaments vom 19.12.1986 unter Beteiligung aller im Parlament vertretenen Parteien gebildet. Am 23.9.87 schließlich wurde ein Pool von (verwaltungsinternen und -externen) Fachleuten zusammengestellt, der „Gruppo tecnico-operativo (G.T.O.)", der an die Ausarbeitung der eigentlichen Machbarkeitsstudie ging. Diese Studie (Rapporto conclusivo) wurde im Juli 1989 abgeschlossen.
Die Schlußfolgerung des G.T.O. ist ein bedingtes Ja zur Expo 2000. Sie sei nur unter den folgenden Bedingungen überhaupt durchführbar:

1. daß es sich – völlig anders als bei den bisherigen Weltausstellungen – mehr um eine Ausstellung von Ideen als von Gegenständen, mehr um eine immaterielle als materielle Veranstaltung handele;
2. daß sie in den verschiedenen Regionen Venetiens stattfinde und nicht auf Venedig konzentriert sei;
3. schließlich unter der weiteren Voraussetzung, daß eine Steuerung und Beschränkung der Touristenströme nach Venedig möglich sei.

Die Expo sollte in einem auf vier Monate verkürzten Zeitraum in einer möglichst touristenarmen Zeit vom 1. März bis zum 30. Juni 2000 stattfinden. In der touristischen Hochsaison wäre selbst die gut entwickelte touristische Infrastruktur des Triveneto völlig überfordert gewesen.
Unter der Annahme der Erfüllung dieser Bedingungen wurden dann als weitere Voraussetzungen für die Durchführung der Expo eine ganze Reihe von Ausbau-

maßnahmen der Verkehrsinfrastruktur in der Region formuliert: zusätzliche Autobahntrassen und Trassenerweiterungen, ein regionales S-Bahn-System, eine Oberflächen-U-Bahn (auf eigenem Gleiskörper) von Padova nach Mestre und Tessera sowie einige zusätzliche Einzelmaßnahmen. Z.T. waren diese Maßnahmen bereits in den regionalen Entwicklungsplänen vorgesehen, zu einem anderen Teil handelt es sich um aus dem Dezentralisierungskonzept resultierende Investitionen. Hinzu kam weiterhin eine verbesserte Erschließung des Centro Storico von Venedig – auch dies eine Diskussion, die in allen Regionalplänen geführt wird und die vor allem die Trennung der Touristen- von den Pendlerströmen zum Ziel hat.

Von der Expo Venedigs zur Expo Venetiens

Die Arbeiten des G.T.O. setzten zu einem Zeitpunkt ein, zu dem in der öffentlichen Diskussion bereits eine rein auf Venedig beschränkte Expo in Frage gestellt worden war. Sowohl die Untersuchung der Bettenkapazität als auch der für Ausstellungszwecke nutzbaren Kapazitäten Venedigs ergaben ein erhebliches Defizit, während es für eine Expo im Triveneto weder an Übernachtungsmöglichkeiten (zumindest während eines außerhalb der Touristensaison liegenden Zeitraumes) noch an nutzbaren Ausstellungsflächen mangelte. Der G.T.O. entwickelte daher (bereits im Rapporto n.1) den Plan einer (in verschiedenen Alternativen vorgeschlagenen) dezentralisierten, polyzentrischen Weltausstellung, die von Verona bis Triest und – zumindest was die Nutzung der touristischen Infrastruktur betraf – von den Bergregionen bis zur Pomündung das gesamte Triveneto umfassen sollte.

Thematik und räumliche Struktur der Expo: eine innovative Strategie

Das Konzept einer im gesamten nordöstlichen Raum Italiens stattfindenden Expo entsprach zunächst weder den Vorstellungen De Michelis' noch dem Reglement des Bureau International des Espositions (B.I.E.). Die Begründung für eine dezentralisierte Weltausstellung lieferten einerseits die Unmöglichkeit einer rein venezianischen Expo, andererseits die Thematik der Weltausstellung.

Die Entscheidung für eines der verschiedenen möglichen Modelle einer regionalisierten und dezentralisierten Expo war eng verknüpft mit der Ausformulierung der Thematik. Das übergreifende Thema der Weltausstellung sollte die Herstellung des Gleichgewichtes zwischen dem Menschen und seiner Umwelt sein, in einem durchaus umfassenden Sinne als ökologisches, ökonomisches und soziales Gleichgewicht verstanden. Die Stadt Venedig als Symbol des Gleichgewichtes zwischen Wasser und Erde; das Triveneto als Symbol einer dezentralisierten Urbanisierung und einer ökonomischen Entwicklung ohne die großen Frakturen der Industrialisierung. Die Ausformulierung der Expo-Thematik sah nach den Plänen des G.T.O. zwei regionale „Netzwerke" und eine Fläche für die Pavillons der Nationen vor:

1. **Das Netzwerk der Ideen.** Keine Ausstellung im eigentlichen Sinne des Wortes, sondern Austausch und Diskussion wissenschaftlicher Ergebnisse und ihrer Umsetzung in den verschiedenen teilnehmenden Ländern. Also Tagungen, Kongresse, wissenschaftliche Kolloquien an den Universitäten; eine Art Laboratorium zur Expothematik, „immaterielles" Herzstück der Weltausstellung, das keine Touristenströme erzeugt und deshalb den gesamten Zeitraum des Jahres 2000 umfassen sollte.
2. **Das Netzwerk der Produktion.** Ausstellung der für eine Herstellung des Gleichgewichtes zwischen Mensch und Umwelt entwickelten Technologien und neuer Produkte; dies als der „materielle" Teil der Weltausstellung, auf die verschiedenen Messegelände der Region verteilt und jeweils thematisch zu Ausstellungseinheiten zusammengefaßt.
3. **Der Bereich der Nationenpavillons.** Diesem sollte – da die materielle Ausstellung der neuen Technologien andernorts geplant war – die Funktion einer fast ausschließlich audiovisuellen Darstellung der jeweiligen nationalen Probleme im Umgang mit den Ressourcen und der angewendeten Problemlösungsstrategien zukommen.

Innerhalb dieser Konzeption hätten die folgenden Themen – wie sie beispielhaft in einer Broschüre des italienischen Außenministeriums aufgezählt wurden – im einzelnen behandelt werden sollen: Klima; Wasser und Erde; endliche Ressourcen, Recycling und Überproduktion; sozioökonomisches Gleichgewicht; ökonomischer Süd-Nord- und Ost-West-Ausgleich; technologische, informationale und organisatorische Mittel der Kontrolle des Weltzustandes; soziokulturelle Integration. Thematische Auffächerung und Dezentralisierung waren unauflösbar miteinander verknüpft und stellten in dieser Form tatsächlich gegenüber allen anderen Weltausstellungen ein völlig neuen Konzept dar. Dabei ist die eigentliche Begründung für das dezentralisierte Konzept der Weltausstellung vom G.T.O. nicht expliziert worden. Sie findet sich eher in den „Idee per l'expo" des Consorzio Venezia Expo und ist in der räumlichen und sozioökonomischen Struktur des Veneto zu suchen.

Exkurs: Entwicklungslinien des Veneto

Spätestens seit Arnaldo Bagnascos 1977 erschienenem Buch „Tre Italie" (Die drei Italien) steht die Thematik der territorial differenzierten Entwicklung Italiens auf der Tagesordnung. In der Tat hat sich das Veneto (und mit ihm die anderen venetischen Regionen) von einer der ärmsten Agrarregionen zu einer der reichsten Regionen Italiens auf der Basis einer Neoindustrialisierung entwickelt, die im wesentlichen von Klein- und Mittelbetrieben getragen wird (vgl. hierzu sowie zum folgenden: Bernardi 1985; Bernardi 1991 mit vollständiger Bibliographie; Fondazione Corazzin 1985 und 1987; Piccinato 1993).

Das Veneto gilt als eine gelungenen Symbiose zwischen industrieller und agrarischer Entwicklung, Ergebnis des Zusammenwirkens einer kleinteiligen Neoindustrialisierung auf der Grundlage agrarischen Kleinbesitzes (gewerbetreibende Kleinbauern und Arbeiterbauern) und einer tief verwurzelten kulturellen Struktur. Als Bestandteile dieser kulturellen Struktur werden von Bernardi folgende Elemente identifiziert: Starke Familienorientierung (Familie als kleinste Einkommenseinheit, niedrige Scheidungsrate, wenig außerehelich Geborene, niedrige Abtreibungsquote); starke Gemeinschaftsorientierung (hoher Anteil sozialer Hilfseinrichtungen auf ehrenamtlicher Basis, stark entwickeltes lokales Gemeinschaftsleben, höchster Anteil dialektalen Sprachgebrauchs im Alltagsleben im Vergleich zu allen anderen Regionen Italiens); schwach ausgeprägte Klassenstruktur mit unscharfen Konturen und hoher Durchlässigkeit; niedrige Kriminalitätsrate, niedrige Selbstmordrate; hohe Religiosität (2200 Pfarreien gegenüber 582 Kommunen mit durchschnittlich 7500 Einwohnern); Erwerbsfleiß und Unternehmergeist (hohe Quote von Betriebsgründungen, hoher Anteil an Selbständigen), wobei die Betriebe, wie sich aus regionalen Fallstudien ergibt, den größten Teil ihres Finanzbedarfs aus eigenen Mitteln befriedigen; Sparsamkeit (höchste Sparquote Italiens); hohe Ortsbindung (1981 stammten von 100 Einwohnern des Veneto 91.1 % aus ebendieser Region) und eine hoch entwickelte lokale Identität auf der Grundlage stark ausgeprägter lokaler Traditionen. Alles zusammengenommen Faktoren, die für eine hohe Stabilität der Gesellschaft des Veneto sprechen und die zugleich dem ökonomischen Erfolg zugrunde liegen. Nach Bernardi ist es dieser Struktur zu verdanken, daß der Modernisierungsprozeß trotz seines enormen Tempos (etwa 20 Jahre) keine tiefgreifenden Brüche in der sozialen Struktur hinterlassen hat.

Die räumlich-dezentrale Struktur des Triveneto ist Garant einer Lebensqualität, wie sie in den industriellen Regionen nicht mehr zu finden ist, und sie ist Entwicklungsgrenze der Region. Die übers Land verteilten Klein- und Mittelstädte garantieren eine Überschaubarkeit des sozialen Milieus, die Personalität der Arbeitsverhältnisse (und ein hohes Maß an auf persönlicher Bekanntschaft beruhenden Sicherheit des Arbeitseinstiegs für Jugendliche), einen relativ unmittelbaren Zugang zur Natur und die Pflege lokaler Traditionen. Der hohe Anteil an Eigentümerwohnungen (1981: 63,7 %) und die breite Streuung des Grundbesitzes garantieren Identifikation und Eigentätigkeit. Allerdings sollte angemerkt werden, daß im Verlauf des ökonomischen Wachstums der Region der Flächenverbrauch für Wohn- und Gewerbeflächen erheblich zugenommen hat, und zwar außerhalb einer geregelten Flächennutzungs- und Bebauungsplanung; teils deshalb, weil z.B. die Errichtung von neuen Wohngebäuden auf dem eigenen agrarischen Grund diesen Regelungen nicht unterliegt, obgleich diese neuen Gebäude meistens zugleich den Kern einer neuen gewerblichen Nutzung bildeten, teils aber auch deshalb, weil es jedem Bauwilligen gelingen konnte, Ausnahmebewilligungen zu den geltenden Bebauungsplänen zu erhalten (vgl. Piccinato 1993). Resultat ist eine räumliche Struktur, in der das Agrarland weit in die urbanen Zonen hineinreicht, eine Art ubiquitärer Urbanisierung um integrierte und funktionierende Agrarflächen. Raum- und Flächennutzungsplanung haben jedenfalls in der Region – so

Piccinato (1993) – nie funktioniert: was bislang ein Entwicklungsvorteil war, entwickelt sich nunmehr angesichts der neuen Anforderungen einer rationalisierten Nutzung der Flächen und Infrastrukturen zu einer Entwicklungsgrenze.

Die Entwicklungsgrenze ist typisches Produkt der ökonomischen, sozialen und räumlichen Struktur des Veneto. Die dezentrale Verteilung von industriellen und handwerklichen Klein- und Mittelbetrieben führt einerseits zu einer monostrukturierten Verkehrsinfrastruktur (Straßen) und andererseits zu einer relativen Untertertiarisierung des Gesamtgebietes mit produktionsorientierten Dienstleistungen (Levorato, Orcalli, in: Idee per l'expo, Ricerche di settore), da sowohl die quantitative Konzentration potentieller Nutzer als auch eine entsprechend ausgebaute informationelle und kommunikative Infrastruktur fehlen. Ein weiteres Problem liegt in einem verspäteten Prozeß des „capital deepening" (ebd.), da die Struktur des regionalen Finanzmarktes dem niedrigen Kreditbedarf oder besser: der geringen Bereitschaft, für die Finanzierung der eigenen unternehmerischen Tätigkeit auf Kreditmittel zurückzugreifen, entspricht.

Es ist speziell diese Entwicklungsgrenze, auf die eine regionalisierte Weltausstellung zielte: ihre Aufhebung durch einen großen infrastrukturellen Ausbau, durch eine Konzentration auf Forschung und Entwicklung, auf Informatisierung und die Förderung aller produktionsbezogenen Dienstleistungen. Dies mag, wenn auch die raumstrukturellen und entwicklungsgeschichtlichen Bedingungen völlig unterschiedlich sind, an die Internationale Bauausstellung Emscher-Park erinnern, und in der Tat finden sich gelegentlich in den Zeitungen Hinweise auf die Berliner und die Ruhrgebiets-IBA (z.B. bei Luigi Scano im Gazzettino vom 27.7.1989): dann allerdings als ein Alternativvorschlag zur Weltausstellung mit dem Ziel, die gleichen Ergebnisse zu erzielen, ohne eine Weltausstellung nach dem Reglement des B.I.E. anzustreben. Scano sieht den Unterschied zwischen einer IBA und einer Weltausstellung vor allem in der kontinuierlichen Realisierung von Projekten, in ihrer Prozeßhaftigkeit. Entsprechend anders ist die Bedeutung des „Verfallsdatums": während für eine Weltausstellung bis zur Eröffnung alles realisiert sein muß und alle Planungen und ihre Modifikation auf dieses Datum hin zu konzipieren sind, markiert das Schlußdatum einer IBA lediglich den Zeitpunkt einer rückblickenden Bewertung des Erreichten.

Die Touristenströme und ihre Kontrolle

Die Untersuchung der Touristenströme – die im Rahmen des G.T.O. hauptsächlich vom Co.S.E.S., dem „Consorzio per lo sviluppo economico e sociale della provincia di Venezia" (einem Zusammenschluß der Gemeinden der Provinz Venedigs), durchgeführt wurde, kommt zu dem Ergebnis, daß bis zum Jahre 2000 der Gesamttourismus im Veneto etwa um 26 % steigen dürfte. Dies bedeutet eine „natürliche" Steigerung der Touristentage von ca. 46 Mio um 12 Mio auf über 58 Mio. Die durch die Expo induzierten zusätzlichen „spezifischen" etwa 600.000 Besucher führen nach diesen Berechnungen zu weiteren etwa 2,3 Mio Besuchstagen, so daß die Gesamtzahl der Tourismustage auf über 61 Mio im Veneto steigen würde. Im Falle einer Durchführung der Expo in den 6 Monaten von April bis September hätte diese Zahl, die sich stark auf die Monate Juli und August konzentriert, zu unüberwindbaren Schwierigkeiten in allen Bereichen der touristischen Infrastruktur geführt.

Die Zahl der Expo-Besuche (nicht der Besucher!) wird für den Zeitraum von April bis September auf 26.1 Mio Besuchstage prognostiziert, im Falle eines nur 4-monatigen Veranstaltungszeitraums von März bis Juni reduziert sich die Anzahl der Besuche auf 16.8 Mio. Jeweils 70 % – so die Annahme – der Besuche werden von den Bewohnern (und bereits anwesenden Touristen) aus dem Veneto und den umliegenden Regionen mittels Tagesreisen absolviert. Diese Besucher benötigen also keine zusätzlichen Übernachtungsplätze. Die tägliche Besuchszahl läge bei einer Gleichverteilung (die allerdings nicht angenommen werden kann) bei ca. 140.000 Besuchen.

Was bedeutet all dies für Venedig? Die Stadt zählte 1987 etwa 6 Mio Besucher, die bei einer absoluten Gleichverteilung (die nicht existiert) zu 22.000 Besuchern pro Tag führen würde. Dies stellt in etwa die sozial verträgliche Obergrenze der täglichen Besucherzahl dar (vgl. Costa 1988; Borg 1988; sowie unten 4 (a) Der kommunale Auftrag an die Universität). Tatsächlich aber werden allein in den Monaten Juli und August jeweils eine Million Besucher gezählt, mit einem Tagesdurchschnitt von über 32.000 und Spitzenwerten von 80-100.000 Besuchern. Allein der neutrale Zuwachs von 26 % bis zum Jahr 2000 würde pro Sommermonat weitere 350.000 Besucher hinzufügen (bei dann insgesamt 7.8 Mio Besuchern). Angesichts dieser Zahlen erübrigt es sich, die (minimal geschätzten) 600.000 spezifischen ausländischen Expobesucher noch hinzuzuzählen (weitere 120.000 im Juli und im August). Die Reduktion und Verlagerung des Veranstaltungszeitraums hätte zwar die Gesamtzahl der Besucher reduziert, nicht aber die Besuchsdurchschnitts- und spitzenwerte. Deshalb kommt der G.T.O. in seinem Abschlußbericht auch zu dem Ergebnis: „Aus der Analyse der Touristenströme und der Besucherzahlen tritt deutlich das Problem ihrer Auswirkungen auf das empfindliche urbane Geflecht der Inselstadt hervor. Dieses Problem (...) zwingt zu der Notwendigkeit, als unbedingte Voraussetzung für die Durchführung der Veranstaltung die Schaffung eines wirksamen Systems der Kontingentierung der Besucherströme zu setzen, was – wenn nicht gar unmöglich – von höchster Komplexität sein dürfte." (Rapporto conclusivo, 50).

Die (heimliche) Bewerbung

Die Arbeiten des G.T.O. gingen – unbemerkt von der Öffentlichkeit – in ein umfassendes Dokument der Regionsregierung (Regione del Veneto/Giunta Regionale, o.J.) ein, das nur in wenigen Exemplaren existiert. Das B.I.E. erhielt dieses Doku-

Venezia Expo 2000: Aus der (Alp-) Traum 149

ment wenige Tage vor dem Besuch der Vorprüfungskommission in Venedig im Oktober 1989. In diesem Dokument wird in detaillierter Form auf alle Fragen des B.I.E. hinsichtlich des Konzeptes, der Thematik, des Finanzierungsmodells sowie der Lokalisierung der Expo in der Region geantwortet.

Die Organisation der Expo sollte bei einer per Nationalgesetz neu zu schaffenden öffentlichen Institution liegen, die ihrerseits auf der Grundlage des Sondergesetzes private Einrichtungen (etwa ein Konsortium) mit der Planung und Realisierung beauftragt – das in Italien übliche Muster für die Verwirklichung von Großprojekten.

Hinsichtlich der Finanzierung liegt eine über den Daumen gepeilte Berechnung der folgenden Art vor: Gesamtkosten 1775 Milliarden Lire (in Preisen von 1989). Davon sollten 606 Milliarden durch die teilnehmenden Nationen und andere Aussteller aufgebracht werden, 862 Milliarden Lire sollten durch Eintrittsgelder und Vermarktungsrechte rückfließen. Verbleibt ein Rest von 301 Milliarden Lire, der von der öffentlichen Hand aufzubringen ist.

Die Vorprüfungskommission des B.I.E. hatte drei Haupteinwände formuliert: Die Finanzierungsgrundlagen seien nicht hinreichend explizert; es bleibe die Frage offen, in welchem Umfang – wenn überhaupt – Venedig in die Veranstaltung einbezogen werde; und vor allem: „Hinsichtlich der Frage, ob das Ereignis (die Weltausstellung, tkb) zur Lösung der langfristigen Probleme des Schutzes der Stadt Venedig vor einer touristischen Überausbeutung beitragen wird, fühlt sich die Kommission verpflichtet festzustellen, daß eine Lösung dieses Dilemmas auf der Grundlage der bislang gelieferten Informationen nicht möglich ist."

Ungestellte Fragen, fehlende Analysen

Betrachtet man die Ergebnisse der beiden Planungsprozesse – das des privaten Consorzio Venezia Expo und das des staatlichen der Regione Veneto – nebeneinander, so ist zwar beiden Qualität nicht abzusprechen; beide haben allerdings auch ähnliche Defizite: Sie sind regelrecht fahrlässig hinsichtlich der Finanzierungsvorstellungen, sie sind ausgesprochen ungenau hinsichtlich der späteren Nach-Nutzung der Ausstellungsgebäude, sie stellen keine Fragen zu den langfristigen Auswirkungen der Expo auf die sozioökonomische Struktur der betroffenen Städte, auf den Wohnungsmarkt, auf die soziale Zusammensetzung der Bewohner und zu anderen möglichen Folgen. Lediglich in den Arbeiten des G.T.O. findet sich ein Untersuchungsentwurf zu den möglichen Auswirkungen der Expo auf den Immobilienmarkt. Die eigentliche Untersuchung hätte dann im Jahr nach der Zuteilung (!) der Weltausssstellung, das der Präzisierung der Vorstellungen dient, durchgeführt werden sollen. Dabei stellt gerade die Wohnungsversorgung die Stadt Venedig vor besondere Schwierigkeiten. Weiter oben wurde bereits auf den kontinuierlichen Bevölkerungsverlust des Centro Storico hingewiesen. Der Bevölkerungsverlust ist aber hoch selektiv, und die Wohnungspolitik der Stadt bislang nicht in der Lage, diesen Entwicklungen gegenzusteuern. Das Hauptproblem besteht in einer kontinuierlichen Reduzierung des Mietwohnungsmarktes zugunsten von Eigentums-Zweitwohnungen nicht ortsansässiger Bevölkerungsgruppen. Weder für die Studenten der zwei venezianischen Universitäten noch für die hochmobilen Teile der Mittelschicht des tertiären Sektors gibt es einen bezahlbaren Mietwohnungsmarkt (vgl. Folin 1988; Folin 1990). Um es drastisch auszudrücken: während die berufstätige Mittelschicht die Inselstadt verläßt, bleiben die Armen, die Alten und die ganz Reichen zurück in einer Gespensterstadt mit einem wachsenden Anteil an unbewohnten Zweitwohnungen. Daß unter diesen Bedingungen die normalen Funktionen und Dienstleistungen einer Stadt kaum aufrechterhalten werden können, liegt unmittelbar auf der Hand.

So ernsthaft und umfassend die Tourismusproblematik in den Untersuchungen des G.T.O. auch behandelt worden ist, sie verbleibt in einem rein quantitativen Rahmen. Betrachtet wird gewissermaßen die Obergrenze des physischen Fassungsvermögens der Stadt, eine Perspektive, die die Auswirkungen einer dauerhaften Inanspruchnahme dieses Fassungsvermögens für die Stadtbevölkerung ausblendet, obgleich sie ähnlich negative Folgen für das normale Stadtleben zeitigt wie der Bevölkerungsexodus und der Trend zur Zweitwohnung. Immerhin hat die Region Veneto daraus die Konsequenz gezogen, Venedig selbst weitgehend aus dem eigentlichen Ausstellungsgeschehen herauszuhalten, während das Consorzio Venezia Expo zwar ein gut begründetes Dezentralisierungskonzept ausgearbeitet hat, Venedig aber als einen räumlichen Schwerpunkt der Expo beibehält.

4. Der Widerstand gegen die Expo

Es mag eine der Eigentümlichkeiten der politischen Debatten in der italienischen Öffentlichkeit sein, daß sie weitgehend von institutionell legitimierten Personen abgewickelt werden. So sind die Zeitungen – nicht nur die venezianischen – in den anderthalb Jahren von 1989 bis Juni 1990 voller Kontroversen zwischen Politikern aller Couleur und aller institutionellen Niveaus, zwischen berufenen und unberufenen Fachleuten, und dennoch wird nicht recht klar, was die betroffene Bevölkerung selber davon hält. Was schlimmer ist: man gewinnt den Eindruck, daß das auch niemanden interessiert, daß die Bevölkerung eigentlich nicht zählt. Als die Partei „Democrazia proletaria" ein Referendum vorschlug (wobei für die Initiatoren der Ausgang des Referendums völlig offen war), wurde dies als Skandal kommentiert. Der Vorschlag zeige eine Gedankenverwirrung und sei Beweis der Regierungsunfähigkeit (so Francesco Indovina am 24.8.1989 im Gazzettino). Die Auseinandersetzung um die Expo ist eine Auseinandersetzung zwischen politischen Parteien, politischen Institutionen und Politikern um politische Macht. Je geringer das Gewicht einer politischen Institution, je kleiner die – noch dazu gespaltene – Bevölkerung, desto unbedeutender deren Meinung im politischen Schachspiel von Parteien, Regions- und Staatsregierung. Auf der Ebene der großen

Venezia Expo 2000: Aus der (Alp-) Traum 151

Kontroversen haben deshalb weder die Bevölkerung noch die Kommunalregierung eine große Rolle gespielt.

a) Die Stadt auf dem Weg zum Nein

Überdies waren Stadtparlament und Stadtregierung vor allem durch die internen Fraktionierungen und die mehrfach gebrochenen und unterschiedlichen Interessen der Festlands- und der Inselvenezianer gespalten. Während die Festlandsvenezianer (vor allem in Mestre und Porto Marghera) sich eine tatsächliche Verbesserung der Infrastruktur in ihrer anarchisch gewachsenen Agglomeration hätten erwarten dürfen, ist die Inselbevölkerung in zwei Fraktionen zerfallen: in die Fraktion, die unmittelbar vom Tourismus lebt (Händler, Hoteliers, Gastwirte usw.) und die daher einer Expo positiv gegenüber stand, und in die Fraktion, die nicht vom Tourismus lebt und für die jeder zusätzliche Tourismus eine Verschlechterung der Lebensqualität in der Stadt darstellt. Von der ersten Fraktion heißt es, sie habe im Kommunalparlament das Sagen. Unter diesen Voraussetzungen war es für die Kommunalregierung ausgesprochen schwierig, sich zur Expo zu äußern. Anfangs mit dem neuen Bürgermeister Laroni (PSI) für die Expo, war dann lange nichts mehr von ihr zu hören. An zwei entscheidenden Punkten hat sie dann allerdings tatsächlich gehandelt: 1. durch die Vergabe einer Studie zum „Tourismus in Venedig bis zum Jahre 2000" an eine universitäre Arbeitsgruppe unter der Leitung von Paolo Costa, dem Direktor des Institutes für Ökonomie des Tourismus, die im September 1989 abgeschlossen wurde, und 2. durch ein entschiedenes Nein (des Bürgermeisters) zur Expo nach dem berüchtigten Pink Floyd Konzert vom 15.7.1989.

Der kommunale Auftrag an die Universität:
Tourismus und Expo im Jahre 2000

Die von Paolo Costa (1989) unter Mitarbeit vieler Fachleute und in Kooperation mit dem Co.S.E.S. durchgeführte Studie stellt nach Meinung vieler Venezianer den Beginn des Endes der Expo-Idee dar. Und sie ist eine Revision der vom Co.S.E.S gestellten und von der Region übernommenen Prognosen.

Costa kommt hinsichtlich der Expo-Besuche zu wesentlich höheren Zahlen als die Region: 41,6 Mio (gegen die 26,1 der Region) für den Zeitraum von April bis September, 28,5 Mio (gegen die 16,8 der Region) für den viermonatigen Zeitraum von März bis Juni. Würden die gleichen prognostischen Parameter angenommen wie bei den (damals in Planung befindlichen) Weltausstellungen Paris 1989, Sevillia 1992 und Wien-Budapest 1995, so lägen die Besuchszahlen einer Expo Venezia-Veneto entsprechend Paris und Sevillia um 50 % höher, während die Parameter von Wien-Budapest zu einer etwa um 25 % niedrigeren Prognose geführt hätten, die allerdings immer noch höher als die Prognose der Region gewesen wäre.

Selbst unter der Voraussetzung, daß die Expo ausschließlich im Triveneto ohne die Beteiligung des Centro Storico stattfinde, würden von den 19,8 Mio Expobesuchern 5,78 Mio Venedig besuchen (April-September), was für die 6 Ausstellungsmonate zu einem durchschnittlichen Zuwachs von 32.000 täglichen Besuchern und damit zu einer Verdopplung der Besuchszahlen führen würde, mit Spitzenwerten um 75.000 tägliche Besucher, die ihrerseits auf die Sommer-Spitzenwerte von 80.000-100.000 Expo-neutrale Besucher stoßen würden.

Ist diese Vision schon erschreckend genug, so liegt ein zusätzliches Verdienst der Universitätsuntersuchung darin, nicht das physische Fassungsvermögen der Inselstadt zum Kriterium erhoben, sondern Kriterien und Grenzwerte für einen sozioökonomisch optimalen Umfang des Venedigtourismus entwickelt zu haben (ein ähnlicher Versuch s. Indovina 1988). Die optimalen Werte liegen bei täglichen 11.700 Übernachtungsgästen und 10.700 Tagestouristen, zusammen also 22.400 täglichen Touristen. Demgegenüber wird das rein physische Fassungsvermögen mit maximal 100.000 Besuchern angenommen. 1987 betrug der rein rechnerische Tagesdurchschnitt 20.000 Besucher, nach den Prognosen für das Jahr 2000 dürfte er (ohne Expo) bei 30.000 Besuchern mit einem enorm gestiegenen Anteil an Tagestouristen liegen. Angesichts der ungleichen Verteilung des Tourismus übers Jahr läßt sich festhalten: bereits 1987 wurde der Grenzwert eines sozioökonomisch optimalen Tourismus an 156 Tagen mit mehr als 25.000, davon an 22 Tagen mit mehr als 40.000 überschritten; der Grenzwert des physischen Fassungsvermögens wird immerhin an mindestens zusätzlichen 6 Tagen (mit 60.000-100.000) erreicht (alle Daten aus Costa et al. 1989). Für das Jahr 2000 ist auch ohne Weltausstellung mit einer einschneidenden Verschlechterung der Situation zu rechnen (Überschreitung des sozioökonomischen Grenzwertes an 216 Tagen); bereits ohne Weltausstellung stellt sich also das Problem einer Kontrolle und Steuerung der Touristenströme in drängender Form.

Das Trauma des Pink-Floyd-Konzertes zur „Festa del Redentore" am 15.7.1989

Am Abend des 15.7.1989, am Tage der Festa del Redentore (das Fest des Erlösers), einem Fest, an dem ganz Venedig die Nacht im Freien, möglichst auf der Lagune, verbringt, fand in Venedig ein Konzert der Pink Floyd Rockgruppe statt. Die Bühne wurde auf dem Wasser gegenüber dem Dogenpalast aufgebaut, etwa 200.000 Besucher überschwemmten Venedig und versuchten, etwas von dem Konzert mitzubekommen. Nicht nur die Piazza S. Marco selbst, die ganze Inselstadt wurde in Mitleidenschaft gezogen. Was wirklich los war, merkten viele Venezianer erst am frühen Morgen bei ihrer Rückkehr von den Lagunenausflügen: Venedig war buchstäblich von Exkrementen übersät und mit Abfall zugeschüttet. Die meisten Bars und Lokale hatten (auch auf Anraten der Polizei, die ihre Sicherheit nicht zu garantieren können glaubte) geschlossen, öffentliche Toiletten, von denen es in Venedig ohnehin nur wenige gibt, waren teilweise ebenfalls zu, die Stadt mußte zur Kloake werden. Daß nichts wirklich Gravierendes unter diesen Bedingungen passiert war (Polizei und Notdienste waren praktisch nicht existent), wurde dem vorbildlichen Verhalten der meist jugendlichen Besucher zugeschrieben. Zur Reinigung der Stadt mußte das Militär eingesetzt werden.

Der Schaden, den Venedig durch dieses Konzert erfahren hat, ist sicherlich kleiner als der Schaden, der Venedig durch die Folgen der Industrialisierung zugefügt wird – worauf ein Leser der Financial Times (20.7.1989) zurecht hinwies. Die auf das Konzert folgende Kontroverse ist aber aus verschiedenen Gründen ausgesprochen heftig: Wegen der Frage der Verantwortung für die Genehmigung, die, wie aus einer Presseerklärung von Italia Nostra vom 19.7.1989 hervorgeht, erst eine Stunde vor dem Konzert vom Bürgermeister oder einem Stellvertreter unterschrieben worden sei; wegen der Sichtbarkeit der Folgen der touristischen Überschwemmung und wegen der katastrophalen Organisation des Konzertes seitens der Kommune und der Veranstalter. Die Diskussion um die Verantwortung für die Genehmigung des Konzertes – die individuell niemand übernehmen wollte, von starken Druckmitteln der Veranstalter war die Rede – und die Festlegung des republikanischen Bürgermeisters Casellati, mit ihm als Bürgermeister werde es keine Expo in Venedig geben, führte zum Austritt der Sozialisten aus der kommunalen Regierungskoalition (und deren sofortiger identischer Neubildung, der sog. Giunta fotocoppia). Casellati hatte darauf bestanden, daß es keine Entscheidung zur Expo ohne einen formellen Beschluß des kommunalen Parlaments geben könne und hatte seine Person und sein Amt gänzlich zur Vermeidung der Expo eingesetzt. Angesichts dieser Wendung ist der in vielen Zeitungsüberschriften auftauchende Dank an Pink Floyd sicher eine richtige Charakterisierung der Wirkung des Konzertes. Das Nein des Bürgermeisters – nicht der Kommune – zur Expo entstand in der erhitzten Diskussionsatmosphäre nach dem Pink Floyd Konzert, nicht vorher. Es blieb aber ein partielles Nein, weil die Parteien, die auf der Regionsebene für die Durchführung der Expo plädierten, dies auch – zwar gespaltener – auf der kommunalen Ebene taten. Dies zeigt deutlich, daß kommunalpolitische Interessen den parteipolitischen – oder genauer: den politischen Interessen bestimmter Parteigrößen – untergeordnet waren.

b) Der organisierte öffentliche Protest

Das Pink Floyd Konzert hat nicht nur innerhalb der Kommunalregierung (das Nein des Bürgermeisters) die Gewichte verschoben, sondern auch den nationalen (z.B. durch den Minister, PRI-Präsidenten und Senator Bruno Visentini) und internationalen öffentlichen Protest zu einem unüberhörbaren Sturm anschwellen lassen. Im folgenden möchte ich den nationalen (und lokalen) Protest an den

Aktionen von „Italia Nostra" und des Kommitees „No Expo" und den internationalen Protest an den (insgeheim) von der UNESCO initiierten Aktionen nachzeichnen.

Italia Nostra und das comitato „No Expo"

Italia Nostra ist eine der wenigen staatlich anerkannten (und damit nationale Interessen vertretenden) gemeinnützigen Vereinigungen, die sich dem Schutz der italienischen Kulturgüter und Naturschönheiten verschrieben hat. Ursprünglich mehr damit beschäftigt, die Kultur- und Naturwunder Italiens propagandistisch bekannt zu machen, hat sie sich in den letzten Jahren immer mehr zu einer einflußreichen Naturschutzorganisation gewandelt.

Italia Nostra hat von Anfang an konsequent gegen die Expo Stellung bezogen und neben dem Einsatz offizieller Mittel wie Presseerklärungen, Veranstaltungen und Konferenzen auch hinter den Kulissen kräftig an allen Drähten gezogen, die zu einer Verhinderung der Expo hätten beitragen können. Aus diesem Grunde bekam ich das Archiv von Italia Nostra, Sektion Venedig, auch nur in einer auf die offiziellen Dokumente reduzierten Form zu sehen. Vermutlich könte das Bekanntwerden der Beteiligung bestimmter Personen selbst heute noch juristische und arbeitsrechtliche Folgen haben. 1989 und 1990 wurde Italia Nostra besonders aktiv. Unter den „offiziösen" Aktivitäten ragen besonders hervor:

1. Ein Schreiben vom 31.5.1989 an das B.I.E. in Paris mit der Aufforderung, die Kandidatur Venedigs für die Expo 2000 abzulehnen. In der Begründung wird vor allem auf die ökologisch negativen Folgen für die Lagune sowohl der städtebaulichen Maßnahmen (die vermutete Verlagerung des Hafens mit der Aushebung neuer schiffbarer Kanäle in der Lagune) als auch der Tourismuszunahme in einer Stadt ohne Kanalisation und mit schlecht funktionierender Müllabfuhr hingewiesen. Diese Argumentation dominiert in allen Stellungnahmen von Italia Nostra gegen die Expo.
2. Die Erstattung einer Strafanzeige gegen die Stadtverwaltung Venedigs wegen der Genehmigung des Pink Floyd Konzertes.
3. Appell an das Regionalparlament, der Regionalregierung das Mandat für die Verfolgung der Expo-Pläne zu entziehen (4.10.1989).
4. Eine öffentliche Veranstaltung gegen die Expo unter Beteiligung des Präsidenten von Italia Nostra, verschiedener Minister und des Bürgermeisters von Venedig.
5. Eingaben an verschiedene Minister, schließlich an den damaligen Staatspräsidenten Cossiga.
6. Die Verwendung der Nr. 274 (April/Mai 1990) der Zweimonatszeitschrift von Italia Nostra im Kampf gegen die Expo.

Der vermutlich wichtigste Beitrag der Organisation dürfte allerdings in der Mobilisierung des internationalen Widerstandes zu sehen sein, im Knüpfen der Netze und Verbindungen.

Das „Comitato No Expo" entstand nach dem Pink Floyd Konzert und war ein Zusammenschluß einer großen Anzahl von venezianischen Vereinigungen, Berufsgruppenvertretungen, den lokalen Sektionen kleinerer Parteien, spontan gebildeten Kommitteès und anderen Gruppierungen. So vielschichtig auch Zusammensetzung und Interessen des Comitato No Expo waren, so sehr stand doch das Interesse an einer Erhaltung Venedigs als bewohnbarer Stadt im Mittelpunkt der Argumentationen.

Telefonketten wurden gebildet, Unterschriften gegen die Expo gesammelt, Versammlungen und Aktionen vorbereitet und durchgeführt. Mehr als 20.000 Unterschriften kamen zusammen, die am 18.5.1990 auf der Piazza San Marco an einer künstlich errichteten Mauer ausgestellt wurden, eine ausgesprochen öffentlichkeitswirksame Veranstaltung, deren Fotos um die Welt gingen. Die Mobilisierungsbereitschaft der venezianischen Bevölkerung war nach dem Pink Floyd Konzert groß, die Mobilisierungsfähigkeit des Comitato No Expo beträchtlich. Am 11./12. Juni 1990 veranstaltete das Comitato eine Mahnwache an einem überaus symbolträchtigen Ort, an der S.Maria della Salute, jener Kirche, deren Bau vom venezianischen Senat im Jahre 1630 zum Dank für das Ende einer großen Pestepidemie beschlossen worden war. Am 12. Juni, nach der Bekanntgabe des Verzichts Italiens auf die Kandidatur Venedigs für die Expo 2000, verwandelte sich die Mahnwache in ein großes Fest.

Alle Bemühungen, das Comitato in einen stabilen Zusammenschluß für die Konzipierung einer Zukunft Venedigs zu verwandeln, scheiterten. Nach dem erfolgreichen Ende der Kampagne gingen die meisten Gruppierungen wieder ihre eigenen Wege.

Der internationale Widerstand

Die Welt ist voller Vereinigungen, die Venedig vor dem Untergang retten wollen. Fast alle diese „Voluntary Committees for the Safeguarding of Venice" sind nach dem Hochwasser von 1966 entstanden. Sie bringen in der Hauptsache Geld für die Restaurierung von kulturhistorisch relevanten Gebäuden auf, haben also ein primär kunst- und kulturhistorisches Interesse an Venedig. Unter dieser Perspektive ist natürlich die Vorstellung einer Expo mit hunderttausenden von zusätzlichen Touristen eine Art Naturkatastrophe, die es mit allen Mitteln zu verhindern gilt. „Venice" – heißt es in dem „Statement by the International Voluntary Committees for Venice and other Associations" – „deserves the most scrupulous and careful conservation". Es geht um das „unique historical and artistic heritage of Venice", quasi um eine Stadt, die in ihrer Gesamtheit so zu erhalten sei wie sie ist, eine Stadt als Museum. Der Rekurs auf die damals noch 80.000 Bewohner der

Inselstadt gerinnt hier zu einem taktischen Argument; das internationale Engagement dient natürlich nicht der Verbesserung der Lebensbedingungen der Bewohner, sondern dem Schutz eines „great masterpiece of humanity".
Der internationale Widerstand ist weitgehend von Venedig aus organisiert worden. Teils durch die internationalen Beziehungen der Parteien und der Professoren der Architekturuniversität, teils durch Italia Nostra, teils aber auch und vor allem durch Maria Teresa Rubin de Cervin, Leiterin des venezianischen Büros der Unesco, und Margherita Asso, die staatliche Oberintendantin für Architektur und Umwelt, zuständig für die Denkmalpflege in Venedig. Noch vor der Expo-Entscheidung der Regierung wurde Margherita Asso „befördert" und gegen den Widerstand der venezianischen Organisationen nach Rom versetzt. Der Unesco wurde kurz nach dem Scheitern der Expo-Planungen durch das italienische Außenministerium das Büro gekündigt (Della Seta/Salzano 1993), ein kleinkarierter Racheakt des sich sonst so großbürgerlich gebenden De Michelis. Das Engagement dieser Personen und Organisationen brachte jedenfalls eine beachtenswerte Liste von ca. 300 Unterschriften der bedeutendsten internationalen Repräsentanten der kulturellen Welt zustande. Alle großen internationalen Zeitungen nahmen zwischen November 1989 und Juni 1990 gegen eine Expo in Venedig Stellung, Le Monde, Le Figaro, The New York Times, The Sunday Telegraph, Frankfurter Allgemeine und viele andere.

Das europäische Parlament verabschiedete mit großer Mehrheit (195:15 bei 4 Enthaltungen) eine Resolution gegen eine Expo in Venedig, die vom grünen Europarlamentarier Virginio Bettini eingebracht und u.a. vom stellvertretenden venezianischen Bürgermeister Cesare De Piccoli (PCI) und dem EG-Umweltkommissar Carlo Ripa Di Meana (PSI) vertreten wurde. Letzterer, später Umweltminister in der Regierung Amato, schickte eine Kommission nach Venedig, die die potentiellen Auswirkungen der Expo-Planungen auf die Umwelt überprüfen sollte. Grundlage hierfür war die EG-Direktive Nr.85/337 von 1988, nach der alle größeren Planungsprojekte einer Umweltverträglichkeitsprüfung unterzogen werden sollten.

Über die Rolle Ripa di Meanas wird weiter unten noch zu reden sein. Tatsache ist jedenfalls, daß der internationale Widerstand gegen die Expo Dimensionen angenommen hatte, über die die italienische Regierung sich nicht ohne einen erheblichen Ansehensverlust hätte hinwegsetzen können.

5. Italienische Turbulenzen oder: viel Staub um nichts

Als die Diskussion um die Expo unmittelbar nach dem Pink Floyd Konzert ihrem Höhepunkt zusteuerte und die kommunale Koalition in Venedig in die Krise geriet, geschah etwas Merkwürdiges. Plötzlich wollte sich eine ganze Reihe anderer Städte Italiens für die Durchführung der Expo zur Verfügung stellen: Der ehemalige Staatsminister (und ehemalige Bürgermeister Mailands) Tognoli (PSI) schlägt Mailand als Expo-Standort und auch zugleich für die Olympiade von 1996 vor;

die Weltausstellung vielleicht zusammen mit Turin, Genua und Venedig, vielleicht auch nur Mailand-Turin. Dann will Neapel, schließlich Bologna. Und dann noch Rom. Fast überall sind es Vertreter des PSI, die die anderen Städte ins Gespräch bringen. Von der Presse als ein „Krieg der Kirchtürme" apostrophiert, scheint aber hinter all diesen Kandidaturen mehr als nur der Wunsch zu stehen, die eigenen Städte (und den Vorschlagenden selbst) ins Rampenlicht zu stellen. Die Interpretationsmöglichkeiten sind vielfältig, von einer Strategie des PSI, durch die Konkurrenz der anderen Kandidaturen Venedig doch noch zur Expo zu drängen, über eine Hilfskonstruktion, notfalls auch ohne Venedig das 2000 Milliarden Lire Geschäft in Italien zu halten bis schließlich zu der inzwischen wahrscheinlichsten Interpretation, die Expo 2000 auf jeden Fall als Quelle der illegalen Parteienfinanzierung und anderer Schmiergelder in Italien und in PSI-Hand zu halten. Gleichwohl, alle anderen Kandidaturen wurden von der italienischen Regierung nicht aufgegriffen, sie blieb zunächst bei der Kandidatur des Veneto.

Nachdem der Bürgermeister Venedigs (Casellati, PRI) sich strikt gegen die Expo ausgesprochen hatte, versuchte Gianni De Michelis bei den Kommunalwahlen im Mai 1990 Bürgermeister von Venedig zu werden (dazu der damalige Regierungschef Andreotti: „Eher werde ich Papst"). Der Versuch scheiterte, die Sozialisten erhielten dafür nicht genug Stimmen.

6. Schluß der Vorstellung! Was wurde hier eigentlich gespielt?

Kurz vor der für den 14.6.1990 vorgesehenen Entscheidung des B.I.E. zog die italienische Regierung am 12.6.1990 die Kandidatur für eine Expo in Venedig und im Veneto zurück. Den vielleicht allerletzten Ausschlag hatte eine Unterschriftensammlung gegeben, in der eine absolute Mehrheit der Mitglieder des Senats (164 von 321) und der Mitglieder des Parlaments (347 von 630) sich gegen die Weltausstellung aussprachen. Die Regierung hätte sich also u.U. dem Risiko ausgesetzt, zwar seitens des B.I.E. den Zuschlag für die Expo 2000 zu erhalten, vom Parlament aber nicht die entsprechenden Finanzmittel bewilligt zu bekommen. Mit dieser Entscheidung war das Tauziehen um die Expo endgültig beendet. Die Gegner der Weltausstellung atmeten auf, die Befürworter resignierten oder gaben bekannt, die Ziele der Expo ohne die Expo verfolgen zu wollen. Das Consorzio Venezia Expo z.B. ging nunmehr als Consorzio Venezia 2000 dazu über, die Expo-Diskussion zu verarbeiten (vgl. Libro bianco su VENETIAEXPO 2000, 1990) und mit einem Veranstaltungszyklus die Entwicklungsziele der Expo ohne die Expo in der Diskussion zu halten (vgl. auch De Rita 1993).

Die Planungen zur Expo 2000 sind nicht an den bei solchen Projekten üblichen ökologischen, ökonomischen, finanziellen und stadtstrukturellen Bedenken gescheitert, jedenfalls nicht in der Hauptsache. Sie sind eher deshalb gescheitert, weil die Spezifik Venedigs zum einen das Weltkulturbürgertum auf den Plan rief, zum anderen die Gruppen der Modernisierer und der Bewahrer so scharf gegeneinander profilierte, daß eine Verständigung nicht mehr möglich war. Und sie sind deshalb gescheitert, weil die im italienischen politisch-administrativen System institutionalisierte Schmiergeld- und Machtverteilungspraxis bei diesem Projekt nicht richtig in Gang kam. Auch dies liegt letztlich an der Spezifik Venedigs: ein zu großes Projekt auf einem zu diffizilen Terrain. Die Gründe für das Scheitern der Planungen sind daher eher an den Verlaufsformen der politisch-administrativen Entscheidungsprozesse und der Diskussionen zwischen Befürwortern und Gegnern als am Gewicht der Argumente zu rekonstruieren.

Eines der auffälligsten Phänomene des gesamten Verlaufs ist das der Nichtentscheidung. Weder Kommunalregierung noch Kommunalparlament, weder Regionsregierung noch Regionalparlament haben formelle Beschlüsse zur Frage „Expo: Ja oder Nein?" zustande gebracht. Daß es auf kommunaler Ebene nicht zu einem Ja kam, zeigt zumindest, daß es keine durchsetzungsfähige lokale Wachstumskoalition gab. Daß es aber auch kein Nein gab, ist der Spezifik des politischen Systems in Italien geschuldet. Gewiß, die letzte Entscheidung lag bei der italienischen Regierung, aber ein eindeutiges Nein des Kommunalparlamentes oder der Kommunalregierung hätte es dem B.I.E. unmöglich gemacht, dem italienischen Staat den Zuschlag für eine Weltausstellung in Venedig und im Veneto zu erteilen. Daß es nicht zu einer solchen Entscheidung kam, obgleich sie in regelmäßigen Abständen auf den jeweiligen Tagesordnungen stand, ist kein Zufall, sondern ein strukturelles Produkt, Ergebnis des italienischen Proportionalwahlrechtes. Durch die vielen Parteien, die nach jeder Wahl in den Parlamenten vertreten sind, werden die vielfältigsten Mehrheitsbildungen möglich. Dadurch wird fast jedes in einer Regierung vertretene Interesse zu einem Entscheidungsveto auch dann, wenn es in der entsprechenden Regierung eigentlich eine Mehrheit für eine Entscheidung gäbe. Eine Entscheidung gegen die Interessen eines wichtigen Partners – im Falle der Expo gegen die Sozialisten – hätte eine sofortige Krise und die Neubildung der Regierung zur Folge, vielleicht mit anderen Mehrheiten, vielleicht gerade unter Ausschluß derjenigen Personen und Parteien, die eine Entscheidung herbeigeführt haben. Deshalb ist die Nichtentscheidung ein strukturelles Element der italienischen Politik, deshalb fielen vermutlich nur Entscheidungen, die den Konsens aller großen (regierungsfähigen) Parteien hatten, ein Konsens, der im Falle projektorientierter Planungen vor allem die Verteilung der (Schmier-) Gelder für die illegale Parteienfinanzierung betraf. Die Expo 2000 wäre ein Megaprojekt mit einer Megafinanzierung für die Parteien gewesen; man könnte also böswillig aus dem Scheitern schließen – und es gibt solche Interpretationen –, daß die großen Parteien sich nicht auf die Verteilung des Kuchens haben einigen können.

In eine ähnliche Richtung führt eine andere Interpretation, die durchaus glaubwürdig ist: hätte die Expo stattgefunden, wäre das Veneto zur ökonomisch stärksten Region Italiens geworden. Dem (Mailänder) Sozialistenführer Craxi habe dies nicht recht sein können, und in diese Logik fügten sich auch die Aktivitäten des (zum Mailänder Flügel des PSI gehörenden) EG-Umweltkommissars Ripa Di Meana. Eine Auseinandersetzung innerhalb der Sozialistischen Partei um politische Macht, um regionale Machtbasen und um den Zugang zu finanziellen Ressourcen. Es ist kein Geheimnis, daß der damalige Vorsitzende der sozialistischen Partei, Bettino Craxi, sich für das Expo-Projekt seines Vizes Gianni De Michelis keineswegs in die Bresche geworfen hat.

Nun ist in diesem Falle die Situation durch die große öffentliche und internationale Aufmerksamkeit, die die Expoplanung hervorgerufen hat, keine rein italienische Angelegenheit mehr. Das Scheitern kann m.E. auch nicht hinreichend mit dem System der illegalen Parteienfinanzierung und politischen Machtkämpfen erklärt werden – so sehr diese auch eine Rolle gespielt haben mögen. Der lokale und internationale Widerstand ist mindestens gleichbedeutend. Im Lichte dieses Widerstandes hätte die italienische Regierung weltweit als eine Horde von Barbaren dagestanden, die Venedig dem Wachstum des Triveneto opfert.

Eine weitere Auffälligkeit ist der Prinzipiencharakter des Streites um die Expo. Sieht man von der sehr rationalen Diskussion über die Touristenströme und die Expo-Besucher einmal ab (siehe aber auch Indovina 1989), wurde die Diskussion über die Expo von beiden Seiten als weitgehend ideologische Diskussion geführt. Edoardo Salzano erklärt dies durch die Grundsätzlichkeit der zwei miteinander streitenden Positionen: Die eine Position halte Venedig für eine Stadt wie jede andere und tendiere dazu, an Venedig die gleichen Modernisierungskriterien wie an andere Städte anzulegen. Die andere halte an der völligen Andersartigkeit Venedigs fest und bestehe darauf, Venedig nicht dem Entwicklungsmodell anderer Städte anzupassen. Deshalb habe es keine Möglichkeit einer sachlichen Auseinandersetzung um die Expo gegeben. Beiden Positionen geht es um die Zukunft der Stadt, beide haben eine Vision dieser Zukunft. Die Modernisierer sehen in der Ausgrenzung der Moderne den Grund für das Siechtum Venedigs, die anderen sehen in der Angleichung die Zerstörung Venedigs: zwei diametral entgegengesetzte Positionen, zwischen denen es keine Verständigung über eine „behutsame" Modernisierung geben kann. Daß sich Politiker aller Richtungen und hervorragende Fachleute auf beiden Seiten wiederfanden, macht die rationale Beurteilung der Positionen nur schwerer.

Folge dieser unversöhnlichen Positionen ist eine bedenkliche Paralyse politischen Handelns, die vor dem Hintergrund der politisch-strukturellen Entscheidungsunfähigkeit der politischen Institutionen noch schwerer wiegt.

Betrachtet man nur die Planungen, läßt sich ihnen ein innovativer Charakter auch hinsichtlich der Thematik nicht absprechen. Die Expo wäre für den Nordosten Italiens durchaus eine Entwicklungschance gewesen. Vor allem die Modernisierung der Infrastrukturen und der zu erwartende Tertiarisierungsschub hätten zu einer langfristigen ökonomischen Strukturveränderung und damit zu einem neuen Entwicklungsniveau führen können.

Angesichts des für ein solches Megaprojekt knappen (und durch das Nichtentscheiden noch knapper werdenden) Realisierungszeitraums von 10 Jahren – bedenkt man vor allem die technischen Schwierigkeiten aller die Lagune und die Inselstadt betreffenden Eingriffe – liegt allerdings die Vermutung nahe, daß die an sich innovativen Planungen letztlich auf eine realisierbare Konzentration der Vorhaben rückgeführt worden wären. Mit Sicherheit wäre der Finanzrahmen mehr als gesprengt worden, und vermutlich hätte es auch keine hinreichend koordinierte Gesamtplanung gegeben. Die Kontrolle des Venedigtourismus wäre wohl schon an verfassungsrechtlichen Einwänden gescheitert; und wenn nicht daran, so an der technischen und organisatorischen Durchführung eines vollelektronischen Systems, für dessen jahrelange Erprobung es keine Zeit gegeben hätte. Geht man davon aus, daß Kontrolle und Begrenzung der Touristenströme nicht hätten gelingen können, wären die sozioökonomischen Folgen für Venedig selbst bei reduziertem Zeitplan katastrophal gewesen. Die negative Vision der Expo-Gegner ist deshalb nicht so unwahrscheinlich, wie sie auf den ersten Blick erscheinen mag: Unbezahlbarkeit der wenigen Wohnungen – nach Marino Folin (in: „la Nuova Venezia" vom 30.5.1990) sind die Immobilien- und Mietpreise bereits in der Zeit der Expo-Diskussionen explodiert – und Vertreibung eines großen Anteils der Bewohner, was einen Niedergang der öffentlichen und privaten Dienstleistungen für die verbleibenden Bewohner bedeutet hätte. Die Modernisierung brachliegender Areale Venedigs wäre unter den Weltausstellungsbedingungen mehr als nur negativ kompensiert worden: Die Expo hätte aus Venedig eine tendenziell unbewohnte Geisterstadt gemacht, voller Zweitwohnungen für reiche Italiener und Ausländer, ohne die für das tägliche Leben notwendige Infrastruktur; eine Stadt ohne einen Markt für bezahlbare Mietwohnungen, ohne die Bedingungen für das Alltagsleben jener Schichten, die in den neugeschaffenen tertiären Einrichtungen hätten arbeiten sollen. Damit wäre auch die Nachfolgenutzung der Expo-Areale gefährdet gewesen.

7. Venedig: dümpelnde Stadt in trübem Wasser, Teil II

Venedig ist zum Alltag zurückgekehrt, und das bedeutet: Auch ohne die Weltausstellung nimmt die Zahl Bewohner ab, im Februar 1993 wurde die Schwelle von 75.000 Einwohnern unterschritten. Auch ohne die Expo verschlechtern sich die Bedingungen des Alltagslebens, nehmen der Tourismus und die tourismusorientierten Aktivitäten zu. Die notwendigen Entscheidungen werden Tag um Tag verschoben, eine den Problemen angemessene Wohnungspolitik ist nicht in Sicht. Die lokalen Expo-Gegner gehen wieder ihren Partikularismen nach, Konservativismus und Immobilismus sind die zwingenden Folgen eines ideologischen Antagonismus und des Proporzionalwahlrechtes, nicht nur, aber auch.

Paolo Costa hat in seinem Referat am 18.3.1993 auf der 3. internationalen Tagung „Cities on water and transport" dargelegt, es bestehe Einigkeit darüber, daß es ohne eine Revitalisierung des Centro Storico auch keinen Schutz der Lagune, keinen Schutz der Kultur- und Kunstdenkmäler geben werde. Die Revitalisierung der Stadt sei die Voraussetzung für den Erfolg aller anderen „Schutzmaßnahmen". Für eine solche Revitalisierung müßten drei Probleme gelöst werden: Kontrolle der Touristenströme, die erfolgreiche Suche nach einem Katalysator für die Entwicklung Venedigs und schließlich die Trennung der Zugänge zur Insel für Touristen und Ansässige, die Entwicklung eines schnellen und zuverläsigen Zugangs zum Centro Storico für Berufspendler und Bewohner. Dies entspräche allerdings seiner Idee von Venedig, und jede Idee von Venedig führe zu anderen Lösungsvorschlägen. Und es gebe viele Ideen von Venedig.

In der Tat besteht hierin ein weiteres Dilemma: Es gibt nicht einen Mangel an Ideen und Vorschlägen, sondern ein Zuviel. Und es gibt keine politisch institutionalisierten Mechanismen, die es erlaubten, auch mit einem partiellen Konsens zu einer Entscheidung und Entscheidungsrealisierung zu kommen. Jeder zusätzliche Vorschlag setzt – wenn er erst mal institutionell und in der Öffentlichkeit wahrgenommen worden ist – einen Strom von Expertisen, Gegenvorschlägen, Kommissionen und Unterkommissionen in Gang. Die Expo-Idee hätte es fast geschafft und sie wäre das Mittel gewesen, in der politischen Kultur des Nichtentscheidens Entscheidungen zu erzwingen. Allerdings verbunden mit dem Risiko, daß es wegen des Zeit- und Geldmangels und wegen des Fehlens der öffentlichen Kontrolle letztlich zu den denkbar schlechtesten Entscheidungen gekommen wäre. Die in Italien übliche Politik einer Realisierung von Großprojekten über die Herstellung eines Ausnahmezustandes, Sicherung der Finanzierung über Sondergesetze sowie Konzentration von Planung, Durchführung und Bauaufsicht in der Hand eines Konsortiums produziert die denkbar schlechtesten Lösungen (vgl. Obermair in diesem Band). Die Institutionalisierung dieser Praxis hat bislang die Entwicklung von politisch-administrativen Strukturen verhindert, die die Durchführung solcher Projekte als normale Aufgabe einer modernen Verwaltung ermöglicht hätten.

Angesichts dieser institutionalisierten Praxis hatte De Michelis mit seiner Meinung, nur eine fester Termin ermögliche die Realisierung der für die Zukunft Venedigs notwendigen Maßnahmen, zugleich Recht und Unrecht. Ohne einen solchen Termin kommen in Italien Projekte dieser Größenordnung nicht zustande, mit diesem Termin und dem daraus resultierenden Ausnahmestatus werden dann allerdings oft die schlechtesten Alternativen realisiert, ohne daß es noch die Zeit für eine Kontrolle und Korrektur im öffentlichen Interesse gäbe. Deshalb hat auch die Position nicht unrecht, die von den politischen Institutionen erwartet, daß die für Venedig so oder so notwendigen Maßnahmen unter den Bedingungen normaler Administration zustande kommen. Da aber das politisch-administrative System in Italien bislang nicht so funktioniert, kommt es eben nicht zur Realisierung der notwendigen Projekte.

Angesichts dieses Dilemmas sieht es für die Zukunft Venedigs als einer sozial und ökonomisch lebendigen Stadt nicht besonders gut aus; vermutlich nur wenig besser als mit der Expo. Bleibt es bei dem strukturellen Immobilismus, könnte man auch die umgekehrte Interpretation plausibel vertreten: Venedig hat mehr überstanden als die tägliche Mißwirtschaft, mehr als eine Expo 2000. Und vielleicht hätte die Stadt Venedig eine Weltausstellung besser überlebt, als es ihre konservierenden Beschützer glauben.

Fast alle in dieser Untersuchung genannten Ämter, Archive und Personen haben meine Arbeit nach Kräften unterstützt. Mein besonderer Dank gilt allerdings Anna Marson und Marco Venturi.

Literatur

Barbieri, Paolo, 1990: Dinamiche socio-demografiche degli anni '80 e trasformazioni urbane nell'area veneziana, in: La nuova dimensione urbana: Venezia-Mestre nella regione Veneto. Quaderni della Fondazione Istituto Gramsci Veneto 9, S. 27-45. Venezia: Arsenale Editrice.
Bernardi, Ulderico, 1985: Etnia e qualità della vita, in: Feliciano Benvenuti et al., Valori ed equivoci della cultura veneta. Vicenza: Edizioni del „Rezzara".
Bernardi, Ulderico, 1991: La società veneta. Riferimenti bibliografici (1955-1990). Venezia: il poligrafo.
Bettin, Gianfranco, 1991: Dove volano i Leoni. Fine secolo a Venezia. Milano: Garzanti.
Borg, Jan van der, 1991: Tourism and Urban Development. The impact of tourism on urban development: towards a theory of urban tourism, and its application to the case of Venice, Italy. Venezia: Dissertationsdruck.
Costa, Paolo, van der Borg, Jan, 1988: Un modello lineare per la programmazione del turismo, in: Co.S.E.S. Informazioni 32/33, 18. Jg., S. 21-26.
Della Seta, Piero und Edoardo Salzano, 1993: Tangentopoli, la città a misura di affari (Arbeitstitel, im Erscheinen), Roma: Editori Riuniti.
Dente, Bruno, Luigi Bobbio, Paolo Fareri und Massimo Morisi, 1990: Metropoli per progetti. Bologna: il Mulino.
De Rita, Giuseppe, 1993: Una città speciale. Rapporto su Venezia. Venezia: Marsiglio Editori.
Dorigo, Wladimiro, 1973: Una legge contro Venezia. Natura storia interessi nella questione della cittá e della laguna. Roma: Officina Edizioni.
Folin, Marino, 1988: La politica della residenza, in: Idea di Venezia, Quaderni della Fondazione Istituto Gramsci Veneto 3/4, S. 105-112. Venezia: Arsenale Editrice.
Folin, Marino, 1990: La casa a Venezia, in: Urbanistica, Nr. 98, S. 63-69.
Fondazione Corazzin, 1985: La Societá Veneta. Rapporto sulla situazione sociale della regione 1984/85. Padova: Liviana Editrice.
Fondazione Corazzin, 1987: La Societá Veneta 1986. Rapporto sulla situazione sociale della regione. Padova: Liviana Editrice.
Indovina, Francesco, 1988: Turisti, pendolari, residenti. Conflitto nell'uso terziario della città. In: Co.S.E.S. Informazioni 32/33, 18. Jg., S. 27-36.
Indovina, Francesco (Hrsg.), 1989: Expo. Un contributo alla ragione. DAEST/STRATEMA, Istituto Universitario di Architettura di Venezia.
Indovina, Francesco (Hrsg.), 1993: La città occasionale. Firenze, Napoli, Torino, Venezia. Milano: FrancoAngeli.
Piccinato, Giorgio, 1993: Veneto: a post industrial city?, erscheint in: European Planning Studies 2, 1993.
Savino, Michelangelo, 1993: Progetti per una Venezia tutta da inventare, in: Francesco Indovina (Hrsg.), La città occasionale. Firenze, Napoli, Torino, Venezia, S. 273-378. Milano: FrancoAngeli.
Scano, Luigi, 1985: Venezia: terra e acqua. Roma: Edizioni delle Autonomie.

Materialien

a) Materialien des Consorzio Venezia Expo

1. Idee per L'expo, 1989:
Giorgio Lombardi, Carlo Aymonino: I nodi della centralità di Venezia. Progetto: L'Arsenale di Venezia e l'expo 2000.
Emilio Ambasz, Antonio Foscari: La Laguna di Venezia. Progetto: Ente teatro/parco lagunare.
Renzo Piano, Ugo Camerino, Gian Paolo Mar: Un Magnete sulla gronda lagunare, Vol. I.
Ugo Camerino, Gian Paolo Mar: Un Magnete sulla gronda lagunare, Vol. II.: L'area insediativa di Tessera e il Magnete.
Censis Servizi s.p.a.: L'insediamento dell'expo nel policentrismo Veneto. Progetto: Expo nell Triveneto.
Ulderico Bernardi et al.: Ricerche di settore (Zusammenfassungen von 11 Detailuntersuchungen zur Struktur des Veneto, zur Bedeutung der Informatik und Telematik und zur Organisation der Expo).

2. Ministero degli affari esteri: VENETIAEXPO 2000. La costruzione dell'equilibrio del sistema Terra. (o.O., o.J.) Mai 1990.

3. Libro bianco su VENETIAEXPO 2000, Juni 1990.

b) Materialien der Regione del Veneto/G.T.O. mit den folgenden Untersuchungsthemen und -gruppen: 1. La ricettività e il Turismo (G. Zanon et al.); 2. La mobilità, le strutture e i sistemi di trasporto P.P. Sandonnini); 3. I grandi sistemi infrastrutturali (G. Zambrini); 4. I luoghi (C. Pluti); 5. I programmi e i finanziamenti pubblici e privati (F. Miani); 6. Valutazione delle interazioni fra modelli e variabili (P. Rizzato); 7. Impatto sul mercato residenziale dell'expo del 2000 (L. Bellicini, nicht durchgeführt); 8. Il tema dell'expo (G. Macchi, S. Acquaviva); Beratungsgruppen zu den Themen: scenari e simulazioni, marketing, mercato turistico. Zusammenfassende Publikationen:

Rapporto Nr. 1, März 1988.
Quaderno di lavoro A, Oktober 1988.
Quaderno di lavoro B, Dezember 1988.
Rapporto Nr. 2, Februar 1989, zusammenfassende Darstellung und Materialienband.
Rapporto conclusivo, Juli 1989, zusammenfassende Darstellung und Materialienband.
Regione del Veneto/Giunta Regionale: VENETIAEXPO 2000. Risposte al questionario B.I.E. Textband und Anlagenband, o.J., (1989).

c) Weitere Materialien:

Paolo Costa et. al.: Il turismo a Venezia verso il 2000. Ricerca condotta in collaborazione con il Co.S.E.S. per conto del Comune di Venezia, Ms., September 1989.
Jean Cyril Godefroy: Venice or Expo. It is up to You. O.O., o.J. (April/Mai 1990).
Italia Nostra, Bollettino 274, Aprile-Maggio 1990: Venezia Expo 2000. L'ultimo concerto?.
Verschiedene Pressespiegel (DAEST, Regione del Veneto, Privatpersonen) sowie die Archivmaterialien von Italia Nostra, Edoardo Salzano, des Comitato „No Expo", des Consorzio Venezia 2000 und des Co.S.E.S.

Klaus Selle

Expo 2000. Ein Großprojekt als Mittel der Stadtentwicklung?

Zwischen „Festivalisierung" und „Fokussierung".
Sechs Jahre Planung für die Weltausstellung in Hannover

„Die Weltausstellung Expo 2000 ist zu verstehen als ein globales Forum für die Auseinandersetzung mit dem komplexen Verhältnis der Menschen zur Natur und zur Technik."
(Entwurf des Generalvertrages vom Mai 1993)

„Das Beste an der Expo wird Hannover! Es geht um die wichtigste Entscheidung für Hannover seit dem Wiederaufbau ... Es geht um Ihre Zukunft und die Zukunft Ihrer Kinder"
(Oberbürgermeister Schmalstieg und Oberstadtdirektor Fiedler in einer Annonce im Vorfeld der Bürgerbefragung 1992)

„Eine gelungene Expo ist eine hervorragende Werbung für den Wirtschaftsstandort Deutschland"
(Helmut Kohl 1993)

„In Hannover hat die gottgewollte Ordnung gewiß ihren sichersten Platz"
(Jakob Hirsch)

Seit sechs Jahren ist die Landeshauptstadt Hannover auf dem Wege zu einem „Festival". Für die Jahrtausendwende planen Stadt und Land eine Weltausstellung. Von diesen ersten sechs Jahren soll hier die Rede sein.

Gegenstand meiner Überlegungen ist also die Geschichte eines noch unfertigen Planes, ein Planungs- und Politikprozeß. Dieser wird eingangs (Kap. 1) skizziert und in den folgenden Argumentationsschritten näher untersucht. Von den vielen möglichen Perspektiven, unter denen Weltausstellungen zu betrachten wären, wird hier allerdings nur eine aufgegriffen: Es geht um den Zusammenhang von Weltausstellungsplanung und kommunaler bzw. regionaler Entwicklung, im Kern also um die Frage: ist das Großprojekt Expo Mittel der Stadtentwicklung(splanung)?

Die Expo-Planung in Hannover wird damit zum Fallbeispiel für jenen „neuen Typus von Politik" (s. Einleitung zu diesem Band), der sich der Großereignisse bedient (Kap. 2), um sie als Vehikel zur Stadtentwicklung (Kap. 3) zu nutzen:

- Wer sich mit der „Politik der großen Ereignisse" auseinandersetzt, stößt zunächst auf die „neue Lust am großen Projekt" (2.1), erkennt aber zugleich, daß der „neue Typus" Vorläufer hat, die weit über die 60er Jahre zurückreichen (2.2). Was unterscheidet nun die alte Faszination am Großprojekt von der neuen Lust – dieser Frage wird abschließend (2.3) nachgegangen.
- Das Großprojekt ist aber nicht Zweck an sich. In Theorie und Praxis (so auch in Hannover) wird vielmehr unterstellt, daß das „big event" Stadt und Region auf dem Weg zu nahen oder fernen Entwicklungszielen weiterbringen soll und kann. Diese theoretische Implikation bzw. politisch Behauptung gilt es zu überprüfen: Wenn die Weltausstellung(splanung) Mittel der Stadtentwicklung wäre, wie müßte sie dann beschaffen sein? Dieser Frage gehe ich in zwei Sondierungen (3.1) nach: das mindeste, was man von einem Mittel erwarten sollte, ist die Verträglichkeit. Ist die Expo also stadt(politik)verträglich? Die zweite Sondierungsfrage lautet: Wenn die Expo Mittel heutiger Stadtentwicklung sein soll, dann müßte die Weltausstellungsplanung einige der als „state of the art" zu bezeichnenden Merkmale fortgeschrittenen planenden Bemühens aufweisen – ist dies der Fall?

Um aber sicher zu gehen, daß die Arbeitshypothese überhaupt eine Berechtigung hat, soll abschließend die Grundsatzfrage gestellt werden: Kann dieses Großprojekt, kann die Planung des Festivals überhaupt Mittel einer lokalen oder regionalen Politik sein (3.2)?

Nach den Erörterungen zu Wirkungen, Großprojekten und heutigen Mitteln der Stadtentwicklung drängt sich naheliegenderweise die Frage auf: „so what?". Was also folgt aus alledem?

Die Frage ist auf zwei Ebenen zu beantworten:

- Welche Folgerungen ergeben sich für die weitere Planung in Hannover (4.1)?
- Was lernen wir aus diesem Fallbeispiel für die Diskussion um Festivals als Mittel der Stadtpolitik (4.2)?

Diese inhaltlichen Orientierungen müssen noch durch drei methodisch-technische Vorbemerkungen ergänzt werden:

Erstens: Kennzeichnend für viele Großereignisse nach Art der Expo ist der erhebliche verbale Nebel, der sich in der Vorbereitungsphase um Absichten und Inhalte legt. So auch in Hannover. Zwar sind die Wünsche und Versprechungen zahlreich, sie scheinen weitreichend und sind doch nur Drapierungen zumeist banaler Aussagen. Beredt davon Zeugnis gibt etwa die Außendarstellung unter dem Motto „Das dritte Jahrtausend beginnt in Hannover" – Greifbares, das Gegenstand präziser Analyse werden könnte aber gibt es wenig. Der Stoff, den es hier – nach sechsjähriger Planung – zu untersuchen galt, bestand und besteht vorwiegend aus Konzepten, Programmen, Wünschen, Hoffnungen und Befürchtungen. Derlei ist schwer dingfest zu machen und darüber hinaus aus der Perspektive der Leser kaum durchsichtig.

Es ist zweitens darauf hinzuweisen, daß dieser Beitrag nicht aus der Perspektive des Hannover-Besuchers, aus kritisch-forschender Distanz verfaßt wurde. Es schreibt hier vielmehr ein interessierter Zuschauer, der während der gesamten Vorbereitungszeit das Spektakel vor Ort verfolgen konnte und in der „heißen Phase" (1992) für einige Monate auch selbst zum Mitspieler wurde (als „Anwaltsplaner" mit der Aufgabe, zu einer unabhängigen Information über die Weltausstellung beizutragen) ... Solche Nähe prägt die Wahrnehmung. Die Festlegung auf eine Rolle im Spiel ist auch in der wissenschaftlichen Nachbereitung nur bedingt abzulegen.

Drittens wird von einem noch laufenden Prozeß berichtet. Zum Zeitpunkt der Veröffentlichung können die Dinge also einen – vielleicht unerwarteten – Fortgang genommen haben.

Eine Chronik laufender Ereignisse ist stets durch große zeitliche Nähe geprägt. Der Vorteil der Aktualität wird dabei mit dem Nachteil einer gewissen Unübersichtlichkeit erkauft. Auch mögen Schlüsse naheliegen, die mit größerem Abstand anders zu ziehen wären. Und nicht zuletzt erweist es sich bis in die Schreibweise hinein als schwierig, die Gegenwart schon von der Vergangenheit zu scheiden.

1. Die Expo-Planung in Hannover: Geschichte und Rahmenbedingungen

Bislang gibt es von der Expo 2000 in Hannover nichts als die Geschichte ihrer Planung. Davon soll hier die Rede sein.

Selbstverständlich ist es unmöglich, die vielen tausend Seiten der Konzepte, Programme, Gutachten, Stellungnahmen etc. angemessen zu berücksichtigen. Noch mehr entziehen sich die Irrungen und Wirrungen im politischen Ränkespiel, die verschlungenen Aktivitäten hinter den verschiedenen Bühnen einer vollständigen und ausgewogenen Berichterstattung. Es muß daher hier mit einigen Schlaglichtern vorlieb genommen werden, die jene Aspekte hervorheben, die meines Erachtens für die Beurteilung der Leitfrage dieses Beitrages (Weltausstellungsplanung als Mittel der Stadtentwicklung?) wesentlich sind. Die Form, in der dies geschieht, ist die eines Theaterstücks – mit Prolog, Epilog, und (vorerst) vier Akten. Denn Dieter Eisfeld, einer der Expo-Planer bei der Stadt Hannover und Verfasser eines Buches über die „Commedia dell' Expo" hat sicher recht, wenn er schreibt, die Weltausstellung sei ein Schauspiel und lasse sich „aus diesem Blickwinkel am besten schildern" (Eisfeld 1992, S. 10).

a) Vorspiel: Die dunklen Jahre

Irgendwann nach der Hannover-Messe des Jahres 1987 muß es gewesen sein ... da saßen die Vorstände der Deutschen Messe AG mit der damaligen niedersächsischen Finanzministerin Birgit Breuel am Kaminfeuer und bedachten die Zukünfte des Messestandortes Hannover. Man sorgte sich um dessen führende Rolle, und um die „nicht an andere Messeplätze zu verlieren, die sich wie Mailand, Paris, Frankfurt oder München nach Kräften um Verbesserung ihrer Attraktivität bemühen, muß auch Hannover auf Dauer interessant und reizvoll bleiben" (Eisfeld 1992, S. 16). Später kam noch der Oberbürgermeister der Landeshauptstadt Hannover hinzu und in angeregter Atmosphäre wurden verschiedene Ideen erörtert.

... so wird – vom Pressesprecher des Lenkungsausschusses der Weltausstellung – die Entstehung der Expo-Idee präsentiert und in verschiedenen Zeitschriften wiedergegeben (vgl. z.B. Flex 3/90; Sack 1990b). Allerdings erfahren die interessierten Leser von diesem kaminbefeuerten brainstorming des Jahres 1987 erst 1990. Denn in der dem Treffen folgenden Zeit hatten die Beteiligten anscheinend Dringlicheres zu tun, als die Öffentlichkeit zu informieren. Wie das niedersächsische Finanzministerium dem Landtag drei Jahre später mitteilte (Landtagsdrucksache 11/5099), habe es sich damals um „intensive Vorarbeiten zur Erstellung des Gesamtkonzeptes seitens der niedersächsischen Landesregierung und der Deutschen Messe AG" gehandelt. Es sei dies „eine vertrauliche interne Arbeit" gewesen. Kaum ein halbes Jahr nach dem mutmaßlich ersten Treffen legten allerdings die Initiatoren aus Hannover der Bundesregierung ein Konzept zu einer Weltausstellung im Jahr 1998 vor. (Es ist vielleicht nicht unwesentlich zu erwähnen, daß zu der Zeit in Land und Bund noch die CDU die Regierungen stellte).

Parlamentarische Gremien wurden erst nach einem Jahr an das Thema herangeführt: Am 22. März 1988 beschäftigte sich ein Ausschuß des niedersächsischen Landtags mit dem Thema – aber elf Tage zuvor war bereits beim Bundeswirtschaftsministerium die bevorstehende Bewerbung in Paris angekündigt worden.

Die Landeshauptstadt Hannover spielte das Schlußlicht in dieser Prozession: sie wurde offiziell erst weitere zwei Monate später informiert – in nicht-öffentlicher Sitzung. Sepp Heckmann, Vorstandsmitglied der Messe-AG und später gelegentlich als „Vater der Expo" tituliert, informierte damals den Verwaltungsausschuß.

Die Expo-Idee wurde also an die Stadt herangetragen, stieß dort zunächst auf Achselzucken und fragende Gesichter. Um so erstaunlicher, daß man bereits damals mit den Betreibern in einem für die weitere Entwicklung prägenden Punkt einig zu sein schien – so die späteren Presseberichte: „auf jeden Fall (müsse) eine monatelange Diskussion im Rat darüber vermieden werden , ob die Stadt vom Grundsatz her für oder gegen eine Weltausstellung sei" (Koch 1990, S. 5). Um diese zeitliche Abfolge richtig würdigen zu können, muß berücksichtigt werden, daß am 20. November 1988 Bewerbungsschluß war. Den parlamentarischen Gremien blieben also inklusive Sommerpause knapp sechs Monate zur Beratung der damals nach übereinstimmender Auskunft noch sehr wolkigen Pläne. Erst drei Wochen vor Meldeschluß wird ein Antrag zur Expo in den Stadtrat eingebracht (von der Mehrheitsfraktion) und am 17. November gegen die Stimmen der GABL angenommen. Die Weltausstellung wird darin begrüßt. Alles Weitere solle später geklärt werden. (14 Tage vor diesem Stadtratsbeschluß war bereits das Schreiben der Bundesrepublik nach Paris abgeschickt worden.)

Zwei Stimmen aus der städtischen Verwaltung und Politik kennzeichnen die Rolle, die die Landeshauptstadt zu diesem Zeitpunkt im Expo-Spiel hatte:

- „Es hieß, es gebe da Leute, die wollen eine Weltausstellung machen – wie soll sich die Stadt dazu verhalten?" So stellte sich die Situation in der Erinnerung des späteren Expo-Planers der Stadt dar (Dieter Eisfeld zit. in: Adesso No. 16/1992, S. 8).
- Der Fraktionschef der SPD drückte die damalige Stimmung so aus: „Ein quirliger Messevorstand (hat) etwas ins Gespräch gebracht, das von seiten der Politik duldend hingenommen wurde."

Die überregionale Presse übernahm diese Beurteilung. Manfred Sack etwa schrieb in der ZEIT: „Hannover wäre selber nie auf die hasardierende Idee einer Weltausstellung gekommen, das besorgten die Leute von der Messe AG in einer Sektlaune, wie man sich erzählt, um den Frankfurter Konkurrenten die Stirn zu bieten." (Sack 1990b)

Soweit das Vorspiel. Es dauerte ca. zwei Jahre und fand weitgehend unter Ausschluß der Öffentlichkeit und – wie wir sahen – der lokalen Politik statt. Verdunkelung herrschte vor. Erst spät betrat die Stadt die Bühne – mehr geschoben, denn aus eigenem Antrieb. Aber ohne sie konnte das Spiel nicht weitergehen: schließlich sollte die Weltausstellung auf ihrem Territorium stattfinden.

b) Erster Akt: Werbungen und Konflikte, oder: wie aus einer Idee ein Zuschlag wurde

1988/89 zeichnete sich etwas klarer ab, welche Gestalt die Weltausstellung in Hannover annehmen sollte. Für einen unmittelbar an das bestehende Messegelände im Südosten Hannovers angrenzendes Areal – den Kronsberg – wurde ein Bebauungsvorschlag erarbeitet, der u.a. ca. 170 ha Ausstellungsgelände, ergänzend zu den bereits bestehenden 150 ha Messegelände vorsah. Auf diesem Gelände sollten die Pavillons der etwa 130 Aussteller aus der ganzen Welt und einige auf Dauer angelegte Einrichtungen errichtet werden. Interessant ist wiederum, in welcher Reihenfolge hier die Planungen begonnen wurden: „Inzwischen hatte die Messegesellschaft ihren eigenen Architekten beauftragt, die planerischen Unterlagen zu erarbeiten, die benötigt wurden, um das Projekt ins Gespräch zu bringen. Er zog städtische Planer hinzu und veranlaßte sie zu einem eigenen städtebaulichen Konzept." (Eisfeld 1992, S. 17) Die Weltausstellung wurde also in einer Art informeller „Private-Public-Partnership" entwickelt, wobei die wichtigen Vorgaben von der Messe AG stammten. Parallel zur öffentlichen Darstellung dieser Konzeptumrisse wuchs allerdings die Kritik: die Expo sei einseitig auf „Steigerung der Technologieakzeptanz" ausgerichtet, sie erzeuge erhebliche Umweltlasten, sie verteure Lebenshaltungskosten, Mieten etc. und verschärfe so die soziale Spaltung in der Stadt und sie sei hinsichtlich ihrer Kosten und Lasten ebensowenig konkretisiert

Expo 2000. Ein Großprojekt als Mittel der Stadtentwicklung?

wie in inhaltlicher Hinsicht. Es würden also auf vage Ziele und Aussichten hin Wechsel in erheblicher Höhe auf die Zukunft ausgestellt. Die Kritik fand z.T. Ausdruck in öffentlichem Widerstand. Die großen Umweltverbände etwa forderten die Bürgerinnen und Bürger der Stadt im Frühjahr 1989 auf, mit einer Postkartenaktion dem Pariser Bureau International des Expositions (B.I.E., sh. Exkurs) ihre Mißbilligung der Expo-Idee für Hannover kund zu tun. Einige kleinere Gruppen übten auch Widerstand durch Störaktionen und „Randale": Die ersten Scheiben – in den Geschäften einer Fußgängerzone – gingen zu Bruch.

Im Frühjahr 1990 spitzte sich die Situation zu. An stand die Entscheidung des B.I.E. in Paris. Noch gingen die meisten davon aus, daß Hannover in der Konkurrenz mit Toronto (dort hatten Großinvestoren schon gut vorgesorgt) und Venedig (dort allerdings wehrten sich Teile der Stadtbevölkerung, Umweltverbände und die „Internationale" der Venedig-Liebhaber gegen die Idee des Venezianers und Außenministers De Michelis) keine Chancen habe. Dann schied Venedig aus der Konkurrenz aus (vgl. den Beitrag von Thomas Krämer-Badoni in diesem Band). Damit änderte sich die Situation entscheidend: der wohl aussichtsreichste Konkurrent war aus dem Rennen. Am 14. Juni 1990 fiel dann der für's erste wesentliche Beschluß: Die Bundesrepublik Deutschland erhielt mit 21 zu 20 Stimmen den Zuschlag. Diese knappe Mehrheit verdankte sie vermutlich der damals bereits „gewendeten", aber noch existierenden Deutschen Demokratischen Republik, was auch bedeutet, daß sie nach Auflösung der DDR in Paris über keine Mehrheit mehr verfügt (vgl. Eisfeld 1992, S. 66 und 179).

Mit dieser Entscheidung trat in Hannover eine neue Situation ein: die Stadt war als möglicher Standort für eine Weltausstellung im Jahr 2000 akzeptiert. Aus den unverbindlich erscheinenden Spekulationen wurden Entscheidungen mit langfristig bindenden Folgen. Während sich die Skeptiker und Kritiker in einem etwa dreißig Initiativen und Organisationen umfassenden Anti-Expo-Bündnis auf ihre ablehnende Haltung festlegten, wurden auf der „anderen Seite" die Pläne konkreter. Diskutiert wurde z.B. der Expo-Standort. Sechs Alternativen wurden erörtert. Zum Teil sollte nun die ganze Stadt einbezogen werden, um die Inanspruchnahme neuer Flächen zu minimieren, vorhandene Einrichtungen zu nutzen bzw. zu präsentieren und die Wiedernutzung brachgefallener Areale zu forcieren. Nach wenigen Wochen öffentlicher Debatten zu diesem Punkt fiel Anfang Februar 1991 eine Vorentscheidung. Irritierenderweise deckte sie sich fast vollständig mit den bereits 1988 intern vorgeklärten Standorten. Die Begründung hebt – neben dem Hinweis auf die günstige infrastrukturelle Einbindung – vor allem auf externe Zwänge ab: das B.I.E. werde dezentrale Standorte nicht akzeptieren. Nur das zusammenhängende Ausstellungsgelände des Ursprungskonzepts entspräche den Anforderungen. Diese Argumentation – der entschuldigende Rückverweis auf die extern gesetzten Bedingungen – schien dann in der Folgezeit Leitmotiv zu werden. Die Stadt verwies in einem Faltblatt vom Ende 1990 auf die Interessen der potentiellen Aussteller. Sie „werden nur interessiert sein, wenn dabei eine angemessene Selbstdarstellung gewährleistet ist. Ihr unmittelbares Interesse besteht nicht darin, die Lebensqualität in Hannover zu verbessern." (Landeshauptstadt/Büro Expo 2000, 1990a) Wo also liegen die Verantwortlichkeiten für das, was da in Hannover geplant wurde und wird?

c) Exkurs: Eine Weltausstellung und ihre Akteure. Informationen zu den Rahmenbedingungen

Zur Beantwortung der oben aufgeworfenen Frage und zum Verständnis des weiteren mag es hilfreich sein, kurz die Spielregeln, nach denen Weltausstellungen beantragt, geplant und durchgeführt werden, vorzustellen.

1. Was ist eine Weltausstellung? 1928 – 77 Jahre nach der Weltausstellung in London, die vielen als die erste ihrer Art gilt – wurde ein völkerrechtliches Abkommen über die rechtlichen und organisatorischen Grundlagen Internationaler Ausstellungen unterzeichnet. Ihm sind inzwischen 43 Staaten – unter anderen die Bundesrepublik Deutschland – beigetreten. In Artikel 1 dieses Abkommens wird auf recht umständliche Weise erläutert, daß die Weltausstellungen nicht etwa kommerzielle Messen, sondern eigentlich Bildungsveranstaltungen sind. Ziel sei es, die Öffentlichkeit darüber zu unterrichten, welche Mittel „zur Befriedigung der Bedürfnisse der Zivilisation" verfügbar seien. Die Planer der Expo 2000 folgerten daraus: „Es liegt auf der Hand, daß dabei nicht jene Probleme ausgespart werden können, die entstehen, wenn verschiedenartige Bedürfnisse kollidieren. Diese Spannungsfelder sollen durch das ... gewählte Motto 'Mensch – Natur – Technik' besonders hervorgehoben werden."

2. Wer macht eine Weltausstellung, wer ist beteiligt? Durch das Abkommen von 1928 wurde das Bureau International des Expositions (B.I.E.) mit Sitz in Paris geschaffen. Die Vertragsparteien sind Mitglieder dieses Bureaus und entscheiden auf Generalversammlungen über die Anträge auf Ausrichtung Internationaler Ausstellungen. Gemäß Artikel 6 des Abkommens können Anträge nur von der Regierung eines Staates gestellt werden. Es wird in den Broschüren der Stadt Hannover ausdrücklich darauf verwiesen, daß „Antragsteller für die Expo 2000 ... demgemäß die Bundesregierung, nicht aber die Stadt Hannover oder das Land Niedersachsen sind." Die Bundesregierung hat einen entsprechenden Antrag im November 1988 gestellt. Nach der Entscheidung des B.I.E. vom 14.6.1990 ist der Termin für die Weltausstellung vorgemerkt – aber noch keine endgültige Entscheidung gefällt. Das B.I.E. wird erst auf Antrag und spätestens fünf Jahre vor dem Eröffnungstermin den Zuschlag – die sog. Registrierung – erteilen. Und dies nur dann, wenn „die eingereichten Unterlagen über rechtliche Strukturen, Finanzen, Thema, Ausstellungsgelände etc. eine ordnungsgemäße Durchführung erwarten lassen." Die Bundesregierung wird während der ganzen Vorbereitungszeit die Oberaufsicht und die Rolle des Gastgebers gegenüber den Einzuladenden wahrnehmen. In der Regel werden die Regierungen dabei von einem Generalkommissar

vertreten. Die Regierung kann die Aufgaben des Veranstalters delegieren. In diesem Fall wurde das Land Niedersachsen mit den Aufgaben des Veranstalters betraut. An dessen Stelle sollte bereits 1992 eine Weltausstellungsgesellschaft treten, an der Bund und Land, vermutlich auch die Stadt und ggf. weitere „Interessensgruppierungen" zu beteiligen wären (sh. 3. Akt).

Es ändert aber auch eine solche Delegation nichts daran, daß die Bundesregierung für die ordnungsgemäße Durchführung – oder aber auch für eine formelle Absage in Paris – verantwortlich bliebe.

Bemerkenswert ist, daß in den Broschüren der Stadt (in der Zeit nach dem Pariser Zuschlag) gerade diese – in der Diskussion der ersten Jahre nahezu unerwähnt gebliebene – Kompetenzlosigkeit besonders in den Vordergrund gestellt wurde: „Festzuhalten ist, daß die Stadt Hannover weder Antragsteller, noch Gastgeber noch Veranstalter der Expo 2000 ist und auch nicht den mit diesen Funktionen verbundenen Rechten und Pflichten unterliegt." Mit anderen Worten: Es ist nicht die Stadt Hannover, die die Weltausstellung „macht". Sie soll vielmehr auf ihrem Territorium veranstaltet werden. Die Stadt könnte die Expo 2000 nicht einmal verhindern, denn das würde voraussetzen, „daß das Votum der Stadt ... allein ausreichte, um die Weltausstellung fallen zu lassen. Unabhängig von kommunalpolitischen und wirtschaftlichen Überlegungen steht bereits die Rechtslage einer so verstandenen Rolle der Stadt ... entgegen." (Landeshauptstadt Hannover/Büro Expo 2000, 1990b) War dies ein frühes und offenes Bekenntnis, daß die Stadt keine aktive Politik betreibe, sondern überwiegend nur „dulden" könne? Oder wurde hier ein „Schwarze-Peter-Spiel" gespielt, das die städtischen Planer vorbeugend entlasten sollte?

d) Zweiter Akt: Höhen und Tiefen, oder: vom Fell des Bären und dem Weg des Elefanten

Tatsächlich vollzog sich 1991/92 wiederum Wesentliches außerhalb der Reichweite kommunaler Politik: die Verhandlungen zwischen der niedersächsischen Landesregierung und der Bundesregierung in Bonn kamen in eine entscheidende Phase. In diesem Zusammenhang ist der Hinweis von Bedeutung, daß sich zwischenzeitlich die politischen Konstellationen geändert hatten: nach der Landtagswahl im Mai 1990 übernahm die SPD (gemeinsam mit den Grünen) in Niedersachsen die Regierungsmacht. Nun wurde die Expo nicht mehr im Schulterschluß zweier CDU-Regierungen verfolgt, sondern geriet ins parteipolitische Ränkespiel. Doch bevor dies wirksam werden konnte, mußte die Landes-SPD überhaupt Stellung zum Expo-Projekt ihrer CDU-Vorgänger beziehen. Dem hatten Teile der nun für die Landespolitik Verantwortlichen zuvor durchaus skeptisch gegenübergestanden. Die Aneignung dieses ungeliebten Terrains geschah durch eine deutliche Erhöhung der inhaltlichen Ansprüche an eine Weltausstellung. Sie sollte ein „wichtiges rot-grünes Projekt werden". Gerd Weiberg, Chef der Expo-Planungsgruppe in der Staatskanzlei, formulierte im Dezember 1990 einige der politischen Positionen, die „Grundlage der weiteren Arbeit bilden" sollten (in: May/Schierholz 1991, S. 69-72): „Es kann bei der EXPO 2000 nicht mehr darum gehen, (dem) Geschäftsbetrieb des Fortschritts seine ideellen Weihen zu verleihen. Die kritische Wiederaufnahme des Weltausstellungsgedankens muß sich der Widersprüchlichkeit der Welt stellen und zugleich der mit ihrer Ausstellung verbundenen utopischen Hoffnung Rechnung tragen. ... Dies hat inhaltliche Konsequenzen, die sich in den folgenden vier Schwerpunkten der EXPO 2000 niederschlagen sollten:

1. Das Spannungsverhältnis von Mensch – Natur – Technik hinterläßt Narben; die Weltausstellung muß der konkrete Ort einer kollektiven Erinnerung an die den Narben vorausgegangenen Verletzungen sein.
2. Die Weltausstellung muß eine öffentliche Auseinandersetzung mit dem Fortschrittsbegriff eröffnen.
3. Der Ort der Weltausstellung muß als komplexes Geflecht von Problemen und Chancen begriffen werden, als ein exemplarischer Ausschnitt der Welt, in dem die thematischen Aspekte Mensch-Natur-Technik zusammentreffen.
4. Ein zentraler Leitgedanke der Weltausstellung ist das Prinzip der Partizipation. Die Vorbereitung der Weltausstellung muß eine politische Kultur demokratischer Auseinandersetzung schaffen."

Aus der Sicht der Stadt war vor allem der Gedanke des „exemplarischen Ausschnitts", der „Stadt als Exponat" bedeutsam – schien hier doch die Chance eröffnet, über den engeren Infrastrukturausbau hinaus zahlreiche weitere Maßnahmen, die möglicherweise schon länger auf der Warteliste standen, finanziert zu bekommen. Noch einmal Weiberg (in: May/Schierholz 1991, S. 77 f.): „Neu ist bei der EXPO 2000 die Einbeziehung einer ganzen Region, d.h. insbesondere der Stadt Hannover, mit dem Ziel der lebendigen Umsetzung des Mottos durch exemplarische Lösungsansätze. Die Stadt Hannover wird dadurch zum lebendigen Ausstellungsobjekt, zum 'Exponat', und dies ist ... im besten kulturellen, ökologischen und sozialen Sinn, problemorientiert. ... Das Land wird daher alle Aktivitäten unterstützen und fördern, die sich zum Ziel setzen, dieses Themenfeld des städtischen Lebens zu entwickeln ..."

Das war der Stoff, aus dem die Träume waren. Tatsächlich machten sich an solchen programmatischen Äußerungen die Hoffnungen vieler Akteure in der Stadt fest, es könnten nun ihre Anliegen förderungsfähig werden. Aber nicht nur in Hannover keimten solche Hoffnungen: auch andere Städte in Niedersachsen machten Pläne. Von Göttingen bis Wilhelmshaven wurden Expo-Projekte entwickelt. Schließlich könne die Landespolitik nicht einseitig die Landeshauptstadt begünstigen. So wurden Stadt und Region zum „Exponat" erklärt. Unter dem Eindruck der deutschen Vereinigung und dem damit entstehenden Legitimationsdefizit Hannovers gegenüber den zweifellos förderungsbedürftigeren Städten und Regionen in den „neuen Bundesländern", wurde der regionale Umgriff noch

Expo 2000. Ein Großprojekt als Mittel der Stadtentwicklung? 173

einmal wesentlich erweitert: auch eine Umwelt-Expo in der Region Dessau-Bitterfeld (dem sog. industriellen Gartenreich) sollte als „exemplarischer Ausschnitt der Welt" in das Konzept einbezogen werden.

In dieser Zeit war noch von ca. 10 Milliarden DM Kosten die Rede. Aus der Sicht der Stadt Hannover stellten sich diese Kosten als Investitionen im Stadtgebiet dar. Öffentliche Mittel – vorrangig von Bund und Land bereitgestellt – und private Investitionen für den Bau des Ausstellungsgeländes, den Ausbau des öffentlichen Nahverkehrs, den Neubau von 5000 Wohnungen und die Förderung zahlreicher Projekte im Stadtgebiet (vgl. zu diesen Vorhaben: Landeshauptstadt Hannover/ Baudezernat 1992). Diese Investitionen sollten der Stadt direkt – durch die Bauten – und indirekt – durch Kaufkraft- und Steuerzufluß – Nutzen bringen. Angesichts solcher Summen und der mit ihnen verbundenen Programmatik gaben manche Kritiker ihre skeptische Haltung auf und sahen nun tatsächlich erhebliche Spielräume für inhaltlich sinnvolle und notwendige Maßnahmen in der Stadt. Der ökologische Umbau schien vor der Tür zu stehen – ebenso wie die „Beseitigung der Wohnungsnot":

- „Mit Expo-Geld (müssen) neue Wohnungen gebaut werden, damit der höhere Bedarf nicht die Mietpreise in die Höhe treibt. Bis 1997 muß die Wohnungsnot in Hannover beseitigt sein. Sonst werden sich die sozialen Spannungen verschärfen ..." (Wolfgang Jüttner zit. nach Schädelspalter H. 9/90, S. 26)
- „Wenn die Weltausstellung nach Hannover kommt, dann kann und muß sie ein Katalysator für die ohnehin notwendige ökologische Umgestaltung Hannovers sein. Statt Milliardenbeträge für unsinnige Projekte auszugeben, müssen Gelder in sinnvolle Projekte fließen, die für die Bevölkerung Hannovers auch im Jahr 2001 nutzbringend sind." (Mönninghoff 1992, S. 109 f.)

Das alles vollzog sich auf ungesicherter Grundlage: den Versprechungen und Hoffnungen standen noch keinerlei Ressourcen – vom politischen Wollen der Landesregierung einmal abgesehen – gegenüber. Es wurde das Fell eines Bären zerlegt, der noch nicht einmal im Revier aufgetaucht war.

Bald zeigte sich auch, daß die erhofften Milliarden vermutlich gar nicht zur Verfügung stehen würden – weder für „unsinnige" noch für sinnvolle Projekte. Aus Bonn verlautete – nach Deutscher Vereinigung, Hauptstadtentscheidung etc., für so etwas wie eine Expo habe man nun kein öffentliches Geld mehr. Gespart werden müsse. Mit einem Spitzengespräch zwischen Ministerpräsident und Kanzler im September 1991 schien zwar die Unsicherheit darüber beendet, ob Bonn die Expo grundsätzlich scheitern lassen wolle, aber zugleich stellte sich immer nachdrücklicher die Frage, was denn an Unterstützung übrig bliebe. Kanzler und Finanzminister wollten alles kleiner, bescheidener und vor allem: billiger. Wo eben möglich sollten private Investoren gewonnen werden, andere – nur öffentlich zu finanzierende – Maßnahmen seien zu streichen bzw. auf das Unabdingbare zu reduzieren. Viel der beschwichtigenden Argumente in Hannover verloren damit an Kraft. Selbst der Ministerpräsident des Landes mußte schon im Herbst 1990 davor warnen, das Expo-Projekt „zu sehr zu überlasten" (Neue Hannoversche Presse vom 01.09.1990). Aber diese Hinweise auf die (nicht vorhandenen) materiellen Grundlagen vieler an die Expo geknüpfter Hoffnungen, die Rücknahme vieler Versprechungen wurden in der Öffentlichkeit kaum zur Kenntnis genommen. Selbst als sich 1991 das (inzwischen zur Gewißheit gewordene) Gerücht verdichtete, der Expo-bezogene Wohnungsbau sei von der Liste öffentlich zu finanzierender Expo-Maßnahmen gestrichen worden, verhallte dies ungehört.

Die Landesregierung schien in eine Zwickmühle geraten zu sein (vgl. auch Kruse 1992, S. 111): einerseits waren inhaltlich sinnvolle Mindeststandards zu finden, andererseits weitreichende Ansprüche abzuwehren und zugleich stand zu befürchten, daß der Bund selbst für bislang als unverzichtbar angesehene Maßnahmen kein Geld mehr herausrücken würde. Aber die Frage, wie weit die an die Expo geknüpften Hoffnungen und Projekte noch reduziert werden könnten, ohne daß die Schwelle zur politischen Unglaubwürdigkeit erreicht und überschritten würde, blieb in der öffentlichen Diskussion zumeist ungestellt. Die Planungen und Verhandlungen liefen weiter: war die Expo bereits zum Selbstläufer geworden? „Inzwischen ist das Projekt ziemlich unabhängig geworden von den Menschen, die es einmal in die Welt gesetzt haben. Einem Elefanten ähnlich stampft es weiter und lädt mit einer eleganten Bewegung seines Rüssels auf seinen Rücken, was sich ihm in den Weg stellt" (Eisfeld 1992, S. 24).

e) Dritter Akt: Eine Frage an die Bürger, oder: der kurze Sommer der Beteiligung

Ganz so gradlinig schien der Weg des Expo-Elefanten doch nicht zu verlaufen. Denn unverhofft entstand auf der kommunalpolitischen Ebene ein Hindernis, das sich gegen umstandsloses Beiseiteräumen sperrte: eine Bürgerbefragung sollte Klarheit darüber bringen, ob die Hannoveranerinnen und Hannoveraner überhaupt eine Expo wollten. Notwendig geworden war die Befragung durch die Ergebnisse der Kommunalwahlen im Herbst 1991: die SPD hatte erhebliche Stimmenverluste (gerade bei ihrer Stammwählerschaft) erlitten, die grün-alternative Bürgerliste (GABL) hingegen verzeichnete leichte Gewinne, die u.a. mit der skeptischen Haltung gegenüber der Expo erklärt wurden. Eine Koalition der beiden Parteien – bei nur einer Stimme Mehrheit – schien dennoch die einzig tragfähige politische Perspektive. Man verhandelte also mit der Absicht, eine Wahlperiode inhaltlich gestalten zu können, einigte sich zu Jahresbeginn 1992 auch auf schwierige Punkte. Nur bei einem Thema blieb es beim Dissens: die GABL lehnt die Expo ab, die SPD befürwortet sie. Die Lösung aus dem Dilemma: das Wahlvolk soll entscheiden. Per Postkarte sollten Anfang Juni 1992 die erwachsenen Deutschen und Ausländer in Hannover ihre Meinung kundtun. In den Koalitionsvereinbarungen wurde festgelegt, „daß ein repräsentatives Ergebnis die Beteiligung von 50 % der Befragten erfordert." Wird diese Quote erreicht, binden sich beide

Fraktionen selbst, soll „die Expo nicht gegen den erklärten Wunsch von 50 % der Beteiligten durchgeführt werden". Der Text auf der Postkarte lautete: „In der Öffentlichkeit wird über Vor- und Nachteile einer Weltausstellung in Hannover gestritten. So bestehen Erwartungen wie mehr Arbeitsplätze, höhere Einkommen, neue Nahverkehrslinien und mehr Wohnungsbau. Dem stehen Befürchtungen wie steigende Mieten, zusätzliche Umweltbelastungen, steigende Lebenshaltungskosten und zu große finanzielle Belastungen für die Stadt gegenüber. Wir fragen Sie, sind Sie dafür, daß im Jahr 2000 in Hannover eine Weltausstellung stattfinden wird? Ja/Nein"

Dieser Text machte es erneut deutlich: abgestimmt wurde hier nicht auf der Grundlage von Fakten. „Erwartungen" und „Befürchtungen" waren vielmehr die Orientierungsmarken. Damit wenigstens diese Einschätzungen etwas deutlicher werden könnten, sollte bis zum Juni 1992 eine umfassende Informationskampagne stattfinden, an der – nach dem Willen der Koalition – auch eine unabhängige Instanz teilnahm: die Rede ist von der „Arbeitsgruppe Anwaltsplanung", die die öffentliche Diskussion um Stadtentwicklung fördern und zugleich expokritische Gruppen organisatorisch unterstützen sollte. Die Begründung für die Einrichtung dieser Arbeitsgruppe wirft ein bezeichnendes Licht auf die Qualität der Informationen und den Stand der Diskussion zu jener Zeit: „Bislang sind die Informationen über den Verhandlungsstand eher zufällig und keinesfalls umfassend. Hierin liegt die Gefahr von einseitigen Darstellungen, die oft zu Mißtrauen führen. Beides ist für ein lebendiges und demokratisches Gemeinwesen schädlich. Die Bürgerinnen und Bürger der Stadt müssen von unabhängiger Seite aufbereitete Informationen erhalten können, um sich ein eigenständiges Bild über die Weltausstellung und deren Auswirkungen auf ihre Stadt bilden zu können." (Vorlage der SPD und der GABL zum Verwaltungsausschuß v. 23.1.1992)

Dieses Konzept der Koalition im hannoverschen Rathaus war allerdings sehr umstritten. Von seiten der Opposition wurde z.B. die Rechtmäßigkeit der Bürgerbefragung bezweifelt. Außerdem hagelte es massive politische Kritik:

- Die Umlandgemeinden sprachen der Stadt das Recht ab, sozusagen im Alleingang über die Weltausstellung entscheiden zu lassen (zugleich lehnten sie jedoch eigene Befragungen ab).
- Diese Argumentation wurde von anderer Seite noch erweitert: „'Volk' sind auch die ausstellenden Staaten und Unternehmen, deren Veranstaltung die Weltausstellung darstellt, und die vielen Millionen Besucher von überallher". (Eisfeld 1992, S. 180) Daher habe das „Volk" von Hannover nicht das Recht über die Frage der Weltausstellung auf dem Gebiet ihrer Kommune selbst zu entscheiden.
- Die Landesregierung äußerte ihre Kritik hinter verdeckter Hand und ließ zugleich über ihren Wirtschaftsminister verkünden, die Expo käme in jedem Fall.
- In der Tages-Presse, die ohnehin erklärtermaßen für die Weltausstellung eingestellt war, konnte man von einer „Bankrotterklärung des Rates" lesen (Han-

noversche Allgemeine Zeitung vom 20.03.1992) – er nehme seine Rechte und Pflichten als Organ der repräsentativen Demokratie nicht mehr wahr. Die Bild-Zeitung hatte schon zuvor (18.03.1992) den „Expo-Irrsinn" angeprangert und damit nicht etwa die Weltausstellungsplanung gemeint, sondern die Tatsache, daß es sich die Landeshauptstadt leiste, zugleich die Propaganda für die und die kritische Auseinandersetzung mit der Expo (durch die Anwaltsplanung) zu finanzieren.

Die Hinweise des Oberstadtdirektors, daß es sich bei alledem um den Versuch handele, mehr Demokratie zu wagen und in einem – im Weltmaßstab einmaligen – Modell das Pro und Contra einer stadtbedeutsamen Maßnahme öffentlich zu wägen, gingen in dem Tohuwabohu nahezu unter.

Zweifellos waren Befragung, Informationskampagne und Anwaltsplanung ihrem Ursprung nach nicht in erster Linie dieses „einmalige Modell", sondern zunächst Legitimationsinstrumente, die es den beiden Koalitionären im hannoverschen Parlament möglich machen sollten, ggf. von ihren Ausgangspositionen unter Verweis auf den Wählerwillen abzurücken. Es handelte sich also in erster Linie um einen mühsam gezimmerten Ausweg aus lokalpolitischen Selbstblockaden. Und dennoch boten sich hier auch Chancen – auf dreifache Weise:

- Die durch die Verdunkelungspolitik der ersten Jahre verursachten Vertrauensschäden ließen sich möglicherweise – durch Offenheit der Erörterung und Transparenz der Politik – mindern.
- Es bestand die Chance, das – in einem ersten Schritt – einzulösen, was die Expo-Befürworter bereits seit mehr als einem Jahr propagierten: „Die frühzeitige Einbeziehung nicht nur aller Betroffenen, sondern im Falle der Expo der gesamten Bevölkerung in den Willensbildungsprozeß ist daher eine unabdingbare Voraussetzung, damit die Bürgerinnen und Bürger die Weltausstellung als ihre Angelegenheit begreifen. Diese Mitwirkung setzt ein demokratisches Planungskonzept und ein partizipatorisches Politikverständnis voraus." (Weiberg, in: May/Schierholz 1991, S. 81)
- Erstmals konnte hier die kommunale und regionale Perspektive entwickelt werden: denn bislang war sträflich vernachlässigt worden zu fragen, welche Entwicklungsimpulse Stadt und Region benötigten. Erst eine solche Erörterung eigenständiger Ziele ließe eine sinnvolle Auseinandersetzung mit dem Großprojekt Expo zu, gäbe überhaupt erst die Möglichkeit, dies in die kommunale Entscheidungsfindung ein-, es ihr unterzuordnen.

Diese Chancen konnten in der Zeit bis zur Bürgerbefragung nur teilweise genutzt werden: es fanden zwar zahlreiche Veranstaltungen statt, auf denen intensiv diskutiert wurde – dabei spielte auch die Stadtentwicklung Hannovers eine wichtige Rolle. Aber die Qualität dieser Erörterungen litt unter drei Einflußfaktoren:

1. Einerseits hielt das im März – nach fünf Jahren Planung erstmals – vorgelegte Konzept der Expo-Veranstalter nicht das, was man von ihm erwarten durfte. Auch

hier herrschten vage Aussagen vor. Vieles blieb unklar oder auf Behauptungen beschränkt (vgl. zur Kritik: Arbeitsgruppe Anwaltsplanung 1992). Insbesondere die Aussagen zu den Bezügen von Expo und Stadtentwicklung waren dürftig. Auszüge (o.V. 1992, S. 20 f.):

- „Die zusätzlichen Belastungen durch die Expo 2000 ... werden ... in erheblichem Umfang gemindert" – kein Hinweis, wer was mit welchen Mitteln mindern wird.
- „Durch weitere Verbesserungen und durch modellhafte Planungen werden langfristig nutzbare Verkehrs-, Versorgungs- und Entsorgungskonzepte realisiert" – ein nebulöses Versprechen, das wenig über die mögliche Qualität eines Verkehrs- und Umweltkonzeptes (oder gar dessen Finanzierung) für das Jahr 2000 aussagt.
- Die „Entwicklungsimpulse der Expo 2000 (werden) zu neuen und sicheren Arbeitsplätzen führen" – kein Beleg, lediglich ein Wunsch, der kaum als Diskussionsgrundlage taugt. ...

Ging man dem Ungenügen des „Konzepts" in Sachen Stadtentwicklung nach, erhielt man z.B. von den (Mit-)Verfassern in der Staatskanzlei die Auskunft: „Es ist nicht die Aufgabe des Landes, sich den Kopf der Stadt zu zerbrechen." Das verweist auf zwei grundsätzliche Probleme: Ein Weltausstellungskonzept wird von Staaten eingebracht. Die Kommune ist „Austragungsort", nicht Konzeptverfasser. Dies ist das strukturelle Problem. Darüber hinaus hatte sich die Stadt aber nicht „den Kopf zerbrochen". Es gab weder traditionelle noch neue Entwicklungskonzepte, weder vor der Konfrontation mit den Expo-Plänen der Messe AG noch während der Auseinandersetzung mit ihr. Damit fehlte es an den inhaltlichen Voraussetzungen zur Beantwortung einer einfachen Frage: welche Aufgaben stellen sich uns und unter welchen Bedingungen wäre eine Weltausstellung das zur Bewältigung dieser Aufgaben geeignete Mittel?

2. Andererseits hatten die Unschärfen des Konzepts ihre Ursachen nicht nur in ungeklärten Inhalten und Rahmenbedingungen, sondern auch in der Haltung Bonns: die Bundesregierung nahm die Bürgerbefragung in Hannover zum Anlaß, sich genüßlich zurückzulehnen und den politischen Gegner in Hannover aufzufordern, doch erstmal klare Verhältnisse im eigenen Hause zu schaffen. Dann erst könne man über Finanzierungsfragen sinnvoll reden. So mußte also über ein Konzept diskutiert und abgestimmt werden, dessen Finanzierbarkeit nicht geklärt war (weil der hierfür wichtigste Beteiligte sich bedeckt hielt). Auf einer solchen Grundlage war eine präzise Diskussion zur Sache kaum möglich. Der Rückfall in das alte Hoffnungen/Befürchtungen-Schema lag nahe. Solche Rückschritte wurden durch einen dritten Faktor weiter befördert:

3. Die Informationskampagne, die in den Koalitionsvereinbarungen angedeutet wurde, weitete sich zu einer veritablen Werbekampagne aus, an der sich nicht nur die Stadt und das Land mit zahlreichen Broschüren und Publikationen beteiligten. Auch die private Wirtschaft – insbesondere die Bauindustrie – war massiv

vertreten: an Plakatwänden, auf Bussen und Straßenbahnen, in Geschäften, Postbeilagen etc. Und die Presse bombardierte ihre Leserschaft mit einer derartigen Flut von Berichten, Serien, Sonderbeilagen etc., daß sich im Juni ein Leser genötigt sah, der Hannoveraner Allgemeinen Zeitung zu danken, daß in einem Heft einmal kein Bericht über die Expo enthalten war (ein Irrtum, wie ihn die Redaktion belehrte: der – immerhin – einige Artikel des Tages zum Thema stand lediglich an ungewohnter Stelle).

Diese Menge an Informationen stand in umgekehrten Verhältnis zu ihrem Informationsgehalt. Hinzu kam, daß manche Produkte dieser Werbung die Auseinandersetzung auf geradezu peinlich niedriges Niveau heruntergezogen („Die Expo schafft Freunde", „Der Erdball fühlt sich elend, Hannover hilft", „Wenn's Hannover gutgeht, geht's uns allen besser").

Unklare Konzepte, Werbeflut und eine zum Befragungstermin hin deutlich steigende Nervosität bei allen Beteiligten waren nicht gerade förderlich für den Beginn einer neuen Qualität öffentlicher Auseinandersetzung über die Entwicklung von Stadt und Region. Aber – darüber schien Einigkeit zu bestehen – nach der Befragung (wie immer sie ausginge) müsse auf diesem Weg weitergegangen werden.

Ab Ende Mai wurden die Postkarten verschickt. Bis zum Stichtag gingen 262 126 Antworten im Rathaus ein – dieses Ergebnis überraschte alle: lag damit doch die Abstimmungsbeteiligung mit 61,7 % fast so hoch wie die Beteiligung an Kommunalwahlen. Die Auszählung der Karten ergab ein denkbar knappes Resultat: 51,5 % Ja-Stimmen, 48,5 % Nein-Stimmen. Auch damit hatte niemand gerechnet. Für möglich gehalten wurde wohl eine Ablehnung der Expo – bei deutlich niedriger Beteiligung. Daß nahezu 130.000 Abstimmungsberechtigte die Weltausstellungspläne ablehnten zeigte, daß auch in den Parteien, die die Expo förderten, das Ablehnungspotential hoch war (bei der SPD ca. 40 %, bei der CDU ca. 25 %).

Was war nun aus der Befragung zu folgern? Die Expo-Skeptiker verwiesen darauf, daß angesichts der Wahlbeteiligung nur etwa ein Drittel aller Abstimmungsberechtigten ausdrücklich für die Weltausstellung sei. Selbst die Expo-Befürworter tendierten dazu, den hohen Anteil an Nein-Stimmen ernst zu nehmen, und Korrekturen im Konzept, die den Ängsten und Befürchtungen Rechnung trügen, für möglich zu halten. Ansonsten schien nun der (kommunal-)politische Weg frei: „Ich hoffe sehr, daß von diesem Ergebnis eine Aufbruchstimmung ausgeht, Zukunftsentwicklung in der Stadt zu wagen und mutig anzugehen" (Fiedler 1992b, S. 2).

f) Vierter Akt: Aufbruch, Leerlauf, Fortgang, Nachlauf

In den Wochen nach der Abstimmung zeigte sich, daß selbst die Grünen-Koalitionspartner in Stadt und Land einem weiteren Verfolgen der Expo-Pläne nicht im Wege stehen wollten. Der Abgeordnete Pico Jordan brachte dies in einer Landtagsrede bilderreich zum Ausdruck: „Lassen Sie mich mit einem märchenhaften Vergleich schließen: der Expo-Frosch ist nach der Bürgerbefragung aus dem Tümpel gekommen. Alle Welt verlangt jetzt, daß wir ihn küssen, auf daß ein strahlender Öko-Prinz daraus werde, der mit Mut und Klugheit die Probleme der Welt lösen soll. Doch ich versichere Ihnen: wir können das Tier knutschen, solange wir wollen. Es wird nur ein Frosch bleiben. Aber wir werden ihn deswegen nicht gegen die Wand werfen, wir sind ja Tierfreunde. Und deshalb werden wir uns auch um dieses arme Tier in Zukunft zu kümmern haben, falls es nicht doch noch von einem Bonner Mercedes überrollt wird." (Rede im Landtag am 19.6.1992)

Überrollt werden konnte die Expo nicht nur durch Bonner Enthaltungen, sondern auch durch schlichten Zeitverzug. Darauf wurde früh hingewiesen. Eisfeld widmete ein ganzes Kapitel seiner Commedia dell'Expo nicht zufällig der „Verwundbarkeit des Projekts" durch den „Zeitfaktor" (S. 157 ff.). Dabei macht nicht in erster Linie die technische Realisierung der Infrastrukturmaßnahmen Sorge (obwohl die Verlängerung der Stadtbahnlinie z.B. in 9 statt 20 Jahren realisiert werden müßte), sondern die Rechtssicherheit der Pläne. Im Kern geht es Eisfeld um die Einspruchsmöglichkeiten der Bürger: „Weder in Kanada, Japan oder Spanien sind die Einwohner in der glücklichen Lage, jeden Verwaltungsakt der staatlichen und kommunalen Obrigkeit von einem Gericht überprüfen zu lassen" (Eisfeld 1992, S. 165). „Aufgebrachte Bürgerinnen und Bürger" könnten so mit Hilfe der Justiz das Expo-Projekt indirekt zu Fall bringen. Selbst wenn sie nicht im Recht wären, könne der Weltausstellung dennoch ein „verfrühter Tod" drohen – „unter dem Fallbeil individuellen Rechtsschutzes" (Eisfeld 1992, S. 168). Diese Bemerkungen verdienen in doppelter Weise Beachtung: einmal verweisen sie auf ein spezifisches Planungs- und Rollenverständnis hin, das unter den Sachzwängen eines Großprojektes zu „Deregulierung" tendiert, zum anderen erklärt der nervöse Blick auf das Zeittableau die immense Kompromißbereitschaft bei Kommune und Land in den Verhandlungen mit der Bundesregierung.

Der Verweis auf die Termine macht auch deutlich, daß in Hannover geplant werden mußte. Im „Terminplan 1" (Ratsdrucksache 1218/92) sind für 92/93 u.a. folgende Aktivitäten für den Aufgabenbereich „Entwicklung des Weltausstellungsgeländes ..." vorgesehen: Erarbeitung eines Gesamtkonzeptes, Erarbeiten von Grundlagendaten (u.a. für die Umweltverträglichkeitsstudie), Raumordnungsverfahren, Durchführung eines zweistufigen Wettbewerbs für das Expo-Gelände, Grobkonzept Landschaftsplan, vorgezogene Bürgerbeteiligung, Beteiligung der Träger öffentlicher Belange für die Änderung des Flächennutzungsplanes usf. ... Diese Planungen laufen (neben den bereits 1990 eingeleiteten für die Stadtbahnerschließung), ohne daß die Inhalte und Rahmenbedingungen der Expo deutlich wären (vgl. zu einem Beispiel – dem Ideenwettbewerb für den Expo-Stadtteil: Selle 1993b)

Die Zustimmung der Bundesregierung ließ weiter auf sich warten. Der Ministerpräsident des Landes Niedersachsen sah sich schließlich zu einem Ultimatum genötigt: „Wenn es von der Bundesregierung bis zum Ende des Jahres keine

Entscheidung gibt, bedeutet dies das Ende der Veranstaltung." Das Ende des Jahres (1992) verstrich und noch immer waren aus Bonn keine neuen Nachrichten zu hören.

Dennoch wurde in Hannover weiter geplant, dem vorgeschriebenen Ritual des Zeitplanes folgend. Allerdings hatte sich die Planung wieder in die Amtsstuben und Expertengremien zurückgezogen. Die Flut öffentlicher Diskussionen um Stadtentwicklung verebbte. Auch Versprechungen, Experimente wie die Anwaltsplanung fortzusetzen (vgl. Fiedler 1992b), blieben uneingelöst.

Auch wurde versucht, die Bedenken Bonns hinsichtlich der Lasten für die öffentliche Hand auszuräumen. Ein Münchner Unternehmensberater ermittelte Möglichkeiten zur Minimierung der Risiken, vulgo: zur Senkung der Kosten. Ergebnis von Gutachten und Verhandlungen waren weitere Einsparungsvorschläge. Hatte man ursprünglich einen Milliardensegen für viele – z.T. nur lose mit der eigentlichen Weltausstellung verknüpfte – Maßnahmen erhofft, reduzierte sich bereits in den Jahren 1991/92 die öffentliche Subvention auf den „harten Kern" – den Ausbau einer Stadtbahnlinie und einige weitere Maßnahmen im Bereich des öffentlichen Verkehrs. Die dafür kalkulierten Kosten von 3 Mrd. DM (vgl. Eisfeld 1992, S. 150 f.) wurden auf 2.3 Mrd. DM „kleingerechnet". Und selbst dieser Betrag sollte zu wesentlichen Teilen nur mehr vom Bund vorgestreckt „und auf Mittel, die das Land nach dem Jahr 2000 aus dem Gemeindeverkehrsfinanzierungsgesetz (GVFG) bekommt" angerechnet werden (Interview Weiberg in: Schädelspalter 3/1993). Aus dem Milliardenregen wurde ein simpler Vorschuß – auf Mittel, die Land und Kommune ohnehin zustünden – verbunden mit Verpflichtungen, die weit über das Jahr 2000 hinaus reichen.

Selbst diese Modifikationen konnten beim Finanzminister (der nicht nur als Kassenwart, sondern auch als Vertreter Münchner Wirtschaftsinteressen Bedenken gegen die Expo in Hannover hat) keine positiven Reaktionen auslösen. Dementsprechend herrschte zur Jahreswende 92/93 Ratlosigkeit in Hannover. In der lokalen „Metropolenkritik" wurde diese Situation sarkastisch so charakterisiert: „Expo-mäßig liegt eine bleierne Schwere über Hannover. Die Aussichten auf ein Weltfest an der Leine zur Jahrtausendwende sind miserabel. Erklärungen unserer Stadtoberen zur Expo 2000 hören sich gegenwärtig so an, als hätten sie dabei ein Schlüsselbund im Mund: Nichts genaues versteht man nicht. ... Es hat den Anschein, als ob alles darauf wartet, daß irgend jemand endlich das Expo-Sterbeglöckchen läutet – doch niemand wagt es. Denn beim ersten Ton wäre klar: Hannover bleibt auf immer und ewig Provinz, die Weltstadt-Vision war nichts als Trug. Es ist angebracht, sich auf das Ende des Traumes vorzubereiten: Hannover startete als Tiger – und landete als Bettvorleger" (Schädelspalter H. 2/93, S. 34).

Dieses Schicksal blieb der Landeshauptstadt dann doch – bis auf weiteres – erspart: im März fand die CeBit statt, der Welt größte Computer-Messe. Als Eröffnungsredner wurde der Bundeskanzler erwartet. Er werde, so hieß es von den Auguren, nur kommen, wenn er auch etwas zur Expo zu sagen habe. Und so geschah es: eher nebenbei ließ der Festredner – im Rahmen allgemeinen Nachdenkens über den „Wirtschaftsstandort Deutschland" – den Satz einfließen, er möchte jetzt „einfach einmal feststellen", daß die Bundesregierung sich „im Rahmen ihrer finanziellen Möglichkeiten" an der geplantenWeltausstellung beteiligen werde. Das ersehnte „Kanzler-Machtwort" war gefallen. Die Messegäste und lokale Presse reagierten überschwenglich: „Bravo-Rufe und rauschender Applaus für den Kanzler" (Hannoversche Allgemeine Zeitung vom 24.03.1993). Katzenjammer verbreitete sich erst am Morgen danach – berichtet die ZEIT (02.04.1993): „Den Expo-Enthusiasten dämmerte, daß die Kuh noch lange nicht vom Eis ist." Auch der niedersächsische Ministerpräsident äußerte sich gedämpft: Kohl habe nur bekannte Positionen bekräftigt, im übrigen aber „peinlichst darauf geachtet, keinerlei finanzielle Zusicherung zu geben". Der Redetext gestattete es, die Meinung des Kanzlers und seines Finanzministers genauer nachzuvollziehen. Dort hieß es: „Die Bundesregierung beteiligt sich an der Expo mit der Erwartung, daß das Land Niedersachsen und die Wirtschaft hier die Hauptverantwortung tragen".

Auch das war eine alte Bonner Position. Insofern bedeutete die Mitteilung Kohls in der Tat nichts wesentlich Neues. Zwar stellte sich der Bund nun öffentlich hinter die Expo-Absichten, aber Geld war mit dieser regierungsamtlichen Wohlwollens-Bekundung nicht verbunden. Zugleich machte der Kanzler deutlich, daß er von den „rotgrünen Hippie-Plänen" (ZEIT) nichts halte und die Ausgestaltung der Expo bei „der Wirtschaft" in besseren Händen wähnte.

Nach anfänglichem Jubel („Frohe Nachricht: Expo-Millionen aus Bonn rollen", Neue Presse, Hannover vom 22.04.1993) wurden dann aber doch die veränderten finanziellen Realitäten zur Kenntnis genommen: „Enges Korsett für Expo-Beteiligung des Bundes" (Hannoversche Allgemeine Zeitung vom 29.04.1993). Die plausible Vermutung, daß nun kein Geld mehr zur Finanzierung der bislang als unverzichtbar angesehenen Projekte von „Stadt und Region als Exponat" zur Verfügung stünde, wird jedoch erneut dementiert. Allerdings auf sehr bezeichnende Weise: „Oberstadtdirektor Jobst Fiedler (SPD) erklärte, der Konflikt mit den Grünen beruhe auf 'Desinformation'. Neben dem bisher ausgehandelten Finanzkonzept gebe es noch andere Geldquellen. So ließen sich die ökologischen Projekte auch aus dem Verkauf von 'Briefmarken, Münzen und durch eine Lotterie' finanzieren." (Hannoversche Allgemeine Zeitung vom 24.04.1993)

Anders schätzen Expo-Skeptiker die mit dem Finanzierungskonzept verbundenen inhaltlichen Folgen ein. Lokale Umweltverbände stellten z.B. fest, der „Öko-Mantel" sei nun von der Expo gefallen. Übrig bleibe eine „Kanzler-Expo" (GABL). Eine Kritik, der die überregionale Presse folgt: auch in dem bereits erwähnten ZEIT-Artikel hieß es, die Expo degeneriere nun zur „Supermesse".

Unterhalb dieses Politikwirbels verlaufen parallel drei Prozesse, die in ihrem Verhältnis zueinander das weitere Schicksal der Expo-Pläne in Hannover prägen werden:

1. Scheinbar unbeeindruckt von Machtworten, Koalitionsstreitigkeiten und Interpretationsbemühungen verfolgen die verschiedenen Verwaltungsstellen bei Stadt und Land ihren Zeitplan weiter. Es gilt verlorenes Terrain aufzuholen.

Schließlich sollte die Betreibergesellschaft schon Ende 1992 gegründet sein. Unter anderem werden also zwischen Bundeswirtschaftsministerium, Landesregierung und Stadtverwaltung (der Kommunalverband und der Landkreis sollen noch beteiligt werden) ein „Generalvertrag" und der Gesellschaftervertrag der „Betreibergesellschaft" ausgehandelt.

An den 100 Mio. DM Stammkapital dieser Expo-Gesellschaft sollen sich die Bundesrepublik Deutschland mit 40 Mio. DM, das Land Niedersachsen mit 30 Mio. DM, die Landeshauptstadt (und evtl. Landkreis und Kommunalverband) mit insgesamt 10 Mio. DM sowie die Wirtschaft mit 20 Mio. DM beteiligen. Entsprechend sind die 10 Aufsichtsratssitze verteilt (4:3:1:2).

2. Die kommunale Politik versucht, diesen eigener Dynamik folgenden Aushandlungsprozessen nachzueilen und – soweit das möglich ist – auf die Vertragsgestaltung und die Politik der Gesellschaft Einfluß zu nehmen. Mit einem Bündel von Anträgen an Verwaltungsausschuß und Rat sollen solche inhaltlichen Positionen bestimmt werden. In einem Dringlichkeitsantrag vom 12. Mai 1993 werden z.B. „Leitlinien für die Tätigkeit der Expo-Gesellschaft" vorgeschlagen. Unter anderem werden folgende „Prinzipien" formuliert:

- „Prinzip des vorsorgenden Umweltschutzes" (z.B. flächensparende Bebauung, optimale Begrünung, schadstoffminimale Energieversorgung ohne Atomstrom, ressourcensparende Ver- und Entsorgung),
- „Prinzip der Regionalverträglichkeit" (z.B. Einbindung der regionalen, insbes. mittelständischen Wirtschaft, Einbeziehung von Ausbildungs- und Beschäftigungsgesellschaften ...)
- „Prinzip der Planungstranzparenz und der BürgerInnenbeteiligung" (rechtzeitige und umfassende Information, quartiernahe Informationsstellen, Abstimmung der Konzepte mit Betroffenen)
- „Prinzip der Finanzierung" (Minimierung der Risiken für die Landeshauptstadt, Übernahme der Planungskosten durch die Expo-Gesellschaft, sorgfältige Kontrolle der Finanzierung und der Beschäftigungsverhältnisse).

Bemerkenswert auch die Tatsache, daß man sich nun – immerhin mehr als sechs Jahre nach Beginn der Expo-Planungen – aktiv den Aufgaben der Stadtentwicklung zuwenden will. So wird mit einem Dringlichkeitsantrag vom gleichen Datum, die „Verwaltung aufgefordert, in Zusammenarbeit mit dem Kommunalverband Großraum Hannover die in den nächsten 20 Jahren aus heutiger Sicht zu erwartenden Aufgaben und Herausforderungen an die Stadt und Region zusammenzustellen und zu bewerten."

Bemerkenswerter noch, daß auch organisatorische Innovationen erwogen werden: die Verwaltung wird aufgefordert, mit den Partnern in der Region über eine Entwicklungs-GmbH zu verhandeln. Sie soll „in Anlehnung an die Organisation von erfolgreichen Projekten wie der 'IBA-Emscher Park' das auf 10 Jahre befristete Ziel verfolgen, Impulse für die regionale Entwicklung zu geben ..." (Antrag an den Verwaltungsausschuß vom 12. Mai 1993).

Expo 2000. Ein Großprojekt als Mittel der Stadtentwicklung? 183

Angesichts der sträflichen Vernachlässigung der planerisch-politischen Einbindung der Expo-Planung seit 1987 (dazu mehr in Kapitel 2 und 3) bedeuten solche Forderungen einen großen qualitativen Sprung in der kommunalpolitischen Auseinandersetzung mit der Weltausstellung.

Allein: es handelt sich um Arbeitsaufträge an die Verwaltung, und die hatte bislang ihr sehr eigenes Bild von dem, was im Rahmen der Expo-Entwicklung machbar und tunlich sei. Einschränkend auch: In der Expo-Gesellschaft haben Stadt und Region eine Stimme unter zehn. Selbst also wenn diese Positionen eingebracht würden, wäre über ihre Verwirklichung nichts gesagt – denn Sanktionsgewalt haben sich die Koalitionspartner nicht zugetraut. Es ist nicht die Rede davon, was geschieht, wenn „Prinzipien" und Positionen uneingelöst bleiben.

3. Gefahr droht solchen inhaltlichen und organisatorischen Orientierungspunkten für die Expo aber noch von einer anderen Seite: Im Gefolge der mit dem „Kanzler-Wort" öffentlich bekannt gewordenen Reduzierungen des alten Expo-Konzepts begann sich eine Wende in der veröffentlichten Meinung abzuzeichnen. Die Frage wurde aufgeworfen, wozu man denn noch an den alten Anforderungen festhalten wolle? Das seien doch nur Träume und Schäume gewesen ... Prägnant bringt der Lokalpolitische Chefkommentator der Hannoverschen Allgemeinen Zeitung diesen Meinungsumschwung auf den Punkt „Im Mittelpunkt steht erneut die Grundsatzfrage: Wem dient die Expo? ... Einfacher wäre es, wenn die SPD-Ratsfraktion sagen würde, was sie will, was eine Expo, die nicht von Hannoveranern, sondern von Staaten und Unternehmen aus aller Welt gestaltet wird, leisten kann und was nicht. Versprechungen, mit der Expo lasse sich die gesamte Stadt 'ökologisch umbauen', sind vorlaut – und auch hohl. Doch den Mut, den Bürgern reinen Wein einzuschenken, hat eine in sich unsichere SPD nicht. Was spricht eigentlich gegen eine 'Wirtschafts-Expo', die der Stadt saisonalen Auftrieb, ein paar Arbeitskräfte im Bau- und Dienstleistungsgewerbe sowie Stadtentwicklungschancen im Süden bietet. Was spricht eigentlich dagegen, wenn die Messe im harten Konkurrenzkampf der Städte miteinander im Handstreich eine bessere Ausstattung bekommt?" (Michael B. Berger, in: Hannoversche Allgemeine Zeitung vom 24./25. April 1993, S. 17).

g) Nachspiel: was wird – oder: vom Gang des Elefanten

Der Expo-Elefant zieht weiter. Eisfeld hatte recht: die Weltausstellungsplanung scheint trotz aller Wirren, aller grundlegenden Änderungen im Konzept zum Selbstläufer geworden zu sein.

Wenn jetzt noch die – politisch selbst aufgebauten – inhaltlichen Ansprüche fallen gelassen werden, landet man wieder da, wo man begann: bei einer Förderung des Messestandorts Hannover über den Umweg eines 40-Millionen-Besuche-Ereignisses im Jahre 2000. Die Commedia dell' Expo als Farce in spiralförmiger Dramaturgie.

Aber noch ist es nicht soweit. Noch herrscht schwer durchschaubares Gewirr um den Expo-Elefanten: während die einen schlicht hinter ihm hertrotten oder ihm dienstfertig den Weg ebnen, bemühen sich andere, ihm inhaltliche Lasten abzunehmen, auf daß er freier ausschreiten könne. Seit wenigen Wochen hat sich zu diesem Kreis eine neue Gruppe gesellt, die keck behauptet, man könne den Elefanten nicht so frei laufen lassen. Es gelte, ihm mit „Prinzipien" den Weg zu weisen. Nur so könne Schaden abgewehrt werden. Und sofern man Sinnvolles für Stadt und Region bewirken wolle, sollte man auf die Dienste dieses Arbeitstieres verzichten. Dafür seien andere Mittel und Wege zu suchen.

Um im eingangs verwendeten Bild des Schauspiels zu bleiben: die Koalitionäre im hannoverschen Rathaus haben sich erstmals auf die Suche nach Regisseur und Drehbuch gemacht. Sie wollen Einfluß auf den Gang der Handlung nehmen – zumindest was die Nebenhandlung „Stadt und Region" betrifft. Nach sechs vertanen Jahren wäre das – falls die Koalition hält und die Koalitionspartner zu ihren jüngsten Beschlüssen stehen – der erste Versuch, den Deklamationen Taten folgen zu lassen, die Expo als Mittel der Stadtentwicklung in die Pflicht zu nehmen.

Ob dazu noch Chancen bestehen, wird das staunende Publikum in den nächsten Jahren beobachten können.

2. Die Expo als Großprojekt

Die Weltausstellungsplaner – in Sevilla, Budapest, Hannover, Wien (vgl. Schimak, in diesem Band) und anderswo – vertreten einhellig die Auffassung, daß sich nur mit einem Großereignis dieser Art wesentliche Entwicklungsimpulse auslösen ließen. Großprojekte haben wieder Konjunktur. In welcher Weise unterscheiden sich die heutigen Pläne von denen der 60er und 70er Jahre? Was sind ihre spezifischen „Leistungen"? Werden die früher begangenen Fehler vermieden? Das sei hier – am Beispiel der Weltausstellungsplanung für Hannover – diskutiert.

a) Big events – die neue Lust auf große Projekte

In der Diskussion um „Festivalisierung der Politik" werden heute den großen Ereignissen verschiedene positive Effekte zugeschrieben. Sechs seien in Anlehnung an die Einleitung zu diesem Band hier genannt und am Beispiel der Weltausstellungspläne für Hannover überprüft:

1. Konsens herstellen: Auf Großereignisse hin können divergierende Interessen gebündelt werden jenseits eingefahrener Konflikte. Dieser Effekt ist in Hannover zweifellos bislang nicht eingetreten. Von besonderer Deutlichkeit dürfte das Abstimmungsergebnis der Bürgerbefragung sein: ein Drittel der Stadtbevölkerung beteiligt sich nicht, ein Drittel lehnt die Expo-Pläne ab, ein weiteres Drittel stimmt zu. Ob die Experimente mit verschiedenen Beteiligungsformen – insbesondere

Expo 2000. Ein Großprojekt als Mittel der Stadtentwicklung?

dem Expo-Forum – als „sehr risikoreicher, partizipativer Prozeß der Suche nach einer neuen, originellen und weitgehend konsensfähigen Expo-Formel" (Kruse 1992, S. 110) interpretiert werden können, ist bislang zu bezweifeln. Ihrem Ursprung nach sind diese Experimente eher Ausdruck eines fundamentalen Dissenses (u.a. in der SPD/GABL-Koalition) über die Sinnhaftigkeit der Expo-Pläne, der auch überall dort, wo die Erörterungen in diesem Gremium inhaltlich werden konnten, wieder aufbrach. Zudem wurde und wird die jeweils aktuelle „Expo-Formel" nicht im partizipativen Prozeß, sondern allein im „Konsens der Betreiber" (Land, Messe AG, Stadtverwaltung und partiell: Bund) formuliert.

Die Vorstellung vom großen Aufbruch „jenseits eingefahrener Konflikte" ist im Falle Hannovers noch auf einem anderen Feld wenig angemessen: Landeshauptstadt und (umgebender) Landkreis Hannover befinden sich seit Jahren in einer Dauerfehde. Dabei geht es um die üblichen Probleme von Kernstadt und Umland (Wohnungsbau, Infrastrukturlasten etc.). An diesem „eingefahrenen Konflikt" hat die Expo-Planung nichts geändert. Zwar war man sich in der Hoffnung auf möglichst umfassende positive Wirkungen der Weltausstellung einig, aber Veränderungen in Verhalten und Einstellung bewirkte dies (noch) nicht. Spätestens beim Verkehrskonzept für die Expo (bleiben den Umland-Gemeinden nur die Park & Ride-Parkplätze?) brachen die alten Konflikte wieder auf.

2. Konzentration der Ressourcen: „Gelder, Menschen und Medien werden auf ein möglichst klar umrissenes Ziel hin mobilisiert." Mobilisierung hat in der Tat stattgefunden. Viel Geld, viel Arbeitskraft und viel (lokale bzw. regionale) Medienaufmerksamkeit wurden auf die Expo-Planungen gerichtet. Das Ziel allerdings, auf das hin mobilisiert wurde, war alles andere als „klar umrissen". Die Expo blieb eine Formel, ein Ereignis an sich, mit dem zahlreiche Heilserwartungen verbunden wurden. Um dieses Ereignis, dessen wesentliche Rahmenbedingungen von außen definiert werden, möglich zu machen, wurden erhebliche Kräfte mobilisiert. Bei alledem blieb die Frage der Kritiker unbeantwortet: Wäre es nicht viel naheliegender, den gleichen Aufwand für eigene Ziele, eigene Projekte zu treiben? Es fehle doch offensichtlich nicht an Ressourcen. Die wurden in der Tat bereitgestellt, ohne daß die erwarteten Milliarden aus Bonn zur Verfügung gestanden hätten. Woran es im Kern fehlte, war der Konsens über die eigenen Konzepte, über die Inhalte einer Politik für Stadt und Region. So entstand möglicherweise die Situation, daß sechs Jahre lang in die falsche Richtung mobilisiert (vgl. 2.2) und damit zugleich andere Räume der Politik ausgetrocknet wurden: Kräfte bündeln bedeutet auch, Kräfte binden.

3. Kräfte mobilisieren: Bei den Großprojekten geht es nicht nur um das Bündeln vorhandener Kräfte. Es sollen auch neue oder schlafende Kräfte mobilisiert werden. Innovative Projekte für Städte und Regionen sind wesentlich auf das endogene Potential in den Räumen angewiesen. Um dies aber mobilisieren zu können, sind offene Prozesse notwendig (vgl. Helga Fassbinder 1992). Prozesse also, die Ideenentwicklung zulassen, ja fördern, aus ersten Projekten neue zeugen usf. Als ein gutes Beispiel für diese Form regionaler Entwicklung kann die Konzeption der

Internationale Bauausstellung Emscher Park angesehen werden. In einer „Werkstatt" sollen exemplarische Lösungen für die Erneuerung alter Industriegebiete entwickelt werden. Der erste Projektaufruf richtete sich an die ganze Region. Über 70 Einzelinitiativen wurden aufgegriffen. Weitere Projektaufrufe sind möglich, weitere Ideen können – lernend aus den ersten – entstehen. Was 1998 – nach zehn Jahren Projektentwicklung – in der ganzen Region vorgeführt werden wird, ist heute noch nicht abschließend zu sagen. Was 2003 entstanden sein wird, soll offen bleiben usf. Darin liegt die Stärke dieses (Groß-)Projektes. Anders bei einer Weltausstellung. Hier richten sich alle Ideen auf das Nadelöhr eines Jahres, die Vorgaben eines diffusen Kreises von Veranstaltern, auf ein Gelände, einen einmaligen Aufwand. Wenn Wilfried Kruse (1992, S. 112) eine „wichtige Chance" darin sieht, die „Weltausstellung als Element eines heute gestarteten Stadt- und Regionalentwicklungsprojektes zu verstehen, das aus diversen, aktiver Beteiligung zugänglichen Teilprojekten besteht", so ist dem als Wunsch nur zuzustimmen. Allerdings: es gibt dieses Projekt bis heute nicht (die Anwaltsplanung warb für ein „Projekt Hannover", aber mit dem Ende ihrer Tätigkeit ging zunächst auch diese Idee wieder unter) und die Expo selbst besteht ihrer Struktur nach nicht aus echten Teilprojekten, schon gar nicht solchen, die einer regionalen (Mit-) Entscheidung zugänglich wären. Alles ist auf den zeitlich, finanziell, räumlich und inhaltlich eng umrissenen „Kegel" der Weltausstellungsplanung begrenzt. Ideen außerhalb dieses engen Kegels müssen verkümmern. Endogene Potentiale haben nur eine Chance, wenn sie ins enge Raster der Vorgaben passen. Das ist die Schwäche dieser Art von „nicht offenen" Prozessen. Die Weltausstellungsplanung in Hannover ist davon auf besondere Weise betroffen, da mit dem Zusammenstreichen des Finanzierungskonzeptes auch die letzten Ressourcen für zumindest kompensatorisch einzusetzende Projekte verschwanden.

4. Administrative Arbeitsweisen und Strukturen beleben: „Festivalisierung der Politik ist eine auf sich selbst gerichtete Innovationsstrategie der politischen Administration, eine Art Eigendoping". Der erste Blick legt den Eindruck nahe, daß die Expo-Stimulantien gewirkt haben. Vier Planungsstäbe, vehemente Debatte (zumindest 1991/92), zahlreiche Pläne. Der zweite Blick aber läßt die Innovationen vermissen. Weder in den Inhalten noch in den Organisationsformen der Planung sind sie zu finden. Es wird zwar viel und intensiv gearbeitet. Das aber ist zumeist Planerfüllung, Abarbeiten des Zeitplanes. Werte, Ziele, Projekte, die das wabernde Motto „Mensch – Natur – Technik" in Orientierungen für die regionale Entwicklung umwandelten, sind nicht Gegenstand der Planungen. Von den kommunalen und regionalen Akteuren wird das rechtzeitige Bereitstellen eines baureifen und erschlossenen Geländes erwartet. Der Zwang zum formalen Konsens wird extern vorgegeben. Das mag die Planungsabläufe forcieren. Inhaltliche Impulse für die Entwicklung von Stadt und Region entstehen so nicht. Die Hoffnungen auf Innovationen, auf den „großen Sprung", den „Kick" richten sich denn auch nicht auf das eigene Handeln, sondern im Kern wieder auf das Großereignis an sich, auf

ein gleichsam exterritoriales Ereignis. Und finden mit ihm auch ihr Ende. Was bleibt?

5. An Bekanntheit gewinnen: Walter Siebel schreibt den Großereignissen auch die Aufgabe zu, die Aufmerksamkeit von potentiellen Investoren auf solche Städte zu richten, die sich nicht per se großer Nachfrage erfreuen: Sevilla, Hannover oder Duisburg müßten alle Kräfte zusammeraffen, um kurz, für die Dauer eines Großereignisses, so hoch zu springen, daß der japanische Investor sie wenigstens einmal zu Gesicht bekommt. Sinn der Anstrengung: vielleicht führt dies zu Neuansiedlungen zukunftsträchtiger Industrien oder ähnlichem. Unabhängig von der Frage, ob durch Weltausstellungen wirtschaftliche Effekte dieser Art erzielt werden können (vgl. 3.2), ist dieses Argument im Falle Hannovers mit besonderer Zurückhaltung zu verwenden: die Stadt ist Messestandort. Nicht nur in Deutschland nimmt sie (z.B. nach Ausstellungsfläche in Hallen) die Spitzenstellung ein. Sie hat in wichtigen Bereichen – Maschinenbau, Computer – Weltgeltung. Wenn etwa CeBit und Industriemesse als „Welt-Leitmessen" bezeichnet werden, dann ist schwer vorstellbar, welcher ernst zu nehmende Investor diesen Standort noch nicht kennen könnte.

6. Öffentliche Gelder einwerben: Eine Stadt, die den Zuschlag für ein internationales Großereignis erhalten habe, könne leichter Gelder mobilisieren, um den Stadtumbau durchzusetzen. Sie sei „gleichsam der Vogel im Nest, der am weitesten den Hals aufsperren kann, wenn sich irgendwo eine öffentliche Hand mit Geld darin zeigt." So dachten es sich auch die Expo-Befürworter in Stadt und Land. Und doch kam es anders. Schuld daran ist auf den ersten Blick die deutsche Vereinigung und der daraus resultierende Berg finanzieller Lasten. Der zweite Blick macht aber deutlich, daß das Zögern des Finanzministers bereits auf den „Vogel im Nest-Effekt" zurückgeführt werden kann: auch der öffentliche Geldgeber weiß von dieser Wirkung und hütet sich rechtzeitig, ein solches Kuckucksei auszubrüten. Die Verteilungskonflikte werden also antizipiert. Die öffentlichen Geldgeber lassen sich auf das Großprojekt nur ein, wenn es ihnen ohnehin (regional-)politisch opportun erscheint, die Gemeinde X oder die Region Y hervorgehoben zu fördern (im Falle Sevilla schien es sich um ein solches Beispiel für regionalpolitischen Konsens zu handeln). Das Großprojekt ist also nicht das Mittel zur Beschaffung öffentlicher Gelder, sondern Ausdruck einer vereinbarten Förderpriorität. Weil dies so ist, sind solche Prioritätensetzungen politisch sehr heikel. Das konnte man an dem verbalen Eiertanz beobachten, der um die Finanzierung der Expo in Hannover betrieben wurde: einerseits (gegenüber dem Bund) wurde und wird immer wieder betont, daß man keine „Sonderfinanzierungen" erwarte. Andererseits versprach die Stadt (sich und ihren Bürgern) Gelder für Wohnungen, Stadtumbau, Nahverkehr und so fort. Das Land hingegen stand unter ständigem Dementi-Zwang: der Argwohn vieler Städte, die ohnehin bevorzugte Landeshauptstadt werde ein weiteres Mal beschenkt, mußte besänftigt werden. Zu viele weitere Schnäbel wurden da aufgesperrt. Bezeichnend für diese Form der politischen Konflikte: die potentiellen Futterneider wurden nicht nur mit Dementis

abgespeist, sondern auch mit Versprechungen. Wenn die Expo käme, bekämen sie auch etwas vom Kuchen ab. Wilhelmshaven eine Meeres-Expo, Göttingen Kultur auf dem Bahngelände usf. Es gibt zwar keine Sondermittel, aber jede(r) bekommt seinen Teil ...

Diese Hinweise zeigen: manche der den „big events" zugeschriebenen vorteilhaften Wirkungen treten nicht generell, sondern nur in besonderen Fällen auf. Daß im Fall Hannover die Effekte der big events so gar nicht zum Zuge kommen, bedarf allerdings zusätzlicher Erklärungsversuche: Das Bewußtsein, daß etwas Besonderes zur Entwicklung von Stadt und Region notwendig sei, war und ist offensichtlich sehr schwach ausgeprägt. Es fehlt an „Krisenbewußtsein" und Handlungs- bzw. Innovationsdruck. Zwar wurde in der Diskussion immer wieder auf die wirtschaftlichen Strukturprobleme der Region verwiesen, Veränderungen in den Handlungsmustern der Beteiligten bewirkte dies jedoch nicht. Möglicherweise mag auch von Bedeutung sein, daß der tatsächliche, handgreifliche Nutzen eines solchen Großprojektes bzw. der bislang bekannt gewordenen Expo-Pläne selbst den Befürwortern so vage erscheint, daß sie – über allgemeine Propaganda hinaus – zu wenig Engagement bereit sind. Und sicher spielt die Entstehung und Entwicklung der Expo-Idee eine wesentliche Rolle: Ihre kontextlose Entstehung im kleinen Kreis, die Art wie sie „über die Stadt kam" ... das führt bestenfalls zu „Mitnahme-Effekten" und mobilisiert wenig Energien. Kurzum: dieses Großprojekt ist, soweit sich das nach sechs Jahren Planungsgeschichte sagen läßt, keine gute Illustration für die möglicherweise (auch) positiven Effekte einer Festivalisierung der Politik.

b) Die (alte) Faszination der Großprojekte

Bliebe die Frage: was hat die Expo 2000 mit den Großprojekten alter Art, den Stadterweiterungen der 60er und 70er Jahre, den milliardenschweren Infrastrukturprojekten etc. gemein? Diese großen städtebaulichen Projekte der Vergangenheit – vor allem die der 60er und 70er Jahre – übten zweifellos erhebliche Faszination aus: für die Planer, die hier die Chance sahen, im großen Wurf den zeitgenössischen Leitbildern Ausdruck zu verleihen und für die Ökonomen, die auf diese Weise nachhaltig wirksame wirtschaftliche Effekte auszulösen glaubten. Beides war schon damals umstritten.

Der „große Wurf"

„Man soll keine kleinen Pläne machen. Sie holen niemanden hinter dem Ofen hervor ... Man muß große Pläne machen, sich hohe Ziele stecken und hoffnungsvoll ans Werk gehen in Kenntnis der Tatsache, daß ... logisch schlüssige Schemata nie ihre Gültigkeit verlieren, wenn sie einmal fixiert sind. Solche Schemata werden uns überleben und sich mit immer größerer Selbstbewußtsein ihren Weg bahnen." Dieser Traum vom großen Wurf und zukunftsprägenden Plan – hier um die

Expo 2000. Ein Großprojekt als Mittel der Stadtentwicklung?

Jahrhundertwende in Worte gefaßt von dem amerikanischen Architekten Daniel Burnham (zitiert nach Jacobs 1981, S. 17) - prägte lange Jahre das Planerselbstverständnis. Der „große Plan" faszinierte durch Ausmaß und Durchschlagskraft des Gestaltungswillens. Und auch Jahrzehnte später, als sich die „Legende vom Stadtbaukünstler" (G. Fehl) und andere Selbstbilder der Planer eigentlich bereits selbst widerlegt zu haben schienen, waren und sind viele beim Großprojekt von dessen schieren Ausmaßen fasziniert: Auch in Hannover sagen die Verfechter der Expo: sie sei gut, weil sie viel Bewegung in die Region bringe, in großem Stil und in kurzer Zeit könne gebaut werden, was sonst lange Jahre benötige. Nicht kleckern ... - geklotzt soll werden.

Aber: Ist groß gut? Die Beantwortung der Frage führt zurück in die 70er Jahre. Damals schien man der Meinung zu sein, daß Wachstum sich in Größe äußere, viel Wachstum auch großer Projekte bedürfe. Später erkannte man, daß - z.B. - mit den städtebaulichen Großtaten viel Schaden angerichtet worden ist. Manche Hochhaussiedlungen am Stadtrand, manche Innenstadtumgestaltung, manche überdimensionalen Verkehrsbauten legen davon noch heute Zeugnis ab. Daraus ließ sich lernen: nicht Größe und Menge entscheiden - auf die Qualität kommt es an. Aber nicht nur die Faszination der großen Zahl erinnert an die Sünden der 70er, auch die Tatsache, daß sich alle Hoffnungen an dieses eine Großprojekt klammern, läßt befürchten, daß Lehren aus der Vergangenheit vergessen wurden. Worin bestand (und besteht) die Problematik dieser großen Projekte? Drei Aspekte werden in der Fachdebatte vor allem genannt (vgl. u.a. Jacobs 1981; Jessen 1989; Siebel 1989): Erstens seien solche Vorhaben in ihrer Durchführung unflexibel, könnten nicht oder kaum auf neue Anforderungen reagieren. Zweitens erzeugten sie Sachzwänge: einmal ins Rollen gebracht könne man auch dann nicht mehr von ihnen ablassen, wenn sich z.B. erhebliche Kostensteigerungen abzeichneten. Und drittens würde zuviel Aufmerksamkeit und Kraft durch sie gebunden. Alles dies gilt für die geplante Weltausstellung in besonderem Maße:

- Das Projekt ist besonders unflexibel, da wesentliche Rahmenbedingungen von außen gesetzt werden. Vor allem der bereits jetzt sichtbare Zeitdruck läßt die Suche nach Alternativen, das Reagieren auf Fehlentwicklungen in Zukunft kaum zu.
- Es erzeugt enorme Sachzwänge, die in den vergangenen Jahren - z.B. bei der Standortfestlegung oder den Entscheidungen über den Ausbau von Stadtbahnlinien - schon spürbar wurden. Das alles geschieht angesichts unklarer Rahmenbedingungen, vager Kostenkalkulationen und kaum abschätzbarer Risiken.
- Wie erwähnt richtet sich zudem seit Jahren die Aufmerksamkeit der gesamten Stadtpolitik auf die EXPO-Planung - als gäbe es nicht viele weitere Aufgaben, die Beachtung verdienten.

Vermutlich ist Jane Jacobs (1981, S. 18) zuzustimmen, die aus der Auseinandersetzung mit Großprojekten folgerte: „Wann immer wir die Wahl zwischen einer großangelegten Planung und verschiedenen kleinen Plänen haben, lassen Sie uns letztere wählen. Sie haben den Vorteil, vielseitig und flexibel zu sein und uns neue Anregungen zu verschaffen." Diese Bewertung schien bis vor wenigen Jahren unter Planern unstrittig – und dennoch wandten sie sich – nicht nur in Hannover – wieder den Großprojekten zu.

Die „Trägerrakete"
Die besondere Faszination von großen Projekten, zumal von riesigen Bauvorhaben besteht in den ökonomischen Effekten, die man sich von ihnen verspricht. Walter Siebel verweist in seiner Argumentation auf die Modellrechnungen zur Berliner Olympiade. Demnach (FAZ v. 25.7.1990, S. 23) sollen ein zusätzliches Bruttoinlandsprodukt von 4,7 Mrd. DM und ein Beschäftigungsplus von 63.000 Personen/Jahren sowie 3.7 Mrd. DM zusätzlicher öffentlicher Mittel mobilisierbar sein.

Für Hannover waren noch imposantere Zahlen im Spiel. 3-6 Milliarden DM sollten von öffentlichen Händen mobilisiert werden, insgesamt wurde mit Investitionen in Höhe von etwa 10 Mrd. DM gerechnet, was wiederum Steuermehreinnahmen von mindestens 4.7 Mrd. auslösen sollte. Davon dürften der Bund 2.2, die Länder 1.7 und die Gemeinden 0.7 Mrd. erwarten. Die 25 Millionen Besucher im Jahr 2000 sollten ein Plus an Gehalts- und Lohneinkommen von über 7 Mrd. DM verursachen, womit allein 100.000 Arbeitskräfte Lohn und Brot (für ein Jahr) finden könnten (vgl. Eisfeld 1992, S. 154). Diese Kalkulationen liegen zwei Jahre zurück. Inzwischen ist der öffentliche Mittelansatz erheblich gesunken. Was privat mobilisiert würde, steht dahin. Unabhängig aber davon bleibt die Frage zu stellen: Was besagen solche Angaben?

Solange es bei der schlichten Investitionsmengen-Betrachtung bleibt, führt es sich selbst ad absurdum. Dies machte der Verkehrsclub Deutschland in Fortführung der Argumente des Ministers deutlich: Wenn ein zeitweiliger Beschäftigungseffekt zur Begründung für „jedes gigantöse Projekt" herangezogen werde, könne man in gleicher Weise auch für die Unterkellerung Schleswig-Holsteins werben (nach Spoo 1992a). Im Vordergrund der Auseinandersetzung muß also der nachhaltige Nutzen der Projekte selbst stehen. Welche Qualitäten sollen mit diesen Summen geschaffen werden? Was haben die Bewohnerinnen und Bewohner der Stadt von derlei Ziffern?

Eine „klassische" Antwort: Arbeitsplätze. Jede in Handel und Industrie investierte Milliarde schaffe 9500 Arbeitsplätze – behauptete etwa der niedersächsische Wirtschaftsminister Fischer. Solche Zahlenspiele sind auch von anderen Weltausstellungen bekannt, wo z.T. noch höhere Werte eingesetzt wurden. In der Behauptungsform: x Investition bringt y Arbeitsplätze sind sie selbstverständlich unseriös. Erstens handelt es sich bei der Arbeitsplatzangabe lediglich um eine Rechengröße für ein Jahr. Damit ist also nichts über Dauerhaftigkeit oder gar Qualität dieser Arbeitsplätze gesagt. Wie breit der Interpretationsspielraum ist, wurde in Hannover deutlich: hier stand z.B. der Behauptung, daß 50.000 Arbeitsplätze von Dauer sein würden, die These entgegen, lediglich die Saison- und Wanderarbeiter (aus

Gastronomie, Hotellerie und Baubranche) würden der Expo-Segnungen teilhaftig. Selbst die positivsten Gutachten ließen sich nicht zu der These hinreißen, die neuen Arbeitsplätze würden den jetzt Arbeitslosen (oder den durch den Strukturwandel in der Automobilbranche arbeitslos Werdenden) langfristig helfen.

Auch sagen solche Kalkulationen nichts darüber aus, an welchem Ort die Arbeitsplätze entstehen und – wesentlicher noch – welche Beschäftigungswirkungen bei alternativem Mitteleinsatz (denn die für die Expo gebundenen Gelder stünden anderweitig nicht mehr zur Verfügung) erzielbar wären.

Nicht nur Arbeitsplatzeffekte, sondern wirtschaftliche Wirkungen von Großereignissen insgesamt sind offensichtlich schwer zu prognostizieren. Zu sehr hängen sie von komplexen konjunkturellen und wirtschaftsstrukturellen Faktoren ab: Großprojekte haben „als keynesianische Vehikel der Wirtschaftsförderung, als 'Trägerraketen' der Stadtentwicklung ihren Sinn in der Depression. Im Boom muß Planungspolitik private Dynamik im Sinne öffentlicher Entwicklungsziele und lokaler Identitäten steuern, kanalisieren und manchmal dämpfen." Das schrieb Klaus Novy (1991, S. 46) und folgerte, daß die Politik der Städtekonkurrenz mit Großprojekten, die Wirtschaftspolitik von gestern sei. Politiker, die diese betrieben, verhielten sich also ähnlich wie die „nur scheinbar schlauen Bauern mit ihrem immer verspäteten Schweinezyklus". Wer die „Trägerrakete" zur Unzeit zünde, stifte eher Schaden denn Nutzen. Die Volkswirte sprechen dann vom „crowding out": die Großprojekte „binden Ressourcen und verzerren, ja behindern private Dynamik" (Novy 1991, S. 46) Die Weltausstellung gefährdet damit möglicherweise eine langfristig stabile Entwicklung eher als daß sie sie fördert. Werden ökonomische Effekte doch auf einen eng umgrenzten Raum, eine kurze Zeitspanne und wenige Branchen konzentriert. Ein Beispiel: bei stetiger Baulandnachfrage aus dem gewerblichen Bereich, bei dem langfristig ohnehin gegebenen Zwang, Wohnungen in großem Umfange zu bauen usw. werden nicht nur in Hannover Bauland, Bauleistungen usw. knapp. Schon früh warnten hannoversche Makler im Zusammenhang mit der Expo vor einem „Kollaps auf dem Immobilienmarkt" (Neue Presse vom 8.8.1990). Ein Großprojekt überhitzt die regionalen Bau-Märkte, nährt die Nutzungskonkurrenz und führt zum Aufblähen von Kapazitäten, die nur um den Preis regionaler Strukturkrisen – nach Abschluß der Bauphase zum Großprojekt – wieder reduziert werden können. Konkret trifft dies für die Baubranche zu – und für den „Abbau" des großen Anteils von Kurzzeitarbeitsplätzen, die unmittelbar vor und während der Weltausstellung entstehen. Wenn die wirtschaftliche Entwicklung nicht als Trägerrakete eines kurzen Wachstumsschubes interpretiert wird – wie gelegentlich eingewendet wird – sondern als Motor einer langfristigen und stetigen wirtschaftlichen Entwicklung (z.B. für Industrien im Bereich der Umwelttechnologien, die sich als Nachnutzer am Kronsberg ansiedeln sollen), dann setzt dies eine gezielte Strukturpolitik ebenso voraus wie technologische und wirtschaftliche Potentiale in der Region. Ansonsten hätte dieser „Motor" eine sehr kurze Lebensdauer. So wurde z.B. die Hoffnung geäußert, daß durch die Expo leistungsfähige und entwicklungsstarke Unternehmen im Bereich der

Umwelttechnik nach Hannover gelockt werden könnten. Sie wären dann „Nachnutzer" für Teile des Expo-Geländes. Gleich drei Argumente lassen solche Perspektiven eher als Wunschdenken erscheinen: der Standort Hannover wurde m.W. bislang im Urteil externer Experten nicht mit Entwicklungschancen im Bereich Umwelttechnik in Verbindung gebracht. Zudem fehlt es an einer regionalen Wirtschaftspolitik, die die Voraussetzungen für Ansiedlungen in diesem Bereich schaffen könnte; und drittens sind von den Weltausstellungen der letzten Jahrzehnte keine nachhaltig wirksamen Ansiedlungserfolge zu vermelden gewesen. Es ist also vermutlich nicht falsch, wenn das Expo-Projekt in wirtschaftlicher Hinsicht als typische Idee der 70er Jahre gekennzeichnet wird, die in den 90er Jahren zur Unzeit kommen und regionalwirtschaftlich erheblichen Flurschaden anrichten könnte.

c) Was hat sich geändert?

In mehrfacher Hinsicht handelt es sich also bei der Expo 2000 um ein Großprojekt alter Art. Das Projekt weist aber auch zusätzliche Merkmale auf, die typisch sein könnten für Großprojekte der 90er Jahre. Was hat sich geändert?

1. Der Kontext: In den 60er und 70er Jahren waren die Konzepte der Stadterweiterung, der Bau der Großsiedlung Bestandteil der Stadt- und Regionalentwicklung. Sie ergaben sich aus den Einwohnerentwicklungen, dem wirtschaftlichen Wachstum und den kommunalen bzw. regionalen Plänen. Solche Orientierungen stehen bei Großprojekten wie der Weltausstellungsplanung nicht im Vordergrund. Dominant scheint vielmehr der Wettbewerb mit anderen Städten: Das Gespenst der Städtekonkurrenz geht um. Selbst die, die nicht zu den Millionenstädten und Metropolen zählen, fürchten sich vor ihresgleichen, fürchten z.B. die „Konkurrenz der Halbmillionenstädte" (Fiedler 1992a). Überall wird das Gespenst des gnadenlosen Verdrängungskampfes an die Wände der Rats- und Sitzungssäle gemalt. Und sofern man sich nicht der Gnade der „Blauen Banane" sehr sicher weiß, sucht man nach probaten Gegenmitteln. (Ob es sich bei alledem um Formen einer kollektiven Neurose handelt, vermag ich nicht zu sagen. Aber es wäre sicher des Nachdenkens wert, was es eigentlich mit dieser Städtekonkurrenz auf sich hat ... Aber das ist ein anderes Thema.) Ein wichtiges Mittel, mit dem die Götter des Marktes versöhnlich gestimmt werden sollen, ist offensichtlich das „Großprojekt". Mit ihm soll eine „Sonderentwicklung" ermöglicht werden, die Vorsprung verschafft vor den vermeintlich oder tatsächlich konkurrierenden Städten.

2. Die Akteure: Es liegt die Vermutung nahe, daß die Beteiligung privater Akteure, oder solcher, die sich an Marktgegebenheiten zu orientieren haben, zugenommen hat. So entstand die Expo-Idee bereits bei einem zwar öffentlich kontrollierten, aber marktbezogenen Unternehmen (Deutsche Messe AG) und wird (wenn es sie denn gibt) unter starker Beteiligung von Developern etc. durchgeführt

werden. An den Großsiedlungen (und sonstigen Großprojekten der 70er Jahre) waren auch große Wohnungsunternehmen, Generalunternehmer etc. beteiligt. Die Überantwortung einer kompletten Stadtteilentwicklung an private Investoren dürfte doch eine neue Qualität darstellen.

Das Großprojekt Expo ist allerdings noch durch eine Akteursvielfalt anderer Art geprägt. 130-150 Aussteller, ein Büro in Paris, dem mehr als 40 Staaten angehören, die Bundesrepublik Deutschland als Veranstalter, das Land Niedersachsen als Beauftragter, die Betreibergesellschaft ... alle diese Instanzen entziehen sich ganz oder teilweise dem kommunalen und regionalen Einfluß.

3. Die Public Relations: Die Großprojekte früherer Jahre waren Angelegenheit der Fachleute. Die Stadtöffentlichkeit hatte an ihrer Vorbereitung kaum Anteil. Auch das Expo-Projekt begann noch auf diese Weise. Es zeigte sich jedoch, daß die Projektentwicklung auf die alte Weise nicht durchzuhalten war. Mißtrauen und Widerstand in der Stadtöffentlichkeit waren zu stark. Intensive Öffentlichkeitsarbeit ist also offensichtlich eine Begleiterscheinung neuerer Großprojekte. Unter Umständen entstehen in solchem Zusammenhang auch Versuche mit Bürgerbeteiligung, die über Informations- und Werbekampagnen hinausreichen. Dabei ergibt sich allerdings bei Projekten wie Olympia und Weltausstellung eine prinzipielle Grenze: die externen Vorgaben lassen lokalpolitisch zu geringe Handlungsspielräume offen, um Beteiligungsstrategien sinnvoll gestalten zu können.

4. Die Werte: In den 70er Jahren glaubte (zumindest aber: propagierte) man, mit den Großsiedlungen soziale Politik zu betreiben. Direkt und unmittelbar sollten bessere Lebensverhältnisse für diejenigen geschaffen werden, die ihrer bedurften. Es wurde Zukunft bewußt gestaltet – so das Selbstbild der Planung. Dies scheint sich geändert zu haben. Den Planern ist der Fortschritt verlorengegangen (vgl. Keller/Ulrich 1989, S. 1244), die Machbarkeit besserer Lebensverhältnisse durch Planung scheint in Zweifel gezogen zu werden. Von sozialen Verhältnissen z.B. ist nur mehr defensiv die Rede: es geht heute um Sozialverträglichkeit. Soweit sozialer Nutzen – zumal für benachteiligte Gruppen – produziert werden soll, geschieht dies bestenfalls indirekt: der wirtschaftliche Nutzen des Großprojekts könnte – via Arbeitsplätze und Steueraufkommen bei der Stadt – auch soziale Wirkungen haben.

3. Die Expo als Mittel der Stadtentwicklung. Überprüfung einer Hypothese

In der Diskussion um Festivalisierung werden die Großprojekte als Instrumente begriffen, als Mittel einer Stadtpolitik, der die traditionellen Mittel nicht mehr ausreichen. Unter diesem Aspekt ist also die Weltausstellungsplanung in Hannover abschließend zu betrachten. Dabei messe ich sie zunächst an Kriterien, die heute an Großprojekte anzulegen sind, wenn sie in die Stadtentwicklungspolitik sinnvoll integriert werden sollen, und frage dann grundsätzlicher nach: Kann dieses Großprojekt, kann die Expo in Hannover überhaupt Mittel einer lokalen oder regionalen Politik sein?

a) Sondierungen: Kriterien für ein Großprojekt als Mittel der Stadtentwicklung

An zwei Fragen soll überprüft werden, ob die Expo zum Mittel der Stadtentwicklung taugt: zunächst müßte sichergestellt sein, daß sie stadtverträglich ist. Trifft das zu? Darüber hinaus sollten zumindest einige der heute als „state of the art" zu bezeichnenden Kennzeichnungen fortgeschrittenen planenden Bemühens auch auf die Expo-Planung Anwendung finden können. Läßt sich das von der Weltausstellungsplanung sagen?

Die Stadtverträglichkeit
Die (1990 noch) rotgrüne Stadtregierung in Berlin wurde unverhofft mit einem Großprojekt konfrontiert. Es ging um die Bewerbung zur Olympiade. Die Auseinandersetzung schlug hohe Wellen. Von besonderer Bedeutung war die Frage, ob und unter welchen Bedingungen ein solches Projekt verträglich sei mit der Stadtentwicklung(spolitik). In der Diskussion wurden drei Kriterien formuliert (vgl. Groth 1992), von denen ich meine, daß sie auch auf den Fall Hannover anzuwenden sind:

1. Das Nutzenkriterium: die einzelnen Maßnahmen sollen für die Bewohner und Bewohnerinnen der Stadt langfristig direkten oder zumindest indirekten Nutzen bringen. Ob dies bei der Expo der Fall sein kann, ist – wie gezeigt – strittig. Eine Stadtbahnlinie, die ohne Expo in dieser Form nicht benötigt würde, und ein schwer greifbarer wirtschaftlicher Impuls als Nutzen stehen sozialen und ökologischen Lasten sowie möglicherweise problematischen wirtschaftlichen Effekten gegenüber. Dabei sind viele Fragen offen. Der Versuch, sie zu klären, mündete bislang in wenig rationale Argumentationsfiguren.

2. Das Prioritätskriterium: Alle Maßnahmen, die auch ohne Durchführung – in diesem Fall der Expo – eine hohe Priorität genießen würden, sind vorrangig zu planen, zu finanzieren und durchzuführen. Wie gezeigt, wird dieses Kriterium in Hannover nicht erfüllt: Es gab vor Beginn der Expo-Planungen keine zusammenhängenden Aussagen über Entwicklungsaufgaben und Prioritäten in Stadt und Region. So konnte die Expo allen weiteren Überlegungen vorangestellt werden. Ziele der Stadtentwicklung wurden auf diese vorgegebene Situation hin definiert. Etwa vorhandene Einzelprioritäten bzw. bisherige Beschlußlagen blieben dabei – wie der zuständige Planer der Stadt beschreibt (vgl. Eisfeld 1992, S. 187 f.) – unberücksichtigt.

3. Das Souveränitätskriterium kennzeichnet die Basis aller vorherigen Kriterien. Wenn die Stadt nicht frei ist in der Wahl ihr Ziele und der zu ihrer Erreichung notwendigen Mittel, kann sie weder Nutzen noch Prioritäten angemessen berücksichtigen. Daß Hannover im Konzert der Beteiligten eine offensichtlich nachge-

ordnete Rolle spielt, habe ich bereits erläutert. Braucht es noch einen Beleg, so liefert ihn die Stadt selbst. In einem von ihr im Dezember 1990 herausgegebenen Faltblatt heißt es lapidar: „Dabei ist zu beachten, daß das B.I.E. die Interessen der Aussteller im Auge hat und ihm ausschließlich an dem Gelingen einer repräsentativen Weltausstellung gelegen ist, nicht aber an dem Wohl der Stadt Hannover". Was hier für das B.I.E. gesagt wurde, gilt für die Mehrzahl aller Expo-Beteiligten. Der damit verbundene geringe Gestaltungsspielraum der Kommune wirkt zurück auf die politische Kultur in der Stadt: Angesichts der externen Vorgaben und Sachzwänge kann Bürgerbeteiligung nur zur „Public relations", zur „Produktion von Akzeptanz" verkommen.

Kriterien für zeitgemäße Stadtentwicklungskonzepte
In den letzten Jahren wird wieder intensiver über die Qualität von Planung und Planungsprozessen gesprochen. Es kennzeichnet diese Diskussion, daß sie die Merkmale der sich verändernden Planungskultur nicht nur aus normativen Setzungen gewinnt, sondern auch aus praktischen Erfahrungen (vgl. Selle 1992a und 1993a). Drei Kriterien möchte ich herausgreifen:
1. Probleme ortsspezifisch bearbeiten: Die Einsicht, daß viele Probleme einer ortsspezifischen Bearbeitung und Lösung bedürfen, hat sich inzwischen in vielen Politikbereichen durchgesetzt. Dabei geht es nicht nur um die Herausarbeitung der besonderen „Begabung eines Ortes" (Sieverts 1990), um Identität oder die Aktivierung endogener Potentiale, sondern auch um sozial zielgerichtete und effiziente Lösungen: „The locality is back on the map of the geography of equity just as it is back on the map of efficiency". (Sabel 1989) Es hat sich gezeigt, daß die verallgemeinernden Konzepte, in spezifischen Örtlichkeiten umgesetzt, fehlerhaft sind. Damit gewinnt das Besondere gegenüber dem Allgemeinen an Bedeutung. Zugleich wird so die Voraussetzung dafür geschaffen, daß die Problemlösungs- und Entwicklungspotentiale einer Stadt oder Region mobilisiert werden: Formulierung des Problems und Entwicklung von Lösungen beziehen sich auf die spezifischen Ausgangsbedingungen und Handlungspotentiale. Im vorliegenden Fall stellt sich die einfache Frage: was eigentlich ist das (örtliche) Problem, das mit der Expo gelöst werden soll? Sarkastisch formuliert könnte man antworten: die Expo schafft erst Probleme, für die ortstypische Lösungen zu finden sind. Ein Bezug der Weltausstellungsidee zu spezifischen endogenen Potentialen ist nicht zu erkennen – sieht man einmal von der Deutschen Messe AG ab. Die Spielräume zur Entwicklung lokaler Initiative sind zudem sehr eng: es müssen in erster Linie die extern gesetzten Anforderungen erfüllt werden. Allein für die „harten" Bedingungen des Infrastrukturausbaus, der Flächenerschließung etc. werden Planungs- und finanzielle Ressourcen in so erheblichem Maße gebunden, daß über diesen „harten Kern" hinaus ein gestaltbarer „Rand" – zumal nach den Streichungen öffentlicher Mittel – nicht mehr zu erkennen ist.
2. Prozesse fehlerfreundlich und offen gestalten: Das Prinzip der Fehlerfreundlichkeit und Revidierbarkeit bedeutet: Fehler müssen korrigiert werden können,

zunächst nicht absehbare Folgen sind zu berücksichtigen, begonnene Prozesse müssen grundsätzlich umkehrbar sein (vgl. Jessen 1989). Diese Anforderungen – gewachsen u.a. aus den Erfahrungen der Stadtentwicklung in den 70er Jahren – sind eng verbunden mit den Grundsätzen eines iterativen Planungsprozesses: Projekt- und Konzeptentwicklung verlaufen parallel, aus ersten Umsetzungen kann für Fortschreibung und Veränderung des Konzepts gefolgert werden. Planung wird hier zu einem sozialen Lernprozess. Es leuchtet unmittelbar ein, daß ein solcher Prozeß zeitlich und inhaltlich „offen" bleiben muß. Er kann – von einer gewissen Größenordnung an – nicht auf ein konkretes Gesamtprodukt in der Zukunft festgeschrieben werden. Das Prinzip der Offenheit ist also keinesfalls schmückendes Beiwerk, sondern eine zentrale Voraussetzung für die neuen Arbeitsformen: Nur so können endogene Potentiale oder mobilisiertes Engagement integriert werden; sind Fehlerfreundlichkeit und Revidierbarkeit gegeben, wird die Entwicklung von Lösungen möglich.

Das Beispiel Hannover führt uns in seiner bisherigen Entwicklung demgegenüber ein Großprojekt der 60er und 70er Jahre vor: Lineare, langfristige Planung auf ein zeitlich und inhaltlich bereits präzise vordefiniertes Ziel hin. Lernprozesse werden erst vom Jahr 2000 an möglich. Das birgt nicht nur die Gefahr von Sachzwängen und nicht korrigierbaren Fehlentwicklungen in sich. Es zwängt auch alle lokalen Potentiale durch ein enges extern vorgegebenes sachlich-zeitliches Nadelöhr. Alle innovativen, nicht in diesen Korridor hineinpassenden Ansätze müssen ausgesondert bleiben.

3. Probleme kooperativ bearbeiten: Planung wird zur Vermittlung zwischen verschiedenen Sphären (Markt, Staat, privaten Haushalten) und entwickelt sich so von autoritär monologischen zu pluralistisch-dialogischen Prozessen – so ließen sich in Schlagworten einige Merkmale der sich verändernden Planungskultur umreißen. Damit sind nicht harmonistische Niedlichkeiten gemeint. Es geht vielmehr um das Zulassen paralleler Entwicklungen, ihre Vermittlung untereinander und die Moderation der sich so ergebenden komplexen Prozesse. Damit dies gelingen kann, sind zwei Voraussetzungen zentral: Transparenz und klare Rollendefinitionen. Mißt man die bisherige Geschichte der EXPO-2000 an diesem Maßstab, dann hat es zweifellos Phasen erheblicher Vernebelungen gegeben. Das hat die wildesten Assoziationen möglich gemacht: rosarote und rabenschwarze. Ein Kommentator schrieb bereits Anfang 1990: „Die Frage des Ob und Wie der Expo wird in den Vorstandssitzungen der Messe AG, den Ministerien und Verwaltungszentren von Hannover bis Paris entschieden. Die Bevölkerung ist ... nur indirekt einbezogen ... auf eine positive Identifikation der Bewohner mit 'ihrer Expo' als Chance (wird) verzichtet." (Güldenberg 1989, S. 1) Erst spät wurde die bislang ungenügende Öffentlichkeitsarbeit intensiviert – und drohte sofort in eine Werbekampagne umzuschlagen (vgl. 1 und 2.2) Kooperation beschränkte sich auf den Kreis der Interessierten. Für große Teile der Stadtöffentlichkeit blieb es beim achselzuckenden „Die machen doch, was sie wollen" oder dem im Grundsatz

Expo 2000. Ein Großprojekt als Mittel der Stadtentwicklung? 197

nicht minder resignativen: „Gut, machen wir das Beste draus. Es ist ja ohnehin nicht aufzuhalten."

Mit diesen Sondierungen dürfte deutlich geworden sein, daß die für Hannover geplante Weltausstellung in vielerlei Hinsicht nicht den Anforderungen genügt, die man heute an ein Mittel der Stadtentwicklung stellen muß. Dieses Großereignis wäre also kein „neuer Typus von Politik", kein modernes Instrument, auf dem die heutigen Stadtmanager neue Weisen von Politik und Planung erklinge lassen. Wir hätten es im untersuchten Fall – wie schon zuvor angedeutet – eher mit einem Rückfall in planlose Zeiten zu schaffen, wenn denn unsere Eingangsvermutung überhaupt angemessen ist. Denn in der Tat scheint sich nun die Frage aufzudrängen, ob ein Großereignis wie die Weltausstellung überhaupt Mittel der Stadtentwicklung sein kann. Wenn ein Großprojekt, hier also die Expo, ein Vehikel sein soll, das Stadt und Region vorwärts bringt, dann ist damit zunächst die Frage aufgeworfen: hat die Stadt das Steuer dieses Vehikels in der Hand? Bestehen damit überhaupt – sozusagen – die technischen Voraussetzungen, die Expo als Mittel der Stadtentwicklungspolitik einzusetzen?

b) Grundsatzfrage: Kann eine Weltausstellung Mittel kommunaler Politik sein?

„Die Expo hat viele Väter" – hieß es in der Presse. Tatsächlich sind viele Instanzen für Planung und Durchführung der Weltausstellung verantwortlich. Niemand beschreibt das klarer als die Verantwortlichen bei der Stadt selbst (s.o. 1 c)). Der bisherige Gang der Planungen für das Expo-Gelände sah die Stadt in einer nachvollziehenden Rolle. Auch die (mögliche) weitere Entwicklung sieht die Stadt erneut in einer relativ passiven Rolle. Die Betreibergesellschaft, Bund und Land, die Aussteller und die beteiligten privaten Investoren werden – so wie die Rollenverteilung angelegt ist – ein bestimmendes Gewicht bekommen. Die Expo-Planung entwickelt damit nicht nur inhaltlich und wirtschaftlich, sondern auch organisatorisch eine starke Eigendynamik.

Sicherlich wird die Landeshauptstadt an Bord des vom Motor Expo getriebenen Mobils geraten – zumindest mit ihrer einen Stimme im zehnköpfigen Aufsichtsrat der Expo-Gesellschaft. Aber das ist eher ein Platz auf den hinteren Bänken. Eine Notbremse ist dort nicht vorgesehen.

Wenn nun schon nicht als Steuermann im Mobil, dann ließe sich eine Steuerung des Großprojekts in Richtung auf das für die Entwicklung von Stadt und Region Notwendige und Wünschenswerte theoretisch auch von außen, sozusagen über verkehrslenkende Maßnahmen erreichen. Im Klartext: könnten dem Großprojekt durch klare Wert- und Zielsetzungen der Stadtentwicklungspolitik hinreichend wirksame Vorgaben und Orientierungen gegeben werden? Auch diese Frage war bislang zu verneinen. Es fehlte – wie erwähnt – an solchen Konzepten. Entwicklungsplanerische Aussagen beschränkten sich bislang – man gestatte mir die Überspitzung – auf die Feststellung, die Erschließung des Kronsbergs sei ohnehin für die nächste Etappe der Entwicklung Hannovers notwendig. Durch die Expo-Planung bekäme man genau das, was die Landeshauptstadt benötige. Sicherlich ist die Gleichsetzung der Ziele der Messe AG mit denen der Landeshauptstadt nicht schon Nachweis für zukunftsorientierte, gestaltende Planung. Wesentlicher aber noch: die Entwicklungsaufgaben, die sich Hannover im nächsten Jahrzehnt stellen, beschränken sich zweifellos nicht auf die Umgestaltung und verkehrstechnische Erschließung des Kronsberghanges.

Erst mit den Anträgen der Koalitionsfraktionen vom Mai 1993 wird hier ein Neubeginn versucht: die „Prinzipien", die dem Handeln der Expo-Gesellschaft vorgegeben werden sollen (vgl. Kap. 1, vierter Akt), könnten als erster Versuch verstanden werden, regionsbezogene Kriterien zu formulieren. Auch der Auftrag an Stadtverwaltung und Kommunalverband, die Entwicklungsaufgaben der nächsten Zukunft zu formulieren, weist in die gleiche Richtung: die Stadt besinnt sich auf ihre eigene Definitionskraft. Offen aber ist noch zweierlei:

1. Hat diese jüngste Initiative eine ausreichend stabile politische Grundlage und kann sie sich zudem in der Verwaltung durchsetzen?
2. Kommt sie (nach sechs Jahren) nicht zu spät, um noch wirklichen Einfluß auf den Gang der Expo-Planungen nehmen zu können?

Fassen wir zusammen: Den großen Ereignissen wird in der Praxis (auch in Hannover) – ebenso wie in der planungstheoretischen Diskussion – unterstellt: es gehe mit ihnen und durch sie um Stadtentwicklungspolitik. Am Beispiel Hannover wird deutlich, daß diese „Stadtentwicklungs-Hypothese" zumindest für die ersten sechs Jahre des Planungsprozesses nicht haltbar ist: Es gab vor der Idee Expo keine Stadtentwicklungskonzeption, die irgend eine Form von big event nahegelegt hätte. Es gab nach sechs Jahren Expo-Planung noch immer nichts, was der Weltausstellung unter Gesichtspunkten der Stadt- und Regionalentwicklung Richtung und Inhalt wies. Erst jetzt zeichnen sich Versuche ab, die auf ein bewußtes, gelenktes – nehmen wir das ungeliebte Wort ruhig wieder – also: geplantes Zusammenwirken eines Großereignisses mit der Stadtentwicklung schließen lassen könnten.

Der bisherige Planungsprozeß wird verständlicher, wenn man die Stadtentwicklungs-Hypothese fallen läßt. Alles ordnet sich dann mühelos ein, sofort entsteht ein klares Bild: ein Messestandort hat Zukunftsängste, eine Messe AG sieht mit einer Weltausstellung den warmen Regen öffentlicher Subventionen und die gesteigerte Aufmerksamkeit von Industrie und werbender Wirtschaft auf sich zukommen, die Bauindustrie darf Aufträge in Milliardenhöhe und damit eine regionale Sonderkonjunktur erwarten, der Stadtkämmerer hofft auf etwas Linderung in der verfahrenen Haushaltslage und der Stadtbaurat bekommt die Verkehrserschließung für ein neues Wohngebiet vielleicht etwas früher als in vergleichbaren Fällen. ... Klare Einzel-Interessen, die bedient werden, wenn es denn kommt – das Großprojekt.

So betrachtet, hat der (am Schluß von Kap. 1 zitierte) Kommentator recht,

wenn er darauf verweist, daß die Versprechungen „hohl" seien und sich (und seine Leser) nur scheinbar naiv fragt, was denn gegen eine „Wirtschafts-Expo" spreche? Was denn kann – unter den bisherigen Bedingungen – anderes dabei herauskommen als eine „Supermesse"?
Was heißt das?
1. Dieses Großereignis ist seinem Wesen nach bislang kein Mittel der Stadtentwicklungspolitik. Es wurde – eher fahrlässig oder der Begründungs-Not gehorchend – dazu umgedeutet: Es fehlt bislang sowohl an Leitbildern und Zielen ebenso wie an Strukturen der Stadtentwicklung, die geeignet wären, Innovationen für Stadt und Region zu initiieren und der Expo in diesem Rahmen eine Aufgabe zuzuweisen.
2. Die Rolle der Planung bei diesem und anderen Großprojekten ist insofern keine neue Erscheinung. Denn auch früher schon sprangen Stadt- und Regionalplanung – mal begeistert, mal lustlos – auf fahrende Züge. Um dann zu erklären: da, wo wir jetzt hinfahren, wollten wir schon immer hin. Ein solches Trittbrettfahren bedeutete schon immer im Kern Verzicht auf Planung, wenn man die als ziel- oder wertorientierte Steuerung räumlicher Entwicklung versteht.
Ob (und wie) dies – im Falle Hannovers – noch zu ändern wäre, bleibt die Frage.

4. Was folgt daraus ...

a) ... für Hannover?

Sechs Jahre lang war die Expo gleichsam ein „Apriori" der kommunalen Politik. Die Landeshauptstadt „duldete" – wie es in einem Zitat zu Beginn hieß – Aktivitäten Dritter, vollzog sie nach, gelangte aber nie in eine gestaltende, Ziele und Rahmen setzende Rolle. Das ist nicht nur ein Mangel der Politik in Hannover. Die Strukturen von Weltausstellungen legen vielmehr eine solche passive Rolle der Kommunen nahe: Supranational und national verbindlich vereinbarte Leistungen müssen auf ihren Territorien durchgesetzt werden – ohne daß sie wesentliche eigene Gestaltungsspielräume hätten.
Im Falle Hannovers kommt erschwerend hinzu: auch die erhofften öffentlichen Subventionen blieben weit hinter den ursprünglichen Erwartungen zurück. Die notwendige Kompensation von Belastungen durch die Weltausstellung (am Wohnungsmarkt, in der Umwelt) entfiel so ebenso wie zahlreiche der ursprünglich versprochenen Wohltaten. Das ergab eine Zange, die sich unheilvoll auf die politische Kultur in der Stadt auswirken mußte: Selbst weitreichende Experimente mit neuen Formen der Meinungsbildung und öffentlichen Auseinandersetzung drohten – unter diesen Bedingungen – zur „Akzeptanzproduktion" zu verkümmern.
Das inhaltliche Ziel, das in der öffentlichen Debatte besonders hochgehalten

wurde, zerplatzte schon früh als Luftballon: der „ökologische Stadtumbau" benötigt – darauf verwiesen Kritiker immer wieder – andere Umsetzungsformen, als sie mit einer Expo angegangen werden. Neben solchen grundsätzlichen Hinweisen aus den ersten Jahren der Kontroverse machten dann die Rückzieher im Konzept und die Kürzungen der Budgets weitere Hinweise auf diese Ziele unglaubwürdig: der Einstieg in den „ökologische Umbau" in Hannover ist im Konzept nicht vorgesehen – übrig bleiben (vielleicht) Verschönerungsmaßnahmen, die wenig oder nichts mit den großen Hoffnungen gemein haben, die anfangs gefördert wurden.

Nicht viel anders dürfte es den verbliebenen Hoffnungen auf (Expo-)Projekte für Stadt und Region gehen. Die Geschichte früherer Weltausstellungen zeigt allzu deutlich die Selektivitäten, die aus inhaltlich wohlmeinenden Konzepten Spektakel unterschiedlicher Qualität werden ließen. Wer dies für die beschworene „Expo neuen Typs" vermeiden will, muß deutlichere Antworten auf die Frage geben, wie denn das zu bewerkstelligen sei.

Auf welche Weise sollen denn die bisher wirksamen Selektivitäten außer Kraft gesetzt werden? Bemerkenswert ist, daß diese Fragen auch von einigen Expo-Planern gestellt – und eindeutig beantwortet werden: „Die philosophischen Naturen, die sich unentwegt Gedanken über den Sinn und Zweck der jeweiligen Weltausstellung machen, gehen meistens leer aus. Die Ergebnisse ihres Nachdenkens ... werden gern von anderen ausgebeutet, die weniger nachdenklich ... veranlagt sind. Unter diesem robusten Zugriff verwandeln sich die Ideen ... häufig bis in ihr Gegenteil, wenn sie nicht überhaupt in den Archiven der Manager verschwinden. ... Im Jahr danach werden wir feststellen, daß auch diese Weltausstellung die gewünschte Einsicht in die Notwendigkeit, die Welt zu einen und zu harmonisieren, eher verdrängt hat als wirksam werden läßt." (Eisfeld 1992, S. 11 und 12)

Daß die Weltausstellung in Hannover in besonderer Weise rückfallgefährdet ist, also den verbliebenen Anspruch dem eigenen Finanzierungskonzept opfern zu müssen, liegt schon jetzt auf der Hand: je weniger öffentliche Mittel fließen, um so mehr private Mittel müssen bewegt werden. Die wiederum sind gebunden an Werbewirksamkeit, spektakuläre Präsentation und massenwirksame Show-Effekte – kaum geeignete Begleitumstände für eine differenzierte Auseinandersetzung mit den Problemen der Welt (oder gar denen von Stadt und Region). Was bleibt? Irritation. Oder, um mit den Worten der ehemaligen niedersächsischen Finanzministerin angesichts der vielen geistreichen Argumente in einem Ideen-Symposium zur Weltausstellung zu antworten: „I'm still confused but on a higher level" (Lopez 1990, S. 7) Denn: diesen Einsichten und Ansichten (die nicht nur die meinen sind) stand und steht der ungebrochene „Glaube" der Expo-Befürworter an diese letzte Chance zur „Sonderentwicklung" gegenüber. Jegliche Diskussion über Einzelziele und -maßnahmen, die deren geringe Tragfähigkeit im Expo-Kontext herausarbeitet, mündet bei der Festivalisierung an sich: der „große Sprung", der „Kick", der „letzte Ausweg" stehen am Schluß der Debatte. Die

Argumentation für das Großereignis wird damit zugleich inhaltlsleer und hoffnungsvoll: eine Vielzahl von Hoffnungen hebt sich ab von dem real Möglichen.

Bliebe die Frage, ob der Pakt mit der Weltausstellung wirklich so alternativlos ist, wie dies von seinen Verfechtern behauptet wird. Versuche im Ruhrgebiet, aus einer deutlich desolateren Situation eine wirtschaftliche Entwicklung in Verbindung mit einer ökologischen Modernisierung zu betreiben, geben immerhin Hinweise, daß auch andere Ansätze denkbar sind – „Festivals" zwar, aber aus eigener Kraft, auf eigene Rechnung, nach eigenen Zielen.

Bliebe weiter die Frage, was sich Hannover mit einer alternativlosen sechsjährigen Weltausstellungsplanung eingehandelt hat? Eine Situationsbeschreibung, mit der Hannovers Oberstadtdirektor Fiedler ursprünglich die Expo-Skeptiker treffen wollte, zielt heute auf die Expo-Befürworter: „Die Probleme der Expo sind zu bewältigen. Aber wie Hannover ohne die Chancen der Expo seine Zukunft bewältigen soll, das hat bis heute noch niemand beantwortet" (Jobst Fiedler, in: Landeshauptstadt 1992, S. 11). So ist es tatsächlich – trotz sechs Jahren Planung für die Zukunft der Stadt: die Frage ist sträflich vernachlässigt worden, wie Hannover seine Zukunft bewältigen soll.

Das zeigt auf irritierend deutliche Weise, wie problematisch diese Form der Festivalisierung von Politik sein kann. Hier werden nicht die eigenen Kräfte gebündelt, eigene Ziele verfolgt. Alle Hoffnungen richten sich vielmehr auf ein „Aliud". Das große Ereignis wird hier zur Ersatzhandlung ...

Die Entscheidungsunwilligkeit in Bonn machte zur Jahreswende 92/93 dieses grundsätzliche Problem der Planungspolitik im Hannover der letzten sechs Jahren schlaglichtartig deutlich: Als es so schien, als würde es nichts mehr mit der Expo, blieb nichts als Leere – die Landeshauptstadt hatte sich in eine Sackgasse manövriert. Mit dem Fortgang des Expo-Projekts seit März 1993 besteht die Gefahr, daß alles beim alten bleibt, daß die Ersatzhandlung weiterhin von den eigentlichen, eigenen Aufgaben ablenkt.

Damit käme ich zu einem vorläufigen Fazit. Das lautet keinesfalls: ein Großprojekt an sich ist schlecht. Es lautet auch nicht: ein Großprojekt kann kein Beitrag zur Stadtentwicklungspolitik sein. Es lautet vielmehr schlicht: ein Großprojekt kann kein Ersatz für die eigenständige Formulierung von Zielen und Strategien kommunaler bzw. regionaler Entwicklung sein. Zu kritisieren ist die Bedenkenlosigkeit, Naivität und Bequemlichkeit im Umgang mit Großprojekten – nicht nur in Hannover. Falsch und in den langfristigen Wirkungen gefährlich ist die Auffassung, big events würden sozusagen aus sich heraus die Dinge vorantreiben. Wer sie als Beitrag zur Zukunft von Stadt und Region nutzen will – und aus dieser Perspektive argumentiere ich hier – muß mehr planen, sich intensiver um die Integration in übergeordnete, weiterreichende Strategien mühen und vor allem die notwendig begrenzte Leistungsfähigkeit solcher Großereignisse erkennen.

Das heißt: Hannover benötigt seit Jahren eine eigenständige Entwicklungskonzeption, eine, die auf die eigene Kraft baut, eigene Ziele sucht und verfolgt. Die Skeptiker verlangen dies schon immer als Alternative zur Expo. Andere sagen, nur so ließe sich eine inhaltliche Einbindung der Expo - wenn man sie denn wolle - erreichen. Den Befürwortern müßte inzwischen deutlich sein, daß es seit Jahren an einem „Projekt Hannover" - zumindest als Auffanglösung - fehlt.

Wenn diese Fehlentwicklung korrigiert werden soll, ist die Beantwortung u.a. der folgenden Fragen drängend (vgl. Selle 1991/1992b):

- Welche ortsspezifischen Perspektiven, die über die Expo hinaus und an ihr vorbei reichen, sollen für die Entwicklung Hannovers im nächsten Jahzehnt maßgebend sein?
- Auf welche Weise will die Stadt Hannover das Gesetz des Handelns (wieder) in die Hand bekommen? Wie soll die fatale „Monokultur" Expo zurückgedrängt und Raum für andere Ideen, Projekte, Initiativen geschaffen werden? Wie kann das Expo-Projekt innerhalb eines selbstgesetzten Handlungsrahmens relativiert werden?
- Welche innovativen Projekte will die Landeshauptstadt in den nächsten Jahren unabhängig vom weiteren Geschick der Weltausstellungspläne angehen?
- Wie kann das innovative und kreative Potential in Stadt und Region, das für eine zukunftsgewandte Entwicklung unabdingbar ist, mobilisiert werden?

Ob als Alternative, Voraussetzung zur Einbindung oder Auffanglösung ...: Hannover muß sich nach sechs Jahren Weltausstellungsplanung aufmachen, eigene Entwicklungsperspektiven zu suchen, innovative Projekte anzugehen und Formen für einen offenen Planungsprozeß zu definieren.

Wie es um die Chancen für einen solchen Neuanfang steht? Wenn Bertolt Brecht recht hat: gut. Denn: „Wandlungen finden in den Sackgassen statt."

b) ... für die Diskussion um „Festivalisierung der Politik"?

Walter Siebel hat zur Kennzeichnung der Festivalisierung das schöne Bild vom Gaukler gebraucht, der täglich allein auf einem Marktplatz seine Späße treibend, wenig Aufsehen erregt. 365 Gaukler an einem Tag erst machten das Ereignis zum Ereignis, das Gaukeln zum Festival.

Dieses Bild, auf die „Festivalisierung" örtlicher Politik übertragen, läßt allerdings zwei Deutungen zu: Im einen Fall geht es beim Auftritt der 365 um nichts anderes als die Produktion eines Ereignisses. Die planungspolitischen (Konsens erzielen, Kraft bündeln, Ressourcen mobilisieren) und ökonomischen (Auslösen eines wirtschaftlichen Entwicklungsimpulses) Ziele, die der Festivalisierung unterstellt werden, sind auf eigentümliche Weise inhaltsleer. Die Aufmerksamkeit an sich, das Bündeln der Kräfte ..., der Wachstumsschub ... etc. an sich. Der Auftritt der Gaukler ist Selbstzweck. Festivalisierung bedeutet in diesem Fall nichts anderes als: ein Festival. Nicht zufällig hat Dieter Eisfeld sein Buch „Commedia dell' Expo" genannt, nicht zufällig insistiert er darauf, daß die meisten Ansprüche an die Expo 2000 weit überzogen seien, daß es - wie schon in Sevilla und zuvor - in erster

Linie um ein großes Fest gehe. Das bedeute auch: Bruttosozialprodukt und Nahverkehr. In anderen Worten: die Gaukler gaukeln. Das bringt Publikum, Geld und Beachtung. Auch muß der Festplatz hergerichtet werden. Hier muß man nicht nach den Inhalten der örtlichen Politik suchen. Hier bleibt es dabei. Ein Festival ist ein Festival ist ein Festival ...

Diese Deutung des Gaukler-Bildes mündet nicht automatisch in eine „Verurteilung": Feste können gut sein für die Städte und ihre Bewohner, für die Gaukler und die Zuschauer. Sie machen Spaß, prägen das Bild der Stadt, füllen die Kassen ... Aber natürlich hat diese Form der Festivalisierung viel mit „panem et circenses" gemein. Sie kann in der „Aliud-Strategie" münden: statt Politik ein Fest.

Daraus folgt: wer von Festivalisierung redet, muß sehr genau auf die transportierten Inhalte sehen. Im beschriebenen ersten Fall ist da erst das Festival, das Fest an sich und dann die Hoffnung, daß etwas in Stadt und Region zurückbleibe, was von größerer Dauer ist als der Kater nach dem Rausch.

Im anderen Fall geht es um Politik, die ihre Inhalte und Werte kennt. Sie macht sich ein Festival zunutze. Dies ist die zweite Deutung des Gaukelns: gemeint ist damit die alltägliche Arbeit an den Aufgaben einer Region. Durch die Bündelung der Kräfte, durch die Konzentration in einem (Zeit-) Raum erhält diese Arbeit mehr Aufmerksamkeit und kann vermutlich auch mehr Wirkung entfalten. Etwas, das ohnehin getan werden muß, wird auf besondere Weise angegangen. Die IBA im Ruhrgebiet ist dafür möglicherweise ein gutes Beispiel. Auf inzwischen über 80 Projekte und zwei Ausstellungsjahre konzentriert werden Werkstücke der Modernisierung einer immer noch vom Strukturwandel geplagten Region gezeigt. In diesem Fall ist da erst die Politik und dann das „Festival". Politik wird fokussiert. Unter dem Brennglas des „big event" erhält sie soviel Energie, werden die Kräfte so gebündelt, daß innovative Durchbrüche erhoffbar sind. Vielleicht ist es sinnvoll, diese Form der Politik zum Unterschied von der erstgenannten als „Fokussierung" zu bezeichnen. Auch diese Politik ist Gefährdungen ausgesetzt. Hier gilt es, die Aufmerksamkeit auf die gewählte Form zu richten. Weltausstellungen etwa sind – selbst wenn sie in den Rahmen einer inhaltlich bestimmten, regionalpolitischen Strategie eingebunden würden – widerborstige, kaum kalkulierbare, vermutlich also untaugliche Mittel für die Entwicklung von Stadt und Region. Wer von Fokussierung redet wird also die gewählten Mittel nicht aus dem Auge verlieren dürfen. Sonst heißt es möglicherweise nach dem Auftritt der 365: außer Gaukeln nichts gewesen.

Bei dem vorliegenden Text handelt es sich um die gekürzte Fassung einer ausführlicheren Auseinandersetzung mit der Weltausstellung. Die Langfassung erscheint – ergänzt durch Auszüge aus den Materialien der Befürworter und Kritiker – demnächst als: Klaus Selle (Hrsg.): EXPOsitionen. Überlegungen zu Stadtentwicklung, Festivals und Anwaltsplanung – aus Anlaß der für Hannover geplanten Weltausstellung. Werkbericht No. 32 der Arbeitsgruppe Bestandsverbesserung (zu beziehen über den Dortmunder Vertrieb für Bau und Planungsliteratur, Gutenbergstr. 59, 44139 Dortmund)

Literatur

Allgemein

Fassbinder, Helga, 1992: Offene Planung. Perspektiven der Stadtentwicklung in Deutschland und den Niederlanden. Vortrag anläßlich der Eröffnung des Kooperationszentrums Planen und Bauen Niederlande-Norddeutschland an der TU Hamburg-Harburg v. 15. Januar 1992. Hamburg.

Groth, Klaus-Martin, 1992: „Sozial und ökologisch orientierter Umbau" in Berlin – was heißt das?, in: Stefan Bochnig und Klaus Selle (Hrsg.), Freiräume für die Stadt. Bd. 1. Wiesbaden/Berlin: Bauverlag, S. 183-189.

Jacobs, Jane, 1981: Können großangelegte Planungen die Probleme der Stadterneuerung lösen? Referat zum Internationalen Kongress „Das Wohnquartier in der Stadterneuerung". Hamburg, 12.-14. Oktober 1981. Verv. Ms.

Jessen, Johann, 1989: Aus den Großsiedlungen lernen?, in: Die alte Stadt 4/89, S. 568-581.

Keller, Donald A. und Werner Ulrich, 1989: Zur Planungskultur in der Schweiz, in: Schweizer Ingenieur und Architekt Nr. 46, S. 1243-1247.

Kruse, Wilfried, 1992: Sevilla, Barcelona, Hannover – Planungskulturen großer Ereignisse in Stdtentwicklungsprozessen, in: Martin Wentz (Hrsg.), Planungskulturen. Frankfurt: Campus, S. 107-113.

Novy, Klaus, 1991: Lange Wellen und die Konjunktur großer Themen. Dargestellt am Beispiel der Städtebauleitbilder, in: Novy und Zwoch (Hrsg.), Nachdenken über Städtebau, Neun Aufsätze. Braunschweig/Wiesbaden, S. 43-54.

Sabel, Charles, 1989: Equity and Efficiency in the Federal Welfare State. Paper presented to the Nordic Working Group on the Welfare State. Copenhagen.

Selle, Klaus, 1992a: Vom „Sparsamen Umgang" zur „Vision offener Grünräume" – Stadtentwicklung und Freiraumpolitik für die 90er Jahre. Vorträge, Texte, Materialien. Werkberichte der AGB No. 29. Dortmund.

Selle, Klaus, 1993a: Versuch über Planungskultur, in: Wohnbund (Hrsg.), Das Ende der Normalität im Wohnungs- und Städtebau? Thematische Begegnungen mit Klaus Novy. Darmstadt.

Siebel, Walter, 1989: Zukünftige Perspektiven der Stadtentwicklung, in: Deutsche Akademie für Städtebau und Landesplanung/Landesgruppe Niedersachsen-Bremen (Hrsg.), Planung oder Anpassung? Fragen an künftige Stadt- und Regionalplanung. Bericht Nr. 11 der Landesgruppe Niedersachsen-Bremen. S. 83-93.

Siebel, Walter, 1991: Die Internationale Bauausstellung als Instrument der ökologischen und kulturellen Modernisierung, in: Institut für Landes- und Stadtentwicklungsforschung des Landes Nordrhein-Westfalen (Hrsg.), Umbruch der Industriegesellschaft – Umbau zur Kulturgesellschaft? Dortmund, S. 135-138.

Sieverts, Thomas (Hrsg.), 1990: Zukunftsaufgaben der Stadtplanung. Düsseldorf: Werner.

zum Fallbeispiel Expo 2000/Hannover

Adrian, Hanns, 1992: Freiräume für die Stadt – Ausgangspunkte für ökologisch orientierte Stadtentwicklungspolitik, in: Stefan Bochnig und Klaus Selle (Hrsg.), Freiräume für die Stadt. Bd. 1. Wiesbaden/Berlin: Bauverlag, S. 97 ff.

Adrian, Hanns, 1989: Expo 2000 in Hannover, Die Stadt und die Weltausstellung – eine Ideenskizze. Stadtverwaltung (internes Papier an die Fraktionen des Rates) vom August 1989.

Aktionsforum gegen die Weltausstellung, 1992: Expo 2000 – „Weltausstellungen sind Wallfahrtsstätten zum Fetisch Ware" (Walter Benjamin), in: Spezial, H. März/April 1992.

Arbeitsgruppe Anwaltsplanung, 1992: Hannover und die Weltausstellung: Fragen zum Konzept. Hannover.

Expo 2000. Ein Großprojekt als Mittel der Stadtentwicklung?

Arbeitskreis Expo 2000 im Pavillon, 1990: Stadtentwicklung und Expo, ein ökologischer Entwurf. Hannover.
Brandt, Arno, Wolfgang Jüttner und Stefan Weil (Hrsg.), 1991: Das Expo-Projekt. Weltausstellung und Stadtzukunft. Hannover: Fackelträger.
Brychcy, Ulf, 1991: Kribbeln im Magen, in: Bauwelt, H. 39, S. 2091.
Buchholz, Goetz, 1990: Hannover, die Göttinger Sieben und die ArchitekturstudentInnen, in: Andreas Gelies und Holger Barth (Hrsg.), Zwischen Hannover und San José, Die Aufsatzsammlung der Coop-Ringvorlesung. Hannover: Selbstverlag.
Bureau International des Expositions (B.I.E.), 1989.
Eisfeld, Dieter, 1992: Commedia dell' Expo. Die Anfänge der Expo 2000 in Hannover mit dem Thema Mensch, Natur, Technik. Hannover: Schlütersche Verlagsanstalt.
Expo-Referent im Landeskirchenamt der Ev.-luth. Landeskirche (Hrsg.), 1992: Mensch – Natur – Technik. Kirchliche Beiträge zur Expo 2000. Hannover.
Fiedler, Jobst, (o.J.) 1992a: Unser Handeln bestimmt, was Wirklichkeit wird. Eine Streitschrift zur Expo 2000. Herausgegeben von der Landeshauptstadt Hannover.
Fiedler, Jobst, 1992b: Ergebnis der Bürgerbefragung EXPO. Presse-Information herausgegeben vom Presse- und Informationsamt der Landeshauptstadt Hannover.
Frenzel, Ivo, 1991: Hannover muß wieder um die Expo bangen. Weltausstellung im Jahr 2000 wird Zerreißprobe für Regierungsbündnis mit den Grünen, in: Süddeutsche Zeitung Nr. 233 (9.10.1991), S. 11.
Güldenberg, Eckart, 1989: Anmerkungen zur Weltausstellung. Papier zum sog. Aschermittwochgespräch „Weltausstellung – ein Beitrag zur Stadtentwicklung".
Habermann-Nieße, Klaus, 1992: Bausteine einer ökologischen Erneuerung der Stadt – das Beispiel Hannover, in: Stefan Bochnig und Klaus Selle (Hrsg.), Freiräume für die Stadt. Bd. 1. Wiesbaden/Berlin: Bauverlag, S. 111 ff.
Höge, Helmut, 1990: Ums Kröpcke herum – Eine Reise in die Stadt der Expo, in: Die ZEIT Nr. 32 (3. August 1990), S. 56.
(ISP) Eduard-Pestel-Institut für Systemforschung und (ARUM) Arbeitsgemeinschaft Umweltplanung, 1991: Öko-Bilanz zur Expo 2000 Hannover – Zusammenfassende Darstellung der Ergebnisse. Hannover.
Klaffke, Kaspar, 1992: Der Garten als Thema für die Weltausstellung Expo 2000 in Hannover. Hannover. Unveröff. Ms.
Koch, Hans-Jürgen, 1990: Goldmarie und Pechmarie – Ein hannöversches Märchen, in: Flex – Stadtmagazin für politische Kultur, Jg. 6, H. 3, S. 4 ff.
Kommunalverband Großraum Hannover, 1992.
Landeshauptstadt Hannover, 1992: Expo – Informationen. Hannover.
Landeshauptstadt Hannover/Baudezernat, 1990a: Weltausstellung EXPO 2000, Standortmodelle und Geländevarianten. Beiträge zur Diskussion, H. 1. Hannover.
Landeshauptstadt Hannover/Baudezernat, 1990b: Weltausstellung EXPO 2000. Komponenten zur Erschließung durch den öffentlichen Personennahverkehr. Beiträge zur Diskussion, H. 2. Hannover.
Landeshauptstadt Hannover/Baudezernat, 1992: Weltausstellung EXPO 2000, Projekte in der Stadt. Beiträge zur Diskussion, H. 6. Hannover.
Landeshauptstadt Hannover/Büro Expo 2000, 1990a: Rechtliche Grundlagen einer Weltausstellung. (Faltblatt) Hannover.
Landeshauptstadt Hannover/Büro Expo 2000, 1990b: Die Rolle der Landeshauptstadt Hannover. (Faltblatt) Hannover.
Landeshauptstadt Hannover/Büro Expo 2000/Kalmus, 1990c: Weltausstellung EXPO 2000 in Hannover. Verv. Presse-Information.
Landeshauptstadt Hannover/Büro Expo 2000, 1991a: Weltausstellung Expo 2000, Stadt und Region als Exponat. Beiträge zur Diskussion, H. 4. Hannover.
Landeshauptstadt Hannover/Büro Expo 2000, 1991b: Weltausstellung Expo 2000. Die Weltausstellungen zwischen 1851 und dem Jahr 2000: Eine Literaturauswahl. Faltblatt.

Landeshauptstadt Hannover/Büro Expo 2000, 1991c: Beteiligung betroffener und interessierter EinwohnerInnen sowie von engagierten Gruppen und Organisationen an der Planung der Weltausstellung „Expo 2000". Beschlußdrucksache Nr. 314/91.

Landeshauptstadt Hannover/Der Oberstadtdirektor/Eisfeld (1988): Das Projekt Weltausstellung 1998. Eine erste Analyse der Konsequenzen, die sich für die Landeshauptstadt Hannover aus der von der Messe AG projektierten Weltausstellung 1998 ergeben. Stadtverwaltung (60), internes Papier vom 15.8.1988.

Landeshauptstadt Hannover/Der Oberstadtdirektor/Eisfeld (1989): Das Projekt Weltausstellung 2000. Offene Fragen, die zwischen Bund, Land Niedersachsen, Landeshauptstadt Hannover und Messe AG geklärt werden müssen. Stadtverwaltung (60), internes Papier vom 1.6.1989.

Landeshauptstadt Hannover/Umweltdezernat, 1990: Weltausstellung EXPO 2000. EXPO und Umwelt. Beiträge zur Diskussion, H. 3. Hannover.

Landeshauptstadt Hannover/Umweltdezernat, 1992: Weltausstellung EXPO 2000. Auf dem Weg zum Jahr 2001. Werkstattberichte. Beiträge zur Diskussion, H. 7. Hannover.

Lenkungsausschuß Weltausstellung, 1989: Pressemappe zur Pressekonferenz am 18.9.89. Hannover.

Lopez, Rosanda, 1990: „I'm still confused but on a higher level" (Birgit Breuel) – Wissenschaftliches Unterfutter für die Weltausstellung zwischen Höhenflug und Bauchlandung, in: Flex, H. 3/90, S. 7 ff.

Lüderwaldt, Dietrich, 1989: Weltausstellung 2000 – mit dem Motto „Mensch, Natur, Technik" (Eine Betrachtung aus der Sicht des Naturschutzes). Ms. v. 11.12.1989.

May, Hans und Henning Schierholz (Hrsg.), 1991: Eine Weltausstellung neuen Typs? Hannovers Expo 2000: Planungshorizonte und Bürger/innenbeteiligung. Loccumer Protokolle Bd. 66/90. Evangelische Akademie Loccum. Loccum: Rehberg.

Müller, Udo, Markus Pasche und Sabine Baldauf (o.J.) 1991: Präventiver Umweltschutz als Strategie für die Expo 2000. Diskussionspapier Nr. 162. Institut für Volkswirtschaftslehre. Hannover.

Mönninger, Michael, 1990: Die Feier zur Jahrtausendwende, in: Frankfurter Allgemeine Zeitung Nr. 9 (11. Januar 1990), S. 27.

Mönninghoff, Hans, 1992: Überlegungen zur ökologischen Umgestaltung der Stadt, in: Stefan Bochnig und Klaus Selle (Hrsg.), Freiräume für die Stadt. Bd. 1. Wiesbaden/Berlin: Bauverlag, S. 105 ff.

Mönninghoff, Hans, 1989: Weltausstellung 2000. Perspektiven aus ökologischer Sicht. Stichworte eines Referates beim Arbeitskreis Technologiepolitik der SPD am 4.12.1989.

Niedersächsische Landesregierung (Hrsg.), 1991: Expo 2000, Das nächste Jahrtausend beginnt in Hannover: Informationen zum Mitmachen. Hannover.

Niedersächsische Landesregierung (Hrsg.), (o.J.) 1992: Expo 2000. Die Konzeption. Mensch – Natur – Technik. Hannover.

Norddeutsche Landesbank, 1991: Ökonomische Effekte der Expo 2000. Hannover.

o.V., 1989: Die Antworten des Landes Niedersachsen und der Landeshauptstadt Hannover auf die Fragen des Bureau International des Exhibitions (B.I.E.) in Paris – Planungsstand Juli 1989. o.O.

o.V., 1992: Konzeption Expo 2000 in Hannover. Zur Vorlage für den Lenkungsausschuß EXPO 2000. Stand März 1992.

Sack, Manfred, 1990a: Nabel der Welt. Was die Expo 2000 aus Hannover machen soll, in: Die ZEIT Nr. 26 (22. Juni 1990).

Sack, Manfred, 1990b: Hasardierende Idee. Hannover träumt seiner Weltausstellung im Jahr 2000 entgegen, in: Die ZEIT Nr. 18 (27. April 1990).

Schätzl, Ludwig, Rolf Sternberg und Jens Kramer, 1990: Ökonomische Effekte der geplanten Weltausstellung in Hannover. Hannover.

Schröder, Gerhard, 1991: Reden zur Expo 2000 hrsg. von der Presse- und Informationsstelle der Niedersächsischen Landesregierung. Hannover.

Selle, Klaus, 1991: Exposition. Mutmaßungen über die für Hannover geplante Weltausstellung, in: RaumPlanung, H. 55, S. 191-198.

Selle, Klaus, 1992b: Für einen neuen Anfang, in: Faßbinder und Selle, Öffentlichkeit und Stadtentwicklung. Materialien zur Diskussion, herausgegeben von der Arbeitsgruppe Anwaltsplanung. Hannover.
Selle, Klaus, 1993b: Expo Hannover – Form ohne Inhalt?, in: Garten + Landschaft, H. 1 (Januar 1993), S. 24-29.
Spoo, Eckart, 1992a: Wenn aber die Gastgeber die Einladung zum Fest verweigern, in: Frankfurter Rundschau vom 1.4.1992.
Spoo, Eckart, 1992b: Ein Brief aus Hannover, in: Frankfurter Rundschau vom 30.5.1992.
Thies, Heinrich, 1992: Seid verschlungen Milliarden, in: Die ZEIT Nr. 19 (1. Mai 1992), S. 21.
Thies, Heinrich, 1993: Grabgesang, in: Die ZEIT Nr. 12 (19. März 1993), S. 22.

Zeitungen, Zeitschriften

ADESSO – das Hannoveraner Hochschulmagazin. No. 6/1991, 16/1993.
Explosiv – Informationen gegen die Expo (verschiedene Ausgaben).
Flex – Stadtmagazin für politische Kultur. H 3/90.
Hannoversche Allgemeine Zeitung (HAZ), Jahrgänge 1987-3/1993.
Merian. H. 2/1991.
Neue Hannoversche Presse (NP). Jahrgänge 1987-3/1993.
Schädelspalter. H. 9/90, 12/90, 2/93 u.a.

Christine Obermair

ITALIA '90 – eine verpaßte Chance der Stadtpolitik?

1. Rechtliche und finanzielle Vorleistungen des Zentralstaates

Die Bewerbung Italiens als Gastgeberland der Fußballweltmeisterschaften von 1990 geht auf das Ende der siebziger Jahre zurück. Die endgültige Entscheidung des Internationalen Fußballverbandes (FIFA) zugunsten Italiens fiel 1984. Erste konkrete Schritte für die Vorbereitung des Großereignisses wurden jedoch erst drei Jahre später unternommen: Im Januar 1987, wenige Tage vor Ablauf ihrer Amtszeit, erließ die Regierung Craxi ein Dekret, dem das Parlament im darauffolgenden März Gesetzeskraft verlieh, und das in der Hauptsache Dringlichkeitsmaßnahmen für den Bau oder die Modernisierung der Fußballstadien in zwölf italienischen Städten vorsah.

Italia '90 war eine Fußballweltmeisterschaft mit besonders vielen Austragungsorten: Turin, Mailand und Genua sind die drei großen Städte des traditionellen Industriedreiecks im Nordwesten des Landes; Verona und Udine gehören der 'Terza Italia' an – also dem prosperierenden, neoindustrialisierten Nordosten –, dessen Entwicklungslinien auch Bologna und Florenz folgen. Rom, Neapel, Bari, Palermo und Cagliari schließlich vertreten die weitgefaßte Kategorie des italienischen Südens. Es waren also Städte aus ganz verschiedenen Regionen Italiens vertreten, mit ihren sozialen, ökonomischen und kulturellen Eigenheiten und Disparitäten. Die Auswahl der zwölf Kommunen, in denen die insgesamt 53 Fußballspiele ausgetragen werden sollten, lag in den Händen eines eigens gegründeten Lokalen Organisationskomitees (Comitato organizzatore locale, Col), welches direkt dem Ministerium für Tourismus und Schauspielwesen unterstand. Ein so großer Kreis von Austragungsorten ermöglichte es dem Col auch, wirksamen Druck auf die einzelnen Städte auszuüben, da der Ausschluß von den Spielen, z.B. bei Nichteinhaltung gewisser Vorgaben bei der Modernisierung der Anlagen, durchaus angedroht werden konnte.

Einfluß auf die Nominierung der einzelnen Städte nahmen auch die mächtigen Sportverbände – das Nationale Olympische Komitee (CONI) und der italienische Fußballverband (FIGC) – sowie politische Interessenträger. Bei der Entscheidung spielten schließlich sowohl 'geopolitische' als auch technische Überlegungen eine Rolle: Neben dem politischen Zentrum Rom und dem wirtschaftlichen Zentrum Mailand wurden die meisten großen Städte Italiens berücksichtigt, die sowohl die nötigen Sportstätten wie auch den nötigen politischen Stellenwert besaßen, so daß es eigentlich keine richtigen Ausgeschlossenen gab.

Bei der Auswahl der kleineren Städte Cagliari, Udine und Verona war mit ausschlaggebend, daß sie bereits über relativ moderne Fußballstadien verfügten. Für Cagliari, das als Hauptstadt von Sardinien für eine Massenveranstaltung denkbar ungünstig lag, wurde das Argument ins Treffen geführt, die englischen Hooligans auf einer Insel besser kontrollieren zu können. Wahrscheinlich hat aber auch das Faktum eine Rolle gespielt, daß der damalige Staatspräsident Cossiga ein Sarde war. Im Falle von Bari ist anzunehmen, daß der Präsident des FIGC die Nominierung seiner Heimatstadt nach Kräften unterstützt hat.

Das erwähnte Staatsgesetz von 1987 stellte den Kommunen drei Jahre vor Beginn der Weltmeisterschaft insgesamt rund 400 Milliarden Lire an Zuschüssen zur Verfügung, mit denen entweder der Bau neuer Fußballstadien (wofür man sich nur in Bari und Turin entschied) oder die Erweiterung und Modernisierung der bestehenden Anlagen finanziert werden konnten. Zugleich sollte mit diesen Mitteln jedes Stadion mit einem technologisch hochmodernen Presse- und Fernsehübertragungszentrum ausgestattet werden. Weitgehend nebensächlich erschienen zu diesem Zeitpunkt so wichtige Themen wie etwa die Beförderung oder die Beherbergung der zu erwartenden Besucher – für die Verbesserungen der verkehrs- und stadttechnischen Infrastruktur der betroffenen Städte waren insgesamt nur 66 Milliarden Lire an Zuschüssen eingeplant.

Keine der zwölf Städte hat ernsthaft erwogen, die Herausforderung der Fußballweltmeisterschaft nicht anzunehmen; das Ereignis stellte sich allen als eine große Chance dar, die man nutzen mußte. Zu verlockend war die Aussicht auf eine Fülle von öffentlichen Geldern, die es ermöglicht hätten, über das unmittelbare Ereignis hinaus über anspruchsvolle Stadien zu verfügen und das eine oder andere langersehnte Projekt zu realisieren. Darüber hinaus erwartete man sich, daß die Tourismusbranche angekurbelt und das Image der Stadt im Ausland verbessert würden. Nicht zuletzt konnte der Bürger konkrete Taten sehen – 1990 standen immerhin in vielen Teilen Italiens Wahlen an. Vorteile materieller und symbolischer Natur lagen somit auf der Hand. Und generell galt natürlich, daß eine Fußballweltmeisterschaft sowieso mit breitem Konsens rechnen konnte, als ein gleichwohl harmloses wie heiliges Ritual.

Italia '90 unterschied sich von anderen Großveranstaltungen grundlegend dadurch, daß der Zuschlag für das Ereignis von außen kam. Im Unterschied zu Städten, die ein ehrgeiziges Großprojekt vorlegen oder sich unter Aufwand aller Kräfte für die Austragung einer Veranstaltung bewerben, wurde in diesem Fall die Kür auf nationaler Ebene ausgetragen. Auf ihre Nominierung konnten die zwölf Städte nur geringen Einfluß nehmen, genausowenig auf die Höhe der ihnen zugedachten staatlichen Investitionen. Selbst die Kriterien, nach denen später auf nationaler Ebene die förderungswürdigen kommunalen Projekte im Infrastrukturbereich ausgewählt wurden, sind ziemlich obskur geblieben. Italia '90 ist nicht als Strategie der Kommunalpolitik entstanden, von dieser aber dankbar aufgenommen worden. Verglichen mit Vorhaben wie einer Weltausstellung oder einer Olympiade schien die Fußballweltmeisterschaft den einzelnen Städten relativ geringe Eigeninitiative abzuverlangen; auch wurde das stadtverändernde Potential des Ereignisses zunächst unterschätzt.

Innerhalb der Stadtregierungen war Italia '90 dementsprechend von einem breiten Konsens getragen. Eher schwache kritische Stimmen kamen von der Linksopposition, scharfer Protest regte sich von Anfang an in den Reihen der Umweltschützer. Im Zeitraum von 1986 bis 1989 wurden acht der zwölf Städte von Fünfparteienkoalitionen regiert, die sich nach dem Muster der römischen Zentralregierung aus Christdemokraten (DC), Sozialisten (PSI), Republikanern (PRI) Liberalen (PLI) und Sozialdemokraten (PSDI) zusammensetzten. Drei dieser Städte – Rom, Neapel und Turin – durchlebten allerdings interne Konflikte mit mehrmaligen Regierungskrisen und der Ablösung der Bürgermeister. Dasselbe Bündnis gab es auch in Palermo, mit dem Unterschied, daß dort später die Kommunistische Partei (PCI) in die Stadtregierung mit aufgenommen wurde, was auch auf nationaler Ebene große politische Diskussionen hervorrief. Dies führte schließlich dazu, daß der damalige Bürgermeister und entschiedene Verfechter dieser sogenannten 'abnormalen Koalition', Leoluca Orlando, aus der DC austrat und eine eigene Bewegung gründete. In Mailand wurde ein Linksbündnis von der bereits bekannten Fünferkoalition abgelöst. Ausschließlich von Linksbündnissen regiert wurden hingegen Florenz und Bologna, letztere zeitweilig vom PCI alleine.

Zurück zur staatlichen Ebene: Dort waren bis Ende 1987 lediglich die finanziellen Rahmenbedingungen für die Sportanlagen geklärt worden, obwohl sich bald abzeichnete, daß eine erfolgreiche Austragung der Weltmeisterschaft nicht allein von der Qualität der Stadien abhängen würde, sondern ebenso von der Effizienz der städtischen Verkehrs- und Transportsysteme sowie der Qualität der Tourismuseinrichtungen. Damals wie heute kämpften alle italienischen Metropolen – und mit ihnen eine erschreckende Anzahl von mittleren und kleinen Städten – mit großen Verkehrsproblemen: Dominanz des motorisierten Individualverkehrs, starke Verkehrsbelastung nicht nur in den Stadtkernen, großer Mangel an Parkraum. Erhebliche Planungsdefizite gab es besonders im Bereich des öffentlichen Nahverkehrs. Wie hätten diese Städte den zusätzlichen Besucheransturm einer Weltmeisterschaft bewältigen und im Ausland ein positives, effizientes Image von Italien erzeugen sollen?

In den nächsten eineinhalb Jahren folgte eine ganze Reihe von Gesetzesinitiativen, die darauf abzielten, die finanziellen und planerischen Rahmenbedingungen für die Anpassung der Städte (und ihrer Großräume) an die Anforderungen der Weltmeisterschaft zu schaffen. Das Straßensystem, der öffentliche Nahverkehr, die Flughäfen, die Bahnhöfe und das regionale Schienennetz sowie die Beherbergungskapazitäten sollten ausgebaut bzw. modernisiert werden. Die Chronologie der Ereignisse zeigt allerdings, wie unkoordiniert die staatliche Vorgehensweise trotz des enormen zeitlichen Rückstandes war.

Noch im Dezember 1987 wurde ein eigenes Koordinationskomitee ins Leben gerufen, dem der Regierungschef höchstpersönlich vorsaß und dem immerhin vierzehn Minister angehörten. Etwa sieben Monate (!) benötigte dieses Komitee, um eine Projektliste für die Mondiali-Städte und ihre Großräume zu erstellen. Nach welchen Kriterien diese Liste zustandegekommen ist, läßt sich kaum noch rekonstruieren.

Einen zweiten Schritt tat das Dekret des Ministerpräsidenten De Mita vom Juli 1988, das auf einem überarbeiteten Maßnahmenkatalog fußte (dessen Realisierungskosten auf rund 6.000 Milliarden Lire geschätzt wurden) und für die Genehmigung und die Ausführung der einzelnen WM-Projekte – die als von 'vorrangigem nationalen Interesse und äußerster Dringlichkeit' eingestuft wurden – erstmals einschneidende Vereinfachungen und Verfahrensänderungen der Verwaltungsabläufe vorsah. Da nicht rechtzeitig vom Parlament genehmigt, verfiel das Dekret jedoch, worüber sich nicht nur Stadtplaner damals erleichtert zeigten. Zu Recht schien es problematisch, daß die längst anstehende Modernisierung der Städte, für die die bevorstehenden öffentlichen Großinvestitionen gute Möglichkeiten bieten konnten, tatsächlich nun in einer Art Ausnahmezustand unter Umgehung wichtiger demokratischer Prozeduren und Kontrollmechanismen durchgedrückt werden sollten. So einschneidende Projekte unter dem Vorwand des (hausgemachten) Zeitdrucks ohne die nötige Programmierung und Planung durchzuziehen, mußte zu gravierenden Mängeln führen.

Im Januar des darauffolgenden Jahres jedoch griff ein neuerliches Dekret die Inhalte des vorhergegangenen zum Teil wieder auf. Auch dieser Anlauf scheiterte, das Dekret wurde mit demselben Text im April neu erlassen und schließlich vom Parlament als Staatsgesetz Nr. 205 vom 29. Mai 1989 förmlich verabschiedet. Fünf Jahre nach der Nominierung Italiens als Gastgeberland und nur vierzehn Monate vor Beginn der Fußballweltmeisterschaften standen nun endgültig die Richtlinien für den Ausbau der Infrastrukturen in den Mondiali-Städten fest. Angesichts dieser Terminierung war extremer Zeitdruck vorprogrammiert, der sich auf die Ausführungsphase nur negativ auswirken konnte. Die neuerliche Maßnahmenliste, die dem Gesetz angefügt war, sah Projekte vor, deren Realisierung in die Kompetenz verschiedener Institutionen fiel: der einzelnen Kommunen, der Staatsstraßenverwaltung ANAS, der zivilen Luftfahrt und der Eisenbahnverwaltung. 'In keinem anderen zivilisierten Land hätte man es gewagt, neue Projekte für über 3.000 Milliarden Lire ein Jahr vor dem Datum ihrer unaufschiebbaren Fertigstellung vorzuschlagen' (Ciccone 1988). Auch das Zustandekommen dieser Liste, die über 150 Vorhaben verschiedenster Größenordnung enthielt (von Mammutprojekten wie dem U-Bahnbau in Genua bis zum einfachen Fahrradweg), läßt sich kaum noch nachvollziehen: Zu einem großen Teil enthält sie Projekte vorangegangener Maßnahmenkataloge, die wiederum aus Kontakten zwischen der staatlichen Ebene (mit ihrer Vielzahl von eigens geschaffenen Kommissionen und Komitees), den Kommunen und den staatlichen Straßen- und Eisenbahnverwaltungen resultierten.

Für die Kosten dieser Vorhaben stellte der Staat insgesamt mehr als 3.000

Milliarden Lire bereit: Den Kommunen und der Eisenbahnverwaltung wurden rückzahlungsbegünstigte Darlehen (für die Kommunen mit einer Laufzeit von zwanzig Jahren) gewährt, während die Finanzzuweisungen an die Straßenverwaltung für die Jahre 1989-1991 um fast 700 Milliarden Lire erhöht wurden.

2. Die Vorbereitungen auf lokaler Ebene – der Ausnahmezustand

Mit den Arbeiten an den Fußballstadien, deren Finanzierung ja schon früher geklärt worden war, hatte man in der Zwischenzeit bereits begonnen. Nur in Turin und in Bari entschloß man sich für den Bau eines neues Stadions, in den anderen Fällen war eine mehr oder weniger tiefgreifende Modernisierung nötig, deren Kosten in Rom, Mailand und Neapel immerhin denen eines Neubaus gleichkamen. Ständige Neuauflagen im Bereich der Sicherheitsstandards, aber auch Probleme, die sich aus der zeitlich knappen Planungsphase ergaben, machten in vielen Fällen Projektänderungen während der Bauphase notwendig. Im Stadion von Genua z.B. mußte das Spielfeld um einen Meter erhöht werden, als sich herausstellte, daß es von einigen tausend Sitzplätzen aus kaum sichtbar war. In Rom erreichten Umweltschutzorganisationen eine Änderung des Projekts zum Umbau des Stadio Olimpico. Die neue Überdachung des Stadions sollte ursprünglich über acht riesigen Betonpfeilern errichtet werden. Nach erfolgreichen Protesten stieg man auf eine etwas verträglichere Variante um, die trotz allem das ausgewogene Gesamtbild des Stadtviertels am Fuße der Hügellandschaft des Monte Mario arg beeinträchtigt hat.

In ganz Italien wurden die Arbeiten an den Stadien schließlich zu einem regelrechten Wettlauf mit der Zeit – 28 tödliche Arbeitsunfälle ereigneten sich bis zum Spielbeginn auf den Baustellen. Auch die Baukosten schnellten enorm in die Höhe, im Durchschnitt um über 80 Prozent (vgl. Tabelle 1). Für die Städte bedeutete dies eine erhebliche Belastung ihrer Haushalte über mehrere Jahre, da sie den finanziellen Mehraufwand alleine tragen mußten. Zwar hatten die meisten Kommunen neben den staatlichen Zuschüssen zusätzliche Gelder für die Arbeiten an den Stadien eingeplant, aber die Kostenentwicklung sprengte jeden Rahmen, so daß in sechs Fällen mehr als die Hälfte der Kosten von der Stadt übernommen werden mußte. In absoluten Zahlen steuerten Mailand mit 112, Bari mit 102 und Neapel mit 92 Milliarden Lire besonders viel bei. In Rom und Turin war der finanzielle Mehraufwand zwar am höchsten, wurde aber in Rom vom Nationalen Olympischen Komitee und in Turin von einer privaten Gesellschaft getragen, der Bau und Führung des Stadions übergeben worden waren.

Auch für den Tourismusbereich – dem einzigen Sektor übrigens, in dem die private Investitionstätigkeit eine wichtige Rolle gespielt hatte – gab es in Hinblick auf die Fußballweltmeisterschaft im November 1988 ein eigenes Gesetz. Mit rund 450 Milliarden Lire an Zuschüssen förderte der Staat die Errichtung oder Modernisierung von Hotels und ähnlichen Strukturen. Dabei waren die Projekte nicht

ITALIA '90 – eine verpaßte Chance der Stadtpolitik?

Tabelle 1: Die Kosten für den Bau und die Modernisierung der Fußballstadien in den zwölf Weltmeisterschaftsstädten (Angaben in Milliarden Lire)

	Staatlicher Zuschuß	Kostenvoranschlag	Gesamtkosten am 15.9.90	Kostenanstieg abs.	(%)	Anteil der Kommunen an den Gesamtkosten abs.	(%)
Turin	43,6	59,5	187,0***	127,5	214,3	–	–
Mailand	48,0	90,0	159,95	69,96	77,7	111,95	69,9
Verona	20,54	25,5*	46,10	20,60	80,8	25,57	55,4
Udine	19,0	19,5	26,53	7,03	36,1	7,53	28,4
Genua	50,0	61,75*	80,73	18,98	30,7	30,74	38,0
Bologna	32,0	39,5	75,58	36,08	91,3	43,58	57,6
Florenz	36,0	66,5	82,19	15,69	23,6	46,2	56,2
Rom	56,0	80,0	225,0***	145,00	181,3	–	–
Neapel	48,0	75,16**	140,42	65,26	86,8	92,42	65,8
Bari	52,0	114,17*	153,8	39,63	34,7	101,8	66,1
Palermo	27,0	28,5	41,5	13,00	45,6	14,5	34,9
Cagliari	24,0	19,0**	29,57	10,5	55,6	5,57	18,8
Insgesamt	459,14	679,08	1.248,39	569,31	83,8	476,85	49,1

* Einschließlich eng mit dem Stadion zusammenhängender Straßenbaumaßnahmen.
** Ohne Straßenbaumaßnahmen.
*** Einschließlich Rücklagen.
Quelle: Presidenza del Consiglio dei Ministri, Dipartimento Aree Urbane, 'Opere Infrastrutturali per i Mondiali di Calcio del 1990 – Terza Relazione', Februar 1991; eigene Berechnungen.

an die Weltmeisterschaftsstandorte gebunden – in den Genuß von Förderungen kamen auch die klassischen Tourismusgebiete im weiteren Einzugsbereich der Städte, wie z.B. die adriatische Riviera Romagnola oder die Küste von Amalfi und Sorrent.

Für den Unternehmer lag aber der große Vorteil in den meisten Fällen gar nicht in der staatlichen Subvention, sondern in der Möglichkeit, auf Flächen zu bauen, auf denen das vorher nicht oder nur in eingeschränktem Maße möglich war. Daher wurden in den Gemeinden Hunderte von Projekten eingereicht, von denen sich viele sogar in Landschaftsschutzgebieten oder in archäologischen Zonen befanden bzw. auf Flächen, die mit Bauverbot belegt waren. Um die drohende Gefahr der Bauspekulation und der Umweltzerstörung zu verhindern, mußte der Staat sein eigenes Gesetz dahingehend präzisieren, daß ausschließlich jene Projekte, die auch in den Genuß der finanziellen Förderung kamen, von den planungsrechtlichen Erleichterungen Gebrauch machen konnten. Weiters wurde festgelegt, daß nur von den Vorgaben der kommunalen Planung abgewichen werden konnte, nicht aber von den übergeordneten Raumordnungsplänen, in denen die meisten Landschaftsschutzbestimmungen verankert sind.

Die wichtigste Rolle innerhalb der Vorbereitungen für die Weltmeisterschaft nahm der Ausbau der Infrastrukturen in den Mondiali-Städten und ihren Großräumen ein. Immerhin waren – gemäß der bereits erwähnten Projektliste – Investitionen in der Höhe von 3.151 Milliarden Lire vorgesehen, die zur Gänze vom Staat getragen wurden. Mindestens ebenso wichtig wie die staatliche Finanzierung waren die verfahrensmäßigen Ausnahmebestimmungen, die das Staatsgesetz Nr. 205 einführte, um trotz des enormen Zeitdrucks doch noch eine rechtzeitige Fertigstellung der geplanten Vorhaben zu erreichen. Eigens für die Weltmeisterschaftsprojekte wurden die Genehmigungsverfahren und die Regeln für die Vergabe der öffentlichen Bauaufträge zeitweilig entscheidend vereinfacht und abgeändert.

Der Bürgermeister einer jeden Austragungsstadt wurde ermächtigt, eine sogenannte 'Conferenza dei servizi' einzuberufen, der Vertreter aller jener staatlichen, regionalen und kommunalen Verwaltungen und Körperschaften angehörten, die im Normalfall in irgendeiner Weise an den Planungsgenehmigungen beteiligt sind. Alle Ausführungsprojekte, die in einen der zwölf Großräume fielen (egal, ob sie von den Kommunen, den Straßen-, Flughafen- oder Eisenbahnverwaltungen realisiert wurden), mußten einstimmig durch diese Konferenz genehmigt werden. Deren Genehmigung ersetzte sämtliche Stellungnahmen und Bewilligungen der beteiligten Verwaltungen. Da es sich bei den Projekten durchweg um öffentliche Einrichtungen handelte, durfte auch von gewissen Vorgaben der Planung abgewichen werden. Auch für deren Änderung, die ansonsten nur vom Gemeinde- bzw. Provinz- oder Regionalparlament beschlossen werden kann, reichte in diesem Fall die Genehmigung durch die Konferenz aus. Das bedeutete, daß die angestrebte Verfahrensbeschleunigung ganz eindeutig auf Kosten des demokratischen Entscheidungsprozesses ging (Scano 1990): Von gewählten Gremien oder Ausschüssen wurde die Entscheidungsgewalt zeitweilig auf einzelne Exponenten übertragen.

Auch für die Realisierungsphase der Weltmeisterschaftsprojekte wurden Ausnahmeregelungen geschaffen. Müssen im Normalfall öffentliche Bauaufträge über eine öffentliche Ausschreibung an die privaten Unternehmen vergeben werden, durfte dies nun durch eine sogenannte Privatverhandlung (trattativa privata) erfolgen, die ansonsten nur in Fällen 'von außergewöhnlicher Dringlichkeit aufgrund unvorhersehbarer Ereignisse' vorgesehen ist. Es fiel dem Gesetzgeber erstaunlich leicht, Italia '90 in diese Kategorie einzuordnen, die eher an Naturkatastrophen erinnert als an eine Veranstaltung, deren Austragungstermin seit fünf Jahren feststand.

Nicht nur jene 153 Vorhaben, die im Gesetz aufgelistet waren (und folglich auch in den Genuß der staatlichen Sonderfinanzierung kamen), durften von den vereinfachten Prozeduren profitieren: sie konnten auch auf zusätzliche Projekte angewendet werden, sofern diese ebenfalls in Zusammenhang mit der Austragung der Weltmeisterschaft standen – ein Kriterium, das nicht sehr restriktiv ausgelegt wurde. Die Kommunen nahmen diese Möglichkeit sehr begrenzt in Anspruch, schließlich mußten diese Zusatzprojekte aus den normalen Haushalten finanziert werden (vgl. Tabelle 2). Eine Ausnahme bildete einzig Genua: Die Sonderbestim-

ITALIA '90 – eine verpaßte Chance der Stadtpolitik?

Tabelle 2: Die Gesamtinvestitionen für die Fußballweltmeisterschaft in Italien (ohne Fußballstadien, Angaben in Milliarden Lire)

	Projekte gemäß Gesetz Nr. 205, 1989		Genehmigte Projekte insgesamt	
	Anzahl	Veranschlagte Kosten	Anzahl	Kosten bei Genehmigung
Kommunen	97	1.855,629	119	2.654,098*
ANAS (Staatsstraßenverwaltung)	19	688,603	34	2.716,166
FF.SS. (Italienische Staatsbahnen)	18	430,000	18	426,571
Zivile Luftfahrt	19	147,078	22	100,408
ENEL, SIP, Italgas (Energie, Telefon, Gas)	–	–	160	174,754
Insgesamt	153	3.151,310	353	6.071,997

* Einschließlich von Projekten in der Höhe von 780 Mill. Lire für das Kolumbus-Gedenkjahr 1992 in Genua.

Quelle: Presidenza del Consiglio dei Ministri, Dipartimento Aree Urbane, 'Opere Infrastrutturali per i Mondiali di Calcio del 1990 – Terza Relazione', Februar 1991.

mungen für die WM-Projekte konnten hier auch auf die Vorhaben, die für die Weltausstellung zum Kolumbus-Gedenkjahr 1992 geplant waren, ausgedehnt werden (deren staatliche Subventionierung hatte jedoch nichts mit Italia '90 zu tun). Auffallend hoch hingegen waren die Zusatzinvestitionen der Staatsstraßenverwaltung ANAS. Projekte für mehr als 2.000 Milliarden Lire wurden in den zuständigen Konferenzen genehmigt. Dabei handelte es sich im Wesentlichen um den längst geplanten Ausbau von Autobahnen in den Großräumen von Turin, Mailand und Verona. Direkt mit der Weltmeisterschaft hatten diese Projekte wirklich nichts zu tun; auch hätte wohl nur ein Wunder ihre rechtzeitige Fertigstellung bewirken können. Somit war offensichtlich, daß es in diesen Fällen einzig und allein um die vereinfachten und beschleunigten Genehmigungs- und Ausführungsbestimmungen ging.

In den zwölf 'Conferenze dei servizi' wurden insgesamt 353 Projekte genehmigt, wovon der zahlenmäßig größte Anteil auf das Konto der staatlichen Telefon-, Energie- und Gasversorgungsgesellschaften ging, die eine ganze Reihe von Verbesserungsmaßnahmen an ihren Netzen vornahmen. Die Gesamtsumme der öffentlichen Investitionen für Italia '90 stieg von den anfänglichen 3.151 Milliarden fast auf das Doppelte an.

3. Die Baumaßnahmen in den Städten

Aus stadtpolitischer Sicht beinhaltete das Großereignis durchaus ein positives Potential. Die außergewöhnliche Konzentration von Ressourcen – und die Beteiligung der Staatsstraßen- und Eisenbahnverwaltungen – bot den Mondiali-Städten die Chance, einen längst anstehenden, tiefgreifenden Umbau der Verkehrsinfrastruktur anzugehen. Das Ausmaß der Gesamtinvestitionen in den einzelnen Großräumen war allerdings sehr unterschiedlich (Tabelle 3): Palermo, Bologna, Udine und Cagliari mußten sich mit relativ bescheidenen Mitteln zufriedengeben, während die großen Städte Turin, Mailand, Genua, Florenz und Rom am meisten abbekamen. Eine aus regionaler Sicht unausgewogene Verteilung der Ressourcen gab es im Falle der ANAS, die fast 64 % ihrer (sehr hohen) Investitionen auf den Norden Italiens konzentrierte.

Die Weltmeisterschaft erschien als ein Mittel zum Zweck, um wichtige Vorhaben zu realisieren, für die die notwendige Finanzierung bislang nicht aufgebracht werden konnte. Die genehmigten Projekte zeigen auch, daß es sich weniger um eine Selbstinszenierung durch aufsehenerregende Prestigebauten handelte (als solche erschienen höchstens manche Fußballstadien und wenige andere Projekte) als vielmehr um die Durchführung längst geplanter Vorhaben. Im kommunalen Interesse lag es, Maßnahmen vorzuschlagen, die strategische Bestandteile eines

Tabelle 3: Die Investitionen für Italia '90 in den Städten und ihren Großräumen (ohne Fußballstadien, Angaben in Milliarden Lire)

	Kommunen	Staatliche Eisenbahnen	ANAS	Flughäfen	ENEL, SIP, Italgas	Insgesamt	% der Gesamtinv.
Turin	169,138	11,182	919,398	11,324	–	1.111,042	18,3
Mailand	269,831	39,135	462,585	20,611	–	792,162	13,1
Verona	41,319	11,410	353,781	22,721	–	429,231	7,0
Udine	29,510	12,028	2,519	10,228	0,48	54,773	0,9
Genua	1.197,815*	9,423	–	–	3,816	1.211,054	19,9
Bologna	35,626	13,683	37,200	9,628	–	96,137	1,6
Florenz	41,381	33,504	643,312	6,374	–	724,571	11,9
Rom	266.829	209,142	151,943	–	88,676	736,590	12,2
Neapel	403,094	48,042	–	–	48,988	500,124	8,2
Bari	82,654	23,172	145,428	6,385	–	257,639	4,2
Palermo	86,140	15,850	–	5,294	12,786	120,070	2,0
Cagliari	30,761	–	–	7,843	–	38,604	0,6
Insgesamt	2.654,098	426,571	2.716,166	100,408	174,754	6.071,997	100,0

* Einschließlich der Investitionen für das Kolumbus-Gedenkjahr 1992.

Quelle: Presidenza del Consiglio dei Ministri, Dipartimento Aree Urbane, 'Opere Infrastrutturali per i Mondiali di Calcio del 1990 – Terza Relazione', Februar 1991; eigene Berechnungen.

ITALIA '90 – eine verpaßte Chance der Stadtpolitik?

weitergefaßten Stadtentwicklungskonzeptes waren. Wie stellten sich die Städte dieser Herausforderung?

Die Vorhaben, die die *Mailänder* Stadtregierung im Rahmen von Italia '90 zu realisieren hoffte, folgten einer klaren Zielvorstellung. An oberster Stelle stand das Projekt für zwei Linien einer 'metropolitana leggera': Die eine sollte die Zone um das Fußballstadion S. Siro an das vorhandene U-Bahnnetz anbinden, die andere an den Stadtautobahnring anschließen und so den Individualverkehr von S. Siro, wo zusätzliche publikumsintensive Sportanlagen geplant waren, fernhalten. Als zweites wichtiges Anliegen galt der ins Stocken geratene Bau des 'passante ferroviario', also der unterirdischen Verbindung zweier Endbahnhöfe, für die man sich um eine Weiterfinanzierung von rund 400 Milliarden Lire bemühte. Auf diese Weise wollte man die Ressourcen auf große Vorhaben konzentrieren, die auf die Sanierung des öffentlichen Personentransportes abstellten, und damit langfristig die Verkehrsprobleme angehen, die sowohl in den Augen der Bürger als auch der Stadtpolitiker eines der wichtigsten Problemfelder darstellten. Zum anderen sah man aber auch die Möglichkeit, mit der 'metropolitana leggera' ein kostspieliges, aber technologisch innovatives Projekt verwirklichen zu können – die Züge sollten auf einer einzigen Schiene in einer Höhe von sechs Metern vollautomatisch verkehren und von einer Bodenkontrollstation aus gesteuert werden. Von einem solchen Vorhaben erhoffte man sich in Mailand neben der Verbesserung der Stadtqualität auch einen Imagegewinn, der durch den Medieneffekt von Italia '90 wirksam multipliziert werden konnte.

Die Idee zu dieser Hochbahn ist nicht eigens für die Weltmeisterschaft entstanden, sondern war bereits in den Planungen der städtischen Verkehrsbetriebe ATM vorgesehen. Man versuchte also, wie in den anderen Städten auch, das Großereignis für die Durchführung von bereits geplanten Vorhaben zu nutzen, die bislang hauptsächlich an der mangelnden Finanzierung gescheitert waren. Die Austragung der Weltmeisterschaften selbst wurde nicht nur in Mailand zu einem zweitrangigen Aspekt.

Der 'passante ferroviario' wurde schließlich nicht in den staatlichen Maßnahmenkatalog aufgenommen, dafür aber eine der beiden Linien der Hochbahn, die mit einer stattlichen Finanzierung von 270 Milliarden Lire bedacht wurde. Überraschenderweise wurde das Projekt jedoch in der Mailänder 'Conferenza dei servizi' nicht genehmigt: Die 'metropolitana leggera' scheiterte an politischen und ökonomischen Machtkämpfen. Die Ursachen für diesen Mißerfolg liegen darin, daß in der Zwischenzeit (man erinnere sich, daß der Staat an den Rahmenbedingungen für den Infrastrukturausbau eineinhalb Jahre herumgebastelt hatte) latente Interessenkonflikte klarer zu Tage getreten waren. Die Realisierung des Projektes unter den geplanten Bedingungen drohte, politische Machtgleichgewichte innerhalb der Stadtregierung durcheinanderzubringen. Die Planungen der 'metropolitana leggera' wurden von den städtischen Verkehrsbetrieben ATM ausgearbeitet und vom kommunistischen Assessor für Transportwesen vorangetrieben, in Konkurrenz zur ebenfalls kommunalen Gesellschaft MM, die die Planung des gesamten

Mailänder U-Bahnsystems durchführte und traditionell von den Sozialisten kontrolliert wurde. Ein zweiter Aspekt wurde erst später in seiner ganzen Tragweite erkannt: Die öffentlichen Transportsysteme waren zu einem wichtigen Marktsegment für die wenigen hochspezialisierten Unternehmen im Anlagenbau geworden. In einer Stadt mit so zentralen Funktionen wie Mailand den Zuschlag für ein innovatives Projekt zu erhalten, war daher von strategischer Bedeutung. Letztlich erwies sich die 'metropolitana leggera' als ein zu komplexes Vorhaben, das in der 'Conferenza dei servizi' nicht mehr den nötigen Konsens fand, obwohl man gerade dort der politischen Entscheidungsunfähigkeit hätte entgegensteuern sollen (Fareri 1991).

Die wichtigsten Maßnahmen, die schließlich in Mailand realisiert werden konnten, waren sechs große Parkplätze am Stadtrand mit Umsteigemöglichkeit auf das Bus- und U-Bahnnetz, Parkmöglichkeiten in der Nähe des Fußballstadions, verschiedene Ausbauprojekte im Straßenbereich sowie die Errichtung einer eigenen Fahrspur für Busse und Taxen an der Verbindungsstraße vom Flughafen ins Zentrum.

Nur wenige italienische Regionalparlamente griffen aktiv in die Vorbereitungen für die Weltmeisterschaft ein. Unter ihnen tat sich besonders die Lombardei hervor, die ein eigenes zusätzliches Regionalgesetz zum Ausbau der Beherbergungskapazitäten im Großraum Mailand erließ. Die finanziellen Zuschüsse und die planungsrechtlichen Erleichterungen, die darin enthalten waren, riefen einmal mehr – ähnlich dem entsprechenden staatlichen Gesetz – spekulative Interessen auf den Plan. Das Regionalgesetz sah unter anderem vor, daß die Bauten bereits nach einer Frist von zweieinhalb Jahren einer anderen Nutzung zugeführt werden konnten. (So wurde z.B eines der neuen Hotels in ein weitaus rentableres 'Residence' umgewandelt, einer Art Dauerpension für zahlungskräftige Geschäftsleute.) Zu Recht befürchtete die Stadt, daß dadurch die Vorgaben des kommunalen Planungsinstrumentes untergraben werden könnten. Im Juli 1990, also knapp nach der WM, waren von den insgesamt 90 genehmigten Projekten ganze vier abgeschlossen. Da aber auch der erhoffte Besucherandrang ausgeblieben war, fiel dies nicht so sehr ins Gewicht. Die seit Jahren gespannten Beziehungen zwischen der Region und der Stadt freilich wurden durch diese Vorgänge nicht verbessert.

In *Turin* hatte die Stadtregierung beschlossen, ein neues Stadion mit rund 70.000 Sitzplätzen zu errichten. Die Wahl des Standortes am nordwestlichen Stadtrand sollte strategische Bedeutung haben. Das Gebiet, in dem sowohl ein großes Wohngebiet als auch Handels- und Gewerbezonen liegen, besaß wenig Stadtqualität. Mit dem Bau des Stadions wollte man auch einen Impuls für die Aufwertung des Viertels geben. Allerdings wurden dadurch die Freiräume knapper, die bebauten Bereiche rückten noch enger aneinander. Eine deutliche qualitative Verbesserung des Stadtteils bewirkten dagegen die begleitenden Infrastrukturmaßnahmen. An der Umfahrungsautobahn, die Turin in einem weiten Bogen umspannt, wurden zwei Ausfahrten im nordwestlichen Bereich fertiggestellt und eine dritte neu geschaffen; das Straßensystem auf Quartiersebene wurde verbessert.

ITALIA '90 – eine verpaßte Chance der Stadtpolitik?

Mit dem Budget der Fußballweltmeisterschaft konnte auch ein Teil der umfangreichen Arbeiten an der regionalen Bahnlinie Turin-Ceres finanziert werden, die das Zentrum mit dem Stadion und dem Flughafen verbindet. Der niveauvertiefte Verlauf der Schienen hatte den Nordwesten der Stadt seit fast einem Jahrhundert zweigeteilt. Der Bahnhof in der Nähe des Stadions wurde ausgebaut.

Auch der öffentliche Nahverkehr erfuhr Verbesserungen: Eine neue Tramlinie wurde vom Stadtzentrum zum Stadion geführt und die einzige existierende Linie der 'metropolitana leggera' (einer überirdischen Schnellbahn in Alternative zur traditionellen U-Bahn) um ein Anschlußstück zum Stadion verlängert. Mit diesen Maßnahmen wollte man langfristig die gesamte Verkehrssituation im Nordwesten der Stadt verbessern.

Ursprünglich wollte man in Turin mit den Sonderfinanzierungen der Mondiali hauptsächlich ein Teilstück einer zweiten Linie des Schnellbahnsystems realisieren. Aber die Kontroversen darüber führten sogar zu einer Krise der Stadtregierung – das Projekt wurde fallengelassen, bevor es überhaupt in den staatlichen Maßnahmenkatalog aufgenommen worden war. Auch hier, ähnlich wie in Mailand, war es nicht möglich, zu einem politischen Konsens über ein strategisches Projekt zu gelangen.

Wenn es in Turin trotzdem gelungen ist, sinnvolle Maßnahmen im Bereich des Schienentransports durchzuführen, so war dies in erster Linie der Tatsache zu verdanken, daß es seitens der zuständigen Behörden schon seit Jahren ausgearbeitete Rahmenplanungen und Projekte gab. In einem solchen Kontext hatten die Verfahrensbeschleunigungen (und natürlich die finanziellen Mittel) eine positive Wirkung.

Außergewöhnlich hoch waren die Investitionen der ANAS im Großraum Turin: Insgesamt 919 Milliarden Lire wurden für verschiedene regionale und überregionale Straßen- und Autobahnausbauprojekte veranschlagt. Die wichtigsten Vorhaben waren der Bau des ersten Abschnittes der lange geplanten Schnellstraße Turin-Pinerolo und das letzte Teilstück der Autobahn, die Turin über die Valle di Susa mit Frankreich verbindet. Es zeigte sich allerdings, daß die gestiegenen Anforderungen an Umweltverträglichkeit solche seit Jahren bestehenden Planungen kaum beeinflussen konnten. Besonders der Bau der Autobahn rief Proteste hervor, da die Trassenführung teilweise unmittelbar an das Bachbett der Dora Riparia grenzt.

In *Genua* hat man sich in den letzten Jahren gleich auf zwei Großereignisse konzentriert – auf die Fußballweltmeisterschaft von 1990 folgte zwei Jahre später die Weltausstellung zum Kolumbus-Gedenkjahr. Die Ausnahmebestimmungen, die für Italia '90 eingeführt worden waren, wurden auch für die Colombiane beibehalten. Im Stadtbild sichtbarer – und auch medienwirksamer – waren sicherlich die Projekte für die Colombiane (man denke nur an die Neuinterpretation des alten Hafens von Renzo Piano), für die auch Gelder in ganz anderer Größenordnung bereitstanden. Aber auch die Fußballweltmeisterschaft brachte einige Veränderungen für die Stadt mit sich.

Das Genueser Fußballstadion, aus den 30er Jahren stammend, wurde unter Beibehaltung der bestehenden Fassade von Grund auf neu gebaut. Ehemals in einer peripheren Lage, in unmittelbarer Nähe zum Flußlauf des Bisagno gelegen, ist das Stadion vom Stadtwachstum der 50er und 60er Jahre völlig eingeschlossen worden. Aufgrund der diskutablen Entscheidung, es nicht an einen anderen, weniger dichtbesiedelten Standort zu verlegen, waren einige einschneidende Ad-hoc-Eingriffe nötig. Um die nötigen Parkplätze im Stadionbereich zu errichten und dabei die geforderten Sicherheitsabstände einhalten zu können, mußte man aufgrund des Platzmangels einen Teil des angrenzenden Flußlaufes überdecken.

In den letzten Jahrzehnten hatte sich die Siedlungstätigkeit in Genua aufgrund der geographisch bedingten Flächenknappheit auf die steilen Hänge konzentriert, die gleich hinter dem schmalen Küstenstreifen aufsteigen und von den Flußtälern des Polcevera im Westen und des Bisagno im Osten durchschnitten werden. Die starke Besiedelung der Hänge und die dadurch bedingte außergewöhnlich hohe Bodenversiegelung ließen jedoch in Genua jeden starken Regenguß zu einer bedrohlichen Situation werden. Anstatt die zusätzliche Bebauung und Verengung des Flußbettes zu vermeiden – der Lauf des Bisagno ist bereits von der Mündung aufwärts in einer Länge von einem Kilometer überdeckt – beschwor man durch die neuerliche Überdeckung eine Umweltgefahr geradezu herauf, die auch nicht lange auf sich warten ließ. Im September 1992 brachten tagelange Regengüsse in Norditalien viele Flüsse zum Überlaufen. In Genua forderten die Überschwemmungen sogar zwei Todesopfer. Auch der Bisagno trat über die Ufer, riß eine Brücke mit sich und setzte das Fußballstadion völlig unter Wasser.

Weitaus sinnvoller war der Weiterbau der U-Bahn, die für die verkehrsintensive Stadt von absoluter Priorität ist. Das Projekt dazu wurde bereits 1980 beschlossen, sechs Jahre später wurde mit dem Bau begonnen. Im Rahmen der Weltmeisterschaft konnte eine weitere Finanzierung von 100 Milliarden Lire sichergestellt werden, womit aber aufgrund der extrem hohen Baukosten nur ein Teil des dritten (und vorletzten) Teilstückes im Bereich des alten Hafens finanziert werden konnte. Weitere Mittel gab es dann durch die Colombiane, die aber immer noch nicht für die Fertigstellung ausreichten. Die restlichen Maßnahmen umfaßten punktuelle Verbesserungen des Straßensystems, die Errichtung von Parkplätzen und die aufwendige Umgestaltung einer Hauptverkehrsachse an der Seeseite der Stadt zu einer 'Meerespromenade', die erst mit den Finanzierungen für die Weltausstellung abgeschlossen werden konnte.

Italia '90 und die Colombiane waren für Genua unter anderem ein Versuch, die Rolle als Kultur- und Tourismusstadt stärker wahrzunehmen. Aber in beiden Fällen blieb das Besucheraufkommen weit unter den Erwartungen.

Der Bauleitplan von *Florenz* stammt aus dem fernen Jahr 1962. Das veraltete stadtplanerische Leitbild wurde zudem durch unzählige unkoordinierte Änderungen unterminiert. Ein neues Planungsinstrument, zu dem bereits 1985 ein Vorprojekt vorlag, wurde seither noch nicht genehmigt. Die langjährige Entscheidungsunfähigkeit schlug sich natürlich negativ auf die Fachplanungen nieder.

ITALIA '90 – eine verpaßte Chance der Stadtpolitik?

Obwohl die Verkehrsprobleme in Florenz besonders schwerwiegend waren und die dringende Notwendigkeit eines öffentlichen Transportsystems auf der Schiene längst erkannt worden war, verfügte die Kommune über keine ausgearbeiteten Projekte in diesem Bereich. Bei dem extremen Termindruck, der bei der Vorbereitung der Fußballweltmeisterschaft herrschte, hätten sich so komplexe Vorhaben bereits in einer fortgeschrittenen Planungsphase befinden müssen. In Florenz rächte sich die alte Unentschlossenheit, die Stadtverwaltung begnügte sich mit kleineren, punktuellen Maßnahmen.

Unter anderem wurde am Hauptbahnhof ein neuer Terminal für Stadtautobusse eingerichtet; eine Hauptachse im Nordosten der Stadt wurde um einen halben Kilometer verlängert; der Campo di Marte, der Bereich um das Stadion, erhielt vier zusätzliche Fußballfelder und Grünanlagen. Drei unterirdische Parkgaragen mit insgesamt ca. 2.400 Stellplätzen wurden errichtet, eine vierte war am Campo di Marte geplant. Dieses Vorhaben wurde dann aber fallengelassen, obwohl gerade dort durch die Ballung von großen Sportanlagen zusätzliche Parkmöglichkeiten dringend nötig gewesen wären. (Nach der erfolgten Umgestaltung und Überbauung des Areals kann dieser Mangel allerdings auch in Zukunft nicht mehr behoben werden.)

Umweltfreundlich wollte man sich in Florenz mit der Errichtung eines Fahrradweges entlang der Ringstraße um die historische Innenstadt geben. Dafür mußten fast 1.300 Parkplätze geopfert werden. Umweltfreundlichkeit in einer ganz anderen Größenordnung wäre bei den zwei Straßenbauten gefragt gewesen, die im Großraum Florenz unter der Ägide der ANAS errichtet wurden. Seit fast 20 Jahren geplant und seit 15 Jahren im Bau ist die überregional wichtige Schnellstraße Florenz-Pisa-Livorno. Nun konnte das Verbindungsstück vom Stadtgebiet zu einem bereits bestehenden Abschnitt errichtet werden, das im Südwesten der Stadt das letzte zusammenhängende landwirtschaftliche Gebiet durchschnitt. In einem ökologisch so empfindlichen Areal ging die plötzliche Eile in der Durchführung noch mehr auf Kosten der Umwelt. Auch der Ausbau der Umgehungsstraße im Südosten auf vier Fahrspuren wirkte sich störend auf die Landschaft am Fuße der Florentiner Hügel aus.

In *Rom* gab es während der Vorbereitungen für die Weltmeisterschaft eine unglaubliche Menge an kleineren und größeren Baustellen, die für die Bewohner Umwege, Staus und andere Unannehmlichkeiten zur Folge hatten. Aus dieser Vielzahl von Arbeiten resultierte letztlich aber keine entscheidende Verbesserung der Stadtqualität. Den Eingriffen lag auch keine zusammenhängende Planung zugrunde – weder die Austragung der Spiele noch die realen Bedürfnisse der Stadt wurden ernsthaft ins Auge gefaßt. Die Entscheidungen der Kommune, immerhin Hauptstadt und größte Stadt Italiens, wirkten völlig beliebig und zeugten von einer erschreckenden planerischen Konzeptlosigkeit. Am ehesten waren neue Umsteige-Parkplätze an zwei Bahnhöfen und an einer U-Bahnhaltestelle von Nutzen für die Bevölkerung.

Zwei große Maßnahmen im Schienenbereich, die der Eisenbahnverwaltung unterstanden, aber mit der Kommune abgesprochen wurden, wurden in der Planung und in der Durchführung von fast unverständlichen Fehlern begleitet. Zwischen dem Stadtgebiet und dem knapp 20 km entfernten Flughafen Fiumicino wurde eine neue Eisenbahn-Schnellverbindung errichtet. Am Flughafen wurden dafür eigens ein Parkplatz und ein Fahrgastgebäude errichtet, in der Stadt die bestehende 'Stazione Ostiense' zu einem neuen Air-Terminal umgebaut. Der Fahrgast, der hier ankommt, befindet sich allerdings noch nicht im Stadtzentrum und muß daher entweder ein Taxi nehmen (das aber fast unmöglich zu bekommen ist) oder einen Fußmarsch von einem halben Kilometer auf sich nehmen, um die nächste U-Bahnhaltestelle zu erreichen. Daher ziehen es viele vor, bei der An- wie bei der Abreise für die gesamte Strecke ein Taxi zu mieten, obwohl das erheblich teurer ist. Der Air-Terminal ist in der Folge überhaupt nicht ausgelastet – man hatte mit 60.000 Passagieren am Tag gerechnet, mehr als 10-15.000 sind es aber nie gewesen – und die Geschäfte, die in dem Bau eingerichtet wurden, haben zum Großteil wieder ihre Tore geschlossen. Die Staatsbahnen planen nun, die Stazione Ostiense zu einem Durchgangsbahnhof zu machen, von dem aus die Züge die günstiger liegende Stazione Tiburtina anfahren können. Im September dieses Jahres soll der Air Terminal aufgelassen werden. Öffentliche Gelder in Milliardenhöhe wurden ausgegeben, ohne die versprochenen Ziele – eine schnelle, effiziente Verbindung zum Flughafen und einen Air-Terminal, beides einer europäischen Hauptstadt angemessen – erreicht zu haben. Die Staatsanwaltschaft hat inzwischen Ermittlungen über die hohen Kosten des Großprojekts eingeleitet, die sich auf rund 450 Milliarden beliefen, wovon 25 aus dem Weltmeisterschaftstopf kamen.

Das zweite große Schienenprojekt in Rom betraf die langersehnte Fertigstellung des sogenannten 'Eisenbahnringes'. Um die regionalen Bahnlinien auch in einen Ringverkehr einleiten zu können, der besonders den Pendlern zugute käme, mußten die bestehenden Schienenstrecken durch ein letzes Teilstück von acht Kilometern miteinander verbunden werden. Italia '90 gab den Anstoß, diese überfälligen Arbeiten endlich anzugehen. Da aber die Finanzierung weniger umfangreich als erwartet ausfiel, beschränkte man sich darauf, eine Teilstrecke von der Stazione Ostiense zum Fußballstadion auszubauen und zwei neue Bahnhöfe zu errichten. Ein Prestigeprojekt also, mit dem man bei der Eröffnung der Weltmeisterschaft glänzen wollte. Zwanzig Tage nach dem Ende der Veranstaltung wurden die Strecke und die Bahnhöfe wieder geschlossen. Es stellte sich heraus, daß aus Zeitgründen nur ein Gleis gebaut wurde, was die Strecke für den alltäglichen Zugverkehr untauglich machte. Während der Eisenbahnring immer noch auf seine Fertigstellung wartet, müssen an dem neuen Teilstück erst noch die Geleise verdoppelt werden, was wiederum den Abriß eines eben erst gebauten Eisenbahntunnels erfordert. Die Arbeiten ruhen seit 1990, die neuen Bahnhöfe sind durch Vandalismus bereits stark beschädigt, die Kosten für das ganze Projekt schnellen weiter in die Höhe. Die beiden neuen Bahnhöfe sind kürzlich von der Staatsanwaltschaft beschlagnahmt worden, die auch in diesem Fall ermittelt.

Auch in *Neapel* bemühte man sich kaum um ein Gesamtkonzept für die Arbeiten von Italia '90, die räumlich und inhaltlich zusammenhanglos erscheinen und alle Zeichen der Eile und der Improvisation tragen. Das wichtigste Vorhaben war die Realisierung einer schnellen Trambahnverbindung ('linea tranviaria rapida'), die eine neue Ost-West-Durchquerung für die gesamte Stadt darstellen sollte. Die Planungen dazu, die es bereits seit längerer Zeit gab, sahen einen teils unterirdischen und teils erhöhten Verlauf der Bahntrasse vor. Proteste der Umweltschutzorganisationen hatten verhindern können, daß ein Teil der Strecke im offenen Graben verlief, was sich noch stärker auf die Stadtqualität ausgewirkt hätte. Anläßlich der Weltmeisterschaft wurde mit dem Bau des ersten Abschnittes begonnen, der das Fußballstadion im westlichen Stadtgebiet mit dem Zentrum verbinden sollte. Ende 1992 mußten die Arbeiten an dem Großprojekt aufgrund von verschiedenen Unregelmäßigkeiten und finanziellen Problemen vorübergehend eingestellt werden. Ausgehend von den gerichtlichen Ermittlungen über die Trambahn platzte in Neapel einige Monate später ein Schmiergeldskandal, in den alle Weltmeisterschaftsprojekte verwickelt waren.

In *Bari* spielte der Bau des neuen Fußballstadions (für das Projekt zeichnete Renzo Piano verantwortlich) die absolute Hauptrolle. Die Stadtregierung propagierte den anspruchsvollen Bau – die Kosten beliefen sich auf fast 154 Milliarden Lire – sogar als eine Gelegenheit, aus Bari eine Stadt europäischen Ranges zu machen. Da der Präsident des mächtigen italienischen Fußballverbandes aus Bari stammt (er ist zudem Abgeordneter im römischen Parlament) und sein Bruder Präsident des lokalen Serie-A Fußballklubs ist, liegt die Annahme nahe, daß auch persönliche Prestigegründe eine wichtige Rolle gespielt haben. In den Händen der gleichen Familie befindet sich zudem eines der größten Bauunternehmen Süditaliens, das – gemeinsam mit anderen Firmen – den Bau des Stadions ausgeführt hat.

Der Standort des Großbaus, der sogenannte 'tondo di Carbonara', wurde einem Areal im Westen der Stadt vorgezogen, das über eine zufriedenstellende Verkehrsanbindung verfügte und zu einem guten Teil in kommunalem Besitz war. In der Nähe dieses Alternativstandorts befindet sich ein großes, heruntergekommenes Quartier des öffentlichen Wohnungsbaus, räumlich und sozial völlig abgegrenzt vom Rest der Stadt. Besonders in diesem Viertel werden Jugendliche für die organisierte Kriminalität rekrutiert. Eine Entscheidung zugunsten dieses Standortes hätte einen positiven Impuls geben können, vielleicht hätte wenigstens die Anbindung des Viertels mit öffentlichen Verkehrsmitteln verbessert oder das Augenmerk auf die fehlenden Gemeinbedarfseinrichtungen gerichtet werden können.

Auf den 'tondo di Carbonara' hingegen, der im äußersten Süden der Stadt in nahezu unbebautem Gebiet liegt, konzentrierten sich große ökonomische Interessen. Die Flächen dort waren in Privatbesitz und durch den Bau des Stadions und der damit zusammenhängenden Verkehrsinfrastrukturen konnte eine erhebliche Wertsteigerung erwartet werden. Durch die geplante Neuansiedlung des Regionalparlaments und die Errichtung eines Kongreßzentrums soll dieses Gebiet in Zukunft zum neuen, dezentralen Dienstleistungspol der Stadt werden. Die Entscheidung für diesen Standort zog große Straßenbaumaßnahmen nach sich, um die Anbindung des Stadions an das überregionale und städtische Straßennetz zu gewährleisten. Begünstigt wurde vor allem die Realisierung der sogenannten Nord-Süd-Achse, die schon seit Mitte der siebziger Jahre in den kommunalen Planungen vorgesehen war: es handelt sich dabei um eine 25 Meter breite Schnellverbindung, die das ganze Stadtgebiet vom Hafen bis über den 'tondo' hinaus durchqueren soll. Aufgrund technischer und bürokratischer Schwierigkeiten gerieten die Arbeiten aber bald ins Stocken, so daß für den Beginn der Weltmeisterschaften nicht einmal ein funktionsfähiges Teilstück fertiggestellt werden konnte.

Beide Vorhaben, Straße und Stadion, liegen in einer Zone, die reich an archäologischen Zeugnissen ist, besonders an unterirdischen Grüften und Felsbauten aus früh- und vorchristlicher Zeit, auf die bei den Arbeiten aber nicht die nötige Rücksicht genommen wurde.

In Bari sind die kommunalen Investitionen – abgesehen von den Ausgaben für das Stadion – zur Gänze in den Straßenausbau geflossen, ohne daß dadurch die Verkehrsprobleme der Stadt gelöst werden konnten. Wie in so vielen anderen Fällen war weder ein strategisches Leitbild noch ein Konzept für die Stärkung des öffentlichen Nahverkehrs vorhanden, der gerade hier besonders ineffizient war.

4. Bilanz

Ein großer Teil der 353 Projekte, die im Rahmen von Italia '90 geplant waren, konnte nicht termingerecht fertiggestellt werden, fünfzehn – darunter etwa die 'metropolitana leggera' von Mailand – wurden aus verschiedensten Gründen überhaupt nicht in Angriff genommen. Mitte September 1990, also wenige Monate nach dem Ende der Fußballweltmeisterschaft, befanden sich nahezu vierzig Prozent aller Vorhaben noch im Bau. Gemessen an der Summe der Investitionen machte das sogar fünfundsechzig Prozent aus. Besonders große Verzögerungen gab es bei den Vorhaben, die in die Zuständigkeit der Staatsstraßenverwaltung ANAS fielen. Gerade die Zusatzprojekte der ANAS standen sowieso nicht in direktem Zusammenhang mit der Austragung der WM, dementsprechend gering war das Interesse, die Arbeiten schnell abzuschließen. Ganz offensichtlich wurde die Ausnahmesituation dazu verwendet, die Genehmigung der Projekte zu beschleunigen und die üblichen Kontrollmechanismen bei der Vergabe der Arbeiten zu übergehen. Termingerechter hatten die Kommunen gearbeitet, die im September 1990 immerhin nur mit einem Drittel der Vorhaben in Verzug waren. Darunter befanden sich die aufwendigen Colombiane-Projekte von Genua, die ja erst 1992 bereitstehen mußten.

Aufgrund dieser relativ unübersichtlichen Situation ist es nahezu unmöglich, die Gesamtkosten der Großveranstaltung zu beziffern. Ein Bericht des italienischen Ministeriums für die Städtischen Großräume (Ministero delle Aree Urbane) aus dem Jahr 1991 hebt hervor, daß die befürchtete Kostenexplosion – wie man sie bei den Fußballstadien erlebt hat und wie sie in Italien bei öffentlichen Bauten gängig ist – bei den bis Herbst 1990 abgeschlossenen Infrastrukturmaßnahmen nicht eingetreten war, sondern daß man im Durchschnitt die genehmigten Beträge sogar um fünf Prozent unterbieten konnte. Für die restlichen Projekte (einige sind bis zum heutigen Tag nicht fertiggestellt) wurden damals ziemlich optimistische Prognosen formuliert. Es hat aber zu keinem späteren Zeitpunkt mehr eine offizielle Berichterstattung über deren Kosten gegeben, und die Beteiligung von so vielen verschiedenen Akteuren und Institutionen erschwert eine Recherche.

Überhaupt noch nicht abschätzen lassen sich künftige Folgekosten, die manche Vorhaben nach sich ziehen, so z.B. die Instandsetzung des Eisenbahnringes von Rom und seiner zwei Bahnhöfe, die seit ihrer Errichtung verrotten oder der teuren Tiefgaragen unter dem Stadion von Neapel, in die sich widerrechtlich eine Diskothek eingenistet hat.

Auch ohne Kostenexplosion wurden die kommunalen Kassen in vielen Fällen stark strapaziert. Einmal war da die Verschuldung, die sich aus dem finanziellen Mehraufwand für die Modernisierung bzw. den Bau der Stadien ergeben hatte (vgl. Tabelle 1) und die so manchen Stadthaushalt für etliche Jahre belasten werden. Zum anderen wurden die staatlichen Darlehen, die für den Ausbau der Infrastrukturen gewährt worden waren, mit erheblicher Verspätung ausgezahlt, so daß die Stadtverwaltungen große Beträge vorschießen mußten. Schließlich müssen die Kommunen für eine eventuelle Kostensteigerung bei den nicht rechtzeitig abgeschlossenen Projekten selbst aufkommen: zu einem regelrechten Faß ohne Boden scheint z.B. die 'linea tranviaria rapida' von Neapel zu werden. Sechs Städte hatten auch – eher bescheidene – Zusatzprojekte eingeplant, deren Kosten zur Gänze mit eigenen Geldern gedeckt wurden. Neben den staatlichen Investitionen mobilisierten und bündelten also die Kommunen ihre zumeist knappen Ressourcen auf das Großereignis. Dabei hatten die Städte die Vorteile der Veranstaltung anfänglich gerade darin gesehen, kommunale Projekte mit staatlichen Geldern und nur geringer eigener Beteiligung realisieren zu können.

All das bedeutet, daß durch Italia '90 Gelder und Aufmerksamkeit von anderen, wichtigeren Themen abgezogen worden sind. Vor allem bei den beachtlichen kommunalen Investitionen zur Erneuerung der Stadien sind sinnvolle Alternativen vorstellbar – etwa die Sicherung der Kunstschätze und Kulturgüter als größte Ressource von Florenz, die Aufwertung der heruntergekommenen peripheren Stadtviertel in Bari oder die Renovierung der Altstadt in Genua, um nur einige Beispiele zu nennen.

Aber auch die hohen Erwartungen, die die Tourismusbranche in den 'Weltmeisterschaftseffekt' gesetzt hatte, wurden gründlich enttäuscht. Genaue Zahlen liegen zwar nicht vor, aber es wurde geschätzt, daß das Besucheraufkommen sogar unter den Werten des Vergleichszeitraumes vom Vorjahr geblieben war (Cerabolini 1990; 'La Repubblica' 1990). Die Ursachen dafür wurden in der alles beherrschenden Rolle des Fernsehens ausgemacht, aber auch in den Kurzreisen

Tabelle 4: Die kommunalen Investitionen

	Insgesamt	davon in % für:				
		Straßenbau	Öffentlicher Nahverkehr	Parkplätze	Stadtgrün, Fahrradwege	Sonstiges
Turin	169.138	18,6	60,7	14,7	0,7	5,4
Mailand	269.831	16,7	-	83,2*	-	-
Verona	41.319	100,0	-	-	-	-
Udine	29.510	15,3	-	84,7	-	-
Genua	1.197.815**	12,8	54,8	-	-	32,4
Bologna	35.626	-	-	86,0	2,2	11,8
Florenz	41.381	6,5	6,8	-	66,6***	20,2
Rom	266.829	40,3	9,9	17,9	12,2	19,7
Neapel	403.094	20,1	79,9	-	-	-
Bari	82.654	100,0	-	-	-	-
Palermo	86.140	60,2	-	19,7	-	20,1
Cagliari	30.761	37,8	-	38,4	-	23,8
Kommunen insgesamt	2.654.098	35,6	17,6	28,7	6,8	10,1

* Einschließlich Straßenbauarbeiten.
** Einschließlich Investitionen für das Kolumbus-Gedenkjahr 1992.
*** Einschließlich Sportanlagen.
Quelle: Presidenza del Consiglio dei Ministri, Dipartimento Aree Urbane, 'Opere Infrastrutturali per i Mondiali di Calcio del 1990 - Terza Relazione', Februar 1991; eigene Berechnungen.

(manchmal sogar nur über einen Tag), die von europäischen Reiseorganisationen für die Fußballspiele angeboten wurden.

Im Mittelpunkt der Vorbereitungen für die Weltmeisterschaft stand freilich der forcierte Ausbau der Infrastrukturen, wodurch die zwölf Städte gute Chancen vor allem zur Verbesserung ihrer Verkehrssituation erhielten. Wie die Schilderungen zu den einzelnen Städten verdeutlichen, wurden nur vereinzelt Projekte eigens für die Weltmeisterschaft geplant, die meisten waren seit Jahren von den Kommunen bzw. von der Straßenverwaltung ANAS und den Staatsbahnen vorgesehen. Daraus kann jedoch nicht gefolgert werden, daß die Maßnahmen durchwegs sinnvoll und nützlich waren. Die ANAS drückte vielfach Planungen durch, deren Umweltverträglichkeit auf dem normalen Genehmigungsweg vielleicht noch einmal hätte überprüft und verbessert werden können: Ihre Straßenbauten in den Großräumen von Turin, Florenz, Verona und Bari verdeutlichen dies. Wie die Schienenprojekte in Rom zeigen, war die Eisenbahnverwaltung - wahrscheinlich auch wegen des großen Zeitdrucks - offensichtlich nicht in der Lage, die technische Durchführbarkeit und die wirtschaftliche Rentabilität größerer Vorhaben zu gewährleisten.

Bei den kommunalen Investitionen lag das Hauptgewicht ganz eindeutig auf dem Ausbau der städtischen Straßennetze (siehe Tabelle 4) und der Schaffung von neuem Parkraum. Nur in fünf Städten gab es Projekte im Bereich des öffentlichen Nahverkehrs. Dieses Mißverhältnis zwischen motorisiertem Individualverkehr und umweltfreundlichen kollektiven Transportsystemen ist in manchen Fällen darauf zurückzuführen, daß für die Stärkung des öffentlichen Nahverkehrs einfach kein politischer Wille vorhanden war, so in Verona und in Bari. In anderen Städten wiederum war zwar der nötige politische Konsens vorhanden, doch fehlten hier detaillierte Planungen, die bei den Straßenbauten buchstäblich aus der Schublade geholt werden konnten. Gerade Projekte im Schienenbereich sind mit einem großen planerischen Aufwand und oft mit komplizierten politischen Verhandlungen verbunden. Den fehlenden oder mangelnden Planungsvorlauf konnten auch die für Italia '90 eigens vereinfachten Genehmigungsverfahren nicht kompensieren.

Die Chance zu einer positiven Veränderung wurde in manchen Kommunen – darunter Rom und Neapel – dadurch verspielt, daß die Maßnahmenkataloge einer mehr oder weniger zufälligen Anhäufung von Projekten glichen. Daran ist letztlich nicht der besondere Zeitdruck der Mondiali schuld, sondern vielmehr die jahrelange Konzeptlosigkeit der Planung in diesen Städten. Auch in diesen Fällen konnten längst vorgesehene Projekte vorangetrieben werden, die sich aber in keine Gesamtstrategie einfügten. Ihre Wirkung auf die Stadtqualität und auf die Verkehrssituation war dementsprechend gering.

Der Stand und die Qualität der planerischen Grundlagen in den einzelnen Städten spielten also eine wichtige Rolle, obwohl die Weltmeisterschaftsprojekte von gewissen Vorgaben der Planung abweichen konnten. Eine solide stadtplanerische Ausgangssituation war zwar keine Erfolgsgarantie, ermöglichte aber eine gezielte Auswahl der Projekte und verminderte ungewünschte Konsequenzen. Nur die wenigsten Kommunen (z.B. Bologna) verfügten über wirksame, langfristige Stadtentwicklungskonzepte, in die die Einzelprojekte integriert werden konnten. In Florenz und Palermo befand sich die Stadtplanung in der heiklen Übergangsphase vom alten zum neuen Bauleitplan; in vielen anderen Fällen war das Planungsinstrumentarium mehr oder weniger veraltet.

Die für die Weltmeisterschaftsvorbereitungen gültigen Ausnahmebestimmungen und Sonderfinanzierungen haben ohne Zweifel die Planung in den Städten beschleunigt bzw. überhaupt etwas in Gang gebracht, so unterschiedlich der Nutzen der einzelnen Vorhaben auch gewesen sein mag. In Turin, Bari und Mailand (mit Ausnahme der dritten U-Bahnlinie) stellten die Fußballstadien immerhin die einzigen öffentlichen Großprojekte dar, die in den achtziger Jahren realisiert wurden. An dieser Situation ist nur zum Teil die Trägheit des italienischen Verwaltungsapparates schuld: Aufgrund der Besonderheiten des politischen Systems liegen die größeren Schwierigkeiten darin, zu politischer Entscheidungs- und Handlungsfähigkeit zu gelangen (vgl. das Beispiel Venedigs, Krämer-Badoni in diesem Band). Dies gilt nicht nur für die großen, sondern oft auch für die ganz gewöhnlichen Projekte. Zudem entsprechen Inhalte und Methoden der bestehenden Stadtplanungspraxis nur bedingt den neuen räumlichen Veränderungsprozessen. Konsequenterweise wäre es nötig, dauerhafte und gezielte Verbesserungen in all diesen verschiedenen Bereichen anzustreben, anstatt in jeder dringlichen Situation – oder dringlich gemachten Situation, wie gerade die Fußballweltmeisterschaft zeigt – die geltenden Regeln außer Kraft zu setzen. Italia '90 war nur ein Höhepunkt innerhalb des Trends zur Deregulierung der Stadtplanung, der sich in Italien durch die ganzen achtziger Jahre verfolgen läßt (vgl. Venturi in diesem Band). Die Politik der großen Ereignisse, die Politik des Ausnahmezustandes haben für lange Jahre die Modernisierung der Stadt bestimmt, die somit nicht von langfristigen Gesamtkonzepten oder strategischen Programmen geprägt war, sondern von der Wahrnehmung 'guter Gelegenheiten' (Indovina 1993).

Italia '90 ist eine solche gute Gelegenheit gewesen – allerdings auch für illegale Aktivitäten. Bei nahezu allen Vorhaben, die im Rahmen der Weltmeisterschaft realisiert worden sind, besteht inzwischen der Verdacht, daß Schmiergelder gezahlt wurden. Konkrete Ermittlungen gibt es bereits in mehreren Fällen, so etwa bei der Erweiterung der Autobahn in Verona, beim Stadion, den neuen Bahnhöfen und dem Air-Terminal in Rom, bei der 'linea tranviaria rapida' und dem Stadion in Neapel.

Sämtliche Straßenbauten, die italienweit unter der Regie der ANAS zwischen 1987 und 1992 entstanden sind, werden von den Staatsanwaltschaften überprüft: Aufgrund verschiedener Ausnahmesituationen (Colombiane, Erdrutsch in der Valtellina und eben die Mondiali) sind in diesem Zeitraum über siebzig Prozent aller Aufträge (für rund 15.000 Milliarden Lire) ohne öffentliche Ausschreibung vergeben worden, also weniger strengen Kontrollen unterworfen gewesen.

Die Ermittlungen über Italia '90 sind nur ein Teil des kolossalen Schmiergeldskandals, der in Mailand erstmals aufgedeckt worden ist, sich auf ganz Italien ausgeweitet und auch die höchsten politischen Ränge nicht verschont hat. Es tritt ein Korruptionssystem ungeahnten Ausmaßes zu Tage, eine ungeheure Verfilzung von politischen und privatwirtschaftlichen Interessen. Praktisch wurden seit Jahren für einen großen Teil der Aufträge, die die öffentliche Hand vergibt – seien es nun Dienstleistungen, Warenlieferungen oder Bauwerke – von den Unternehmern Schmiergelder an die zuständigen Politiker gezahlt. Diese wurden weniger zur persönlichen Bereicherung kassiert, sondern dienten vielmehr der Finanzierung parteipolitischer Aktivitäten. Das System war bestens organisiert: Die Unternehmer wußten genau, wieviel Prozent des Auftragsgesamtvolumens abzugeben waren und wie der Verteilungsschlüssel für die einzelnen Parteien aussah. Die Vorteile lagen auch für die Unternehmen auf der Hand, die sich so ständig neue Aufträge sichern und die Schmiergeldbeträge wiederum auf die Kosten des öffentlichen Auftrages abwälzen konnten.

Am ausgeprägtesten zeigte sich dieses Schmiergeldsystem an den öffentlichen Aufträgen im Bausektor. Dabei sind die vielen Ausnahmesituationen nicht der eigentliche Grund für diese Misere gewesen, denn das System hat auch bei regulären Aufträgen bestens funktioniert. Die außergewöhnlich hohen Investitionen, die mit den Großereignissen verbunden waren, boten aber besonders gute Gelegenheiten für Korruptionsmechanismen.

ITALIA '90 – eine verpaßte Chance der Stadtpolitik?

Die Auswahl der Projekte für die Fußballweltmeisterschaft muß unter diesen Umständen in einem neuen Licht gesehen werden: Gebaut wurde in vielen Fällen nicht, was für die Bevölkerung nützlich war, sondern was den Politikern besonders hohe Schmiergeldzahlungen garantierte.

Literatur

Bertamini, Fulvio, 1990: Genova e le Colombiane. Con quella faccia un po' così. Costruire 83, S. 48-54.

Bobbio, Luigi, 1991: Gli stadi di 'Italia '90': le prestazioni delle dodici città. Amministrare 1, S. 5-42.

Canevari, Annapaola, 1987: La vicenda Mondiali. Milano. Urbanistica Informazioni 102, S. 5-6.

Cerabolini, V., 1990: Italia '90, turismo zero. E' una partita persa. 'La Repubblica', 13. Juni.

Ciccone, Filippo, 1988: Mondiali di calcio: 12 città in attesa di un miracolo per il 1990. Urbanistica Informazioni 99, S. 11-12.

Dal Piaz, Alessandro, 1990: La questione mondiale. Napoli. Urbanistica Informazioni, 109, S. 22-25.

Di Leo, P., Esposito, G., 1990: La questione mondiale. Palermo. Urbanistica Informazioni 109, S. 29-32.

Erba, Valeria, 1992: Scandalo delle tangenti e politica urbanistica a Milano. Urbanistica Informazioni 123/124, S. 4-5.

Fareri, Paolo, 1991: Milano. Progettualità difusa e difficoltà realizzativa, in: Lorenzo Bellicini (Hrsg.), La costruzione della città europea negli anni '80. Roma: Credito Fondiario S.p.A.

Indovina, Francesco, 1993: Strategie e soggetti per la trasformazione urbana, anni '80, in: Francesco Indovina (Hrsg.), La città occasionale. Milano: Franco Angeli.

'La Repubblica', 1990, 12. Juli: Un Mondiale senza turisti ma il ministero smentisce.

Lombardi, Franco, 1993: Firenze. Gestione e trasformazione 1985-1991, in: Francesco Indovina (Hrsg.), La città occasionale. Milano: Franco Angeli.

Presidenza del Consiglio dei Ministri, Dipartimento Aree Urbane, 1991: Opere infrastrutturali per i Mondiali di calcio del 1990, Terza Relazione.

Raja, Raffaele, 1989: Bari: periferia di uno stadio. Costruire 76, S. 58-64.

Scano, Luigi, 1990: Anni ottanta e mondiali. Chiuso il cerchio della deregulation. Urbanistica Informazioni 109, S. 10-13.

Storto, Giancarlo, 1989: Alberghi: deroghe a piene mani con Italia '90. Urbanistica Informazioni 103, S. 18.

Visentini, Paolo, 1992: Roma. Progetto per la mobilità, in: Francesco Indovina (Hrsg.), La città di fine millennio. Milano: Franco Angeli.

Roy Darke

Die 16. Universiade, Sheffield 1991

Dieser Beitrag befaßt sich mit den Faktoren, die zur Ausrichtung der 16. Universiade 1991 in Sheffield führten, und beleuchtet einige der Konsequenzen dieses Ereignisses für die Stadt. Die Bewerbung um die Spiele und ihre Durchführung werden im Kontext des politischen Wandels in den Kommunalverwaltungen in Großbritannien untersucht. Die Förderung einer Reihe von Großprojekten und eines „Flaggschiff"-Ereignisses werden als Element der Regenerationsstrategie einer niedergehenden Industriestadt in den späten 80er Jahren beschrieben.

Zunächst wollen wir einen kurzen Überblick über die Stadtgeschichte geben, anschließend die neueren politischen Entwicklungen im Stadtrat und den Hintergrund der Beziehungen zwischen Zentral- und Kommunalverwaltung in Großbritannien skizzieren. Letztere stehen in direktem Zusammenhang mit den Ereignissen um Planung und Folgen der Studenten-Olympiade. Die Gründe der Stadt für die Bewerbung sollen ausführlich beschrieben werden, ebenso die Folgen für die Stadt und ihre Bewohner.

1. Die Stadt in ihrem Kontext

Sheffield liegt gut 250 km von London entfernt und hat etwa 500.000 Einwohner. Im 19. Jahrhundert entwickelte sich die Stadt in kurzer Zeit von einer kleinen Siedlung zu einem der großen Industriezentren. In der Periode zwischen 1750 und 1850 erlebte sie die höchsten Zuwächse. 1750 wurde die Bevölkerung der Stadt Sheffield auf etwa 12.000 Personen geschätzt. Zum Zeitpunkt der ersten amtlichen Volkszählung (1801) wurde die Bevölkerung der Gemeinde mit 46.000 angegeben. Hundert Jahre später war die Stadt auf das Zehnfache angewachsen.

Für ein Zentrum der Eisen- und Stahlerzeugung hatte Sheffield keinen guten Standort. Es liegt weit vom Meer entfernt, und die wichtigen Nord-Süd-Verbindungen zu Lande passierten die Stadt in einiger Entfernung. Die Nachteile dieses Standorts wurden bald ausgeglichen durch die Spezialisierung auf Schneidwaren und Kleinwerkzeuge und später durch die Spezialisierung auf besondere Stähle (wie Legierungen und Panzerplatten) und Präzisionsmaschinen, wodurch der in Sheffield produzierte Stahl eine hohe Wertschöpfung erzielte. Daß die Stadt so weit von den großen Überlandstraßen entfernt lag, brachte außerdem den Nachteil mit sich, daß sie sich niemals zu einem regionalen Dienstleistungszentrum entwickeln konnte; ein Faktor, der sich in der Sozialstruktur (unterrepräsentierte Mittelklasse) spiegelt.

Aber eine Industriestruktur, die auf der Herstellung einer begrenzten Palette verwandter Produkte beruht, ist gefährdet, wenn sich die Weltmärkte verändern und wachsende internationale Konkurrenz auftritt, und das bekam auch Sheffield zu spüren. Als massenstahlproduzierende und metallverarbeitende Betriebe an anderen Orten entstanden, geriet die Wirtschaft in Sheffield zunehmend in Bedrängnis. Zwischen 1951 und 1976 gingen mehr als 48.000 Arbeitsplätze in Stahlerzeugung und Maschinenbau verloren. Trotzdem stellten noch 1971 zwei Sektoren (Erzbergbau und Metallwarenherstellung) 40 % der Arbeitsplätze. Bis 1988 war der Beschäftigungsanteil dieser Sektoren auf 16 % gesunken. Die Verflechtungen der lokalen Wirtschaft zeigen sich daran, daß zwischen 1981 und 1987 40.000 Arbeitsplätze quer durch alle Beschäftigungssektoren abgebaut wurden.

2. Lokalpolitik im 20. Jahrhundert

Seit den Anfängen der Industriellen Revolution gibt es in der Stadt eine starke lokale Kultur und eine radikale sozialistische Tradition. Im späten 19. und frühen 20. Jahrhundert gab es in den großen Maschinenbauunternehmen Belegschaften, die auf Betriebsebene machtvoll organisiert waren. Z.B. war die Stadt in den Kriegsjahren 1914-18 ein wichtiger Ausgangspunkt der entstehenden shop-steward-Bewegung (meist ehrenamtliche Gewerkschaftsvertreter im Betrieb). Bei den Wahlen 1926 erreichten die von der Labour Party unterstützten Kandidaten eine Mehrheit im Stadtrat, und seit dieser Zeit – mit einer Unterbrechung von zwei Jahren – beherrscht die Labour Party die Kommunalverwaltung und die städtische Politik.

Bis vor sehr kurzer Zeit wurde die Politik der Labour Party im Rathaus von Sheffield von Stadträten aus der Arbeiterklasse bestimmt, die in der Regel die Unterstützung der großen örtlichen Arbeitergewerkschaften, insbesondere der Maschinenbauer-Gewerkschaften (Wainwright 1987, S. 105), besaßen. Es hatte sich ein Konsens eingestellt zwischen dem Trades and Labour Council – dieses Gremium vertritt die Interessen aller Gewerkschaftsmitglieder in lokalen Angelegenheiten –, der örtlichen Organisation der Labour Party und der Mehrheit des Stadtrates; ein Konsens, der sich in solchem Ausmaß in anderen großen britischen Städten nicht fand. Die Macht innerhalb der Mehrheitsgruppe der Labour-Stadträte lag traditionell in den Händen einer mächtigen Parteiclique, deren Mitglieder ihre politischen Ansichten durch Gewerkschaftsaktivitäten in der Stahlerzeugung und im Maschinenbau geschult hatten.

In den 70er Jahren jedoch durchlief die Organisation der lokalen Politik der Labour Party einen tiefgreifenden Wandel. Die Bezirksorganisation der Labour Party (in der sich breiter gestreute Interessen fanden als im Trades and Labour

Council) gewann an Bedeutung, während der Einfluß des Trades und Labour Council schwand. In letzterem zeigten sich die Folgen einer veränderten Mitgliederzusammensetzung, die wiederum das Anwachsen der Angestellten-Gewerkschaften spiegelte. Als Folge des Niedergangs der traditionellen Industrien der Stadt schrumpften die Maschinenbauer-Gewerkschaften, während gleichzeitig die Beschäftigung im öffentlichen Dienst und dessen Gewerkschaften an Umfang, Handlungsfähigkeit und Macht (relativ) gewannen. In den 70er Jahren waren Sheffields größte Arbeitgeber die Stadtverwaltung, der Gesundheitsdienst und das höhere Bildungswesen (Universität und Gesamthochschule). Diese Veränderungen bewirkten einen Machtzuwachs für eine Gruppe von jüngeren Stadträten mit stärkerer Unterstützung bei der Basis der örtlichen Labour Partei, die neue Strategien und Initiativen in die städtische Politik einbrachten.

Daß 1980 ein junger lokaler Politiker, der aus der Arbeiterklasse stammte, aber eine akademische Ausbildung genossen hatte (und ein Team jüngerer Stadträte mit ähnlichem Hintergrund um sich versammelt hatte), an die Spitze der Verwaltung in Sheffield gewählt wurde, kann als Teil eines größeren nationalen Wandels in der Lokalpolitik der Labour Party gesehen werden, die als Aufstieg „der neuen städtischen Linken" bezeichnet wird (Gyford 1985).

An die Stelle des alten „aufgeklärten Autoritarismus" (Seyd 1987, S. 146) wollte Sheffields neue Führungsmannschaft lokale Demokratie und Politik „von unten" (Blunkett/Green 1983) setzen, d.h. neue Bündnisse mit lokalen Gruppen. Trotzdem fanden sich auch Spuren älterer politischer Programme in ihren Strategien. Nachdrücklich wurde auf die Notwendigkeit hingewiesen, Pläne für die lokale Wirtschaft zu erarbeiten und – angesichts des Niedergangs der traditionellen Industrien – neue industrielle Arbeitsplätze zu schaffen. Aber es gab auch neue Programme, die auf neue Technologien und das Wachstum des tertiären Sektors zielten.

3. Lokale Wirtschaftspolitik in den frühen 80er Jahren

Die lokale Wirtschaftspolitik der neuen Sheffielder Führung führte u.a. zur Einrichtung eines Department of Employment and Economic Development (DEED) im Jahr 1981. Zum ersten Mal hatte damit eine englische Kommunalverwaltung ein eigenes Ressort zur Entwicklung eines lokalen Wirtschaftsprogramms eingerichtet. Eine Reihe weiterer Labour-Stadtverwaltungen sollte diesem Beispiel mit ähnlichen Strukturen und Strategien bald folgen. Der neue Ansatz legte den Schwerpunkt auf lokal wirksame Maßnahmen zur Schaffung neuer Arbeitsplätze und bemühte sich, den Arbeitsplatzabbau einzudämmen. Obwohl die Lokalverwaltungen in Großbritannien keine unabhängige Macht zu eigenständigem politischem Handeln besitzen und innerhalb des legislativen Rahmens arbeiten müssen, den die Zentralregierung vorgibt, hat es immer einige Flexibilität und lokale Machtbefugnisse gegeben.

Das Programm war breit angelegt und umfaßte Arbeitsbeschaffungsmaßnahmen, berufliche Ausbildung und Umschulung, Förderung der Chancengleichheit, genossenschaftliche Initiativen, Maßnahmen für Unternehmen, um deren Entwicklungsmöglichkeiten festzustellen, kommunale Betriebe und öffentlich geförderte Arbeit in örtlichen Betrieben, um die Qualifikationen Arbeitsloser zu nutzen. Was die Anzahl der von den Aktivitäten der DEED geschaffenen Arbeitsplätze angeht, so war der Erfolg bescheiden, aber hauptsächlich sollte ja gezeigt werden, daß lokale ökonomische Strategien nicht unbedingt dem marktdominierten Ansatz folgen mußten, den die Regierung Thatcher propagierte. Die führende Gruppe im Magistrat und die örtliche Labour Party bemühten sich in den frühen 80er Jahren, Westminster kreative alternative Strategien entgegenzusetzen. Die lokale Führung war davon überzeugt, daß ihre Politik von unten auch eine stärkere Zustimmung für Politik und Prinzipien der Labour Party einbringen würde, die sich wiederum in Zugewinnen bei nationalen und lokalen Wahlen niederschlagen würde.

Die Wiederwahl der konservativen Regierung im Jahr 1983 bedeutete einen Rückschlag für die Bemühungen der Labour Party, die politische Landschaft zu verändern. Besondere Bedeutung für die Lokalpolitik hatte die zunehmend strengere legislative und finanzielle Kontrolle, der die Regierung Thatcher die Lokalverwaltungen nach 1983 unterwarf. Angesichts dieses stärkeren Drucks und strengerer Ausgabenkontrolle durch die zentrale Regierung entschlossen sich viele Labour-regierte Lokalverwaltungen zu einer offeneren Konfrontation mit der Regierung.

Die konservative Regierung war 1979 mit der erklärten Absicht angetreten, die öffentlichen Ausgaben zu senken und Funktionen wie Wirkungsbereich der Lokalverwaltungen einzuschränken. Mit einer Reihe von Maßnahmen, von Überzeugungsbemühungen über Einschüchterungsversuche bis zur Drohung mit Geldbußen bei mangelnder Nachgiebigkeit, hatte die Regierung ab 1984 begonnen, Druck auf Lokalverwaltungen auszuüben. Der Rates Act von 1984 führte „rate-capping" (staatlich verordnete Senkung der Kommunalsteuern) ein, d.h. die Regierung konnte eine Obergrenze für die jährlichen Ausgaben der Kommunen festlegen. Die Labour Party sah darin einen Versuch, die lokale Demokratie weiter zu beschränken. In mehreren Lokalverwaltungen, in denen sie die Mehrheit hielten, weigerten sich Labour-Gruppen (darunter Sheffield), das Niveau für Kommunalsteuern zum gesetzlich vorgeschriebenen Datum im Jahr 1985 festzusetzen, um damit gegen das Gesetz von 1984 zu protestieren. Damit hatten sie eine hochriskante Taktik eingeschlagen, denn Westminster hätte Regierungsbeauftragte zur Regelung der finanziellen Angelegenheiten der widerspenstigen Kommunen entsenden können, und einzelne Magistratsmitglieder, die sich dem Gesetz nicht gebeugt hatten, hätten für alle zusätzlichen Kosten, die der Lokalverwaltung durch ihr Verhalten entstanden waren, haftbar gemacht (und aus ihrem Amt entlassen) werden können.

Die folgenden Rückzieher angesichts dieser Gefahr für die Kontrolle über kommunale Dienstleistungen und das Privatvermögen der Magistratsmitglieder hinterließen Bitterkeit und Enttäuschung. Als dann 1985 auch noch der Sheffielder Stadtrat seine offene Konfrontation mit der Regierung aufgab, verstärkte sich das Gefühl der „Katastrophe", das sich in der Partei auf nationaler und lokaler Ebene ausgebreitet hatte. 1985 gilt als der Wendepunkt, an dem sich der politische Radikalismus, der die Politik der Stadt Sheffield in den frühen 80er Jahren charakterisiert hatte, zum Pragmatismus wandelte. In diesem „neuen Realismus" drückte sich eine tiefe Vertrauenskrise unter den Sozialisten im ganzen Lande aus.

4. Partnerschaften

Am deutlichsten zeigte sich der neue lokalpolitische Realismus in Sheffield nach den Ereignissen von 1985 in einer wachsenden Aufgeschlossenheit für die Zusammenarbeit mit der Privatwirtschaft bei der lokalen Wirtschaftspolitik. Jetzt wurden Partnerschaften als vorrangige Methode der ökonomischen Revitalisierung angestrebt. Partnerschaft ist als das magische Wort der Verwaltung in den 80er Jahren bezeichnet worden (Lewis 1992, S. 6). Wenn sie die Idee der Partnerschaft mit dem lokalen Kapitalismus auch mit Bedenken anging, so billigte die führende Gruppe im Sheffielder Magistrat doch die Entwicklung einer Reihe neuer öffentlich-privater Organisationen, den Aufbau eines Netzwerks zwischen öffentlichem und privatem Sektor sowie einiger Gemeinschaftsunternehmen und -projekte. Damit war beabsichtigt, der Regierung und den Unternehmen ein anderes, kooperatives Bild des Magistrats zu präsentieren, aber auch – weil die Regierung Partnerschaften als eine Ausweitung ihrer lokalen Einflußmöglichkeiten unterstützte – eine gewisse Kontrolle über zukünftige Schlüsselentscheidungen zu behalten.

Ein Ergebnis war das Sheffield Economic Regeneration Committee (SERC), das Anfang 1987 gegründet wurde. Das Gremium hat 24 Mitglieder; ein Viertel von ihnen kommt aus dem Magistrat bzw. lokalen Unternehmen, vier Mitglieder gehören der Zentralregierung an, dazu (seit 1988) der oder die Vorsitzende der Urban Development Corporation (von der Regierung ernannt), zwei Mitglieder aus den Hochschulen der Stadt, ein lokales Parlamentsmitglied und ein paar lokale Gewerkschaftsvertreter sowie Personen des öffentlichen Lebens. Eine der ersten Handlungen des Ausschusses bestand darin, eine große Finanz- und Wirtschaftsberatungsgesellschaft (Coopers & Lybrand Associates) mit einer Studie über Möglichkeiten der Regeneration und Entwicklung des Lower Don-Tales zu beauftragen.

Zunächst befaßte sich dieser Ausschuß mit der Zukunft des Lower Don Valley, Standort der meisten größeren Stahlproduzenten und Maschinenbaufirmen, die sich Ende des 19. Jahrhunderts auf diesem breiten, flachen Uferstreifen (1.050 ha) niedergelassen hatten, der sich vom Stadtzentrum aus nach Osten erstreckt. SERC ging von der ökonomischen Strategie für den Lower Don aus, die der Magistrat als Reaktion auf den Schwund bei Unternehmen und Arbeitsplätzen im Tal entwickelt hatte.

Die Pläne des Magistrats für das Tal waren 1986 von einer ressortübergreifenden Mitarbeitergruppe entworfen worden. Vor allem empfahl sie, eine breitgestreute Gruppierung aufzubauen, die in der Lage wäre, Aktivitäten zu koordinieren und zu initiieren, die die Regenerierung in ganz Sheffield fördern sollten. Der Coopers-Lybrand-Bericht war auch deshalb in Auftrag gegeben worden, um der Regierung zu zeigen, daß es aktive privat-öffentliche Partnerschaften in der Stadt gab. Damit sollte die Einrichtung einer Urban Development Corporation[1] verhindert werden.

Eines der wichtigsten Ergebnisse der Studie über das Lower Don Valley (Coopers and Lybrand Associates 1987), empfahl der Stadt, „Flaggschiff"-Projekte als Katalysatoren für die zukünftige wirtschaftliche Entwicklung zu fördern.

„Um die existierenden Regenerationsstrategien für das Lower Don Valley voranzutreiben und sicherzustellen, daß sie das Hauptziel erreichen, nämlich neue private Investitionen in erheblichem Umfang zu gewinnen, müssen die folgenden Komponenten verstärkt berücksichtigt werden:

(a) FLÄCHEN – Ein Programm von Flächenankäufen und deren Erschließung, um Flächen anbieten zu können und damit die Entwicklung zu stimulieren.

(b) PROJEKTE – Die Entwicklung (und/oder Ausweitung) einer Reihe substantieller 'Flaggschiff-Projekte', insbesondere industrieller Projekte, die Veränderung demonstrieren und weitere Investitionen anziehen können.

(c) PROGRAMME – Die Schaffung weiterführender Programme zur wirtschaftlichen Entwicklung und Umweltverbesserung, um die Veränderungsprozesse im Tal steuern, unterstützen und vorantreiben zu können; und

(d) IMAGE – die Entwicklung integrierter Programme zur baulichen Verbesserung und Projektentwicklung sowie Maßnahmen, um einen radikalen Wandel in der Wahrnehmung des Tals einzuleiten und das Image der Stadt zu verbessern." (Coopers and Lybrand Associates 1987, Kap. 5.3.1.)

In einem späteren Abschnitt über Projekte befaßt sich der Bericht mit sechs „Flaggschiff-Projekten", ... „die schnell durchgeführt werden können (1 bis 4 Jahre) und vier spezifische Kriterien erfüllen:

---

1 Urban Development Corporations wurden 1980 mit dem Local Government Land and Planning Act eingeführt. Sie werden von der Zentralregierung eingesetzt, die auch die Geschäftsführung ernennt. Die Geschäftsführung kann selbst Mitarbeiter einstellen. Die Regierung finanziert die UDCs direkt. Sie sind mit einer großen Bandbreite an Kompetenzen ausgestattet, die sich auf Flächennutzung (Ankauf und Weitervergabe von Grundstücken, Stadtentwicklung) und Strategien erstrecken, die Zuwachs an Arbeitsplätzen und Unternehmensansiedlung in ihrem Bereich erbringen sollen. UDCs sind befristete Einrichtungen und bilden ein Schlüsselelement der Innenstadtpolitik der konservativen Regierung. In der Regel werden UDCs für fünf Jahre eingesetzt; dieser Zeitraum kann jedoch verlängert werden. Sie ermöglichen es der Regierung, Fördermaßnahmen für die lokale Wirtschaft zu ergreifen, und zwar ohne Beteiligung der Kommunalverwaltungen. Das scheint anzudeuten, daß Kommunalbehörden keine geeigneten Körperschaften für solche Aktivitäten sind. Diese implizite Zurechtweisung der kommunalen Verwaltungen und das Problem der Rechenschaftspflicht machen die UDCs bei Lokalpolitikern und Teilen der Bevölkerung, die in den festgelegten Gebieten lebt, so unpopulär. Gegenwärtig existieren 18 UDCs in englischen und walisischen Städten.

(a) Sie vermögen das privatwirtschaftliche Entwicklungsinteresse am Tal zu stimulieren;
(b) sie werden als wesentliche Kraft wirken, um das 'Image' des Tals als Standort für Investitionen und Entwicklung zu verbessern;
(c) sie werden weitere Entwicklungsmöglichkeiten eröffnen und derzeitige Entwicklungshemmnisse abzubauen helfen; und
(d) sie werden das Tal direkt und proaktiv umgestalten, entweder in bezug auf die vorhandene Wirtschaftstätigkeit oder indem sie die Skala der vorhandenen Nutzungen erweitern." (Coopers and Lybrand Associates 1987, Kap. 5.3.3.)

Bei den sechs Flaggschiff-Projekten handelte es sich um:

- River Corridor Programme
- Tinsley Industrial Park
- Advanced Metals and Materials Centre
- Meadowhall
- Attercliffe Regeneration und
- Northern Freight Interchange

Das Attercliffe Regenerationsprojekt enthielt Vorschläge für Freizeiteinrichtungen, darunter einen Veranstaltungsort für Großereignisse. Meadowhall ist ein regionales Einkaufszentrum, das inzwischen 20 Millionen Besucher im Jahr anzieht. Northern Freight Interchange sah einen Umschlagplatz für Bahngüter mit Anschluß an den Kanaltunnel vor.

1987 kann daher als entscheidendes Jahr für die neuen partnerschaftlichen Bemühungen um die ökonomische Regeneration in Sheffield betrachtet werden. Allerdings wurde ein Ziel (des Stadtrats) all dieser Aktivitäten nicht erreicht, denn die Regierung kündigte im März 1988 die Einrichtung einer Urban Development Corporation im Lower Don Valley an.

Obwohl die zwangsweise Einrichtung der UDC in Sheffield es mit sich brachte, daß die Stadt (kurzfristig) nicht mehr über die Zukunft des gesamten Lower Don Valley entscheiden konnte, wurde die Arbeit der lokalen Partnerschaften weitergeführt. Das wichtigste Element der gemeinsamen Aktivitäten war eine Aktualisierung des Berichts von 1988. 1989 präsentierte SERC die Studie „Sheffield 2000". Die Studie „zielt auf die Entwicklung einer sich selbst stabilisierenden Wirtschaft, und zwar über die Erzeugung einer 'kritischen Masse' durch fünf 'Wachstums-Netzwerke': verarbeitende Industrie, öffentliche Dienstleistungen, Medien, Freizeit- und Grünflächeninitiativen" (SERC 1990, Werbebroschüre).

Eine gemeinsame strategische Entwicklungsinitiative des Magistrats und des English Tourist Board wurde 1988 mit der Absicht gestartet, die Stadt als ein Zentrum des Fremdenverkehrs und der Freizeitaktivitäten vorzustellen; sie enthält eine Reihe von Vorschlägen, die den Prinzipien von „Sheffield 2000" entsprechen. Fünf Untersuchungsgebiete wurden in der Tourismusinitiative benannt, darunter Freizeittourismus (insbesondere im Zusammenhang mit Sportveranstaltungen).

Im Verlauf der Realisierung wurden sport- und freizeitbezogene Entwicklungen zu einem der ersten dieser Wachstumsnetzwerke, die konkrete Gestalt annahmen. Als Standort war das Gebiet im Lower Don Valley vorgesehen, auf das sich die Kontrolle der UDC (laut Verhandlungen) nicht erstreckte.

5. Die 16. Universiade – Bewerbung und Realisierung

Die Sportorganisation der britischen Studentenvereinigung (British Student Sports Federation, BSSF) wandte sich im Juni 1986 an einige der größeren Stadtgemeinden und bat sie um Bewerbungen für die Ausrichtung der Weltstudentenspiele im Jahre 1991. Sheffield entschied sich für eine Bewerbung auf der Grundlage des Ausbaus vorhandener Sportanlagen. Die Bewerbung wurde von der BSSF angenommen.

Die Führungsgruppe im Magistrat war überzeugt, daß die Ausrichtung der Spiele zur Imageverbesserung der Stadt beitragen würde, und hielt ein internationales Ereignis für ein besonders relevantes Projekt, denn schließlich waren Sport, Freizeit und Fremdenverkehr Elemente der entstehenden Regenerationsstrategie für Sheffield.

Als der Zuschlag erteilt war, beauftragte der Magistrat eine Beratungsfirma mit einem Budgetentwurf. Die Studie (Pannell Kerr Forster Associates 1987) eröffnete, daß sich die Kosten für die Universiade zwischen 25,5 und 35,7 Millionen Pfund bewegen könnten. In dem Bericht wurde auch auf ein mögliches Defizit von 3 bis 14 Millionen Pfund verwiesen.

Die Beraterstudie von 1987 empfahl auch, die erwiesene Sachkenntnis des privaten Sektors in bezug auf Sponsorentum, Marketing und Durchführung von Sportveranstaltungen in einer privaten Betreibergesellschaft für die Universiade zusammenzuziehen.

Das Exekutivkomitee der FISU (Fédération Internationale du Sport Universitaire) wurde eingeladen, seine Herbstkonferenz 1987 in Sheffield abzuhalten. Auf dieser Konferenz wurde verkündet, daß die Stadt zur Ausrichtung der Spiele bestimmt worden sei. Der (neue) Präsident des Magistrats gab bekannt, daß dies „der größte Tag in der Geschichte Sheffields" war.

Ehrgeiz, Stolz und der Wunsch nach Inszenierung eines erfolgreichen internationalen Ereignisses stellte alles andere in den Schatten. Insbesondere der Planungsausschuß begann die Anforderungen an die Sporteinrichtungen zu erhöhen.

Anfang 1988 lagen Planung und Durchführung der Spiele bei zwei Organisationen: dem Sheffield Leisure and Recreation Trust (eine Körperschaft, die enge Kontakte zum Stadtrat unterhielt und von ihm finanzielle Bürgschaften erhalten hatte, die aber aus rechtlichen Gründen auf Distanz gehalten wurde) und der Universiade-Gesellschaft. Zu diesem Zeitpunkt war die Stadt verpflichtet, folgende Einrichtungen bzw. Leistungen bereitzustellen:

- einen neuen Schwimm- und Tauchkomplex (einschließlich einer Sporthalle), um das Bad im Zentrum zu ersetzen;
- einen neuen Mehrzweck-Komplex (ein für Wasserpolo taugliches Becken mit einer angeschlossenen Sporthalle), um ein Bad aus viktorianischer Zeit in den inneren Vororten zu ersetzen;
- eine weitere Sporthalle (die nach den Spielen als kommunale Einrichtung betrieben werden sollte);
- ein Velodrom mit einer vierten Sporthalle;
- eine Hauptwettkampfstätte (für Turnen und Volleyball und für verschiedene Nutzungen nach den Spielen geeignet);
- die Renovierung eines verfallenen Theaters (für die Veranstaltungen des Kulturfestivals, das die Universiade ergänzen sollte);
- Ausbau vorhandener Tennis-, Hockey- und Leichtathletikanlagen;
- Schaffung eines Universiade-Dorfes durch provisorisches Aufpolieren eines mehrgeschossigen Wohnblocks des sozialen Wohnungsbaus, der danach abgerissen werden sollte.

Die Kosten für dieses Paket wurden (im März 1988) auf über 110 Mio. Pfund veranschlagt, und die Hauptwettkampfstätte war die einzige Einrichtung, die durch externe Zuschüsse finanziert werden sollte (Bau und späterer Betrieb fielen in die Verantwortung des privaten Sektors).

Zum Teil gingen die erhöhten Anforderungen an die Sportstätten (und damit deren Kosten) auf die Empfehlungen der Berater zurück (eine Reihe von Sachverständigen-Berichten wurde zwischen 1987 und 1990 verfaßt). Der Tenor dieser Empfehlungen war, daß der Erfolg der Spiele und die Chancen, Sponsoren zu gewinnen, von der Qualität der Einrichtungen abhingen. Eine Schlüsselentscheidung fiel Anfang 1989 zugunsten eines völlig neuen Leichtathletikstadions in der Nähe der bestehenden und ursprünglich zum Ausbau vorgesehenen Bahn. Nach der Logik dieser Entscheidung hätte ein neues Stadion die Qualität der städtischen Sportanlagen erhöhen und das langfristige Ziel fördern können, Sport und Freizeit zu einem Wachstumssektor der lokalen Ökonomie auszubauen. Die bestehende Bahn sollte den Teilnehmern der Wettkämpfe im Hauptstadion als „Aufwärmfeld" dienen.

Die Gesamtkosten für Sportanlagen und Nebengebäude hatten sich auf über 150 Mio. Pfund erhöht. Es gab ein paar EG-Beihilfen (£ 4 Mio. aus dem Europäischen Regionalentwicklungsfonds für die Renovierung des Lyceum-Theaters), und tatsächlich stellte auch die Regierung etwas Geld durch den City Grant (£ 4,75 Mio.) für die Hauptwettkampfstätte (das von einer privaten Gesellschaft gebaut werden sollte) und das Urban Programme bereit (für umweltbezogene Arbeiten in der Nähe des Leichtathletik-Stadions und der Hauptwettkampfstätte). Allerdings sollte der Löwenanteil der Kosten durch Kredite, für die der Stadtrat bürgte (über den Sheffield Leisure and Recreation Trust), finanziert werden, die über eine

Reihe von Jahren zurückgezahlt werden müssen, letztlich aus dem jährlichen Einnahmenhaushalt der Lokalverwaltung.

6. Zukunftserwartungen

1988 hatte die Bereitstellung der Einrichtungen höchste Priorität, um die knapp kalkulierten Bauzeiten einzuhalten. Trotzdem wurde auch über den späteren Betrieb der Anlagen nachgedacht, und wie sie sich wohl in eine Freizeit- und Sportstrategie der Stadt nach den Spielen einfügen würden. Eine Studie zu den Betriebsoptionen und ein Wirtschaftsplan für die zukünftige Nutzung der Anlagen (Pickering Torskilsden Partnership 1988) verwies auf den komplexen Hintergrund ihrer Bereitstellung sowie eine undurchschaubare und sich verändernde Situation in bezug auf ihre zukünftige Nutzung und Verwaltung. Entscheidungen fielen rasch und oft vor einer gründlichen Prüfung der Optionen. Mitten in ihrer Untersuchung zu den zukünftigen Betriebsoptionen erfuhren die Berater z.B., daß der Stadtrat bereits eine Entscheidung getroffen hatte, nämlich zur Gründung des Trusts und einer Handelsgesellschaft, die die Finanzierung durchführen bzw. die wichtigsten Anlagen betreiben sollten.

Im August 1990 wurden Planungsberater mit einer Marktanalyse für die Anlagen beauftragt, mit einer Einschätzung von Möglichkeiten, wie sie entwickelt werden könnten, um den Nutzen für die Stadt nach 1991 zu erhöhen, und einer zukünftigen Marketing-Strategie.

Informationen wurden zusammengesucht, die die Kostenschätzungen, den Erfolg der Spiele und den späteren Nutzen der Anlagen für die Stadt bestätigen sollten. In der Vorbereitungsphase wurden Studien über die Erfahrungen mit früheren großen Sportereignissen verfaßt, darunter die Weltstudentenspiele in Edmonton (1983) und Kobe (1985), die Weltspiele in Karlsruhe (1989), die Olympiaden in München (1972) und Los Angeles (1984) oder die Commonwealth Games in Christchurch (1974) und Edmonton (1978). Eine spätere Analyse befaßte sich mit den Auswirkungen von Sportveranstaltungen auf die Stadt Philadelphia (Shils et al. 1985). Oft lieferten diese Berichte sehr breitgestreute Informationen, die von den Ansichten der Autoren gefiltert wurden. Ein Bericht über die spätere Nutzung großer Sportanlagen behauptete, daß die internationalen Erfahrungen dort durchaus positiv waren, wo

- die Anlagen sowohl der kommunalen Infrastruktur wie dem Großereignis dienten;
- die Universitäten in sportlichen Aktivitäten und beim Sportlehrangebot führend waren;
- professionell geführte Sportvereine zu den regelmäßigen Nutzern gehörten (v.a. Fußball und American Football);

- neue Anlagen von sehr unterschiedlichem Standard und nicht alle in enger räumlicher Nähe errichtet wurden;
- weiterhin erhebliche Mittel aufgewendet wurden, um Veranstaltungen anzuziehen;
- auch später internationale Sportveranstaltungen durchgeführt wurden (Cobham Resource Consultants 1990).

Dieser Bericht betonte auch die Notwendigkeit, den Erfolg des „Flaggschiff"-Ereignisses sicherzustellen. „Die Einrichtungen sind untrennbar mit den Spielen verbunden; ihr Image und ihre Identität werden noch auf Jahre hinaus mit der Universiade assoziiert werden. Der Erfolg der Weltstudentenspiele ist die höchste einzelne Priorität." (Cobham Resource Consultants 1990, Kap. 10.2)

Auch der Stadtrat selbst hatte (in der DEED) eine Wachstumsfolgenabschätzung in Auftrag gegeben (Sheffield City Council, DEED 1990).

Ursprünglich bestand die Absicht, die Wirkungsanalysen auch nach den Spielen weiterzuführen, um so die längerfristigen Folgen des Ereignisses und der neuen Anlagen zu bewerten. Kürzungen der kommunalen Haushalte und die Furcht vor möglichen finanziellen Verlusten der Spiele führten aber zu einer Abneigung gegen Untersuchungen, die die Entscheidung für die neuen Anlagen und die Universiade kritisch hätten beurteilen können. Daher gibt es keinen endgültigen Forschungsbericht über die ökonomischen Folgen der Spiele. Die anfängliche Absicht, den Nutzen für die Bevölkerung zu bewerten, wurde niemals realisiert.

Allerdings wurde eine kleinere Untersuchung zur Zahl der bei den Bauleistungen geschaffenen Arbeitsplätze in Auftrag gegeben. Sie ergab, daß zwischen 1989 und 1992 insgesamt 13.500 Arbeitsplätze pro Jahr in der Region geschaffen würden. Davon würden 70 % auf lokal ansässige Personen entfallen. Der längerfristige Beschäftigungseffekt wurde auf 1.400 Arbeitsplätze jährlich geschätzt. (Sheffield City Council, DEED 1990, Tabelle 38)

7. Organisation der Spiele

Der organisatorische Rahmen für die Durchführung der Universiade wurde 1988 errichtet. Ursprünglich war vorgesehen, die Einrichtungen auf verschiedene Weise zu finanzieren: durch den privaten Sektor, durch einen – auf Distanz gehaltenen – Trust und die Kommunalverwaltung selbst. Die städtischen Bediensteten und die Stadträte wußten, daß der hohe Investitionsaufwand für die Universiade niemals die Zustimmung der Regierung finden würde. Und bald stellte sich heraus, daß der private Sektor nicht in der Lage oder nicht gewillt war, Investitionen in solcher Höhe zu übernehmen, wie sie für die Errichtung der Anlagen notwendig waren (mit Ausnahme des Hauptstadions). Um die Mittel für die Bereitstellung der großen Einrichtungen zu bekommen, ohne sich in den Finanzkontrollen der Regierung zu verfangen, wurde daher der Sheffield Leisure and Recreation Trust als gemeinnützige Einrichtung geschaffen mit einer weitgefaßten Satzung und zwei Zielen: Die Bereitstellung der Anlagen für die Spiele und der zukünftige Betrieb. Die Kredite für die Bereitstellung der Einrichtungen waren in einem Finanzpaket zusammengefaßt, an dem ein Konsortium investierender und bürgender Banken beteiligt war. Der Stadtrat bürgte für den Trust (dem keine eigenen Mittel zur Verfügung stehen). Die Mitglieder des Trusts waren Sheffielder Bürger, die Ziele und Interessen des Stadtrates unterstützten (Mitglieder der Labour Party, Gewerkschafter und ein Stadtrat).

Der Trust wiederum rief zwei eigenständige Gesellschaften ins Leben; vollständig in seinem Besitz befindliche Tochtergesellschaften. Die Sheffield Universiade (GB) Limited hatte die Aufgabe, die Veranstaltung zusammen mit der Handelskammer durchzuführen. Der anderen Einrichtung, Sheffield for Health, obliegt die Bewirtschaftung der Sportanlagen. Real betreibt das städtische Amt für Sport und Freizeit die Einrichtungen aufgrund von Betriebsverträgen, die mit Sheffield for Health abgeschlossen wurden.

Der für den Sport- und Freizeitausschuß des Magistrats zuständige Stadtrat wurde zum Vorsitzenden der Universiade (GB) Ltd. bestellt und leitete einen sechs Mitglieder starken Verwaltungsrat (drei Stadträte und drei prominente Bürger der Stadt, die starke Geschäftsinteressen mit Sheffield verbanden). Ein Geschäftsführer, der seine Kenntnisse auf den Gebieten Verkauf und Marketing in der Privatwirtschaft erworben hatte und über einige Erfahrung beim Umgang mit Sponsoren für Sportveranstaltungen verfügte, wurde im März 1988 ernannt. Die Gesellschaft baute einen umfangreichen Stab von Mitarbeitern auf, die unterschiedliche Qualifikationen und Kompetenzen besaßen.

Dann aber wuchsen im Sommer 1989 die Befürchtungen, daß mit der Organisation der Veranstaltung nicht alles zum Besten stand. Vor allem wurde auf Fragen des Verwaltungsrats nach den gewonnenen Sponsoren ausweichend geantwortet. Der Geschäftsführer gab an, es seien viele substantielle Verträge mit Sponsoren in Sicht und die Fernsehberichterstattung bereits sichergestellt. Im Oktober 1989 wurde dem Verwaltungsrat mitgeteilt, daß Sponsorenverträge in der Höhe von 11 Mio. Pfund kurz vor dem Abschluß stünden. Gegen Ende des Jahres war nicht mehr zu übersehen, daß kaum ein Sponsor gewonnen war. Außerdem gab es Hinweise auf verschwenderischen Umgang mit Mitteln und nachlässige finanzielle Kontrolle in der Gesellschaft. Der Geschäftsführer wurde gefeuert, und der Verwaltungsrat setzte eine Holdinggesellschaft ein. Eine Rechnungsprüfung bei der Gesellschaft brachte zutage, daß den Einnahmen in Höhe von einer Million Pfund Ausgaben im Umfang von vier Millionen gegenüberstanden. Zwar zeigen die Budgets großer Sportveranstaltungen zwangsläufig ein ungewöhnliches Einnahmen-Ausgaben-Profil, mit beträchtlichen anfänglichen Ausgaben, bevor die Haupteinnahmen (aus Eintrittskarten- und anderen Verkäufen während der Veranstaltung) anfallen, aber die nachlässige Buchhaltung und das Verschweigen der tatsächlichen Lage bedeuteten doch erhebliche Rückschläge für die Erfolgsaussichten der Spiele sowie das lokale und nationale Vertrauen in die Planung und den schließlichen Erfolg des Vorhabens.

Die Universiade (GB) Ltd. stellte ihre Tätigkeit im Juni 1990 ein – sie hatte beträchtliche Schulden angehäuft. Inzwischen verblieb nur noch ein Jahr bis zur Durchführung der Studenten-Olympiade. Der Verwaltungsrat war sich einig, daß von den wenigen Auswegen aus dieser Situation der beste darin bestand, den Stadtrat mit Planung und Durchführung der Spiele zu beauftragen. Ein langjähriges Mitglied der Kommunalverwaltung wurde mit der Organisation betraut, aber die Erfolgsaussichten waren düster. Die landesweite Publizität, die der Konkurs der Betreibergesellschaft gefunden hatte, bestätigte gewissermaßen die zahlreichen und kritischen früheren Stellungnahmen zum Sinn der Veranstaltung. All dies erhöhte das Vertrauen nicht gerade und untergrub Versuche, Sponsoren zu gewinnen. Die wachsende Rezession trug ihren Teil zur traurigen Geschichte bei. Appelle an die Unternehmergemeinde und die Regierung zeigten wenig Wirkung.

Eine harte Prüfung für den Stadtrat hielt das Ende des Jahres 1990 bereit. Der jährliche kommunale Finanzausgleich (Bekanntgabe der Regierungszuschüsse für die Kommunalbehörden) stellte wieder ein mageres Jahresbudget für Sheffield in Aussicht. Der Stadtrat sah sich zu weiteren Kürzungen bei den grundlegenden Dienstleistungen (Bildungswesen, soziale Dienstleistungen, Bibliotheken, Reinigung usw.) gezwungen. In vorangegangenen Jahren war die Sparpolitik der Regierung durch finanzielle Reserven abgefedert worden, die man in der Vergangenheit angelegt hatte. Die Abfederung für 1990/91 erschöpfte die Reserven. Verschiedene Optionen für die Durchführung der Universiade wurden vom Stadtrat diskutiert, und zwar von der Ausrichtung eines bescheidenen Ereignisses zu möglichst geringen Kosten (ohne Eröffnungs- und Abschlußzeremonien und mit weniger Disziplinen) bis hin zur Durchführung des vollen ursprünglich geplanten Programms. Der Stadtrat wurde gewarnt, daß eine „Minimal-Veranstaltung" das negative Image der Stadt noch weiter verstärken und die Aussichten auf zukünftige Sport-Großveranstaltungen gänzlich ruinieren könne. Außerdem bestünde die Gefahr, daß die Sponsoren, die bereits in die Spiele investiert hatten, dann einen Rückzieher machen würden. Selbst wenn die Universiade auf ein mittleres Budget gestutzt würde, so hieß es, könne das der Stadt noch immer einen Verlust von 5 Millionen Pfund eintragen. Bei einem entscheidenden Treffen der Labour-Gruppe zu Weihnachten 1990 stimmten 16 von 60 anwesenden Labour-Stadträten für die völlige Streichung der Spiele, sogar in diesem späten Stadium.

8. Die Universiade und die Folgen

Die 16. Universiade fand vom 13. bis zum 25. Juli 1991 in Sheffield statt. Angesichts der positiven Reaktionen innerhalb der Stadt während des Ereignisses könnte man behaupten, daß die Veranstaltung ein ansehnlicher Erfolg war. Wenige Tage vor der Eröffnung sagte ein lokaler Geschäftsmann (der auch dem Vorsitz der

UDC angehörte): „... genießt das Fest, der Kater kommt später". 6.000 Athleten und Funktionäre aus über 100 Ländern nahmen teil. Über 3.000 lokale Mitarbeiter beteiligten sich an der Organisation; als Kuriere, Führer und Funktionäre. Die Eröffnungs- und Abschlußzeremonien wurden als großartig bezeichnet, und das Kulturfest war ein Riesenerfolg. Die Athleten lobten den Standard der Sportanlagen und besonders den Schwimm- und Tauchkomplex in Ponds Forge. Die Besucherzahlen überstiegen bei einigen Veranstaltungen sogar die Erwartungen.

Doch die Euphorie wurde bald von den finanziellen Resultaten gedämpft. Es stellte sich heraus, daß statt des erwarteten Defizits von 5 Millionen Pfund die tatsächliche Zahl mehr als doppelt so hoch lag. Größere finanzielle Lücken traten bei Vermarktung, Eintrittskartenverkauf und Sponsorenzuwendungen zutage. Als sich langsam ein Gesamtbild zusammenfügte, veranlaßten der Stadtrat und der Rechnungsprüfer des Bezirks (ein von der Regierung bestellter, unabhängiger Prüfer, der laut gesetzlicher Vorschrift die gesamte Rechnungsführung der Kommune abnehmen muß) gesonderte Untersuchungen. Als diese im Jahr 1992 veröffentlicht wurden, wurde ein Verlust von mehr als 10 Millionen Pfund offenbar. Der Stadtrat hatte nur einen Verlust von 5 Mio. Pfund abgesegnet, und nun sollten die leitenden Verwaltungsmitglieder Erklärungen für dieses Mißverhältnis liefern. Der Leiter der Verwaltung der Spiele trat Ende 1992 aus Gesundheitsgründen zurück. Ein Katalog an Mängeln bei Verwaltung und Kontrolle der Finanzen, in der Vermarktung und beim Kartenverkauf wurde aufgedeckt.

Die tatsächlichen Kosten der Universiade werden niemals festgestellt werden, z.B. taucht der erhebliche Zeitaufwand der lokalen Behördenmitglieder in keiner Bilanz auf. Auf der anderen Seite blieben Sponsorentum und Unterstützung von außerhalb der Stadt trotz ständiger Appelle bescheiden. Die Privatwirtschaft steuerte etwa 5 Mio. Pfund bei (Spenden von Geld, Waren und Dienstleistungen, Teilnahme an Werbekampagnen). Die Regierung behauptete, sie habe Zuwendungen in Höhe von etwa zehn Mio. Pfund geleistet (die sich aber eher auf Infrastruktur und die Kosten für die Einrichtungen bezogen als auf die Durchführung der Spiele). Von dieser Summe wurden fast fünf Millionen über den City Grant für das Hauptstadion aufgewendet (was erst mit erheblicher Verzögerung und nach langen Verhandlungen geschah). Die Verzögerung entstand, weil die Regierung bestritt, daß das Hauptstadion wirklich eine Initiative des privaten Sektors sei (City Grant gehört zu dem Innenstadt-Regenerationsprogramm der Regierung, das privatwirtschaftlichen Initiativen vorbehalten ist). Der Rest der angeblichen Regierungszuschüsse für die Universiade war einer Reihe von Umwelt- und Infrastrukturarbeiten zugutegekommen, die unter dem Urban Programme liefen (das in jedem Fall gefördert worden wäre). Von Quasi-Regierungsgremien (wie Sports Council, Arts Council und dem lokalen Training and Enterprise Council) flossen etwa 4 Mio. Pfund ein.

Die Folgen der Spiele sind nicht auf den Verlust durch die Veranstaltung selbst beschränkt. Im Jahr 1991 versuchten die Banken, die das Kapital für den Bau der Einrichtungen bereitgestellt hatten, die Konditionen des Darlehens neu zu verhandeln; vor allem wollten sie die Rückzahlungsperiode verkürzen. Die Gründe dafür erwuchsen zum Teil aus Sorgen der Banken um das Image der Stadt nach der schlechten Presse wegen des finanziellen Verlustes der Spiele und ihrer ungünstigen Beurteilung der städtischen Finanzen. Im Ergebnis muß die Stadt nun insgesamt weniger Zinsen für die Kredite zahlen, dafür belastet aber eine höhere jährliche Rückzahlung als fixer Posten jeden Haushalt.

9. Längerfristige Kosten und Nutzen

Zahlreiche Beobachter haben den Nutzen städtischer Investitionen in internationalem Standard entsprechende Sportanlagen bezweifelt. Und natürlich fand sich der Stadtrat lautstarker Kritik der Bevölkerung angesichts des finanziellen Verlusts der Spiele wie der bleibenden Kosten für die größeren Sportanlagen ausgesetzt. Andererseits ist die lokale Öffentlichkeit oft über solche finanziellen Auswirkungen schlecht informiert (und lastet die ganze Schuld an den dauernden Kürzungen bei den öffentlichen Dienstleistungen dem Verlust der Universiade an und nicht den weit erheblicheren jährlichen Herabsetzungen der Regierungszuschüsse).

Von vielen der Sportstätten hätte man annehmen können, daß sie die Lebensqualität in der Stadt verbessern würden. Zu der Schwimm- und Tauchanlage von internationalem Standard gehört ein Spaßbad, und das Hauptbecken bietet Einzelpersonen und Klubs die Möglichkeit für Wettkämpfe, Training und Bahnenschwimmen. Die Schwimm- und Sporthalle an der Beulah Road ersetzte ein viktorianisches Bad, dessen Betriebskosten erschreckend angestiegen waren. Andererseits werden die hohen Eintrittspreise für das Ponds-Forge-Bad und der Wegfall anderer Schwimmbäder in der Stadt bemängelt. Per Saldo ergeben Schließungen und neue Einrichtungen den Verlust eines Schwimmbads in einem Wohngebiet, aber eine Reihe von neuen oder verbesserten Anlagen für andere Sportarten.

Die Resultate der Bemühungen um Veranstaltungen sind gut. 1992 fanden 19 nationale Sportveranstaltungen, 2 europäische und 4 internationale Wettkämpfe statt. Die Stadt bewirbt sich auch um zukünftige Ereignisse; für 1994 sind bereits drei internationale Veranstaltungen vereinbart.

Das Sport- und Freizeitamt des Magistrats hat eine Folgenabschätzung des Sport-Großveranstaltungsprogramms vorgelegt. Zwar finden sich darin einige analytische Mängel (vornehmlich, daß die „Kosten" für die öffentliche Hand zu niedrig angesetzt sind, da sie lediglich die Bürgschaft für „Verluste" berücksichtigen und nicht die Kosten für Arbeitszeit und Materialeinsatz der Verwaltungsmitglieder bei der Organisation der Veranstaltungen), aber die Ergebnisse sind bemerkenswert (s. Tabelle 1).

Dieser Bericht des Stadtrates beziffert auch die sekundären Ausgaben der Besucher während der Universiade auf ca. 20 Mio. Pfund. Eine Einschätzung der sekundären Ausgaben bei der Durchführung der Commonwealth Games im Jahr 2002 (falls Sheffield sich darum bewirbt und den Zuschlag erhält) liegt bei 30 Mio.

Tabelle 1: Kosten, Besucherzahlen und sekundäre Ausgaben der Besucher im Zusammenhang mit großen Sportveranstaltungen, Sheffield 1990 und Folgejahre

	Direkte Kosten für die Stadt	Besucherzahlen	Sekundäre Besucher-Ausgaben[1]
1990	£ 62.000	88.950	£ 778.650
1991	£ 71.150	132.540	£ 1.215.700
1992	£ 106.750	166.670	£ 1.303.470
1993*	£ 187.200	129.775	£ 3.587.000
nach 1993*	?	164.050	£ 11.943.000
Gesamt	(£ 747.100)	681.985	£ 18.827.820

*: Hier handelt es sich um Schätzungen.
1 Im Verhältnis Besucher/sekundäre Ausgaben entstehen Abweichungen wegen der höchst unterschiedlichen Veranstaltungen. Mehrtägige internationale Wettkämpfe mit hohen Teilnehmer- und Besucherzahlen bringen im Vergleich zu eintägigen Ereignissen erheblich höhere Ausgaben der Besucher.

Quelle: Sheffield City Council, Department of Recreation, 1993

Pfund. Der Bericht hat ebenfalls die bisherige und potentielle nationale/internationale Fernsehberichterstattung erfaßt, die einen steigenden Trend aufweist und vermutlich über 60 Stunden Berichterstattung (durch Sky Sport) von der Europäischen Schwimm-Meisterschaft 1993 liefern wird, was als höchst günstig für die Stadt gilt, um weitere Veranstaltungen und Touristen anzuziehen.

Nationale und internationale Sportvereinigungen erwarten oft, daß sie die Einrichtungen umsonst benutzen und obendrein die gesamten Eintrittsgelder oder doch den größten Teil davon kassieren dürfen. Der Stadtrat weist darauf hin, daß er aufgrund des hohen Standards der Anlagen mit dieser Gepflogenheit gebrochen hat und einen Teil der Eintrittsgelder den Kosten gegenüberstellen kann. Bei manchen Veranstaltungen werden die vollen Gebühren für eine kommerzielle Nutzung der Einrichtungen erhoben. Vier Gründe werden für diesen Traditionsbruch angegeben. Die Einrichtungen werden als dem Stand der Zeit entsprechend klassifiziert, die drei Hauptanlagen sind besonders gut für Fernseh- und Außen-Übertragungen ausgestattet, die Sitzplatzkapazitäten sind hoch, und die Athleten möchten gern wieder nach Sheffield kommen, weil sie hier optimale Bedingungen für rekordverdächtige Leistungen vorfinden.

Trotz alledem muß die Stadt den Schuldendienst (für den Bau der Anlagen) aus dem jährlichen Haushalt berappen. Dieses zentrale politische Problem hat noch eine weitere Dimension, da Sport-Großveranstaltungen das Budget auch weiterhin belasten werden und die Einwohner der Stadt genau wissen, daß es bei den kommunalen Dienstleistungen Kürzungen gab und geben wird. Die lokalen politischen Folgen der Universiade erschöpfen sich aber nicht in abfälligen Kommentaren. Vor kurzem gingen der Labour Party bei Nachwahlen zwei bisher sichere Sitze im Stadtrat verloren, und die Partei fürchtet die nächsten Kommunalwahlen, bei denen ein Drittel der Sitze zur Disposition steht (Mai 1994).

Es ist schwierig genug, alle Auswirkungen zu isolieren, die Sheffield aus der Förderung von Freizeit und Tourismus als Element der ökonomischen Regenerationsstrategie erwachsen. Aber den wirklichen Nutzen der veränderten Ausstattung und Verteilung der Einrichtungen für die lokale Bevölkerung einzuschätzen, gestaltet sich noch weit schwieriger. Das lokale Sportgeschehen ist durchaus belebt worden. Ein paar junge Athleten haben sich in der Stadt niedergelassen, um in den Sportanlagen zu trainieren. Die beiden Universitäten bieten ein neues, sportbezogenes Lehrangebot an. Daß viele der neuen und ausgebauten Einrichtungen über die Stadt verstreut wurden, hat die jeweils dort Ansässigen begünstigt (vor allem in Arbeiterquartieren). Aber erhöht all dies die Lebensqualität der meisten Sheffielder Einwohner? Die Schlüsselfrage ist: Wie hoch waren die Alternativkosten?

Der Rückzahlungsplan für die Kredite, die zum Bau der Einrichtungen aufgenommen wurden, sieht folgendermaßen aus:

Tabelle 2: Belastungen aufgrund des Baus der großen Sportanlagen, Sheffield

1991/1992	£ 2.470.000
1992/1993	£ 8.260.000
1993/1994	£ 19.420.000
1994/1995	£ 21.290.000
1995/1996	£ 22.060.000
1996/1997	£ 22.850.000
1997/1998	£ 42.440.000
1998/1999	£ 43.220.000
1999/2000	£ 44.030.000
2000/2001	£ 44.860.000
2001/2002	£ 45.630.000

Die jährlichen Rückzahlungen von über 20 Mio. Pfund bis 1997/98 stellen mehr als 5 % des Netto-Finanzaufkommens dar. Die erhöhten Rückzahlungen nach 1998 sind eine Folge der Anpassung durch die Banken. Weil die Zentralregierung den Kommunalverwaltungen strenge Ausgabenbegrenzung vorgeschrieben hat, zwingen die Zahlungen für den Schuldendienst dazu, andere kommunale Dienstleistungen immer weiter einzuschränken (Bildung, soziale Dienstleistungen, Wohnungsbau).

10. Großereignisse und städtische Politik

Diese Darstellung einer nordenglischen Großstadt, die mit einer ökonomischen Regenerationsstrategie dem Erbe ihrer industriellen Vergangenheit entgegenzuwirken sucht, darf den Kontext nationaler und lokaler Politik in Großbritannien nicht vernachlässigen. Als die Konservativen 1979 die Wahl gewonnen hatten, stellten sie ein radikales politisches Programm für Großbritannien auf, das sich vom Konsens des Wohlfahrtsstaates der Nachkriegszeit abwandte und einen stark zentralisierten Staat favorisierte, der Marktbeziehungen den Vorrang einräumte. Marktprinzipien sind per Gesetz in die kommunalen Dienstleistungen eingegangen (u.a. durch die Verpflichtung zu wettbewerbsfähigen Angeboten, die es dem privaten Sektor ermöglicht, bei der Bereitstellung sozialer Dienstleistungen mit der Lokalverwaltung zu konkurrieren; die Herausbildung interner Märkte durch die Auflage, „Käufer-Anbieter"-Trennungen innerhalb der lokalen Verwaltung einzuhalten; Erweiterung der Wahlmöglichkeiten für die Nutzer, indem „Ausstiegsoptionen" aus den städtischen Dienstleistungen sanktioniert werden, z.B. im Bildungswesen). In Großbritannien haben die konservativen Regierungen seit 1979 außerdem den gewählten Lokalregierungen systematisch Kompetenzen entzogen. Die lokale politische Macht wird zunehmend vom Zentrum übernommen bzw. sie wird nicht gewählten, eigens zu diesem Zweck gegründeten Körperschaften zugeteilt, deren Führungspersonal die Zentralregierung einsetzt (das „neue Magistratswesen").

Ein zweiter kontextueller Faktor liegt in den Veränderungen der Weltwirtschaftsstruktur. In den 70er und 80er Jahren bemühten sich die Kommunalverwaltungen, die Abhängigkeit von ein oder zwei (schrumpfenden) Schlüsselsektoren zu überwinden und wirtschaftliche Stabilität und Vielfalt zu schaffen. Die Ankurbelung des Tourismus (einer der größten und am schnellsten wachsenden Sektoren nationaler und internationaler Ökonomien) und die Ausnutzung der zunehmenden Freizeit der Bevölkerung wurden häufig als ein Element in die ökonomischen Regenerationsstrategien eingebaut.

Diese beiden Faktoren bewogen die Kommunalbehörden in Großbritannien, und besonders die Labour-Verwaltungen, zu engeren Partnerschaften mit dem privaten Sektor und neuen lokalen Wirtschaftsinitiativen, die den Unternehmerinteressen entgegenkamen. Viele dieser Partnerschaftsinitiativen unterschieden sich wesentlich von den radikalen Programmen und Ideen zur Arbeitsplatzbeschaffung, die in den frühen 80er Jahren in den Labour-regierten Stadträten verbreitet waren. Um diese Zeit kamen Großereignisse und Festivals als potentiell attraktive Katalysatoren für die lokale Regeneration ins Gespräch. Mit den Garden Festivals, die Unternehmen in deindustrialisierte Städte und Regionen ziehen sollten, hatte die Zentralregierung bereits ihre Zustimmung zu Großveranstaltungen signalisiert. Öffentliche Spektakel und Festivals sind seit langem ein Merkmal kapitalistischer Wirtschaftsplanung, aber in Großbritannien erhielten sie neuen

Auftrieb, als 1979 – zu einer Zeit, da die Deindustrialisierung an Tempo zunahm – eine radikal-konservative Regierung antrat. Konservative Kommunalverwaltungen mögen die Förderung von Großereignissen als kongruent und konsistent mit ihrer Ideologie betrachten. Allerdings wurden berechtigte Fragen laut, warum auch Labour-regierte Kommunen auf Festivals und Tourismus zu setzen begannen. Sie schienen eine ideologische Botschaft zu signalisieren, die mit der Notwendigkeit umfassender ökonomischer Regeneration und den Bedürfnissen der Arbeiterklasse in niedergehenden Industriestädten kaum zu vereinbaren war. Tourismus und freizeitbezogene Entwicklungen bieten befristete oder begrenzte Beschäftigungschancen, oft auf schlechtem Lohn- und geringem Qualifikationsniveau.

Die Fallstudie Sheffield erlaubt einige erste Schlußfolgerungen. Erstens war die Universiade Teil einer umfassenderen Strategie zur Förderung der Tourismus- und Freizeitindustrien im Rahmen des Programms „Sheffield 2000", das die ökonomische Regeneration einer Reihe von Wachstumssektoren der lokalen Ökonomie anstrebte. Zweitens handelte es sich um ein Flaggschiff-Ereignis, das die Intention signalisierte, die neugeschaffenen Anlagen für zukünftige Ereignisse und Wettkämpfe zu nutzen, die der Stadt einen Strom an Besucherausgaben und neue Arbeitsplätze bescheren könnten. Drittens sollten die neuen Einrichtungen die Freizeitmöglichkeiten in Sheffield verbessern, auch zum Nutzen der lokalen Bevölkerung. Viertens herrschte die Überzeugung, daß ein Flaggschiff-Ereignis und die Entwicklung der Freizeit- und Sport-Industrie (von der Hotels, Geschäfte und Restaurants in der Stadt direkt profitieren) die öffentlich-privaten Partnerschaften festigen und das Image der Stadt verändern könnten. Fünftens hätte zu einem Zeitpunkt, da Macht und Handlungsfähigkeit der Kommunalverwaltung in bezug auf lokale Angelegenheiten und Strategien untergraben wurden, ein Großereignis das Ansehen des Stadtrats als einer Schlüsselfigur bestätigen können. Sechstens boten die neuen Anlagen und eine Sport-Freizeit-Strategie in Zukunft eine neue Herausforderung für die kommunale Bürokratie, deren Handlungsspielraum in den traditionellen Aufgabengebieten einer Lokalverwaltung zu dieser Zeit gerade beschnitten wurde.

Wenn dies die Absichten waren, die auch erste Antworten auf die Frage ermöglichen, warum eine Labour-Kommunalverwaltung ein Großereignis und ein darauf aufbauendes Programm des Sport-Tourismus plante, so fallen doch die Erfahrungen und Resultate nicht so ersprießlich aus. Der Stadtrat war vor den Gefahren und den möglichen Konsequenzen eines Sport-Großereignisses gewarnt worden. Abgesehen von örtlichen Skeptikern gab es auch andere, die zur Vorsicht rieten. 1990 sagte David Harvey in einer Radio-Debatte über Sheffield und seine Zukunft: „Ich wünsche Ihnen Erfolg... Montreal bezahlt immer noch an seinen Schulden... New Orleans war ein Desaster... Es ist ein Spiel mit hohem Risiko!"

Unabhängig von Ideologien wirft die Fallstudie durchaus die Frage auf, ob es ratsam ist, Sport und Freizeit zur Grundlage der Regeneration zu machen. Zunächst erfordern solche Programme hohen Investitionsaufwand. Zweitens scheinen die

Auswirkungen auf die lokale Beschäftigung begrenzt und nicht zwangsläufig günstig zu sein (Arbeitsplätze im Hotel- und Gaststättengewerbe und im Einzelhandel gehören zu den am schlechtesten bezahlten und sind häufig Teilzeit- und Saisonbeschäftigung). In diesem Zusammenhang steht auch das Problem, daß Wachstum bei den Dienstleistungen keinen Ersatz für Arbeitsplätze in der Fertigung bietet. Drittens können andere Städte (auf nationaler und internationaler Ebene) direkt um Sport-Großereignisse konkurrieren. Manchester (60 km von Sheffield entfernt) betreibt eine aussichtsreiche Bewerbung um die Olympischen Spiele im Jahr 2000. Falls die Stadt den Zuschlag erhält, könnte sich Sheffield in wenigen Jahren mit Sportanlagen wiederfinden, die nicht mehr auf der Höhe der Zeit sind, müßte aber immer noch seine Schulden abbezahlen – angesichts schrumpfender Einnahmen und schwindenden Nutzens.

Es läßt sich auch eine Reihe allgemeiner Schlußfolgerungen aus den Erfahrungen der Stadt Sheffield ableiten. Die Fallstudie wurde im ökonomischen und politischen Kontext Großbritanniens durchgeführt. Andere Beiträge in diesem Band zeigen, daß Großereignisse überall gefördert wurden. Der internationale Kontext von weltweiter Rezession und Deindustrialisierung verweist auf breitere Tendenzen, die die Grundlage einer allgemeineren Erklärung liefern könnten. Speziell für Großbritannien gilt, daß zahlreiche Labour-Kommunalbehörden in den frühen 80er Jahren radikale Programme zur ökonomischen Regeneration verfolgt haben, bei denen alternative lokale Wirtschafts- und Beschäftigungsstrategien im Mittelpunkt standen. Ein Motiv dafür war die Opposition gegen das „neue rechte" Denken der Thatcher-Administration. Diese radikalen lokalen Strategien wurden Mitte der 80er Jahre zugunsten von Partnerschaften mit der Privatwirtschaft verändert, die günstige Bedingungen für Festivals und Großereignisse boten. Die Resultate von Großereignissen (im besten Falle begrenzter oder ambivalenter lokaler Nutzen, im schlimmsten Falle schwere finanzielle und daraus erwachsende soziale und politische Belastungen), die andauernde ökonomische Rezession, anhaltende Kürzung der lokalen Ausgaben durch die Zentralregierung ließ für viele städtische Behörden in Großbritannien eine Zeit der Einsparungen bei den sozialen Dienstleistungen anbrechen, die keinen Spielraum für politische Innovation zuläßt. Die Politik der Labour-regierten Lokalverwaltungen von den frühen 80er bis in die frühen 90er Jahre kann als Stufenfolge von Radikalismus – öffentlich-private Partnerschaft – Sparpolitik charakterisiert werden. Aber auf jeder dieser Stufen ging ein Stück lokal formulierter und lokal verantworteter Politik verloren.

Literatur

Blunkett, D. und G. Green, 1983: Building from the Bottom Fabian Tract 491. London: Fabian Society.
Cobham Resource Consultants, 1990: Sheffield Joint Development Initiative: Sports and Leisure Facilities. London: CRC (Forschungsbericht in begrenzter Auflage für den Stadtrat von Sheffield).

Coopers & Lybrand Associates Ltd., 1987: Lower Don Valley: Final Report. London, Coopers & Lybrand Associates Ltd (Forschungsbericht in begrenzter Auflage für das Economic Regeneration Committee, Sheffield).
Gyford, J., 1985: The Politics of Local Socialism. London: George Allen & Unwin.
Lewis, N., 1992: Inner City Regeneration: The Demise of Regional and Local Government. Buckingham: Open University Press.
Pannell Kerr Forster Associates, 1987: The Cost of Staging the World Student Games. London: PKF Associates (Forschungsbericht in begrenzter Auflage für den Stadtrat von Sheffield).
Pickering Torskilsden Partnership, 1988: Sheffield: New Leisure Facilities: Business Plan. Harlow: PTP (unveröffentlichter Forschungsbericht für den Stadtrat von Sheffield).
Seyd, P., 1987: The Rise and Fall of the Labour Left. London: Macmillan Education.
Sheffield City Council, Department of Employment and Economic Development, 1989: „Terms of Reference for Economic Impact Study of the World Student Games". Sheffield: SCC (unveröffentlichter Bericht).
Sheffield City Council, Department of Employment and Economic Development, 1990: World Student Games: Economic Impact Study. Sheffield: SCC.
Sheffield Economic Regeneration Committee, 1990: „Working for a city where all are valued and able to contribute". Sheffield: SERC (Werbeprospekt).
Shils, E.B. et al., 1985: Report to the Philadelphia Professional Sports Consortium on its contribution to the Economy of Philadelphia. Pennsylvania: University of Pennsylvania.
Wainwright, H., 1987: Labour: A tale of Two Parties. London: Chatto & Windus.

(Übersetzung: Gisela Schillings)

Soledad Garcia

Barcelona und die Olympischen Spiele

1. Einführung

Barcelona ist die Hauptstadt von Katalonien, zählt 1.643.542 Einwohner und erstreckt sich in eine metropolitane, städtische Agglomeration mit über drei Millionen Menschen. Mehr als die Hälfte der Gesamtbevölkerung Kataloniens lebt hier. Als zweitgrößte Stadt Spaniens und Vorreiterin der Industrialisierung im 19. Jahrhundert ist die Entwicklung Barcelonas durch ökonomische Dynamik charakterisiert. Die Ausrichtung der Olympischen Spiele 1992 trug dazu bei, die lokalen Energien zu erneuern und die erforderliche städtische Umstrukturierung zu forcieren, die in den späten 70er Jahren einsetzte. Seitdem die Stadt am 17. Oktober 1986 zum Austragungsort der Olympischen Spiele von 1992 ernannt wurde, hat Barcelona eine rasche ökonomische und kulturelle Erneuerung erlebt. An dem Tag, an dem die Nachricht verkündet wurde, feierte die Stadt ein Fest. Die Menschen strömten auf die Straßen, lachten einander an und beglückwünschten sich gegenseitig. Nach den beiden internationalen Ausstellungen von 1888 und 1929 war dies das dritte Mal, daß Barcelona sich der Welt im großen Stil präsentieren wollte. Bei den beiden früheren Feierlichkeiten hatte die Stadt die Flaggen der Moderne gehißt – 1888 mit der Entwicklung moderner Kunst und 1929 mit dem Thema Elektrizität. Modernität war natürlich auch das Motto von 1992. Aber was für eine Modernität und für wen?

Der folgende Beitrag untersucht die Folgen der Olympischen Spiele in Barcelona, und zwar vor allem die Auswirkungen auf die Bevölkerung. Zweifellos war die städtische Erneuerung das Kernstück der Modernisierung in Barcelona seit Ende 1986. Von großen Infrastrukturinvestitionen bis hin zu kleinen Eingriffen hat die Stadt die Umweltqualitäten für die Mehrzahl ihrer Bewohner erhöht, da Wohnungsbestand und öffentliche Räume verbessert wurden. Die Analyse zielt daher vor allem auf die Auswirkung der Spiele auf die räumliche Struktur.

Durch die Olympischen Spiele hat Barcelona sowohl nationale wie ausländische Investoren gewonnen, mit deren Hilfe die Modernisierung der städtischen Infrastruktur und der Dienstleistungen vorangetrieben wurde – besonders der Bereiche, die eine moderne Technologie (Telekommunikation und Datenverarbeitungssysteme) voraussetzen. Der politische Wille der Kommunalverwaltung hat sich dabei als entscheidender Faktor herausgestellt: die kommunalen Haushaltsausgaben für die lokale Wirtschaft stiegen von weniger als 2 % im Jahr 1988 auf 5 % im Jahr 1990. Barcelonas Stadtrat nutzt auch den Standortvorteil, um Netzwerk-Projekte im Rahmen eines strategischen Plans zu entwickeln, der auch andere Städte des westlichen Mittelmeers einbezieht. Nach diesem strategischen Plan wird Barcelona zum Zentrum einer Makro-Region aufsteigen. Seit die Stadt in sozialer und ökonomischer Hinsicht dynamischer geworden ist und entsprechend ihre lokale Identität im europäischen Kontext verstärkt hat, haben die Bürger Barcelonas beträchtlichen Stolz und großen Enthusiasmus entwickelt. Allerdings bleibt die Frage, wie stark der Nutzen des neuen ökonomischen Aufschwungs auch der Bevölkerung zugute gekommen ist. Gebiete mit dauerhafter Armut im metropolitanen Gebiet von Barcelona zeugen von den schweren Problemen, die die Spaltung der Lebenschancen hervorruft. Eine interessante Frage ist daher, in welchem Ausmaß die Durchführung der Olympiade die Verteilung der Lebenschancen in der Stadt beeinflußt hat, und ob sie sich auf die Sozialstruktur ausgewirkt hat. Um diese Frage zu beantworten, versuchen wir zu zeigen, wer durch die Festivalisierung Barcelonas gewonnen und wer verloren hat.

Die lokalen Interessen wurden in der Vorbereitungsphase von der örtlichen Presse offen artikuliert. 1986 wurde geschätzt, daß Katalonien 16 % der Bevölkerung Spaniens stellte und 20 % des Bruttoinlandsprodukts erwirtschaftete, aber nur 6,1 % der gesamten öffentlichen Investitionen erhielt. 1987 ergaben Berechnungen, daß das Defizit bei der Infrastruktur (Straßenbau, Sportanlagen, andere Dienstleistungen) zwischen 1983 und 1992 in Katalonien jährlich 107.000 Millionen Pesetas betrug. Barcelona sah die Olympiade als Gelegenheit an, diesen Ungleichheiten und Unzulänglichkeiten entgegenzuwirken, und die öffentliche Meinung der Stadt ging dahin, daß der öffentliche Sektor Spaniens sich um die Bedürfnisse der Stadt kümmern müsse. In diesem Sinne wurde das Verlangen nach finanzieller Beteiligung der Zentralregierung an der notwendigen städtischen Umgestaltung nicht als besonderes Entgegenkommen, sondern als gerechter Anspruch dargestellt.

Ein dritter Aspekt sollte nicht vernachlässigt werden, und zwar der besondere Weg, mit dem die Verwaltung die Modernisierung ihrer Stadt betrieb. Schon zu Beginn der Olympia-Planungen betonte die lokale Führung, daß die Spiele dem Nutzen Barcelonas dienen würden – und nicht umgekehrt. D.h. sie begriff die Spiele als Anlaß, endlich die erforderlichen Maßnahmen durchzuführen, die der Stadt ihren Platz unter Europas führenden Städten sichern würden. Es wurde daher als unerläßlich angesehen, die Steuerung und die Kontrolle der notwendigen Transformationen in der Hand zu behalten.

Schließlich wird auf die Bedeutung der Politik während der gesamten Planungsphase eingegangen. Barcelona hat eine starke Tradition der zivilen Gesellschaft und ist die Hauptstadt einer entwickelten Region mit ausgeprägtem Nationalbewußtsein und einem althergebrachten Hang zu lokaler Autonomie. Die die erfolgreiche Bewerbung um die Olympischen Spiele hat den Stolz der Katalanen allgemein gestärkt, und in der Folge verstand es eine starke politische Führung, die sich bietenden Gelegenheiten geschickt zu nutzen. Die Mehrheit der Bürger hat ein Projekt unterstützt, das von einer Elite geplant wurde; darin zeigt sich eine besondere Kombination von sozio-politischen und ökonomischen Faktoren. Die Ereignisse gaben einer Reihe von Berufsgruppen (vorwiegend aus der Mittelklasse) und jungen Politikern die Chance, ihre Fähigkeiten zu beweisen und damit ihren sozialen Status und ihren Einfluß in der Stadt zu stärken. Diese Gruppen sind von moralischem und bürgerlichem Stolz erfüllt, weil sie sich während des politischen Übergangs für die Demokratie engagierten. Diese Kombination von Faktoren erleichtert das Verständnis des – von mir so genannten – hegemonischen Konsenses zur Umgestaltung Barcelonas, der durch die Olympischen Spiele erzielt wurde.

2. Die Stadt im historischen Kontext

a) Industrialisierung und Wachstum

Barcelona entwickelte sich im 18. Jahrhundert zu einer Handelsstadt und war Mitte des 19. Jahrhunderts die am stärksten industrialisierte Stadt Spaniens. Es wurden hauptsächlich Textilien hergestellt, aber um 1919 begann die Stadt damit, ihre industrielle Produktion zu diversifizieren. Die Textilindustrie blieb jedoch der wichtigste heimische Industriezweig, bis der Zufluß ausländischer Investitionen die Weiterentwicklung der chemischen, verhüttenden und der Lebensmittelindustrie ermöglichte. Obwohl die Stadt das wichtigste Industriezentrum Spaniens war, blieb der Anteil der Industriearbeiter vergleichsweise gering, und das Bankwesen war unterentwickelt. Außerdem war die Industriestruktur Barcelonas von kleinen oder mittelgroßen Unternehmen geprägt. 1919 waren in einer Textilfabrik durchschnittlich 57 Arbeiter beschäftigt, und noch 1970 überwog der Anteil an Unternehmen mit weniger als 50 Arbeitnehmern. Mit dem Zustrom (nicht-lokaler) nationaler und ausländischer Investitionen in die Stadt, insbesondere nach dem Bürgerkrieg, konnte die heimische Industrie ergänzt werden. Das ausländische Kapital konzentrierte sich in den Bereichen Hütten-, Elektro- und Chemieindustrie und erreichte in diesen Branchen einen durchschnittlichen Anteil von 50 % an den Gesamtinvestitionen. Ende der 70er Jahre hatte Katalonien einen erheblichen Teil des gesamten ausländischen Investitionsvolumens in Spanien aufgenommen.

Um 1900 zählte Barcelona 533.000 Einwohner, von denen 28 % nicht in der Stadt geboren waren. Die Immigrantenpopulation gehörte überwiegend der Arbeiterklasse an und war sowohl aus nahen wie aus weit entfernten Regionen Spaniens zugewandert. Ab 1900 wuchsen die Zuwandererzahlen ganz erheblich und stellten ein auffallendes Merkmal der Urbanisierung der Stadt dar. 1930 hatte die Bevölkerung eine Million erreicht, und bis 1960 war sie auf 1.526.550 angewachsen. Um diese Zeit kamen die meisten Zuwanderer aus Südspanien. Der Wirtschaftsboom und die wachsenden Verdienstmöglichkeiten sorgten dafür, daß der rapide Urbanisierungsprozeß in Barcelona bis 1970 anhielt. Das zog weitere Zuwanderer an und verschärfte den bereits beträchtlichen Wohnungsmangel. Zwischen 1950 und 1970 wuchs die Bevölkerung der Stadt um beinahe eine halbe Million (von 1.276.675 auf 1.741.979) Einwohner. Die Kommune stand also unter starkem Druck, ihre soziale Infrastruktur aufzubauen und weiterzuentwickeln. Die unzureichenden Gemeinbedarfseinrichtungen waren dann auch eines der Hauptthemen, die in den 70er Jahren städtische soziale Bewegungen ins Leben riefen. Ein anderes großes Thema war der Mangel an demokratischer Kontrolle über die lokalen politischen Institutionen.

b) Industrieller Niedergang und Krise der Stadt

Mitte der 70er Jahre erreichte das Bevölkerungswachstum in Barcelona sein vorläufiges Ende. Das ist zum Teil auf die verschlechterten Verdienstmöglichkeiten zurückzuführen, aber auch auf die stärkere Expansion der Wohngebiete in der metropolitanen Region. Hier setzte sich ein Trend der vergangenen Jahrzehnte fort. Allerdings krankten sowohl Barcelona wie andere Städte in der metropolitanen Region auch an einem Prozeß relativer Deindustrialisierung, d.h. die meisten Industriezweige schrumpften, während der Dienstleistungssektor weiter wuchs. Diese Prozesse spiegeln sich in den Merkmalen der Kapitalinvestition und der Arbeitslosigkeit.

Mitte der 70er Jahre begann sich die Struktur der Kapitalinvestitionen zu ändern, und zwar zum Nachteil der Branchen, die stärker mit einheimischem Kapital ausgestattet waren, wie Textilien, Lebensmittel und Bauwesen. Als Folge des Kapitalmangels spitzten sich die Probleme der katalanischen Wirtschaft bedrohlich zu. Allerdings, so wurde argumentiert, verhinderte die diversifizierte Industriestruktur Barcelonas und der metropolitanen Region die schlimmsten wirtschaftlichen Konsequenzen. Dieser Argumentation liegt die Tatsache zugrunde, daß einige Sektoren – z.B. Chemie, Metallurgie, Elektrik und Lebensmittel – mitten in der Rezession reagieren konnten. Diese Sektoren, die stärker als andere über ausländisches Kapital verfügen, hielten hohe Investitionsniveaus bei.

Bis 1984 hatte der 1979 und 1983 (jeweils mit einer sozialistischen Mehrheit) demokratisch gewählte Stadtrat seine Bemühungen, der Rezession entgegenzusteuern, auf Arbeitsbeschaffungsmaßnahmen, die Entwicklung der Stadtplanung, Bereitstellung der technischen Infrastruktur für Industrieansiedlungen und auf die soziale Infrastruktur konzentriert. Die Intervention in die ökonomische Umstrukturierung schuf günstige Bedingungen für die Bereitstellung neuer produktiver Flächen, wie z.B. Industriezentren, die es dem öffentlichen Sektor ermöglichten, den größten Teil der Erschließungskosten von den privaten Firmen zurückzufordern, die sich dort niederließen. Seit Mitte der 80er Jahre hat die Stadtverwaltung allerdings einer aktiven Wirtschaftsförderungspolitik den Vorrang eingeräumt; dies wurde zunächst durch die Bewerbung um die Olympiade beschleunigt und später dann durch die Planung für das tatsächliche Ereignis.

3. Die räumliche Modernisierung Barcelonas

Wie viele andere Olympia-Städte hat auch Barcelona die Spiele als Katalysator für Bau- und Entwicklungsmaßnahmen genutzt, um damit die Modernisierung der städtischen Umgebung zu beschleunigen. Allerdings waren viele der für 1992 angepeilten Ziele keineswegs neu, sondern ein Nachhall des Projektes 'Großes Barcelona' aus den 20er Jahren und späteren aus den 60ern. Die Kontinuität der Bestrebungen aus den 20er Jahren zeigte sich, als der lokale Planungsausschuß sich für den Ausbau des modernistischen Olympiastadions entschied, das damals für den gleichen Zweck errichtet worden war (Barcelona hatte sich 1922 und 1926 um die Olympischen Spiele beworben). Und das Vorhaben, die Stadt zum Meer hin zu erweitern, stammte aus den 60er Jahren.

Die Planungen für die räumliche Transformation Barcelonas wurden von folgenden Zielen geleitet:

a) die städtische Entwicklung zum Meer hin auszurichten, denn die frühere Stadterweiterung war zu den Bergen hin erfolgt;
b) Vollendung eines ringförmigen Straßensystems und Ausbau des Straßennetzes;
c) Ausweitung des Dienstleistungsbereichs vom Stadtzentrum zur Peripherie durch die Schaffung 'Neuer zentraler Gebiete';
d) Integration dieser städtischen Umstrukturierung in die traditionelle Gestalt der Stadt.

Die Ziele (a) und (b) waren bereits in die Stadtentwicklungspläne von 1953, 1966 und 1974 eingegangen, während (c) und (d) der Öffentlichkeit als spezielle Entwürfe für die Stadtviertel vorgestellt wurden, die von der Umstrukturierung betroffen waren bzw. um die wirtschaftlichen Möglichkeiten in einigen der weniger wohlhabenden Quartiere zu verbessern. Wir werden sehen, welche Folgen die Verwirklichung dieser Ziele mit sich bringt. Darüber hinaus haben die Planungseingriffe in das Verkehrssystem „tote Räume" in weniger zentralen Nachbarschaften erschlossen. Auch das wurde vom Stadtrat als Strategie vorgestellt, 'Neue zentrale Gebiete' in der Stadt zu schaffen. Es wird vermutet daß diese Gebiete auf die Dauer einen symbolischen Wert entwickeln werden, der sie als Standort für Dienstleistungsunternehmen attraktiv macht (Llorens 1989).

Um all diese Ziele zu realisieren, wurden die Olympischen Spiele auf vier Orte in der Stadt verteilt: den Seepark nördlich der alten Hafenanlagen, wo das Olympische Dorf entstand; das Valle de Hebron im Nordosten; diese beiden Orte sind alte Arbeiterwohngebiete aus der Mitte des 19. bzw. des 20. Jahrhunderts. Ein dritter Veranstaltungsort war der Berg Montjuich (wo 1929 die Internationale Ausstellung stattgefunden hat) und ein vierter lag in der Nähe des Universitätsgeländes im Westen der Stadt, ein gehobenes Wohngebiet (s. Karte).

a) Das Olympische Dorf: Nichts weiter als ein Gentrification-Prozeß?

Barcelona hat sein Gesicht dem Meer zugewandt. Der Bau des Olympischen Dorfes, der Abbruch der Eisenbahnlinie und die Restaurierung des alten Hafens haben das Erscheinungsbild der Meerseite verändert. Im Olympischen Dorf wurden verfallene Industrieanlagen durch neue Wohngebäude, Parks, einen Dienstleistungskomplex, Hotels, Büros und eine lange Strandpromenade ersetzt, vier neue Strände wurden geschaffen, neue Abwasser- und Hochwasserkanäle. Jeder Fall bedeutete eine völlig andere Nutzung des Raumes. Da aber der größte Teil der Flächen mit veralteten Industrieanlagen besetzt war, gab es bisher sehr wenige störende Eingriffe in das Leben der Wohngebiete. Andererseits hat die Stadt durch diese und die Entwicklungen in nahegelegenen Arealen etwa 50 ha an neuen Grünflächen gewonnen. In die Erneuerung der Meerseite (ohne die Umgestaltung des Hafens) ist eine Gesamtinvestition von 2.857 Millionen DM eingegangen, die zu 60 % aus privaten Mitteln stammte.

Bei der Planung wurde eine sorgfältige Reevaluation und Aktualisierung einiger nicht realisierter früherer Projekte vorgenommen, z.T. weil professionellen Stadtplanern die Bedeutung dieser Entwürfe bewußt war. Lokale Politiker konnten aufgrund dieser Entscheidung behaupten, das internationale Festival sei lokal geprägt.

Die Kommune erwarb das Land im Rahmen eines Stadtentwicklungssonderplans, der eine Enteignung für die 530.000 qm vorsah. Der wichtigste Punkt dabei bestand in Verhandlungen mit der nationalen Eisenbahngesellschaft um die Aufgabe einer vier km langen Küstenstrecke. Als Ergebnis dieser Verhandlungen erhielt die Stadt eines der größten Grundstücke für die Rekonstruktion des Areals, die auch den Bau der Küsten-Ringstraße vorsah. Die erforderliche Fläche kam außerdem durch die Enteignung von fast hundert Grundstücken zustande, auf denen sich 147 Firmen und 157 Wohnhäuser befanden (91 davon wurden von ihren Besitzern, 52 von Mietern bewohnt). Als die Enteignungsaktion 1988 beendet war, gehörten der Stadt 91 % des Areals, und das Management lag bei einer 1985 gegründeten kommunalen privaten Gesellschaft (VOSA). 40 % des Kapitals dieser Gesellschaft gehört der Stadt, und Ende 1988 beteiligten sich eine Bank (Banco Exterior) mit ebenfalls 40 % des Gesamtkapitals und vier Gesellschaften (von denen nur eine lokal ansässig war) mit den restlichen 20 %, und so entstand die Grundstücksgesellschaft NISA. Dies ist ein Beispiel für die Partnerschaften zwischen Kommune und privaten Investoren, die mit Hinsicht auf die Olympiade gegründet wurden. In Zusammenarbeit mit Immobilienfirmen hat diese Gesellschaft fünf Bürogebäude, ein großes Hotel, ein Einkaufszentrum und Wohnhäuser gebaut. Die Summe der privaten Investitionen für die Neuentwicklung dieses Areals wurde auf 324 Millionen DM geschätzt.

Die neue öffentlich-private Gesellschaft (NISA) betrieb in diesem Gebiet auch den Bau öffentlicher Einrichtungen (die zum Teil der Olympische Planungsausschuß Barcelona – COOB '92 – finanzierte), eines Bürogebäudes und eines 17 ha großen Parks, der nicht nur die Attraktion des Gebiets für mögliche Bewohner erhöht, sondern auch eine Art Kompensation für die Veränderung der Identität des Quartiers bietet. Das kurzfristige Ziel beim Bau des Olympischen Dorfes bestand darin, etwa 15.000 Athleten während der Spiele zu beherbergen; heute ist es zu einem Wohngebiet für mittlere bis höhere Einkommensgruppen geworden. 220 Firmen haben sich dort niedergelassen, und 1.854 Wohnhäuser sind entstanden. 1.450 davon wurden verkauft, und zwar 90 % an einzelne Familien und die restlichen 10 % an Wohnungsgesellschaften. Die meisten Besitzer bezogen im Sommer 1993 ihre Häuser.

Wie bei anderen Aspekten der Umgestaltung Barcelonas für 1992 kann man auch über die zukünftigen Folgen dieses neuen Wohngebiets nur spekulieren. Aus verschiedenen Richtungen gab es erhebliche Kritik an diesem Projekt, u.a. von der größten örtlichen Immobiliengesellschaft, die sich an den Bauarbeiten nicht beteiligen wollte, später aber die Konsequenzen einer schärferen Konkurrenz zu spüren bekam, besonders in der Rezessionsphase 1993. Lokale Nachbarschaftsvereinigungen haben ebenfalls ihrer Enttäuschung Ausdruck gegeben, da der Stadtrat Hoffnungen auf neuen sozialen Wohnungsbau geweckt hatte. Der Magistrat hat 1991 dann 76 Wohneinheiten erworben, die jetzt an Einzelpersonen und Familien mit mittleren Einkommen verkauft werden (für eine Dauer von 50 Jahren), und zwar zu etwa einem Drittel des Marktpreises. Dies war wohl eine Reaktion auf den Druck von Nachbarschaftsinitiativen, aber ebenso ein Zeichen allgemeiner Besorgnis über den Wohnungsmangel in der Stadt.

Das Olympische Dorf wird sich also höchstwahrscheinlich zu einem Wohngebiet der oberen Mittelschicht entwickeln, bewohnt von qualifizierten jungen Berufstätigen, denn die Wohnungspreise entsprechen denen anderer gehobener innenstadtnaher Wohngebiete Barcelonas. Somit vollzieht sich ein Prozeß der Gentrification in diesem Gebiet, das früher zu den verfallensten und wertlosesten der Stadt gehörte. Die Preise liegen tatsächlich genau in der Mitte zwischen denen in Wohngebieten für obere und denen für untere Einkommensgruppen. Pläne für die Erweiterung des Olympischen Dorfes – an seiner Nordseite – liegen vor und werden derzeit geprüft. Die Anwohner befürchten, daß auch dieser nördliche Küstenabschnitt Barcelonas gentrifiziert wird. Sie argumentieren, daß die Planung dieses Vorhabens, das den Bau von 3.900 Wohneinheiten sowie einen großen Einkaufs- und Bürokomplex umfaßt, durch eine private Gesellschaft – der Stadtrat hat das Land an eine französische multinationale Immobiliengesellschaft veräußert –, nicht nur weitere einkommensstarke Haushalte anziehen, sondern auch den kleinen Läden und Betrieben schaden wird, die dem Gebiet seinen Charakter verleihen. Sie wollen seine Identität als Arbeiterwohngebiet bewahren und schlagen die Ansiedlung 'ökologischer' Industrien als Möglichkeit vor, seine besondere industrielle Struktur zu erhalten. Diese Forderung erscheint aber eher nostalgisch als realistisch da das gesamte Areal als 'Neues zentrales Gebiet' ausgewiesen ist, in dem Dienstleistungen und Büros angesiedelt werden sollen. Der Stadtrat hat zwar wieder die Errichtung von etwa 700 öffentlich geförderten Wohneinheiten versprochen, aber seit der Erfahrung mit dem Olympischen Dorf ist das Vertrauen in solche Ankündigungen erschüttert. Während es die meisten lokalen Politiker weit von sich weisen, die Gentrification in diesem Gebiet voranzutreiben, verteidigen die daran beteiligten Fachleute – wie Architekten und Ingenieure – das Vorhaben als einzige Möglichkeit, einen ausgedehnten städtischen Bereich mit so vielen öffentlichen Einrichtungen (Grünanlagen, Strände, Parkplätze) und privat finanziert herzustellen.

b) El Valle de Hebron: Aufwertung von Unterschichtswohngebieten

Wenn es das vorrangige Ziel der Bewerbung um die Olympiade war, der Stadt internationale Bedeutung zu verleihen, so bestand das zweite darin, das sehr schlechte Straßennetz und die mangelhafte Infrastruktur zu verbessern. Der zweite Punkt hätte allerdings mit oder ohne Berücksichtigung eines Ausgleichs der unterschiedlichen Umweltbedingungen für obere und untere Einkommensgruppen in der Stadt erreicht werden können, wie sie 1986 existierten. Der Magistrat entschied sich für ein Erneuerungsprogramm, das nicht nur die technische, sondern auch die soziale Infrastruktur in den Arbeiterquartieren verbessern sollte. Die Erneuerungsprojekte im Valle de Hebron liefern ein Beispiel dieser Strategie.

Das Valle de Hebron bildet die Verbindung zwischen der Stadt und den Ausläufern der Collserola-Berge. Im letzten Jahrhundert waren hier einige große Anwesen und Gebäude entstanden, von denen eines in eine einzigartige Parkanlage einbezogen wurde. Zum größten Teil ist das Gebiet allerdings in den 60er Jahren dieses Jahrhunderts bebaut worden, und zwar nach der Errichtung einer der größten Kliniken des Bezirks Barcelona. In den letzten 25 Jahren war es vernachlässigt worden, was sich an schlechter Verkehrsanbindung und fehlenden öffentlichen Dienstleistungen zeigte. Nachdem 1984 das Velodrom hier errichtet worden war, gewann das Gebiet an Anziehungskraft für Sonntagsausflügler. Es gab hier sehr aktive Nachbarschaftsvereinigungen, und in den frühen 70er Jahren gelang es ihnen, den Bau einer Schnellstraße zu verhindern, die das Viertel zerrissen hätte. Die jüngste Erneuerung – darunter eine Reihe von Sportanlagen für die Olympiade – hat sich stark auf die Quartiere ausgewirkt, da ihre Bewohner die Hauptnutzer der hier errichteten Sportanlagen wie Tennisplätze und Schwimmbäder geworden sind.

Die Umgestaltung des Valle de Hebron hat auch den Bau anderer Einrichtungen mit sich gebracht, wie z.B. Parkplätze (1.248), 13.500 qm Gewerbefläche und 489 neue Gebäude. Planung und Bau wurden als Gemeinschaftsprojekt des kommunalen Instituts für Stadtentwicklung (IMPUSA) und des Olympischen Planungsausschusses Barcelona 92 (COOB '92) ausgeführt, das auch den Bau der Sportanlagen für die Olympiade leitete. Von den hier errichteten Wohneinheiten befinden sich 150 im Besitz des Stadtrats, und sie werden Familien mit niedrigem Einkommen zugewiesen. Daher gilt dieses Gebiet unter den führenden Stadtpolitikern als Paradebeispiel für die Bemühungen des Stadtrates, auf die Bedürfnisse der Stadt und ihrer Bewohner einzugehen und die soziale Ungleichheit zu verringern. Festzuhalten ist, daß dies nicht das einzige Beispiel ist, denn auch andere nahegelegene Arbeiterwohngebiete wurden in der Zeit zwischen 1986 und 1992 im Zusammenhang mit der umfangreichen Stadterneuerung eindeutig aufgewertet.

c) Die Innenstadt: Aufwertung oder Gentrification?

Die Innenstadt, 'Ciutat Vella' (Altstadt) genannt, befindet sich zwischen drei großen Entwicklungsvorhaben, die anläßlich der Olympiade gestartet wurden: dem Olympischen Ring, dem Alten Hafen und dem Olympischen Dorf. Es ist daher besonders interessant, die Auswirkungen der Olympiade auf die Innenstadt zu untersuchen. Eingriffe in dieses Gebiet sind nur in drei Fällen ein direktes Ergebnis der Infrastrukturarbeiten, die zum Umbau der Stadt für die Spiele gehörten. Dabei handelt es sich um den Bau eines neuen Kanalisationssystems, den Umbau eines Krankenhauses zur Olympia-Klinik und den Abschnitt des Küstenrings, der durch die Innenstadt verläuft. Allerdings wurde ein Gesamtplan zur Stadterneuerung erarbeitet, mit einer ersten Aktionsphase für die Jahre 1988 bis 1991.

Dieser Gesamtplan zielte auf die Verbesserung der sanitären Verhältnisse, die Erhöhung der Sicherheit, enthielt ein Programm zur Sanierung von Häusern und wollte allgemein der Marginalisierung sozialer Gruppen entgegenwirken. Die entsprechenden Vorhaben erforderten erhebliche öffentliche Investitionen, da die Privatwirtschaft an dem Gebiet nicht interessiert war. Der Stadtrat erhöhte seinen Etat für soziale Dienstleistungen (von 2,6 Mio. DM im Jahr 1987 auf 10,4 Mio. DM jährlich von 1988 bis 1992) und versuchte außerdem private Investitionen für die Sanierung stark verfallener Häuser und städtischer Räume zu mobilisieren. Der notwendige Investitionsaufwand wurde auf etwa 194 Mio. DM für die Phase 1989 bis 1994 geschätzt und damit als zu hoch angesehen, um aus den laufenden kommunalen Haushalten finanziert zu werden. Daher wurde eine öffentlich-private Gesellschaft (Procivesa) gegründet, deren Kapital zum größeren Teil von der Kommune beigesteuert wurde. Zu den privaten Partnern gehörten die örtliche Sparkasse sowie zwei weitere Banken und eine Vereinigung regionaler Geschäftsleute. Es wurde geschätzt, daß 1991 insgesamt 282 Mio. DM an öffentlichen Investitionen in das Gebiet flossen. Davon stellte die Procivesa 117 Mio. DM für Bausanierungen zur Verfügung. Ende 1992 waren 1.260 Wohnungen saniert. Keine von ihnen wurde dem privaten Wohnungsmarkt zugeführt, und die Mieter stammen ausnahmslos aus dem Innenstadtbezirk.

Diese Zusammenfassung beschreibt den Versuch, ein verfallenes innerstädtisches Wohngebiet zu sanieren, ohne Bewohner zu verdrängen. Allerdings sind die Errichtung zweier Universitätszentren im Norden bzw. Süden des Bezirks, der Umbau eines alten Konvents zu einem Kulturzentrum und der Bau eines Kunstmuseums deutliche Anzeichen für eine zukünftige Gentrification. Die Olympischen Spiele sorgten nicht nur dafür, daß die Investitionen in dieses Projekt weitergeführt wurden, sondern sie stimulierten sie wegen seines gewerblichen Charakters sogar. Es wurden auch eine beträchtliche Anzahl von Hotels, die der Prostitution dienten, und viele Bars geschlossen. Hier vollzieht sich also ein Prozeß sozialer Integration gegen die Marginalisierung. Als allerdings der kommunale Haushalt für 1993 vorgestellt wurde, stellte sich heraus, daß der Stadtrat der Procivesa in diesem Jahr statt 58 lediglich 23 Millionen DM zuweisen wird. Nach Aussagen der Geschäftsführung der Procivesa entspricht das ihren Erwartungen, da der Stadtrat seine Rolle als Motor des Sanierungsplans bereits erfüllt habe.

Zwischen 1979 und 1985 teilten der Stadtrat und der Verband der Nachbarschaftsvereinigungen die Ansicht, daß Barcelona auf der Grundlage erheblicher öffentlicher Intervention ein Modell der sozialen Gleichheit – so wie in Bologna – verfolgen könne, um Kooperativen und kleine Unternehmen zu fördern und Bodenspekulation zu verhindern. Unsere Analyse zeigt, daß diese Bestrebungen unterlaufen wurden. Der neue Trend orientierte sich eher an einem Modell der Stadterneuerung, das auf der gemischten Wirtschaft der Stadt beruhte und Barcelona unter die führenden Städte Europas aufsteigen lassen würde. Das sei nötig – so die neue Begründung –, um ernsthafte Folgen für die lokale Wirtschaft, insbesondere für die Beschäftigung zu vermeiden. Die beste Strategie sei,

- den privaten Sektor zur Finanzierung der öffentlichen Infrastruktur als Gegenleistung für vorteilhafte Entwicklungsprojekte zu veranlassen;
- die Funktionen des öffentlichen Sektors zu erweitern, damit er als Motor für die Privatwirtschaft agieren könne.

In beiden Fällen profitiere die Stadt und damit die Mehrheit ihrer Bewohner. Ein Beispiel für das erste Argument sind die Immobiliengesellschaften, die öffentliche Einrichtungen im Olympischen Dorf bauen. In diesem Fall wurden die zusätzlichen Kosten für diese Einrichtungen (z.B. Grünflächen) über den Kaufpreis auf die Hausbesitzer abgewälzt, obwohl es sich um einen öffentlichen Raum handelt, der von vielen Leuten genutzt wird, die das Gebiet vor allem an den Wochenenden aufsuchen. Punkt 2 wird illustriert durch die Innenstadtsanierung, die für die Spiele nur teilweise ausgeführt wurde. (Dieses Beispiel wird im Abschnitt über die sozial-räumlichen Folgen analysiert.) Ein weiterer Vorteil dieses Modells, so wurde argumentiert, sei ein dynamischerer Arbeitsmarkt, vor allem bei den Dienstleistungen, aber ohne Vernachlässigung des industriellen Sektors. D.h. das hegemoniale Modell (gut dokumentiert im strategischen Plan 'Barcelona 2000') soll einen höheren Lebensstandard in der Stadt schaffen, die sowohl in hochwertigen Dienstleistungen wie in der industriellen Produktion auf stärkere Spezialisierung und gleichzeitig auf stärkeren Ausgleich der sozialen und der Umweltbedingungen hinarbeitet.

d) Die Wohnungskrise

Es ist eine weitverbreitete Ansicht, daß die Konzentration hoher Verdienstmöglichkeiten in der Innenstadt Facharbeiter und ihre Familien von dort in die Außenbezirke verdrängt und nur noch Rentner in den verfallenen Innenstadtgebieten hinterläßt, die dann wiederum Zuwanderer anziehen, die in unsicheren Verhältnissen leben und billigen Wohnraum brauchen. Eine genauere Analyse zeigt aber, daß tatsächlich Angehörige aller sozialen Gruppen aus der Innenstadt in andere Städte der Agglomeration ziehen. Der Hauptgrund dafür liegt in dem Wohnungsmangel, von dem alle Einwohner Barcelonas betroffen sind, aber besonders junge Paare aus unteren und mittleren Einkommensgruppen. Starker demographischer Druck durch große Altersgruppen der 20- und 30jährigen (die geburtenstarken Jahrgänge) ist die eine Variable, die andere ist der Mangel an Grundstücken für den Wohnungsbau. Diese 'Wohnungskrise' zwingt nicht nur viele jüngere Leute, ihre Wohngebiete zu verlassen – eine Entwicklung, die vor allem auf Kosten der Alten und Armen geht, da sie die traditionelle gegenseitige Hilfe im Alltagsleben zwischen älteren und jüngeren Familienmitgliedern erschwert –, sondern zögert auch die Eheschließung und die Gründung neuer Haushalte hinaus.

Die dritte Variable sind die Mieten. Die Zunahme des Haus- und Wohnungseigentums und die abnehmende Zahl der öffentlich geförderten Wohnungen in den 80er Jahren haben einen dramatischen Anstieg der Mieten verursacht. Zwischen 1990 und 1992 stiegen in Barcelona die Mieten um 200 % (gegenwärtig stabilisieren sich die Preise allerdings wieder). Auch die Olympischen Spiele haben sich in diesem Prozeß als Katalysator erwiesen. Für Grundstückseigentümer bot die Periode von 1986 bis 1992 eine Gelegenheit, ihre Mieteinnahmen zu maximieren, und das trieb sowohl die Mieten wie die Haus- und Wohnungspreise in die Höhe. Außerdem ließ die gestiegene Attraktivität Barcelonas ausländische Investitionen fließen, die eine erhebliche Nachfrage nach Bürogebäuden in der Innenstadt bewirkten, was ebenfalls die Preise erhöhte. Beim Bau von Bürogebäuden herrscht gegenwärtig Hochkonjunktur (der Anteil an Flächen, die für den Bau von Büros genutzt wurden, hat sich in den Jahren 1990 bis 1992 um das Vier- bis Fünffache im Vergleich zu den 80er Jahren erhöht). Der Anstieg der Immobilienpreise ist nicht auf einen entsprechenden Anstieg der Baukosten zurückzuführen, sondern vor allem ein Ergebnis der Bodenpreise. All dies vertiefte die Kluft zwischen Mieten bzw. Hauspreisen und Einkommen für die meisten Einwohner in einer Zeit, in der die Ersparnisse nicht besonders hoch waren (große Teile der Bevölkerung erholten sich gerade erst von der Rezession der späten 70er und frühen 80er Jahre).

4. Ökonomische Folgen

Die Planungen für die Olympischen Spiele in Barcelona trafen auf ein sehr günstiges nationales Wirtschaftsklima, das zusätzliche Kräfte mobilisierte und sichtbare positive Folgen in der Stadt ermöglichte. Andererseits werden solche Festivals oft durchgeführt, um eine Stadt zu retten, wenn die lokale oder die regionale Wirtschaft – oder beide – sich in einer Krise befinden. Im Falle Barcelonas scheinen sich alle Faktoren zu vereinen. Als sich 1985 der Bürgermeister um Unterstützung für die Bewerbung Barcelonas um die Olympischen Spiele bemühte, siechte die städtische Wirtschaft dahin. Das städtische Bruttosozialprodukt hatte sich im Vergleich zu 1980 lediglich um 987 Millionen DM erhöht, und die Stadt mit ihrem industriellen Gürtel wurde zu einem 'Gebiet dringender Reindustrialisierung' erklärt.

1984 beschloß der Stadtrat ein Investitionsprogramm zur Erhöhung der städtischen Wirtschaftsleistung und warb intensiv um Investitionen aus anderen europäischen Ländern sowie aus den USA und Japan. Der Zufluß an ausländischen Investitionen blieb aber in der gesamten Region Katalonien hinter dem Vorjahresniveau zurück (in Barcelona konzentrieren sich mehr als 90 % der Gesamtinvestitionen in Katalonien). Zwischen 1980 und 1985 stagnierte die ausländische Investitionstätigkeit. Erst 1986 zeigte sich ein deutlicher Zuwachs sowohl in der Stadt wie in der Region. 1986 kann durchaus als der Beginn einer neuen Periode gelten, in der die ausländischen Investitionen beträchtlich zunahmen, mit einem Index, der sich jedes Jahr verdoppelte. Dieser Anstieg hielt bis 1991 an. Während also das Gesamteinkommen aus direkten ausländischen Investitionen im Jahr 1.985.670 Mio. DM betrug, war es 1989 auf 2.414 Mio. DM angewachsen (Giraldez 1991). Diese Steigerung kann nicht als ein direktes Ergebnis der Planungen für die Olympischen Spiele angesehen werden, denn Spanien insgesamt hatte einen ähnlichen Anstieg bei ausländischen Investitionen zu verzeichnen. Trotzdem läßt sich schwer abschätzen, ob Barcelona auch ohne die Olympiade ein ähnlicher Zuwachs zuteil geworden wäre, vor allem wenn man die Bemühungen Madrids um Investitionen in den 80er Jahren betrachtet, wo sich eine hohe Konzentration hochqualifizierter Dienstleistungen findet. 1991 hatte Katalonien zum ersten Mal seit 1987 ein höheres ausländisches Investitionsvolumen zu verzeichnen als Madrid. In Madrid und Katalonien konzentriert sich der größte Teil der ausländischen Investitionen in Spanien.

Lokale Ökonomen berufen sich auf ein weiteres Argument: Barcelona hat sich durch die Erneuerung seiner Verkehrswege (Flughafen, Hafen, Straßensystem) und seines Telekommunikationsnetzes auf die Zukunft vorbereitet. Ohne die Olympiade wären diese dringend erforderlichen Investitionen nicht in so kurzer Zeit erfolgt, und ohne diesen Zeitplan wären die Chancen der Wirtschaftsunion von 1993, die Barcelona wie anderen europäischen Städten geboten wurden, vertan gewesen. Derzeit und angesichts des stockenden europäischen Integrationsprozesses ist es schwierig, dieses Argument anzuzweifeln. Eine angemessene Wachstumsfolgenabschätzung der Olympischen Spiele kann erst durchgeführt werden, wenn mehr Zeit vergangen ist.

Eine exakte Abschätzung der ökonomischen Auswirkungen, die ein Ereignis wie die Olympischen Spiele für eine Stadt mit sich bringt, steht vor mehreren Problemen. U.a. muß die zu untersuchende Zeitspanne festgelegt werden. Sollte der Oktober 1986 als Ausgangspunkt genommen werden? Oder sollten frühere ökonomische Strategien einbezogen werden? Weitere Schwierigkeiten ergeben sich, wenn man die Grenze zwischen eindeutig durch die Olympiade verursachten Kosten und Nutzen und anderen Investitionen ziehen will, die – obwohl sie im Zusammenhang mit den Spielen plaziert wurden – nicht ihr direktes Ergebnis sind und vielleicht auch ohne sie erfolgt wären. Die folgende Analyse beschäftigt sich vorrangig mit eindeutig der Olympiade zuzurechnenden Effekten.

a) Mobilisierung von Kapital

1985 bat der Bürgermeister den ehemaligen Präsidenten des lokalen Unternehmerverbandes, sich für eine Beteiligung der Privatwirtschaft an den Kosten der Kandidatur Barcelonas einzusetzen. Im selben Jahr wurde die 'Unternehmervereinigung Barcelona '92' gegründet, und zwar mit dem Ziel, 6,5 Mio. DM für die nötigen Bewerbungsvorbereitungen zu sammeln. Insgesamt brachte dieser Spendenaufruf 11,7 Mio. DM zusammen. Darin zeigt sich die unmittelbare, positive Reaktion der führenden Unternehmen auf das Projekt Olympiade. Allerdings war das lokale private Engagement später nicht gerade bemerkenswert.

Im selben Jahr wurden weitere Gesellschaften gegründet: 'Anella Olimpica de Montjuic, S.A.' (AOMSA) und 'Vila Olimpica, S.A.' (VOSA) wurden von verschiedenen öffentlichen Institutionen finanziert. Als dritte Gesellschaft rief der Stadtrat 1987 das 'Institut Municipal de Promocio Urbanistica, S.A.' (IMPUSA) ins Leben. Diese Gesellschaften wurden mit der Entwicklung der großen Sportanlagen (AOMSA), der Erneuerung der Meerseite (VOSA) und mit verschiedenen Projekten in der ganzen Stadt (IMPUSA) betraut. Die Einsetzung dieser Gesellschaften signalisiert den Willen des Stadtrates, die für die Spiele notwendige städtische Umstrukturierung zu überwachen.

Über die Beteiligung der Zentralregierung wurde 1989 verhandelt. Für die Kooperation zwischen Zentralregierung und Stadtrat wurde die Barcelona Holding Olympic, S.A. (HOLSA) gegründet. Sie sollte sowohl die Infrastruktur- und Sporteinrichtungen betreiben und finanzieren wie Investitionen einwerben. Diese Holdinggesellschaft bestand aus den drei oben genannten Gesellschaften und war daher im Besitz ihres gesamten Kapitals. Die Tatsache, daß die Zentralregierung 51 % der Anteile an dieser Gesellschaft hielt und auch die Geschäftsführung ernannte, sorgte zunächst für Unmut in der lokalen Öffentlichkeit. Andererseits trat die katalanische Regierung nicht in die Holdinggesellschaft ein, obwohl sie sich durch andere Maßnahmen an der Finanzierung der Infrastrukturarbeiten in

Tabelle 1: Investitionen im Zusammenhang mit den Olympischen Spielen (in Mio. DM), 1992

privater Sektor	4.065	33,8 %
öffentlicher Sektor	7.966	66,2 %
Gesamt	12.031	100,0 %

Quelle: HOLSA 1992

der Stadt wie in der Region sowie an einigen der Sportstätten für die Olympiade beteiligte, die außerhalb Barcelonas gelegen waren.

So wurden die Spiele von Anfang an sowohl mit öffentlichem wie mit privatem Kapital finanziert, unter Beteiligung verschiedener öffentlichen Verwaltungsebenen. Die öffentlichen Investitionen lagen erheblich höher als die privaten (vgl. Tabelle 1).

Es muß auch auf den geringen Anteil direkter privater Auslandsinvestitionen in die wichtigsten Infrastruktur- und Dienstleistungsarbeiten hingewiesen werden. Der größte Teil dieser Investitionen ging in den Bau von zwei großen Hotels. Die örtliche Privatwirtschaft investierte ebenfalls relativ wenig. Mit Ausnahme des Hotelgewerbes gingen die ansässigen Unternehmen, die zunächst sehr positiv auf die Bewerbung reagiert hatten, in den nächsten Jahren kaum ein Risiko ein. Lokale Hotelbesitzer übten sogar erheblichen Druck aus, um die Ansiedlung großer Hotelketten zu verhindern. U.a. ist es wohl darauf zurückzuführen, daß sich lediglich eine große Hotelkette ansiedelte. Das andere große Hotel wurde zwar mit ausländischem Kapital finanziert, erhielt aber eine lokale Geschäftsführung.

Wie aus der folgenden Tabelle zu ersehen ist, kamen die öffentlichen Investitionen aus unterschiedlichen Quellen: den verschiedenen Verwaltungsebenen und öffentlichen Gesellschaften, die mit den Verwaltungen verbunden waren. Das Gesamtinvestitionsvolumen im Zusammenhang mit der Olympiade ist auf 19,480 Mio. DM geschätzt worden. Die Differenz zu den 12,031 Mio. DM laut Tabelle 1 kann auf größere Infrastrukturinvestitionen zurückgeführt werden, die von Unternehmen wie Telefonica zu diesem Zeitpunkt und vermutlich ermutigt durch die Umstrukturierung der Stadt durchgeführt wurden, die aber nicht in direktem Zusammenhang mit den Spielen stehen.

Tabelle 2 zeigt, wie sich die öffentlichen Investitionen auf Zentralregierung und Lokalverwaltungen verteilen. Der Anteil der Zentralverwaltung und ihrer Gesellschaften liegt eindeutig höher. Das wird noch deutlicher, wenn man die drei Verwaltungsebenen (zentral, regional, kommunal) einzeln betrachtet. Da sich die Zentralregierung erheblich an der Finanzierung des Projektes beteiligt hat, hätte man eine starke Kontrolle der Planungen von ihrer Seite erwarten können. Aber, wie später zu zeigen sein wird, verhielt es sich genau umgekehrt. Der Stadtrat behielt durch den Bürgermeister und seine eigens ernannte Planungsgruppe für

Tabelle 2: Öffentliche Investitionen nach Investoren (in Mio.DM)

Zentralverwaltung:		
Regierung und staatliche Unternehmen	3.201	26,2 %
HOLSA (50 %)	1.005	8,4 %
gesamt	4.206	
Lokalverwaltungen:		
Regierung Kataloniens und öffentliche Unternehmen	1.461	12,1 %
Bezirksregierung	144	1,2 %
Stadtrat und kommunale Unternehmen	295	2,5 %
HOLSA (50 %)	1.006	8,4 %
andere Kommunen und Föderation der Stadträte?	320	2,7 %
gesamt	1.626	26,9 %
COOB '92	424	3,5 %
Europäische Gemeinschaft	105	0.9 %
öffentliche Mittel gesamt	7.966	

Quelle: HOLSA 1992

die Olympischen Spiele die Kontrolle über die Investitionen, die in der Stadt plaziert wurden. Durch die Organisation, die eigens für die Planung der Spiele eingesetzt worden war (COOB '92), konnte Kapital von außerhalb mobilisiert werden.

b) COOB '92

Der Olympische Planungsausschuß Barcelona '92 wurde 1987 als gemeinnütziges Konsortium aus öffentlichen und privaten Körperschaften gebildet. Seine Mitglieder waren der Stadtrat, das Spanische Olympische Komitee, die Zentralregierung und die Generalität Katalonien (Regionalregierung); den Vorsitz hielt der Bürgermeister von Barcelona. Nach Maßgabe 'richtungsweisender Pläne' wurden 35 Programme erarbeitet, die wiederum in 300 Projekte aufgegliedert waren.

Der Tätigkeitsbereich dieses Ausschusses umfaßte verschiedenste Aufgaben, von der Vergabe des Eintrittskartenverkaufs bis zu den Sicherheitsvorkehrungen

Tabelle 3: Einnahmen der COOB '92

Fernsehübertragungsrechte	35,03 %
Werberechte und Spenden	30,61 %
Sponsoren und Lizenzen	15,05 %
Eintrittskartenerlöse	7,80 %
andere	11,51 %

Quelle: Vegara 1992

für die Spiele und der Ausbildung von Freiwilligen (100.000 in Barcelona). Besonderen Stellenwert hatten die TV-Übertragungsrechte und die Verwaltung der Mittel aus verschiedenen Quellen. Tabelle 3 gibt einen Überblick über die Einnahmen des Ausschusses.

Seit den Olympischen Spielen von Barcelona kommt Fernsehrechten und Sponsorentätigkeit ein neuer Stellenwert zu. Die Hauptsponsoren waren ausländische Unternehmen, meist große multinationale Konzerne. Wie nie zuvor wurde hier der kommerzielle Charakter eines solchen Festivals deutlich. Das ist einer der Hauptgründe, warum die COOB '92 am Ende der Veranstaltung einen Netto-Ertrag verbuchen konnte. Sie ist die einzige Organisation dieser Art, die mit einem Überschuß abgeschlossen hat. Mit 1,882 Mio. DM lagen die Einnahmen der COOB '92 über ihren Ausgaben; als Endergebnis wurde also ein kleiner Überschuß geschätzt. Er ist vor allem auf die Fernsehrechte zurückzuführen, die erhebliche Einnahmen einbrachten (vgl. Tabelle 3). Besonders interessant ist hier, daß ein hoher Anteil der Ausgaben der COOB auf die Verbesserung der baulichen Umgebung entfällt (vgl. Tabelle 4).

Tabelle 4: Verteilung der Ausgaben der COOB '92

Wege und bauliche Verbesserungen	25,05 %
Dienstleistungen für die Olympia-Teilnehmer (135.000 Personen)	17,41 %
Organisation	13,43 %
Presse, Radio, Fernsehen	11,41 %
Wettkämpfe	7,77 %
andere	24,93 %

Quelle: Vegara 1992

c) Kosten-Nutzen-Analyse

Sieben Monate nach dem Festival war die Öffentlichkeit der Meinung, daß die Olympischen Spiele ein erfolgreiches Unternehmen waren, von dem die Stadt in vieler Hinsicht profitiert hat. Im März 1993 wurde veröffentlicht, was noch zu zahlen ist und welche Schulden die Spiele der Stadt eingetragen haben. Trotz der öffentlichen Schulden scheint – ganz allgemein betrachtet – der Nutzen die Kosten zu überwiegen. Es gibt keine vollständige Kosten-Nutzen-Analyse aller verändernden Eingriffe in die Stadt. Lediglich für die Wirkungen zweier Ringstraßen-Projekte auf zwei Stadtbezirke kann über derartige Analysen berichtet werden.

Es gibt zwei Arten von Eingriffen in die Stadtstruktur: solche, die sich amortisieren, und solche, die zwar keine Einnahmen erzielen, von denen aber die Bevölkerung profitiert. Die folgende Analyse bezieht sich auf den zweiten Typ. Hier ist die Berechnung des Nutzens besonders interessant, weil sie die Meinung entweder der Nutzer oder von Experten einbezieht, die mit Stadtentwicklungsprojekten vertraut sind. In diesem Zusammenhang muß erwähnt werden, daß beide Projekte in den 70er Jahren auf so heftigen Widerstand bei der Bevölkerung der betroffenen Wohngebiete gestoßen waren, daß sie schließlich gestoppt wurden. 1987 wurden dann mit der Planung der Oberen Ringstraße und der Küstenringstraße zwei wichtige Projekte entwickelt, die die überfüllten Straßen in der Stadt entlasten sollten. Sie wurden nicht nur als erforderlich für die Durchführung der Olympiade, sondern auch als dringendst notwendige Infrastrukturmaßnahmen gerechtfertigt. Allerdings wurde die Planung verändert, damit diese beiden Schnellstraßen in den angrenzenden Wohngebiete eher akzeptiert wurden. So wurden frühere Forderungen der Anwohner (z.B. nach unterirdischem Verlauf von Streckenabschnitten und sozialen Infrastruktureinrichtungen in dem entstehenden Raum auf Straßenniveau) in die Projekte einbezogen. Dadurch entstanden 20.000 qm an öffentlichem Raum und Einrichtungen, die zusätzliche Kosten von etwa 39 Mio. DM verursachten.

Kosten und Nutzen des Oberen Rings wurden (nach einer klassischen Methode) bewertet, und zwar gingen einerseits die Variablen Boden- und Baukosten plus Verkehrszeichen und Unterhaltskosten und andererseits der Nutzen durch Zeitersparnis und verringerte Unfallzahlen in die Berechnungen ein. Danach beträgt der akkumulierte Nutzen in einem Zeitraum von 30 Jahren das Siebzehnfache der akkumulierten Kosten. Nach der „contingent valuation"-Methode (u.a. wurden die Anwohner befragt, welchen Betrag sie für die Nachbesserungen der Planungen des Jahres 1988 im Vergleich mit dem Projekt von 1968 zu zahlen bereit seien) ergaben sich ein Nutzen von 50 Mio. DM und ein Nutzen-Kosten-Verhältnis von 1,2. Diese Werte werden als zu niedrig beurteilt, weil die betroffene Bevölkerung unteren Einkommensgruppen angehört. Kosten und Nutzen des Küstenrings mit seiner Verbindung zum Olympischen Dorf und dem angrenzenden Viertel (Pueblo Nuevo) wurden nach der Delphi-Methode berechnet (d.h. Bewertung durch Konsens nach Expertenbefragung). Wenn man als Hauptvariable die Wohnungspreise einsetzt, betragen der Netto-Nutzen mehr als 199 Mio. DM (für 1989) und das Verhältnis Nutzen-Kosten 1,24. Die 'Gewinnschwelle' zwischen den Kosten- und Nutzenphasen für beide Projekte war 1992. Die beiden Ringstraßen haben die Verkehrskapazität um 25 % erhöht. Außerdem wird geschätzt, daß mit den Ringstraßen erst im Jahr 2022 wieder Verkehrsstaus auftreten werden und nicht schon 2006 (Riera 1993).

d) Wachstumseffekte und öffentliche Finanzen

Wenn es einen Alptraum gibt, der den Bürgermeister einer Olympia-Stadt heimsuchen könnte, dann ist es die Vorstellung, sich am 'Tag danach' in einer ökonomischen Krise wiederzufinden. Barcelona hielt der gegenwärtigen europäischen Rezession bis Ende 1992 stand. Der Stadtrat – der jeglichen Kleinmut angesichts dieses Wirtschaftsklimas bekämpfte – hat vielversprechende Informationen über direkte und induzierte ökonomische Folgen der Olympiade für den Zeitraum von 1986 bis 1992 vorgelegt. Danach ging mit der Planung für die Spiele ein erheblicher Anstieg der laufenden Ausgaben sowie öffentlicher und privater Investitionen einher, der ein direktes wirtschaftliches Wachstum in Höhe von 11,867 Mio. DM ausgelöst hat. Der beträchtliche Einkommensanstieg durch Konsum und Investitionen hat durch Multiplikatoreffekte erhebliche wirtschaftliche Zuwächse erzeugt. Zusammengenommen ergeben die Zuwächse einen Betrag von 36,363 Mio. DM; das entspricht 0,9 % des Bruttosozialprodukts der spanischen Wirtschaft.

Diese Analyse ist insofern genau, als sie sich auf Konsum und Investitionen erstreckt, die direkt der Olympiade zuzurechnen sind, sowie auf den Zeitraum, in dem sie stattfanden. Außer den Sporteinrichtungen in den vier Stadtbezirken Barcelonas bezieht diese Untersuchung die Investitionen in den Flughafen und das Telekommunikationssystem ein sowie die Vier- bzw. Fünf-Sterne-Hotels, die für die Spiele ausgebaut oder neuerrichtet wurden. Von besonderer Bedeutung ist, daß erstens der Anteil der Investitionen (84 %) über dem des Konsums (16 %) liegt, und zweitens beide weitgehend der öffentlichen Hand zuzuschreiben sind. Der öffentliche Konsum belief sich auf 1,449 Mio. DM, die öffentlichen Investitionen betrugen 6,894 Mio. DM, wogegen der private Konsum auf 629 Mio. DM und die privaten Investitionen auf 2,893 Mio. DM zu beziffern sind. In anderen Worten: der öffentliche Sektor ist mit 70,3 % an Gesamtkonsum und -investitionen beteiligt. Also hat der private Sektor lediglich 29,7 % beigetragen; erheblich weniger, als von der Holdinggesellschaft (HOLSA) – wie oben ausgeführt – erwartet wurde (Vegara et al. 1992).

Der kommunale Haushalt für 1993 wurde seit November 1992 beraten und erst im Juni 1993 genehmigt. Auseinandersetzungen fanden nicht nur zwischen der Kommunalregierung und der Opposition statt, sondern auch innerhalb der Regierungskoalition, den Sozialisten Kataloniens und der Katalanischen Initiative (eine Koalition von Kommunisten und linken Nationalisten). In der Hauptsache ging es dabei um das vom Bürgermeister und den Sozialisten vorgelegte Restriktionsprogramm, das eine Kürzung der direkten Ausgaben für städtische Einrichtungen und soziale Dienstleistungen vorsieht. Man einigte sich schließlich auf eine geringe Erhöhung der direkten Investitionsmittel. Der Gesamthaushalt der Kommune für 1993 beläuft sich auf 2,796 Mio. DM. In diesem Zusammenhang soll nicht unerwähnt bleiben, daß das Vier-Jahres-Programm, mit dem die gegenwärtige kommunale Regierungskoalition die Wahlen gewann, das Restriktionsprogramm bereits enthielt. Der Haushalt 93 weist direkte laufende Investitionen in ähnlicher Höhe aus wie das Budget von 1992, das bereits im Vergleich zum Vorjahr um 20 % niedriger ausgefallen war. Trotzdem ist beabsichtigt, mit dem Haushalt 1993 die Politik des „sozialen Angleichs" beizubehalten. Zu diesem Zweck sollen der Innenstadt und zwei weiteren Bezirken mit unteren Einkommensgruppen höhere Mittel zugeteilt werden als den Bezirken der mittleren und höheren Einkommensgruppen, und die Stadterneuerungsprojekte sollen in den erstgenannten weitergeführt werden. Die Umgestaltung dieser Bezirke (die meisten von ihnen am Stadtrand gelegen) wird sich auf ungefähr 50 % der gesamten direkten Investitionen belaufen.

Allerdings besteht kein Zweifel, daß die Olympischen Spiele die Schuldenlast der Stadt erhöht haben. Aber die Verschuldung der Kommune hat eine lange Geschichte in Barcelona. Die spanischen Kommunen waren stets unterfinanziert, da nur ein relativ geringer Teil der öffentlichen Ausgaben durch sie erfolgt. Im Falle Barcelonas, einer bevölkerungsreichen Stadt, die ihre soziale Infrastruktur in kurzer Zeit aufbauen mußte (insbesondere seit den demokratischen Wahlen im Jahr 1989), haben sich die Finanzzuweisungen von der Zentralregierung als unzureichend erwiesen. Eine für 1986 vorgesehene Heraufsetzung der kommunalen Steuern wurde als unpopuläre Maßnahme aufgeschoben. Daher mußte die Kommune ihre Schulden weiter erhöhen; inzwischen sind sie auf ca. 3,636 Mio. DM angewachsen. Diese Summe enthält noch nicht die Schulden, die der Kommune aus der Olympia-Holdinggesellschaft (HOLSA) erwuchsen und die etwa 844 Mio. DM betragen. Dieser Betrag wird in einem Zeitraum von 17 Jahren mit jährlichen Raten von 64 Mio. DM zurückgezahlt werden; die andere Hälfte übernimmt die Zentralregierung.

e) Langfristige Auswirkungen der Sportanlagen

Hier stellt sich die interessante Frage, wie weit die bisherigen Kenntnisse über olympische Städte denen nützen, die sich zum ersten Male in dieser Situation befinden. Für die Manager und Mitarbeiter der COOB waren u.a. die Erfahrungen von München und Los Angeles, aber auch mit nicht erfolgreichen früheren Veranstaltungen wie z.B. in Montreal sehr wertvoll. Daher wurden die öffentlichen Investitionen in die Sportanlagen von Anfang bis Ende bescheiden angesetzt. Ein Beispiel dafür liefern die Verhandlungen zwischen dem Internationalen Olympischen Komitee und der COOB '92 über die Größe des Olympiastadions. Das IOK drängte auf ein Stadion für 80 bis 100.000 Menschen, aber die Leitung der COOB war entschlossen, die Kosten in Grenzen zu halten und die Größe wie vorgesehen beizubehalten (60.000), und schließlich setzten sie sich damit durch. Die COOB schloß Verträge mit zukünftigen Nutzern ab, mit Sportvereinen wie -verbänden. Abgesehen von den vier Hauptanlagen wurden so für alle Sporteinrichtungen zukünftige Nutzung und Standorteffekte sorgfältig geprüft.

Das 'Erbe der Stadt' war unter den Mitgliedern der COOB eine wirkungsvolle Parole. Danach wurde am Standort der Sporteinrichtungen eine Doppelstrategie verfolgt: erstens für die Gebäude selbst und zweitens für ihre Funktion. Neubauten wurden nur dort errichtet, wo die vorhandenen Einrichtungen sich nicht an die neuen Anforderungen anpassen ließen, oder dort, wo begründete Aussichten auf zukünftige Nutzung bestanden. Wo dies nicht der Fall war, brachte man die entsprechenden Einrichtungen in existierenden Gebäuden wie dem Ausstellungszentrum von Barcelona oder dem Nordbahnhof unter. Beide Anlagen wurden für diesen Zweck ausgebaut und profitierten daher davon. Wenn es sich allerdings um populäre Sportarten handelte (Basketball, Handball), wurden die Einrichtungen in verschiedenen Stadtgebieten errichtet, wo sie später kommunale Einrichtungen werden sollen. Was die Funktionen betrifft, so sollten die Anlagen erstens den symbolischen Wert des Montjuich erhöhen, wo elitäre Sportdisziplinen konzentriert wurden, und zweitens einige Nachbarschaften, wie z.B. das Valle de Hebron, durch den Bau von Anlagen für andere Sportarten aufwerten.

Die Kosten für die olympischen Sportanlagen in Barcelona (es gab außerdem 16 Subzentren, 14 von ihnen in Katalonien) wurden auf 500 Mio. DM geschätzt, von denen ein knappes Drittel die Kommune trug. Andere öffentliche Institutionen wie Zentralregierung, Regionalregierung, Bezirksregierung, HOLSA und COOB '92 waren an den Kosten beteiligt. Die Gesamtkosten für die Sportanlagen in Barcelona betrugen weniger als 7 % der Gesamtinvestition in die städtische Infrastruktur.

Gegenwärtig werden zwei parallele Strategien verfolgt: Erstens die Bewirtschaftung der Sportanlagen durch die Gesellschaft 'Barcelona Promotion', zweitens die Optimierung der Nutzung von Einrichtungen für nicht-elitäre Sportarten durch die kommunale Sportverwaltung.

- 'Barcelona Promotion' wurde 1988 mit 100 % öffentlichem Kapital (1 Mio. DM) gegründet, und zwar für folgende Zwecke: a) Wartung und Instandhaltung der vier Hauptanlagen (Sportpalast der Stadt, Olympiastadion, Velodrom und 'Sant-Jordi'-Palast), b) den ökonomischen und sozialen Nutzen der ursprünglichen Investition in diese Anlagen zu optimieren. Zu den Arbeitsmethoden dieser Gesellschaft gehört der Informations- und Erfahrungsaustausch mit ähnlichen Gesellschaften in europäischen und amerikanischen Städten. In den Anlagen finden nicht nur Sportereignisse, sondern auch Konzerte, Veranstaltungen für die ganze Familie, Handelsmessen, Opernabende und politische

Kundgebungen statt. Zwischen 1988 und 1991 wurden insgesamt 500 Veranstaltungen durchgeführt, und zwar bisher recht erfolgreich, denn die Gesellschaft wies für die Jahre 1988 bis 1992 einen Nettogewinn von 7,8 Mio. DM aus. Es soll noch darauf hingewiesen werden, daß im Verwaltungsrat die drei Verwaltungsebenen (lokal, regional, national) sowie die beiden Regierungsparteien Barcelonas und Kataloniens repräsentiert sind. Dies ist eines der vielen Beispiele für die Herausbildung von politischem und institutionellem Konsens. Weiterhin ist interessant, daß die Führung sowohl aus der Privatwirtschaft wie aus dem Magistrat (Stadträte) stammt und daher Kenntnisse und soziale Kontakte in die neue Aufgabe einbringt.

- Die kommunale 'Sportabteilung' wurde 1982 gegründet, um den Mangel an öffentlichen Sportanlagen und deren ungleiche räumliche Verteilung zu beheben. Zwischen 1987 und 1991 investierte die Sportabteilung 60 Mio. DM in Sporteinrichtungen. Aber erst seit 1990 dient dieses kommunale Büro als Verwaltungszentrum für die 18 Anlagen für nicht-elitäre Sportdisziplinen, die zur Olympiade errichtet wurden. Seit 1991 bemüht es sich außerdem um private Investitionen in öffentliche Dienstleistungen. Bisher wurden etwa 89 Mio. DM aus privaten Kassen über dieses Büro investiert. Es hat weiterhin die Aufgabe, Konzessionen für den Betrieb öffentlicher Sporteinrichtungen an private Gesellschaften, Sportverbände und -vereinigungen zu vergeben. Die Aufgaben dieser Sportabteilung bestanden darin, a) die Übergabe der Verwaltung einiger Einrichtungen an die Stadtbezirksverwaltungen zu überwachen, b) die öffentlich-privaten Partnerschaften zu festigen, auf deren Grundlage private Gesellschaften die Sportanlagen betreiben, die weiterhin Eigentum der Kommune bleiben, und c) die Mitgliedschaft in solchen Einrichtungen zu fördern, die direkt vom Stadtrat verwaltet werden. Um sie an der allgemeinen Verwaltung und der Sportförderung in der Stadt zu beteiligen, wurden außerdem 1990 die Sportvereinigungen dazu aufgerufen, dem Sportrat beizutreten. Das Ergebnis ist eine Kombination von privaten Betreibergesellschaften, Konzessionsvergabe an Sportvereine und -verbände und direkter Verwaltung durch die Kommune.

Die Standorte der Sportanlagen für die Olympiade wurden nach einem dezentralen Modell gewählt. Von den 14 neuen Hallen wurden sieben in Arbeitergebieten, vier in Mittelschichtsquartieren und die restlichen drei in gehobenen Wohngebieten errichtet. Diese Verteilung weckte nicht nur in der Bevölkerung ein Gefühl der symbolischen Teilhabe an den Spielen, sondern die Bewohner der jeweiligen Stadtviertel wurden tatsächlich die Nutzer dieser Anlagen. Zwischen 50 und 75 % der heutigen Nutzer dieser Einrichtungen stammen aus dem Gebiet, in dem sie errichtet wurden. Dazu tragen auch die geringen Mitgliedsbeiträge und die hohe Nutzung durch Schulen bei. Vielleicht ist die positive Reaktion teilweise auch darauf zurückzuführen, daß die Anlagen neu und die Erinnerungen an das 'märchenhafte Ereignis' noch frisch sind. In Zahlen ausgedrückt, betätigten sich 1992

41 % der Bevölkerung sportlich (mindestens einmal pro Woche) gegenüber 31 % im Jahr 1982 (Rosello 1992).

Anscheinend bringen Sportanlagen weniger Probleme mit sich als andere Infrastruktureinrichtungen und Dienstleistungen. Letztere werden demnächst mit einigen Schwierigkeiten zu kämpfen haben. Z.B. ist die Entscheidung nicht einfach, welche Ämter für die Unterhaltung der neuen Parks und welche Polizeibehörde (kommunale oder regionale) für die Sicherheit auf den Ringstraßen verantwortlich sein sollen. Die Mehrzahl dieser Probleme ist noch nicht gelöst, z.T. weil die institutionelle Kooperation nicht mehr so gut funktioniert wie vor den Spielen. Aber der Stadtrat als Leiter des ganzen Projekts steht unter dem stärksten Druck, den hohen Standard aufrechtzuerhalten.

Wenn allerdings der Stadtrat der Hauptverantwortliche für die Organisation der Spiele gewesen wäre, so hätte allein die Tatsache, daß es sich um eine öffentliche Institution handelt, die Entscheidungsprozesse erheblich verlangsamt. Dies ist einer der Gründe, warum die private Holdinggesellschaft HOLSA gegründet wurde. Zweitens sicherte die Holdinggesellschaft den ungestörten Ablauf der aktuellen Arbeit des Stadtrats. Damit wurde es möglich, der Gesellschaft eine privat-rechtliche Grundlage zu geben, die den Zugang zum Kapitalmarkt durch Kreditaufnahme erleichterte. So konnte die HOLSA als private Gesellschaft ohne private Mitglieder agieren.

Wenn die Olympiade als Katalysator der Modernisierung Barcelonas wirkte, so hatte sie die gleiche Funktion für die Beschleunigung der Entscheidungsprozesse, indem sie Unsicherheiten reduzierte und die Handlungsfähigkeit erhöhte. Z.B. waren schon vor der Ernennung der Stadt bestimmte Verhandlungen zwischen den öffentlichen Verwaltungen, u.a. über den Abbau der 'Eisenbahn-Barriere', die die Stadt vom Meer abschnitt, abgeschlossen. Wie wir später bei der Diskussion der politischen Folgen sehen werden, kompliziert die Fragmentierung der Administrationen in Spanien häufig die Verwaltungsabläufe. In diesem Falle wurde die Vielzahl der am Projekt beteiligten Institutionen als das Hauptproblem der Planungen angesehen (Vegara 1992). Als Konsequenz wurden einerseits neue Wege der Partnerschaft beschritten, die die Beziehungen zwischen öffentlichem und privatem Sektor erleichtern, andererseits bediente man sich innerhalb des öffentlichen Sektors flexiblerer Methoden, um den Erfolg sicherzustellen. Sehr wichtig ist in dieser Hinsicht, daß es dem Stadtrat gelang, die Kontrolle über die Planung zu behalten, obwohl er zur Finanzierung nur einen geringen Beitrag leistete. Damit behielt er die Leitung und stärkte die lokale Autonomie.

5. Wer bezahlt – wer profitiert?

Es hat sich herausgestellt, daß die Stadterneuerung trotz der öffentlichen Interventionen verschiedene soziale unterschiedlich begünstigt. Den größten direkten Nutzen bescherte die Olympiade städtischen Immobiliengesellschaften, Teilen des

Hotel- und Gastronomiegewerbes (nicht alle haben eindeutig profitiert, da sie noch an den Kosten für die Standarderhöhung zu tragen haben), den Stadtplanern (vor allem Architekten und Designer) und einigen der Bauwirtschaft zuzurechnenden Unternehmensgruppen (16 Bauunternehmen waren am Olympischen Dorf beteiligt). Am anderen Ende der Skala finden sich marginalisierte Gruppen und vor allem Prostituierte, die von Verdrängung und stärkerer Polizeipräsenz betroffen sind. Von den Organisationen der Einwanderer aus EG-Staaten gab es keine Beschwerden.

In Barcelona ist in Hinsicht auf Einkommens- und Beschäftigungschancen ein Prozeß sozialer Polarisierung zu beobachten: der Dienstleistungssektor wächst und schafft sowohl hochqualifizierte Arbeitsplätze wie unsichere Beschäftigung. Zu diesem Thema liegen bereits gut dokumentierte Studien vor, die diese Prozesse in Großstädten, vor allem in den 'global cities', analysieren. Man kann also behaupten, daß die Olympischen Spiele in Barcelona einen Prozeß beschleunigt haben, der - vielleicht - unvermeidlich war.

Verschiedene soziale Gruppen, darunter die Gewerkschaften, waren der Auffassung, daß die Olympiade Barcelona zu einem Aufschwung verholfen hat. Es bestand also Konsens darüber, daß die Lebensqualität verbessert wurde, aber seit im letzten August der Arbeitsplatzabbau begann (1.332 Arbeitsplätze gingen zwischen August und November 1992 verloren), sieht das Szenario weniger rosig aus. Tatsächlich hatte sich die wirtschaftliche Dynamik der Stadt zunächst in rückläufigen Arbeitslosenzahlen niedergeschlagen. 1992 war die Arbeitslosenquote der Stadt auf 9 % gesunken (1986 hatte sie 21,3 % betragen), während sie in Katalonien bei 10,4 % und in Spanien insgesamt bei 14,4 % verblieb. Allein der Bau des Olympischen Dorfes hat insgesamt 5.000 Arbeiter und Techniker beschäftigt, von denen viele nicht nur aus anderen Regionen Spaniens, sondern auch aus anderen europäischen und nicht-europäischen Ländern kamen (eines der beiden höchsten Gebäude hieß zeitweilig der Turm von Babel). Nach Angaben des Stadtrates wurden zwischen 1986 und 1992 (7 Jahre) insgesamt 128.000 Arbeitsplätze geschaffen, qualifizierte wie unqualifizierte, die Gewerkschaften schätzten den Zuwachs zwischen 1987 und 1991 (5 Jahre) auf insgesamt 81.534 Arbeitsplätze.

Diese Zahlen verdecken aber die Tatsache, daß die positiven Ergebnisse der ökonomischen Rekonstruktion in der Stadt ungleich verteilt waren. 1989, auf dem Höhepunkt der Umstrukturierung, betrug die Arbeitslosenrate in den zentralen Mittelschichtsgebieten 9,6 %, während sie sich in den großen Arbeiterquartieren auf 19,9 % belief. Außerdem wuchs die Beschäftigung schneller für die Altersgruppen zwischen 20 und 40 Jahren und für Personen mit akademischen und technischen Qualifikationen. Trotzdem haben auch ungelernte Arbeiter von der Expansion der Bauwirtschaft in den letzten Jahren profitiert (1992 verzeichnete dieser Bereich lediglich 3.540 Arbeitslose; das sind 1000 mehr als 1991). Aber sie sind oft nur vorübergehend beschäftigt. Im industriellen Sektor haben sich hohe Arbeitslosenquoten erhalten, von denen vor allem die erwachsene männliche Bevölkerung betroffen ist. Ende 1992 bestätigten sich frühere Tendenzen auf dem

Arbeitsmarkt. Der Dienstleistungssektor hat in der städtischen Ökonomie und für die Beschäftigung an Bedeutung gewonnen. Die geschaffenen Arbeitsplätze begünstigen Frauen und junge Leute. Außerdem hat die unsichere Beschäftigung zugenommen.

6. Politische Folgen

Von außerordentlicher Bedeutung für den ökonomischen und kulturellen Aufschwung der Stadt Barcelona in den letzten Jahren war das entschlossene Bemühen um politischen Konsens zwischen den sozialen und den ökonomischen Kräften, die an der Modernisierung der Stadt beteiligt waren. Als wichtigster Katalysator für diesen Konsens sind die Olympischen Spiele anzusehen, gefolgt von dem 'Strategischen Plan Barcelona 2000'. Trotz interner Konflikte zwischen dem Stadtrat und der Autonomen Regierung um die Verfügungsgewalt über lokale öffentliche Mittel und die Autonomie der lokalen Wirtschaftspolitik werden Übereinkünfte erzielt. Im Falle der Olympiade war die Autonome Regierung besonders zögerlich, sich in das institutionelle Rahmenwerk einzubinden. Sie vollzog diesen Schritt schließlich, nachdem sich die Zentralregierung beteiligt hatte (allerdings trat sie nicht in die Olympia-Holdinggesellschaft ein). Zwischen der Stadt und den Regionalregierungen bestehen seit langer Zeit Spannungen; sie erreichten einen Höhepunkt, als die Autonome Regierung Anfang 1986 die Metropolitane Verwaltung abschaffte. In dieser Hinsicht wurden die Olympischen Spiele, die die starke Führung des Bürgermeisters und seines Teams bekräftigten, auch genutzt, um den Zusammenhalt der metropolitanen Region zu erhalten. Z.B. wurde bei den Verhandlungen um den Standort der Subzentren stets ein Konsens angestrebt.

Außerdem beschränkt sich die Modernisierung Barcelonas nicht auf den ökonomischen Bereich, sondern erstreckt sich auch auf die politischen Errungenschaften einer demokratischen, städtischen Gesellschaft. Barcelona hat bewiesen, wie wichtig die Politik für die Leistungsfähigkeit einer Stadt sein kann. D.h. wie die städtische Führung Demokratisierung und politische Dezentralisierung begreift, hat sich als entscheidend für die Bewältigung der ökonomischen und der städtischen Umstrukturierung herausgestellt. So ist ein hegemonialer Konsens für die Stadterneuerung entstanden. Diesem Konsens ist es zu verdanken, daß einige der vorher unpopulären und von Nachbarschaftsgruppen bekämpften Eingriffe in den städtischen Raum realisiert werden konnten. Die Einstellungsänderung bei den Nachbarschaftsverbänden läßt sich zum Teil auf die Begeisterung zurückzuführen, die viele Einwohner während der Vorbereitung auf die Spiele erfaßte, aber zum Teil auch darauf, daß sie ihre Forderungen anmelden konnten.

Was 1982 von drei Honoratioren der Stadt hinter verschlossenen Türen begonnen wurde, entwickelte sich nicht nur zu einem Volksfest, sondern auch zu einem kraftvollen Symbol der Identität. Die ursprünglichen Pläne für die Stadterneuerung mußten aufgrund der Bürgerbeteiligung modifiziert werden. Sportverbände und

-vereine übernahmen eine führende Rolle bei der Planung der Wettkampfstätten für die Olympiade. Die olympische Familie (135.000 Personen) war aktiv einbezogen. Es scheint also, daß alle Beteiligten (Planer, Politiker, Bevölkerung) zu Zugeständnissen bereit waren, um ein Scheitern zu verhindern. Als die Spiele vorüber waren, zogen alle Gruppen ihren Nutzen aus dem Erfolg. Ein ausgeprägtes Gefühl der Partizipation hatte sich herausgebildet. War all dies erfunden, künstlich konstruiert? Vermutlich wäre ohne den Demokratisierungsprozeß in Spanien insgesamt und insbesondere in Barcelona das Ergebnis anders ausgefallen. Von besonderer Bedeutung waren außerdem das lange Streben nach mehr lokaler Autonomie und der heftige Wunsch, der Welt zu zeigen, was „wir" (Katalanen) zustande bringen können.

Weniger leicht vorherzusehen war die Verschmelzung von katalanischem und spanischem Stolz. Kleinere Zwischenfälle vor der Olympiade (bei der Eröffnung des Olympiastadiums 1989) deuteten auf die Gefahr eines nationalistischen Konflikts hin. Daher wurde auf eine sehr sorgfältige Kombination von Sprachen bei den Reden der Eröffnungs- und der Abschlußfeier geachtet. Katalanische und spanische Flaggen flatterten zusammen im Winde, während die Zuschauer gemeinsam ihre Athleten anfeuerten. Diese Manifestationen einer Art ziviler Religion wurden lokal als eine der größten Errungenschaften der Spiele bewertet. Bei auswärtigen und sensiblen Betrachtern, die mit der tragischen neueren Geschichte Spaniens vertraut sind, fand die Kooperation der politischen Führer unterschiedlicher Ideologien, wie sie die Spiele leiteten und förderten, große Aufmerksamkeit. Olympia war eine Gelegenheit, Symbole zu vereinen, die seit Jahren, wenn nicht seit Jahrhunderten, unversöhnt waren. Kurz nach den olympischen Feierlichkeiten wurde der Bürgermeister von Barcelona als zukünftiger nationaler Führer der Sozialistischen Partei gehandelt. Ob all diese Erfahrungen schnell vergessen sein werden oder nicht – das bleibt allein der Geschichte überlassen. Zweifellos haben jedoch Planung und Durchführung der Olympischen Spiele das Vertrauen in die lokale Führung gestärkt. Diese Verbindung von lokalem und nationalem Stolz kann nicht nur als weiterer Fortschritt in den Beziehungen zwischen Lokal- und Zentralregierung gelten, sondern auch als Chance, hohes politisches Ansehen in der europäischen Arena zu gewinnen – wie es die drei Führer der nationalen, der regionalen und der kommunalen Regierung derzeit bereits genießen.

Die Verfasserin dankt Josep Manuel Campillo, Dolors Cotrina, Ricard Mercade, Elio Piñon, Joan Rauric, Angel Sorribas, Albert Viaplana, Jordi Vallverdu für hilfreiche Informationen und besonders José A. Acebillo und Ada Llorens für ihre äußerst nützliche und freundschaftliche Hilfe im Verlauf der Forschung. Und ganz besonderer Dank an die Herausgeber für sorgfältiges Lektorat.

Literatur

Acebillo, José A., 1992: El progresivo cambio de escala en las intervenciones urbanas de Barcelona entre 1980 y 1992, in: VV.AA. Barcelona Olimpica. La ciudad renovada. Holsa, Barcelona.
Ayuntamiento de Barcelona, 1992: Barcelona Economia.
Ayuntamiento de Barcelona, Areas d'Esports, 1993: Dossier Instal.lacions Olimpiques, Abril.
Giraldez, Elena, 1991: Inversio estrangera i balanca tecnologica a Catalunya, Consorci de la Zona Franca, Ayuntamiento de Barcelona.
Llorens, Ada, 1989: Intervenciones Urbanisticas para las Olimpiadas del 92 in Barcelona, in: La intervencion empresarial en el urbanismo, CEIM, Madrid.
Mendoza, Eduardo, 1992: La ciudad de las tres exposiciones, in: VV.AA. Barcelona Olimpica. La ciudad renovada. Holsa, Barcelona.
Riera, Pere, 1993: Rentabilidad social de las infraestructuras: Las Rondas de Barcelona, Editorial Civitas, Barcelona.
Roldan, Santiago, 1992: Els Jocs Olimpics com a generadors d'inversio (1986-1992), in: Revista Economica de Catalunya, Colegio d' Economistes. Gener-Agost.
Rosello, Miguel A., 1993: Miles de barceloneses heredan el 92, in: La Vanguardia, 1 Abril.
VV.AA., 1991: Ciutat Vella: l'hora decisiva, in Barcelona Metropolis Mediterrania, Barcelona.
Vegara, José M., 1992: Barcelona Olympic Games: a successful project management, Ayuntamiento de Barcelona.
Vegara, José M., 1992: El impacto economico de los Juegos Olimpicos de Barcelona '92. Ayuntamiento de Barcelona.

(Übersetzung: Gisela Schillings)

Robert Geipel/Ilse Helbrecht/Jürgen Pohl

Die Münchner Olympischen Spiele von 1972 als Instrument der Stadtentwicklungspolitik

1. Einleitung

Die Münchner Olympischen Spiele gelten als eines der ersten Beispiele für eine Festivalisierung der Stadtpolitik. Verglichen mit den anderen Beiträgen in diesem Band, die allesamt Aussagen zu einem neuartigen Phänomen der Politik in den Städten treffen, unterliegt das Münchner Fallbeispiel einer Besonderheit: 21 Jahre sind seit den Spielen vergangen, 30 Jahre muß man zurückgehen, wenn man die Ausgangssituation einbeziehen will. Der Zeithorizont der Beobachtung bietet die besondere Chance, das große Ereignis vollständig überblicken und bewerten zu können. Es handelt sich um eine abgeschlossene Periode, die auch planungspolitisch relativ eindeutig als die euphorische Phase des Aufbruchs in die Stadtentwicklungsplanung eingeordnet werden kann. Damit bietet sich eine klare Interpretationsfolie für die Einordnung des individuellen Großereignisses in den stadtentwicklungspolitischen Kontext der 60er und frühen 70er Jahre.

Der zeitliche Abstand produziert jedoch im Gegenzug ebenso Probleme, denn der Bewertungsmaßstab für die Olympischen Spiele ist notwendigerweise zweigeteilt. Einerseits ist die Funktion der Olympischen Spiele im damaligen stadtentwicklungspolitischen Kontext der Münchner Situation zu sehen. Welche Funktion hat damals die Olympiade für das München des Jahres 1972 erfüllt? Andererseits müssen aber auch heutige Maßstäbe der Kritik an das historische Fallbeispiel angelegt werden. War die Olympiade aus der Sicht des Jahres 1993 ein produktives Ereignis für die Entwicklung der Stadt? Dabei liegt die Versuchung nahe, die damaligen Akteure aus den Wertmaßstäben der heutigen Zeit heraus zu beurteilen und damit vielleicht sogar, sie zu verurteilen. Ausführungen über die Münchner Olympiade von 1972 stehen in der Gefahr, anhand eines historischen Fallbeispiels den Stab über eine gesamte Planungsepoche, deren Wertvorstellungen und planerischen Maximen zu brechen.

Der Beitrag versucht daher, die damalige Ausgangssituation – historische Argumente aus den 60er Jahren für und gegen die Olympiade – deutlich zu trennen von einer ex post Bewertung aus heutiger Sicht. Wir wollen die Tatsache, über ein historisches Großereignis zu sprechen, insofern ausnutzen, als wir auf gravierende Unterschiede zur Festivalisierung heute hinweisen, aber auch die mögliche innovative Funktion der Spiele in München festhalten. Wäre München also auch ohne die Olympischen Spiele zu dem geworden, was es heute ist? Welche Bedeutung haben solche Großereignisse für Stadtpolitik und Stadtentwicklung, und was läßt sich aus dem Münchner Fallbeispiel lernen? Dabei deutet dieses – im Gegensatz zu aktuellen Diskussionen etwa zur Expo in Hannover – in eine überraschende Richtung. Die Olympischen Spiele in München sind – vor allem im lokalen Kontext der 60er Jahre – in vielerlei Hinsicht ein Beispiel dafür, wie internationale Ereignisse für lokale Interessen umfunktioniert und stadtentwicklungspolitisch instrumentalisiert werden können. Gerade die Verbindung von kurzfristigen, nur mehrwöchigen Inszenierungen mit langfristigen strukturellen Überlegungen unter dem gemeinsamen Dach der Mobilisierung und Bündelung aller Kräfte auf ein gemeinsames Ziel hin legt die Schlußfolgerung nahe, daß es weniger um die Frage „Festivalisierung der Politik, Ja oder Nein" sondern vielmehr um eine „richtige" Festivalisierung der Politik geht, also die Suche nach den richtigen Festen für die richtige Stadt.

2. München in den 60er Jahren

a) München im Aufwind

Die Rahmenbedingungen für die Ausrichtung der Olympischen Spiele in München waren durch eine Reihe von Besonderheiten geprägt. Da sind einmal die eigendynamischen Wachstumserfolge, denen die Olympischen Spiele von 1972 nur die nach außen sichtbare Krönung des Image-Wertes aufsetzten. Wenn heutzutage viele Städte ihr Wachstum durch Großereignisse zu fördern versuchen, um Stagnation zu überwinden, ihr Image zu erhöhen und Menschen und Investitionen anzuziehen, so hatte München die Olympischen Spiele von 1972 eigentlich nicht nötig. Die Stadt war aus dem Zweiten Weltkrieg zwar teilzerstört hervorgegangen (1945: 568.000 Einwohner), hatte aber den Einwohnerstand von 1940 (840.000) schon 1950 wieder eingeholt (832.000), 1957 die Millionengrenze überschritten und 1972 ihren bisherigen Höchststand an Einwohnern mit 1.339.000 erreicht.

München befand sich in den Nachkriegsjahrzehnten in einem bundesweit einmaligen Aufwärtstrend. Die Bevölkerungszunahme zwischen 1950 und 1970 war im Vergleich mit allen anderen bundesdeutschen Großstädten sowohl absolut (462.795) als auch relativ (55,7 %) am höchsten. Während Köln stagnierte, die Hansestadt Hamburg von 1961 bis 1970 zum Beispiel 11 % und Essen ca. 44 % seiner Industriearbeitsplätze verlor, stieg deren Anzahl in München um 11 % (vgl. Dheus 1972, S. 4 f.). Dieser Aufstieg erfolgte schon lange vor den Olympischen Spielen, weil München der große Gewinner der deutschen Teilung war. Die Kapitalflucht aus der Insel Westberlin brachte nicht nur den Siemens-Konzern hierher, sondern zog auch andere Flüchtlinge aus der SBZ bzw. DDR an: das Verlagswesen (Leipzig), das Messewesen, die Filmindustrie (UFA-Babelsberg), die Flugzeug- und Atomindustrie, die Rüstungswirtschaft und später die Mikroelektronik, die hier ihren wichtigsten Standort fand. Das Ereignis von 1972 war eingebettet in diesen Strom von initiativeträchtigen Zuwanderern („Nordlichtern"), denen das konservative Stammwählerpotential des Landes ein sicheres Investitionsklima und eine zufriedene Arbeiterschaft verhieß. Der Bundesatom-, später Verteidigungs- und Finanzminister und zuletzt Bayerische Ministerpräsident F.J. Strauß erschien den Investoren dabei als Schirmherr und Garant für Wachstum und Renditen.

Die wirtschaftliche Expansion führte unausweichlich zu einem umfassenden Strukturwandel innerhalb der Stadt, zu einer Zunahme des Pendlerverkehrs, zur Verknappung von Wohnraum, zu einer Erosion bisher für münchenspezifisch angesehener Anmutungsqualitäten als „Millionendorf", zur Bürgerverdrängung aus den citynahen Altstadt-Wohngebieten durch die Zunahme von Konsum und Kommerz im Zentrum sowie zu Traditionseinbußen. Die Stadtentwicklungspolitik sah sich vor die dringende Aufgabe der Steuerung des Wachstums gestellt. Vom öffentlichen Nahverkehr über den Wohnungsbau bis hin zu neuen Gewerbeflächen war der Zwang zum Handeln in der kommunalen Entwicklungspolitik unübersehbar. Als sich ab 1965 die Bewerbung Münchens um die Austragung der 20. Olympischen Sommerspiele in Konkurrenz mit Detroit, Montreal und Madrid abzeichnete und der Zuschlag am 26. April 1966 erfolgte, war somit ein Datum gesetzt, das innerhalb von nur sechs Jahren eine große Anstrengung von Stadt, Region, Land und Bund erfordern sollte. Dies nicht nur deshalb, weil die Organisation von Großereignissen per se eine besondere Herausforderung darstellt, sondern weil insbesondere die lokale Situation genügend endogene Konflikte, Chancen und Herausforderungen der Stadtpolitik barg. Gepaart mit der damaligen Planungseuphorie trafen die Vorbereitungen zu den Olympischen Spielen in München auf ein politisches Klima, das durch Aufbruchsstimmung geprägt war.

b) Lokalpolitischer und stadtentwicklungspolitischer Kontext

Die Idee für die Olympischen Spiele ist bereits vor der Vogel-Ära gereift. Schon 1964 spielt der zweite Bürgermeister Georg Brauchle mit dem Gedanken, München als Olympiastadt ins Gespräch zu bringen. Im Oktober 1965 schlägt der Präsident des NOK Daume Oberbürgermeister Vogel die Bewerbung vor. OB Vogel ist zunächst angesichts der 1936 mißbrauchten olympischen Idee skeptisch. Bezeichnend ist die Reaktion Vogels, als der Repräsentant einer weltweit agierenden Sportfunktionärs-Elite, Daume, dem Oberbürgermeister der drittgrößten Stadt der Bundesrepublik die Bewerbungsabsicht vorträgt, sozusagen ein globales Ereignis regional ansiedeln will. Vogel habe zunächst ein einziges Wort gesagt: „Sauber".

Dieser bajuwarische, fast unübersetzbare Begriff mit all seinen Nuancen signalisiert – wenn die Formulierung erlaubt ist – produktive Verzweiflung. Vogel fühlt sich ein wenig manipuliert, erkennt aber die Chance, die sich der Stadt bietet: Das Großereignis Olympische Spiele als Motiv und Ziel zugleich, um die ohnedies anstehenden Projekte einer umfassenden, modernen Stadtentwicklung zu verwirklichen. Dies ist und bleibt der prägende Zug für die Veranstaltung der Olympischen Spiele in München: die Nutzung eines internationalen Großereignisses für die funktionalen, lokalen Belange vor Ort, München als Zentralstadt der Region fester zu installieren und das Umland noch stärker an diese zu binden.

Die Bewerbung um die Spiele war – wie anhand der Anekdote deutlich wird – nicht eine bewußte Strategie der Kommunalpolitik oder gar der letzte oberbayerische Strohhalm im Konkurrenzkampf der Städte, sondern eher die von außen herangetragene Idee, mit München einen positiv bewerteten Standort für die erste Großveranstaltung im Nachkriegsdeutschland zu nutzen. Die Stadt München hat – nicht nur in finanzieller Hinsicht – die ihr zugedachte Aufgabe vor allem als Chance genutzt. Diese Instrumentalisierung der Spiele zur Lösung städtischer Probleme zeichnet den spezifisch münchnerischen Umgang mit dem Großereignis aus.

Die Bewerbung Münchens um die Olympischen Spiele ist ohne diesen lokalpolitischen Kontext und die stadtentwicklungspolitische Situation in den 60er Jahren nicht bewertbar. In München hatte 1960 der junge Hans-Jochen Vogel Thomas Wimmer, den aufgestiegenen Arbeiter aus dem bäuerlichen Erding, als Oberbürgermeister abgelöst. Galt für den „Wimmer Damerl" (Thomas) sein Kommentar zum täglichen Verkehrschaos am heute verkehrsfreien Marienplatz als typisch („Wann's nimmer weidakemman, de Stinkkarr'n, dann bleim's halt steh'"), so zieht mit Vogel – fast zehn Jahre vor der sozialliberalen Koalition – das Reformklima der 70er Jahre ins Rathaus ein. Vogel führt den Wahlkampf besonders mit Argumenten für eine umfassende Stadtentwicklungsplanung (vgl. Grauhan/Linder 1974, S. 88). Vogels Leitmotiv ist die These vom privaten Reichtum und öffentlicher Armut einerseits (z.B. Vogel 1971, S. 35 f.; Vogel 1972, S. 304 f.) und die Vorstellung von unbegrenztem Wachstum, das zur „Unwirtlichkeit der Städte" (Mitscherlich) und einem umweltzerstörerischen Suburbanisierungsprozeß führen würde andererseits (vgl. Vogel 1971, S. 27 ff.). Kenneth Galbraith und Jane Jacobs sind die wissenschaftlichen Leitfiguren. Wichtig ist jedoch, daß das Wachstum an sich als unabweisbar angesehen wird, es aber neuer Mittel und Wege bedarf, es zu lenken.

Vor dem Hintergrund des unaufhaltsamen Verstädterungsprozesses und der Krise der Stadtidee (autogerechte Stadt, Umweltbelastungen usw.) einerseits und der noch kaum angedachten Landes- und Regionalplanung andererseits ist die Idee der Olympischen Spiele für München deshalb weniger als Instrument der Stadtpolitik (zum Beispiel zur Sicherung der Wiederwahl von Amtsinhabern oder zur Imageförderung) als eines zur Stadtentwicklungspolitik und zur Regionalpolitik zu deuten. Konsequenterweise hat Vogel sich mehrfach für mehr Stadtforschung und eine Leitung der Stadtentwicklungsplanung durch den Oberbürgermeister selbst ausgesprochen (vgl. Vogel 1971, S. 30 f., 76, 87 f.). Organisatorisch macht sich die aktivere Rolle der Politik in der Unterstellung der Stadtentwicklungsplanung unter die Regie des Oberbürgermeisters (1960-1964) sowie die Etablierung des „Investitions- und Olympiaamtes" (1966) beim Direktorium und damit direkt beim OB bemerkbar. Die Aufgaben dieses Amtes waren: „1. Die Förderung der XX. Olympischen Spiele; 2. Investitionsplanung/Koordinierung/ Kontrolle; 3. Koordinierung der interregionalen Kontakte und 4. Förderung in der Stadtforschung." (Grauhan/Linder 1974, S. 105)

Aus dieser Aufgabenstellung geht klar hervor, daß die Olympischen Spiele im engsten Kontext zur Stadtentwicklungsplanung zu sehen sind und ganz wesentlich deren Instrument waren. Bis zur Organisationsreform zu Beginn des kurzen CSU-Interregnums (1978-1984) war Stadtentwicklungsplanung in München nicht im Baureferat angesiedelt, und das später entstandene Stadtentwicklungsreferat ist bezeichnenderweise aus dem Investitions- und Olympiaamt hervorgegangen. Auch die Förderung der Stadtforschung dort machte Sinn. Man hatte zu dieser Zeit die Vorstellung, man könne bei ausreichender Datenbasis mit Simulationsmodellen die optimale Stadt der Zukunft vorherberechnen (vgl. Grauhan/Linder 1974, S. 107).

Während Großereignisse heute als Chance gesehen werden, „sklerotisierte administrative Strukturen" aufzubrechen, und die Organisation zunehmend privaten Unternehmen übertragen oder in Public-Private Partnership organisiert wird, finden wir im München der 60er Jahre eine ganz andere Organisationsform: Die temporäre Aufgabe wird zum positiv gewerteten Anlaß, dauerhafte administrative Strukturen zu schaffen für eine neue Art von öffentlicher Aufgabe: einer integrierten Stadtentwicklungsplanung – ja sogar Regionalplanung. Diese heute naiv anmutende Idee (die, betrachtet man die Stadtentwicklungsplanung in München von heute aus, vielleicht auch keine glückliche gewesen ist) muß aus der damaligen Zeit gesehen werden: Der reine Wiederaufbau der Kriegszerstörungen war beendet und einfache Lösungen (z.B. autogerechte Stadt; Bau von Großwohnanlagen) wurden zunehmend skeptischer beurteilt. Andererseits standen heute selbstverständliche Instrumente (von der Städtebauförderung über die Regionalpläne bis zur mittelfristigen Finanzplanung) noch nicht zur Verfügung. So wurden die Spiele als Chance für eine integrierte Planung angesehen.

Das Konzept für eine solche integrierte Stadtentwicklungsplanung lag schon seit mehreren Jahren vor. Angesichts des turbulenten Wachstums der Stadt wurde 1963 ein Stadtentwicklungsplan aufgestellt, der der Dynamik der städtischen Entwicklung mit klaren Ordnungsvorstellungen begegnen sollte. München wollte dem drohenden Wachstumsstreß mit einem dezidiert zentralistischen Planungskonzept begegnen. Die monozentrische Zielvorstellung ist im Stadtentwicklungsplan von 1963 eindeutig formuliert: „Leitgedanke dieser Planung ist die auf ein hochentwickeltes Zentrum hin orientierte, entlang den Strecken des Massenverkehrsmittels sternförmig (...) mit ihrem natürlichen Umland organisch verbundene Metropole mit Weltstadtcharakter" (Direktorium 1963, S. 20). Durch die Stärkung der Stellung Münchens als Zentralstadt in der Region sowie die intensivere Anbindung des Umlandes an die regionale Metropole sollte das Wachstum der Kernstadt in geregelte Bahnen gelenkt werden. Die Geschichte Münchens als Solitärzentrum in Oberbayern wurde durch diese Art der Planung in die Zukunft fortgeschrieben. Dem Konzept der Regionalstadt wurde in den 60er Jahren – nicht nur in München – gegenüber einer möglichen Dezentralisierung des Wachstums durch die Schaffung von Entlastungszentren im Umland der Vorrang gewährt – eine sicherlich aus heutiger Sicht ausgesprochen problematische Konzeption.

Insgesamt standen die Olympischen Spiele damit eindeutig im Kontext einer sich verstärkenden Stadtentwicklungsplanung, die wiederum versuchte, das Sportereignis als Antriebsmotor für die eigene Schubkraft zu nutzen: „Was immer auch im Rahmen der Stadtentwicklung zur Zeit geschieht – in München wird es zum vorolympischen Ereignis, in den meisten Fällen sogar zurecht, denn kaum eine Maßnahme der letzten Jahre steht nicht direkt oder indirekt in einem Wirkungszusammenhang mit den Spielen. (...) Gerade sie (die großen Aufgaben, d.V.) aber haben die Stadt und ihre Bürger gefordert und damit die Stadtentwicklung zweifellos gefördert" (Dheus 1972, S. 19).

c) Regional- und landespolitischer Kontext

Schon im Stadtentwicklungsplan von 1963 wird die Notwendigkeit der regionalen Kooperation – wenn auch unter zentralistischem Vorzeichen – zur Steuerung des Wachstums thematisiert. Der Einwohnerzuwachs wie auch das ökonomische Wachstum hatten die administrativen Grenzen der Stadt erreicht: Nach der Erschließung innerstädtischer Randlagen (zuletzt: Planung der Trabantenstadt Neuperlach für 80.000 Einwohner) stellt sich das Stadt-Umland-Problem immer drängender. Parallel zur Stadtentwicklung wird deshalb die Einbindung Münchens in den regionalen Kontext anläßlich der Olympischen Spiele umfassender berücksichtigt. Die Aufgabe drei des Investitions- und Olympiaamts, die Koordinierung der interregionalen Kontakte, wird zum verstärkenden Faktor für eine stadtübergreifende Raumordnungspolitik.

Zwar war schon 1960 die Bedeutung der Stadt-Umlandverflechtungen klar erkannt worden. Die Regionalentwicklung hat daher den selben Stellenwert wie die Stadtentwicklung (vgl. Vogel 1971, S. 22, 37, 88). Unter der Prämisse weiteren Wachstums und zunehmender Probleme aufgrund dieses Wachstums hat die Stadt bereits zu Beginn der 60er Jahre faktisch Regionalentwicklungsplanung betrieben. Freilich sind die organisatorischen Voraussetzungen für eine übergreifende Stadt-Umland-Politik im Verdichtungsraum nicht gegeben. Einen Umlandverbund gibt es zu dieser Zeit in München nicht. Es existiert lediglich ein nicht flächendeckender Zusammenschluß des „Planungsverbandes Äußerer Wirtschaftsraum München", der sich weitgehend auf die Information der Mitgliedsgemeinden und Serviceleistungen (Flächennutzungspläne) beschränkt. Die Stadt München versucht diesen Verband auszubauen. Ein in Eigeninitiative erarbeiteter und auf der Verbandsversammlung 1968 verabschiedeter Regionalplan tritt niemals offiziell in Kraft, sondern dient nur als Orientierungsmodell (vgl. Fürst et al. 1990, S. 262). Der Gegensatz zwischen „rotem" Rathaus und „schwarzem" Umland verhindert jede verbindliche

Kooperation. In den 60er Jahren gibt es eine intensive Diskussion um die Struktur und Organisation der Regionalplanung, die das Bundesraumordnungsgesetz von 1965 erforderlich macht. Die Stadt München setzt sich für eine den Verflechtungsraum umfassende Verwaltungsregion mit weitreichenden Kompetenzen ein, in der naturgemäß das Zentrum eine starke Stellung gehabt hätte.

Diese von der großstadtorientierten SPD gestützte Position findet im ländlichen Raum (und das hieß zugleich: bei den CSU-Landräten und Abgeordneten) wenig Gegenliebe. Mit der Errichtung flächendeckender Planungsregionen, die allein die Zielplanung programmatisch zu formulieren hatten und keine Verwaltungskompetenz erhielten, wird den Interessen des ländlichen Raumes nachgegeben, und die Ziele der Zentren werden hintangestellt (vgl. Grauhan/Linder 1974, S. 111).

In dieser Situation sind die Olympischen Spiele eine Chance, die Gegensätze Großstadt-Umland wie auch Stadt-Freistaat zu überwinden. Denn München ist nicht nur eine Großstadt mit einem traditionell der SPD angehörigen Oberbürgermeister (Thomas Wimmer 1946-1960, Jochen Vogel 1960-1972, Georg Kronawitter 1972-1978 und 1984-1993, mit einer einzigen Unterbrechung 1978-1984 durch Erich Kiesl, CSU), sondern auch Landeshauptstadt eines ebenso traditionell konservativ wählenden Flächenstaates. Seine Landesregierung setzt in ihrer Hauptstadt als Wachstumspol auf Expansion. Unter der Schirmherrschaft des gebürtigen Münchners F. J. Strauß (1966 bis 1969 Bundesfinanzminister!) wurde die Region Zentrum der Luftfahrt, der HighTech-Forschung und Entwicklung sowie vor allem – eng daran gekoppelt – der Rüstung.

Über das – wenn auch aus unterschiedlichen Motiven heraus – gemeinsame Ziel erfolgreicher Olympischer Spiele konnten SPD-Stadt und CSU-Staat erstmalig und so erfolgreich wie später nie mehr gemeinsam agieren. Gerade in dem Bewußtsein, daß der Zentralisierungsprozeß, die Aushöhlung der kommunalen Selbstverwaltung, nahezu unaufhaltsam sei (vgl. Vogel 1971, S. 7-19), dürfte die Idee der Olympischen Spiele als Chance für ein Joint Venture für München und Oberbayern gesehen worden sein.

Der beschleunigte Bau der U-Bahn und S-Bahn, vor allem aber der umfassende Verkehrsverbund (MVV) von Stadt, Bundesbahn und Umland, der zunächst allein auf die Olympische Zeit hin konzipiert war und auf den noch genauer eingegangen wird, wären ohne die Spiele nicht denkbar (Abb. 3). Ein weiteres Beispiel für diese Art der Stadtentwicklungs- und impliziten Regionalplanung ist die Standortsuche für den Flughafen (vgl. Grauhan/Linder 1974, S. 121 ff.; Strubelt 1979). Der politische Konsens zwischen den Kontrahenten Stadt München und Freistaat Bayern ist 1968 weitaus stärker als zwanzig Jahre später, als die Region zum zweiten Mal die „größte Baustelle Europas" mit 8,5 Mrd. DM Baukosten aufweist: den Flughafen München II, der 1992 im Erdinger Moos als „Franz Josef Strauß-Flughafen" eröffnet werden sollte. Im olympischen Sog kann die Standortentscheidung für diesen (zunächst) problemlos getroffen werden. Erst nach dem Ende des Olympiabooms erstarkt der Widerstand dermaßen, daß sich das Projekt Flughafen um fast 20 Jahre verzögert. Im Gegensatz zu 1992 war aber 1972 eine allgemeine Stimmungslage gegeben, die nach anfänglichem Erschrecken über die Zumutung Olympischer Spiele bald einer „pack' ma's"-Euphorie weichen sollte.

3. Wirkungen der Olympischen Spiele

Die Olympischen Spiele hatten für die Stadtregion München sechs grundlegende Wirkungen:
- einen Imageeffekt als erste deutsche Stadt, die die BRD nach dem Zweiten Weltkrieg wieder international salonfähig für Großereignisse macht (a);
- stadträumliche Verschiebungen durch die Lokalisation von Sportanlagen und Infrastrukturmaßnahmen im bis dahin vernachlässigten Münchner Norden (b);
- eine Ausweitung der regionalstrukturellen Verflechtungen und Stärkung der oberzentralen Position durch die Anbindung des weiteren Umlandes an das System des öffentlichen Nahverkehrs (c);
- fiskalische Konsequenzen durch die Mobilisierung privaten, städtischen und überörtlichen Kapitals für die umfangreichen Baumaßnahmen (d);
- Nachfolgenutzungen des Olympiageländes (e);
- sowie eine Beschleunigung der Stadtentwicklung durch die Realisierung von Maßnahmen, die eigentlich erst Jahrzehnte später vorgesehen waren. Dieser Implementationseffekt war allerdings janusköpfig mit Vor- und Nachteilen gleichermaßen verbunden (f).

Alle sechs Wirkungsbereiche wurden weitgehend unter stadtentwicklungspolitischen Gesichtspunkten konzipiert. Anstelle des Mottos „München für Olympia" gelang es den lokalpolitischen Matadoren zumindest teilweise, die Strategie „Olympia für München" durchzusetzen.

a) Die „heiteren Spiele"

Dreißig Jahre vor der Beschlußfassung für die Münchner Olympische Spiele hatte im August 1936 in Berlin das erste sportliche Mammutereignis dieser Art in Deutschland in einem baulichen Rahmen stattgefunden, der der Baugesinnung eines neudeutsch-faschistischen Führerkults Rechnung trug. Das Regime produzierte sich in den Fahnen und Aufmärschen, in der symmetrischen Monumentalität eines colosseum-artigen Rundbaus mit Führerturm. Deshalb sollte ganz bewußt die Münchner zu einer „Anti-Berlin-Olympiade" werden.

Der im Februar 1967 ausgeschriebene Architektenwettbewerb förderte rund 100 Entwürfe zutage, unter denen im Oktober 1967 die Architektengruppe Behnisch und Partner (Stuttgart) den ersten Preis erhielt. Die Zeltdächer wurden von Frei Otto entworfen. Die Einbeziehung des Schuttberges in das Ambiente der Olympiaanlagen erwies sich dabei als überaus günstig. Bot er doch, parkartig gestaltet und begrünt, mit einem See zu seinen Füßen, ein landschaftsarchitekto-

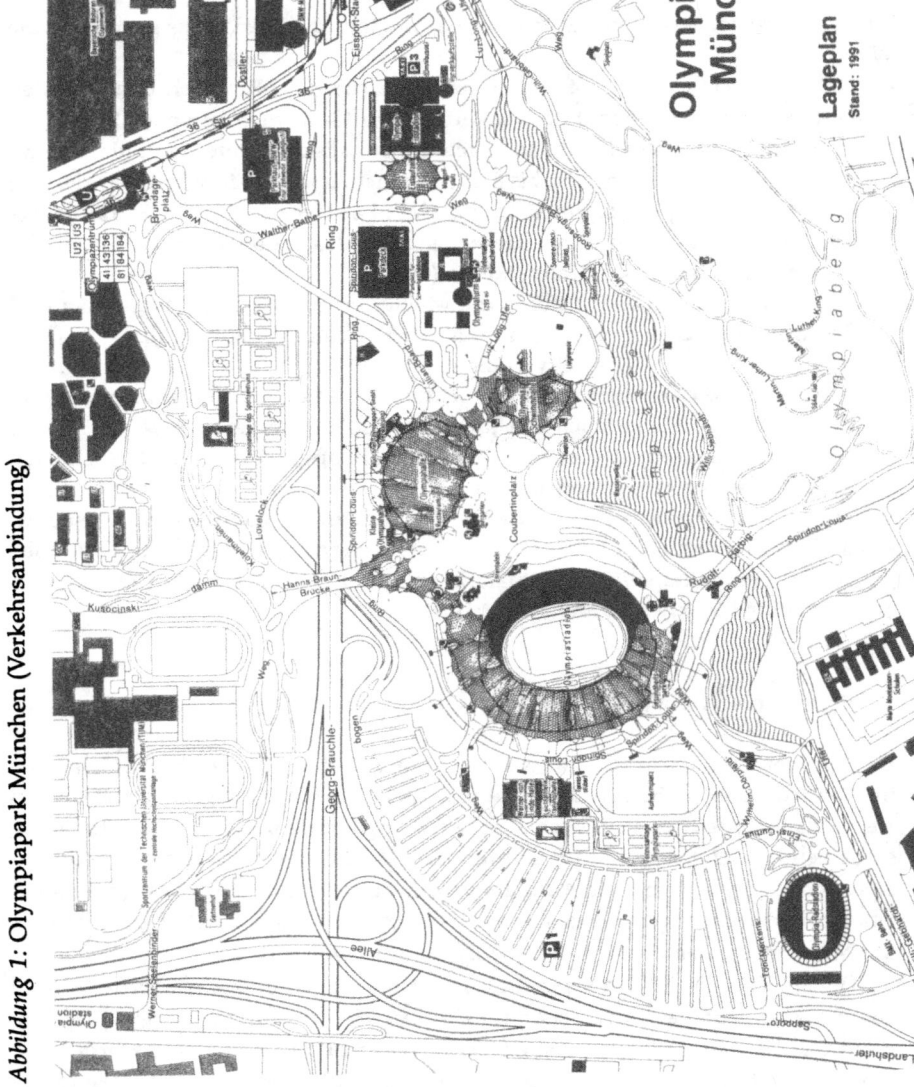

Abbildung 1: Olympiapark München (Verkehrsanbindung)

nisches Gegengewicht gegen die Beton-, Stahl- und Acryldacharchitektur der olympischen Bauten. Nicht zuletzt das visuell so markante Riesenzelt in der Hügellandschaft symbolisiert heute München und verschafft dem Olympiapark bis heute seine touristische Attraktivität und damit auch ökonomische Bedeutung (Abbildung 1).

„Am Oberwiesenfeld entstand statt eines Naturstein-Monuments eine voralpine künstliche Endmoränenlandschaft. Statt demonstrativ überhöht zu sein, versinkt das Hauptstadion in einer Mulde, überwölbt von einem durchscheinenden, 75.000 Quadratmeter großen Acryldach, angelehnt an eine Seenkette, eingebettet in Grünanlagen und überhöht von einem Aussichtsberg aus dem Schutt der kriegszerstörten Stadt sowie dem Fernsehturm, einer Startrampe gleich, von der mit der Schubkraft von 2000 TV-Spezialisten das Image Münchens in alle Welt übertragen wird: 'Spiele der Heiterkeit' mit Courrèges-Kostümen für die Ordner und Farbbändern statt Fahnen; aber auch mit der Tragödie der Geiselnahme und Ermordung der israelischen Olympiamannschaft, mit der das Erbe von Dachau den olympischen Fluchtversuch aus der braunen Vergangenheit vereitelt." (Geipel 1987, S. 25) Die Gesamtarchitektur der „heiteren" Anti-Berlin-Spiele überdauerte diesen „Zwischenfall" und zeigte indirekt an, daß nicht nur München Olympia, sondern auch der bundesdeutsche Staat München brauchte. Die Sponsoren einer Bewerbung Berlins um die Olympischen Spiele des Jahres 2000 werden sich noch mehr Gedanken über Olympische Spiele in einem Land machen müssen, in dem die Ereignisse von Mölln und Solingen wieder möglich werden.

b) Stadträumliche Verschiebungen: Die Wettkampfstätten der Sommerspiele 1972

Die Stadt München ist durch ein traditionelles Süd-Nord-Gefälle geprägt. Während der Süden mit seiner Nähe zu den Bergen und Seen des Alpenvorlandes, den Bavariastudios und dem naheliegenden Vorzeigewohnort der bundesdeutschen Fernsehprominenz (Grünwald) den begünstigten Stadtraum präsentiert, ist der Münchner Norden traditionell durch die Ballung von sperrigen Infrastruktureinrichtungen geprägt (vgl. Pohl/Geipel 1983). Der Münchner Norden war ein Gebiet der Industrie und der sperrigen Infrastruktur sowie der Wohnstandort der Unterschicht (Reichskleinsiedlungen, Notunterkünfte von „displaced persons", massenhafter Sozialwohnungsbau) sowie infrastrukturell kaum erschlossen. Es gibt zum Beispiel weder eine Kanalisation noch auch nur ein einziges Gymnasium.

Am Oberwiesenfeld bietet sich deshalb im benachteiligten Münchner Norden – nur vier Kilometer Luftlinie vom Marienplatz als der Altstadtmitte entfernt – eine Fläche von zureichender Größe (280 Hektar, davon 80 ha Sportflächen) zur Nachnutzung an. Vorausgegangen waren hier seit dem 18. Jahrhundert Nutzungen wie Heerlager, Paradeplatz, Pferderennbahn, Flugplatz für erste Ballonaufstiege, Zeppelinlandungen und ab 1931 als Vorgänger Riems ein erster Zivilflughafen,

Abbildung 2: Olympiapark und Olympiadorf in ihrer Lage am Rande der Innenstadt

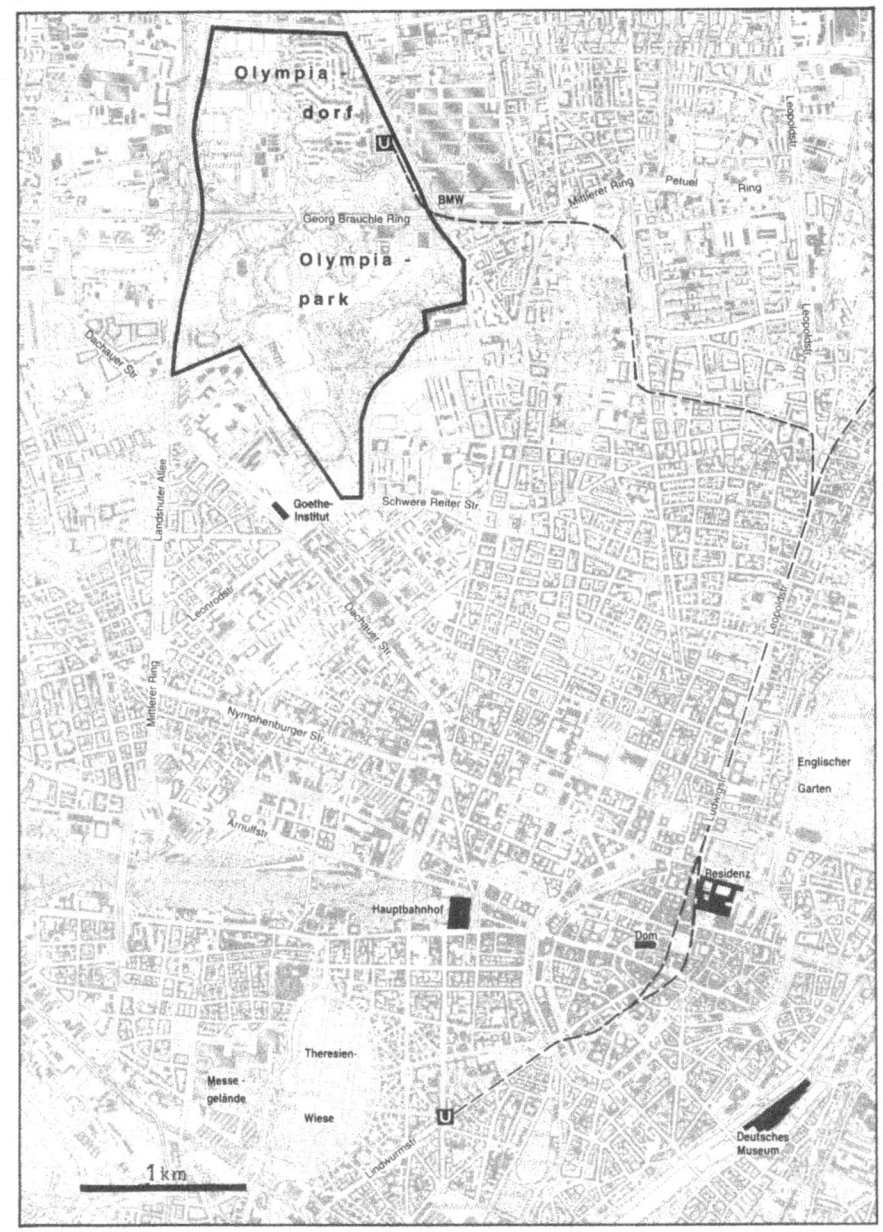

der aber nur acht Jahre Bestand hatte. Wie peripher in der ersten Nachkriegszeit das Oberwiesenfeld noch eingeschätzt wurde, zeigt sich auch daran, daß hier der Trümmerschutt der zu 45 Prozent bombenzerstörten Stadt zu einem die Stadt überragenden Schuttberg aufgetürmt worden war. Damit bietet sich nicht nur die Möglichkeit der Aufwertung eines traditionell benachteiligten Stadtgebietes, sondern auch die Anlage eines stadtnahen Olympiazentrums, das sowohl im Interesse einer intensiven Nachnutzung wie auch der notwendigen und geplanten Stadterweiterung steht (vgl. Geipel 1987, S. 25).

Während durch die dezentrale Anordnung der Sportstätten bei den Olympischen Spielen 1992 in Barcelona eine breit gestreute Nutzung und höhere Akzeptanz erreicht werden sollte, wird in München 1972 ein markanter städtebaulicher Akzent in nur einem Stadtteil gesetzt. Somit wird mit den Wettkampfstätten der Olympischen Sommerspiele von 1972 nicht an einem beliebigen, nach dem Ereignis obsoleten Standort im Außenraum überinvestiert, sondern ein Beitrag zur Begrünung und Verbesserung des Ambiente im bisher stark vernachlässigten Norden Münchens geleistet. Ein positiver Gegenakzent gegen so viele hier lokalisierte Einrichtungen sperriger Infrastruktur (Mülldeponie, Klärwerke, Großrangierbahnhof, Autobahnkreuzungen, Landfahrerlager, Obdachlosenunterkünfte, emissionsträchtige Großbetriebe) wird gesetzt. Erst mit den imagefördernden olympischen Anlagen und dem olympiainduzierten U-Bahnbau beginnt die Integration des Nordens in den gesamtstädtischen Raum – wenn auch der Norden strukturell der Hinterhof bleibt.

c) Regionalstrukturelle Verflechtungen: Der Ausbau des ÖPNV

Ein wichtiges Beispiel für die erfolgreiche „Stadt- und Regionalentwicklungsplanung" unter dem Deckmantel der Olympiaplanung ist der Ausbau des Öffentlichen Personennahverkehrs im Verdichtungsraum und der weiteren Region München. 1961 pendelten schon täglich 56 % der insgesamt ca. 57.000 Menschen nach München mit der Eisenbahn ein. 1970 stieg die Zahl der Pendler auf fast 130.000, der Anteil der Eisenbahnbenutzer fiel jedoch auf 33 % (vgl. Dheus 1972, S. 268). Die Errichtung eines Nahverkehrssystems mit S- und U-Bahn gehörte deshalb zu den vordringlichen regionalentwicklungspolitischen Aufgaben, die allerdings erst stufenweise vorgesehen war.

Mit der Entscheidung über die neu einzurichtende Verkehrsinfrastruktur waren die bedeutendsten stadtentwicklungspolitischen Implikationen der Olympiaära verbunden, die bis heute ihre – teilweise fatale – Wirkung zeigen. Die Alternativen zur Verbesserung der Verkehrsführung im Stadtkern lauteten: Unterpflasterbahnbau oder S-Bahn? Während die unterirdische Straßenbahn durch die flächenhafte Erschließung des gesamten Stadtgebietes eine Beschleunigung des innerstädtischen Verkehrs bedeutet hätte und sich somit vor allem an dem Nutzen für die Bewohner der Stadt orientierte, zielte die S-Bahn-Variante durch die Verknüpfung der Vorortstrecken auf die Interessen der Region und förderte durch die Bevorzugung der Einpendler die Interessen Münchens als Wirtschaftsstandort. Der Streit um die gegensätzlichen Varianten reichte bis in die 50er Jahre zurück, als die Deutsche Bundesbahn 1953 erstmals die Genehmigung für den Bau von dreizehn radialen Linien im Münchner Verdichtungsraum einreichte. Das Interesse der Bundesbahn an einem sternförmigen Netz, das die Zentralität der Innenstadt zwischen Ostbahnhof und Hauptbahnhof massiv forciert, war vor allem ökonomisch begründet. Mit der Erschließung des zentralen innerstädtischen Platzes, des Marienplatzes, durch ein S-Bahnsystem, waren ungewöhnlich hohe Renditeraten zu erwarten.

Während SPD und Gewerkschaften noch zu Beginn der 60er Jahre an dem dezentralen, stadtbewohnerorientierten Unterpflasterbahnkonzept festhielten, konnte Oberbürgermeister Vogel den objektiven Entscheidungsdruck angesichts des anstehenden Olympiatermins für die Durchsetzung der S-Bahnvariante nutzen. Obwohl grundlegende regionalstrukturelle Konsequenzen mit der Wahl des Verkehrskonzeptes verbunden waren, siegte hierbei der Pragmatismus. Die Vogel-Administration konnte die S-Bahnvariante durchsetzen, weil nur für dieses Verkehrskonzept Fördermittel von Bund und Land zur Verfügung standen (vgl. Grauhan/Linder 1974, S. 91 ff.). Andernfalls hätte die Stadt München den Umbau der Straßenbahn in eine Unterpflasterbahn alleine finanzieren müssen. Mit der als zwangsläufig dargestellten Beugung vor fiskalischen Zwängen wurde die entscheidende Weiche für das Stadtwachstum durch Suburbanisierung der Wohnbevölkerung und Arbeitsplatzkonzentration im Kern der „Metropole mit Herz" gestellt. Der S-Bahnausbau wurde beschleunigt, der ergänzende U-Bahnbau finanziell großzügig vom Bund und vom Land gefördert und ebenfalls erheblich vorgezogen. Im Mai 1972 fuhr bereits die S-Bahn, und das Gelände der Olympischen Spiele wurde von der S-Bahn und einer eigenen U-Bahnlinie erschlossen (Abbildung 3).

Die im Stadtentwicklungsplan von 1963 als Leitgedanke formulierte monozentrische Regionalentwicklung mit radialen Auswüchsen „entlang den Strecken des Massenverkehrs" (Direktorium 1963, S. 20) vollzieht somit eine Raumstruktur nach, die aus fiskalischen Gründen anders kaum denkbar gewesen wäre. Über die Entstehungsgeschichte des Stadtentwicklungsplanes und sein Verhältnis zu den um Jahre älteren Konzepten der Deutschen Bundesbahn läßt sich im nachhinein nur spekulieren.

Die Entscheidung für das zentralistische Radialsystem der S-Bahn hat den Aufstieg Münchens in den 60er Jahren dennoch gefördert, weil die Grenzen des Wachstums ausgedehnt und in die Region verschoben werden konnten. Der Mangel an Wohnungen und Gewerbeflächen wurde in Form räumlicher Expansion kompensiert. Erst Jahre später, als München durch die weitere quantitative Zunahme an Bevölkerung und Arbeitsplätzen an eine neue Wachstumsgrenze stößt, erweist sich das sternförmige Expansionskonzept als mangelhaft. Aus heutiger Sicht wäre deshalb ein polyzentrisches, netzförmiges System für eine räumlich

Abbildung 3: Schemaplan des Münchener Verkehrsverbundes 1972

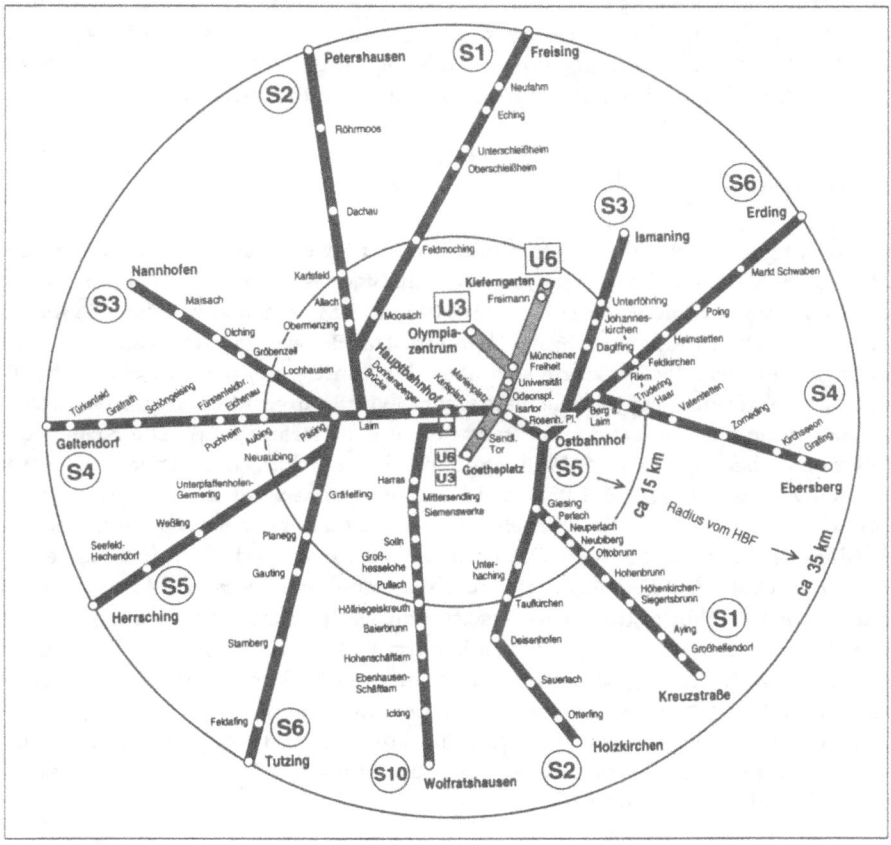

Quelle: Münchener Verkehrsverbund 1972

Im Schemaplan des Münchener Verkehrsverbundes wird die monozentrische Erschließung der Region 1972 deutlich.

ausgewogene Entwicklung des Verdichtungsraumes zuträglicher. Die radialen Ausfallachsen haben die Grenzen ihrer Leistungsfähigkeit schon lange erreicht. Der Münchner Verkehrsverbund (MVV) ist zwar einer der am besten ausgelasteten öffentlichen Verkehrsträger der BRD. Dennoch nutzen täglich mit 175.000 Pendlern nur 39,1 % aller Einpendler nach München den MVV, (MVV 1990, S. 14). Damit ist die Quote ähnlich hoch wie in vorolympischer Zeit. Beurteilt man die regionalentwicklungspolitischen Konsequenzen des neu ausgebauten Verkehrssystems im Zuge der Olympiaplanung insgesamt, so zeigt sich, daß planerische Entscheidungen niemals Lösungen für die Ewigkeit sind. Auch wenn das MVV-System aus heutiger Sicht kritisiert werden muß, so stellt es doch eine wesentliche Voraussetzung für die heutige Stellung Münchens im bundesdeutschen Zentrengefüge dar. Angesichts der Situation in den 60er Jahren war die Entscheidung für ein radiales Konzept somit richtig, falsch war jedoch, die sternförmigen Ausfallachsen in den Folgejahren nicht um Tangentialstrukturen zu erweitern.

d) Finanzen

Ein wichtiger Aspekt für die Durchführung der Spiele war die Frage der Finanzierbarkeit und der Finanzbelastung für die Stadt München. Die Baukosten für die Olympischen Spiele waren 1966 auf 520 Mio. DM geschätzt worden. Sie sollten zu drei gleichen Teilen vom Bund, dem Freistaat Bayern und der Stadt München getragen werden. 1969 erklärte sich aber der Bund – aus nicht direkt nachvollziehbaren Gründen – bereit, die Hälfte der Olympia-Investitionen zu finanzieren, so daß nunmehr auf Land und Stadt nur je ein Viertel entfiel. Die Kosten der Olympiade betrugen laut „Schlußbericht des Direktoriums der Landeshauptstadt München" vom 22.7.1976 1,930 Mrd. DM, von denen auf die Investitionen in München 1,330 Mrd., in Kiel (Segelregatten) 93 und auf die Veranstaltungskosten in München und Kiel 507 Mio. DM entfielen. Es können somit für die Stadtregion München 1,330 Mrd. DM als raumwirksam angenommen werden (ohne Rücksicht auf importierte Vorleistungen einerseits und Multiplikatoreffekte andererseits). Den Ausgaben für die Olympischen Spiele von 1,930 Mrd. DM standen Einnahmen von 1,334 Mrd. DM gegenüber. Sie stammten aus der Fernsehlotterie „Glücksspirale" (252 Mio.), dem Münzgewinn der Olympia-Münzen (679 Mio. DM), den Einnahmen des Olympischen Organisationskomitees (361 Mio. DM) und den Förderungsmitteln der zentralen Hochschulsportanlagen (42 Mio. DM). Insgesamt betrug die olympiabedingte Belastung der öffentlichen Haushalte 572,7 Mio. DM, die sich wie folgt aufteilen:

Kostenträger	Investitionskosten	+	Veranstaltungskosten	=	Gesamtkosten
Bund	250.2		33.0		283.2
Bayern	128.75		15.07		144.7
München	127.55		15.97		143.5
Augsburg	1.3		–		1.3
	507.80		64.9		572.7

Die 143,5 Mio. DM Gesamtkosten, welche die Stadt München aufzubringen hatte, lagen 30 Mio. unter den 1965 geschätzten Kosten. Da sich der Kostenaufwand auf sieben Fiskaljahre verteilte, betrug die durchschnittliche jährliche Belastung Mün-

Die Münchner Olympischen Spiele von 1972

chens 20 Mio. DM, d.h. 0,98 % des Haushaltsvolumens von 1970. Setzt man den Wert der geschaffenen Investitionen mit den Kosten der Baumaßnahmen gleich (1,318 Mio. DM), so hat die Stadt München fast eine 10fache Vermehrung ihres eigenen Einsatzes von 143,5 Mio. DM erzielt!

Die finanziellen Vorteile der Spiele für die Stadt München schlugen sich darüber hinaus auch in kurzfristigen Wachstumsimpulsen nieder. So waren zum Höhepunkt der Bauarbeiten 25.000 Arbeiter und Handwerker unter Anleitung von 600 Architekten und Ingenieuren beschäftigt (vgl. Bayer 1987, S. 42). Und zu den öffentlichen Investitionen traten die privaten, vor allem beim Bau von Hotels, deren Bettenkapazität im Olympiajahr bereits 50.000 überschritt.

e) Nachfolgenutzungen des Olympiaparks

Mit dem infrastrukturellen Erschließungskonzept der Sportanlagen ist gleichzeitig ein wesentlicher Faktor für mögliche Nachfolgenutzungen festgelegt worden. Ziel der Bauarbeiten, die eine S-Bahn und U-Bahn umfaßten, durch welche das Olympiagelände vom Marienplatz aus in elf Minuten erreicht werden kann, war es, eine optimale Nachnutzung zu ermöglichen. So wurde das hochragende Olympische Männerdorf mit seinen rund 3.000 Wohneinheiten als Eigentumswohnungen verkauft, die Flachbauten des Frauendorfes konnten vom Studentenwerk München zu 1.800 Appartements umfunktioniert werden, das Pressezentrum wurde zur Schule, das Fernseh- und Rundfunkzentrum wird als zentrale Hochschulsportanlage der TU München bei der Sportlehrerausbildung und für den Hochschulsport genutzt, und die Ein- bis Mehrzweckhallen der Olympischen Bauten selber wurden von der Münchner Olympiapark-Gesellschaft aufgefangen und bewirtschaftet (Olympia-Schwimmhalle, Eissportstadion, Radrennhalle, Olympiaturm). Dazu kommt schließlich die Olympiahalle selber, deren Nutzung von Rock-, Pop- oder Jazzkonzerten bis zur großen Oper, von Boxveranstaltungen zu Kongressen, Parteiveranstaltungen, Tennisturnieren und Kirchentagen reicht. Das Hauptstadion beherbergt die Heimspiele des FC Bayern, Europa- und Weltmeisterschaften. Die weiten Spazier- und Parkanlagen dienen den Bewohnern des Münchner Nordens bei dessen sonst eher vernachlässigtem Freizeitpotential als Versuch einer Entschädigung angesichts des eingeschränkten Wohnwerts der angrenzenden Wohngebiete.

Die Münchner Olympiapark GmbH, der es obliegt, „die Anlagen und Einrichtungen des Olympiaparks und der funktionell oder räumlich damit zusammenhängenden Einrichtungen" (Münchner Olympiapark GmbH 1982) zu betreiben und zu unterhalten, ist eine 100 %ige Tochter der Stadt. Sie ist ein wichtiger Bestandteil für die effiziente Vermarktung des Großereignisses. Die Gesellschaft hat ein Stammkapital von 9,58 Mio. DM sowie 274 feste Mitarbeiter (Münchner Olympiapark GmbH 1991). Schon 1970 in vorolympischer Zeit gegründet, war von der Gesellschaft für die ersten zehn Jahre ein jährliches Defizit von 10 bis 15

Mio. DM für die Instandhaltung und Nachnutzung der olympischen Anlagen einkalkuliert worden. Von diesen Folgekosten hat sich der Bund 1972 durch eine einmalige Zahlung von 130 Mio. DM „freigekauft". Diese Rücklage ist bis heute nicht nur nicht aufgebraucht worden, sondern hat sich durch Zinseinkünfte sogar auf inzwischen 220 Mio. DM erhöht. So sind der Stadt München bisher keinerlei Kosten für die Unterhaltung der Anlagen entstanden. Da die Zinseinkünfte gegenwärtig das jährliche Defizit abdecken, wird diese günstige finanzielle Situation voraussichtlich noch zehn bis fünfzehn Jahre (bis zu einer weiteren Steigerung der Instandhaltungskosten) andauern.

Die positive Finanzlage wird – neben den Zinserträgen – durch die intensive Nachfolgenutzung des Geländes gestärkt. Neben den 4,5 bis 5 Mio. zahlenden Besuchern besichtigen ca. 10 Mio. Menschen das Gelände pro Jahr. Der Olympiapark ist ein fester Bestandteil der Touristikprogramme und wird auch durch die Medien stets im München-Image wachgehalten. Während die Gäste der Dauereinrichtungen (Schwimmhalle, Eislaufstadion) von den öffentlich subventionierten Eintrittspreisen profitieren, versucht sich die Olympiapark-Gesellschaft bei der Nutzung von Stadion und Olympiahalle zunehmend als privater, risikofreudiger und profitorientierter Veranstalter zu profilieren. Allerdings ist die sich immer noch auf der Siegesstraße des Wachstums wähnende Landeshauptstadt München als Träger der Gesellschaft nicht gewillt, diese privatwirtschaftlichen Bemühungen intensiv zu unterstützen.

Die 1972 gehegten Erwartungen zur Nachfolgenutzung des olympischen Geländes sind somit weit übertroffen worden. Zwar bestehen Kritikpunkte zu einer Erweiterung des Stadiondaches oder der Einrichtung einer zweiten U-Bahnhaltestelle direkt unter den Sportstätten (die jetzige ist am Olympischen Dorf). Jedoch sind bei der Planung des Geländes keine wirklich gravierenden Fehler unterlaufen. Das Konzept des kompakten Parks mit einer Mischnutzung aus touristischen Attraktionspunkten (Zeltdacharchitektur, Olympiaturm), Naherholung für den Münchner Norden (Park, Seen) und Sportveranstaltungen auf Spitzenniveau und im Dauerbetrieb hat sich bewährt. Die Nutzungsintensität des Geländes wie auch die relativ günstige finanzielle Situation der Olympiapark GmbH weisen darauf hin, daß das Gelände für den richtigen Zweck erschlossen wurde.

Während die Nachfolgenutzungen die olympischen Sporteinrichtungen tragen, gibt es dennoch Probleme, die aus der Einbettung der ehemaligen Wohnkomplexe von Sportlern in einen vorwiegend industriell überprägten Raum stammen – und das für eine Dauer-Wohnbevölkerung, welche als Eigentümer oder Mieter das Erbe der nur kurzzeitig anwesenden Athleten antrat. Als in das Olympische Dorf der Männer, das Frauendorf und die Pressestadt Dauermieter und Eigentümer einzogen, wurden die dortigen Quadratmeterpreise von 1.600-2.000 DM zunächst als zu hoch angesehen, und die Wohnungen waren schwer verkäuflich (vgl. Bleyer 1987, S. 496). Es dauerte lange, bis neben den 1.600 Studenten auch die ca. 9.000 Einwohner aus der gehobenen Mittelschicht eingezogen waren.

Die Vorteile des neuen Viertels bestanden aus dem U-Bahnanschluß, aus Einkaufsstraßen, der Verbannung des Autoverkehrs in ein überbautes Tiefgeschoß, der Nähe zu den Parkanlagen, zum Sportgelände, die prestigeträchtige Hochhausarchitektur, für einige Zeit „die Adresse" zu sein, Gleichgesinnte für ein reges kulturelles, selbstorganisiertes Gemeinschaftsleben zu finden. Solchen Vorteilen stehen Nachteile gegenüber: Bei der städtebaulichen Verwirklichung sollten exemplarische Entwürfe entstehen, die durch das Konzept der Trennung von Fußgängern und Autos in der Wohnstadt des Olympischen Dorfes, die Einbeziehung einer Parklandschaft sowie den Versuch der „Urbanität durch Dichte" den Planungs- und Zeitgeist der 60er Jahre reformieren sollten. Das Olympische Dorf trägt damit – aus heutiger Sicht – die typischen Planungsfehler seiner Zeit. Zunehmend auftretende Fehler in der Bausubstanz, die mangelnde Sicherheit der Tiefgaragen und der reizlos gewordene Charme der Treppenarchitektur der 60er Jahre haben einen Imageverlust als zwar stadtnahes, jedoch anonymes Wohngebiet induziert. Darüber hinaus wird die unmittelbare Nachbarschaft von Industriebetrieben bestimmt, sie haben hier die älteren Standortrechte. Vor allem die Lackiererei von BMW und die cadmiumhaltigen Emissionen der Chemiewerke Bärlocher wurden zum Streitpunkt mit einer sensiblen, artikulations- und organisationsfähigen bildungsbürgerlichen Schicht, die gegenüber den traditionellen Werksangehörigen von BMW aus dem benachbarten Milbertshofen stark abstach.

Auch die Nachbarschaft zu den Sportstätten und den zahllosen Ereignissen in der Olympiahalle und den anderen Einrichtungen ist nicht mehr so wünschenswert, wenn sie nicht mehr von Weltstars, sondern von den Fanclubs sich bekriegender Fußballfanatiker bestimmt wird. In den schnell errichteten Betonburgen traten nach einigen Jahren der Dauernutzung die ersten Bauschäden auf. Der Blick auf die Alpenkette, den Verkehr des Mittleren Rings und die Zeltdach-Architektur ist zur Gewohnheit geworden. Der Durchlauf der Alterskohorten der eigenen Kinder läßt die einst begrüßten Infrastruktureinrichtungen eher zu akustischen Störfaktoren werden. Das Tiefgeschoß für den Auto- und Lieferverkehr erscheint nicht mehr sicher für Frauen und Jugendliche. Und auch die Ansprüche an die Bausubstanz sind in den zwanzig Jahren zwischen 1972 und 1992 gewachsen.

Statt Wohnwertverbesserungen wurde aber in tausend Meter Abstand inzwischen auch noch eine Rangierbahnhof-Großanlage in Betrieb genommen. Sie war seit 1928 von der Reichsbahn geplant, 1938 wurden 3.000 ha Grund erworben, um Hitlers Ausbauplänen für die „Hauptstadt der Bewegung" Verfügungsraum entlang der Gleisflächen des Hauptbahnhofs zu beschaffen. Der Zweite Weltkrieg hatte die Planungen unterbrochen. In den 90er Jahren wurden sie (Rangierbahnhof, Autobahnring) zu Ende geführt. Auch der Verkehr auf dem benachbarten Mittleren Ring hat in diesen zwanzig Jahren zugenommen. Während Bausubstanz und Bewohner des Olympiadorfes altern, hat der Weiterbau der U-Bahn moderne Wohnanlagen in besserem Ambiente erreicht und macht die Attraktion, die erste U-Bahn zur Verfügung gehabt zu haben, obsolet.

f) Der Beschleunigungseffekt der Stadtentwicklung

Eines der vielleicht faszinierendsten Phänomene und die wohl umfassendste Folgewirkung der Olympischen Spiele ist der Beschleunigungseffekt, der die Münchner Stadtentwicklung in Form einer Zeitmaschine innerhalb von 6 Jahren um ca. 15 Jahre nach vorne katapultierte. Der Beschleunigungseffekt hat zwei Gesichter. Während einerseits dringend notwendige verkehrspolitische Infrastrukturen in einem rasanten Tempo verwirklicht werden konnten und somit zumindest ansatzweise eine Steuerung des Wachstums in München gelang, die die Voraussetzung für weiteren Zuzug bildete, sind mit der Planung und Realisation aus einem Guß andererseits die typischen Folgeprobleme verbunden: Prozessuale Planung, die sich auch neu entstehenden Bedürfnissen anpaßt, sowie der Einbau von Lerneffekten war durch diese konzentrierte Leistung und Planverwirklichung in einem Zug und zu einem frühen Zeitpunkt nicht möglich.

Planerische Rationalität steht immer unter dem Einfluß eines bestimmten Zeitgeistes, und so sind die gebauten Infrastrukturen deutlich von den planungspolitischen Leitlinien der 60er Jahre sowie der damaligen Münchner Situation geprägt. Was die Olympiade in München provoziert hat, ist die rapide Verwirklichung der Zielvorstellungen der 60er Jahre. Da der stadtplanerische Handlungsdruck auch ohne die Olympischen Spiele in München zu Beginn der 60er Jahre offensichtlich war, hatte die Stadt München 1963 einen Stadtentwicklungsplan veröffentlicht, der die anstehenden Projekte zur städtebaulichen und verkehrlichen Ordnung in einem Stufenplan bis 1990 zur Verwirklichung vorsah. Mit den Olympischen Spielen wurde der Versuch unternommen, insbesondere die im Stadtentwicklungsplan vorgesehenen Verkehrsprojekte U- und S-Bahn viel früher als ursprünglich geplant zu verwirklichen (vgl. Krieg 1992, S. 417). Projekte, deren Realisierung bis auf das Jahr 1990 terminiert waren, mußten um eine ganze Generation früher, nämlich 1972 verwirklicht sein (vgl. Dheus 1972, S. 20). So entstand ein Tunnel unter der Innenstadt, bei dem zwei bisherige Endbahnhöfe (Haupt- und Ostbahnhof) durch einen 4,2 km langen S-Bahn-Tunnel unter der Altstadt verbunden wurden. Über ihm entstand eine weitverzweigte Fußgängerzone.

Die Kompression von Raum und Zeit war in gewissem Sinn der „große Sprung vorwärts" in der Stadt- und Regionalentwicklung. München erhielt rechtzeitig vor (oder doch zumindest gleichzeitig mit) dem Suburbanisierungsprozeß ein leistungsfähiges Nahverkehrsnetz. Regionalplanerisch war dies bedeutsam, weil durch das ÖPNV-Angebot der Ruf nach einer Verkehrserschließung der Region mit Straßen leichter abgewehrt und eine punktaxiale Siedlungsentwicklung erleichtert werden konnte. Bis heute ist der Anteil des ÖPNV am Modal Split der vergleichsweise höchste. Regionalökonomisch war mit der olympischen Entwicklungsplanung (zu der man auch die Entscheidung für den Großflughafen rechnen darf) die infrastrukturelle Grundlage für die Entwicklung zum HighTech-Zentrum gelegt. Konkurrenten wie Frankfurt oder Stuttgart konnten nur viel später und unter erheblichem administrativen und finanziellen Aufwand nachziehen.

Insbesondere die Erstellung des radialen S-Bahn-Systems hat aber regionalstrukturelle Verknüpfungsmuster provoziert, die einseitig und überdeutlich auf die Kernstadt ausgerichtet sind. Eine „Profitopolis" um den Schnittpunkt von S-Bahn und U-Bahnverkehr in der Stadtmitte ist entstanden, unter deren Einfluß sich die Position der Mittelzentren und Siedlungsschwerpunkte der Region eher verschlechterte. Die Suburbanisierung ist auch eine Folge des die Region an die Zentralstadt bindenden radialen S-Bahnsystems. Wohnen in der Region, Arbeiten und Einkaufen „in der Stadt" ist im Verdichtungsraum München wie kaum anderswo in Europa Realität. Trotz der Gewerbesteuerproblematik, die eigentlich allen Kommunen ein vorrangiges Interesse an der Ansiedlung von Betrieben geben sollte, ist es heute Ziel der Stadtentwicklungspolitik, mehr Gewerbe ins Umland zu bringen, um die Wohnbevölkerung in der Stadt zu stützen und das Einpendeln zu begrenzen. Die radiale Ausrichtung von S-Bahn- und U-Bahnnetz ist kaum reparabel und heute eine schwere Bürde für die weitere Entwicklung des Verdichtungsraumes (vgl. empirica 1991). Der MVV lenkt zwar erwünschterweise Pendlermassen auf den öffentlichen Nahverkehr um, dies aber in einem Maße, daß sich der Tunnel bald als zu klein dimensioniert und als Engpaß darstellen sollte. Die heutigen Bedürfnisse nach einer Erhöhung der Taktfrequenz der S-Bahn von 20 auf 10 Minuten sind mit dem Tunnel zwischen Ost- und Hauptbahnhof – der zentralen innerstädtischen S-Bahnachse, durch die alle Linien wie durch ein Nadelöhr hindurchgeführt werden – nicht zu leisten.

Dabei mutet es aus heutiger Sicht fast ein bißchen tragisch an, daß die Einsicht in die gravierenden Nachteile und nur begrenzte Tragfähigkeit eines zentralistischen Regionalentwicklungskonzeptes nicht erst seit ein paar Jahren diskutiert werden. Vielmehr wird schon zwei Jahre nach den Olympischen Spielen, im Jahr 1974, eine Umkehr der Zielvorstellungen für die Region München im Vorentwurf des 1975 wirksam werdenden neuen Stadtentwicklungsplanes verkündet. Die Diskussion über neue Ziele der Regionalentwicklung wird mit einem programmatischen Satz zur Bewertung der Olympiaplanung eingeleitet: „Nach einer Periode überdurchschnittlichen Wachstums beginnt für München etwa mit dem Abschluß der Olympischen Spiele eine neue Entwicklungsphase. Diese neue Entwicklungsphase ist durch das Bewußtsein bestimmt, daß überdurchschnittliches Wachstum vor allem von historisch gewachsenen Städten einen hohen Preis fordert" (LH München 1974, S. A1). Aus der Einsicht heraus, daß das zentralistische Konzept von 1963 die Probleme der Umstrukturierung der Innenstadt, das Fehlen sozialer Infrastruktur, die negativen Folgen des Straßenbaus, den wachsenden Pendlerverkehr, die Verdrängung von Wohnbevölkerung usw. nicht lösen konnte, wird dezidiert eine Korrektur in den Entwicklungsvorstellungen für die Innenstadt, für das Verkehrskonzept und die regionale Arbeitsteilung vollzogen. Es findet eine Zielkorrektur statt, die in den Aufbau von Nebenzentren und die Förderung von polyzentrischen Raumstrukturen mündet. Die „extreme Monozentralität des Siedlungsraumes" wird direkt kritisiert als eine „Fehlentwicklung, die durch den Ausbau der Verkehrsinfrastruktur zwischen Stadt und Umland noch gefördert wurde" (LH München 1974, S. X5). Auch innerhalb des Stadtgebietes wird die hochrangige Bewertung des Marienplatzes in der City relativiert und durch die Förderung einer „polyzentrischen Stadtentwicklung" ergänzt (LH München 1975). Parallel zu den Zielkorrekturen in der Raumentwicklung wird gleichzeitig das Wachstumsparadigma der 60er Jahre kritisiert. Anstelle des Denkens in Rekorden und Superlativen will man sich auf Qualität statt Quantität in der Stadtentwicklung besinnen.

Die Problempunkte der monozentrischen versus polyzentrischen Raumstruktur sowie der Konflikt zwischen quantitativem und qualitativem Wachstum sind bis in die 90er Jahre hinein die bestimmenden Themen der Regionalentwicklung in München. Aus heutiger Sicht ist der Stadtentwicklungsplan von 1975 somit hochmodern – wenn auch weiterhin geprägt vom planungseuphorischen Zeitgeist der frühen 70er Jahre.

München hat somit mit der Olympiade eine einmalige Chance genutzt, Stadtentwicklung im Zeitraffer zu betreiben und langfristige Pläne mittelfristig zu verwirklichen. Damit sind jedoch in Stadt und Region zentralistische Raumstrukturen für lange Zeit zementiert worden, die schon kurz nach ihrer Installierung kritisiert werden. Die Olympischen Spiele haben somit nicht nur als Zeitmaschine gewirkt und einen Beschleunigungseffekt gehabt. Sie haben vielmehr eine spezifische, nämlich zentralistische Raumstruktur installiert, die schon wenige Jahre später in dieser Reinform nur sehr viel schwerer durchsetzbar gewesen wären.

Stutzig macht allerdings, daß bis in die 90er Jahre hinein – außer auf dem geduldigen Papier des Stadtentwicklungsplans – letztlich bei keiner neuen U-Bahnlinie in der Stadt die Lehre einer übermäßigen Zentralität beherzigt worden ist. Obwohl die Planer zunehmend von dem zentralistischen Entwicklungskonzept abgerückt sind, ist es bis heute nicht gelungen, eine wirkliche Trendumkehr zu bewirken. Diese Unfähigkeit zu einer Korrektur der Entwicklung den Olympischen Spielen anzulasten, wäre absurd. Vielmehr scheinen die dominanten und durchsetzungsfähigen Interessen in der Stadt auch weiterhin die Vorstellung eines monozentrischen München zu verfolgen. Somit haben die Olympischen Spiele neben dem Zeitraffereffekt in der Stadtentwicklung eine selektive Ausrichtung der raumstrukturellen Verflechtungen auf die City gefördert, die wahrscheinlich auch ohne das Instrument des Großereignisses – so läßt sich begründet spekulieren – in gemäßigter Form verwirklicht worden wäre. Dezentrale Regionalstrukturen, die Askese der Konsumenten durch den Verzicht auf die Erweiterung der City in die umliegenden Viertel sowie die Behinderung eines Zentralitätsgewinns für München sind weder in den tradierten oberbayerischen Denkmustern noch in den Profitinteressen der kernstädtischen Firmen oder den auf ihre Wiederwahl ausgerichteten politischen Maximen der Kommunalpolitiker verankert.

4. Fazit: Olympische Spiele, Stadtentwicklung und Politik

Die Bedeutung der Olympischen Spiele von 1972 für die weitere Stadtentwicklung liegt weniger in ihrem Ereignischarakter im Sinne einer Festivalisierung der Politik, als in den im Zuge des Großereignisses getroffenen Investitionsentscheidungen und -implementationen für den öffentlichen Infrastrukturausbau. Die Olympischen Spiele brachten somit einen Entwicklungsschub im öffentlichen Raum mit langfristigen materiellen Folgen – so wie er Jahre später noch von anderen Olympischen Orten wie zum Beispiel Barcelona zu imitieren versucht wird (vgl. Ruddijs 1993).

In der Entwicklung der Bodenpreise, über zwanzig Jahre hinweg von 1961 bis 1981 verfolgt, wird der Charakter eines „Zwischenhochs" im Olympiajahr deutlich sichtbar (vgl. Klingbeil 1987, S. 102). Seit 1972 aber sank die Einwohnerzahl der Kernstadt, während das suburbane Umland von (1972) 872.000 auf mehr als eine Million Einwohner weiterwuchs. Daß das Jahr 1972 ein Angelpunkt dieser Stadt-Umland-Verlagerung war, wird aus der Zahl von 22.083 fertiggestellten Wohnungen im Stadtgebiet deutlich, der höchste nach dem Zweiten Weltkrieg je erreichte Gipfel, dem schnell ein Rückgang auf nurmehr 4.379 Wohnungen im Jahre 1978 folgte. Der Prozeß der Entleerung der Kernstädte ist damals Kennzeichen einer allgemeinen Entwicklung. Daß dies aber in München erst verspätet und abgeschwächt nach 1972 einsetzt, ist wohl kein Zufall (Abbildung 4).

Wenn Siebel in seinem „ZEIT"-Aufsatz vom 30.10.92 über die „Festivalisierung der Politik" schreibt und sich dabei ertappt, daß Hannover in seinem Aufsatz neunmal genannt wird, so kommt München nur ein einziges Mal vor: als Kernstadt, die wie Hamburg in den „Wucherungen des Siedlungsbreis" untergeht. Ist München nicht mehr „in"? Hat die Wiedervereinigung mit einem neuen Aufstieg Berlins den so lange isolierten und jetzt wieder neu umworbenen Konkurrenten ins Rampenlicht gerückt, so daß München nicht mehr „leuchtet"?

Da man seit 1972 Wachstum nicht länger in der Kernstadt mit ihrer Bodenknappheit, den horrenden Mieten und Grundstückspreisen verwirklichen kann, soll sich 1992 in regionaler Arbeitsteilung das Wachstum rings um den neuen Flugplatz (mit einer geschätzten Mantelbevölkerung von 80.000) verwirklichen, die Stadt selber bleibt im Windschatten dieses Ereignisses. Damit hat sich die Stoßrichtung der Regionalentwicklung zwanzig Jahre nach der Schaffung des Olympiaparks erneut bestätigt: in den wenig imageträchtigen Norden. Aber auch der Campus der TU München tritt hinzu (ein neuer Forschungsreaktor – 700 Mio. DM – wird 1993 diskutiert), Einrichtungen der Ludwig-Maximilians-Universität und der Max-Planck-Gesellschaft schließen sich an. Der Campus wird zur Zeit durch zwei weitere Fakultäten (Maschinenbau, demnächst Elektrotechnik) erweitert. Der neue Großflughafen liegt noch weiter im Nordosten. Schritt um Schritt verlassen die Landesinvestitionen die Kernstadt zugunsten einer „Regionalstadt", die bis Augsburg, Ingolstadt, Landshut und Rosenheim gedacht wird, um sich für das „Europa der Regionen" ein Filetstück Bayerns zu sichern. Die Schritte

Abbildung 4: Grundstückspreisentwicklung von 1961-1981 im Durchschnitt für das gesamte Stadtgebiet der Landeshauptstadt München

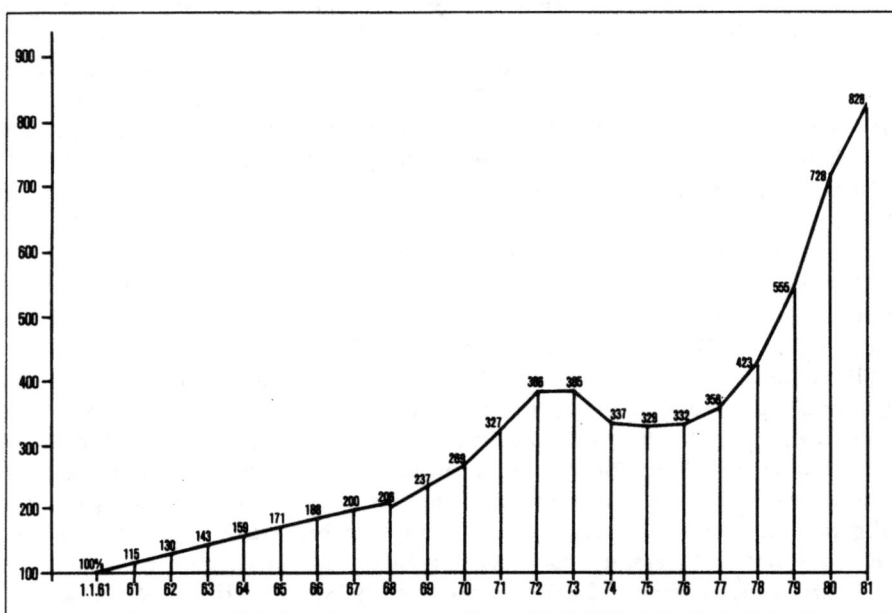

Quelle: Geschäftsstelle des Gutachterausschusses/Kaufpreissammlung/1981

Olympiapark – Garchinger Forschungscampus – Großflughafen München II kennzeichnen Investitionsschwerpunkte, die jeweils mehrere Jahre hindurch die Investitionskraft von Freistaat und Bund binden. München als Region ist damit auch lange nach den Olympischen Spielen noch im Aufschwung begriffen (Abbildung 5).

Diese Entwicklung verläuft weitgehend ohne die Landeshauptstadt. Fast hat man den Eindruck, daß sich das Umland vermittels der kommunalen Planungshoheit und der Mitwirkung in der Regionalplanung heute dafür rächen will, daß in der Olympiaboomphase, als mittels S-Bahnausbau, Bau von Entlastungssiedlungen, Verlagerung von sperriger Infrastruktur usw. die Suburbanisierung begonnen wurde, dies weitgehend ohne echte Mitsprachemöglichkeit (Zeitdruck, nationales Interesse) geschah. Der Befreiungsschlag in die Region hat heute seine Wirkung eingebüßt, und mehr denn je stößt München an seine Wachstumsgrenzen (vgl. Helbrecht/Pohl 1993). Die großräumige Kooperation „MAI" (München – Augsburg – Ingolstadt) als Alternative steckt aber noch in den Anfängen. Will man die heutige Situation verstehen und Olympia richtig einordnen, so muß man einen weiten Zeithorizont aufspannen. Die 50er Jahre (Ära Wimmer) waren weitgehend Anpassungsplanung. Die 60er Jahre (Ära Vogel) waren die des großen

Abbildung 5: Suburbanisierung vor der zweiten Runde: Vorschlag für die Erweiterung des S-Bahn-Netzes zu einer City-Bahn

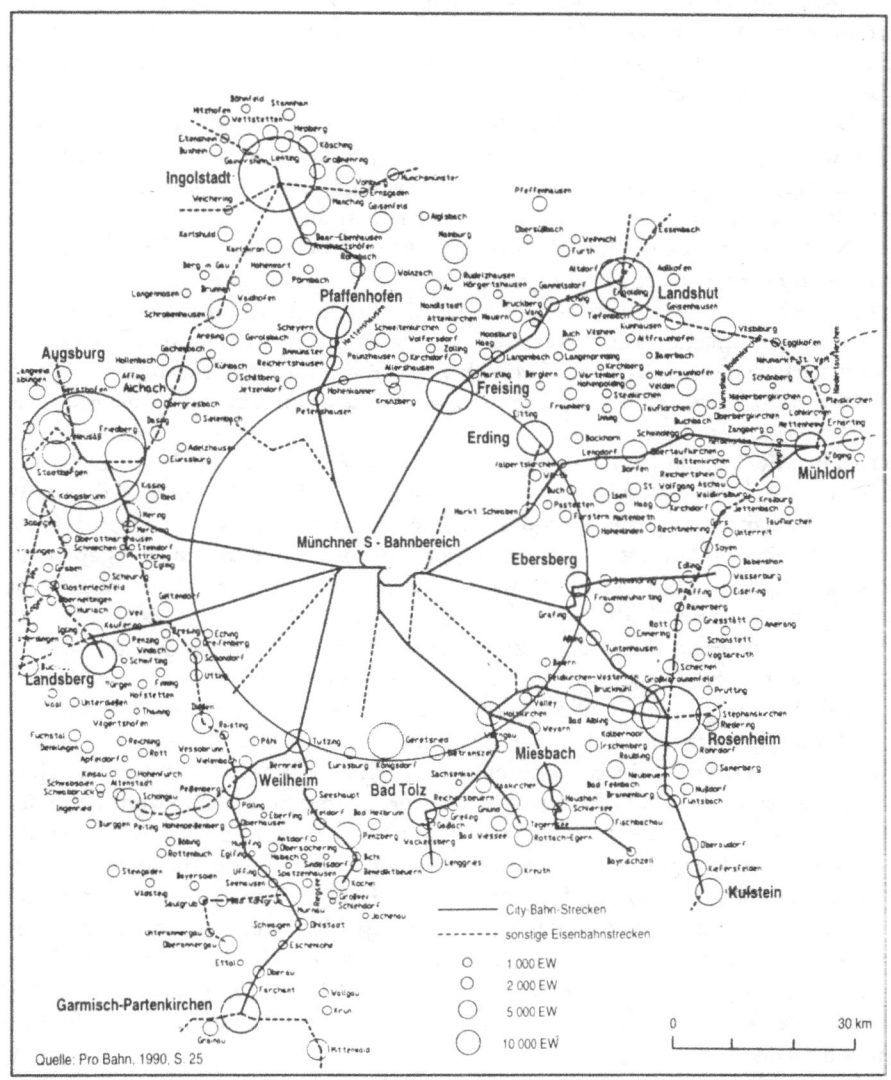

20 Jahre nach den Olympischen Spielen ist die monozentrische Erschließung der Region weit über den S-Bahnbereich hinausgelangt.

Stadtentwicklungsplanes (Stadtentwicklungsplan 1963, Beschluß zur Umwandlung der zentralen Verkehrsachse in eine Fußgängerzone 1966, U-Bahn und S-Bahnbau), in der Olympiaplanung gipfelnd. Die 70er und 80er Jahre (v.a. Ära Kronawitter) waren durch das weitgehende Fehlen einer aktiven Stadtentwicklungsplanung (bzw. einer Konzentration auf Sanierung, Verkehrsberuhigung und kleinere Maßnahmen) gekennzeichnet.

Daß die Olympischen Spiele in München reibungslos als Zugpferd der Stadtentwicklung dienen konnten, liegt im damaligen Zeitgeist begründet. Stadtentwicklungspolitik im München der 60er Jahre war ganz vom keynesianischen Geist erfüllt; man glaubte an den großen Wurf, für den die Stadtforschung die Daten und die Computersimulation das optimale Modell bereitstellen sollte. Der Stadtentwicklungsplan sollte für eine ganze Generation das Leitbild festschreiben. Die Olympischen Spiele in München als Motor der Stadtentwicklung sind eingebettet in dieses spezifische Planungsverständnis. Nach der Desillusionierung der 70er Jahre verfiel man, nicht nur in München, in ein „muddling through". Deshalb stellt sich die Frage, ob die zunehmende Festivalisierung eine weitere Auflösung des Gestaltungswillens in der Planung repräsentiert, oder ob sie vielleicht ein Kristallisationspunkt für eine neue aktive Planungspolitik sein könnte. Läßt man die Zeit Revue passieren, so erhebt sich die Frage, ob es – bei aller Problematik – nicht doch manchmal des Anstoßes eines „großen Ereignisses" bedarf, um wieder eine aktive Stadtplanung zu erreichen. (Sie wird insbesondere von der geplanten Verlagerung des Messegeländes auf die Flächen des aufgelassenen Flugplatzes Riem gefordert sein.) Dabei ist allerdings zu berücksichtigen, daß durch Großereignisse weitgehend die durchsetzungsfähigen Interessen in der Stadt – wie am Beispiel München das zentralistische Konzept – gefördert werden.

Dabei bot Olympia vor allem die Chance, ohnedies notwendige Investitionen und Planungen schnell, umfassend und mit einem für die Stadt selbst minimalen finanziellen Aufwand durchzuführen. Was deshalb die Münchner Olympischen Spiele kennzeichnet, ist nicht eine Festivalisierung im Sinne von Inszenierung der Stadtpolitik, sondern die Instrumentalisierung der Spiele für die Belange der Stadt. Durch das Großereignis bot sich die Möglichkeit, lokale und überörtliche Ressourcen zu mobilisieren und die Dynamik, Innovationskraft und finanziellen Mittel auf ein Ziel hin zu bündeln, das weniger exogen bestimmt war als Bühne des Weltsports, sondern vielmehr endogenen, regionalen Problemen und Bedürfnissen Rechnung trug. Daß dabei „endogene, regionale" Bedürfnisse vor allem die Interessen selektiver lokaler Eliten meint, ist jedoch für zukünftige Großereignisse zu bedenken.

Die Planung von Großereignissen stößt vielfach gerade wegen der Ballung von Ressourcen auf Kritik, mitunter werden Planungen dieser Art durch eine kritische Öffentlichkeit sogar, wie im Fall der Expo Wien-Budapest, zu Fall gebracht. Das normale „Granteln" ausgenommen, stießen die Olympischen Spiele in München vordergründig noch auf wenig Widerstand. Die Olympischen Spiele waren nur der Kumulationspunkt der Wachstumsstrategie der Vogel-Ära. Der olympiabeschleunigte Ausbau Münchens stieß insgesamt gesehen sehr wohl auf Kritik. Die Umwandlung innenstadtnaher Wohnviertel in Büroviertel (Lehel) und die Schneisen, die für den Altstadtring geschlagen wurden (Tunnel unter dem Prinz-Carl-Palais), riefen Widerstand selbst in der Münchner SPD hervor. Die Ausdehnung der City in die benachbarten gründerzeitlichen Viertel hat zudem viele Bürgerinitiativen auf den Plan gerufen, die gegen die Verdrängung der angestammten Wohnbevölkerung durch Banken, Versicherungen und Verwaltungen protestierten (vgl. Dantscher 1974, S. 29). Der Widerstand konnte auch durch Maßnahmen wie die Installierung des Münchner Forums (Diskussionsforum von Verwaltung und Öffentlichkeit für Entwicklungsfragen) und die Herauslösung der Stadtentwicklungsplanung aus dem unmittelbaren Einfluß des OB nicht kanalisiert werden. Vogel stand dabei im besonderem Maße für die Fraktion der Modernisierer in der SPD. Er verließ München und ging nach Bonn und Berlin. Die Art von Festivalisierung, wie sie in München stattfand, diente also nicht seiner lokalen Machterhaltung. Wohl aber nützte der ihm nach Bonn vorauseilende Ruf als durchsetzungsfähiger Oberbürgermeister seinem Aufstieg in der Bundespolitik. Vogels „Ziehsohn" Kronawitter hat die Lektion gelernt und beherzigte sie in einer rot-grünen Koalition bis zu seiner Pensionierung im Juli 1993.

Wie immer man das Ergebnis der Wachstums- und Modernisierungspolitik werten mag, so stellt sich doch die Frage, wo München ohne das „Große Ereignis" stünde. Wenn man etwa davon ausgeht, daß München ohne den gezielten Ausbau durch Ludwig I. und Max II. neben Augsburg und Nürnberg nicht mehr als eine Verwaltungsstadt geblieben wäre, so kann man auch fragen, ob München ohne die Modernisierung zu Zeiten Hans-Jochen Vogels zum „Isar Valley" oder gar zu einer „global city" geworden wäre. Hierfür war Olympia ein entscheidender Impuls.

Eine Antinomie zwischen Schaufensterpolitik oder Strukturpolitik läßt sich am Beispiel der Münchner Spiele nicht aufrechterhalten. Vielmehr ist es die Aufgabe der lokalen Akteure, zugkräftige internationale Veranstaltungen zu entdecken, die gleichzeitig dem endogenen, lokalen Problemdruck und der Profilierung auf der internationalen Bühne des Wettbewerbs der Städte und Regionen dienen. München deutete den Weg an, das richtige Großereignis für die richtige Stadt zu finden.

Literatur

Bayer, Walther, 1987: Olympiapark, in: Josef Birkenhauer (Hrsg.), München – Weltstadt in Bayern. Kallmünz: Laßleben, S. 41-45.
Bleyer, Burkhard, 1987: Verlauf einer Stadtteilkarriere: München-Milbertshofen. Kallmünz/Regensburg: Laßleben. (Münchener Geographische Hefte 58).
Dantscher, Ralf, 1974: Bürgerinitiativen. Modell Maxvorstadt München. Gelnhausen/Berlin: Burckhardthaus-Verlag GmbH.
Dheus, Egon, 1972: Die Olympiastadt München. Entwicklung und Struktur. Stuttgart: Kohlhammer.

empirica (Gesellschaft für Struktur- und Stadtforschung), 1991: Zukünftige Chancen und Risiken der Landeshauptstadt München als Wirtschaftsstandort. Bonn. (LH München, Arbeitsberichte zur Stadtentwicklungsplanung 25).
Fürst, Dietrich, Werner Klinger, Jörg Knieling, Margit Mönnecke und Hildegard Zeck, 1990: Regionalverbände im Vergleich: Entwicklungssteuerung in Verdichtungsräumen. Baden-Baden: Nomos.
Geipel, Robert, 1987: Münchens Images und Probleme, in: Robert Geipel und Günter Heinritz (Hrsg.), München, ein sozialgeographischer Exkursionsführer. Kallmünz/Regensburg: Laßleben, S. 17-42. (Münchener Geographische Hefte 55/56).
Grauhan, Rolf-Richard und Wolf Linder, 1974: Politik der Verstädterung. Frankfurt a.M.: Athenäum.
Helbrecht, Ilse und Jürgen Pohl, 1993: München zwischen Expansion und Kollaps? Über den Zusammenhang von Regionalentwicklung und Lebensqualität, in: Geographische Rundschau 45, S. 238-244.
Klingbeil, Detlev, 1987: Grundzüge der stadtstrukturellen Entwicklung nach dem II. Weltkrieg, in: Robert Geipel und Günter Heinritz (Hrsg.), München, ein sozialgeographischer Exkursionsführer. Kallmünz/Regensburg: Laßleben, S. 101-139. (Münchener Geographische Hefte 55/56).
Krieg, Nina, 1992: Die „Weltstadt mit Herz" – Ein Überblick 1957 bis 1990, in: Richard Bauer (Hrsg.), Geschichte der Stadt München. München: C.H. Beck, S. 413-421.
Münchner Olympiapark GmbH (Hrsg.), 1982: Der Münchner Olympiapark. München.
Münchner Olympiapark GmbH, 1991: Geschäftsbericht 1991. München.
MVV, 1990: MVV-Report 90. München.
Pohl, Jürgen und Robert Geipel, 1983: Umweltqualität im Münchner Norden. Wahrnehmungs- und Bewertungsstudien unter Mitarbeit von Elisabeth Schwarzenböck und Werner Lorenzet. Kallmünz/Regensburg: Laßleben. (Münchener Geographische Hefte 49).
Ruddijs, Sebastian, 1993: De Olympische Spelen als stedelijke inhaalmanoeuvre, in: Geografie 2, S. 24-27.
Siebel, Walter, 1992: Die Festivalisierung der Politik, in: Die ZEIT Nr. 45, 30.10.92, S. 62 f.
Strubelt, Wendelin, 1979: Der Großflughafen München. Politische Verwaltung im Spannungsfeld, Königstein/Ts.: Hain. (Sozialwissenschaftliche Studien zur Stadt- und Regionalpolitik 10).
Vogel, Hans-Jochen, 1971: Städte im Wandel. Stuttgart: Kohlhammer.
Vogel, Hans-Jochen, 1972: Die Amtskette – Meine zwölf Münchner Jahre. München.
Direktorium/Stadtplanungsamt der Landeshauptstadt München, 1963: Stadtentwicklungsplan einschließlich Gesamtverkehrsplan der Landeshauptstadt München. München.
LH München/Referat für Stadtforschung und Stadtentwicklung, 1974: Stadtentwicklungsplan '74. Grundlage für die öffentliche Diskussion. München.
LH München/Referat für Stadtforschung und Stadtentwicklung, 1975: Stadtentwicklungsplan 1975, München.

Gerd-Michael Hellstern

Die documenta: Ihre Ausstrahlung und regionalökonomischen Wirkungen

Das Unternehmen documenta dürfte das bekannteste kulturelle Ausstellungsereignis in der Nachkriegsgeschichte sein; mehr als die Hälfte aller Bundesbürger in Ost und West gaben in einer Repräsentativbefragung im Januar 1993 an, von der documenta bereits einmal gehört zu haben. Von der anfänglichen Intention, westdeutsche Defizite in Sachen moderner Kunst nach dem Krieg zu kompensieren, hat sie sich schon nach wenigen Jahren in eine Ausstellungsveranstaltung von internationaler Bedeutung gewandelt, zu einem – wenn auch nur temporären – Mekka zeitgenössischer Kunst, eher spöttisch – wegen ihres Rhythmus und Anspruchs – auch als Kunstolympiade bezeichnet und zunehmend heftiger Kritik wegen ihrer Ausstellungspolitik zwischen Kunst und Kommerz ausgesetzt. Abnutzungserscheinungen und Alterungsprozessen scheint die documenta jedoch nicht unterworfen zu sein: noch jede documenta hatte beachtliche Besucherzuwächse zu verzeichnen, auch die DOCUMENTA IX (d9) von 1992 hat die Besucherzahlen der Vorgängerveranstaltung um rund 30 % übertroffen. Seit der ersten documenta im Jahre 1955 scheint ihre Attraktivität für Künstler und Publikum ungebrochen und hat sie sich zu einem wesentlichen Bestandteil der modernen Kulturgeschichte der Bundesrepublik entwickelt, in dem sich die jeweiligen geistigen Strömungen und Trends fokussiert widerspiegeln (Schneckenburger 1985; Roters 1988).

Mit 615.000 Besuchern zählte die d9 nach der Internationalen Automobilausstellung (IAA) und der Grünen Woche gemeinsam mit der CEBIT zu den größten Ausstellungen des Jahres 1992 in Deutschland. Die Durchsetzung eines avantgardistischen „Weltanspruchs auf Zeit" in einer „provinziellen" Stadt abseits der internationalen Kunst- und Marktzentren hat immer wieder Verwunderung hervorgerufen. Die Frage, ob sie ihren Anspruch von vermitteln (docere) oder vom repräsentativen Dokumentieren der internationalen Trends ableitet, ob sie den Kunstmarkt beeinflußt oder zum Jahrmarkt der Beliebigkeit verkommen ist, scheint angesichts des weiter wachsenden Publikumsandrangs dieser Großveranstaltung allenfalls Kunstkritiker zu irritieren. Die Konstanz ihres ausstellungstechnischen Erfolgs, ihre Publikumswirksamkeit und Medienresonanz hat die documenta zum Imitationsobjekt anderer Städte werden lassen, ohne daß es bisher gelang, eine vergleichbare Wirkung zu erzielen. Der Einfluß der documenta zeigt

Tabelle 1: Besucherentwicklung der d1 – d9

documenta-Jahr	Besuche	Steigerung in %
d1 (1955)	130.000	–
d2 (1959)	134.000	3,1
d3 (1964)	200.000	49,3
d4 (1968)	207.000	3,5
d5 (1972)	220.000	6,3
d6 (1977)	355.000	61,4
d7 (1982)	380.000	7,0
d8 (1987)	476.000	25,3
d9 (1992)	615.000	29,2
Insgesamt	2.717.000	23,14

sich nicht nur im Aufbau und der Entwicklung neuer Museen zeitgenössischer Kunst (Museum Ludwig in Köln, Schirn in Frankfurt, Bundeskunsthalle in Bonn), sondern läßt sich auch an Großausstellungen wie der Metropolis- und Zeitgeistausstellung in Berlin, dem Bilderstreit in Köln bzw. der Etablierung von Kunstmessen (ART Cologne, ART Frankfurt) nachzeichnen.

In Opposition zu einer an Nachkriegswohlstands- und Konsumkriterien orientierten Gesellschaft entstanden, die künstlerische Belange gegen materielle zur Geltung bringen wollte, werfen ihr Kritiker vor, daß sie mit dem Erfolg immer stärker Teil einer Freizeitindustrie werde und ihre ästhetisch-formende Funktion verlöre.

Nicht jedoch ihre geistesgeschichtliche Position und Rolle, sondern eher prosaisch ihre regionalökonomische Funktion und die betriebswirtschaftlichen Produktionsstrukturen werden in der folgenden Skizze im Mittelpunkt stehen: Was bewegt 615.000 Besucher, in eine architektonisch und wirtschaftlich inattraktive Stadt am Rande Westeuropas zu kommen? Wie beeinflussen Finanzierungsstrukturen Ausstellungsziele? Ist die documenta für andere Städte ein Vorbild und wiederholbar? Rechtfertigen sich die zuletzt jeweils rund zwei Millionen DM, die Bund, Land und Stadt investieren? Weshalb ist der Beitrag, den das Großereignis documenta bisher zur wirtschaftlichen Aufwertung der Region leistete – im Widerspruch zur Theorie und gemessen an ihrer Resonanz und Medienwirksamkeit – eher gering?

Behauptete positive ökonomische Effekte für den Veranstaltungsort dienten bisher zur politischen Rechtfertigung und Legitimation der als beträchtlich erscheinenden Subventionen, und Kommerzialisierungstendenzen gelangen immer mehr in anekdotenhafter, meist kritischer Form in das Blickfeld von Kommentatoren. Bei der Analyse der Bedingungsfaktoren für die documenta wird der ökonomische Aspekt zwar häufig genannt, ist bisher jedoch systematisch noch nicht untersucht worden. Zum einen, weil verläßliche Fakten über Ausgaben- und Einnahmeströme und sogenannte non-monetäre Wirkungen nur mühsam zu erheben sind, zum andern, weil die Interdependenzen zwischen Kultur und Ökonomie in ihrem wechselhaften Zusammenspiel erst in den achtziger Jahren von der Wissenschaft systematisch aufgegriffen wurden (Abele/Bauer 1984; Bischof 1985; Taubmann 1986; Kyrer 1987; Hummel/Berger 1988; Behr/Gnad/Kunzmann 1990, ARCult 1992; DIW 1992). Dabei verstellen befürchtete oder tatsächliche Kosten und Defizite den Blick für entstandene ökonomische Wirkungsketten und dahinterstehende Interessen. Das Syndrom der ökonomischen Folgen umfaßt ein Kaleidoskop von Wirkungen, von denen neben den documenta-induzierten Umsatzsteigerungen, zumal im tertiären Bereich, die städtische Imagepflege vorrangig zu nennen ist. Da sich politische, ökonomische und künstlerische Probleme vermengen, wird – ausgehend von einer kurzen Skizze der lokalen Rahmenbedingungen – im folgenden versucht, Produktions- und Finanzierungsstrukturen, Vermarktungsstrategien und Wirkungen darzustellen.

1. Institutionelle Rahmenbedingungen und Interessen

Die nur Dresden vergleichbare Zerstörung der ehemaligen Rüstungsstadt Kassel reduzierte die Einwohnerzahl auf 71.000 Einwohner am Ende des Krieges (Durth/ Gutschow 1988). Bis heute hat die Stadt ihre Einwohnerzahl von 1943 mit 226.000 Einwohnern nicht wieder erreicht. Nach einem frühen Wachstum durch den Flüchtlingsstrom setzte in den 70er Jahren bis zum Ende der 80er Jahre eine dramatische Talfahrt ein, die erst mit der Aufhebung der Teilung Deutschlands beendet wurde. Die Rekordarbeitslosenquote von annähernd 17 % halbierte sich in kurzer Zeit, ein Vorgang, der in der Märchenstadt der Brüder Grimm wieder lokale Träume weckte und die Hoffnung, nach einer wirtschaftlich immer aussichtsloser werdenden Situation die kommunale Handlungsfähigkeit wieder zu gewinnen und das Image von „Hessisch Sibirien" zu verlieren.

a) Sozialdemokratisches Citymanagement und Kulturpolitik

Die Sozialdemokratie hat die durch Kaufkraft- und Bevölkerungsverluste sowie wachsende Sozialhilfeleistungen hochverschuldete Stadt bis zu den Kommunalwahlen im Jahr 1993 solide verwaltet. Umfragen zeigen, die Kasseläner leben zu 98 % sehr gerne in ihrer Stadt. Sie schätzen das Dienstleistungsangebot ihrer Stadtverwaltung, auch wenn sie die Arroganz der Politiker und die Aktivitäten der Stadtregierung eher mißbilligen und über ihre Wirtschaft „jammern".

Fast fünfzig Jahre hat die SPD allein regiert, unterbrochen nur von einer Koalitionsperiode mit den Grünen. In allen Jahren bis zu den „Erdrutschwahlen" des Jahres 1993, als sowohl die Partei wie der SPD-Bürgermeister extreme Verluste erlitten und aus ihren kommunalen Machtpositionen gedrängt wurden, war – mit

Ausnahme von 1981 – die Zustimmung zur SPD in den Kommunalwahlen weit höher als in Landtags-, Bundestags- und Europawahlen. Entgegen dem Image einer Kunst- und Kulturstadt liegen die kommunalen Kulturausgaben weit unter dem Durchschnitt der deutschen Großstädte bei bescheidenen 160 DM je Einwohner. Allerdings hat die kommunale Spitze bei allen Konflikten um die künstlerischen Leiter, die Finanzierung und die Geschäftsführung stets zur documenta gestanden – selbst als eine Gewerkschaft vor den Toren des Fridericianums, des zentralen Veranstaltungsorts der documenta, einen Lastwagen voll Mist auskippte, um auf die „Verschwendung öffentlicher Mittel" hinzuweisen. Die Stadt übernahm auch gegen heftigen Protest immer wieder die Folgekosten. Sie pflanzte 5.500 der 7.000 Eichen von Beuys und pflegt sie auch weiter mit jährlichen Kosten von über 200.000 DM. Die zahlreichen kulturellen Aktivitäten jedoch, die durch die documenten immer neue Adrenalinstöße erhielten, versickerten meist. Nur wenige, allerdings wichtige Kommunikationszentren in den Stadtteilen und im privaten Milieu blieben bestehen und werden auch in den Zwischenzeiten genutzt.

Weder hat es die Stadt verstanden, die documenta für ihr Image als Werbeträger zu nutzen, noch färbte die ästhetische Qualität sich im Stadtbild nieder. Im Wettbewerb um die regionale Kaufkraft vermißt die Geschäftslobby ein attraktives Stadtbild und eine urbane Ausstrahlung. Der nachweisbare Kaufkraftschub durch die Gäste der documenta reicht nicht aus, die soziale Ereignislosigkeit, die Langeweile der Fünfziger-Jahre-Stadt zu überwinden. Aus dem Kompromiß zwischen sozialdemokratischen Planungsidealen und begrenztem wirtschaftlichen Potential, einem einmaligen Amalgam zwischen sozialdemokratischem Großstadt- und Wachstumsverlangen einerseits, realen Wirtschaftskonstellationen andererseits, entstand ein schlichter Modernismus, dem klassische urbane Qualitäten allerdings fehlten. Die documenta kompensierte hierfür in einem annähernd olympischen Rhythmus.

Kaum eine andere Stadt verletzt mit ihren Bauprinzipien so sehr die ästhetische Wahrnehmung und nutzt so wenig die Prinzipien der Stadt als eines Ortes der Begegnung und des Marktes (Hofmann-Axthelm 1990). Die Maßnahmen des Wiederaufbaus richteten sich auf Entwicklung, sie bildeten einen Rahmen für eine wirtschafts- und wachstumsstarke Stadt. Die Verwirklichung funktionalistischer Prinzipien statt opulenter, urbaner Enge prägt eine unausgefüllte Weite die Stadt, ohne daß Auflockerung und Parklandschaft in die Straßen und Plätze getragen wurde, wie Beuys mit seiner klugen Aktion der 7.000 Eichen weitsichtig zu demonstrieren versuchte (Groener/Kandler 1987). Aus der Kritik an der Belanglosigkeit der Architektur, der Härte und der zerstörerischen Wiederaufbau- und Siedlungsmentalität entstand nicht zuletzt ein documenta-Projekt, die documenta urbana.

Bisher erweist sich die Stadt weniger als ein vielfältiges komplexes urbanes Gebilde, sondern eher als eine betriebswirtschaftliche, technische Addition funktionaler Versorgungseinheiten, die man durchquert. Die Stadt am Fluß, in der man vom Fluß nichts merkt (Hellweg 1993), wurde funktional, sachlich, nüchtern, arbeitsteilig zielstrebig geplant. Die Arbeitersiedlungen von Henschel in der Nordstadt entwickeln sich zum überlasteten Hochschulzentrum, der vordere Westen zu einem soziokulturell-intellektuellen Wohnzimmer, der ICE-Bahnhof und das anliegende Flüsseviertel zum Wohngebiet der Aufsteiger, Bettenhaus-Waldau zum großflächigen Industriezentrum, der ehemalige Hauptbahnhof zum Dienstleistungszentrum des Kredit- und Versicherungsgewerbes und die ehrwürdig-geschäftige Friedrich-Ebert-Straße zum bescheidenen Casseler Corso.

Die zeitweilige Konfrontation zwischen Stadtregierung und Citylobby begann zunehmend einer breiten Public-Private-Partnerschaft Platz zu machen; eine eher bürokratische Wirtschaftspolitik wich dem Versuch eines Stadtmanagements mit dem Ziel, aus der Garnisons- und ehemaligen Rüstungsstadt eine Dienstleistungsstadt mit Kulturimage zu machen. Der Versuch einer jungen Stadtregierung, von der paternalistischen-pädagogischen Versorgung zu einem technokratischen Stadtmarketing überzuwechseln, scheiterte mit den kommunalen Wahlen im Jahre 1993.

b) Kultur als Kompensationsstrategie und Handlungschance

„Warum gerade Kassel?" fragte Harald Kimpel, einer der besten Kenner der Kasseler documenta-Geschichte (Kimpel 1982). In seinen sorgfältigen Untersuchungen relativiert er die vorherrschende mythologische, personale Geschichtsschreibung, die die Entstehung und Entfaltung der documenta vor allem auf die kreative Vitalität eines nach Kassel zurückgekehrten weltmännischen Magiers namens Arnold Bode und seines künstlerisch-politischen Freundeskreises zurückführte. In seiner kontingenztheoretisch inspirierten Analyse betont er die Bedeutung der situativen Kontextfaktoren, der besonderen Konstellation von Ideen, Zeit, Ort und Personen, um die documenta zu begründen und ihren Anfangserfolg zu institutionalisieren. Dennoch war es eine Management-Meisterleistung, die historische Situation (das leerstehende Museum Fridericianum) zu erkennen, die Nachfrage nach Kultur richtig einzuschätzen, die Ausstellung meisterhaft zu inszenieren, sie im internationalen Kunstmarkt zu positionieren und hierfür die diversen Interessen von Bund, Land, Stadt und Wirtschaft zu einem Public-Private-Handlungsnetzwerk zu bündeln.

Eine reine Umwelttheorie verschweigt, daß die wirtschaftlichen und politischen Rahmenbedingungen eher ungünstig waren. Die am Kriegsende zu 83 % zerstörte Stadt an der Grenze zum Eisernen Vorhang war nach einem ersten Aufblühen von der wirtschaftlichen Dynamik des Bundesgebietes weitgehend abgekoppelt. Ihre kurzfristigen Hoffnungen, Sitz von Parlament und Regierung zu werden, wurden nicht realisiert. Aus ihrer Mittlerfunktion zwischen industriellen Ballungsräumen, im Westen dem nordrhein-westfälischen, im Osten dem sächsisch-thüringischen und dem rhein-mainischen im Süden, war sie an den Rand gedrängt und zu einem Zonenrandfördergebiet degeneriert. Von der Achse eines europäischen Verkehrskreuzes war, wie zahlreiche Imagestudien belegten, eine Stadt zurückgeblieben, an der der Strom von Norden nach Süden vorbeirollte. Aus der europäischen Kulturmetropole des frühen 18. Jahrhunderts war sie zu einer preußischen Provinzmetropole, vom Rüstungszentrum zu einem subventionierten Zweigbetrieb verkommen, die durch den kulturellen Reichtum der Vergangenheit, die durch historisch bedeutende Bauten und Parkanlagen sowie international bedeutende Gemälde- und wissenschaftlichen Instrumentensammlungen ständig an den Verlust an repräsentativer Kultur erinnert wurde.

Diese Empfindlichkeit zu nutzen, sich nicht nur sozial- und wohnungspolitisch, sondern auch kulturpolitisch zu profilieren, die Bereitschaft der Subventionsgeber (auch der Bund beteiligt sich bis heute an den Kosten), die wirtschaftliche Benachteiligung der Stadt strukturpolitisch zu kompensieren und das zerstörte Museum Fridericianum unkonventionell als neuartige Ausstellungsarchitektur zu nutzen, waren eine unternehmerische Managementleistung. Realisierbar war die documenta im Jahre 1955 zunächst allerdings nur als Beiprogramm einer von den Stadtvätern so sehr ersehnten und erkämpften Bundesgartenschau.

Ihre zyklische Einmaligkeit erleichterte die jeweils beträchtliche Ressourcenmobilisierung. Ihr Ereignischarakter, ihre visuell erfahrbare Farbigkeit und Ausstrahlung sind auf Dauer, so Manfred Schneckenburger (einer der documenta-Macher), nur außerhalb etablierter Kunstzentren mit ihren mächtigen Institutionen und Kunstmärkten sowie außerhalb von Metropolen mit konkurrierenden Freizeit- und Kulturangeboten zu gewinnen (Schneckenburger 1983).

2. Die Produktionsstrategien der DOCUMENTA

a) Anti-institutionelles Projektmanagement als Organisationsprinzip

Träger der documenta I (1955) war ein Verein, die „Gesellschaft Abendländischer Kunst des 20. Jahrhunderts e. V.". Bereits bei der d2 (1959) war eine GmbH der Träger, deren Mehrheitsgesellschafter die Stadt Kassel wurde. 1961 trat das Land Hessen als gleichberechtigter Träger bei. Bis zur d5 (1972) erfolgten Organisation und Management überwiegend durch Abteilungsausschüsse nach Sparten (Malerei, Skulptur und Druckgrafik) mit dem dominierenden Ausstellungsleiter Arnold Bode (1900-1977), dem legendären Begründer und Kasseler Akademieprofessor, dem zur d5 Harald Szeemann folgte. Haftungsprobleme bei der d5 führten zum Einsatz eines künstlerischen Leiters, der von einer Findungskommission (künstlerisches Komitee) vorgeschlagen und vom Aufsichtsrat, in dem der Oberbürgermeister den Vorsitz führt, gewählt wird. Die finanziellen Defizite nach der d8 (1982) führten zur Forderung nach einem fest angestellten Geschäftsführer, der nicht mehr der Stadt, sondern der GmbH unterstellt ist. Für die d9 (1992) berief der kurz nach der d8 ausgewählte künstlerische Leiter Jan Hoet ein künstlerisches Führungsteam mit drei Assistenten (Per Luigi Tazzi, Denys Zacharopoulos, Bart de Baere). Mit Ausnahme der Kernmannschaft (Geschäftsführer, Prokurist, Sekretariat, technischem Leiter und Hausmeister) erfolgte die Bildung des organisatorischen Kernteams allerdings nur etwa anderthalb Jahre vor Beginn der d9. Etwa ein Drittel dieser rund 25 Personen umfassenden Organisationsmannschaft wurde aus ABM-Mitteln finanziert, d.h. sie waren vorher zumindest ein Jahr arbeitslos und hatten nur begrenzt Erfahrungen im Ausstellungsmanagement. Der gesamte Personalumfang während der Ausstellung betrug mit Bewachungs-, Führungs- und technischem Personal ca. 400 – 500 Mitarbeiter, davon war ein Großteil Studenten mit Stundenverträgen. Diese weitgehend anti-institutionelle und flexible Projektorganisation blieb trotz sich entwickelnder Abgrenzungstendenzen und notwendiger Spezialisierung bestehen, auch wenn formal innerhalb der GmbH vier Abteilungen gebildet wurden, die weitgehend eigenverantwortlich tätig waren (Pressebüro, Technik, Führungsdienst und bauliche Organisation). Die Teammotivation blieb nicht zuletzt deshalb erhalten, weil eine Arbeit für die documenta als Qualifizierungschance für eine zukünftige Karriere im Kultur-, Marketing- und Ausstellungsbereich betrachtet wurde.

Für die Durchführung und Planung der Ausstellung bildeten schriftlich fixierte Erfahrungsberichte vorangegangener documenten die wichtigste Informations- und Lernquelle. In diesen wurden zum Teil sehr detailliert die infrastrukturellen Probleme skizziert und Verbesserungsvorschläge aufgezeigt. Darüberhinaus verfügten Mitarbeiter im Vorbereitungsteam über Erfahrungen aus vorangegangenen documenten, und es wurde ein intensiver Erfahrungsaustausch mit den früheren Leitern gepflegt.

b) Imagebildung und Kommunikationsziele der Medienarbeit

Im Gegensatz zur öffentlichen Meinung war der Aufwand für Werbe- und Öffentlichkeitsarbeit eher bescheiden. Der Etat für Werbemaßnahmen betrug ca. 100.000 DM. Allerdings wurde vergleichsweise früh, d.h. im Oktober 1991, mit der Pressearbeit begonnen. Öffentlichkeitsarbeit erfolgte weitgehend durch Pressekonferenzen in den Kunstmetropolen und deren geschickte Inszenierung. Durch medienwirksame Ereignisse wurde bewußt auf multiplikative Werbeeffekte der Presseberichterstattung gesetzt. (Zum Stand des Auswahlverfahrens zur d9 erfolgten zwei „Marathongespräche" in Gent und Weimar). Über jede der großen Pressekonferenzen wurde in ca. 250 Veröffentlichungen berichtet, über 1.000 Journalisten erschienen zur Eröffnungspressekonferenz, und insgesamt zählten wir weit über 3.000 Presseartikel, die zur d9 erschienen sind. Auch Prominentenbesuche des Bundespräsidenten, des belgischen Königs u.a. wirken als Werbeträger und führten zu einer breiten Berichterstattung. Für die Erreichung des Zielpublikums von besonderer Zeitung erwiesen sich Fachzeitschriften. Alle bedeutenden Fachzeitschriften (z.B. ART, Kunstforum) berichteten in umfangreichen Sonderausgaben.

Die gezielte Medienarbeit bewirkte allerdings auch eine Konzentration auf den

Tabelle 2: Beteiligte documenta-Künstler und Zahl der Kunstwerke

documenten	Künstler	Werke
d1	148	670
d2	326	1.170
d3	280	1.450
d4	152	1.000
d5	180	3.200
d6	622	2.700
d7	182	1.000
d8	150	600
d9	189	1.000

Künstlerischen Leiter Jan Hoet, der mit einem Bambi ausgezeichnet, zum Medienstar des Jahres gekürt, immer stärker zur Leitfigur der d9 wurde. Die imagebildende und einprägsame Gestaltung und die vielfältige Vermarktung des d9 Logo, eines gespiegelten schwarzen und weißen Schwanes, den Kampf der Gegensätze symbolisierend, und eine bewußt erhabene Schriftgestaltung in Versalien und römischen Ziffern wirkten als visuelle Präsenzsignale, formten erinnerungsstarke und nachhaltige Gedächtnisbilder zur d9, die, breit vermarktet, Profilierung und Identität der d9 auch gegenüber den vorigen documenten erleichterten.

c) Zur Produktpolitik der DOCUMENTA IX: Sonde im Kunstmarkt?

Gestartet als Rückblende auf die während der Naziperiode verfemte Kunst des 20. Jahrhunderts, entwickelte sich die documenta zunehmend als Trendmacher, die mit der Auswahl von Künstlern, Kunstrichtungen und Werken den Kunstbetrieb nachhaltig beeinflußte (Rattemeyer o.J.). Die Bezeichnung documenta-Künstler steigert anerkanntermaßen den Marktwert und erleichtert, wie die Verkäufe der d9-Werke signalisieren, den Zugang zu Museen, Galerien und Kunstsammlern. Zu jeder documenta hat daher die Nichtberücksichtigung von Künstlern, zur d9 hatten sich über 1500 Künstler selbst beworben, zu Debatten, zur d9 auch zu rechtlichen Auseinandersetzungen über Qualität und Auswahlkriterien geführt.

Auf der DOCUMENTA IX (d9) wurden von Juni bis September 1992 auf einer Fläche von annähernd 9.000 qm die Werke von 189 Künstlern aus 36 Ländern präsentiert. Um den Friedrichsplatz als „Akropolis" wurden zahlreiche Gebäude genutzt, u.a. das Museum Fridericianum, eine neu errichtete documenta-Halle, temporär errichtete Pavillons in der Aue, das Naturkundemuseum Ottoneum, die Neue Galerie, das Kulturzentrum DOCK 4, das Brüder-Grimm-Museum sowie einige weitere Räume. Räumliche Gegebenheit und Kunstwerk zu einer Korrespondenz zu bringen, die Inszenierung des Kunstwerks bildet ein wesentliches

Tabelle 3: Kunstformen auf der d9

Sparte	Anzahl
Malerei	67
Installation	60
Skulptur/Plastik	52
Fotographie	25
Performance	18
Video	13
Graphik/Zeichnung/Druck	8
Sonstige	5

(Mehrfachnennungen möglich)

Charakteristikum der documenten. Annähernd 80 % der Kunstwerke entstanden 1991 bzw. 1992, d.h. der überwiegende Teil der Kunstwerke wird eigens für die documenta erstellt. Trotz der Monumentalität der Ausstellung hat sich jedoch, entgegen populärer Kritikersicht, die von einer Inflation der Werke und Künstler spricht, die Zahl der Künstler und Werke nicht erhöht.

Neben den USA mit 48 Künstlern war Deutschland mit 27, Italien mit 13 und Belgien mit 12 stark vertreten. An der d1 waren Künstler aus nur 6 Ländern beteiligt, bei der d9 kamen die Künstler aus 36 Ländern. Aus den Ländern der 3. Welt waren lediglich elf, davon vier aus Brasilien, aus den ehemaligen Ostblockstaaten nur neun Künstler beteiligt. Insgesamt über 90 % aller Künstler kommen aus Europa und Amerika. Die Herkunft besagt allerdings nur bedingt etwas über den Umfang der Internationalisierung und Globalisierung der d9, da die Mehrzahl der nicht-westlichen Künstler in Europa und USA leben und arbeiten.

Nur etwa 20 % aller Künstler hatten weniger als 10 Einzelausstellungen. Die Mehrzahl der Künstler war bereits über 35 Jahre. Nur 26 (= 13,6 %) waren Künstlerinnen. Es waren somit eher arrivierte und bereits erfolgreiche Künstler, die eine Plattform und Anerkennung ihres Werkes durch die documenta erfuhren. Die d9 verfolgte daher, wie einige Kritiker anmerkten, eher ein Modell der Produktdifferenzierung und -variation als ein strikte Selektion und Innovation.

d) Die documenta als erlebte Inszenierung

Jeder der eingeladenen Künstler konnte sich seinen Standort gemeinsam mit dem Künstlerischen Leiter selbst aussuchen. Auch wenn der Künstlerische Leiter von einer Ausstellung „ohne Konzept" sprach, entwickelten sich die Standorte zu Schwerpunkten: Fridericianum als Ort des Dramas (Bruce Naumann, Peter Kogler), die Pavillons als Orte des Lichtes, die Neue Galerie als Ort des Museums (Joseph Kosuth, Kazuo Katase), der Zwehrenturm als kollektives Gedächtnis mit Beuys,

Tabelle 4: Rechnerische Gesamtausgaben je Werk

documenten	Kosten in DM
d1	1.823
d2	2.535
d3	4.459
d4	5.177
d5	2.723
d6	3.546
d7	9.496
d8	19.689
d9	19.447

Deflationiert

die documenta-Halle als Erlebnisraum (Mulligan, Panamarenko, Merz, Mereiles) und der Friedrichsplatz mit den „flagship" Produkten (Borofskys Himmelsstürmer, Edogas Turm der Hoffnung). Skulpturen/Plastiken, Malerei und Installationen waren gleichermaßen stark repräsentiert, während Grafiken und Zeichnungen kaum vertreten waren.

Der hohe Anteil an Installationen, Skulpturen und Plastiken verweist auf die Bedeutung der Inszenierung der Kunstwerke. Die d9 war vor allem Umfeld-Kunst, die dem Besucher ein aktives Begehen, ein aktives Auswählen, ein selektierendes Flanieren zwischen den Kunstwerken erlaubt. Rund 40 Werke, meist Installationen, wurden vollständig in Kassel hergestellt. Indikativ für die kreative Inszenierung von Erlebnisräumen war nicht nur die Nutzung unterschiedlicher Materialformen, sondern auch, daß der notwendige Gesamtaufwand für die visuelle Umsetzung der Kunstwerke seit der d8 dramatisch gestiegen ist.

e) Die zunehmende Bedeutung von Zusatzleistungen

Rahmenprogramm (Jazz, Boxen, Baseball, etc.) und umfangreiches Kulturprogramm der Stadt und der örtlichen Galerien verstärkten das Angebot, das teilweise in einem vom Architekten James Stirling entworfenen „documenta-Zelt" mit 800 Plätzen stattfand. Allein innerhalb des mit annähernd 2 Mill. DM (Stadt ca. 338.000 DM, Land 250.000 DM, Sponsoren 828.000 DM, Eintritt 457.000 DM) vom Kulturamt der Stadt organisierten Stadtprogramms fanden ca. 400 Veranstaltungen mit ca. 300.000 Besuchern und 92 Ausstellungen statt. Sie führten nicht nur zu einer ständigen Aktualisierung und hektischen Betriebsamkeit über die gesamten 100 Tage, sondern schufen ein Gefühl der Fülle und Vielfalt. Selbst wenn sie, wie die monumentale „Gegen"ausstellung „Begegnung mit den anderen" kaum wahrgenommen wurden, formten sie das Image der d9 als ein multimediales Kunst- und

Die documenta: Ihre Ausstrahlung und regionalökonomischen Wirkungen 315

Tabelle 5: Entwicklung der Ausgaben der documenta

documenten	Ausgaben	Kostensteigerung absolut %	bereinigt %	Kosten je Besucher
d1	379.000			9,40
d2	991.000	161	143	22,13
d3	2.437.000	146	118	32,33
d4	2.146.000	-12	-20	25,01
d5	4.215.300	96	68	39,61
d6	6.048.000	43	10	26,97
d7	7.524.000	24	-1	24,99
d8	10.086.700	34	24	24,82
d9	19.447.463	93	65	31,78

Kulturereignis, durch das nicht nur der traditionelle Kunstliebhaber angesprochen wird. Nicht zuletzt ein umfangreicher Servicebetrieb mit Führungsdienst, der allein ca. 3.000 Gruppenführungen zu bewältigen hatte, VIP-Service, Gastronomiebetriebe und Containerzeile mit Verkaufseinrichtungen bildeten einen Teil des Dienstleistungspakets und formten die spezifische Erlebnisatmosphäre der d9.

f) Synergetische Formen der Ressourcenmobilisierung

Der Aufwand für die d9 übertraf die Ausgaben aller bisherigen documenten. Wie bei allen documenten zuvor überstiegen die tatsächlichen Ausgaben den ursprünglich anvisierten Etat. Die deflationierten Kostensteigerungen entdramatisieren allerdings den Anstieg, zumal wenn die Aufwendungen der documenta je Besucher berechnet werden. Die Ausgaben der d9 liegen dann sogar unter jenen für die d3 (1964) und für die d5 (1972).

Nicht das spektakuläre Niveau der Ausgaben, sondern deren Struktur verdienen Beachtung. Zwar bilden auch weiterhin die Zuschüsse der öffentlichen Hand, zumal wenn die Aufwendungen aus Drittländern (800.000 DM) und ABM-Mitteln (900.000 DM) einbezogen werden, eine wesentliche Stütze, der eigenfinanzierte Anteil ist jedoch sprunghaft gestiegen. Entgegen populären Vorstellungen fand auch keine Substitution durch private Fördergelder statt. Im Vergleich zu vorangegangen documenten (z.B. der Jahre 1959-1968) liegt der Anteil der privaten Förderer niedriger. Auch ihre Zahl hat sich verringert. Leistungsbezogene Sponsorenverträge haben inzwischen die traditionelle Form von Spenden abgelöst. Die Finanzierung ist insgesamt komplexer und risikoreicher geworden. Die Einnahmequellen kommen aus einer Vielzahl unterschiedlicher Töpfe und durch die Erschließung neuer bzw. Revitalisierung traditioneller Finanzierungsquellen durch Serviceleistungen.

Tabelle 6: Einnahmequellen (Anteile in %)

	Gesamt in TDM	Besucher	Sonstige	Öffentliche Hand			Spenden
				Stadt	Land	Bund	
d1	379	25	17	13	26	13	6
d2	991	24	17	25	15	8	11
d3	2.437	18	10	28	26	4	14
d4	2.146	26	10	23	23	5	15
d5	4.215	21	22	19	19	12	4
d6	6.048	26	12	17	17	17	3
d7	8.294	29	10	22	22	12	7
d8	10.086	31	7	19	19	14	3
d9	19.447	37	19	12	12	10	9

Der subventionierte Anteil sinkt vor allem zugunsten der Besucherfinanzierung und sonstiger Einnahmen (Verkauf, Lizenzen). Eine differenzierte Preispolitik gewinnt als Aktionsparameter an Bedeutung. Im Vergleich zu den vorhergehenden documenten überstieg erstmals die Gruppe der Käufer normaltariflicher Karten diejenige mit Ermässigung. Der Verkauf von Katalogen (ca. 50.000 Exemplare à 98 DM) und Kurzführern (ca. 150.000 Exemplare à 17,80 DM) und der Verkauf einer Edition von documenta-Künstlern übertrafen die Einnahmen aus Sponsorenmitteln. Neue Einflußfaktoren gewinnen daher in zunehmendem Maße an Gewicht. Der finanzielle Ausgleich hängt zunehmend davon ab, inwieweit es gelingt, das Publikum anzusprechen. Die Sensibilität für die Eigenschaften und Erlebniswünsche des Besuchers und seiner Vorstellungswelten entscheiden über den Erfolg. Um ein breites Publikum zu erreichen, sind dessen Erlebnisprofil, Lebensstil, Wertorientierungen, Zahlungsbereitschaft und Serviceanforderungen zu berücksichtigen und mit den Interessen der öffentlichen Hand, der Sponsoren, Künstler und Kritiker auszubalancieren. Spannungen zwischen den professionellen Anforderungen an Kreativität und Innovation, den Erwartungen der öffentlichen Hand, der Kunstfachwelt und des Kunstmarkts sind damit vorprogrammiert.

3. Zur Evaluierung der Wirkungen der DOCUMENTA IX

a) Veränderungen im Fernimage durch die documenta

Die documenta hat, angesichts der breiten Medienberichterstattung nicht erstaunlich, Bekanntheitsgrad und Image der Stadt beeinflußt. Die Werbewirkung und ein positiver Imagetransfer dürften neben möglichen wirtschaftlichen Belebungseffekten ein wesentliches Moment für die lokalen Entscheidungsträger darstellen.

Tabelle 7: Veränderungen im Imageprofil der Stadt Kassel (in %)

Indikatoren	Veränderung Altbundesländer	Neue Bundesländer
Hohe Lebensqualität	23,7	- 9,9
Gute Verdienstmöglichkeiten	23,6	28,3
Günstige Mieten	21,0	- 34,4
Große Wirtschaftskraft	13,1	- 5,1
Tor zum Osten	10,0	- 26,1
Zentrale Lage	6,6	- 9,1
Tagungs-/Messestadt	5,6	25,6
Industriestandort	0,4	- 15,2
Attraktivität nach Wende	- 4,9	- 28,2
Dienstleistungsstandort	- 6,0	3,4

Quelle: Repräsentativbefragung Frühjahr 1992 und Winter 92/93 (n=1500)

Tabelle 8: Veränderungen im Imageprofil der Stadt Kassel bei den documenta-Besuchern (in %)

Indikatoren	Veränderung Besucher	Nichtbesucher
Industriestandort	55,5	- 30,8
Dienstleistungsstandort	62,5	- 22,6
Zentrale Lage	36,9	- 8,8
Tagungs-/Messestadt	50,1	- 14,1
Günstige Mieten	89,3	- 34,2
Guter Verdienst	19,4	- 1,1
Tor zum Osten	36,8	- 16,1
Hohe Lebensqualität	23,3	- 4,3
Wirtschaftskraft	10,1	- 23,6
Attraktivität nach Wende	- 2,4	- 41,9

Quelle: Repräsentativbefragung Frühjahr 1992 und Winter 92/93 (n=1500)

Mehr als die Hälfte (55 %) aller Bundesbürger behauptet von sich, die documenta zu kennen, in den alten Bundesländern immerhin stattliche 60 %, selbst in den neuen Bundesländern erinnern sich annähernd 40 %, von der documenta bereits gehört zu haben. Wichtiger und entscheidender ist aber die Frage nach der Veränderung in der Wahrnehmung der Stadt: Wie hat sich der Informations- und Kenntnisstand über die Stadt verändert und in welcher Richtung wirkte die documenta als Stimulus?

Die Zahl jener, die keine Meinung zur Attraktivität und Zentralität der Stadt

Kassel haben, hat sich in der Befragung nach der documenta merklich verringert, d.h. die Urteilssicherheit hat zugenommen. Während im Westen das Image positiver geworden ist (Kassel werden nun neben der „zentralen Lage" auch „hohe Lebensqualität", „gute Verdienstmöglichkeiten", „günstige Mieten" und „große Wirtschaftskraft" bescheinigt), hat die Stadt im Osten – mit Ausnahme der Aussage, „gute Verdienstmöglichkeiten" zu haben sowie „Tagungs- und Messestadt" zu sein – an Attraktivität verloren.

Die unterschiedlichen Wahrnehmungsprozesse in den Neuen Bundesländern im Vergleich zu den Altbundesländern weisen auf die Rolle intervenierender Variablen in der Beurteilung des Images. Nur diejenigen, die die documenta wahrnehmen oder besucht haben, verzeichnen eine überwiegend positive Einstellungsveränderung.

Ein Imagetransfer findet daher nur bei jenen Gruppen statt, die ein Interesse an der documenta besitzen. Einkommen erwies sich hierbei als wichtigste Determinante. Unter den Akademikern und in den gehobenen Einkommensschichten (mit über 5.000 DM monatlichem Einkommen) erreicht die documenta mit einem Bekanntheitsgrad von über 90 % Spitzenwerte. In diesen Gruppen erfährt die Stadt auch eine weit überdurchschnittlich positive Bewertung.

b) Attraktivität und Einzugsbereich der d9

Von der d9 ging eine starke Ausstrahlung aus, annähernd 20 % reisten aus dem Ausland an, davon ca. 10 % aus Übersee, vor allem Nordamerika, Japan und Australien. Die meisten ausländischen Besucher kamen jedoch aus den Benelux-Staaten. Von den bundesdeutschen Besuchern kamen ein Drittel aus Hessen. Bei einem Bevölkerungsanteil von annähernd 20 % kamen jedoch nur 5 % der Besucher aus den neuen Bundesländern. Die Besucher kamen überwiegend aus den führenden Kunstzentren und Metropolen, über 25 % aller Besucher aus den 14 Großstädten mit über 500.000 Einwohnern. Aus den drei Städten Hamburg, Berlin und München kamen insgesamt mehr Besucher als aus Kassel. Bezeichnenderweise entfallen von den Besuchern aus Bayern fast die Hälfte auf Besucher aus München. Neben den großen Metropolen kommen überproportional viele Besucher aus reichen Kleinstädten (z. B. Bad Homburg) und den traditionellen Universitätsstädten wie Aachen, Freiburg, Heidelberg. Kulturelle Tradition, Kunstbezug und Größe einer Stadt beeinflussen also stärker als räumliche Nähe die Bereitschaft zu einem documenta-Besuch.

c) Besucherbindung und Zielgruppen

Für 93,5 % aller auswärtigen Besucher bildet die documenta den Auslöser ihrer Reise nach Kassel. Annähernd ein Fünftel verbindet fachlich-berufliche Interessen

Tabelle 9: Motive der documenta-Besucher

Motiv	in %
Überblick	47,4
Berufliches Interesse	14,8
Bestimmte Künstler	2,8
Kulturelles Erlebnis	30,4
Gruppenerlebnis	4,9

Besucherbefragung Sommer 1992 (N=6000)

mit dem documenta-Besuch. „Stammbesucher", d.h. solche mit documenta-Erfahrung, bilden fast die Hälfte aller Besucher (47,6 %). Von den Stammbesuchern hatten 35,8 % die d8 und immerhin noch 15,7 % bereits die d6 im Jahre 1977 besucht. Bei der Altersgliederung sind vor allem die unter 20-jährigen und die über 60-jährigen unterrepräsentiert. Der d9-Besucher gehört eher den mittleren Altersgruppen an.

Fast die Hälfte (47,4 %) aller Besucher besitzt ein kognitiv-bildungsorientiertes Interesse: „einen Überblick zu erhalten und sich zu orientieren" ist für sie primäres Besuchsmotiv. Für sie ist die d9 vor allem ein Kompaß im Kunstgeschehen. Quantitativ bedeutend ist auch das Segment jener Besucher, die wegen des kulturellen Ereignis-Charakters die d9 besuchten. 30,4 % betonen diese eher emotionale Funktion. Innerhalb des Interessenkontinuums eines eher diffusen sozialen Ereignisses und einer bewußt kognitiv-kunstrezeptiven Motivlage sind es nur ca. 5 % aller Besucher, d.h. ca. 30.000 von 615.000 Besuchern, die in der Ausstellung in erster Linie ein soziales Ereignis im Sinne eines gemeinsamen Erlebnisses sehen. Bei rund 17,6 %, d.h. ca. 110.000 Besuchern, stehen fachliche Interessen im Mittelpunkt. Damit ergeben sich drei große Besuchertypen: der Fachbesucher, der eher traditionelle Bildungsbürger bzw. Kunstfreund und der eher erlebnisorientierte Kulturbesucher. Während die ersteren einen historischen Bezugsrahmen zur Objektwahrnehmung und -verarbeitung besitzen, hat sich bei letzteren der Blick gewandelt. Für sie ist zeitgenössische Kunst vor allem eine Form ästhetischer Wahrnehmung (vgl. zum Wandel des Kulturbegriffs Göschel/Mittag 1991). Sie besitzen gleichzeitig ein starkes Interesse an der angewandten Kunst.

d) Ökonomische Wirkungen der documenta

Um eine Annäherung an die ökonomischen Wirkungen der documenta auf die Region zu erzielen, wurde zum einen zwischen den direkten, d.h. den aus den Aufwendungen der documenta entstehenden Nachfrageeffekten, und den durch die Besucher vermittelten indirekten Wirkungen unterschieden.

Die Aufwendungen für die d9 betrugen rund 20,5 Mio. DM, davon entfallen etwa zwei Drittel (12,8 Mio.) auf Sachausgaben, ein Drittel (6,7 Mio.) auf Personalausgaben und Honorare. Von den direkt nachfragewirksamen Effekten enstanden etwa 8,4 Millionen DM in Kassel, 6,1 Millionen DM im übrigen Deutschland, und ca. 3,1 Millionen flossen ins Ausland. Insofern findet die Mitfinanzierung durch ausländische Botschaften ihre Berechtigung.

Von den Besuchern kamen 89,6 % von außerhalb Kassels. Etwa die Hälfte der auswärtigen Besucher übernachtete, davon rund 48 % außerhalb. In der Stadt Kassel entstanden hierdurch ca. 98.000 zusätzliche Übernachtungen mit einem Umsatzvolumen von mindestens 5,2 Mio. DM. Faßt man die Nebenausgaben der d9-Besucher zusammen, so ergeben sich ca. 32,6 Mio. und damit ca. 41 Mio. DM, die die Grundlage für eine Wiederverausgabung primärer Einkommensbestandteile bilden. Bei einem Multiplikator von ca. 1,2 ergeben sich damit gesamtwirtschaftliche Nachfrageeffekte von 49,2 Millionen DM. Hieraus errechnen sich Rückflüsse aus der Gewerbesteuer und dem Gemeindeanteil an der Einkommensteuer von 1,5 Mio. DM. Dem städtischen Haushalt entstanden somit durch die d9-Mehraufwendungen von mindestens etwa 1 Mio. DM (Zuschuß zur documenta abzüglich Steuermehreinnahmen). In diese Berechnungen sind allerdings nicht die durchaus beträchtlichen Zusatzaufwendungen eingeflossen. Hierzu zählen z.B. die Vorhalte- und Investitionskosten für den Unterhalt des Fridericianum und der documenta-Halle.

Gewinner mit rund 69 % aller Erträge aus der Wertschöpfung der d9 sind vor allem der Dienstleistungssektor, das Hotel- und Gastgewerbe sowie der Handel. Allerdings verteilen sich diese Gewinne räumlich nicht gleichmäßig. Befragungen zeigen, daß die d9 zu einer Umlenkung der Umsätze zugunsten des Innenbereichs der Stadt führte.

Eher gering sind die Beschäftigungseffekte. Es entstehen im Bereich der documenta zwar in nennenswertem Umfang temporäre Arbeitsplätze, die überwiegend durch Aushilfskräfte besetzt werden; die zusätzlichen Ausgaben haben jedoch zu keiner Steigerung der Beschäftigungszahlen im Hotel- und Gaststättengewerbe geführt.

4. Bilanz und Leistung der documenta

Als die erste documenta ihre Pforten öffnete, waren Fragen der ökonomischen Kosten zwar wichtig, jedoch weit weniger entscheidend. Zwar waren die Kosten, gemessen am volkswirtschaftlichen Reichtum, eher höher, die Position der Kasseler documenta in der europäischen Kunstlandschaft jedoch weitgehend einzigartig. Die Verluste einer ganzen künstlerischen Schaffensperiode hatten einen immensen Nachholbedarf erzeugt. Angesichts des Bestands an zeitgenössischer Kunst in den Museen und der vergleichsweise geringen internationalen Mobilitätschancen bestand ein kultureller Informationsbedarf, den die documenta durch die Vernetzung unterschiedlicher Interessen strategisch genial nutzte. Inzwischen hat sich die Kunst- und Museenlandschaft in Europa gewandelt. Die Mobilität und Erreichbarkeit der großen Zentren der Kunst hat sich explosionshaft erhöht. Die Marktbedingungen haben sich grundlegend verändert. Nicht mehr Informationsdefizite, sondern Informationsüberflutung prägen den Kunstmarkt. Zwar haben die Folgen der Bildungsrevolution und der Wertewandel der Informations- und Freizeitgesellschaft das Niveau der Nachfrage vervielfacht, der Kunstmarkt selbst zerfällt jedoch in zahlreiche Teilsegmente und ist durch eine zunehmende Ausdifferenzierung und Pluralisierung der Stile geprägt, die eine Profilierung erschwert. Die Positionierung der documenta auf dem Markt der zeitgenössischen Kunst ist damit weit schwieriger geworden. Das ursprüngliche Informationsbedürfnis wurde durch eine Erlebnis- und Genußorientierung ergänzt, die die Rahmenbedingungen für die Inszenierung von aktueller, zeitgenössischer Kunst (dem Zeitgeist voraus) angesichts einer omnipräsenten Mediatisierung der Lebenswelt weit schwieriger machen. Die documenta heute hat nicht nur mit anderen Kunstausstellungen und -messen zu konkurrieren, sondern auch mit neuen Formen der Freizeitverhaltens. Angesichts der Marktsättigung und zunehmender Überflutung mit Kultur entwickelte sie auch sukzessiv ein immer stärkeres emotionelle Erlebnisprofil. Zu ihrer Finanzierung bedarf sie einer zunehmenden Publikumsorientierung. Ökonomisch notwendige Besucherstrategien geraten dabei in eine Spannung zum Kunstbetrieb und zum notwendigen Image einer weltweit exklusiven künstlerisch-ästhetischen Top-Positionierung, der Inszenierung kreativen künstlerischen Schaffens. Die Publikumsorientierung kann mit der Absicht einer Sicherung der internationalen Spitzenposition im Ausstellungsmarkt durchaus in Konkurrenz stehen. Im Spannungsfeld der unterschiedlichen Interessen der Welt der Künstler und des künstlerischen Schaffens, der einflußreichen theoretischen und fachjournalistischen Bewertung, der Erwartungen des Besuchers als Kunstkonsument, der kommerziellen Interessen der örtlichen Geschäftswelt, der Sponsoren und des Kunstmarkts, der zunehmenden Kulturbürokratie mit ihren administrativen Auflagen wird die Realisierung immer schwieriger.

Auch das Publikum hat sich gewandelt. Es sind zum einen die kulturell und wirtschaftlich aktiven Bevölkerungsschichten mit höherem Einkommen, die aus den wirtschaftlichen und kulturellen Metropolen kommen. Es sind zum anderen, wie die Besucherstrukturanalysen zeigen, aktive Publika, die die Anregung und Auseinandersetzung mit der Kunst suchen; gleichzeitig sind es eher die mittleren Jahrgänge und ehemalige Besucher, die den Kern des Publikums stellen.

Jeder Eklat nach einer strittigen Finanzierung hat die Professionalisierung des Ausstellungsmanagements befördert. Inzwischen besteht zwar ein kleiner kontinuierlicher Verwaltungsstab mit einem hochmotivierten Team, realisiert wird das Vorhaben jedoch mit Beschäftigten in zeitlich befristeten Arbeitsverhältnissen, unter hohen Arbeitsanforderungen und Zeitdruck bei unattraktiven Arbeitszeiten und schlechter Bezahlung. Streiks wie zur d8 und Proteste der schlecht bezahlten Mitarbeiter bei der d9 sind daher die Regel. Um die Spitzenstellung zu sichern, bedarf es jedoch begleitender Vorhalteinvestitionen (Verkehr, Handel, Verbesserung des Hotelangebots), deren Auslastung nicht unbedingt gesichert werden kann. Als Olympiade zeitgenössischer Kunst verfügt die documenta zwar über eine einzigartige Reputation, die relativ langen Zeitintervalle gefährden jedoch die Rentabilität der notwendigen Investitionen, deren Ertrag sich zudem auf den Dienstleistungssektor und hier wiederum auf Betriebe im Zentrum konzentriert.

Auf der kommunalen Ebene ist zwar die Bedeutung der documenta als belebendes und imageförderndes Ereignis allgemein anerkannt, gleichwohl gibt es eine kontroverse Diskussion über notwendige Kosten und tatsächlichen Nutzen der documenta. Die Ereignislosigkeit und wirtschaftliche Schwäche der Stadt hat zweifellos die Mobilisierung von Ressourcen befördert; eine reichere Stadt bildet mächtigere Institutionen mit stärkeren Eigeninteressen aus, einer lebendigen Stadt bereitet es Mühe, Raum und Platz zur Verfügung zu stellen und Einschränkungen zu akzeptieren. Die Ressourcenmobilisierung wird schwieriger.

In der Vergangenheit besaß Kassel einen zu großen Anzug, der ökonomisch, sozial und kulturell nicht auszufüllen war. Für die örtliche Geschäftswelt und Handwerker war die documenta daher u.a. ein wichtiger Auftraggeber. Für Aufbau und Durchführung der Kunstausstellung müssen Produkte hergestellt und Dienstleistungen erbracht werden. Noch werden die wirtschaftsbelebenden Effekte, die nachweisbare Belebung des Fremdenverkehrs, die Kaufkraftzuflüsse nicht mit den auftretenden ökologischen Folgeschäden, mit Preissteigerungen (Einzelhandel, Gastgewerbe) und Opportunitätskosten gewichtet.

Zeitgenössische Kunst besitzt eine besondere Attraktivität, da sie Stilwechsel und Stiländerung, d.h. Aktualität und Innovation bietet. Sie ermöglicht Abgrenzung und Individualisierung, jedoch eher für Eliten. Es sind daher vor allem einkommensstarke Gruppen, die von einer Subventionierung profitieren. Die suggerierte Intention einer exklusiven Kunstrezeption ist mit den Formen der ebenfalls vorhandenen Verwertungsinteressen (d.h. z.B. des Hotel- und Gaststättengewerbes und der Sponsoren) nicht durchweg identisch. Der erwünschte Ansturm der Kunstpilger, der erstrebte Absatz von Gütern und Dienstleistungen gefährden zunehmend eine angemessene und intendierte Rezeption. Der Besucher wird zur Bedrohung für eine Ausstellung, deren Anspruch es ist, allein ästhetischen Kriterien und Bewertungen zu folgen.

Planung der Ausstellung und Präsentation der Kunstwerke korrespondieren mit der Vorstellung eines idealen Besuchers, des emphatisch gebildeten Individuums. Die Rezeption wird als individuelle, differenzierte Erfahrung und Interpretation, d.h. als bildungsintendierte Aufwertung und Distinkionsversuch verstanden. Dies macht die Attraktivität für die gebildeten Schichten aus. Ist diese ideale Rezeption jedoch in der Betriebsamkeit des Ausstellungsgeschäfts und bei dem beobachtbaren Massenansturm tatsächlich aufrecht zu erhalten? Von den retrospektiven Tendenzen zur Präsentation der aktuellen Kunst, vom Museum der 100 Tage, von der Verbindung von Tradition und Aktualität weist der Weg zu einem dreifach segmentierten Publikum, dessen unterschiedliche Erwartungen zwischen fachlicher Kunstmarktorientierung, klassischer Bildungserwartung sowie einer ästhetisierenden Ereignis- und Erlebniswahrnehmung gleichzeitig kaum mehr auszubalancieren sind.

Die Ergebnisse der Imagestudie zur d9 belegen, daß über die documenta eine zielgruppenspezifische Profilierung der Region bei wirtschaftsstarken, fachlich-innovativ motivierten Zielgruppen in den Knotenpunkten der Metropolennetze erfolgte. Weshalb gelang es bisher jedoch nicht, die Verankerung im Bewußtsein der wirtschaftlich-technologisch interessantesten Zielgruppe in einen regionalpolitischen Standortvorteil zu transformieren? Eignen sich kulturpolitische Strategien vielleicht gar nicht dazu, die wirtschaftliche Attraktivität einer Region zu steigern? Die Kultur wurde als Wirtschaftsfaktor und Wachstumsmotor in den Kulturwirtschaftsberichten von Baden-Württemberg, Hamburg, Berlin und Nordrhein-Westfalen herausgearbeitet. Kultur sollte Innovationen fördern, Arbeitsplätze schaffen, das Standortimage aufwerten und den Strukturwandel abpuffern. Die wirtschaftspolitische Funktion löste damit die sozialpädagogisch-emanzipatorische Diskussion um Kultur ab. Allerdings muß sie, um wirksam zu werden, an gewachsenen, bestehenden und authentisch erfahrbaren regionalen Traditionen ansetzen. Die documenta hat in der Vergangenheit eher Wunden aufgezeigt, sollte kompensieren, wollte avantgardistisch nicht Korrespondenzen zum regionalen Milieu herstellen. Die documenta war eher Fremdkörperpolitik, im Anspruch international, ohne regionale Vernetzung. Sie hat damit zwar projektiv-innovatorisch neue Kommunikationsmöglichkeiten und Wir-Gefühle geschaffen, die regionsspezifischen Ressourcen, Faktoren, Fähigkeiten und Bedürfnisse jedoch nicht aktiviert. Um Gravitation zu entwickeln, fehlte bisher nicht nur ökonomisches Gewicht, sondern die Bereitschaft, regionales „com-makership" zu erkunden, d.h. der gezielte Versuch, am Bedarf orientiert die regionalen Verflechtungsnetzwerke zu entwickeln, die regionale Kreativität und Lernfähigkeit zu befördern und Globalismus und Regionalismus zu verknüpfen.

Literatur

Abele, Hanns und Hannes Bauer, 1984: Die Bundestheater in der Österreichischen Wirtschaft. Wien: Österreichischer Bundestheaterverband.
Behr, Vera, Friedrich Gnad und Klaus R. Kunzmann, 1990: Kulturwirtschaft in der Stadt. Dortmunder Beiträge zur Raumplanung, Band 53. Dortmund.
Bischof, P. Daniel, 1985: Die wirtschaftliche Bedeutung der Züricher Kulturinstitute. Zürich: J. Bär-Stiftung.
Deutsches Institut für Wirtschaftsforschung (DIW) (Hrsg.), 1992: Kultur als Wirtschaftsfaktor in Berlin. Gutachten im Auftrag der Senatsverwaltung für Kulturelle Angelegenheiten. Berlin: VISTAS.
Durth, Werner und Niels Gutschow, 1988: Träume in Trümmern. Bd. 2. Braunschweig/Wiesbaden: Vieweg Verlag.
Göschel, Albrecht und Klaus Mittag, 1991: Die Ungleichzeitigkeit in der Kultur. Wandel des Kulturbegriffs in vier Generationen. Schriften des Deutschen Instituts für Urbanistik Band 84. Stuttgart/Berlin/Köln: Kohlhammer.

Groener, Fernando und Rosemarie Kandler (Hrsg.), 1987: 7000 Eichen – Joseph Beuys. Köln.
Hellweg, Uli, 1993: Stadt und Identifikation, in: Kassel Kulturell Heft 7, S. 14-18.
Hoffmann-Axthelm, Dieter, 1990: Die verpaßte Stadt. Kassel: Schriftenreihe Fb Stadtplanung und Landschaftsplanung Bd. 13.
Hummel, Marlies und Manfred Berger, 1988: Die volkswirtschaftliche Bedeutung von Kunst und Kultur. Gutachten im Auftrag des Bundesministers des Innern. Berlin/München: Schriftenreihe des Ifo-Instituts für Wirtschaftsforschung Nr. 122.
Kimpel, Harald, 1982: Warum gerade Kassel, Zur Etablierung des documenta-Mythos, in: Walter Grasskamp (Hrsg.), Mythos documenta, Kunstforum International Bd. 49, S. 23-32.
Kyrer, Alfred, 1987: Die wirtschaftliche Nutzung von Festspielen, Fachmessen und Flughäfen am Beispiel der Region Salzburg. Regensburg: Transfer Verlag.
Rattemeyer, Volker, o.J.: documenta trendmaker im internationalen Kunstbetrieb? Kassel: Johannes Stauda.
Roters, Eberhard, 1988: Ausstellungen, die Epoche machten, in: Stationen der Moderne. Die bedeutenden Kunstausstellungen des 20. Jahrhunderts in Deutschland. Katalog: Berlinische Galerie, S. 15-24.
Schneckenburger, Manfred (Hrsg.), 1983: documenta Idee und Institution. München: Bruckmann.
Schneckenburger, Manfred, 1985: Ein deutsches Ausstellungswunder und die deutsche Kunst, in: Nationalgalerie Berlin (West) (Hrsg.), 1945-1985. Kunst in Deutschland. Berlin, S. 683-687.
Taubmann, Wolfgang und Fredo Behrens, 1986: Wirtschaftliche Auswirkungen von Kulturangeboten in Bremen. Bremen: Universität Bremen, Studiengang Geographie, Materialien und Manuskripte 10.

Detlev Ipsen

Bilder in der Stadt

*Kunst und Stadtraum im öffentlichen Streit. Notizen zur documenta in Kassel**

Dieser Aufsatz wird sich mit der documenta in Kassel beschäftigen. Diese internationale Ausstellung der zeitgenössischen Kunst findet seit 1955 alle vier bis fünf Jahre statt. Die Initiierung der documenta zu einem Zeitpunkt, zu dem der Wiederaufbau der Stadt zentrales Thema war, bestimmt nach wie vor, wenn auch im übertragenen Sinn, ihre Bedeutung. Immer wieder fragen sich vor allem auswärtige Kommentatoren, was eine Weltausstellung der modernen Kunst in dieser ansonsten nur regional bedeutsamen, kleinen Großstadt zu suchen hat.

In einem Essay „Warum gerade Kassel?" geht Harald Kimpel (1982) dieser Frage nach. Sein Argument konstatiert zunächst die katastrophale Zerstörung der Kasseler Innenstadt, die wiederum in einem inneren Zusammenhang mit der Transformation Kassels zu einem Zentrum der Rüstungsindustrie während des Dritten Reiches zu sehen ist. Die zunehmende Trennung der BRD von der DDR hinterläßt die Stadt nicht nur zerstört, sondern auch marginalisiert. Die Stadt liegt nicht mehr in der Mitte, sondern am grenznahen Rand des westlichen Deutschland.

Nicht nur in einem allgemeinen Sinn kann die documenta als Sinngebung für eine Stadt in dieser schwierigen Situation begriffen werden. Der Zusammenhang dieses Festivals der modernen Kunst mit dem Wiederaufbau ist vielmehr recht konkret. Hermann Mattern, Professor für Grünplanung an der staatlichen Werkakademie, war damit beauftragt, die 2. Bundesgartenschau im Jahr 1955 in Kassel zu planen. Zeitgleich zur Bundesgartenschau und sich gegenseitig verstärkend sollte eine internationale Kunstausstellung durchgeführt werden. Diese Idee wurde von Arnold Bode, dem Gründer der documenta, begeistert aufgenommen. Zum einen sollten damit verstärkt Bundesmittel zum Wiederaufbau in die Stadt gezogen werden, zum anderen wurde die Bundesgartenschau als Gemeinschaftsaufgabe begriffen. Die Bürger sollten motiviert werden, alles zu tun, um endlich die „Ruinen in den Griff zu bekommen", so Arnold Bode. Der Bezug Wiederaufbau, Bundesgartenschau und documenta ist dabei nicht additiv. „Ein grundlegendes Motiv

---

* Die Zusammenstellung des Materials hat Christiane Wolf besorgt. Für die Hilfe des documenta-Archivs in Kassel bedanke ich mich herzlich.

der Organisatoren liegt jedoch auch darin, die Melancholie einer Stadt zu bekämpfen, die jahrelang allzusehr auf die Probleme des Wiederaufbaus fixiert war: die documenta 1 entsteht als Akt der Opposition gegen eine nach Meinung der Initiatoren ausschließlich an Wohlstands- und Konsumkriterien orientierten Gesellschaft einer Stadt in den 50er Jahren ..." (Kimpel 1982, S. 27).

Das Verhältnis der documenta zur Politik und zu den Bürgern dieser Stadt ist von Anfang an ein doppeltes: Die Stadt gewinnt, wenn auch oft erst viel später begriffen, durch die Werke der Künstler, die in dieser Stadt gezeigt werden, an Bedeutung und positivem Image; zugleich fühlen sich viele BürgerInnen und Politiker provoziert und kritisiert. Wohl selten dringt Kunst so stark in das Alltagsleben und die Alltagspolitik einer Stadt ein wie dies bei der documenta der Fall ist. Wir werden in diesem Aufsatz der Frage nachgehen, ob und wie der Einfluß von Kunstwerken, die während der documenta zu sehen sind und dann in der Stadt verbleiben, die Wahrnehmung der räumlichen Struktur und Logik (in) einer Stadt verändert. Dabei geht es zum einen darum, ob überhaupt ein Einfluß der Kunstwerke auf das Bild und die Entwicklung der Stadt feststellbar ist. Zum anderen geht es darum, die widersprüchlichen Bedeutungspole der documenta in und für die Stadtentwicklung zu identifizieren. Zum einen steht die documenta, wie gesagt, in dem Zusammenhang von Prestige und Image einer Stadt; sie stärkt oder schwächt die Position der Stadt in der diffusen und gleichwohl äußerst bedeutsamen Arena räumlicher Konkurrenz. Zum anderen ist zu fragen, ob und unter welchen Bedingungen sich Kunstwerke und ein Kunstfestival der instrumentellen Verwertung entziehen können, sozusagen Besen werden, die man ruft, aber nicht mehr los wird. Seit beinahe vierzig Jahren zieht in vier bis fünfjährigem Abstand die internationale Kunstszene in die Regionalstadt Kassel ein. Menschen, die anders aussehen als die, die in dieser Stadt ständig leben, bevölkern die öffentlichen Plätze und verändern für 90 Tage das Milieu der inneren Stadt. Zunehmend verlassen zudem die Kunstwerke die Museen und abgeschlossenen Ausstellungsräume und drängen in den öffentlichen Raum. Dadurch wird auch das, was normalerweise in den Museen einem Großteil des Publikums verborgen bleibt, Gegenstand öffentlicher Wahrnehmung und Diskussion. Zwar ist das Kunstereignis documenta zeitlich und räumlich eng begrenzt, doch Vieles bleibt. Aus Inszenierungen, die mit Verwunderung oder Empörung zur Kenntnis genommen wurden, werden alltägliche Bilder in der Stadt, einige werden gar zum Wahrzeichen, andere sind da, aber werden vergessen, wieder andere werden wie exotische Pflanzen oder Tiere dem Sonntagsbesuch vorgeführt.

Anhand der öffentlichen Debatten um die öffentlichen Teile der documenta soll die Bedeutung des Verhältnisses von Avantgarde und Masse für die Identität einer Normalstadt untersucht werden. Die Masse der Menschen sieht und bewertet den Raum der Stadt im Rahmen alltäglich konventioneller Sichtweisen. Die Avantgarde der Künstler und die Ausstellungsmacher wählen andere Rahmen, oder sie verschieben die gewohnten. Mit dem veränderten Rahmen verschieben sich die Perspektiven und impliziten Bewertungen und Werte. Auf der Ebene der Stadtwahrnehmung handelt es sich um ein gestaltpsychologisches Problem: wie wird der „Konventionalismus" einer sich ständig reproduzierenden Gestalt durchbrochen, wird er durchbrochen? Wie ändern sich Zeichen und welchen Spielraum hat die Kunstaktion, um in einem bestehenden Zeichensystem noch kommunizieren zu können, ohne konventionell zu werden? Auf der Ebene der Soziologie geht es um Wertewandel und Macht. Wer kann wem seine Sichtweise oktroyieren (Thompson 1987)?

Um diese Fragen einer Antwort näher zu bringen, bedarf es der Klärungen einiger theoretischer und methodischer Probleme. Wir sehen vor allem drei Fragen, die zumindest angesprochen werden sollen. Zum einen ist zu fragen, ob es überhaupt plausibel ist anzunehmen, daß Kunst, in unserem Fall Plastiken, die alltägliche Sichtweise von Menschen ändern können? Zum zweiten: wie sollen der Künstler und die anderen Menschen ins Gespräch kommen? Drittens: was ist der soziale Bezug dieser Kommunikation, wie bestimmt sich die soziale Arena eines Diskurses über Kunstwerke in der Stadt?

Ist es überhaupt plausibel, danach zu fragen, ob Kunstwerke die alltägliche Wahrnehmung des öffentlichen Raumes in einer Stadt beeinflussen können? Nach einer längeren Debatte darüber, was ein Kunstwerk sei und wie es entstehe, beantwortet sich Musil die Frage: „Das Werk ist aus- und eingehende Welt" (Musil 1960, S. 112). Wahrscheinlich ist es dieses Ineinandergehen von Welterfahrung und Kunstwerk, die es unmittelbar in die öffentliche Debatte eingehen läßt. Während die Wissenschaft dazu tendiert, ihre Wahrheitssuche mit methodischen Regelwerken und einer Sondersprache dem öffentlichen Diskurs zu entziehen, tendiert Kunst zum Gegenteil. Arnold Hauser sieht den Grund für die unmittelbare Kommunizierbarkeit von Kunst in der Wahlverwandtschaft von Lebenstotalität und einer Totalität von Kunst. „Einer solchen Totalität begegnet man im gesamten Bereich menschlicher Existenz zweimal: einmal im bunten, trüben, unauflösbaren Komplex der gewöhnlichen, alltäglichen Praxis, das andere Mal in den einzelnen, homogenen, je auf einen gemeinsamen Nenner gebrachten Formen der Kunst" (Hauser 1974, S. 3). Um Gemeinsamkeit und Unterschied zwischen der Totalität der Lebenswelt und jener der Kunst zu benennen, schlägt er den Begriff der intensiven Totalität vor. „Der Begriff der 'intensiven Totalität' bezeichnet am zutreffendsten die gesättigte Sinnlichkeit und keiner Ergänzung bedürftige Vollständigkeit, mit der die Kunst, dank ihrer 'ins Reale verliebten Beschränktheit', ins Tiefe und Dichte, statt ins Weite und Breite, dringt" (Hauser 1974, S. 4). Kunst stellt sich von Beginn an in einen lebenspraktischen Zusammenhang. Sie schärft nicht nur indirekt den Realitätssinn, sondern dient unmittelbar als Waffe im Daseinskampf, indem sie als Mittel der Magie, des Ritus oder der Propaganda eingesetzt wird. Die Entstehung der documenta selber verweist auf diesen Zusammenhang, war sie doch als ein Mittel der Wiedergewinnung moderner Kunst nach deren Vertreibung als entartete Kunst gemeint. Aber nicht nur ihr Kontext ist der lebenspraktische Konflikt, auch ihre Methoden selber. „Friede und Eintracht mögen Nebenprodukte der Kunst sein, sie gehören selten zu ihren Quellen. Täuschung und Betörung, Überrumpelung und Überwältigung sind häufiger die Mittel, die sie ergreift ..." (Hauser 1974, S. 11).

Mit anderen Worten, die Subjektivität, die sich Kunst im Gegensatz zur Wissenschaft ungetarnt zugesteht, macht sie konfliktträchtig. Die Suche nach Konflikten, die Kunst provoziert, ist also nicht irgendein peripheres Interesse, sondern ihr selber immanent. Der enge Zusammenhang zwischen Kunst und Lebenswelt, Kunst und Interesse und Kunst und Konflikt verweist auf eine theoretische Plausibilität der hier gestellten Frage. Damit kommen wir zu dem zweiten und sicherlich am schwierigsten zu lösenden Aspekt der kunstsoziologischen Grundlage dieser Betrachtung. Auf der einen Seite kann Kunst nur Konflikte produzieren, wenn sie kommunizierbar ist. Sie muß sich an konventionelle Zeichen halten, um eine Entschlüsselung ihrer Botschaft zu ermöglichen. Auf der anderen Seite muß sie sich von Konventionen entfernen, um ein innovatives und kreatives Begreifen der Welt als ihr eigentliches Ziel zu schaffen. Wir sollten dabei noch einmal darauf hinweisen, daß wir nicht über Kunst zu jeder Zeit und an jedem Ort reden, sondern über den Originalitätsanspruch der neuzeitlichen, okzidentalen Kunst. Wenn wir es recht sehen, ist die Frage von Konvention und Anpassung auf der einen Seite und von Kreativität und Originalität auf der anderen Seite in der Kunstsoziologie nicht gelöst. Der kommunikative Prozeß von Werk und Betrachter bleibt auch in der Semiotik von Eco auf der Ebene der Formulierung eines Widerspruchs stehen: „... jedes Auslösen von Unwahrscheinlichem stützt sich auf die Artikulation des Wahrscheinlichen" (Eco 1972, S. 310). Wahrscheinlich können wir uns die Kommunikation so vorstellen, daß die Schaffung neuer Konnotation und Denotation von Zeichen als neue Kombination von Elementen bekannter Zeichen und ihrer Codes verläuft. Schon die einfache Veränderung der Reihenfolge von Zeichen, d.h. eine Veränderung ihres settings, schafft verblüffende, kreative Sichtweisen.

Zum dritten soll der soziale Kontext nach den Auswirkungen von Kunst in der Stadt näher bestimmt werden. Zum einen gehört zur Analyse des kommunikativen Prozesses zwischen Künstler, Kunstobjekt und Publikum die soziale Struktur des Rezipienten. Bourdieu geht ja so weit, Geschmacksurteile mehr zur Kennzeichnung der sozialen Stellung des Urteilenden zu verwenden als dem Objekt selber zuzuschreiben. „Geschmack klassifiziert nicht zuletzt den, der die Klassifikation vornimmt" (Bourdieu 1982, S. 25). Aus dieser Sicht sind ästhetische Urteile vor allem deshalb ein Feld ständiger Auseinandersetzungen, weil sie der sozialen Distinktion dienen. Hinter ihnen steht die Herausbildung eines Habitus, einer grundlegenden Haltung zu den Dingen. Bestimmt durch das kulturelle und ökonomische Kapital dient das Urteil über das Objekt, aber nicht nur das Kunstobjekt, der Herausbildung sozial typischer Sichtweisen der Welt. Eine dieser grundsätzlichen Sichtweisen bezieht sich auf die räumliche Zuordnung der Dinge, die eine bestimmte Weltsicht indizieren. Wir haben dafür den Begriff des Raumbildes gewählt (Ipsen 1986). Der Begriff des Raumbildes soll es ermöglichen, soziale, räumliche und zeitliche Unterschiede des Entwicklungsmodus und der Entwicklungsgeschwindigkeit zu entziffern und zu verstehen. Wir gehen davon aus, daß bestimmte Entwicklungskonzeptionen in räumlich dinglicher Gestalt einen Ausdruck finden. Dies kann sich auf ganze Raumeinheiten beziehen, wie Krakau als Symbol der kulturellen Identität Polens begriffen wird oder der Wenzelplatz in Prag der Ausdruck der Idee nationaler Selbständigkeit des tschechischen Volkes geworden ist. Es kann sich aber auch um einzelne Bauwerke handeln, die mit einer Idee assoziiert sind, wie etwa die äußere Form der Atomkraftwerke Sinnbild einer Debatte über technischen Lösbarkeit von Zukunftsproblemen geworden ist.

Raumbilder sollen also dazu behilflich sein, die Durchsetzung eines bestimmten Entwicklungsmodus in einem bestimmten Raum zu einer bestimmten Zeit zu verstehen. Ein Entwicklungsmodus ist im Sinne von Norbert Elias eine Konfiguration, die eine ihr eigene Dynamik auf allen Ebenen gesellschaftlichen und individuellen Seins entwickelt. Eine Reihe von Wissenschaftlern ist der Ansicht, daß sich der Fordismus als ein Entwicklungsmodus kennzeichnen läßt. Zu ihm gehören die tayloristisch rationalisierte Form der Arbeit, Masseneinkommen und Massenkonsum, die weitgehende Enteignung in der Verfügung über die lohnarbeitsbezogene Zeit, die Herausbildung der Freizeit sowie ein Sozialstaat, der Risiken dieses Systems abmildert. Alle diese Elemente stellen auch und gerade in ihrer Widersprüchlichkeit insgesamt einen Entwicklungsmodus dar. Ein Entwicklungsmodus ist also weniger eine Mittel-Ziel-Relation als ein Kräftefeld, das aus mehreren Elementen und sozialen Gruppen besteht. Mit der Durchsetzung einer fordistischen Regulation von Wirtschaft und Gesellschaft korrespondierten von Anfang an bestimmte räumliche Konstellationen, die wir als Raumbilder interpretieren. Mit der Teststrecke auf dem Gebäude der Fiatwerke in Turin, dem landschaftsangepaßten Bau der Autobahnen in Deutschland und den zahlreichen Visionen und Realisierungen eines verkehrsgerechten Städtebaus verband sich neben der technischen Lösung einzelner Probleme Vision und utopische Energie einer die Fesseln der Klassengesellschaft überwindenden Zukunft.

Wir befinden uns heute in einer Phase der Transformation dieser fordistischen Stadt (Harvey 1989). Die utopische (keineswegs immer die faktische) Energie des Fordismus hat sich im Maße seiner globalen Durchsetzung weitgehend verflüchtigt. Überdeutlich treten die soziokulturellen und ökologischen Kosten dieser Regulation zu Tage (Häußermann/Siebel 1991). Wir behaupten nun, daß die Frage der Raumbilder in den Übergangsperioden eine besondere Bedeutung gewinnt. In diesen Zeiträumen werden alte Bilder zerstört und neue gewonnen. Es entstehen Überlagerungen, Anleihen und Widersprüche. Künstler und Kunst geraten in einen Sog der Neudefinition der Bilder und Raumbilder und damit in das Feld des öffentlichen Diskurses und öffentlicher Auseinandersetzungen. Die Erkennbarkeit von Raumbildern hängt also stark von dem prozessualen Zustand ab. Sie sind leicht erkennbar, wenn sie entstehen oder vergehen, wenn sie produziert oder zerstört werden. Das hängt wie gesagt damit zusammen, daß sie in den Übergangsphasen ihre größte Wirkung entfalten. Hat sich ein Entwicklungsmodus erst einmal etabliert, so sind Raumbilder kaum noch nötig (die Prozesse sozialräumlicher Mobilisierung haben sich institutionalisiert). Erst wenn Gegenbilder entstehen, finden beide ihre Konturen wieder. Raumbilder haben eine doppelte Struktur: sie sind einerseits latente Orientierungen des Verhaltens und treten so nicht in das Bewußtsein der Individuen; sie werden jedoch manifest, wenn eine Gefährdung dieser Orientierung gespürt wird, wenn von bestimmten sozialen Gruppen alte Bilder durch neue ersetzt werden sollen. Auch dann muß es nicht sein, daß das Bild als Bild ins Bewußtsein tritt, aber über seine Bedeutung wird gestritten.

Für die documenta scheinen uns in den nun beinahe vierzig Jahren ihrer Existenz zwei Übergangsperioden ausschlaggebend. Zu Beginn galt es, dem durch den Nationalsozialismus zwar vorbereiteten, aber ideologisch und faktisch verzögerten Fordismus das Feld zu bereiten oder ihm in der Kritik am Materialismus des Massenkonsums entgegenzustehen. In den letzten Jahrzehnten kommt es im Rahmen einer allmählichen Transformation des Fordismus zur Herausbildung einer zunächst nur wenig präzise als nachmodern benannten Sichtweise und Bildsprache.

Wir hoffen nunmehr, die mögliche Wirkung von Kunstobjekten im öffentlichen Raum theoretisch besser einordnen zu können. Als neues Objekt in einem bekannten Raum versuchen sie, die Zeichen, die dem Raum zugehören, in einen anderen Zusammenhang zu stellen. Dies kann dadurch geschehen, daß sich der gesamte Code verändert, aber auch so, daß ein vorhandener Code weiter existiert, jedoch anders kontextualisiert wird. In jedem Fall wird das Raumbild verändert. Durch die Verknüpfung des Raumbildes mit dem Habitus und dessen Beziehung zu grundlegenden Konzepten und Werten wird die Auseinandersetzung um das Kunstobjekt im Raum zum sozialen Konflikt. Dies geschieht freilich nicht an jedem Ort. Der Ort eines möglichen Konfliktes muß schon vorher als „bedeutungsgeladen" empfunden worden sein, nur dadurch erreicht das Kunstwerk eine Zentralität, die den Konflikt auslösen kann. Und es geschieht auch nicht zu jeder Zeit, sondern nur dann, wenn eine bestimmte Periode gesellschaftlicher Regulation brüchig wird und sich neue Konzepte und Formen andeuten. Beziehen wir diese Überlegungen auf die Stadt Kassel und die öffentlichen Kunstwerke im Rahmen der documenta, so muß zumindest skizzenhaft das Raumbild dargestellt werden, das nach wie vor vorherrschend für den städtischen Raum dieser Stadt gilt und auf das sich die Kunstwerke bewußt oder unbewußt beziehen.

Kassel, genauer gesagt die Kasseler Innenstadt, galt in den 60er Jahren als das Musterbeispiel des modernen, funktional geprägten Städtebaus. Das Bild, das hier in die Wirklichkeit umgesetzt wurde, hängt ursächlich nicht nur mit den erheblichen Zerstörungen der Kasseler Innenstadt zusammen. Es ist das Ergebnis einer fordistischen Entwicklungsidee und bezieht sich deshalb auch unmittelbar auf den Autobahnbau. So steht 1934 in der Kassler Post: „Weltumspannend jedoch wird der Gesichtskreis, der in dem Aufsatz Fritz Stücks im Heft 2 der neuen Zeitschrift 'Die Straße', des amtlichen Organs Dr. Todts, erschlossen ist. Diese Abhandlung stellt die geografisch zentrale Lage Deutschlands als größtes Aktivum für die transkontinentale Auto-Verkehrsentwicklung der alten Welt als Ganzes heraus und sieht die kommende natürliche Verlängerung der bedeutensten Nord-Süd-Linie von Sizilien aus über Tripolis, Mursuk, Kuka durch das deutsche Kamerun und Südwestafrika bis nach Kapstadt als gegeben an ... Die West-Ost-Linie läßt (Fritz) Stück von London in gleicher Trasse wie oben ausgeführt bis Moskau und dann über Omsk-Tomsk-Irkutsk nach Wladiwostok an der pazifischen Küste laufen. Und nun: Im Kreuzungspunkt dieser beiden gigantischen, nach ihrer Verwirklichung größten Autostraßen der Welt, die dem Verkehrsmittel der Gegenwart und Zukunft, dem Automobil, die ganze große 'alte Welt' Europa, Afrika und Asien erschließen, im Kreuzungspunkt dieser beiden Weltstraßen liegt Kassel! ..." (Kassler Post 21.10.1934). So ist es nicht gekommen, doch die imperiale Utopie hat lokale Folgen, die weitsichtig 1934 in dem gleichen Aufsatz angesprochen werden: „Der Zwang zur Altviertelsanierung" ... „Dieser Verkehr erfordert Stadtstraßen anderer Breite, Führung und Anlage als sie heute in Kassel vorhanden sind, soll nicht eine untragbare Diskrepanz zwischen dem am Rande unserer Stadt vorbeiflutenden Großverkehr auf allermodernsten Autostraßen und den nicht einmal im guten Sinne 'provinziellen' Verkehrswegen durch die innere Stadt künftig die gleiche entwicklungshemmende Wirkung ausüben wie seinerzeit die allseitige 'Einkreisung' mit durchgehenden Eisenbahnhauptlinien ..." (Kassler Post 21.10.1934).

Die fast vollständige Zerstörung des alten Kassel durch einen Luftangriff 1944 gab den Planern freie Hand, im Wiederaufbau zu verwirklichen, was man sich schon vor dem Krieg in den Kopf gesetzt hatte. Kassel wurde zu einer modernen und autogerechten Stadt umgebaut. Die modernste Kreuzung Europas entstand am „Altmarkt", dem Standort des alten Rathauses, eine der ersten Fußgängerzonen, die Treppenstraße, wurde hier gebaut, Fußgängerunterführungen und breite vierspurige Stadtstraßen wurden angelegt, Alleen dafür abgeholzt. Die Sozialdemokratie führte fort und durch, was im Faschismus und vor ihm als modern galt.

Allerdings konnte dieser Weg nicht ohne Schwierigkeiten eingeschlagen werden. In einem wenn auch widersprüchlichen Sinn ist wohl auch die documenta in den Rahmen des Wiederaufbaus dieser Stadt einzuordnen. Viele im Rahmen der documenta öffentlich präsentierte Kunstobjekte beziehen sich explizit auf den Funktionalismus des inneren Stadtbereiches von Kassel. Sie rufen Konflikte hervor, wenn sie den Funktionalismus direkt angreifen oder ihn ironisieren, sie werden eher akzeptiert, wenn sie Grundideen einer funktionalen Ordnung überhöhen oder das Publikum die Kunstwerke so verstehen kann.

Diese recht grob geschnittene These soll nun an einzelnen Beispielen differenziert werden. Vor allem geht es uns darum, ob sich in der Struktur und den argumentativen Inhalten eines Konfliktes bzw. einer expliziten Akzeptanz die Potentiale einer veränderten Sichtweise auf die Stadt identifizieren lassen. Wir haben dazu zunächst alle im öffentlichen Raum präsentierten Kunstwerke der documenta 6 bis 9 gesichtet und dann diejenigen ausgewählt, die hinreichend dokumentiert waren. Diese Arbeiten haben wir zwar insgesamt dokumentiert, jedoch nicht alle in die Analyse einbezogen. Wir werden uns hier nur auf Beispiele beziehen, die besonders geeignet sind, unseren Untersuchungsansatz zu differenzieren. Dabei werden wir mit der documenta 6 aus dem Jahr 1977 beginnen. Wir werden aus systematischen Gründen dann kurz die documenta 7 im Jahr 1982 streifen, um uns abschließend mit der letzten documenta und ihren Folgen zu beschäftigen. Als Materialsammlung stehen das umfangreiche documenta-Archiv, die Kataloge und Veröffentlichungen zu den einzelnen documenta-Jahren, das Stadtarchiv, der internationale Pressespiegel und das Archiv der Lokalzeitung zur Verfügung.

Die Untersuchungen zum Verhältnis von Kunst im öffentlichen Raum und damit im öffentlichen Diskurs mit der documenta 6 und dem Jahr 1977 zu beginnen, macht einen inhaltlichen Sinn. Zum ersten Mal treten die documenta-Künstler nicht nur zahlreich, sondern in systematischer Absicht an eine breite Öffentlichkeit heran. Als Forum wählen sie den öffentlichen Raum, in dem diese documenta mit mindestens vierzehn Kunstobjekten zur Diskussion mit dem breiten Publikum anhebt. Allerdings finden sich viele dieser Arbeiten in der Karlsaue, einem öffentlichen Park, der sich als Vorfeld und Sonderzone vielleicht besonders dazu eignet, sich vorsichtig der Öffentlichkeit zu nähern. Immerhin wird die Botschaft von der Politik zum Teil verstanden. Zwiespältiges berichtet das Göttinger Tageblatt (GT): „Kassels Oberbürgermeister berichtete auf der Pressekonferenz stolz, daß diese 6. documenta endlich in die Stadt hineingetragen wurde. Gemeint war die Tatsache, daß sämtliche Kasseler Kulturinstitutionen in den nächsten Wochen ihren Beitrag zur documenta leisten. Gemeint war vielleicht (!) auch der Umstand, daß die Plastiken fast ausnahmslos den Weg ins Freie gesucht haben ..." (GT 25.7.1977). Von der Kunst und der Kunstkritik wird die Öffnung zur Öffentlichkeit, das Heraustreten aus dem Museum als Programm verstanden. Joseph Beuys unterrichtet in der von ihm gegründeten „Freien Internationalen Hochschule für Kreativität und interdisziplinäre Forschung" während der ganzen Zeit der documenta. „Er will die These belegen, daß zwischen Kunst und Leben kein Unterschied besteht und jedermann infolgedessen ein Künstler ist" (Abendpost 22.6.1977). Auch Bazon Brock hält im Fridericianum eine Besucherschule ab, um die Kunst dem Publikum nahe zu bringen.

Der Aufbruch der 68er Generation hat die Kunstszene erreicht. Kein Wunder, daß die Kunstkritik darauf auch ironisch reagiert. „Billige Weisheiten auf den Kopf gestellt" betitelt der Schriftsteller Rudolf Krämer-Badoni eine documenta-Besprechung in der Zeitung „Die Welt". „Auf dem gesamten Areal der Karlsaue haben sich ein Dutzend Künstler von der Landschaft 'herausfordern' lassen, wie der neue Ausdruck lautet, und haben meist horizontale Plastik eingefügt, die begangen oder umgangen werden muß. Statt begreifen also begehen" (Welt 24.6.1977). Wie reagiert die Öffentlichkeit auf diesen Aufbruch? In bezug auf Münster, wo eine ähnliche Initiative im gleichen Jahr unternommen wurde, berichtet die Wochenzeitung „Die Zeit" über das öffentliche Klima: „Verschleppte Baugenehmigungen, technische Pannen", und Leserbriefe wie diesem: „Eine Clique mit schizophrenen Kunstvorstellungen provoziert weiterhin die Mehrzahl unserer gesund empfindenden Bürger, die derartige Umweltverschmutzung im Stadtbild nicht verstehen können"; „Studenten, die mit Ätzfarbe und KPD/ML-Parolen die Großplastiken verschmieren und nur durch Polizeieinsatz von der gänzlichen Zerstörung abgehalten werden können ..." (Zeit 15.7.1977).

Die Reaktionen in Kassel, soweit sie sich in der Presse widerspiegeln, spannen sich zwischen den Polen Neugier, Nachdenklichkeit und Empörung auf. „Am Publikum, das neugierig fragt oder auch einfach nur zuschaut, wie die letzten Arbeiten vor dem documenta-Beginn vonstatten gehen, hat es in den vergangenen Tagen nirgendwo an den Plätzen gefehlt ..." (Hessisch-Niedersächsische Allgemeine (HNA) 22.6.1977). Allerdings sind derartige Berichte nur in dem Kontext vieler anderer Meldungen zu interpretieren. Nach zahlreichen und heftigen Auseinandersetzungen kann dieser Beitrag als Beschwichtigung kurz vor Eröffnung der documenta verstanden werden. Der ganze Artikel trägt die Überschrift „Neuer Rahmen für ein altes Bild". Er bezieht sich auf eine Rahmeninstallation der Düsseldorfer Kunstgruppe Haus-Rucker-Co, die oberhalb des Aueparks einen Rahmen installiert hat. Der Blick auf die altbekannte Landschaft erweckt Aufmerksamkeit für ein „altes Bild". Kunst, so suggeriert der Artikel, ist so fremd wieder nicht. Jeder kann sie lesen und lernt durch sie einen neuen Code zur Dechiffrierung seiner Umwelt. Daß der Rahmen eher Nachdenklichkeit denn Provokation bewirkt, unterstützt die Botschaft des Artikels.

An dem anderen Pol der gesellschaftlichen Reaktion steht der „Vertikale Erdkilometer" des amerikanischen Künstlers Walter de Maria. Am 4.3.1977 gibt der Leiter der documenta 6 Dr. Manfred Schneckenburger der Presse bekannt, daß Walter de Maria, „einer der angesehensten heutigen US-Künstler" die Absicht hat, „vor dem Museum Fridericianum ein tausend Meter tiefes Bohrloch in den Boden treiben zu lassen und dieses sein Kunstwerk dadurch zu vollenden, daß darin ein ebenfalls tausend Meter langer Messingstab gesenkt wird. Voraussichtliche Kosten des Projektes: etwa eine halbe Million Mark" (HNA 4.3.1977). Schon diese Ankündigung enthält alle Momente der Provokation und zugleich auch alle Hinweise auf konventionelle Codes zur Erhöhung der Akzeptanz, die die nächsten Wochen und Monate der öffentlichen Debatte bestimmen sollten: der angesehene Künstler, ein Loch „ohne Sinn", ein „wertvolles" Metall, erhebliche Kosten. Der Magistrat der Stadt weiß sich über Bedingungen zu distanzieren: Lärmschutz gegen den Lärm der Bohrer und keinen Pfennig öffentlichen Geldes für den Künstler. Immerhin finden sich im Vorfeld des öffentlichen Streites Vermittlungsversuche der lokalen Zeitung. Hinter seinem documenta-Vorhaben mag der Gedanke stehen, der Erde an einem bestimmten denkmalhaften Ort ausnahmsweise einmal etwas hinzuzufügen. „Bohrungen dienen im allgemeinen lediglich dazu, die Erde zu berauben" (HNA 8.3.1977). Der Verkehrsverein der Stadt weiß zwar weit weniger etwas mit dem Sinn des Kunstwerkes anzufangen und schlägt deshalb auch irgendeinen anderen Standort für die Bohrungen vor; er weiß darüber hinaus anzuregen, „daß die finanzielle Abwicklung des Auf- und Abbaus des Bohrgerüsts ... durch eine Bankbürgschaft eines Deutschen Geldinstituts abgesichert werden sollte. Wenn dies beachtet werde, habe man keinerlei Bedenken, besonders im Hinblick auf die zusätzliche Werbewirksamkeit" (HNA 11.3.1977). Die Werbewirksamkeit war auch den Hoteliers unmittelbar einsichtig. So boten sie den Anrainern des Bohrloches billige Hotelzimmer an, um dem Lärm zu entkommen (HNA 20.4.1977). Die Leserbriefe sprechen jedoch in der Regel eine andere Sprache. „Es ist keine Zeit mehr zu verlieren, Kassel in Schilda an der Fulda umzutaufen", schreibt ein Herr Dr. Ing. Hans Breyer. Auch der Dipl. Ing. Wenttzky weiß sich über die Meinung der Kasseler im Bilde. „Ich möchte sogar annehmen, daß sie (die Kasseler Bevölkerung) als lächerlich empfindet, hierbei von einem Kunstwerk zu sprechen". Nur ein einziger der Leserbriefe, die am 27.4.1977 abgedruckt werden, äußert sich positiv zu dem „sinnlosen Loch". Auch in den folgenden Wochen gibt es kaum positive Stimmen. Zahlreich melden sich weitere Ingenieure zu Wort, um sich von der Bohrung als Kunst zu distanzieren. Das Werk wird als Verhöhnung der Bürger und der Besucher begriffen (HNA 24.5.1977). Von den Befürwortern außerhalb der Kulturszene wird mit allen Mitteln versucht, die erst laute (während der Bohrung) und dann stille Kritik (nach der Bohrung bleibt nur eine kleine Messingplatte sichtbar) funktional technischer Umgangsweisen mit dem Raum für eine Logik der Verwertung zurückzugewinnen. „Man müsse berücksichtigen, daß die privaten Investitionen des Künstlers und seiner Förderer in Höhe von rund 750.000 Mark voll der nordhessischen Wirtschaft zugute kämen" (HNA 26.5.1977). Im Mai desselben Jahres druckt die lokale Zeitung ein Interview mit Walter de Maria. Er äußert Verständnis für die Irritation. „Ich vermute, daß gerade die Einfachheit des Objektes den Menschen Schwierigkeiten bereitet. Auch daß nichts mehr sichtbar sein wird, trage zur Irritation bei. Doch gerade deshalb sei dies ein Denkmal des 20. Jahrhunderts" (HNA 27.5.1977). Schon nach wenigen Monaten dringt das Loch auch positiv in das publizierte Bewußtsein der Bevölkerung ein, bis es schließlich als Spezialität 'Kassler Loch' auf einer Speisekarte erscheint oder die Bohrlocherde von Kassler Gymnasiasten erfolgreich und für einen guten Zweck verkauft werden kann (HNA 28.7.1977). Und schließlich erfolgt auch die Versöhnung mit dem Ingenieur. Er habe gerade noch dazwischenfahren können, berichtet der die Bohrung leitende Bergingenieur in der Zeitung, als Journalisten einer Boulevardzeitung den Bohrmännern einreden wollten, sie nähmen dieses alberne Kunstwerk doch selber nicht ernst. „Für uns ist es genauso, als wenn wir nach Thermalwasser oder Erdöl bohren würden." Er habe sich eingehend mit Walter de Maria befaßt. „Heute habe ich eine feste Meinung, stehe zu diesem documenta-Beitrag" (HNA 28.7.1977). Der „stille Stab" ist heute fast vergessen.

Mit dem Rahmen als reflexiver Form der Veränderung des Raumbildes und dem Erdkilometer als symbolischer Intervention sind zugleich unterschiedliche soziale Schichten angesprochen. Der Rahmen, durch den die Bildhaftigkeit der Wirklichkeit und die Wirklichkeit des Bildes angesprochen werden, wendet sich an die Gebildeten und Intellektuellen. Wirklich getroffen dagegen werden Raumbilder nicht durch die Relativierung, sondern durch die Lösung konventioneller

Praktiken aus ihrem konventionellen Kontext. Die Irritation ist die Umorganisation des Bekannten. Dies kann man dann nur angreifen und vergessen, instrumentalisieren oder als Symbol und Kultstätte (Münchner Merkur 24.6.1977) überhöhen.

Die 7. documenta fügt diesen beiden Polen einen dritten hinzu: Das Kunstwerk als soziale Praxis, als pragmatische und symbolische Veränderung des Raumes: Joseph Beuys' 7000 Eichen. Vor dem Fridericianum ließ Beuys siebentausend Basaltsteine zu einem großen Haufen auftürmen; mit jedem Baum, der in der Stadt gepflanzt wurde, verringerte sich im Verlauf der nächsten Jahre der Basalthaufen um einen Stein, da neben jedem Baum ein Stein gesetzt wurde. Zum ersten Mal griff damit Kunst unmittelbar in den Alltag der Stadt, den Alltag der Verwaltung und der Bürger ein. Lucius Burckhardt bezeichnet die Verwaldung der Stadt als Aufklärung: „... einmal deshalb, weil sie als öffentliche Kontrahenten nicht die Politik wählt, sondern die Realität, nämlich die Bürokratie; und dann, weil sie sich auf der politischen Ebene weder auf die Seite der legalen Gewalt stellt noch auf jene der Alternativen, sondern genau dazwischen" (Burckhardt 1984, S. 81). Natürlich gibt es auch diesmal geharnischte Bürgerproteste gegen den Steinhaufen auf dem zentralen Platz der Stadt, doch diesmal sind die Proteste listig in den Sinn der Kunstaktion integriert. Will man den Haufen weghaben, muß man sich auf die Seite derer schlagen, die Bäume pflanzen, es sei denn, man hätte die Macht, sie einfach über Nacht wegzuschaffen. Daran war jedoch nicht zu denken. So begann eine Kunstaktion, die auf der Bürgerinitiative aufbaut und die Verwaltung zwingt, sich einzureihen. Die Veränderung des Raumbildes ist nicht rein symbolisch, auch nicht nur reflektierend, sondern, indem sie real wirkt, ist sie Beides. Mit der „Verwaldung" der Stadt wendet sich die Kunstaktion konkret gegen die in den 60er und 70er Jahren übliche Vernichtung von Alleen und Stadtbäumen, die als unpraktisch und unmodern galten. Die „Verwaldung" thematisiert zugleich den Urbanitätsbegriff, indem das Verhältnis von Stadt und Land, von Stadt und Natur als regelbedürftig zum Thema wird. Wie sehr dies nicht nur von Intellektuellen verstanden wurde, zeigen einige praktische Reaktionen auf die Pflanzung der ersten Bäume: sie wurden bei Nacht wieder abgehackt. Der Konflikt ist nicht mehr nur erhoffte Reaktion oder beabsichtigte Provokation, sondern integraler Bestandteil der Umsetzung der sozialen Plastik. Auch aktive Gegenaktionen von Gegenkünstlern, die einen Teil der Basaltsteine in pink anmalten, damit Beuys Farbe bekenne, verfingen sich in dieser Kunststrategie. Zwar durften sie in einem Interview mit einem Anzeigenblatt Beuys im Namen des Volkes den Krieg erklären: „Mit der Unterstützung der Kasseler werden wir weiter arbeiten, um zu verhindern, daß sich Herr Beuys hier ein Denkmal setzt. Ziel ist es, daß nicht ein Schandfleck auf dem Friedrichsplatz auf eine vergangene documenta 7 hinweist" (Extratip 24.6.1982).

Mit der 8. documenta wird die Kunstaktion von Beuys weitgehend zum Programm der ganzen Ausstellung. Der künstlerische Leiter der documenta 8 Manfred Schneckenburger erklärt, große „urbane Skulpturen" sollen den „verbauten Stadtraum klären, korrigieren und neu bestimmen". Es sollen „ästhetische Schneisen in den verbauten Stadtraum geschlagen werden" (Nürnberger Nachrichten 30.10. 1986). Damit wird die Stadtveränderung explizit zum Thema des Kunstwerkes. Wegen der großen Folgen, die „Union Place", eine der urbanen Skulpturen, für die documenta 9 und die Stadtpolitik der Jahre 1992 und 1993 haben sollte, wollen wir auf sie etwas ausführlicher eingehen. George Trakas, schon bei der 6. documenta mit dem Bau von Stegen dabei, wollte über den zentralen Platz der Stadt, den Königsplatz, eine Treppe bauen. Er begründet sein Werk selber: „Der Königsplatz, das ist Ödland ungenutzter, urbaner Energie. Die Königstraße, das ist eine der letzten übrig gebliebenen Adern pulsierenden Lebens in der Innenstadt. ... Der Übergang von der Enge dieser Geschäftsstraße in die Weiträumigkeit des Platzes wurde ein wichtiger Ausgangspunkt meiner Überlegungen. Die Straße wird von der Tram zerteilt. Unter dem gewichtigen Oberleitungsgeflecht in sechs Meter Höhe über den Schienen werden die Menschen gefangen gehalten und von der Bahn an die Schaufenster verdrängt. Man sollte annehmen, daß sich die Menschen, sobald sie in die Offenheit des Königsplatzes eintreten, befreit fühlen. ... Doch auch hier: Das Gespinst der Oberleitungen behält die Oberhand. ... Mir wurde klar: Man muß den Menschen Zugang zu einer Ebene über dem Geflecht aus Drähten schaffen, sie befreien, hinabblicken und entdecken lassen, wo sie sich seit Jahren bewegt haben. ... Ich sah, mit welch leiser Unausweichlichkeit sich die Bahnen nähern, moderne Fließbandausgeburten. ... Als ich all dies beobachtete, war ich sicher, daß ich durch Konstruktionen aus Stahl und Holz, durch Treppen, Brücken und Plattformen, den Menschen eine neue Erfahrung vermitteln, sie ermutigen kann, den Platz neu zu sehen. ..." (George Trakas 1987). Die notwendige Veränderung des Bildes eines konkreten Ortes wird durch eine beinahe sozialwissenschaftlich geprägte Analyse des Verhaltens auf öffentlichen Plätzen begründet und planvoll umgesetzt. In seinem Bezug auf den konkreten, den besonderen Ort und die Absicht, seinen Sinn zu verstehen und zu verändern, ist die Skulptur von Trakas kein Einzelfall. So hat nicht weit davon entfernt Tadashi Kawamata die Garnisonskirche, eine der letzten Ruinen der katastrophalen Bombennacht, mit Bretterkonstruktionen umgeben, als wollte er dem traumatischen Vergessen einen höheren Sinn geben.

Doch keine der urbanen Plastiken hatte so weitreichende Konsequenzen wie die Brücke von Trakas, die, wenn auch vermittelt, dazu beigetragen hat, daß sechs Jahre später die SPD ihre Mehrheit bei den Kommunalwahlen verlieren sollte. Die Treppe über dem Platz wurde nach der documenta wieder abgebaut, die Debatte über den Charakter des Platzes ist jedoch geblieben und hat in Dutzenden von Beiträgen die Zeit vor und nach der 9. documenta geprägt. Bei der Kommunalwahl im Jahr 1993 verlor die seit 1946 regierende SPD ihre relative Mehrheit. In der Stadtverordnetenversammlung ist sie damit nur noch mit 22 Sitzen (1972: 41 Sitze) vertreten (Kasseler Statistik 93). Gegenüber den durchschnittlichen Ergebnissen in ganz Hessen ist der Verlust an Stimmen überdurchschnittlich. Es kann hier nicht darum gehen, diese Wahl insgesamt zu interpretieren. Es geht vielmehr darum, der These nachzugehen, daß ein Festival der Kunst, in dem sich Teile der

Inhalte konkret und für den besonderen Ort politisieren, selber nicht mehr oder nicht mehr nur Instrument der lokalen Politik ist, sondern diese selber als Kunst durchdringt und beeinflußt. Dies nehmen wir als Hinweis dafür, daß die Inhalte der Kunstwerke das Bild des Raumes verändern. Die Auseinandersetzungen um die einzelnen Kunstwerke emanzipieren sich von der Ebene des Geschmacksurteils und überwinden damit die Grenze einer isoliert ästhetischen Debatte. Die Totalität der Lebenswelt einer Stadt und die intensive Totalität eines Kunstwerkes durchdringen sich und provozieren eine unter bestimmten Bedingungen auch politische Reaktion.

Trakas urbane Skulptur über dem zentralen Platz der Stadt steht nicht allein und isoliert. Die Debatte um die Gestaltung des Königsplatzes hat eine lange Tradition und läßt sich auch für die Zeit unmittelbar vor der documenta 8 nachweisen. So macht im Jahr 1984 eine „Initiative Königsplatz" auf den „trostlosen Zustand" aufmerksam und erarbeitet eine Reihe von Vorschlägen zur Umgestaltung (HNA 24.2.1984). Im Jahr der documenta selber wird die wechselhafte Geschichte des Platzes seit seiner Entstehung (1786) nachgezeichnet (HNA 26.11.1987). Die Arbeit von Trakas muß also keine Diskussion initiieren, sondern kann einen vorhandenen urbanen Diskurs mit einem Realargument gestalten. Mit einem noch im selben Jahr durchgeführten Bürgerpreisausschreiben zur Gestaltung von Straße und Platz reagiert die damals noch allein regierende SPD. Zwei Jahre später liegt dann das Ergebnis eines Architekturwettbewerbes vor. Der Preisträger schlägt vor, den Platz durch die Herstellung seiner ursprünglichen Gestaltung weitgehend freizuräumen und greift die Idee von Trakas auf, eine Treppe als Skulptur über einen Teil des Platzes zu bauen. Vor allem der Vorschlag, diese Treppenskulptur zu bauen, steht von nun an im Mittelpunkt der Auseinandersetzung. Nehmen wir als ein Beispiel einen Bericht der Lokalpresse über eine Bürgerversammlung im voll besetzten Bürgersaal. Mit der Überschrift „Holzbau mit Bürgerzorn" berichtet die Zeitung über die Absichten des Architekten: Der Platz sei ein Verkehrsknoten, den Zehntausende von Menschen und Hunderte von Bahnen und Bussen täglich passieren. „Sein Anspruch ... sei es gewesen, eine Idee zu finden, die aus diesem Verkehrsknotenpunkt einen schönen Platz macht. Die Treppe ist für ihn ein Symbol für Kommunikation." Dem demokratischen Miteinander entspreche die heutige Transparenz des Gebäudes, „zu der es ja erst nach langen Diskussionen in der Bevölkerung gekommen war" (HNA 1.7.1991). „Erste Stellungnahmen aus dem Publikum zeigten, daß vielen der Holzbau einfach nicht gefällt, daß sie ihn für unpassend halten, Angst haben, er versperre die Sicht". „Oberbürgermeister B. freilich vermutete hinter diesen Ängsten anderes, die rein emotionale Ablehnung von neuen, fremden Dingen, die es immer gegeben habe; die sich aber, blicke man nur auf die verschiedenen Aufregungen bei documenten zurück, meist gewandelt habe. Daher könne man über Architektur, über Kunst, die über den Tag hinaus Bestand haben solle, auch nicht abstimmen" (HNA 1.7.1991). Der Bezug zur documenta wird immer wieder hergestellt. Zum einen soll die Umgestaltung des Platzes bis zum Zeitpunkt der Eröffnung der nächsten documenta fertiggestellt sein, zum anderen wird die Durchführung des Bauwerkes wenig später der documenta GmbH übertragen. Der Zusammenhang zwischen dieser Ernennung der Architektur zur Skulptur, zum Kunstwerk und dem Bürgerprotest wird offiziell formuliert: „Die Übertragung des Projektes an die documenta dokumentiere, daß deren künstlerischer Leiter Jan Hoet etwas davon hält. Das heißt, wenn ein Kunstkenner wie Hoet es gut findet, dann ist es auch gut, denn solche Leute lassen sich nicht vor einen Karren spannen". Die Auseinandersetzung über die Skulptur ist damit jedoch keineswegs beendet. Da durch Einsparungen immer mehr funktionale Elemente der Treppe wegfallen – ursprünglich sollte sie ein Cafe beherbergen –, gerät sie mehr und mehr zur Folie in einer funktional geplanten Stadt. Im ästhetischen Urteil spiegelt sich so auch die Auseinandersetzung zwischen Moderne und Postmoderne. „Ich finde die Königsplatztreppe in ihrer Häßlichkeit nicht mehr zu überbieten und bin deshalb für Abriß", so eine Leserin der Lokalzeitung (HNA 17.4.1993). Oder ein anderer Leserbrief, der das ästhetische Urteil unmittelbar politisch versteht: „Das war doch eigentlich durch die Wahl entschieden. Das komische Holzgerüst auf dem Königsplatz muß weg, denn das war einer der Knackpunkte bei der Wahl" (HNA 17.4.1993).

Kunst, die sich als urbane Skulptur pragmatisch oder symbolisch auf den Ort einläßt, wird ein Element des urbanen Diskurses und prägt so – „in Akzeptanz oder Aversion", wie eine Ausstellung zur documenta-Kunst in der öffentlichen Meinung betitelt ist – die Wahrnehmung des städtischen Raumes und unter bestimmten Bedingungen das Raumbild. Über die Treppenskulptur auf dem Königsplatz äußern sich außer einigen wenigen Professionellen nur die Gegner. Damit hat sich die Linie der Verteidiger einer funktionalen Stadt formiert. Die nutzlose Skulptur wird als häßlich empfunden. In der ästhetischen Ablehnung findet das Unbehagen an einer Kritik der Moderne ihren Ausdruck. Gegenwart und Zukunft wollen als klar, sinnvoll und beherrschbar begriffen werden. Diese Sicht kann auch für die Akzeptanz eines Kunstwerkes geltend gemacht werden. Die Skulptur „man walking to the sky" von Jonathan Borofsky, die einen Mann auf einer Stange gen Himmel gehend darstellt, hat vielen Bürgerinnen und Bürgern so gefallen, daß sie durch eine breit angelegte Spendenaktion für die Stadt angekauft werden konnte. Daß diese Skulptur in Kassel „Himmelsstürmer" genannt wird, verweist auf ein Sinnfeld, das durch Fortschritt und Aufstieg gekennzeichnet ist, sicherlich der Gegensinn einer nutzlosen Treppe auf einem Platz.

Können Bilder, können Skulpturen, in dem öffentlichen Raum einer Stadt präsentiert, Raumbilder verändern? Wir wissen es nicht. Wir wissen nicht, was in den Köpfen und Gefühlen der einzelnen Individuen vor sich geht. Wir wissen nicht, wie einzelne Milieus, soziale Gruppen und Klassen auf Kunstwerke reagieren. Wir wissen aber, daß Kunstwerke Reaktionen hervorrufen können, die in vielen Diskussionen, Leserbriefen und Artikeln ihren Niederschlag finden. Wir wissen auch, daß sogar Wahlentscheidungen in diesem Zusammenhang gesehen und interpretiert werden. Der urbane Diskurs kann immerhin als Indikator für 'Bewegung' bei den Bildern und Vorstellungen über den Raum und seine Organisation und Gestaltung gewertet werden. Bei den hier vorgestellten Auseinandersetzungen zeigt sich allerdings mehr die Verteidigung einer Weltsicht, die als funktional zu beschreiben ist. Doch verteidigt wird nur, was man als ernsthaft gefährdet begreift. Insofern ist die Richtung der Auseinandersetzung gegenüber dem Sachverhalt, daß sie stattfindet, eher zweitrangig.

Festzuhalten ist auch, daß sich die Auseinandersetzung besonders dann artikuliert, wenn die Sprache des Kunstwerkes konventionell ist. Die Treppenskulptur ist eine halbe Treppe, das Bohrloch entsteht durch konventionelle Bohrungen, die Arbeit von Borofsky verwendet den Mast etc. Die konventionellen Codes ermöglichen die Kommunikation und stärken die Kompetenz des Publikums, in die Debatte eingreifen zu können.

Schließlich ließ sich zeigen, daß sich Kunstwerke aus dem instrumentellen Kontext lösen können und in der Stadt Raum greifen. Sie initiieren Debatten über Konzepte des alltäglichen Lebens und des alltäglichen Raumes. Offen bleiben die langfristigen Wirkungen der Kunst im städtischen Raum, auch wenn im jeweiligen Moment das Konservative überwiegt: Während der documenta 9 baute Mo Edoga aus Schwemmholz und anderen Abfallmaterialien einen „Signalturm der Hoffnung". Zu Beginn seiner Arbeit kriminalisiert (Bild 15.6.1992) und verlacht, schuf er Stück für Stück den präsenten Raum: Abfall ist Wert, Arbeit ist Kunst, Schönheit ist chaotisch (Die Zeit 12.6.1992) – ein Raumbild für die Stadt von morgen? Der Signalturm der Hoffnung wurde wieder abgebaut, die Schwemmhölzer der Müllverbrennung zugeführt. „The man walking to the sky" wurde von den BürgerInnen aufgekauft. Die Plastik wurde als Signal für den linearen Fortschritt (miß)verstanden: Ein Raumbild für den ungebrochenen Glauben an den Fortschritt und seine funktionale Stadt?

Literatur

Bourdieu, Pierre, 1982: Die feinen Unterschiede. Frankfurt a.M.
Burckhardt, Lucius, 1984: Die Verwaldung als Aufklärung, in: Karl Heinrich Hülbusch und Norbert Scholz, Joseph Beuys 7000 Eichen. Kassel
Eco, Umberto, 1972: Einführung in die Semiotik. München
Harvey, David, 1989: The Condition of Postmodernity. Oxford.
Hauser, Arnold, 1974: Soziologie der Kunst. München.
Häußermann, Hartmut und Walter Siebel, 1991: Nur in der Stadt kann die Nacht zum Tag werden, in: Die Mitbestimmung, S. 570-575
Ipsen, Detlev, 1986: Raumbilder, Zum Verhältnis des ökonomischen und kulturellen Raumes, in: Informationen zur Raumentwicklung, Heft 11/12, S. 921-931.
Kimpel, Harald, 1982: Warum gerade Kassel?, in: Kunstforum, 49, H. 3, S. 23-32.
Musil, Robert, 1960: Der Mann ohne Eigenschaften. Reinbek bei Hamburg.
Schneckenburger, Manfred, 1983: documenta Idee und Institution. München.
Thompson, Michael, 1987: Welche Gesellschaftsklassen sind potent genug, anderen ihre Zukunft aufzuoktroyieren?, in: Lucius Burckhardt, Design der Zukunft. Köln.
Trakas, George, 1987: Union Place, in: documenta 8, Katalog zur Ausstellung. Kassel.

Autorenverzeichnis

Daniela Birklhuber, Dr., arbeitet in der Tourismusbranche, Sandwirtgasse 2/13, A-1060 Wien

Roy Darke, Dr., Senior Lecturer, University of Sheffield & Chair of Finance Sub-Committee, Sheffield City Council, Department of Town & Regional Planning, University of Sheffield, Western Bank, Sheffield S10 2TN, England

Soledad Garcia, Dr., Lecturer of Sociology, Universidad de Barcelona, División Ciencias Jurídicas, Económicas y Sociales, Dapartamento de Sociologia, Diagonal 690, 08034 Barcelona

Robert Geipel, Prof. Dr., Geographisches Institut der Technischen Universität München, Arcisstr. 21, 80290 München

Robert Giloth, Dr., Executive Director der South East Community Organization SECO, 10 South Wolfe Street, Baltimore, Maryland 21231

Hartmut Häußermann, Dr., Professor für Stadt- und Regionalsoziologie im Fachbereich Sozialwissenschaften der Humboldt-Universität zu Berlin, Unter den Linden 6, 10099 Berlin

Ilse Helbrecht, Dipl. Geogr., Geographisches Institut der Technischen Universität München, Arcisstr. 21, 80290 München

Gerd-Michael Hellstern, Dr., Professor für Verwaltungsökonomie am FB 7 (Wirtschaftswissenschaften), Universität GH Kassel, Nora-Platiel-Str. 4, 34109 Kassel

Detlev Ipsen, Dr., Professor für Stadt- und Regionalsoziologie, Gesamthochschule Kassel, Universität, Fachbereich 13 – Stadtplanung/Landschaftsplanung, Gottschalkstr. 28, 34109 Kassel

Thomas Krämer-Badoni, Dr., Professor für Stadt- und Regionalsoziologie an der Universität Bremen (KUA), ZWE Arbeit und Region, Postfach 33 04 40, 28334 Bremen

Christine Obermair, IUAV, Dipartimento di Urbanistica, S. Croce 1957, I-30125 Venezia. Privatadresse: Pfarrgasse 13, I-39100 Bozen

Jürgen Pohl, Dr. habil., Geographisches Institut der Technischen Universität München, Arcisstr. 21, 80290 München

Autorenverzeichnis

Gerhard Schimak, Dipl.-Ing., Dr. techn., geb. 1940 in Wien, Assistenzprofessor am Institut für Städtebau, Raumplanung und Raumordnung der Technischen Universität Wien. Von 1990 bis 1991 stellvertretender Leiter der Abteilung Planung der EXPO-VIENNA AG, Marktgemeindegasse 63/D14, A-1230 Wien

Ulrich Schröder, Pädagoge, Kollenrodtstr. 6, 30161 Hannover

Klaus Selle, Dr., Professor am Institut für Freiraumentwicklung und Planungsbezogene Soziologie, Universität Hannover, Herrenhäuser Str. 2, 30419 Hannover

Anne B. Shlay, Associate Director am Institute for Policy Studies der Johns Hopkins University und Associate Professor of Urban Studies an der Temple University, The Johns Hopkins University, Institute for Policy Studies, Shriver Hall, Baltimore, Maryland 21218

Walter Siebel, Dr., Professor für Soziologie mit Schwerpunkt Stadt- und Regionalforschung, Arbeitsgruppe Stadtforschung, Fachbereich 3, Carl-von-Ossietzky-Universität, Postfach 25 03, 26111 Oldenburg

Marco Venturi, Architekt und Raumplaner, Professor für Stadtplanung am IUAV, Dipartimento di Urbanistica, S. Croce 1957, I-30125 Venezia

Aktuelle Neuerscheinungen

Hans-Ulrich Klose (Hrsg.)
Altern hat Zukunft
Bevölkerungsentwicklung und dynamische Wirtschaft
1993. 312 S. Kart.
DM 29,80/DM 233,–/SFr 30,80
ISBN 3-531-12542-7

Institutionen, Unternehmen, Verbände und Parteien stellen sich bislang eher zögerlich der Aufgabe, wie sie das Altern unserer Gesellschaft verkraften und gestalten sollen. Die Standort- und Entwicklungsfaktoren der Jahre nach der Jahrtausendwende werden heute gemacht. Aus diesem Grunde ist jetzt zu diskutieren und zu entscheiden, welche Weichenstellungen notwendig sind. Längerfristig geht es um die Wettbewerbsfähigkeit und die Lebensqualität des Standortes Deutschland. Auch mit einer alternden Bevölkerung kann Deutschland in einem zusammengewachsenen Europa ein hochproduktives und innovationsintensives internationales Wirtschaftszentrum sein. Die Beiträge des Buches analysieren Trends, diskutieren Blockaden und Innovationschancen.

Dagmar Reichert/
Wolfgang Zierhofer
Umwelt zur Sprache bringen
Über umweltverantwortliches Handeln, die Wahrnehmung der Waldsterbensdiskussion und den Umgang mit Unsicherheit
1993. XII, 377 S. Kart.
DM 59,–/öS 460,–/SFr 60,60
ISBN 3-531-12459-5

In „Umwelt zur Sprache bringen" werden umweltverantwortliches Handeln und Ansatzmöglichkeiten zu gesellschaftlichen und politischen Veränderungen angesichts der Umweltzerstörung diskutiert und das Konzept einer „verständigungsorientierten Umweltpolitik", welche die unterschiedlichen Lebensalltage von Menschen und ihre Intentionen berücksichtigt und auf kommunikativen Einigungsverfahren beruht, vorgestellt. An konkreten Fallbeispielen werden Idealvorstellungen von umweltverantwortlichem Handeln, aber auch die damit verbundenen Schwierigkeiten dargestellt.

Otto Wunderlich
Entfesselte Wissenschaft
Beiträge zur Wissenschaftsbetriebslehre
1993. 186 S. Kart.
DM 29,80/öS 233,–/SFr 30,80
ISBN 3-531-12531-1

Führt sich die Wissenschaft selbst ad absurdum? „Entfesselte Wissenschaft" setzt sich mit dieser Frage, die durch das Wissenschaftsverständnis vieler Wissenschaftler und dem Wissenschaftsbetrieb an Hochschulen und Forschungsinstituten nahegelegt wird, in satirischer Form auseinander: Anspruch und Praxis des Wissenschaftsbetriebes werden dabei durchaus ernst genommen, sozusagen zu Ende gedacht, und zu einer „konstruktiven" Lösung geführt – mit widersinnigen Folgen.

WESTDEUTSCHER VERLAG
OPLADEN · WIESBADEN

Aktuelle Neuerscheinungen

Herbert Mainusch / Richard Toellner (Hrsg.)
Einheit der Wissenschaft
Wider die Trennung von Natur und Geist, Kunst und Wissenschaft
1993. 261 S. Kart.
DM 38,-/öS 297,-/SFr 39,-
ISBN 3-531-12472-2

Ziel dieses Bandes ist es, zur Auflösung des dualen Wissenschaftssystems beizutragen. Die Autoren gehen der Frage nach, ob die gängige Annahme von der Existenz der „two cultures", der Trennung von Natur- und Geisteswissenschaften, nicht nur falsch, sondern auch gefährlich sein könnte. Sie untersuchen, ob nicht Wissenschaft ihrem Ursprung und ihrem Wesen gemäß nach wie vor eine Einheit ist. Worin diese Einheit der Wissenschaft heute noch besteht, worin sie ihren Grund hat und weshalb sie bewahrt und zur Geltung gebracht werden muß, sind Fragen, deren Klärung dringend geboten erscheint.

Pamela Kerschke-Risch
Gelegenheit macht Diebe – doch Frauen klauen auch
Massenkriminalität bei Frauen und Männern
1993. 236 S. Kart.
DM 42,-/öS 328,-/SFr 43,30
ISBN 3-531-12440-4

Von welchen Faktoren hängt es ab, ob eine Straftat begangen wird? Gibt es eine typisch weibliche und eine typisch männliche Kriminalität? Wirkt Strafe abschreckend? Antworten auf diese und andere Fragen gibt die Analyse der ersten repräsentativen Dunkelfelduntersuchung in der alten Bundesrepublik von den vier Massendelikten Ladendiebstahl, Schwarzfahren, Steuerbetrug und Trunkenheit am Steuer.

Karl Aurand/Barbara P. Hazard/ Felix Tretter (Hrsg.)
Umweltbelastungen und Ängste
Erkennen – Bewerten – Vermeiden
1993. 424 S. Kart.
DM 59,-/öS 460,-/SFr 60,60
ISBN 3-531-12508-7

Zunehmendes Umweltbewußtsein induziert auch gehäufte Ängste vor Umweltbelastungen. Dies kann – psychosomatisch bedingt – zu Erkrankungen verschiedenster Art führen. Mediziner, Psychologen, Soziologen, Toxikologen, Chemiker, Umweltexperten und Pädagogen haben im Rahmen einer Studiengruppe der Deutschen Gesellschaft für Humanökologie (DGH) eine Bestandsaufnahme zum Erkennen, Bewerten und Vermeiden dieser Ängste erarbeitet. Anhand konkreter Beispiele, analysiert aus verschiedenen Blickwinkeln, bietet dieser Band einen vertiefenden Einblick in ein vielschichtiges Problem.

WESTDEUTSCHER VERLAG
OPLADEN · WIESBADEN

GPSR Compliance

The European Union's (EU) General Product Safety Regulation (GPSR) is a set of rules that requires consumer products to be safe and our obligations to ensure this.

If you have any concerns about our products, you can contact us on

ProductSafety@springernature.com

In case Publisher is established outside the EU, the EU authorized representative is:

Springer Nature Customer Service Center GmbH
Europaplatz 3
69115 Heidelberg, Germany

www.ingramcontent.com/pod-product-compliance
Lightning Source LLC
LaVergne TN
LVHW010253260326
834688LV00044B/1264